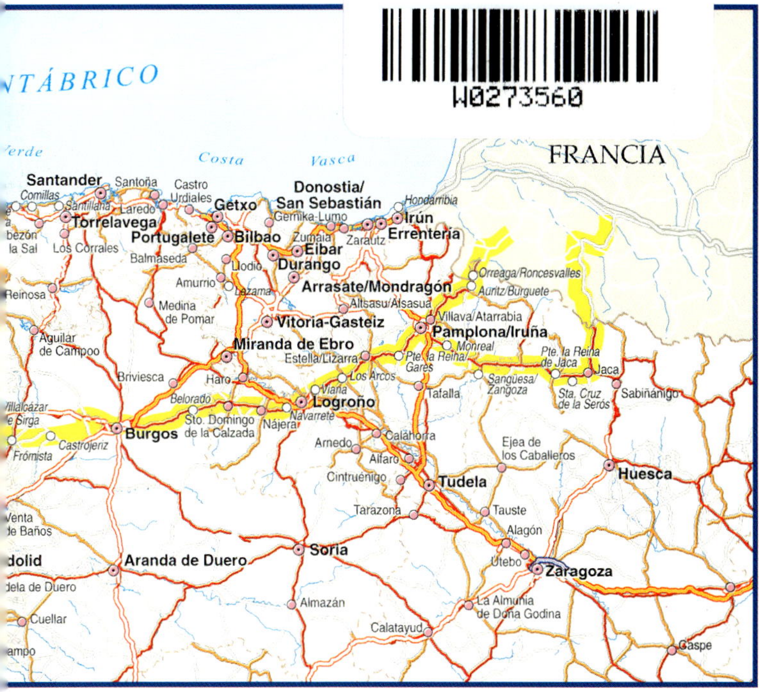

NTÁBRICO
Verde
Costa
Vasca
FRANCIA
Santander
Santoña
Castro Urdiales
Comillas
Santillana
Laredo
Torrelavega
Getxo
Portugalete
Bilbao
Donostia/ San Sebastián
Gernika-Lumo
Hondarribia
Irún
Errentería
Zumaia
Zarautz
Eibar
Durango
Balmaseda
Los Corrales
Llodio
Amurrio
Lezama
Arrasate/Mondragón
Altsasu/Alsasua
Orreaga/Roncesvalles
Auritz/Burguete
Reinosa
Medina de Pomar
Vitoria-Gasteiz
Villava/Atarrabia
Pamplona/Iruña
Aguilar de Campoo
Miranda de Ebro
Estella/Lizarra
Monreal
Pte. la Reina/ Gares
Pte. la Reina de Jaca
Jaca
Briviesca
Haro
Los Arcos
Viana
Sangüesa/ Zangoza
Tafalla
Sabiñánigo
Sta. Cruz de la Serós
Belorado
Logroño
Villalcázar de Sirga
Sto. Domingo de la Calzada
Nájera
Navarrete
Burgos
Castrojeriz
Frómista
Arnedo
Calahorra
Alfaro
Ejea de los Caballeros
Huesca
Cintruénigo
Tudela
Tarazona
Tauste
Venta de Baños
Alagón
Valladolid
Aranda de Duero
Soria
Utebo
Zaragoza
Valdela de Duero
Almazán
La Almunia de Doña Godina
Cuellar
Calatayud
Caspe

NTÁBRICO
Verde
Costa
Vasca
FRANCIA
Santander
Santoña
Castro Urdiales
Comillas
Santillana
Laredo
Torrelavega
Getxo
Portugalete
Bilbao
Donostia/ San Sebastián
Gernika-Lumo
Hondarribia
Irún
Errentería
Zumaia
Zarautz
Eibar
Durango
Balmaseda
Los Corrales
Llodio
Amurrio
Lezama
Arrasate/Mondragón
Altsasu/Alsasua
Orreaga/Roncesvalles
Auritz/Burguete
Reinosa
Medina de Pomar
Vitoria-Gasteiz
Villava/Atarrabia
Pamplona/Iruña
Aguilar de Campoo
Miranda de Ebro
Estella/Lizarra
Monreal
Pte. la Reina/ Gares
Pte. la Reina de Jaca
Jaca
Briviesca
Haro
Los Arcos
Viana
Sangüesa/ Zangoza
Tafalla
Sabiñánigo
Sta. Cruz de la Serós
Belorado
Logroño
Villalcázar de Sirga
Sto. Domingo de la Calzada
Nájera
Navarrete
Burgos
Castrojeriz
Frómista
Arnedo
Calahorra
Alfaro
Ejea de los Caballeros
Huesca
Cintruénigo
Tudela
Tarazona
Tauste
Venta de Baños
Alagón
Valladolid
Aranda de Duero
Soria
Utebo
Zaragoza
Valdela de Duero
Almazán
La Almunia de Doña Godina
Cuellar
Calatayud
Caspe

Jakobsweg

Ein praktischer Reiseführer für den Pilger

José María Anguita Jaén

Verlagsdirektion: Raquel López Varela
Verlagskoordination: Eva María Fernández
Das für die Durchführung dieses Werkes verantwortliche Team:
Centro de Estudios del Camino de Santiago. Sahagún
Koordination: José M. Anguita
Feldforschung: Francisca Anguita, José M. Anguita y
Juan Alberto González
Dokumentation: José M. Anguita, Francisca Anguita
Kartographische Skizzen: Francisca Anguita
Fotos: Imagen MAS, Lucas Vallecillos, Miguel Raurich,
Miguel Sánchez, Puri Lozano y Archivo Everest
Design: Luis Vallina y Gerardo Rodera
Verwirklichung des Einbands und des Schmutztitels: Francisco
A. Morais
Übersetzung: Polaria
Digitale Bildverarbeitung: David Aller y Ángel Rodríguez
Kartographie: Antonio Lopes © Everest

EDITORIAL EVEREST, S. A.
Carretera León-La Coruña, km 5 – LEÓN
ISBN: 84-241-0422-6
Depósito legal: LE. 193-2004
Printed in Spain – Impreso en España

EDITORIAL EVERGRÁFICAS, S. L.
Carretera León-La Coruña, km 5
LEÓN (España)
www.everest.es
Kundenservice: ✆ 902 123 400

EINFÜRHUNG

Der Führer des *Liber sancti Iacobi*, die modernen Pilgerführer und die heutige Route des Jakobsweges.

Es ist bald 900 Jahre her, seit ein französischer Pilger, der sich als Papst Calixtus der II. ausgab und in dem heute viele einen gewissen Aimeri Picaud erkennen, eine Beschreibung des Jakobsweges niederschrieb. Dieses Werk, das unter den Namen *Liber Peregrinationis* oder »Führer des Mittelalterlichen Pilgers« bekannt ist, ist der fünfte Teil des *Liber sancti Iacobi*, ein berühmtes Sammelwerk über den Apostel Jakob (Santiago), das im XII. Jahrhundert geschrieben wurde.

Dieser Führer des *Liber sancti Iacobi* beschrieb die verschiedenen Routen des Jakobsweges, seine Etappen innerhalb Spaniens, die Namen der Ortschaften, der Bergpässe und der Flüsse, an denen er vorbeikam, die Heiligtümer, Hospitäler und Wohltäter des Weges... Es handelte sich also um Informationen bei denen die Angaben praktischer Art (Reisetage und Entfernungen, Namen der Ortschaften, Eigenschaften ihrer Einwohner, Qualität des Wassers ihrer Flüsse) mit kulturellen Aspekten (Heiligtümer, Reliquien, Hagiographien, Geschichten) verbunden wurden. Demnach haben wir hier einen bemerkenswerten Vorgänger unserer heutigen Reiseführer, der in jeder Hinsicht auf der Linie unserer modernen Jakobswegführer liegt.

Tatsächlich kam vor etwa dreißig Jahren, im Rahmen der mächtigen Wiederbelebung, welche die Wallfahrten nach Santiago de Compostela in jenen letzten Jahren erfahren hatten, eine Gruppe Gelehrter, deren Haupt Don Elías Valiña Sampedro war, Pfarrer der Kirche Santa María del Cebreiro, auf die glückliche Idee, den gesamten Verlauf des Französischen Weges (Camino Francés) in Spanien umfassend zu kartographieren und zu beschreiben, immer den Spuren der Route nachgehend, die vom Verfasser des *Liber sancti Iacobi* beschrieben worden war. Gleichzeitig begannen verschiedene Gruppen von Pilgern und Liebhabern des Jakobsweges an Ort und Stelle die Jakobsroute mittels eines konventionellen Zeichens zu beschildern, das heute weltweit berühmt ist: **Gelbe Pfeile**, die auf Meilensteine, Bäume, auf den Straßenasphalt, auf Verkehrsschilder, Laternen usw. gemalt wurden. So wurde eine neue Route »erfunden«, die soweit es möglich war sich an diejenige hielt, die der Pigelführer des XII. Jahrhunderts gezeichnet hatte - wenngleich einige Strecken umstritten sind - und die ständig dank des wachsenden Einsatzes bei ihrer Wiederbelebung der betroffenen lokalen Institutionen (Bundesländer, Provinizialräte, Stadt und Landgemeinden, Kulturelle Vereine und Vereine der Jakobswegfreunde) verbessert wird.

Auf das Pionierwerk des Teams von Elías Valiña, das vom Verlag Everest in den achtziger Jahren des XX. Jahrhunderts veröffentlicht wurde, folgten andere, welche die ununterbrochenen und ständigen Neuerungen bei der

Beschilderung des Weges aufzeigten. Darunter hatte ich das Glück an dem *Praktischen Pilgerführer* (*Guía Práctica del Peregrino*) mitarbeiten zu können. *Der Jakobsweg* (*El Camino de Santiago*), war seinerseits eine Publikation, die innerhalb des Zentrums zum Studium des Jakobsweges entstand (Centro de Estudios del Camino de Santiago; Sahagún) und von einem Team von Enthusiasten verfasst wurde, die ihre Eigenschaft als Pilger mit der als Gelehrte verbanden, die sich auf alles, was mit den Wallfahrten und dem Heiligen Jakob zusammenhing, spezialisiert hatten. Der Leiter jener Arbeit, die auch vom Verlag Everest 1993 herausgegeben worden ist, war der vielbeweinte Millán Bravo Lozano, Professor für Lateinische Filologie der Universität Valladolid, Gründer mehrerer Vereine von Jakobswegfreunden, sowie des besagten Zentrums zum Studium des Jakobsweges (Sahagún) und seines Fachblattes, die Zeitschrift für Studien der Jakobswallfahrten und des Mittelalters »Iacobus«.

Zehn Jahre später sind wir, die Mitglieder dieses Studienzentrums, wieder von dem Verlag Everest mit der Bitte geehrt worden, einen neuen Führer des Jakobsweges zu verfassen. Die ständigen Neuerungen auf seiner Route (die durch Bauarbeiten verändert oder durch die Entdeckung neuer Alternativrouten verbessert wird), sowie die wissentschaftlichen Neuigkeiten, die den Jakobsweg oder seine Umgebung betreffen, machten die Zusammenstellung einer neuen Ausgabe nötig, die dem Geist ihrer beiden Vorgängerinen getreu sein sollte.

UNSER PILGERFÜHRER

• Ziele und Inhalte

In der Tat möchte dieses Werk nicht aus dem Rahmen fallen, innerhalb dessen die anderen zwei Veröffentlichungen verfasst wurden: den zukünftigen Pilgern zu helfen, ihr Wallfahrtsabenteuer vorzubereiten, denjenigen Pilgern beizustehen, die schon unterwegs sind und alle Ortschaften, durch die der Jakobsweg führt, historisch zu beschreiben.

Die Route, die beschrieben wird, ist immer noch, genau wie in den anderen zweien, der sogenannte Französische Weg, das heißt, die über 800 km., die Roncesvals (Roncesvalles) und den Pass Somport von Santiago de Compostela trennen. Das Kriterium, um die Route, der die Pilger folgen sollen, zu zeichnen, war, sich den Anweisungen anzupassen, die hauptsächlich die erwähnten gelben Pfeile angeben.

In diesem Führer bieten wir außerdem eine Neuigkeit an: es werden die zwei historischen Verlängerungen des Jakobsweges nach Padrón (Iria Flavia) und nach Finisterre beschrieben. Die übrigen historischen Jakobswege, die sich auch im Verlauf einer bedeutenden Wiederbelebung befinden, sind ebenfalls berücksichtigt worden, aber logischerweise in erheblich kürzerer Form. Von der großen Zahl von Jakobswegen, die man heutzutage wieder zum Leben erwecken möchte, haben wir vier ausgewählt: Die Via de la Plata, die Nördlichen Jakobsrouten, den Portugiesischen Weg und den Englischen Weg. Wir übergehen den Jakobsweg der Levante, den von Katalonien (Cataluña), den von Madrid u.a., nicht weil wir sie nicht für beachtenswert hielten, sondern weil wir nicht in einen Drang zur Vollständigkeit verfallen möchten, der uns dazu führen würde, Routen von allen und jedem der historischen Gegenden Spaniens nach Santiago, zu beschreiben.

Unserer Meinung nach gab es viele Jakobswege – man könnte sagen, so viele wie Pilger – aber nur einer erfuhr das Glück, von einem Autor des XII. Jahrhunderts beschrieben zu werden. Außerdem haben eine große Zahl der Ortschaften auf dem Französischen Weg in ihm den Grund ihres Ursprungs und viele andere sahen sich stark von seiner Nähe betroffen, so dass es schwer ist, auf seinem Lauf eine Ortschaft zu finden, in der es kein Zeugnis der Wallfahrten gibt, sei es ein Hospital, die Weihung einer Kirche, ein Heiligenbildnis, u.a. Von den anderen Jakobswegen, kann man dieses nur von der asturischen Strecke der Nördlichen Route sagen, dank dem so bedeutenden Heiligtum von Oviedo.

- **Beschreibung**

Wir haben unser Werk in Kapitel oder Etappen aufgeteilt. Jedes entspricht dem, was ein vernünftiger Tagesmarsch sein könnte (zwischen 20 und 30 km). Natürlich folgt diese Aufteilung in Etappen ausschließlich den von dem Team, das dieses Werk verfasst hat, angenommenen Kriterien bei der Organisierung seiner Arbeit, ohne jede andere normgebende Absicht. Die Etappen sind folgendermaßen verteilt worden:

1. Eine Abteilung von 31 Etappen, um die ungefähr 800 km. zurückzulegen, die Saint-Jean-Pied-de-Port von Santiago de Compostela trennen.
2. Eine weitere Abteilung von 6 Etappen, um den Aragonesischen Weg zurückzulegen, das heißt, die Strecke, die dem Pass von Somport von Puente de la Reina trennt (etwa 170 km.).
3. Eine Abteilung von 2 Etappen, um die jeweiligen Verlängerungen des Jakobsweges nach Padrón und Finisterre zu beschreiben.
4. Eine Abteilung von 4 Kapiteln, die der Via de la Plata, den Nördlichen Jakobsrouten, dem Portugiesischen Weg und dem Englischen Weg gewidmet sind.

Jede dieser Etappen oder dieser Kapitel besteht aus zwei großen Teilen, von denen der erste praktischer und der zweite historisch-kultureller Art ist und die durch Landkarten mit Maßstab, Fotografien und andere Graphiken ergänzt werden.

1. Teil: Es wird die Route in allen Einzelheiten beschrieben (Wege, Meilensteine und Hinweise, Entfernungen...) und ausgiebig über die wichtigsten Einrichtungen informiert, die diese Etappe den Pilgern bietet (Unterkunft, Verpflegung), wobei besonders den Herbergen für Pilger Beachtung geschenkt wird. Dieser Teil wird duch Höhenmessungsprofile, Straßenführer und vor allem durch Landkarten mit Maßstab ergänzt, in denen mittels Symbolen und Graphiken all die Information, die der Text enthält, miteingeschlossen ist. Natürlich wird die Route, der man folgen muss auf den Landkarten auf besondere Weise hervorgehoben.

Für Radfahrer, welche den markierten Wegen folgen möchten, wird zusätzliche Information über die Befahrbarkeit und den Schwierigkeitsgrad gegeben, welche die für Wanderer beschriebene Route bietet.

– Den **Radfahren** bietet der Jakobsweg zwei alternative Möglichkeiten: Dem Weg der Pilger zu Fuß zu folgen, der durch gelbe Pfeile angezeigt ist oder die Landstraßen und asphaltierte Pisten, die parallel dazu verlaufen, zu wählen.

Der Vorteil der Landstraße ist, dass man schneller und bequemer vorankommt; der Nachteil, dass man die Spur mit dem motorisierten Verkehr teilen, und damit das hohe Risiko und die vielen Unbequemlichkeiten, die daraus entstehen, auf sich nehmen muss.

Der Nachteil der Sandwege ist, dass man zuweilen unmögliche Abhänge und unbefahrbaren Untergrund vorfinden kann; der Vorteil, dass man in aller Ruhe die Landschaft genießen kann, durch welche die »beschilderte« Route führt.

Im Moment der Entscheidung muss der Pilger zu Fahrrad seine körperlichen Möglichkeiten und die Eigenschaften seines »Reittieres« kennen. Mit einem Fahrrad, dessen Mechanik nicht sehr stabil ist, ist es nicht empfehlenswert, sich auf die Wege, die einige Etappen bieten, zu begeben. Auch wenn man sehr schwer bepackt ist, ist es ebenfalls abzuraten.

2. Teil: Er besteht aus einer historischen und kulturellen Beschreibung aller Ortschaften und Monumente, an denen der Jakobsweg vorbeiführt und ist mit zahlreichen Fotografien illustriert.

EINIGE MERKMALE DER HEUTIGEN WALLFAHRTEN

Die Motive, die während des Mittelalters Hunderte von Tausenden von Menschen dazu trieben, das große Abenteuer der Wallfahrt anzutreten, waren vor allem religiöser Art. Im Rahmen einer theozentrischen Vostellung des Universums und geprägt von der »Weltverachtung«, die zu der Zeit herrschte, entsagten die mittelalterlichen Pilger den Bequemlichkeiten und der Sicherheit ihrer Heimat und traten eine Reise voller Entbehrungen und Gefahren an, auf der viele sogar ihr Leben ließen. Aus eigenem Willen zum bedürftigen Asketen geworden, erhebt sich gleichzeitig die Figur des Pilgers zum heroischen Beispiel der Entsagung. Aus diesem Grund erscheinen entlang des Jakobsweges viele Einrichtungen und Menschen, die sich der Linderung dieser Entbehrungen der Pilger widmeten, indem sie ihnen Schutz, Unterkunft, Speise und ärtzliche Betreuung boten.

Von jenen wohltätigen Einrichtungen ist auf dem heutigen Jakobsweg vieles erhalten geblieben. Abgesehen von der allgemeinen Gastfreundschaft der Bewohner der Ortschaften, durch die er führt, haben Institutionen, Vereine und Privatpersonen ein Netz von fast kostenlosen oder sehr billigen **Herbergen** geschaffen, dass den Pilgern vorbehalten ist (für eine einzige Nacht).

Um diese Gastfreundschaft genießen zu können, ist die einzige unentbehrliche Bedingung, dass man seine Eigenschaft als Pilger bescheinigen kann. Das Mittel dazu ist das **Beglaubigungsschreiben** oder jedes andere Dokument, das bezeugen kann, dass man auf Wallfahrt ist. Dieses Schreiben ist ein persönliches Dokument, das heißt, dass in ihm die persönlichen Angaben des Trägers aufgezeichnet sind, mit einem zusammenfaltbaren Teil, der für die Stempel der Orte, durch die man kommt, vorgesehen ist. Auf diese Art beweißt wer es trägt, dass er ein Pilger »unterwegs« ist. Diese Beglaubigungsschreiben kann man in vielen Herbergen des Jakobsweges bekommen, sowie in den Büros der Bischofssitze und der Vereine der Jakobswegfreunde.

Dies ist nicht der einzige Zweck des **Beglaubigungsschreibens.** Für viele ist es genauso wichtig oder sogar noch wichtiger als diese Aufnahme zu geringem Preis zu genießen, einmal in Santiago angelangt die **Compostela** zu bekommen. Diese Compostela ist ein althergebrachtes Dokument, das vom Rat der Kathedrale in Santiago vergeben wird, das auf Latein geschrieben ist und in dem versichert wird, dass derjenige, der es erhält, *pietatis causa* nach Santiago gepilgert ist. Heutzutage werden die Compostelas im Empfangsbüro der Pilger (Oficina de Acogida del Peregrino) vergeben, das in der Straße Rúa de Villar, Nr.1 liegt. Die Bedingung, um es zu erhalten, ist 100 km. zu Fuß oder zu Pferd zurückgelegt zu haben oder 200 km. zu Fahrrad.

EINIGE ALLEGEMEINE RATSCHLÄGE

Einen Weg von mehreren Tagen zu Fuß oder zu Fahrrad anzutreten, verlangt keine außerordentliche körperliche Kondition und auch keine raffinierte Ausstattung aber doch eine gewisse Vorbereitung und einige grundlegende Vorsichtsmaßnahmen, die wir folgendermaßen zusammenfassen können:

– Vorher ein gewisses Training durchzuführen, das dazu dient, unsere Kräfte zu messen und in Form zu sein. Wenn man nicht in guter körperlicher Verfassung ist, ist eine ärtztliche Untersuchung zu empfehlen.

– Gut sitzendes, widerstandsfähiges, leichtes, wasserundurchlässiges Schuhwerk zu benutzen, in dem der Fuß gut atmen kann. Es ist äußerst wichtig, es nicht zum ersten Mal anzuziehen, wenn man die Wanderung antritt, sondern es muss in dem Augenblick schon genug eingelaufen sein. Auch die Strümpfe sind wichtig, denn wenn sie schlecht sitzen, können sie Schürfungen und Blasen verursachen.

– Was die übrige Kleidung angeht, kommt es darauf an, zu welcher Jahreszeit man die Jakobswallfahrt unternimmt. Im Sommer sind ein Hut und Sonnenkreme unentbehrlich. In den regnerischen Jahreszeiten, Regenschutz und warme Wäsche. Es ist immer empfehlenswert ein Regencape mitzunehmen, wenn man keinen wasserundurchlässigen Rucksack hat.

– Das Gewicht des Rucksackes muss man auf das unentbehrliche Minimum begrenzen (Schlafsack, Toilettentasche, Wäsche zum Wechseln, Waschmittel, Reiseapotheke), denn zu viel Gewicht ist eine sichere Quelle von Verletzungen an Gelenken und Muskeln.

– Die Reiseapotheke muss alles Nötige enthalten, um Blasen, Verrenkungen oder Verstauchungen, Schürfungen und Verbrennungen zu heilen, sowie um die Wirkungen der Sehnenentzündungen zu lindern.

– Dokumente: Reisepass oder Personalausweis und Beglaubigungsschreiben.

Ein großer Teil der Empfehlungen für die Pilger zu Fuß gilt auch für die Radfahrer, vor allem was den Schutz gegen die Elemente angeht (Sonne, Regen), das Gewicht, das unentbehrliche Gepäck usw. Außer auf sich selbst, müssen sie aber noch auf ihre Fahrräder aufpassen, weshalb sie grundlegende Mechanikerkentnisse haben sollten, sowie die nötigen Materialien für evetuelle Reparaturen.

Das ist alles. Wir könnten mehrere Seiten mit einer Liste ohne Ende von väterlichen Ermahnungen füllen, die der »erfahrene« Pilger, der sich schon gut auskennt, dem »Neuling« anbietet, der von nichts weiß. Wir meinen aber, dass man in kurzer Zeit lernt zu pilgern und dass es eine nicht allzu schwere Übung der Vernunft ist, sich die ungeschriebenen Regeln und den Code anzueignen, welche die heutige Wallfahrt bestimmen. Mit diesem Führer wollen wir nur eine Einführung in die spektakuläre, dicht bevölkerte, außerordentliche lebendige und bunte Welt vermitteln, die der heutige Jakobsweg ist, sowie in seine Vorgeschichte und seine einzigartigsten Zeugnisse.

José María Anguita Jaén.
ZENTRUM ZUM STUDIUM DES JAKOBSWEGES
(CENTRO DE ESTUDIOS DEL CAMINO DE SANTIAGO. SAHAGÚN)

Der französische Weg

1 Saint-Jean-Pied-de-Port-Roncesvals

Die erste Etappe ist möglicherweise die härteste, da man in ihr die Pyrenäen überquert. Die »Route de Napoleon« fängt mit einem harten Aufstieg an, erst zwischen umzäunten Grundstücken und Höfen, dann über Bergwiesen, um später an dichten Buchenwäldern vorbei zur Grenze und zum Abstieg nach Roncesvals (Roncesvalles) zu führen. Die Route von Valcarlos führt größtenteils durch das Tal des Flusses Nive oder Valcarlos und an der Landtraße entlang.

Saint-Jean-Pied-de-Port. Kirche und Fluss Neve.

Von der Rue de la Citadelle aus, steigt der Jakobsweg hinab, um den Fluss Nive zu überqueren, führt dann über die Rue d'Espagne weiter und verlässt die Stadtmauer durch die Port d'Espagne. Von hier aus kann man entweder die Napoleonroute oder die Route durch Valcarlos über die Landstraße N-133 nehmen.

a) Wenn man die erste Möglichkeit vorzieht, muss man nach links in Richtung **Saint-Michel** abbiegen, und wenn man an eine Weggabelung kommt, dem Schild »Route de Napoleon et du Marechal Harispe« folgen. Während etwas mehr als 5km, steigt eine von Kastanienbäumen und ein paar Eichen gesäumte Asphaltpiste zwischen Wiesen und Gehöften hinauf. Nach **Untto**, die letzte Ortschaft vor Roncesvals, folgt der Jakobsweg derselben Piste (außer einmal, wo er sie verlässt, um weiter oben wieder mit ihr zusammenzutreffen) und führt so über Bergwiesen, zwischen Gebüsch und Farnkraut hinauf, während die Hänge und Täler mit Wäldern aus Buchen, Tannen und Eichen bewachsen sind. Nach dem km. 15 trennt sich die Piste von unserer Route in Richtung Organbide. Dagegen folgt unser grasbewachsener Pfad bis zum Bergrücken von Bentartea, über die Hänge von Leizar Atheka und später neben dichten Buchenwäldern an dem Stacheldraht entlang, der Frankreich von Spanien trennt. Weniger als 1 Kilometer weiter, an der Grenze und bei dem Rolandsbrunnen (Fuente de Roldán), informiert uns eine Steinplatte »Saint-Jaques de Compostelle- 765km«. Hinter dem Bergrücken von Bentartea verläuft ein mit Steinen gepflasterter Weg am Nordhang des Berges Txangoa entlang und lässt die Überreste von Elizarra hinter sich. Der Bergrücken von Izandorre (über der Schlucht von Txangoa) geht in die östlichen Hänge des

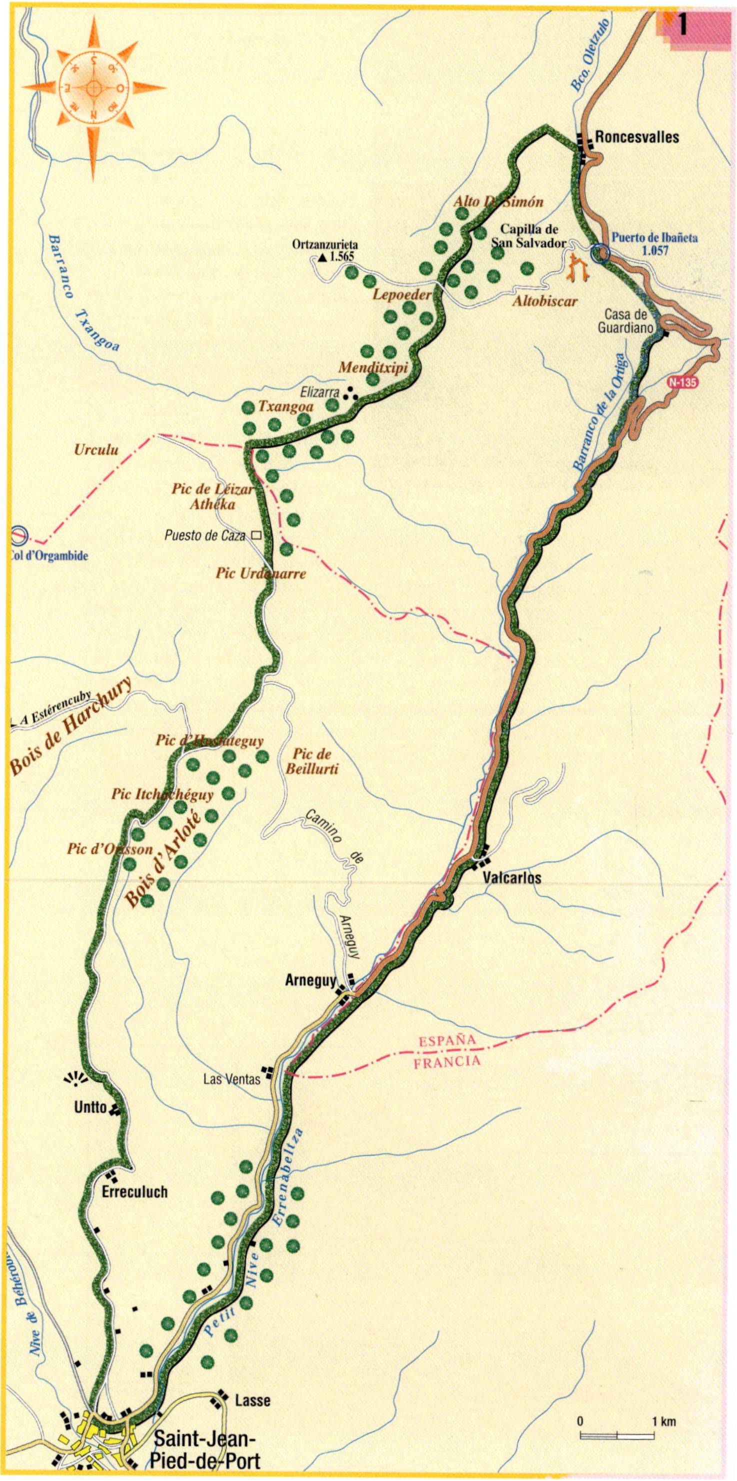
1
Roncesvalles
Bco. Oletzulo
Alto D. Simón
Capilla de San Salvador
Puerto de Ibañeta 1.057
Ortzanzurieta ▲ 1.565
Lepoeder
Altobiscar
Casa de Guardiano
Barranco Txangoa
Menditxipi
Elizarra
Txangoa
N-135
Barranco de la Ortiga
Urculu
Pic de Léizar Athéka
Puesto de Caza
Col d'Orgambide
Pic Urdanarre
A Estérencuby
Bois de Harchury
Pic d'Hostateguy
Pic de Beillurti
Pic Itchachéguy
Camino de Arneguy
Pic d'Orisson
Bois d'Arloté
Valcarlos
Arneguy
ESPAÑA
FRANCIA
Las Ventas
Untto
Erreculuch
Errenabeltza
Petit Nive
Nive de Béhérobie
Lasse
Saint-Jean-Pied-de-Port
0
1 km

Rolandstein auf dem Ibañetapass.

Aztobiskar über. Wenn man hinter dem Bergrücken Lepoeder eine Piste überquert, die von Ibañeta nach Ortzanzurieta führt, bieten sich einem zwei Möglichkeiten: den Weg nach **Ibañeta** zu nehmen, der über eine Piste bis zum Pass verläuft und von da nach **Roncesvals** führt, oder zwischen Buchenwäldern auf dem sogenannten »Alten Weg«, der alten Römerstraße, einen steilen und gefährlichen Abhang hinunterzusteigen. Beide Alternativen treffen hinter der Stiftskirche wieder zusammen.

b) Man muss die Landstraße N-133 nehmen, und nachdem man den »Petit Nive« überquert hat, durch ein schattiges Tal voller Bäume, die für die Wälder an Wasserläufen charakteristisch sind (Weiden, Erlen, Trauerweiden...), dem Flusslauf bis **Arneguy** folgen. Die spanische Grenze uberschreitet man in **Las Ventas**, kurz vor Arneguy. Von diesem letzten Ort aus, wandert man neben der Landstraße weiter, kommt durch **Valcarlos** und an vielen Gehöften vorbei und steigt dann wieder durch Buchen und Eichwälder bis zur Schlucht von Ortiga hoch. Von hier ab und bis nach Ibañeta verlässt man die Landstraße und nimmt den Weg nach Zabaleta. Einmal in **Ibañeta** angekommen, steigt man nach **Roncesvals** auf einem Pfad hinab, der durch einen Buchenwald führt und hinter der Domkirche mit dem »Alten Weg« zusammentrifft.

RADFAHRER

Da man große Höhenunterschiede überwinden muss, ist es ratsam, auf der Landstraße über die Route von Valcarlos zu fahren. Auf dem anderen Weg reicht die asphaltierte Piste fast bis zur spanischen Grenze aber danach verschwindet sie im Gras und der Abstieg ist sehr gefährlich.

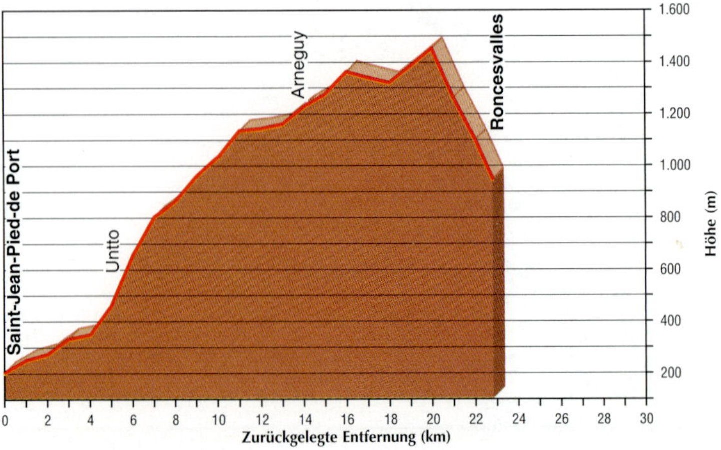

ETAPPE 1. PRAKTISCHE INFORMATION

SAINT-JEAN-PIED-DE-PORT

HERBERGEN

Städtische Schutzhütte (Refugio municipal).
Rue de la Citadelle, 55. Sie liegt bei der »Porte de Saint-Jacques«. Verfügt über 55 Plätze, mit Küche, Waschmaschine und Trockner. Der Empfang befindet sich in der Nr.39 derselben Straße, beim Gefängnis »des evêques«, und wird von dem Verein »Amis du Chemin de Saint-Jacques. Pyrénees Atlantiques« geführt.

Herberge von Huntto (Albergue de Huntto).

Herberge Jean Pied de Port (Albergue Jean Pied de Port)

TRANSPORTMITTEL

Um von Spanien aus nach Saint-Jean-Pied-de-Port zu kommen, gibt es zwei Möglichkeiten: von Pamplona fahren Autobusse nach Roncesvalles ab (Busgesellschaft La Montañesa, ✆ 948 221 584), wo es ein Taxidienst gibt. Von Irún-Hendaya gibt es eine tägliche Zugverbindung nach Bayona und von dort aus, zu verschiedenen Uhrzeiten, nach Saint-Jean-Pied-de Port.

DIENSTLEISTUNGEN

Der Ort bietet alle Arten von Dienstleistungen: Geschäfte, Restaurants, Unterkünfte, Fremdenverkehrsamt, Apotheken, Banken...

VALCARLOS

HOTELS

HS** Casa Marcelino.
Calle Elizaldea, 1. ✆ 948 790 186.
18 Zimmer. 36 Plätze.
40 € Doppelzimmer, 3 € Frühstück;
9,7 € Essen/Abendessen.

H* Maitena.
Calle Elizaldea, 1. ✆ 948 790 210.
8 Zimmer. 16 Plätze. 43/39 € Doppelzimmer; 37/36 € Einzelzimmer;
3,5 € Frühstück;
12 € Essen/Abendessen.

P* Andiko Berri.
Barrio Azoleta. ✆ 948 790 137.
4 Zimmer. 8 Plätze. 23 € Doppelzimmer;
2,4 € Frühstück.

RESTAURANTS

Iñaki.
Calle Elizaldea. ✆ 948 790 001.
34 Plätze. 6 € / 12 €.

Xaindu.
Barrio Pekotxea. ✆ 948 790 200.
Geschlossen vom 30.8. bis 1.6. und donnerstags. Internationale Küche. 45 Plätze. 12 € / 24 €.

RONCESVALS

HERBERGEN

Pilgerschutzhütte von Roncesvalles (Refugio de peregrinos de Roncesvalles).
Das Domkapitel der königlichen Stiftskirche nimmt das ganze Jahr über Pilger auf. Verfügt über 100 Plätze. Fahrräder sind zugelassen.
✆ 948 760 000

Jugendherberge von Roncesvalles (Albergue Juvenil de Roncesvalles).
✆ 948 760 302

HOTELS

HS* La Posada.
Colegiata de Roncesvalles
✆ 948 760 225. 18 Zimmer.
45/39 € Doppelzimmer; 36/32 € Einzelzimmer;
10,94 € Essen/Abendessen.

HS Casa Sabina.
Carretera Pamplona-Francia, km 48.
✆ 948 760 012 / 948 790 438.
5 Zimmer. 37/31 € Doppelzimmer;
3,01 € Frühstück; 9,02 € Essen/Abendessen.

Geschichte und Kulturerbe der Etappe 1

Der Französische Weg Etappe 1. Saint-Jean-Pied-de-Port – Roncesvals

Saint-Jean-Pied-de-Port ist der Ausgangspunkt unserer Reise entlang des Jakobsweges in Spanien. Wenn wir uns an das *Liber Peregrinationis*, einen Reiseführer der Pilger des XII. Jahrhunderts halten (das fünfte Buch des *Liber sancti Iacobi*), dessem Schema wir im Detail folgen werden, hatten sich die Pilger, die von drei der vier französischen Jakobsstraßen kamen, schon vorher in Ostabat (*Hostavalla*) versammelt, bevor sie Saint-Jean erreichten. Diese drei Herkunftsstraßen, auf die wir uns beziehen, durchquerten ganz Frankreich, nachdem sie, einem Trichter ähnlich, den stetigen Strom Pilger aufgenommen hatten, der durch ein dichtes Netz kleinerer Wege, das sich über ganz Europa –und sogar noch weiter– erstreckte, geleitet worden war. Es wären folgende (immer laut dem *Liber Peregrinationis*).

Ibañetapass. Oben, Kapelle; unten, von Pilgern zurückgelassene Kreuze.

–*Via Turonensis*: So genannt, weil sie von Tours ausging, erreichte sie Ostabat nachdem sie über Poitiers, Saintes und Bordeaux geführt hatte. Dieser Straße folgten diejenigen, die von Paris und Orleans kamen, sowie ein Teil der Pilger aus Nordeuropa, die nach Frankeich über die »Niederstraße« - so genannt, weil sie den niederen Lauf des Rheines durchquerte - gekommen waren.

–*Via Lemovicensis*: Ihr Name leitet sich von *Lemovicum* ab, einem keltisch-lateinischem Ortsnamen von dem das heutige Limoges herkommt, eine der Städte, durch die diese große Straße führte, deren Ausgangs- und Sammelpunkt die Abtei Sainte-Madelaine-de-Vézelay war. Von da aus durchquerte sie diagonal ganz Frankreich (von Nordosten nach Südwesten) über Bourges, Vézelay, Perigeux, Bergerac und Agen. Ihr folgten eine gute Anzahl Flamen und Deutsche, abgesehen von den Bewohnern östlicherer Landschaften.

–*Via Podensis*: So genannt weil sie über Nôtre-Dame-du-Puy führte. Sowohl das französiche »puy«, wie das spanische »poyo«, kommen vom lateinischen *podium*, was das Adjektiv »podensis« erklärt, das für diese Straße, die durch Aurillac, Conques, Cahors und Moissac führte, verwendet wird. Ihr folgten Pilger aus Lion und Grenoble, zusammen mit einem guten Anteil Schweizer, Österreicher und Süddeutsche, die von der *Oberstraße* herkamen und diesen Weg der südlicheren *Via Tolosana* vorgezogen hatten, die einen größeren Verkehr aufwies.

Pilgerkreuz in Roncesvals.

Obwohl Ostabat seit alters her der Schnittpunkt dieser drei »Pilgerautobahnen« war, findet man heute dort kaum Spuren dieser bedeutenden Funktion. Auch nicht in Saint-Michel-Pied-de-Port, dem Punkt, den das *Liber Peregrinationis* an den Anfang der ersten seiner dreizehn Etappen setzt und das fünf Kilometer von **Saint-Jean-Pied-de-Port** entfernt liegt. Sowohl Saint-Michel wie Saint-Jean werden im nicht gerade angenehmen Kontext einer der antibaskischen Schmähreden des *Liber Peregrinationis* erwähnt, welche die ungerechten Durchrreisezölle und die allgemeine schlechte Behandlung, die viele Pilger erlitten wenn sie durch dieses Gebiet reisten, anprangert und die sogar so weit geht, die Exkommunion des Königs von Aragon, Herr dieses Gebietes zur Zeit der Verfassung des Werkes (1130-1134), als dem letztendlich für diese Situation Verantwortlichen, zu fordern.

Die Bedeutung Saint-Jean-Pied-de-Ports als Haupt Niedernavarras und danach der *Merindad de Ultrapuertos**, ist späteren Datums. Das Stadtbild dieses Ortes, der heute noch von Mauern umgeben ist, zeigt noch Spuren aus der Zeit seiner Entstehung, im Rahmen des rationalistischen Stils, der für die Pläne der Dörfer des Jakobsweges und des Königreiches Aragon, die im Spätmittelalter entstanden oder umgebaut worden sind, charakteristisch ist. Seine Hauptstraße ist ein echter Pilgerweg, der die Stadt von Norden (Jakobstor, »Puerta de Santiago«) nach Süden (Spanientor, »Puerta de España«) durchquert und sie so in zwei symetrische Vierecke teilt. Auf dieser geraden Achse befinden sich die wichtigsten Sehenswürdigkeiten von Saint-Jean: das sogenannte Bischofsgefängnis, ein gotischer Bau des XIII. Jahrhunderts., die Kirche Unserer Lieben Frau der Brücke (Ama zubi buruko) und der Saint-Jean Bogen, der sich zum Pont-de-Espagne, über dem Fluss Nive öffnet.

Hinter dem Spanientor begegneten die Pilger den ersten Ausläufern der Pyrenäen. Im Mittelalter war der meist benutzte Weg derjenige, den man heute als »Route du Maréchal Harispe« oder »Napoleons« kennt, ungefähr auf der Spur der alten *Via Traiana*, die Bordeaux mit Astorga verband. Das *Itinerarium Antonini*, eine Art Landstraßenkarte des Römischen Reiches, erwähnt zwei *mansiones* (Stationen) in dieser Gegend: *Imus Pyrineus* und *Summus Pyrineus*, also der tiefste und der höchste Punkt des Pyrenäenpasses. Den ersten identifiziert man normalerweise als Saint-Jean-le-Vieux, während man den zweiten meistens auf der Höhe der Bergsättel von Aztobizkar und Lepoeder lokalisiert, obwohl man keine archäologischen Funde, welche dies beweisen könnten, entdeckt hat. Zwischen diesen beiden Punkten, wenngleich erst in späterer Zeit errichtet, befanden sich zwei, dieses mal auch tatsächlich belegte, Hospitäler in **Untto** und in **Erreculuch**, sowie das Priorat **Orisson**, das von Roncesval (Roncesvalles) abhängig war. Auf dem Gipfel, dort wo zwar nur vermutlich aber doch höchstwahrscheinlich, die »mansio« *Summus Pyrineus* geortet wird, muss man den *Portus Cisere*, von dem das *Liber Peregrinationis*

* *Merindad*: Bezirk mit einer wichtigen Stadt oder einem bedeutenden Dorf, das die Interessen der umliegenden Ortschaften vertrat. *Ultrapuertos*: Jenseits der Pässe, d.h. von spanischer Seite aus gesehen, jenseits der Pyrenäen. (A.d.Ü.)

Stiftskirche von Roncesvals.

spricht, lokalisieren, sowie eines der heute verschollenen Denkmäler, mit Hilfe derer man den Jakobskult mit dem Kult Karls des Großen (Carlomagno) verbinden wollte: die *Crux Karoli*, erster Gebetsort des Jakobsweges in Spanien. Dem *Liber Peregrinationis* zufolge, stellte Karl der Große, als er jene Höhe mit seinem Heer gewonnen hatte, dort ein Kreuz auf und vertraute sich, zum Grabe des Apostels Jakob (Santiago) gewandt, diesem an. Jahrhunderte später konnte man dort bis zu tausend Kreuze sehen, die ebensoviele Pilger in Nachahmung dieser Geste des Kaisers aufgestellt hatten.

Auf der entgegengesetzten Seite des Gebirges, in **Ibañeta**, erinnern eine Kapelle und ein Denkmal an das alte Benediktinerkloster von San Salvador, älter aber keineswegs ein Vorgänger von Roncesvals. An diesem Punkt vereinigen sich die alte Straße (die römische und mittelalterliche), mit einer anderen, die bis hierher den Kurs des Flusses Petit Nive flankierte und auf der sich ein anderer jener Orte befindet, deren Namen ein Zeugnis des Kultes ist, den man in diesen Gebieten Karl dem Großen darbrachte: **Valcarlos**, wo nach dem *Liber Peregrinationis* der Kaiser sein Lager aufgeschlagen hatte, als er von der zerschmetternden Niederlage erfuhr, die die Nachhut seiner Heeres erlitten hatte. Der baskische Name der Ortschaft, »Luzaide«, den man als »dunklen Weg« übersetzen kann, ruft uns die Enge der Schluchten in Erinnerung, in denen nach der *Chanson de Roland* und den *Annalen* aus karolingischer Zeit, die fränkischen Krieger überrascht wurden. Die Gemeindekirche in Valcarlos ist dem Apostel Jakobus (Santiago) geweiht, und dort gab es ein Pilgerhospital, das von Roncesvals abhing.

Der riesenhafte Schatten von **Roncesvals** (Roncesvalles) erstreckt sich, wie wir schon im Laufe dieser Etappe Gelegenheit gehabt haben zu sehen, über diese Grenzgebiete. Das Hospital, das immer unter dem Vorstand einer Gemeinschaft von Stiftsherren des Ordens des Heiligen Augustin (San Agustín) stand, wurde 1127 von dem Bischof von Pamplona, Sancho Larrosa und dem König von Aragon, Alfons dem I., gegründet. Bald erwarb es neben dem Ruhm auch eine große Menge Reichtümer, die in Form von Schenkungen aus ganz Europa dorthin gelangten, was zur Folge hatte, dass es sich mittels einer großen Anzahl von Besitztümern, Prioraten und abhängigen Hospitälern, zum Herrn jener Gegend erhob. Der Ruhm des Namens Roncesvals, des Ortes wo nach der karolingischen Epik die Niederlage des Heeres Karls des Großen und der Tod Rolands (Roldán), neben anderen heldenhaften Recken, stattgefunden hatte, ist älter als diese Hospital-Stiftskirche. Doch von hier aus - vielleicht wurde sie auch zu diesem Zweck erbaut - wusste man auf geniale Art dieses »Markenzeichen« zu nützen und ihm eine neue Dimension zu verleihen. Tatsächlich ist Roncesvals die perfekte Synthese zwischen dem Pilgerhaftem und Epischem, das Band, das wirkungsvoll den Jakobskult mit dem Kult Karls des Großen verbindet. Die Jakobspilger begegneten in Roncesvals einem Heiligtum in dem, mehr oder weniger offen, den fränkischen »Überhelden« der Epik gehuldigt wurde, und das voll von Andenken und Erinnerungen an den Kaiser Karl den Großen und Roland war. Der *Pseudo-Turpin* (vierter Teil des *Liber sancti Iacobi*) und das *Liber Peregrinationis* orten genau und beschreiben ausgiebig das schon erwähnte Kreuz Karl des Großen, die Ebene, wo die große Schlacht zwischen Christen und Moslems stattgefunden hatte, den großen Stein den Roland mit seinem Schwert Durenda zerschlug, die Strafe Ganelons, Valcarlos... In anderen Worten, sie erarbeiten einen richtigen Reiseführer für Roncesvals, was an eine tatsächliche Verbindung dieser Bücher mit der Stiftskirche denken lässt. In der Tat ist diese perfekte Synthese zwischen dem Pilgerhaften und dem Epischen, dem, was sich auf St. Jakob bezieht und dem karolingischen, die in Roncesvals stattfindet, genau das programmatische Ziel des Pseudo-Turpin.

Roncesvals. Fassade der Bibliothek und des Museums.

Innerhalb der Anlage dieser königlichen Stiftskirche, ragt das Gotteshaus heraus, das im XIII. Jahrhundert auf Befehl von Sancho VII. *dem Starken*, (Sancho VII, *el Fuerte*) errichtet wurde und in dessen Innern eine wunderschöne sitzende Statue gotischen Stils von der Gottesmutter throhnt. An die Kirche angebaut, birgt ein herrliches Mausoleum die Gebeine des riesigen Sancho und seiner Gemahlin Clemencia. An einer seiner Seiten kann man die Ketten des Zeltes des moslemischen *Miramamolin* erkennen, die der navarrische König, einer der drei spanischen Könige, welche die almohadische Macht bei Navas de Tolosa besiegten (1212), nach hierhin bringen ließ und die zum Wappen des kleinen Königreiches Navarra wurden. Andere Sehenswürdigkeiten der Anlage sind der Kreuzgang aus dem XIV. Jahrhundert; die kleine Jakobskapelle (Capilla de Santiago), aus derselben Zeit und die Kapelle des Heiligen Geistes (Sancti Spiritus), die als Beinhaus für die vielen Pilger diente, die im Hospital starben. Im Museum der Stiftskirche werden Gegenstände von großem Wert aufbewahrt, wie das berümte Schachspiel Karls des Großen.

Roncesvals. Kapellen Santiago und Sancti Spiritus oder »silo de Carlomagno«.

2 Roncesvals – Larrasoaña

Der Jakobsweg führt über Wiesen, durch Buchen und Eichenwälder, überquert zwei Pässe und schneidet mehrmals die Landstraße N-135. Zusammen mit dieser Landstraße folgt er dem Lauf des Flusses Arga bis er nach Larrasoaña gelangt.

Gesamtansicht von Espinal.

Am Ausgang von **Roncesvals** (Roncesvalles) führt ein Pfad rechts von der Landstraße N-135 nach **Burguete** durch ein bewaldetes Gebiet (Buchen, Eichen, Ahorne, Haselsträucher, Stechpalme…). Nach 2km lässt man den Wald hinter sich und kommt zu zwei Hallen, wo man nach links abbiegen muss, um auf der Straße in das Dorf zu gelangen. Dort schwenkt der Weg auf der Höhe der Bank BSCH (Banco Santander Central Hispano) nach rechts ab und verlässt das Dorf. Nachdem man eine Schlucht des Flusses Urrobi überwunden hat, folgt man einer asphaltierten Piste, die zwischen Ställen hindurchführt und durch mehrere kleine Mauerdurchgänge, über Bäche, bebaute Felder, durch Buchenwälder und Wiesen führt um durch das Viertel von Santiago nach **Espinal** hineinzugelangen (km. 6,5). Nachdem man an einem Brunnen vorbeigegangen ist, verlässt man die Ortschaft, biegt nach links ab und beginnt durch Wiesen, Tannen- und Buchenwälder den Aufstieg auf den Alto de Mezquíriz. Der Weg schwenkt nach rechts und steigt zur Landstraße hinab um sie auf der Höhe der Stele der Heiligen Jungfrau von Roncesvals (Virgen de Roncesvalles) zu überqueren und dann weiterhin durch den Buchenwald hinabzusteigen. An einer Kurve (ca. am 8. km) gerät er von Neuem mit der Landstraße in Kontakt und dringt in einen Vegetationskorridor ein. An der Kreuzung kommt man wieder auf die Landstraße N-135 und nimmt die Piste, die nach **Viscarret** hineinführt, das schon im Errotal (Valle de Erro) liegt. Von da aus steigt ein mit Steinplatten belegter Weg zum Friedhof hinauf, den man verlässt, um einen von Eichen, Ahornen und Buchen gesäumten Pfad zu nehmen, der zur N-135 führt. Nachdem man sie überquert hat erscheint, diesmal rechts, **Linzoáin** (ungefähr 19 km.). Der Ausgang des Dorfes steigt über eine steinige Rampe bergan, die von Buchsbaum, Wacholder und Weißdorn gesäumt wird. Man geht durch noch mehr Wald zum Berg Alto de Erro. Und kurz nach einigen Steinplatten, die der »Rolandsschritt« genannt werden (Pasos de Roldán), überquert man die gepflasterte

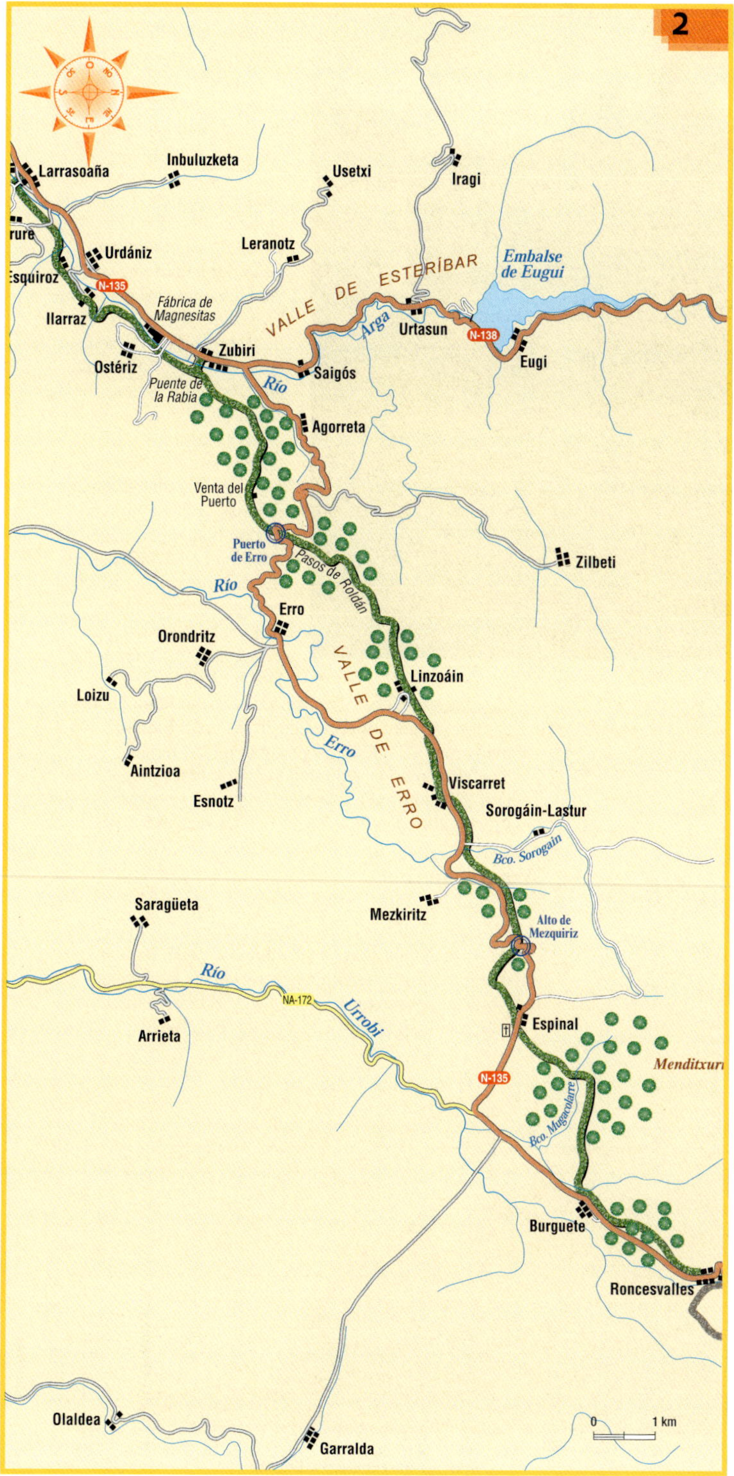
2
Larrasoaña
Inbuluzketa
Usetxi
Iragi
Leranotz
Urdániz
Esquiroz
N-135
Ilarraz
Fábrica de Magnesitas
VALLE DE ESTERÍBAR
Embalse de Eugui
Arga
Urtasun
N-138
Eugi
Zubiri
Ostériz
Saigós
Puente de la Rabia
Río
Agorreta
Venta del Puerto
Puerto de Erro
Pasos de Roldán
Zilbeti
Río
Erro
Orondritz
VALLE DE ERRO
Linzoáin
Loizu
Erro
Aintzioa
Esnotz
Viscarret
Sorogáin-Lastur
Bco. Sorogain
Saragüeta
Mezkiritz
Alto de Mezquiriz
Río
Urrobi
NA-172
Espinal
Arrieta
Menditxuri
N-135
Bco. Mugacolarre
Burguete
Roncesvalles
Olaldea
Garralda
0
1 km

Zubiri. Blick von der mittelalterlichen Brücke auf den Fluss Arga.

Straße, die zum Tal von Esteríbar hinabführt und kommt an der »Passschenke« (Venta del Puerto) vorbei. 1km danach ist Zubiri bereits in Sicht. Man lässt das Dickicht hinter sich und 500m weiter zeigt sich uns in **Zubiri** die Brücke Puente de la Rabia über den Fluss Arga. Ohne sie zu überqueren, steigt der Jakobsweg eine Straße hinauf und geht dann zwischen Eichen und Büschen an den Wiesen entlang, weiter. Man muss eine Piste in Richtung zur Magnesitfabrik nehmen, die in der Landstraße nach Osteriz mündet. Von hier geht eine parallele Piste aus, die man verlässt um eine Treppe hinunterzusteigen (km 23,6) und eine Talsohle zu durchwandern. Der Aufstieg erfolgt auf einem mit Steinplatten gepflasterten Weg unter den Kronen der Eichen, Nussbäume, Haselnusssträucher und Ahorne bis nach **Illaraz**. Über die Landstraße geht es dann bergab bis nach **Esquiroz**, wo man einen von Bäumen gesäumten Pfad nimmt. Nachdem man eine Tierfutterfabrik hinter sich gelassen und die Landstraße überquert hat, führt eine Piste auf der Brücke über den Fluss Arga nach **Larrasoaña** hinein.

RADFAHRER

Bis Espinal gibt es keine größeren Schwierigkeiten. Von da ab beginnen starke Höhenunterschiede, da man mehrere Pässe überwinden muss und es kann gefährliche Abstiege und unzugängliche Pfade geben. In diesem Fall wäre die Landstraße N-135 eine Möglichkeit.

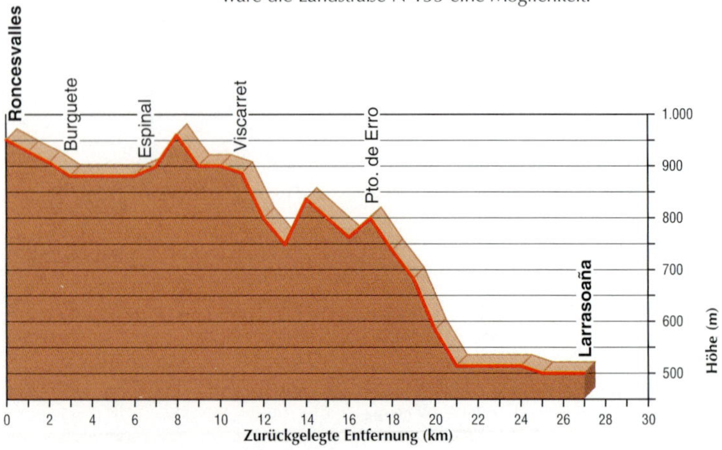

ETAPPE 2. PRAKTISCHE INFORMATION

BURGUETE

Hotels

HSBurguete.** Calle San Nicolás, 71. ✆ 948 790 488. Geschlossen vom 10.12. bis 1.4. 20 Plätze. Vom 1. bis 31.8. und an Ostern: 48,9 € Doppelzimmer; Rest des Jahres: 39,9 € Doppelzimmer.
HS* Juandeaburre. Calle San Nicolás. ✆ 948 760 078. Geöffnet vom 1.5. bis 31.10. 4 Plätze. 25 € Doppelzimmer.

Restaurants

Asador Aritza. Calle Kanaeleburua, 6. ✆ 948 760 311. Hausmannskost und regionale Küche. 42 Plätze. 12 € / 24 €.
Garate. Avenida Roncesvalles, 35. ✆ 948 760 002. Hausmannskost und regionale Küche. 30 Plätze. 12 € / 24 €.
Txikipolit. Avenida Roncesvalles, 42. ✆ 948 760 019. Regionale Küche. 40 Plätze. 12 € / 24 €.

Transportmittel

Die Busverbindung Roncesvalles-Pamplona hat in allen Ortschaften dieser Strecke Haltestellen. Busgesellschaft La Montañesa, ✆ 948 221 584

ERRO

Herbergen

Casa Pablo Sorogain. ✆ 948 768 095

Hotels

HS Erro.** Carretera N-135, km 30. ✆ 948 768 120. 4 Plätze. Vom 1.6. bis 15.9.: 45 €; Rest des Jahres: 39 € Doppelzimmer.

Restaurants

Casa Rafael. Carretera Francia. ✆ 948 768 002. Dienstags im Winter geschlossen. 32 Plätze.

ESPINAL

Campingplätze

2. Kategorie. Cámping Urrobi. Carretera N-135 Pamplona-Valcarlos, km 42. ✆ 948 760 200 / 696 463 609. www.campingurrobi.com. Geöffnet vom 1.4. bis 1.11. 400 Plätze.

Restaurants

Ederrena. Calle San Bartolomé, 29. ✆ 948 760 121. 28 Plätze.

ZUBIRI

Herbergen

Pilgerherberge (Albergue de peregrinos). ✆ 948 304 262 / 948 304 114.

Hotels

HS Hostería de Zubiri.** Avenida Roncesvalles, 6. ✆ 948 304 329. 10 Zimmer. 20 Plätze. 65/62/59 € Doppelzimmer; 16,5 € Abendessen.

P* Goikoa. Avenida Roncesvalles, 8-4°. ✆ 948 304 067. 4 Zimmer. 8 Plätze. 28/24 € Doppelzimmer; 24/21 € Einzelzimmer; 3 € Frühstück; 9,5 € Abendessen.

Restaurants

Bar Gau Txori. Carretera Francia. Kreuzung (Cruce) Carretera N-135 Zubiri-Erro und NA-137 Zubiri-Urtasun. ✆ 948 304 076. Geöffnet von 12-17 h / 20-23 h. 80 Plätze. Hervorragende Küche aus Navarra. Verfügt über 3 Speiseräume.

Betargi. Avenida Roncesvalles. ✆ 948 304 450. 50 Plätze.

LARRASOAÑA

Herbergen

Sie liegt im Gebäude des Stadtrates, zu dem sie gehört. Verfügt über eine Küche. Gute Einrichtungen. 53 Plätze. ✆ 948 304 242 / 616 972 455

Hotels

P* El Camino. Calle San Nicolás, 100. ✆ 948 304 288. 2 Plätze. 32 € Doppelzimmer.

Restaurants

Café-Bar Larrasoaña. Calle San Nicolás, 16. ✆ 948 304 250. Geschlossen: im Dezember und über Winter dienstags. Hausmannskost und Küche aus Navarra. 14 Plätze. 6 € / 12 €.

GESCHICHTE UND KULTURERBE DER ETAPPE 2

Pilger, kurz vor Burguete.

DER FRANZÖSISCHE WEG ETAPPE 2. RONCESVALS-LARRASOAÑA

Fast am Ausgang der Anlage der Stiftskirche von Roncesvals (Roncesvalles), am Rande der Landstraße, steht ein steinernes gotisches Wegekreuz mit einem Bildstock. Der Sockel, der von einem Renaissance-Kapitell gekrönt ist, trägt ein schlankes Jakobskreuz. Normalerweise als »Pilgerkreuz« bekannt, nennt es die lokale schriftliche Dokumentation das »alte Kreuz« und verzeichnet, dass es 1880 an seinen heutigen Ort gebracht wurde.

Das heutige **Burguete** (Auritz) ist die alte *Villa Runcievallis* des *Liber Peregrinationis*, also der Weiler (burgo) von Roncesvals. Auf die weite Hochebene auf der es liegt, die sowohl die Stiftskirche als auch das Dorf Espinal einschließt, verlegt die lokale und universelle Überlieferung die »literarische« Schlacht von Roncesvals: wegen ihrer Form eines gut abgegrenzten Viereckes (im Norden von dem Bergrücken von Ibañeta und im Süden von den Bergen von Espinal und Mezquíriz), war sie ein perfektes Schlachtfeld für die direkte und «sportliche« Konfrontation zwischen großen Ritterheeren, sowohl der Franken als auch der Sarazenen. In Wirklichkeit hat diese epische Sicht der Schlacht wenig mit dem wirklichen Scharmüzel von 778 zu tun, als die Basken aus Pamplona, die sich hinter den Sätteln der Pyrenäenkämme (Artobizkar un Lepoeder) oder in den Schluchten von Valcarlos in den Hinterhalt gelegt hatten, durch ihre Beweglichkeit und Kenntnis des Terrains die schwere fränkische Nachhut überrumpelten. Aber die idealisierte epische Version dieser Ereignisse war die einzige, die tausende von Menschen akzeptierten, die sie nur dank der *Chanson de Roland* kannten. In diesem Werk sind die historischen baskischen Gegner durch Sarazenen ersetzt worden, gegen die die Franken mit dem edlen Ziel kämpfen, Spanien für die Christenheit zurückzugewinnen. In diesen episch-literarischen Kontext, der im XII. Jahrhundert herrschte, gehört der *Pseudo-Turpin,* ein Werk das die verschiedenen Episoden der *Chanson de Roland* der tatsächlichen Geographie Roncesvals anpasst, so dass jedes von ihnen zu einem »touristischen« Besuchs und Erinnerungsort für tausende von Jakobspilgern wurde, die beständig über den Pass reisten. So erliegt nach dem *Pseudo-Turpin* auf der großen Ebene von Burguete die fränkische Nachhut (20 000 Mann, unter der Führung Rolands und Oliviers) vor der Überzahl der Streitkräfte der Sarazenen Marsils von

Saragossa (Zaragoza) (50 000 Mann). Was im *Pseudo-Turpin* gegenüber anderen epischen Werken originell ist, ist dass er Roland und die anderen fränkischen Helden als Märtyrer des christlichen Glaubens darstellt, die auf dem Kreuzzug gegen den Islam sterben. Seine Absicht war, dass die Pilger die auf der Durchreise an diesem in den Pyrenäen gelegenem Hospital und Heiligtum vorbeikamen, (ein Heiligtum, das eigentlich der Muttergottes geweiht war), dort »rechtmäßig« die Reliquien und Andenken der literarischen Helden, die in Roncesvals gefallen waren, anbeten konnten, als handelte es sich um wirkliche Märtyrer des Glaubens. Der Ton, den er zum Beispiel bei der Beschreibung der Passion Oliviers, des treuen Gefährten Rolands, anwendet, steht keineswegs in Grausamkeit dem Ton der verschiedenen Martyriologien und Passionsbüchern nach, in denen der Martyrien der frühchristlichen und hochmittelalterlichen Märtirer gedacht wurde.

»Olivier, der schon in ein besseres Leben eingegangen war, fanden sie auf der Erde liegend, wie ein Kreuz ausgestreckt, seine Glieder durch vier starke Stricke auseinandergezogen, die ihn an vier in den Boden gehauenen Stöcken festbanden, geschunden durch scharfe Messer, vom Halse bis zu den Fuß - und Fingernägeln, von Pfeilen, Lanzen und Schwertern durchbohrt und roh geprügelt und voller Quetschungen«.

Roland war seinerseits, nachdem er seine 20 000 getöteten und gefolterten Kameraden gerächt hatte indem er den König Marsil von Saragossa (Zaragoza) getötet hatte, schwer verwundet und fast leblos von der Schlachtebene in Richtung Ibañeta gestiegen. Dort, genau auf dem Grund der Stiftskirche, zerschlug er sein Schwert Durenda gegen einen großen Stein, blies in seinen berühmten Olifant, der durch die Kraft seiner Lungen zerbrach, genau wie seine Halsadern und starb darauf vor Erschöpfung. Laut dem *Liber Peregrinationis*, das von demselben Verfasser wie der *Pseudo-Turpin* geschrieben worden ist, wurde zu seiner Zeit (ca. 1130) gerade an einer Kirche gebaut, die sich auf den drei Stücken des von Roland zerhauenen Steines erheben sollte, was andeuten wollte, ohne es zu sagen, dass sie Roland gewidmet war oder wenigstens, dass die Pilger, wenn sie sie betraten, genau an der Stelle von Rolands Passion standen, wo außerdem der Verräter Ganelon seine Strafe bekommen hatte. In dieser Hinsicht können wir den *Pseudo-Turpin* als den besten Publizisten, den Roncesvals jemals gehabt hat, ansehen, und seine Beziehung zur Stisftskirche außer Zweifel stellen, was nicht bedeutet, dass sein Verfasser einer der Stiftsherren derselben gewesen ist.

Der Ortsname »Roncesvals« selber, scheint eine Erfindung der französichen Spielleute zu sein, möglicherweise von einem nicht dokumentierten baskischen Choronym ausgehend, das die große Ebene, wo die Schlacht stattgefunden hatte, bezeichnete: *Errozabal*, den man als »Ebene von Erro« übersetzen kann und der das Gebiet der Grafschaft Erro bezeichnen würde, deren Grenzen praktisch mit diesem Tal identisch waren. Später hätten die französichen Dichter und Sänger es in *Roncesvals*, das »Dornental«, umgewandelt, in der Absicht einen »sprechenden«, mit negativen Andeutungen beladenen, Ortsnamen zu bilden, wie es zu dem Ort unglücklicher Erinnerung passte, wo die besten Ritter Karls de Großen zusammen mit einer Heerschar christlicher Soldaten umgekommen waren. Der Name der nächsten Ortschaft des Jakobsweges, **Espinal** (Auritzberri), die noch innerhalb der großen Ebene liegt, ist vielleicht eine spanische Variante des literarischen Toponyms Roncesvals. Ihre relativ späte Gründung (1269) war das persönliche Werk Königs Teobald des II. von Navarra, an das eine moderne Büste erinnert.

Viscarret, eine Ortschaft, die noch auf dem Bergücken der Höhe des Espinal liegt, wie die Etymlogie ihres Namens andeutet (auf Baskisch bedeutet »bizkar«, »Rücken«), war eine alte Jakobswegstation, da das II. Kap. des

Espinal. Straße und Pilgerweg.

Liber Peregrinationis sie unter den Namen *Biscaretus* und *Biscarellus* als Ende der ersten der dreizehn spanischen Etappen bezeichnet. Aber es finden sich keine anderen Dokumente oder architektonische Überreste, die diese qualifizierte Funktion bestätigen. Ihre St. Peter geweihte Gemeindekirche romanischen Stils, wurde im XIII. Jarhundert errichtet.

In der Widmung der Gemeindekirche von **Linzoáin**, an den Heiligen Saturnin (San Saturnino), begegnen wir zum ersten mal auf unserem Weg einer wichtigen Spur der Anwesenheit von Leuten aus Tolosa in Navarra. Die, wie schon gesagt, dem ersten Bischof von Tolosa geweihte Kirche, ist romanisch und aus dem XIII. Jahrhundert.

Auf dem **Pass von Erro** (»Puerto de Erro«) gibt es eine große Steinplatte, die als Rolands Schritt (»Paso de Roldán«) bekannt ist, und die der lokalen Volksüberlieferung zufolge das Maß eines Schrittes des Frankenhelden darstellt. Es ist möglich, dass wir hier zum ersten Male auf unserem Weg dem baskischen Gegenstück Rolands begegnen: Errolán, ein Megalithe werfender Riese, Feind des Baskenvolkes. Es kann sich um ein Weiterleben der wirklichen Schlacht von Roncesvals in der baskischen Volkserinnerung handeln, welche die epische, von den französichen Spielleuten erdichtete und in diesem Gebiet von der Stiftskirche aus verbreitete Version überdauert hat. Im Laufe späterer Etappen, besonders wenn wir den Rolandssitz (Poyo de Roldán) in Nájera erreichen werden, wird sich dieses baskische Spiegelbild der karolingischen Epik mit noch größerer Deutlichkeit zeigen.

Wenn man auf demselben Pass ein wenig weitergegangen ist, befindet sich dort die »Schänke des Passes oder des Wanderers« (»Venta del Puerto o del Caminante«), Herberge für Pilger und Wanderer, aus moderner Zeit.

Die meisten historischen Erwähnungen **Zubiris** weisen auf seine Brücke hin, was andeutet dass die relativ späte Gründung dieser Ortschaft (sie wird im *Liber Peregrinationis* nicht erwähnt) mit dem Bau der großen Brücke über dem Fluss Arga verbunden sein könnte. Der Ortsname selbst bedeutet auf Baskisch »Brückendorf«. Ein deutscher Abenteurer des XV. Jahrhunderts, Arnold von Harff, nennt die Ortschaft im Rahmen des Berichtes seiner Reise nach Santiago »Paradiesbrücke«, wir wissen nicht genau warum. Vielleicht wegen der lokalen Sitte, alle Tiere der Umgegend über sie hinüberzuführen, um sie vor der Tollwut zu bewahren. Die Christianisierung dieses Ritus schreibt die apotropäische Macht der Brücke der Anwesenheit einer Reliquie der Heiligen Kyteria (Santa Quiteria) zu, einer gasconischen Märtyrerjungfrau, deren Kult in Zubiri ebenfalls aus Tolosa kommen könnte, wo diese Heilige besonders verehrt wurde.

Pilger auf der Brücke kurz vor Zubiri.

Die frühe Bedeutung von **Larrasoaña**, im Gegensatz zu Zubiri, wird von seiner Erwähnung als Jakobswegstation (*Ressogna*) im *Liber Peregrinationis* bezeugt. Noch älter sind jedoch die urkundlichen Erwähnungen seines dem Heiligen Augustin (San Agustín) gewidmeten Klosters, das in hochmittelalterlicher Zeit von Leire abhängig war. Wir wissen nicht ob das Hospital jenes Sankt Augustinklosters, das zur Zeit des *Liber Peregrinationis* (1130) in Betrieb war, etwas mit dem Gebäude zu tun hat, das als »Vorratskammer von Roncesvals« (»Cillería de Roncesvalles«) bekannt ist, ein Hospital das seit dem XIII. Jahrhundert von dieser Stiftskirche abhing und noch in der Neuzeit funktionierte. Das Weiterbestehen dieser mit dem Jakobsweg verbundenen Gastfreundschaft in Larrasoaña während der Neuzeit, wird durch die Existenz zweier Laienbrüderschaften unter Berufung auf den Heiligen Blas und Heiligen Jakob (San Blas y Santiago) bezeugt, die im XVIII. Jahrhundert belegt sind und der Pflege der Pilger gewidmet waren. Zwei denselben Heiligen geweihte Kapellen, sind das heute noch lebendige Überbleibsel dieser historischen Vergangenheit. Außerdem sind die große, als »Räuberbrücke« (»Puente de los Bandidos«) bekannte Brücke aus dem XIV. Jahrhundert, der lineare Stadtplan der Ortschaft und die Tatsache, dass ihre Gemeindekirche dem Heiligen Nikolaus von Bari (San Nicolás) geweiht ist, in verschiedenem Maße von der Beziehung Larrasoañas zum Jakobsweg beeinflusst.

Larrasoaña. Brücke über den Fluss Arga.

3 Larrasoaña – Pamplona

Der Jakobsweg führt durch die fruchtbare Ebene des Flusses Arga, am Fuße einer Reihe mit Buchen, Eichen und Kiefern bedeckter Hügel, während die Landstraße N-135 parallel zum Flusslauf verläuft. Je mehr wir uns Pamplona nähern, um so mehr ist die Landschaft durch Menschenhand verändert worden und weist Äcker und Nadelbaumpflanzungen auf, bis uns in Villava die Zivilisation entgegentritt.

Trinidad de Arre und Brücke über den Fluss Ulzama bei Villava.

Man überquert die Brücke über den Arga auf der man auf der vorigen Etappe nach **Larrasoaña** hineinkam und wandert dann auf einer Piste, die bis **Aquerreta**, das 1km entfernt liegt, hinaufschlängelt, um von da aus wieder auf einem von Ahornen, Nuss- und Buchsbäumen, Pinien und anderen Baumarten gesäumten Pfad, hinabzusteigen. Hinter der Landstraße, kommt man durch einen Pinien und einen Buchenwald am Fuße des Berges Maliturri, um sich dann bergab zum Fluss Arga zu begeben. Man wandert durch den Wald am Flussufer entlang bis nach **Zuriáin**, wo man den Fluss überquert und dann auf der Landstraße N-135 weiterzieht. 500m weiter erscheint die Abzweigung nach Ilurdoz. Wenn man ihr folgt, kommt man auf das linke Flussufer und nachdem wir ein paar Häuser hinter uns gelassen haben (im Hintergrund sieht man einen alten Steinbruch) und an einem Pinienwald vorbeigegangen sind, sehen wir den Arga an den Äckern vorbeifließen. Hinter **Iroz** überquert man von Neuem den Lauf des Arga (am Fluss entlang hat man einen Park angelegt), diesmal rechts und wandert dann zwischen der Landstraße und dem Fluss bis **Zabaldica** (nach dem km. 7) weiter. Dort nimmt man eine Pfad, der neben dem Asphalt herläuft, bis er auf der Höhe eines Wirtshauses die Straße kreuzt, um einen anderen Fußweg zu nehmen auf dem man den Hang des Berges Narval hinaufsteigt (Buchsbaum und Nadelbaumpflanzungen) bis vor uns die Kapelle der Heiligen Marina (Ermita de Santa Marina) in **Arleta** auftaucht, wohin man hinabsteigen muss. Dieses Dorf verlässt man zwischen Eichen und Ahornen und lässt die Siedlung Burrín (ein Dorf, das im XIV. Jh. Verlassen wurde) hinter sich. Vor dem km.10 steigt der Weg hinab und führt durch einen Tunnel unter der Umgehungsstraße hindurch um zwischen dieser Straße und dem Berg Miravalles (der auch mit Nadelbäumen bepflanzt ist) weiterzuführen. Nach etwas mehr als 500m führt die Brücke über den

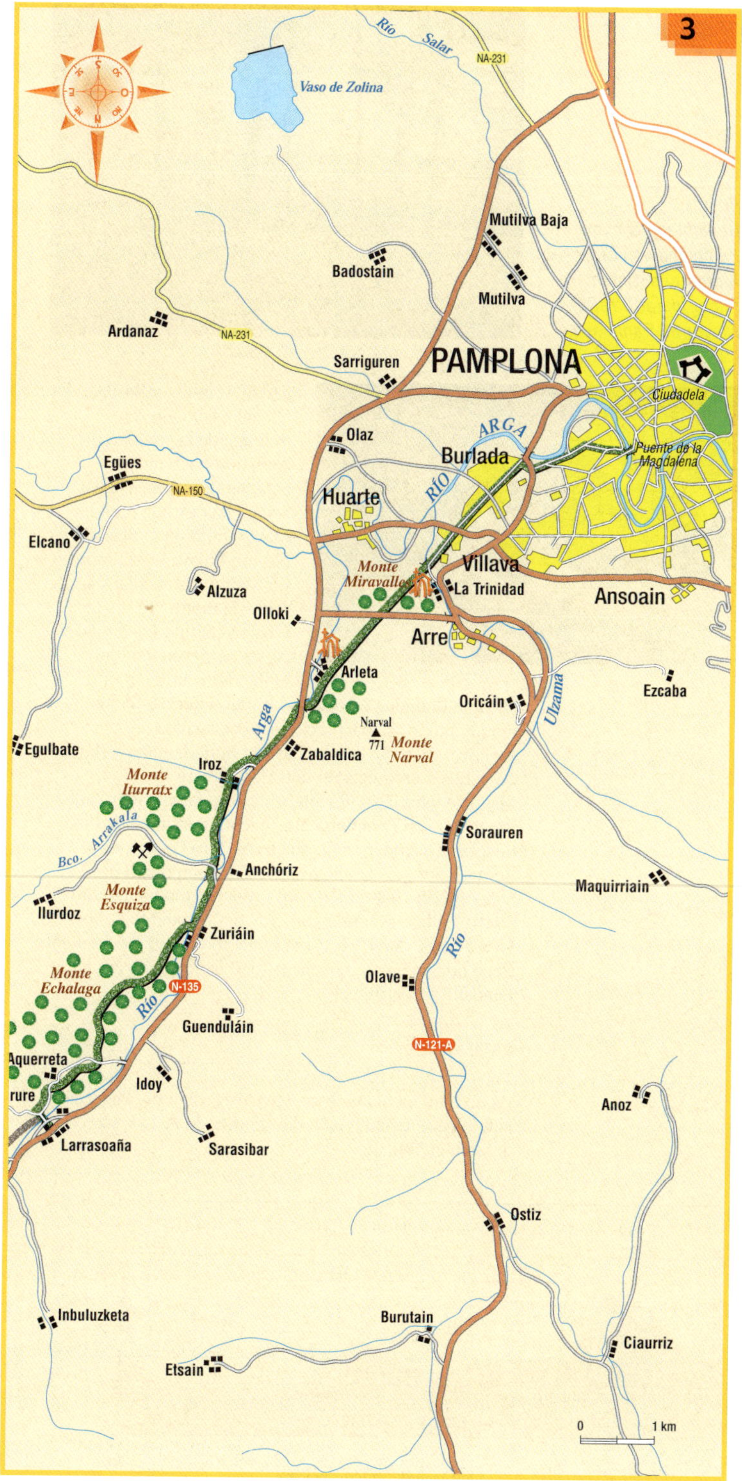
3
Río Salar
NA-231
Vaso de Zolina
Mutilva Baja
Badostain
Mutilva
Ardanaz
NA-231
Sarriguren
PAMPLONA
Ciudadela
Olaz
ARGA
Burlada
Puente de la Magdalena
Egües
NA-150
Huarte
RÍO
Elcano
Monte Miravalles
Villava
La Trinidad
Ansoain
Alzuza
Olloki
Arre
Arleta
Oricáin
Ulzama
Ezcaba
Egulbate
Arga
Narval
771
Monte Narval
Zabaldica
Iroz
Monte Iturratx
Arrakala
Bco.
Sorauren
Anchóriz
Maquirriain
Monte Esquiza
Ilurdoz
Zuriáin
Río
Monte Echalaga
N-135
Olave
Río
Guenduláin
N-121-A
Aquerreta
Idoy
Anoz
Larrasoaña
Sarasibar
Ostiz
Inbuluzketa
Burutain
Ciaurriz
Etsain
0
1 km

Rechts, Gesamtansicht von Pamplona von Cizur Menor aus. Unten, Pilger in der Straße Mayor de Pamplona.

Fluss Ulzama zur Basilika der Dreifaltigkeit von Arre (Basílica de la Trinidad de Arre) und nach einigen Schritten erscheint **Villava**. Seine Hauptstraße (Calle Mayor) führt nach **Burlada**, das mit Villava verschmolzen ist. Man muss ebenfalls auf seiner Hauptstraße weitergehen und dann nach rechts abbiegen (auf der Höhe der Schule Amor de Dios) in Richtung eines Tunnels, der unter der Straße hindurchführt. Danach erscheint das rechte Ufer des Arga, wo man die Landstraße von Burlada nimmt, die zwischen Gemüsegärten und Häusern zur Magdalenenbrücke (Puente de la Magdalena) führt, auf der man nach **Pamplona** hineingeht. Ist man einmal in der Stadt, nachdem man durch das Tor »Puerta de Zumalacárregui« getreten ist, kommt man durch die Straßen Calle del Carmen (von welcher man durch die Straße Calle Navarrería zur Kathedrale kommt), Calle Mercaderes, den Platz Plaza Consistorial und die Straßen Calle de San Saturnino, Mayor und Bosquecillo um zur Zitadelle zu gelangen.

RADFAHRER

Wenn man nicht den hügeligen Weg, dem die Pilger zu Fuß folgen, nehmen will: die Landstraße N-135 hat denselben Verlauf.

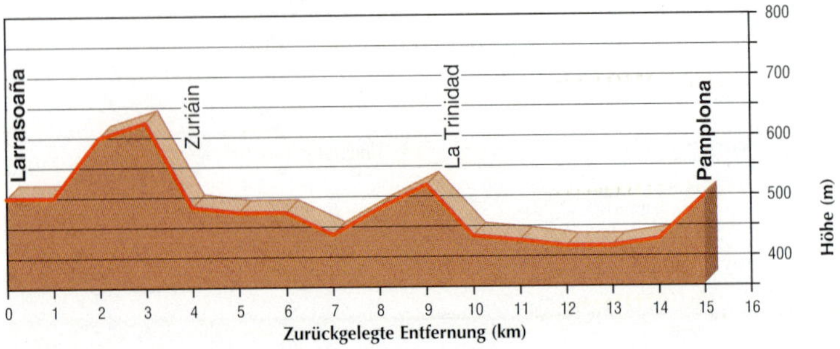

ETAPPE 3. PRAKTISCHE INFORMATION

ZURIÁIN

Transportmittel

Die Busverbindung Roncesvalles-Pamplona der Busgesellschaft Montañesa hat Haltestellen in **Zuriáin, Zabaldica, Villava** und **Burlada.** Das städtische Busnetz erstreckt sich bis nach Villava.

TRINIDAD DE ARRE

Herbergen

Die Maristenbrüder nehmen Pilger in einer gemütlichen Herberge mit einer Kapazität von bis zu 34 Personen (auch Radfahrer) in der Basilika von Arre auf. Verfügt über Küche und Waschmaschine.
✆ 948 394 378 / 948 332 941

VILLAVA

Dienstleistungen

Man findet praktisch keine Dienstleistungen vor bis nach Villava. Von dort ab befindet man sich in städtischen Gebiet, weshalb es diesbezüglich keine Probleme gibt .

BURLADA

Hotels

H Tryp Burlada.** Calle La Fuente, 2. ✆ 948 131 300. 53 Zimmer. 106 Plätze. 127/67 € Doppelzimmer; 114/53 € Einzelzimmer; 4 € Frühstück; 12,62 € Essen.

HS Casa Jacinto.** Polígono Industrial Mugazuri. ✆ 948 143 200. 22 Zimmer. 44 Plätze. 112/47 € Doppelzimmer.

Restaurants

Casa Jacinto. Polígono Mugazuri. ✆ 948 143 290

PAMPLONA

Herbergen

In der Pfarrei San Saturnino (Parroquía San Saturnino), in Calle Ansoleaga. 20 Plätze, mit Küche. Sie wird vom Verein der Freunde des Jakobsweges von Navarra geführt. Geöffnet von Ostern bis Oktober. In den Monaten Juli und August gestalten sie die Turnhalle einer Schule um, in Calle Fuente del Hierro, mit einer Kapazität von 100 Plätze. ✆ 620 573 074

Hotels

HR Eslava.**
Plaza Virgen de la 0, 7. ✆ 948 222 270. 28 Zimmer. 112/56 € Doppelzimmer; 61/33 € Einzelzimmer; 5 € Frühstück.
P Casa García.** Calle San Gregorio, 12. ✆ 948 223 893. 9 Zimmer. 26 € Doppelzimmer; 1,65 € Frühstück; 7,81 € Essen/Abendessen.
P Otano.** Calle San Nicolás, 5. ✆ 948 227 036. 11 Zimmer. 70/45 € Doppelzimmer; 2,4 € Frühstück; 13 € Essen/Abendessen.
HS Abodi.** Calle Sancho Ramírez, 15.1° E. ✆ 948 272 975. 9 Zimmer. 94/47 € Doppelzimmer; 76/38 € Einzelzimmer
HS* Bearán. Calle San Nicolás, 25. ✆ 948 223 428. 17 Zimmer. 102/42/36 € Doppelzimmer; 96/37/30 € Einzelzimmer
HS Mesón del Barro-3.**
Calle Sancho Ramírez, 13-5°C. ✆ 948 256 366. 4 Zimmer. 105/45 € Doppelzimmer; 85 € Einzelzimmer
HS Navarra.** Calle Tudela, 9. ✆ 948 225 164. 14 Zimmer. 120/46 € Doppelzimmer; 75/37 € Einzelzimmer; 7 € Frühstück.

Restaurants

Acella.
Travesía de Acella, 2. ✆ 948 265 460
Alsafir. Calle Castillo de Maya, 39. ✆ 948 243 193
Arangoiti.
Travesía de Acella, 2. ✆ 948 271 969
Asador Olaverri.
Calle Santa Marta, 4. ✆ 948 235 063
Asador Uslaer.
Calle Tomás Burgui, 15. ✆ 948 122 106
Azparren.
Avenida Zaragoza, 105. ✆ 948 151 743
Baserri.
Calle San Nicolás, 32. ✆ 948 222 021

Transportmittel

Busbahnhof (Estación de autobuses).
Calle Olivetos, s/n. ✆ 948 223 854
Bahnhof (Estación de RENFE).
Avda. San Jorge, s/n. ✆ 948 130 202.
Flughafen von Noáin (Aeropuerto de Noáin). ✆ 948 168 700

Dienstleistungen

Fremdenverkehrsamt. Calle Duque de Ahumada, 3. ✆ 948 220 741

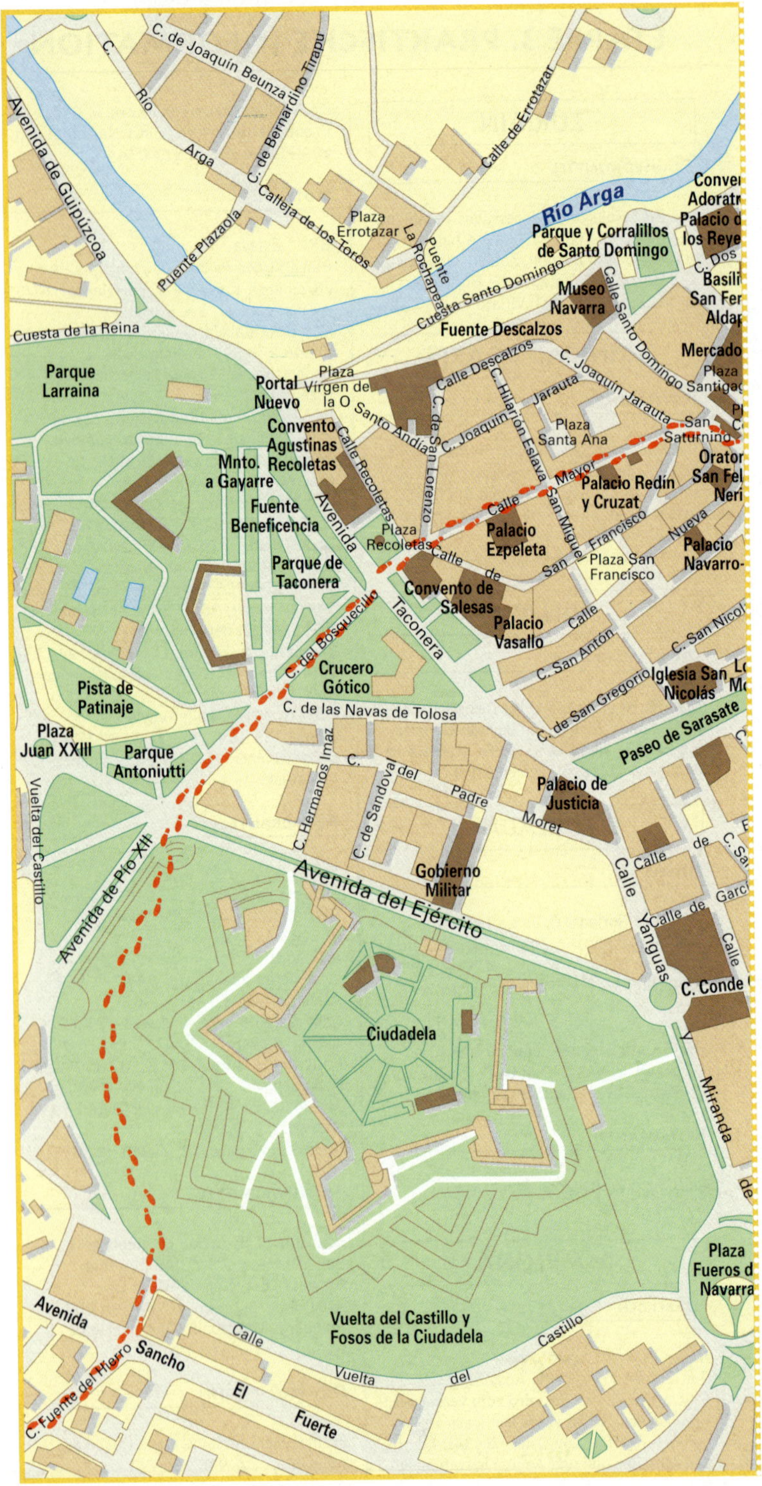

C. de Joaquín Beunza
C. Río Arga
C. de Bernardino Tirapu
Calleja de los Toros
Calle de Errotazar
Plaza Errotazar
Puente La Rochapea
Puente Plazaola
Avenida de Guipúzcoa
Río Arga
Parque y Corralillos de Santo Domingo
Convento Adoratrices
Palacio de los Reyes
C. Dos
Basílica San Fermín Aldapa
Museo Navarra
Cuesta Santo Domingo
Calle Santo Domingo
Fuente Descalzos
Cuesta de la Reina
Parque Larraina
Portal Nuevo
Plaza Virgen de la O
Calle Descalzos
C. Joaquín Jarauta
Mercado
Plaza Santiago
Santo Andía
C. de San Lorenzo
C. Hilarión Eslava
Plaza Santa Ana
San Saturnino
Convento Agustinas Recoletas
Calle Recoletas
Mnto. a Gayarre
Calle Mayor
Palacio Redín y Cruzat
Oratorio San Felipe Neri
Fuente Beneficencia
Avenida
Plaza Recoletas
Palacio Ezpeleta
San Miguel
C. San Francisco
Nueva
Palacio Navarro-
Parque de Taconera
Calle de San
Plaza San Francisco
Convento de Salesas
Taconera
Palacio Vasallo
Calle
C. del Bosquecillo
C. San Antón
C. San Nicolás
Crucero Gótico
C. de San Gregorio
Iglesia San Nicolás
Pista de Patinaje
C. de las Navas de Tolosa
Paseo de Sarasate
Plaza Juan XXIII
Parque Antoniutti
C. Hermanos Imaz
C. del Padre Moret
Palacio de Justicia
Vuelta del Castillo
C. de Sandoval
Avenida de Pío XII
Gobierno Militar
Avenida del Ejército
Calle Yanguas
Calle de
Calle de García
Calle
C. Conde
Ciudadela
Miranda de
Plaza Fueros de Navarra
Avenida
Calle Sancho El Fuerte
Vuelta del Castillo y Fosos de la Ciudadela
Vuelta del Castillo
C. Fuente del Hierro

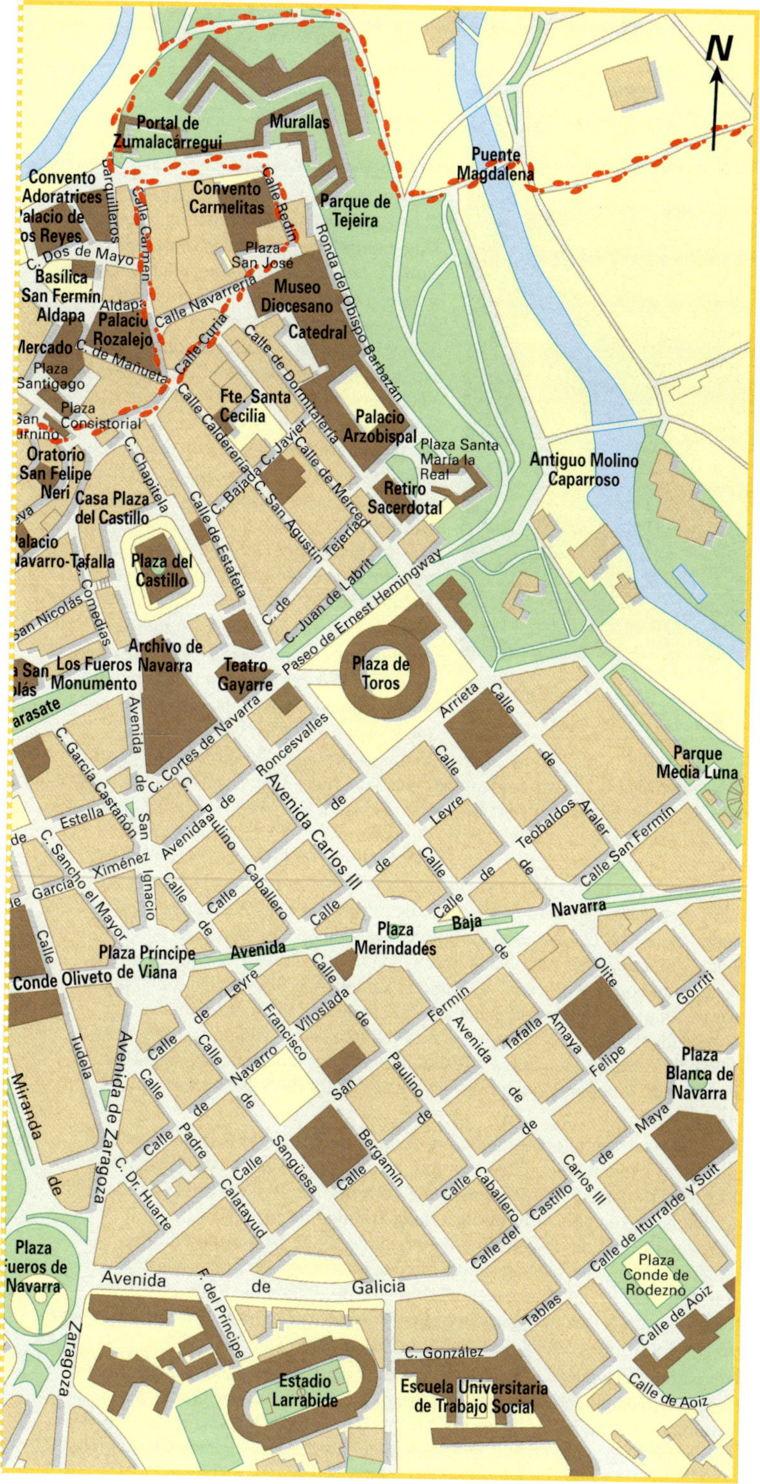
N
Portal de Zumalacárregui
Murallas
Puente Magdalena
Convento Adoratrices
Palacio de los Reyes
Convento Carmelitas
Parque de Tejeria
Plaza San José
Museo Diocesano
Basílica San Fermín Aldapa
Palacio Rozalejo
Catedral
Mercado
Plaza Santiago
Plaza Consistorial
Fte. Santa Cecilia
Palacio Arzobispal
Plaza Santa María la Real
Antiguo Molino Caparroso
Oratorio San Felipe Neri
Casa Plaza del Castillo
Retiro Sacerdotal
Palacio Navarro-Tafalla
Plaza del Castillo
Archivo de Navarra
Los Fueros Monumento
Teatro Gayarre
Plaza de Toros
Parque Media Luna
Plaza Merindades
Plaza Príncipe de Viana
Plaza Blanca de Navarra
Plaza Conde de Rodezno
Plaza Fueros de Navarra
Estadio Larrabide
Escuela Universitaria de Trabajo Social
Calle Carmen
Calle Redín
Barquilleros
C. Dos de Mayo
Calle Navarrería
Calle Curia
C. de Mañueta
Ronda del Obispo Barbazán
Calle de Dormitalería
Calle Calderería
C. Javier
Calle de Mercaderes
C. Bajada
C. San Agustín
Tejería
C. Chapitela
Calle de Estafeta
C. de Comedias
C. Juan de Labrit
Paseo de Ernest Hemingway
Calle Arrieta
Avenida Roncesvalles
Avenida de San Ignacio
C. García Castañón
C. Cortes de Navarra
Avenida Carlos III
Calle de Leyre
Calle de Teobaldos
Calle de Aralar
Calle San Fermín
Avenida de Baja Navarra
C. Sancho el Mayor
Calle García Ximénez
Calle Paulino Caballero
Calle Conde Oliveto
Calle Olite
Calle Gorriti
Calle Tudela
Avenida de Zaragoza
Calle de Leyre
Calle Francisco Navarro Viloslada
Calle San Fermín
Avenida de Tafalla
Calle Amaya
Calle Felipe
Calle de Maya
Calle de Sangüesa
Calle Padre Calatayud
C. Dr. Huarte
Calle Bergamín
Avenida de Carlos III
Calle Castillo
Calle del Tablas
Calle de Iturralde y Suit
Calle de Aoiz
Avenida de Galicia
F. del Príncipe
C. González
Zaragoza
Miranda de

Geschichte und Kulturerbe der Etappe 3

Pamplona. Blick auf den Fluss Arga und die Stadtmauer.

Der Französische Weg Etappe 3. Larrasoaña-Pamplona

Während des ersten Teiles dieser Etappe, verläuft der Jakobsweg fast andauernd vom Fluss Arga begleitet durch verschiedene kleine Ortschaften des Tales von Esteríbar: **Zuriáin**, bei der die Tatsache auffällt, dass ihre kleine mittelalterliche, im höheren Teil des Dorfes gelegene Kirche dem kastilischen Schutzheiligen St. Millán gewidmet ist; **Iroz**, wo auch die dem Heiligen Petrus (San Pedro) geweihte Gemeindekirche aus neuerer Zeit erwähnenswert ist; **Zabaldica**, mit einer dem Heiligen Stefan (San Esteban) geweihten romanischen Kirche und das winzige Anwesen **Arleta**, das nur aus dem würdevollen Schloss des Herrensitzes und aus der Kirche der Heiligen Marina besteht, die ein gotisches Bildnis dieser Heiligen birgt.

Aber wie wir schon sagten, ist der große Held dieses ersten Wegteiles der **Fluss Arga**, dessen Lauf durch mehrere Brücken, die alle aus dem Mittelalter stammen, mit dem Jakobsweg veflochten verläuft. Der Verfasser des *Liber Peregrinationis* begeht, als er über diesen Fluss in seinem den Flussläufen des Weges gewidmeten Kapitel schreibt, die schlimmsten geographischen Fehler seines Werkes, ohne Zweifel von der Kompliziertheit dieses Teiles der navarrischen Orographie verwirrt. Einerseits verwechselt er den Arga mit dem Urrobi und dem Erro, die Flüsse denen der Weg bis dorthin begegnet war, in der Meinung, dass Fluss und Weg sich gegenseitig auf ihrem Abstieg von den Pyrenäen begleitet hätten. Andererseits sagt er, dass es in Pamplona zwei Flüsse gibt, den Arga und den *Runa*, während diese zwei Namen sich auf ein und dieselbe Sache beziehen. Der zweite von ihnen, *Runa*, den man in zahlreichen Belegen jener Zeit findet, war der Name, den die mittelalterlichen Bewohner Pamplonas, die als »Erdaldunes« bezeichnet wurden, das heißt, fränkischer Abkunft waren, dem Fluss gaben, wahrscheinlich als Verballhornung des baskischen Namens der Stadt, Iruña. Von ihnen hat ihn zweifellos der Autor des *Liber Peregrinationis* übernommen.

Bevor er nach Pamplona hineinführt, verlässt der Weg den Flusslauf des Arga um einem kleinen Nebenfluss von ihm zu begegnen, dem Ulzama, den man über eine romanische Brücke mit sechs Bögen überquert, die direkt zur Basilika der Dreieinigkeit von Arre (**Basilica de la Trinidad de Arre**) führt, Betreuungspunkt der Pilger mindestens seit dem XIII. Jahrhundert und in späteren Zeiten, ein von der allmächtigen Stiftskirche von Roncesvals abhängiges Hospital. Nicht weit von ihr, in Arre, hatten die Ritter des Johannesordens Besitzungen, ein Militärorden, der entlang des navarrischen und riojanischen Teiles des Jakobsweges besonders aktiv war.

Der Name **Villava** (*Villa Nova*) ist in unseren Tagen als Herkunftsort des großen Radfahrers Miguel Indurain berühmt geworden. Der baskische Name der Ortschaft, »Atarrabia«, sollte es auch sein, da er Teil des Nachnamens eines der bedeutendesten spanischen mittelalterlichen Philosophen ist, Pedro de Atarrabia (1275-1342), *Doctor fundatus*, Franziskaner, Magister der Theologie in Paris und

Römerbrücke der Magdalena über den Fluss Arga.

Verteidiger der gnoseologischen Theorie seines Lehrers Duns Scoto, in offener Polemik mit anderen großen franziskanischen Lehrern seiner Zeit, Pedro Auriol und Willhelm von Occam.

Nach dem Übergang von **Burlada** (Travesía de Burlada), begegnet der Weg von Neuem dem Arga, den er über die romanische Brücke der Magdalena überquert, eine Anrufung die wahrscheinlich die Existenz einer karitativen Hilfsinstitution an diesem Ort beweist. Am Eingang der Brücke begrüßt ein Wegkreuz, auf dessem Sockel ein Steinbildnis von St Jakob (Santiago) eingemeißelt ist, die Pilger auf ihrem Aufstieg nach Pamplona, der ersten großen historischen Stadt, die der Jakobsweg in Spanien durchquert.

Pamplona ist mit aller Sicherheit das *Pompaelo* oder *Pompeiopolis,* das die antiken Geographen Ptolomäus (Ptolomeo) und Strabo (Estrabón) erwähnen, eine Gründung Pompejus *des Großen* (Pompeyo *el Grande*) im Laufe seines Feldzuges in den Pyrenäen gegen Sertorius (Sertorio) (75-74 v.C.). Die Etymologie dieses Ortsnamens zeigt ihn als eine merkwürdige Mischung aus Baskischem und Römischem, gebildet aus dem Namen des Gründers, Pompejus, und dem iberisch-baskischen Wort *ili-ilu*, einer Variante von *iri-iru*: »Stadt«. Der Ort an dem die Stadt errichtet wurde, an der Kreuzung der Straßen von Bordeaux nach Astorga und von Oyarzun nach Tarragona, machte sie zu der wichtigsten Ortschaft des baskischen Gebietes, die mindestens seit westgotischen Zeiten auch Bischofssitz war. Karl der Große (Carlomagno) ließ nach seinem missglücktem Feldzug gegen Saragossa (Zaragoza) 779, ihre Mauern auf seinem Rückzug nach Frankreich zerstören, was anscheinend die baskische Rache in Roncesvals (Roncesvalles) verursachte. Diese Episode der Zerstörung Pamplonas ist ebenfalls von den französichen Spielleuten besungen worden, welche die historische Realität gebührend abänderten, um sie dem karolingischen Epenzyklus einverleiben zu können. So wird uns im Gedicht *La prise de Pampelune* oder im zweiten Kapitel des *Pseudo-Turpin* ein Pamplona mit uneinehmbaren Mauern gezeigt, das von Moslems bewohnt wird. Nach einer vergeblichen, drei Monate langen Belagerung, betet Karl der Große zu Gott und dem Heiligen Jakob (Santiago) um seine Eroberung:

»Da zebarsten, auf Geheiß Gottes aufgrund der Bitten des Heiligen Jakobs, die Mauern von ihren Grundfesten aus. Den Sarazenen, die sich taufen ließen, wurde das Leben geschenkt; diejenigen, die es ablehnten, kamen unters Messer.«

Die Zeit Sanchos des III. *der Ältere* (Sancho III, *el Mayor,* 1000-1035), als das Königreich Navarra seine Hochblüte erreichte, brachte auch den demographischen und wirtschaftlichen Aufschwung seiner Hauptstadt,

Pamplona. Fassade des Rathauses.

Pamplona, mit der Anreise zahlreicher Handwerker und Handelsleute aus den Ländern jenseits der Pyrenäen, die von den Privilegien, die die navarrischen Könige vergaben, angezogen wurden. Diese wirtschaftliche Blüte, die in bedeutendem Maße durch den Jakobsweg bedingt war, verursachte starke Spannungen zwischen den alten baskischen Siedlern, den Bewohnern des als »Navarrería« bekannten Viertels, rund um die Kathedrale, und den Neuankömmlingen, die sich in neuen Vierteln rund um die Befestigungen von St. Cernín (Saturnin »Saturnino«) und St. Nikolaus (San Nicolás) niederließen. Die Spannungen führten dazu, dass alle drei Viertel es für nötig hielten, sich gegeneinander durch innere Mauern zu schützen, eine Situation die bis ins XV. Jahrhundert andauerte, als der König Karl der III. (Carlos III) die Zerstörung dieser inneren Mauern und den Bau einer gemeinsamen Befestigungsanlage anordnete.

Der Verlauf des Jakobsweges durchschreitet die Umfriedung durch das Frankreich oder Zumalakarregiportal (Portal de Francia o Zumalacárregui) und begegnet sogleich der **Kathedrale**, dem Mittelpunkt der alten baskisch-römischen Befestigung und des »Navarreriaviertels«. Dort fanden die Pilger die größte Armenherberge der Stadt, erst in der Kirche des Heiligen Michael, später an die Kathedrale angebaut. Man weiß, dass an dem alten, romanischen Kathedralengebäude der Meister Esteban gearbeitet hat, der später ein Mitarbeiter des Meisters Mateo in Santiago de Compostela war und der im *Liber Peregrinationis* unter den berühmten Baumeistern des Jakobsweges erwähnt wird. Durch einen Brand im XIV. Jahrhundert zerstört, wurde die Kathedrale mit großer Pracht im gotischen Stil wiederaufgebaut. Im Innern des Gotteshauses, das aus drei Schiffen und einem Deambulatorium besteht, ist das herrliche Grabmal Karls III. (Carlos III) und seiner Frau Leonor zu erwähnen, ein Werk des Johan L'Homme de Tournai, das vor dem Hochaltar liegt, sowie der berühmte Christus von Caparroso, in der Kapelle Johannes des Täufers, ein zweiter wunderbarer Renaissance-Christus in der Allerheiligstenkapelle, das romanische Bildnis der »königlichen María« (Santa María la Real), in der Königskapelle (Capilla Real), die »Puerta Preciosa« oder »das Wunderschöne Tor«, der Kreuzgang und eine große Menge an Kunstwerken, die in anderen Kapellen wie der Barbazana oder im Dommuseum aufbewahrt werden.

Der Pilgerweg führt vom Navarreriaviertel zum dem des **Heiligen Cernín** (San Cernín) (Saturnino), das um die befestigte Kirche mit diesem Namen liegt, der von den zahlreichen Gruppen von Okzitanern, die sich im Mittelalter in der Stadt niederließen, eingeführt wurde. In ihr wird die Schutzpatronin Navarras verehrt, die »Muttergottes des Weges« (Virgen del Camino). Innerhalb desselben Viertels,

Pamplona. Mausoleum Karl III. und seiner Ehefrau Leonor in der Kathedrale.

in der Kirche des **Heiligen Lorenzus** (San Lorenzo), im Innern einer Reliquienschrein-Büste aus dem XV. Jahrhundert, befinden sich die Reliquien des Heiligen Fermín, des »Pamplonica«, der Schüler des Heiligen Saturnins (Saturnino) war, und in Amiens in frühchristlicher Zeit den Märtyrertod erlitt, und der eine enorme und fröhliche Volksverehrung genießt, die in den weltberühmten »Fiestas de San Fermín« oder »Sanfermines« (7 Juli und folgende) ihren Ausdruck findet. Im selben Viertel erhebt sich noch ein anderes Gebäude von großer Wichtigkeit, die **Cámara de Comptos**, das Verwaltungsarchiv des Königreiches Navarra, der wichtigste dokumentarische Schatz des heutigen Bundeslandes.

Im **St. Nikolausviertel** (barrio de San Nicolás) finden wir noch eine befestigte Kirche wie die des Heiligen Cernín. Unter den vielen Spuren, die der Pilgerstrom des Heiligen Jakob (Santiago) hinterlassen hat, muss man die Jakobsmuscheln, welche **die Kirche des Heiligen Dominik** (Santo Domingo) schmücken, erwähnen, bei der die dominikanischen Prediger eine Universität gründeten, die St. Jakob als Schutzpatron hatte. Der Aufsatz des Hauptaltares dieser Kirche zeigt als Zentralfigur ein Bildnis des Heiligen Jakobs im Pilgerkleid.

Pamplona. Kreuzgang der Kathedrale.

4 Pamplona – Puente la Reina

Wenn wir Pamplona hinter uns lassen, verlassen wir auch das atlantische Navarra. Von nun an besteht die Vegetation, die den Wanderer begleitet, aus Korn, Steineichen und mediterranem Gebüsch. Das Becken von Pamplona verlässt man, über den Berg Alto del Perdón.

Skulptur von Larrea in der Zitadelle von Pamplona.

Von der Zitadelle aus kommt man durch die Straße Fuente del Hierro auf das Gelände der Universität. Man überquert den Fluss Sadar auf einer Fußgängerbrücke, von der aus man die Landstraße nach Campanas nimmt und an Äckern vorbei in Richtung einer Steinbrücke über den Fluss Elorz weiterzieht. Nachdem man sie überquert hat, verlässt man die Straße und nimmt eine Abzweigung rechts, die zu einigen privaten Grundstücken führt. Man verlässt auch diesen Zweig um die Zuggleise zu überqueren. Danach nimmt man einen Kiesweg, der parallel zur Straße verläuft und am Ende mit dieser zusammentrifft. Auf dem Bürgersteig, der von Pappeln beschattet wird, steigt man nach **Cizur Menor** hinauf, das man an der Kirche des Heiligen Erzengels Michael (San Miguel Arcángel) und am »frontón« (dem Spielplatz für das Baskische Ballspiel) vorbei, durchquert. Man verlässt das Dorf durch eine Wohnsiedlung aus Einfamilienhäusern, an der noch gebaut wird. Die Route verläuft zwischen Saatfeldern und einigen Häusern, und lässt rechts eine weitere Wohnsiedlung hinter sich. Wenn die Straße nach rechts abbiegt, geht der Jakobsweg geradeaus weiter, in Richtung Alto del Perdón und überquert die Landstraße nach Galar. Danach zieht man durch einen Pappelwald und überquert eine kleine Brücke über einem Bach, so dass man den Wald und eine kleine Talsperre links hinter sich lässt, während man rechts das Herrengut von **Guenduláin** sehen kann. Einen Kilometer weiter kommt man am Friedhof vorbei um nach **Zariquiegui** hinaufzusteigen, das auf den ersten Ausläufern des Alto liegt und das Becken von Pamplona hinter sich zu lassen. Wenn man das Dorf verlässt, beginnt ein harter Aufstieg durch ein Gebüsch aus Buchsbaum und Stechginster. Bevor man den Gipfel über die letzte Böschung erreicht, erscheint die Quelle Fuente de la Reniega. Oben, wo es einstmals ein Pilgerhospital und eine Basilika gab, erblickt man das Tal des Valdizarbe, während Pamplona und die Pyrenäen in unserem Rücken liegen. Nachdem man eine parallel zur Hauptstraße verlaufende

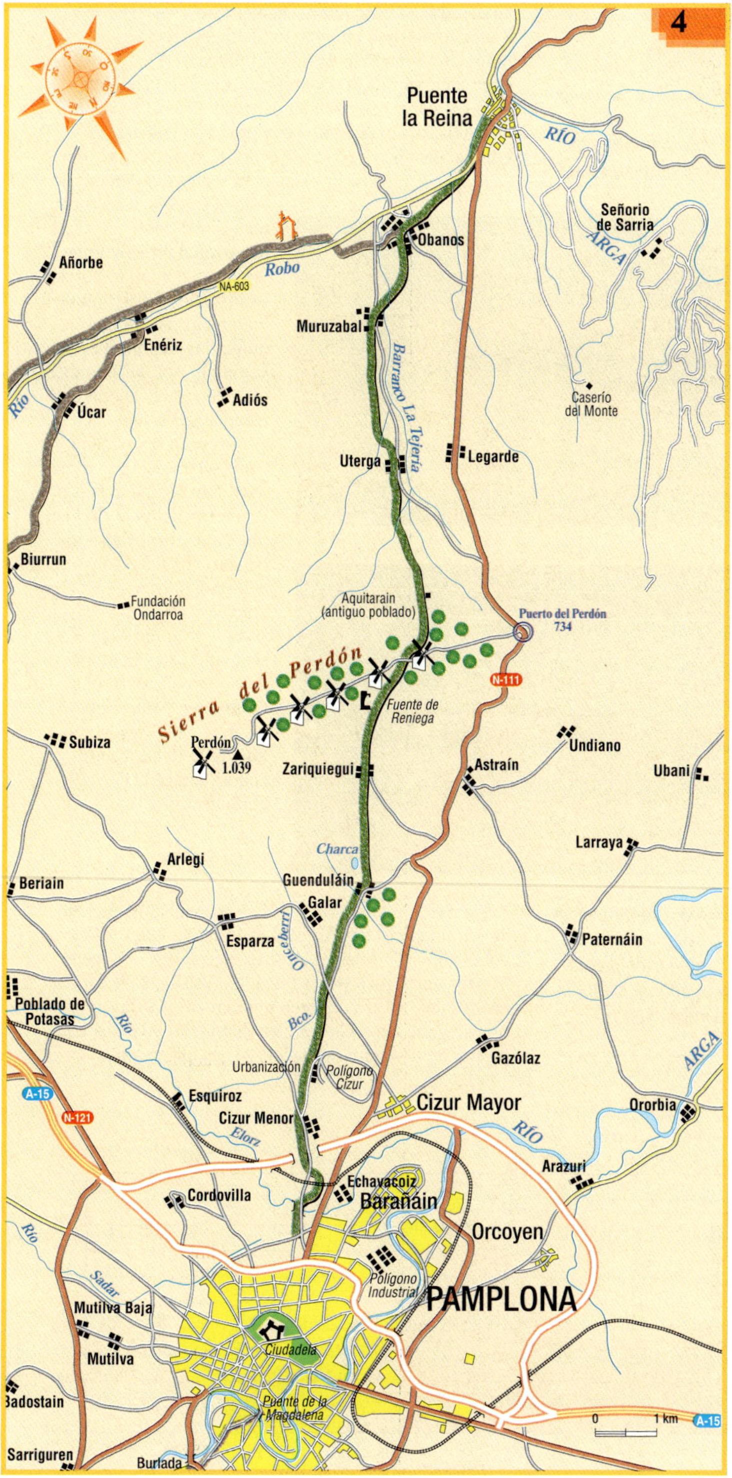
4
Puente la Reina
RÍO
ARGA
Señorio de Sarria
Obanos
Añorbe
Robo
NA-603
Muruzabal
Enériz
Barranco La Tejería
Adiós
Úcar
Río
Caserío del Monte
Uterga
Legarde
Biurrun
Fundación Ondarroa
Aquitarain (antiguo poblado)
Puerto del Perdón 734
Sierra del Perdón
N-111
Fuente de Reniega
Subiza
Perdón
1.039
Zariquiegui
Astraín
Undiano
Ubani
Larraya
Charca
Arlegi
Beriain
Guenduláin
Galar
Esparza
Onceberri
Paternáin
Poblado de Potasas
Río
Bco.
Gazólaz
ARGA
Urbanización
Polígono Cizur
A-15
Esquiroz
Cizur Mayor
Ororbia
N-121
Cizur Menor
Elorz
RÍO
Arazuri
Cordovilla
Echavacoiz
Barañáin
Orcoyen
Río
Sadar
Polígono Industrial
PAMPLONA
Mutilva Baja
Ciudadela
Mutilva
Badostain
Puente de la Magdalena
0
1 km
A-15
Sarriguren
Burlada

Oben, Blick Richtung Nordosten von Alto del Perdón (Anhöhe der Vergebung) aus.

Nebenstraße überquert hat, steigt man zwischen Zwergsteineichen ein äußerst steiniges Gelände hinunter. Wenn man weitergeht, überquert man auf einer kleinen Brücke einen Bach, der von Pappeln gesäumt wird. Rechts fließt der Bach Tejería zwischen den Äckern. Ein paar Steineichen wachsen kurz vor **Uterga**, das man auf einer Sandpiste verlässt, von der man rechts auf einem Feldweg abbiegt, auf dem man direkt nach **Muruzábal** hineinkommt. Von dort zieht man auf der Landstraße weiter, von der man rechts abzweigen muss, um zu einer Piste zu kommen. Auf ihr überquert man den Bach Tejería und wandert zwischen Weinbergen bis zu dem Hang weiter, über den man nach **Obanos** hinaufsteigt. Wenn man einmal dort ist, muss man zur Landstraße NA-601 hinabsteigen, auf der man zum aragonesischen Jakobsweg kommt (Camino Aragonés), sie nach links überqueren und durch Gemüse und Obstgärten weiterziehen bis man am Eingang von **Puente la Reina** zur Landstraße N-111 zurückkehrt.

Unten, Uterga und im Hintergrund Alto del Perdón (Anhöhe der Vergebung) mit ihren Windmühlen.

RADFAHRER

Die größte Schwierigkeit dieser Etappe ist der Alto del Perdón, dessen Aufstieg unbefahrbar und dessen Abstieg wegen des steinigen Bodens unmöglich ist. Es bleibt die Möglichkeit auf der Landstraße N-111 zu fahren und am km. 15 die Abzweigung nach Uterga zu nehmen, von wo aus man wieder dem Verlauf des Jakobsweges folgen kann.

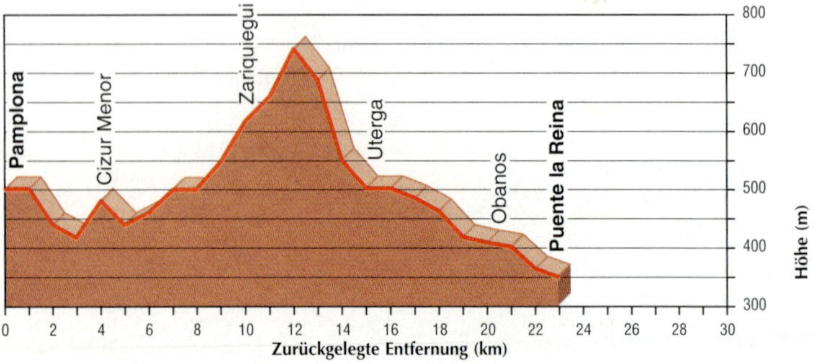

ETAPPE 4. PRAKTISCHE INFORMATION

CIZUR MENOR

Herbergen

Städtische Herberge (Albergue municipal). Der Maltaorden bietet in dieser Herberge seine Gastfreundschaft an. Sie verfügt über 27 Plätze und eine Küche. Geöffnet von Juni bis September..
✆ 948 221 479 / 600 386 891

Pilgerherberge (Albergue de Peregrinos) Maribel Roncal.
Nimmt Pilger (auch Radfahrer) während des ganzen Jahres auf. Sie verfügt über 25 Plätze, Küche und gute Einrichtungen. ✆ 948 183 885

Restaurants

Asador Martintxo-La Sidrería.
Calle Irunbidea, 1. ✆ 948 180 020

UTERGA

Herbergen

Städtische Schutzhütte (Refugio municipal).
Sehr klein. Das ganzes Jahr geöffnet.
✆ 948 344 318

Albergue Camino del Perdón.
✆ 948 344 121 / 696 544 143

OBANOS

Herbergen

Städtische Herberge (Albergue municipal). ✆ 676 560 927

Restaurants

Ibarberoa.
Calle San Salvador. ✆ 948 344 153

Transportmittel

Die Busverbindung Tafalla-Puente la Reina-Pamplona, die von der Busgesellschaft La Conda betrieben wird (✆ 948 221 026) hat Haltestellen in Obanos und Puente la Reina.

PUENTE LA REINA

Herbergen

Hotel Jakue.
Am Ortseingang gelegen, in Calle Irunlarrea. Sie verfügt über 40 Plätze, Küche und Waschmaschine.

Albergue de los PP. Reparadores.
Eine schon traditionelle Herberge in Calle Crucifijo. Das ganzes Jahr geöffnet. Sie verfügt über 80 Plätze, Küche, Essensraum und Waschmaschine. Sehr gute Einrichtungen.
✆ 948 340 050

Albergue »Santiago Apóstol«.
Die Eigentümer des Campingplatzes haben diese in den Paraje el Real mit 100 Plätze umgestaltet. Verfügt über Waschmaschine. ✆ 948 340 220

Hotels

HR Bidean.**
Calle Mayor, 20. ✆ 948 341 156.
19 Zimmer. 38 Plätze. 80/55/48 € Doppelzimmer; 50/40 € Einzelzimmer; 6 € Frühstück.

H El Peregrino.**
Carretera Pamplona-Logroño, km 23.
✆ 948 340 075. 14 Zimmer.
28 Plätze. 180/144/72 € Doppelzimmer; 9,02 € Frühstück; 48,08 € Essen/Abendessen.

Restaurants

Hotel Jakue.
Calle Irunlarrea. ✆ 948 341 017

La Conrada.
Paseo de los Fueros. ✆ 948 340 052

La Plaza.
Plaza Mayor, 52. ✆ 948 340 145

Lorca.
Plaza Mayor, 54. ✆ 948 340 127

Transportmittel

Die Busgesellschaft La Estellesa, mit der Verbindung Pamplona-Puente la Reina –Estella-Logroño (✆ 948 222 223) hat eine Haltestelle in Puente la Reina.

Geschichte und Kulturerbe der Etappe 4

Der Französische Weg Etappe 4. Pamplona-Puente la Reina

In **Cizur Menor** besaßen einst die Ritter des Johannesordens (Caballeros del Hospital de San Juan de Jerusalén) - die sowohl Johanniter wie Hospitaler genannt wurden - ein herrliches Kloster, zu dem die heutige Gemeindekirche gehörte, ein romanisches, dem Erzengel Michael gewidmetes Gotteshaus. Bis zu dem Berg Alto del Perdón, wurde die Sicherheit der Pilger durch die Anwesenheit dieses Ordens garantiert, sowohl in Cizur, wie in den beiden nächsten Ortschaften, bevor man den Berg erreichte: **Guenduláin** und **Zariquiegui**. Außerdem haben die beiden die Widmung ihrer Gemeindekirchen an den Heiligen Andreas (San Andrés) gemeinsam. Im Falle des heute verlassenen Guenduláin, liegen sowohl die Kirche wie sein anderes bedeutendes Gebäude, der Palast der Grafen von Guenduláin, in Ruinen.

In diesem Gebiet des Beckens von Pamplona, das sich zwischen der Stadt und dem Alto del Perdón erstreckt, stellte sich der Verfasser des *Pseudo-Turpins* eine der auffälligsten Episoden seines Werkes vor, die endgültige Konfrontation zwischen Karl dem Großen (Carlomagno) und dem afrikanischen Heerführer Aigoland (Aigolando). Der Fiktion dieser Erzählung zufolge, hätte Aigoland, nachdem er Karl den Großen bis nach Frankreich verfolgt hatte und von ihm abgewehrt worden war, von Neuem die Pyrenäen überquert und sich mit seinem Heer in Pamplona verschanzt, das er nach seiner ersten Zerstörung wiederaufgebaut hatte. Karl der Große seinerseits rief ein riesiges Heer von 134.000 Recken zusammen, »die alles Land vom Fluss Arga bis zu dem Berg, der drei Wegstunden von Pamplona entfernt ist, bedeckten«. Als Aigoland sah, dass er die Stadt nicht gegen solch eine Macht verteidigen konnte,

»verließ er die Stadt mit seinen Heerscharen und, nachdem er diese bei der Stadt zurückgelassen hatte, ritt er mit sechzig Männern seines Generalstabes bis zu dem Zelt Karls des Großen, das eine Meile von der Stadt entfernt stand. So waren die beiden Heere Karls des Großen und Aigolandes auf der herrlichen Ebene bei der Stadt aufgestellt, die sechs Meilen sowohl an Länge wie an Breite zählte, und sie waren durch den Jakobsweg getrennt«.

Dort halten Karl der Große und Aigoland ein politisch-religiöses Gespräch, das fast zur Bekehrung Aigolandes führt. Als diese aber nicht erfolgt, wird das islamische Heer mitsamt seinem Führer auf der Ebene des Beckens von

Kirche San Miguel in Cizur Menor.

Muruzábal. Pfarrkirche.

Pamplona von Karl dem Großen und den Seinen, vernichtet. Wir haben schon im Falle von Roncesvals (Roncesvalles) gesehen, wie sehr es dem Verfasser des *Pseudo-Turpin* gefällt, die Heldentaten des fränkischen Kaisers an verschiedene Punkte der Geographie des Jakobsweges zu legen, die von den Pilgern wiedererkannt werden konnten. Wir sind sicher, dass diese ganze fiktive Schlacht des Pamplonabeckens aufgrund des wunderbaren Blickes auf die große Ebene mit der Stadt im Hintegrund, der sich einem vom **Alto del Perdón** aus bietet, erfunden wurde. Auf einem der Kämme dieser Bergkette, auf der heute eine Reihe riesiger äolischer Windmühlen den Wind durchkämmen und ihre Kraft in die Energie verwandeln, die Papmplona Elektrizität verschafft, befand sich einst die Wallfahrtskapelle Unser Lieben Frau »der Vergebung« (Nuestra Señora del Perdón), die dieser Höhe ihren Namen gab. Am Nordhang erinnert ein moderner Brunnen an die alte Quelle **Fuente de Reniega**, die mit einer typischen St. Jakobslegende verbunden ist, in der der Teufel einen vor Durst sterbenden Pilger in Versuchung bringt, indem er anbietet, ihm zu zeigen wo der Wasserquell liegt, wenn jener ihm seine Seele verspricht. Der Pilger lehnt ab und als Belohnung wird er vom Heiligen Jakob (Santiago) selbst gerrettet, der ihm aus seiner eigenen Jakobsmuschel zu trinken gibt.

Am Südhang des Gebirgszuges, schon im Valdizarbetal, erstreckt sich die schöne Ortschaft **Uterga** am Jakobsweg entlang. Unter ihren massigen Häusern, sticht die der Himmelfahrt Mariens (Asunción) geweihte Gemeindekirche hervor.

In einer der Kapellen der Gemeindekirche des Dorfes **Muruzábal**, die dem Heiligen Stefan (San Esteban) geweiht ist, verehrt man eine schöne Statue des Heiligen Jakobs im Pilgerkleid, so wie man ihn gewöhnlich in dieser Gegend dargestellt findet.

Obanos ist unter dem Namen »Dorf der Edlen« (»Villa de los Infanzones«), bekannt, denn hier versammelten und verbündeten sich 1323 die Mitglieder des niedrigen Lokaladels, entschlossen ihre Rechte gegenüber der Monarchie und des ausländischen Hochadels zu behaupten. Das lateinische Motto ihrer Bewegung war *Pro libertate patriae gens libera state* (»Seid freie Menschen, wenn ihr ein freies Vaterland wollt«).

Heute ist Obanos wegen einer Theateraufführung bekannt, die jedes zweite Jahr im August stattfindet, zum Fest Nationalem Touristischen Interesses erklärt worden ist, und an der ein großer Teil der Einwohner (etwa 800 Personen mit

Links, Schädel des Heiligen Wilhelm (San Guillermo) in der Pfarrkirche San Juan Bautista in Obanos. Rechts, Heilige Maria von Arnoteguí (Santa María de Arnoteguí).

gesprochenen Rollen) teilnimmt. Das Stück, geschrieben von dem Lokalautor Santos Beguiristáin und 1965 uraufgeführt, setzt eine alte lokale und mit St. Jakob verbundene Geschichte in Szene: wie Felizia (Felicia), Tochter des Herzogs von Aquitanien, nach einer Wallfahrt nach Santiago de Compostela, auf ihrem Rückweg beschließt als Einsiedlerin in Labiano zu bleiben und den Privilegien und Pflichten ihres hohen Standes zu entsagen. Ihr Bruder Willhelm (Guillermo) sucht sie, und da er sie nicht im Guten überzeugen kann, tötet er sie im Zorn. Verzweifelt pilgert er nun selbst nach Santiago de Compostela und bleibt bei seiner Rückkehr als Einsiedler in Arnotegui, in der Nähe von Obanos, wo er sein Leben der Buße und dem Dienst an den Pilgern widmet. Nach vielen Jahren stribt er im Geruch der Heiligkeit. Diese Geschichte gründet auf einer lokalen Legende, die eine Verarbeitung der Geschichte des Heiligen Willhelms von Aquitanien (San Guillermo de Aquitania) ist, eines Verwandten Karls des Großen, der sich als Einsiedler in das Gellonetal (Saint-Guillaume-du-Désert, im Departament Hérault, Languedoc) zurückzog. Möglicherweise nach Obanos von Pilgern oder Leuten okzitanischer Herkunft gebracht, finden wir diese Legende auch in Finisterre wieder, wo es ebenfalls eine Überlieferung gibt, nach welcher der Herzog Willhelm von Aquitanien dort seine Tage als Eremit in der Einsiedelei San Guillermo Fisterrán, beendet habe. Aber die Geschichte aus Obanos ist diejenige die, von der Literatur verschönt, mit der größten Lebendigkeit bis zu uns gekommen ist. In der Gemeindekirche, die Johannes dem Täufer (San Juan Bautista) geweiht ist, einem neugotischen Gebäude vom Anfang des XX. Jahrhunderts, wird die Reliquie des Schädels des Heiligen verwahrt, wolhbeschützt von einem silbernen Reliquienschrein, der das bärtige Haupt des Heiligen darstellt. Jedes Jahr wird am Donnerstag nach Ostern ein durch die Reliquie geheiligter Wein unters Volk verteilt, der die Ernte beschirmen soll.

Zwischen Obanos und Puente la Reina, neben der Landstraße N-111, erhebt sich eine aus Eisen gegossene Statue, die einen Pilger darstellt, um so den Punkt zu markieren, an dem die Wege von Roncesvals und Somport zusammentreffen, die sich hier vereinigen um durch Puente la Reina zu führen und, zu einem einzigen verschmolzen, weiter bis Santiago de Compostela ziehen.

Puente la Reina ist eine der bekanntesten Ortschaften des Jakobsweges, seit der Verfasser des *Liber Peregrinationis* ihre Eigenschaft als Treffpunkt verschiedener Wege verbreitete. Sie wird auch im *Pseudo-Turpin*, unter ihrem alten Namen »Argabrücke« (Puente del Arga) erwähnt, als dem Ort wo Karl der Große sich nach der großen Schlacht des Pamplonabeckens zum Ausruhen zurückzog.

Neben der romanischen Brücke, die ihr den Namen gibt, entstanden, entspricht diese Ortschaft in ihrer heutigen urbanistischen Gestalt, die gänzlich gleichmäßig ist, fast aufs Haar genau dem Plan ihrer Gründung, als Alfons der I. von Aragon (Alfonso I de Aragón) genau gleichgroße Landportionen unter allen verteilte, die bereit waren zu kommen um die neue Stadt zu besiedeln, die anscheinend in einem Zug gebaut wurde. Selbst heutzutage kann man feststellen, dass die Breite der Hausfassaden der Hauptstraße einem einzigen Maß entspricht. Interessanterweise ändert die Stadt im Moment ihrer Besiedlung und der Verleihung ihres Stadtrechtes 1122, ihren alten Namen Puente de Arga in den neuen Puente la Reina, d.h. »Brücke der Königin«, um. Es existiert kein Dokument, das uns angibt wer diese im Ortsnamen erwähnte Königin war, wenn es sich nicht überhaupt um eine Volksetymologie anhand eines früheren Toponyms handelt (»Puente del Runa« -der andere Name des Arga- ? »Puente de Larrain« -auf Baskisch »die Ebene«, wo die heutige Stadt errichtet wurde-?)

Vor der Stadt, am Standort der heutigen Kruzifixkirche (Iglesia del Crucifijo), hatten einst die Tempelritter ein Kloster und Hospital, ein anderer der Militärorden, der seit seiner Gründung dem Schutz und der Betreuung der Pilger diente. Nach Auflösung des Ordens, gingen die Gebäude an die Johanniter (Hospitalarios) über. Unter den Schätzen, die die Kirche birgt, sind das Bildnis der »Heiligen Maria der Gärten« (Santa María de las Huertas) zu erwähnen (der alte Name des Klosters) und das gotische Kruzifix auf einem baumförmigen Kreuz, möglicherweise rheinischer Herkunft, dem heute die Kirche geweiht ist.

Auf der »Calle Mayor«, der Hauptstraße, Achse des Ortes und Pilgerweg, befindet sich die Kirche Santiago el Mayor, die ihre ursprüngliche romanische Fassade bewahrt hat. Innen wird eines der berühmtesten gotischen Bildnisse des Apostels im Pilgerkleid bewahrt, das als »Beltza«, also »Der Schwarze« bekannt ist. Die Calle Mayor mündet auf die Brücke über den Arga, vielleicht die berühmteste und schönste des Jakobsweges, ein romanischer Bau auf sechs Rundbögen. Auf der Brüstung dieser Brücke befand sich bis zum vorigen Jahrhundert eine kleine Kapelle mit einem Bildnis der Heiligen Jungfrau vom Puy oder vom Txori (Vogel) (Virgen del Puy o del Txori), weil nach der Überlieferung hin und wieder ein Vögelchen kam, um das Gesicht der Gottesmutter mit Wasser aus dem Arga zu waschen. Das Bildnis befindet sich heute in der Peterskirche (Iglesia de San Pedro).

Puente la Reina. Gotisches Schnitzerwerk des als »Beltza« bekannten Apostels, dass in der Kirche Santiago el Mayor verwahrt wird.

5 Puente la Reina – Estella

In Richtung Estella muss man über ein welliges Terrain fahren, das der Landwirtschaft gewidmet ist und auf dem Korn, Weinstöcke und Olivenbäume zwischen kleinen Ortschaften angebaut werden.

Gesamtansicht Puente la Reina. Im Vordergrund die mittelalterliche Brücke über den Fluss Arga.

Über die Hauptstraße (Calle Mayor) kommt der Weg an eine große mittelalterliche Brücke. Wenn man sie überquert hat, muss man nach links abbiegen, die Landstraße überqueren und eine Abzweigung nehmen, die zwischen einem Kloster und anderen Gebäuden verläuft. Die Piste führt über die Äcker, zwischen dem Arga, dem sie sich manchmal nähert, und der Landstraße. Nach 2,5km biegt man nach rechts ab (man lässt eine Kläranlage hinter sich) und steigt durch einer Pflanzung von Pinienbäumen und Büschen hinauf. Wenn man dann auf einen Weg gelangt, findet man die Siedlung Bargota angezeigt (die bis ins XI. Jahrhundert bewohnt war, eine Komturei der Tempelritter und später ein Hospital der Johanniter war). Eine kleine Strecke lang, wandert man im Schatten von Scheinakazien und Götterbäumen. Bis **Mañeru** zieht man an der Landstraße entlang, durch eine Kulturlandschaft aus Äckern und Weingärten. Zum Dorf steigt man auf einer Piste hinab. Einmal dort, kommt man durch die Straße Forzosa zum Friedhof. Die Landschaft ist bis **Cirauqui**, das auf einem kleinen Vorgebirge liegt, ungefähr gleich. Man tritt durch das Tor Puerta del Arco, geht seine Straßen hinauf und verlässt es über eine Römerstraße, die von Zypressen gesäumt wird und zu einer römischen Brücke über den Bach Iguste führt. Danach muss man die Landstraße N-111 überqueren und weiter in Richtung des Tales des Flusses Salado ziehen (auf einer kleinen Brücke überwindet man einen Steilhang). Die Römerstraße geht zwischen Gebüsch und Äckern weiter und kommt am Grundstück des alten Urbe vorbei. Man geht weiter bergab bis zur Landstraße, nimmt die Abzweigung nach Alloz bis zu einem Aquädukt und einer alten Mühle, wo man wieder in Richtung der Brücke über den Fluss Salado abzweigen muss. Ein Tunel unter der Hauptstraße führt zu einem Stück der alten Straße. Von dort aus sieht man **Lorca**, wohin man hinaufsteigen muss. Einmal in Lorca, überquert

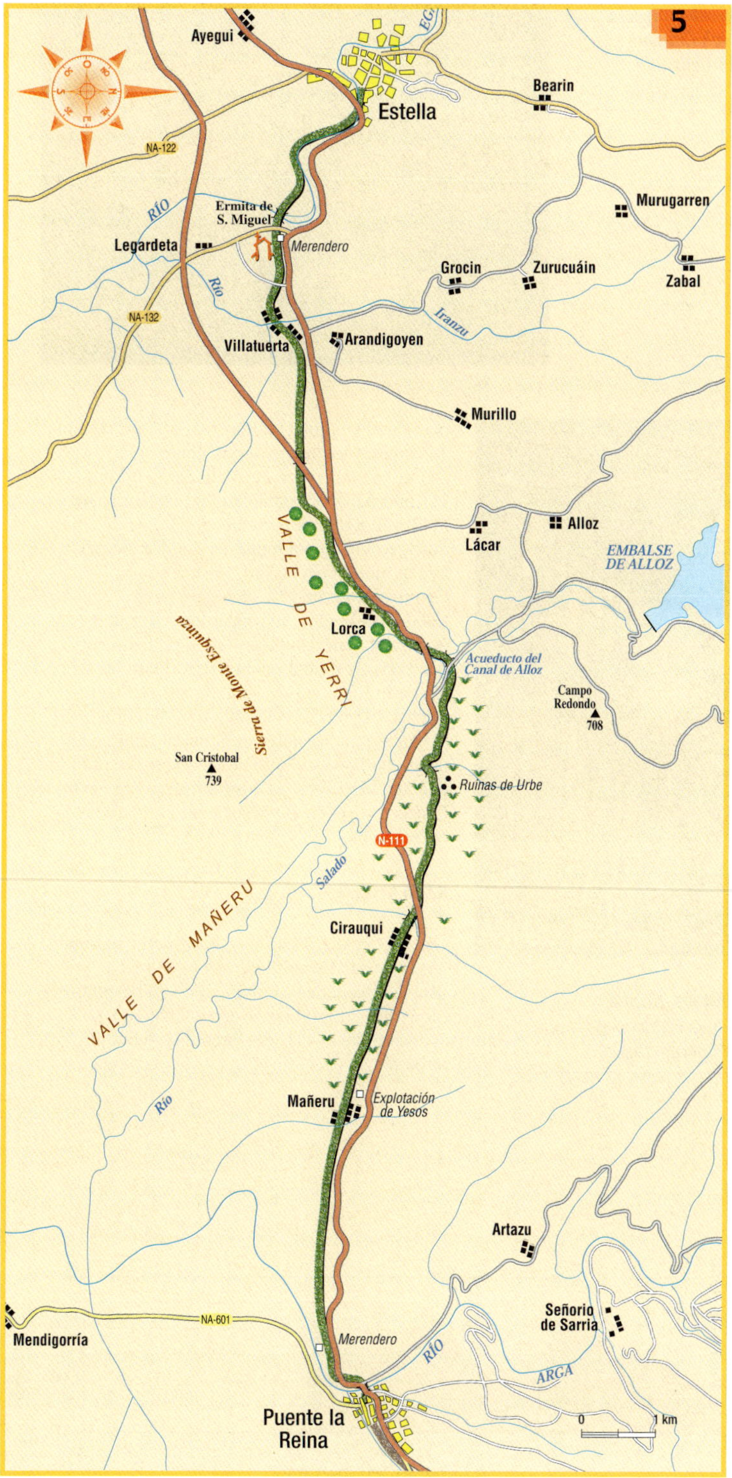
5
Ayegui
Estella
Bearin
NA-122
Ermita de
S. Miguel
Merendero
RÍO
Legardeta
Río
Murugarren
Grocin
Zurucuáin
Zabal
Iranzu
NA-132
Villatuerta
Arandigoyen
Murillo
VALLE DE YERRI
Lácar
Alloz
EMBALSE
DE ALLOZ
Sierra de Monte Esquinza
Lorca
Acueducto del
Canal de Alloz
Campo
Redondo
708
San Cristobal
739
Ruinas de Urbe
N-111
Salado
VALLE DE MAÑERU
Cirauqui
Mañeru
Explotación
de Yesos
Río
Artazu
Mendigorría
NA-601
Señorío
de Sarria
Merendero
RÍO
ARGA
Puente la
Reina
0
1 km

Gesamtansicht von Cirauqui, Brücke und Römerstraße.

Estella. Straße de la Rúa und Pilgergasthaus.

man den Hauptplatz (Plaza Mayor) und kommt zu einem Waschplatz, um nachher an Gemüsegärten vorbei, erst auf der Landstraße N-111 und danach parallel zu ihr, weiterzuziehen. Man wandert über verschiedene Wege, bis man durch einen Tunnel unter der Landstraße nach Estella hindurchgeht und zwischen Gemüsegärten und Obstbäumen nach **Villatuerta** kommt. Innerhalb der Ortschaft überquert man den Fluss Iranzu und verlässt dann das Dorf über die Straße Monasterio de Irache in Richtung der Kapelle des Heiligen Michael (Ermita de San Miguel). Man überquert die Straße nach Oteiza und nimmt dann rechts einen Pfad, der zu der Fußgängerbrücke über den Ega führt. Von da aus führt der Weg nach Ordoiz zwischen Gemüsegärten und Fabriken nach **Estella**.

RADFAHRER

Die Strecke auf der Römerstraße von **Cirauqui** aus über das Grundstück von Urbe bietet Schwierigkeiten. Man muss auch zu bestimmten Jahreszeiten, den Zustand der Wege beachten. Eine Alternative wäre die N-111, die Puente la Reina mit Estella verbindet.

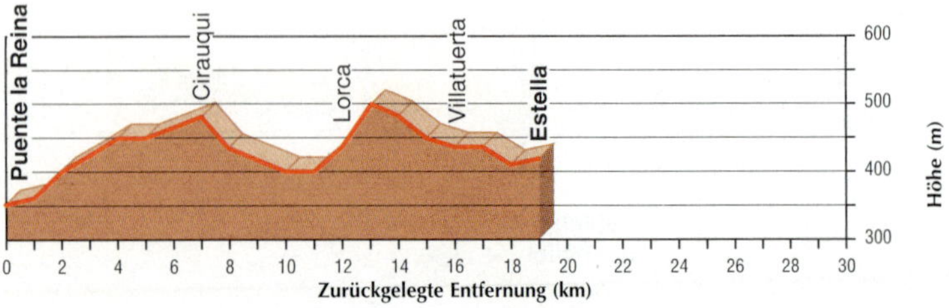

ETAPPE 5. PRAKTISCHE INFORMATION

MAÑERU

Transportmittel

Die Busverbindung Pamplona-Estella, von der Busgesellschaft La Estellesa betrieben, hat Haltestellen in **Mañeru, Cirauqui, Lorca, Villatuerta** und **Estella** (✆ 948 222 223).
Busbahnhof (Estación de autobuses) von Estella: ✆ 948 550 127

CIRAUQUI

Herbergen

Städtische Herberge (Albergue municipal). Rathaus (Ayuntamiento). ✆ 948 342 080

LORCA

Restaurants

Bodegón El Molino. Carretera Logroño, km 36. ✆ 948 551 103

VILLATUERTA

Herbergen

Pilgerherberge (Albergue de peregrinos). ✆ 948 640 083

Restaurants

Asador Urpe. Ctra. Pamplona-Logroño. ✆ 948 541 027
Lara.
Carretera Pamplona. ✆ 948 541 016

ESTELLA

Herbergen

Städtische Herberge (Albergue municipal). In Calle Rúa.
Vom Verein der Freunde des Jakobsweges von Estella geführt. ✆ 948 550 200 / 948 551 562. Das ganze Jahr geöffnet. Sie verfügt über 114 Plätze, Küche, Aufenthalts- und Essensraum. Radfahrer sind zugelassen.

Jugendherberge (Albergue juvenil) Oncineda. ✆ 948 555 022

Hotels

H Yerri.** Avenida Yerri, 35. ✆ 948 546 034. 24 Zimmer. 48 Plätze. 54/48 € Doppelzimmer; 4 € Frühstück; 9,26 € Abendessen.
HS Área 99.** Calle Merkatondoa, 32. ✆ 948 555 287. 11 Zimmer. 22 Plätze. 42/36 € Doppelzimmer; 2,8 € Frühstück; 7,01 € Abendessen.
HS* Cristina. Calle Baja Navarra. ✆ 948 550 772. 15 Zimmer. 30 Plätze. 42 € Doppelzimmer.
HS San Andrés. Plaza Santiago, 58-1°. ✆ 948 550 448. 23 Zimmer. 46 Plätze. 30/27 € Doppelzimmer; 21 € Einzelzimmer
P* El Volante.** Travesía Merkatondoa, 2. ✆ 948 553 957. 5 Zimmer. 10 Plätze. 36 € Doppelzimmer; 18 € Einzelzimmer.

Campingplätze

1. Kategorie. Lizarra. Calle Ordoiz. ✆ 948 551 733. 1.000 Plätze.

Restaurants

Asador La Tasca. Calle Navarro Villoslada, 1. ✆ 948 556 207
Astarriaga. Plaza de los Fueros, 12. ✆ 948 550 802
Cachetas. Calle Estudio de Gramática, 2. ✆ 948 550 010
China Town. Calle Fray Wenceslao de Oñate, 7. ✆ 948 552 988
La Cepa. Plaza de los Fueros, 18. ✆ 948 550 032
Merkatondoa. Calle Merkatondoa, 8. ✆ 948 554 951
Navarra. Calle Gustavo de Maeztu, 16. ✆ 948 550 040
Richard. Calle Yerri, 10. ✆ 948 551 316
Rochas. Calle Príncipe de Viana, 16. ✆ 948 551 040
Roma. Calle Chapitel, 17. ✆ 948 546 816

Dienstleistungen

Das Fremdenverkehrsamt befindet sich auf dem Plaza Mena.

Geschichte und Kulturerbe der Etappe 5

Der Französische Weg Etappe 5. Puente la Reina-Estella

Am anderen Ufer des Arga, befindet sich das Viertel Zubiurrutia (»entfernt« oder »durch die Brücke getrennt«), das zu Puente la Reina gehört und auch als »Nonnenviertel« bekannt ist, wegen des Klosters der *Comendadoras del Espíritu Santo*, das dort seit dem XIII. Jahrhundert besteht.

Hinter **Eunea**, in der Nähe des Jakobsweges, befindet sich die Ruine von Bargota, einer anderen Komturei der Templeritter, die ein Pilgerhospital unterhielt. Wie auch die Kruzifixkirche in Puente la Reina, wurde es nach der Auflösung des anderen, umstrittenen Militärordens, von den Johannitern (Hospitalarios) übernommen. Auch **Mañeru** gehörte einst den Johannitern. Seine Gemeindekirche, barock mit gotischen Spuren, ist dem Heiligen Petrus (San Pedro) geweiht.

Trotz der Etymologie des Namens **Cirauqui**, »Schlangennest« (Baskisch »ziraun«, Spanisch »sirón«, »Blindschleiche«), handelt es sich um einen angenehmen Ort. Der Mittelpunkt dieser historischen Ortschaft, ist die romanische Kirche des Heiligen Roman (San Román), die Krone des felsigen Hügels,auf dem Cirauki liegt. Bemerkenswert an ihr ist ihr Spitzbogenportal, mit einem Fächerbogen, sehr ähnlich dem der Jakobskirche (Iglesia de Santiago) in Puente la Reina und dem von San Pedro de la Rúa, in Estella, am Ende derselben Etappe. In ihr wird ein Weihaltar aufbewahrt, einer der zahlreichen römischen Überreste Cirauquis, wo möglicherweise eine *mansio* der großen Römerstraße Bordeaux-Astorga stand. Um die Kirche des Heiligen Roman herum, gruppieren sich die Gehöfte Cirauquis, unter denen die Kirche der Heiligen Katharina von Alexandrien (Santa Catalina de Alejandría) herausragt, die, wie die des Heiligen Roman, ungefähr vom Anfang des XIII. Jahrhunderts ist. Wenn man Cirauqui verlässt, fällt der Weg mit einem kleinen Stück Römerstraße zusammen, die in eine kleine, ebenfalls zum Teil römische Brücke mit nur einem Bogen mündet.

Strecke der Römerstraße von Cirauqui.

Die Überreste **Urbes**, einer im XVIII. Jahrhundert verlassenen Ortschaft, deren Bestehen mindestens seit dem XII. urkundlich belegt ist, bestehen aus nicht mehr als einigen Steinhaufen und den bescheidenen Grundfesten von ein paar Häusern. Ein wenig weiter, an einem bescheidenen Nebenfluss des Arga, der **Salziger Fluss** (Río Salado) heißt und einen Kilometer vor Lorca liegt, setzt das *Liber Peregrinationis* eine nicht so sehr dramatische als viel mehr sensationalistische Szene an, mit dem Ziel, negative Propaganda gegen die navarrischen Flüsse in der Nähe von Estella, sowie gegen die Navarrer überhaupt, zu verbreiten:

»Nahe bei einer Ortschaft die Lorca heißt, an ihrer östlichen Seite, fließt ein Fluss, der Salado heißt. Bist Du dort, hüte dich davor zu trinken, und lass auch nicht dein Pferd es tun, denn es ist ein tödlicher Fluss. Als wir nach Santiago ritten, begegneten wir zwei Navarrern, die an seinem Ufer saßen und Messer schleiften, mit denen sie die Tiere der Pilger, die von dem Wasser getrunken und gestorben waren, zu enthäuten pflegten. Als wir sie fragten, logen sie und anworteten, dass das Wasser heilsam und trinkbar wäre. Wir gaben unseren Pferden zu trinken, und augenblicklich fielen zwei von ihnen tot um und wurden auf der Stelle enthäutet«.

Selbstverständlich muss man diese Worte des Verfassers des *Liber Peregrinationis* im Rahmen seines antinavarrischen Eifers verstehen, der möglicherweise daher rührte, dass er selbst in Estella gelebt hatte und sich mit seinen dort wohnenden französichen Landsleuten identifiziert hatte, die im XII. Jahrhundert andauernd in Konflikt mit der Lokalbevölkerung lebten. Wahrscheinlich lud er mit solcher negativen Propaganda die Pilger ein, schnell an diesen Gebieten vorbeizurreiten, um sich in das Paradies, das nach seiner Meinung Estella darstellte, zu flüchten. So wird zum Beispiel unsere nächste Ortschaft, **Lorca**, nicht in dem Katalog der Jakobsstationen seines Werkes erwähnt, aber sehr wohl wegen der vermeintlichen schlechten Qualität des Wassers des Río Salado, was bedeutet, dass der Verfasser des *Liber Peregrinationis* sie gut kannte, aber sich davor hütete, sie in seinem Wek anzupreisen. Und dies, obwohl Lorca eine Ortschaft ist, die von Alters her mit dem Jakobsweg verbunden war, wie ihr typisch »pilgerhaftes« Stadtbild zeigt, das heißt, ihre an beiden Seiten des Jakobsweges, ihrer Hauptstraße, gereihten Häuser. Außerdem besaß sie spätestens seit dem XIII. Jahrhundert ein Hospital. Ihre Gemeindekirche ist dem Messias geweiht. Auf dem Stück des Jakobsweges, das Lorca von Villatuerta trennt, gab es ein anderes, von den Johannitern geführtes Hospital, das 1175 dokumentarisch belegt ist, aber von dem man nicht einmal den Standort kennt.

Römerbrücke von Villatuerta.

Bevor man nach **Villatuerta** hineinkommt, überquert man den Fluss Iranzu auf einer starken romanischen Brücke mit zwei Bögen. Die Gemeindekirche der Himmelfahrt Mariens (Asunción) ist das auffälligste Gebäude dieser Ortschaft. Auf dem Weg, der aus ihr hinausführt, hat die Kapelle des Heiligen Michael (Ermita de San Miguel) den Boden und den Heiligen, dem sie geweiht ist, von einem alten von Leire abhängigem Kloster geerbt, das schon im X. Jahrhundert belegt ist.

Estella ist ohne Zweifel eine der Ortschaften des Jakobsweges, die am engsten mit ihm verbunden ist. Entstanden durch und für die Wallfahrt, nach dem Willen des Königs Sancho Ramírez im Jahre 1090, sind hier die Zeugnisse, die an den Heiligen Jakob (Santiago) erinnern, zahllos. Sogar der Autor des *Liber Peregrinationis* zählte zeitweilig zu den Einwohnern des »fränkischen« oder St. Martinsviertels (burgo de San Martín), das um die Kirche von San Pedro de la Rúa lag. Er macht Estella zur Endstation der dritten Etappe seines Pilgerführers, und singt außerdem großes Lob auf die hohe Qualität ihrer Esswaren und des Wassers ihres Flusses, des Ega, im Gegengsatz zu den Schmähungen die der Rest der navarrischen Flüsse seiner Ansicht nach verdient, sowie die, die er gegen die

Gesamtansicht von Estella. Im Vordergrund die Räuberbrücke (puente del Ladrón) und im Hintergrund die Kirche San Miguel.

einheimische Bevölkerung richtet. Zu seiner Zeit war der alte baskische Ortsname, *Lizarra* oder *Lizarrara* (»der Weidenbaum« oder »der Weidenhain«), schon vor der Durchsetzung von Seiten der Franken eines neuen, lateinischen Toponyms, von wahrhaft gutem Omen wie *Stella* (»Stern«), gewichen. Möglicherweise ging diese Schöpfung, die als Ortsname sinnlos erscheint, von einer vorhergehenden Manipulation des baskischen Namens des Ortes aus, indem man das *L* am Anfang wegließ, als handle es sich um den romanischen bestimmten Artikel. Das Ergebnis ist *Izarra*, was auf baskisch gerade »der Stern« bedeutet. Von da aus ist es nur ein Schritt bis zur seiner Übersetzung ins Lateinische, ein Vorgehen das zur der Zeit wo dieser Ortsname geschaffen und durchgesetzt wurde, gang und gäbe war.

Nach dem Sankt Martinsviertel, wurden während des XII. Jahrhunderts in Estella andere Frankenviertel gegründet, wie das des Heiligen Michaels (San Miguel). Während des letzten Drittels jenes Jahrhunderts, verlieh der König Sancho der VI. *der Weise* (Sancho VI *el Sabio*), zwei neuen Vierteln das Stadtrecht, denen des Heiligen Johannes (San Juan) und des Arenal, mit der Neuerung, dass er der navarrischen Bevölkerung erlaubte, sich dort unter denselben Bedingungen niederzulassen. Der Wohlstand Estellas war während des Mittelalters sehr groß: jedes Viertel hatte seine eigene Kirche und - was noch wichtiger war - ein dazugehöriges Pilgerhospital mit seiner Laienbruderschaft, die der Betreuung der armen Wanderer gewidmet war. Die Rivalitäten zwischen den verschiedenen Bruderschaften waren nicht selten, und einige von ihnen wurden als Strafe dafür, die Parteilichkeiten angefacht zu haben, aufgelöst. Außerhalb der Stadtmauern lag das Hospital des Heiligen Lazarus (San Lázaro), für Pilger mit ansteckenden Krankheiten.

Unter den mittelalterlichen Bauwerken Estellas, befindet sich die Kirche des Heiligen Michael (San Miguel) »in excelsis«, im alten Viertel desselben Namens, von der die herrliche romanische Nordfassade bemerkenswert ist. Im ursprünglichen Kern Estellas, das heißt, der Burg von Lizarra, befinden sich die Kirchen des Heiligen Petrus (San Pedro) von Lizarra und der Heiligen Maria von Puy (Santa María del Puy), einer Marienverehrung die von den Franzosen des *Midi* importiert worden war. Die heutigen Gemeinden des Heiligen Evangelisten Johannes (San Juan Evangelista), die ein romanisches Taufbecken und ein gotisches Kruzifix birgt, und des Messias (San Salvador), gründen auf derselben Stelle, welche die historischen Viertel, denen sie den Namen gaben, einahmen. Zum Hauptviertel, demjenigen des Heiligen Martin (San Martín) gelangte man über die sogenannte Gefängnisbrücke (puente de la Cárcel), die 1873 gesprengt

Estella. Blick und Detail der Kirche San Pedro de la Rúa.

und 1971 wiederaufgebaut wurde und einen einzigen Bogen hat. Von hier aus kamen die Pilger durch die historische »Ladenstraße« (Rúa de las Tiendas, heute Calle de la Rúa), in das Viertel des Heiligen Martin, den politischen und wirtschaftlichen Mittelpunkt Estellas. In seinem Bereich erheben sich die gotische Kirche des Heiligen Grabes (iglesia del Santo Sepulcro); das prächtige Kloster des Heiligen Dominik (Santo Domingo), gotisch; die Überreste der Burg, an deren Fuß die Kirche der Heiligen Maria Jus del Castillo liegt, die ab dem Jahre 1145 auf der ursprünglichen Synagoge errichtet wurde; und die monumentale Kirche des Heiligen Petrus (San Pedro) de la Rúa, wo die navarrischen Könige die Charta dieses Königreiches schworen. Der Fächerbogen an ihrer Fassade, erinnert sehr an diejenigen, die wir schon an den Kirchen des Heiligen Roman (San Román) von Cirauqui und des Heiligen Jakob (Santiago) von Puente la Reina gesehen haben. Unter vielen anderen Kunstschätzen muss man in ihr den schönen romanischen Kreuzgang und Pilgerfriedhof, von dem nur zwei Abschnitte erhalten sind und die Kapelle des Heiligen Andreas (San Andrés), Schutzpatron von Estella, bewundern, in der eine Reliquie dieses Heiligen verehrt wird, die von einem berühmten Pilger hergebracht wurde, dem Bischof von Patras (Patrás), der in dieser Stadt incognito im XIII. Jahrhundert gestorben ist. Gegenüber, auf dem Baugrund der ursprünglichen Kirche des Heiligen Martin (San Martín), Mittelpunkt dieses Viertels, erhebt sich das Schloss der Könige von Navarra, vermutlicher Wohnsitz des Königs Sancho *des Weisen* (Sancho *el Sabio*) und eines der wenigen Beispiele weltlicher romanischer Architektur. Hier ist eines der Kapitelle seiner Fassade erwähnenswert: dasjenige, das den Kampf zwischen Roland (Roldán) und Ferragut in seinen beiden Phasen, zu Pferd und zu Fuß, wie es der *Pseudo-Turpin* erzählt, darstellt. Auf ihm kann man den Namen des Bildhauers lesen -Martin-, so wie die Namen der beiden Kämpfer, *Ferragut* und *Rollan*, mit dem Hinweis, dass dieser von Logroño her kam, wie es aus der Handlung des Werkes, auf das es sich beruft, hervorgeht: dem *Pseudo-Turpin*. Wie wir sehen werden, wiederholt sich dieses Motiv an anderen Orten des Jakobsweges wie Irache, Villamayor de Monjardin, Navarrete oder San Juan de Ortega, was die enge Beziehung zwischen dem Verfasser des *Liber Peregrinationis* und des *Pseudo-Turpins* und den in Navarra angesessenen Franzosen bezeugt. Endlich, beim Verlassen Estellas, begegnet man der berühmten Wallfahrtskapelle von Rocamador, einer anderen der französischen Heiligenverehrungen, die über Estella im Mittelalter importiert worden sind.

6 Estella – Los Arcos

Eine weitere Etappe durch das riojanische Navarra, auf der die Weingärten, die Kornfelder und Olivenhaine immer zugegen sind. Von Villamayor de Monjardín bis Los Arcos legt man 12km zurück, ohne einer einzigen Ortschaft zu begegnen.

Gesamtansicht von Villamayor de Monjardín.

Über die Straßen Rúa, San Nicolás und Camino de Logroño kommt unsere Route auf die Landstraße N-111 und auf der Höhe der zweiten Tankstelle verlässt sie **Estella** nach rechts (zwischen Industriehallen hindurch) über den Weg nach Ayegui. Einmal in **Ayegui**:

A) Wenn man einen kleinen Umweg machen möchte, um das Kloster Nuestra Señora la Real de Irache zu besuchen, muss man die Landstraße überqueren. Im Rücken des Klosters erhebt sich der Berg Montejurra. Man kommt am »Weinbrunnen« des Weinkellers vorbei, und nachdem man das Kloster besucht hat, durchquert man die Gärten bevor man zur Landstraße N-111 zurückkehrt, um sie von Neuem zu überqueren.

B) Man geht auf der Landstraße N-111 weiter.
Auf der Höhe eines Hotels treffen beide Routen zusammen, um in Richtung Azqueta weiterzuführen. Nach einem Tunnel, der unter der Umgehungsstraße hindurchführt, führt der Pfad in einen Steineichenwald, und danach wandert man über Äcker und durch eine kleinen Pinienhain bis zu dem Hügel auf dem **Azqueta** liegt (km.5). Wenn man von dort hinabsteigt, kommt man an einer Rinderhaltung und an einem kleinen Bach vorbei. Und zwischen Weingärten und Kornfeldern, mit dem Hügel von Monjardín in Sicht, nähert sich der Jakobsweg der »Fuente de los Moros« (einer mittelalterlichen Zisterne), die vor **Villamayor de Monjardín** liegt. Von dieser Ortschaft aus nimmt man eine Piste, die zu den Weinkellern führt, aber bevor man dorthin kommt, nimmt man einen von Walnussbäumen gesäumten Weg, der zwischen Weingärten verläuft und die Kreisstraße überquert. Von hier aus führt der Jakobsweg 12km über eine Flurbereinigungspiste, und durchzieht ein welliges Terrain inmitten einer Landschaft von Weingärten,

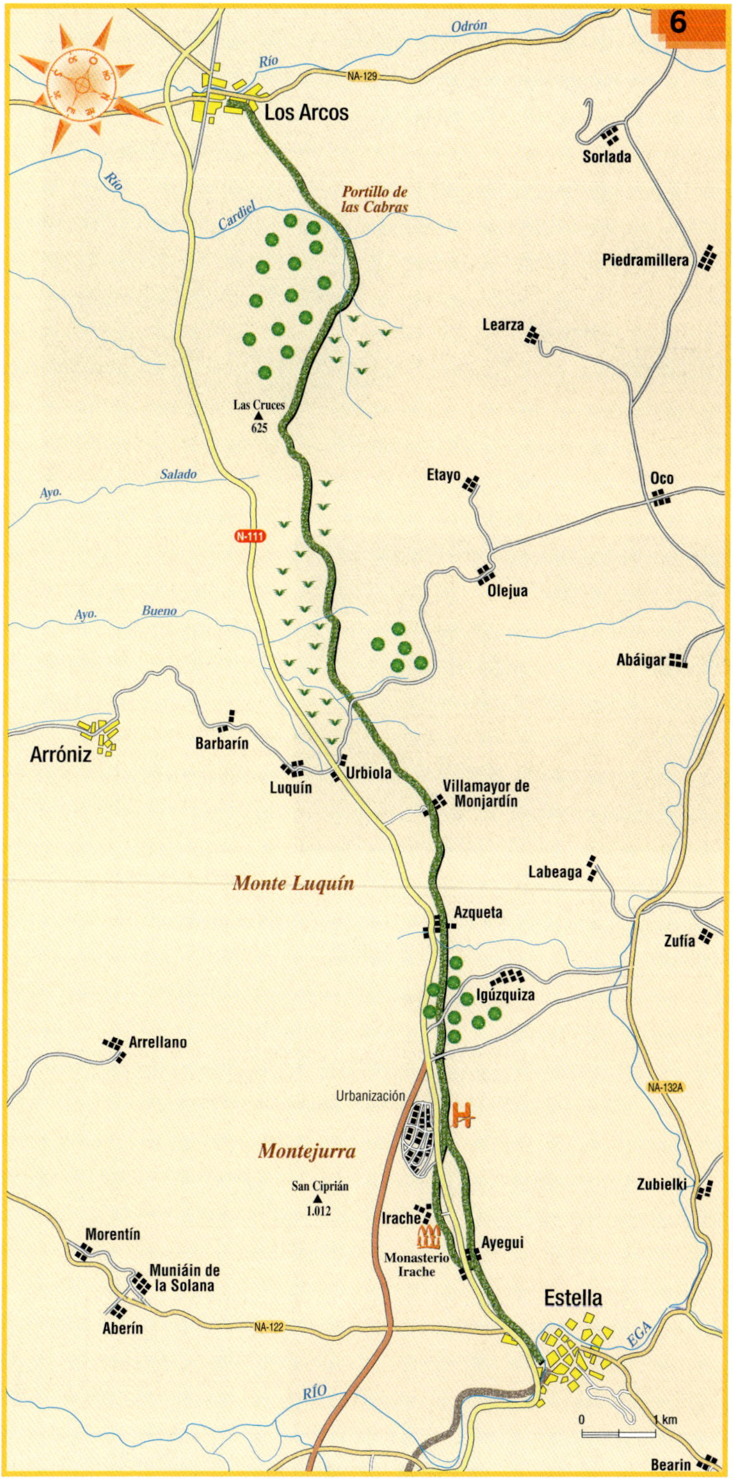
6
Odrón
Río
NA-129
Los Arcos
Sorlada
Río
Cardiel
Portillo de
las Cabras
Piedramillera
Learza
Las Cruces
625
Etayo
Oco
Salado
Ayo.
N-111
Olejua
Ayo.
Bueno
Abáigar
Arróniz
Barbarín
Luquín
Urbiola
Villamayor de
Monjardín
Labeaga
Monte Luquín
Azqueta
Zufía
Igúzquiza
Arrellano
NA-132A
Urbanización
Montejurra
San Ciprián
1.012
Zubielki
Irache
Morentín
Monasterio
Irache
Ayegui
Muniáin de
la Solana
Estella
Aberín
NA-122
EGA
RÍO
0
1 km
Bearin

Pilger bei Villamayor de Monjardín.

Maurenbrunnen (Fuente de los Moros) in Villamayor de Monjardín.

Olivenhainen und Kornfeldern am Rande von mit Pinien bewaldeten Anhöhen. Man überquert mehrere Steilhänge, an denen der Tamarisken wachen. Ab dem km. 18,5 erscheint vor uns die längliche Anhöhe von Cogoticos de la Raicilla, zu der man über einen Bergrücken ansteigt (Portillo de las Cabras). Beim Abstieg sehen wir unser Ziel, **Los Arcos**, an dem man1km später ankommt.

RADFAHRER

Wenn es nicht regnet und die Wege nicht voll Schlamm sind, ist es eine annehmbare Etappe. Auf alle Fälle verbindet die N-111 Estella mit Los Arcos.

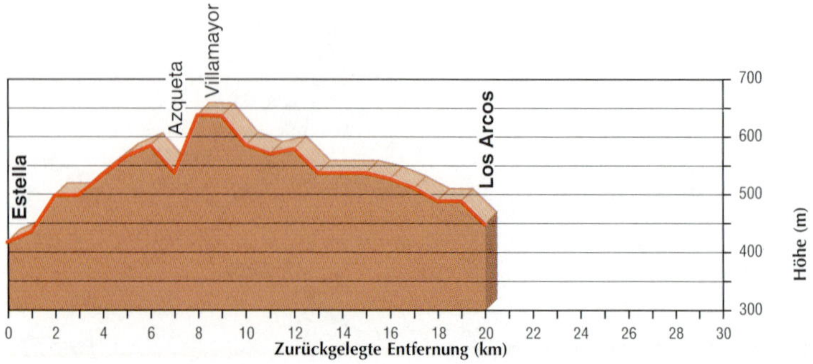

ETAPPE 6. PRAKTISCHE INFORMATION

AYEGUI

Restaurants

Asador Urbasa.
Avenida Prado de Irache, 7.
✆ 948 551 150

Irache.
Carretera Pamplona-Logroño, km 43.
✆ 948 551 150

Transportmittel

Die Busgesellschaft La Estellesa hält in allen Ortschaften.

VILLAMAYOR DE MONJARDÍN

Herbergen

Albergue »Hogar de Monjardín«.
Sie verfügt über 12 Plätze, Küche, Stall und einen Fahrradraum. Geöffnet von Mai bis Ende Oktober.
✆ 948 537 136

Restaurants

Castillo de Monjardín.
Viña Rellanada. ✆ 948 537 412

LOS ARCOS

Herbergen

Städtische Herberge (Albergue municipal) »Isaac Santiago de Los Arcos«.
In Calle San Lázaro gelegen. Vom Verein der Freunde des Jakobsweges von Navarra geführt. Ungefähr 70 Plätze. Radfahrer sind zugelassen und sie hat eine Küche. Geöffnet von April bis Ende Oktober.
✆ 948 441 091

Albergue »Casa Romero«.
In Calle Mayor gelegene private Herberge. Sie verfügt über 28 Plätze, Küche und Waschmaschine. Geöffnet zwischen März und Oktober.
✆ 948 640 083

Albergue »Casa Alberdi«.
Noch eine private Herberge, in Calle Hortal. Verfügt über 17 Plätze, Waschmaschine, Stall und Fahrradraum. Das ganze Jahr geöffnet.
✆ 948 640 764

Hotels

H** Mónaco.
Plaza del Coso, 1. ✆ 948 640 000.
7 Zimmer. 14 Plätze. 45/39 € Doppelzimmer; 32/29 € Einzelzimmer; 12 € Essen/Abendessen.

HS** Ezequiel.
Calle La Serna, 14. ✆ 948 640 296.
18 Zimmer. 36 Plätze. 33/28 € Doppelzimmer; 2,07 € Frühstück; 9,02 € Essen/Abendessen.

Restaurants

Mavi.
Carretera Sesma, 2. ✆ 948 640 081

Sidrería Suetxe.
Calle Carramendavia. ✆ 948 441 175

Ezequiel.
Calle La Serna, 14. ✆ 948 640 296

Geschichte und Kulturerbe der Etappe 6

Der Französische Weg Etappe 6. Estella-Los Arcos

In **Ayegui**, heute ein industrieller Vorort Estellas, erhebt sich die Gemeindekirche des Heiligen Martin von Tours (San Martín de Tours), einer der Heiligen, dem auf dem Jakobsweg und in Navarra am meisten Kirchen gewidmet sind. In diesem barocken Gotteshaus des XVII. Jahrhunderts, berwahrt man unter anderem ein gotisches Kruzifix aus dem XIV. Jahrhundert auf. Außerdem befindet sich innerhalb des Gemeindegebietes und am Fuße des Montejurra, des Hügels wohin noch heute die Karlisten pilgern, die Wallfahrtskapelle des Heiligen Kyprian (San Cipriano), ein bescheidenes Bauwerk aus dem Mittelalter, das ein gotisches Bildnis seines Schutzheiligen, des einstigen Bischofs von Karthago (Cartago), birgt.

Irache. Wasserquelle und Wein für die Pilger.

Etwas weiter, bevor man zum berühmten Kloster von **Irache** kommt, befindet sich an der Wand eines Weinkellers ein Brunnen, der nicht nur das erfrischende und unentbehrliche Wasser spendet, sondern auch einen der traditionellen »Treibstoffe« des Pilgers: den energiereichen und belebenden Wein. Wenn man sich gebührend gestärkt hat, kann man den Besuch der eindrucksvollen Klosteranlage »Santa María La Real de Irache« angehen. Dieses Kloster, eines der einzigartigsten Spaniens, ist möglicherweise eine westgotische Gründung, wenn auch die ersten urkundlichen Zeugnisse nur auf das Jahr 958 zurückgehen. 1050 wurde dort auf Anordnung des navarrischen Königs García III. von Nájera ein Pilgerhospital eingerichtet, das damit älter ist als die von Estella und Roncesvals (Roncesvalles), die zwei anderen großen Anhaltspunkte des französichen Jakobsweges (Camino Francés) in Navarra. Dieses Kloster, das zum Benediktinerorden gehörte, erlebte seine beste Zeit unter dem Abt St. Weremund (San Veremundo, XI. Jahrh.), dem Schutzpatron des Jakobsweges in Navarra. Viel später, im XVII. Jahrhundert, wurde dort das erste Universitätsstudium Navarras gegründet, das auf Theologie spezialisiert war, und bis ins XIX. Jahrhundert fortbestand. An diesem Ort, in den Druckereien der Mönche, erblickte die erste Ausgabe der berühmten *Kronik des Benediktinerordens* (*Crónica de la Orden Benedictina*) des Pater Yepes das Licht der Welt. Die wichtigsten Teile dieser herrlichen Anlage gehören logischerweise in die Zeit der Phasen des größten Glanzes des Klosters: das Gotteshaus, in Form eines lateinischen Kreuzes (drei Schiffe, die durch ebensoviele Apside abgeschlossen werden, zwei schöne

Villamayor de Monjardín. Kirche San Andrés.

zisterziensische Portale) über deren Kreuzschiff sich eine mächtiger achteckiger Vierungsturm erhebt, wurde im XII. und XIII. Jahrhundert erbaut. Im Innern, auf einem Kapitell in der Hauptkapelle, ist der Kampf zu Pferde zwischen Roland (Roldán) und Ferragut, der im XVIII. Kapitel des *Pseudo-Turpin* erzählt wird, nach dem Modell, das wir schon in Estella gesehen haben (wenn auch mit weniger Finesse), abgebildet. Dieses Motiv, das wir noch einmal innerhalb derselben Etappe in Villamayor de Monjardín und etwas weiter, in Navarrete, wiederfinden werden, bezeugt die enge Verbundenheit zwischen dem navarrischen Gebiet und dem *Pseudo-Turpin*. Unter den später erbauten Teilen, muss man den plateresken Kreuzgang aus dem XVI. Jahrhundert erwähnen, ein Werk der Meister Martín de Oyarzábal und Juan de Aguirre, unter anderen, und - noch neueren Datums - der zweite Kreuzgang, der massive Turm und die Universitätsgebäude, alle aus dem XVII. Jahrhundert.

In **Azqueta** finden wir die Gemendekirche des Heiligen Petrus (San Pedro), von der das Altarbild über dem Hauptaltar bemerkenswert ist.

Bevor er nach **Villamayor de Monjardín** hineinführt, geht der Weg an einem merkwürdigen Gebaüde vorbei, das vor kurzem restauriert worden ist: es handelt sich um den Maurenbrunnen (»Fuente de los Moros«), der in gotischem Stil im XIII. Jahrhundert errichtet wurde, ein kleines, viereckiges Gebäude, das durch ein Giebeldach gedeckt ist, dessen Eingang aus einem Doppelrundbogen besteht, der durch eine von einem Kapitell gekrönten Doppelsäule in der Mitte geteilt wird. Der weite Innenraum birgt eine unterirdische Zisterne mit einem bemerkenswerten Tonnengewölbe und breiten Steinstufen, die bis zum Wasserspiegel hinabführen.

Villamayor sucht unter dem Koloss des Monjardín Schutz, desses verballhornter Name mit dem *Mons Garsini*, von dem wir im *Pseudo-Turpin* lesen können, identisch ist, der sich seinerseits möglicherweise auf einen * *Mons Garseani* oder »Berg des García« bezieht, der in den lokalen Quellen nicht auftritt. Auf seinem Gipfel erheben sich noch die Überreste der Burg des Heiligen Stefan (San Esteban) (vgl. den heutigen baskischen Namen Villamayors de Monjardín, *Doneztebe*) eine der befestigten Hauptsädte des ursprünglichen Königreiches von Deyo-Pamplona. Während des Emirates, vor ihrer Eroberung, hatte sie den mächtigen Banu-Qasi gehört, als diese vornehme spanisch-moslemische Familie das ganze Ebrotal unter ihrer Herrschaft hatte. Laut dem *Pseudo-Turpin* hätte sie Karl der Große einem navarrisch-islamischen Heer entrissen, das unter dem Kommando eines navarrischen Führers mit Namen Furre gestanden habe, um sich danach »des gesamten navarrischen Gebietes zu bemächtigen«. In diesen Worten der romanhaften Chronik, klingen vermutlich die der spanischen

Blick auf Urbiola.

mittelalterlichen Chronistik wieder, nach der der navarrische König García Sánchez, der wirkliche Eroberer der Festung - der auch dort begraben liegt - nach der Einnahme Monjardíns das gesamte Gebiet von Deyo-Pamplona beherrschte. Wie auch in anderen Fällen, schreibt der Verfasser des *Pseudo-Turpin* seinem Helden eine historische Tat zu, die von einem spanischen König ausgeführt worden war. Den Namen Monjardín-*Mons Garseani*, könnte man aus der Tatsache erklären, dass sein Eroberer, König García, dort begraben liegt.

Im Stadtbild von Villamayor sticht der schlanke Glockenturm der St. Andreaskirche (iglesia de San Andrés), hervor der im XVII. Jahrhundert nach einem in der Rioja ziemlich häufigem französischen Modell, errichtet worden ist. Das Gotteshaus selbst ist romanisch, mit einem einzigen, von einem Tonnengewölbe bedecktem Schiff und einer halbrunden Apsis. An seinem Südportal mit Rundbogenarchivolten, finden wir auf einem seiner Kapitelle, dasselbe Motiv wieder, das wir schon am Palast der Könige von Navarra in Estella und in Irache gefunden haben (und dem wir noch einmal in Navarrete begegnen werden). Im Innern des Gotteshauses, unter anderen wertvollen Kunstwerken, muss man ein wunderschönes, romanische Kreuz mit Silberplattierung aus dem XII. Jahrhundert erwähnen, eines der wenigen Werke romanischer Silberschmiedekunst, die in Navarra erhalten sind.

Etwas abseits von der heutigen Pilgerroute (aber nicht von der Landstraße), befindet sich die Ortschaft **Urbiola**, durch die historisch berühmte Pilger wie Arnold von Harff oder Domenico Laffi, gewandert sind. In dem fast daneben liegendem, heute verlassenen Ort Cogullo, gab es einst ein Pilgerhospital, das zu einer Komturei des Johanniterordens gehörte.

Das Ende der sechsten Etappe, **Los Arcos**, eine Ortschaft, die sich zwischen dem Hügel Cerro del Castillo und dem Fluss Odrón erstreckt, ist auch einer der allthergebrachten Orte auf dem navarrischen Jakobsweg. Sie wird mehrere Male im *Liber sancti Iacobi* erwähnt: zweimal im *Liber Peregrinationis*, als Station auf dem Jakobsweg und wegen der »tödlichen« Eigenschaften ihres Wassers, und einmal im *Pseudo-Turpin*, der in einem geheimnisvollen Abschnitt sagt, dass diese Stadt auch *Urancia* genannt wurde (vgl. den heutigen baskischen Namen der Ortschaft, *Urantzia*), eine Form die sich vielleicht auf das nicht weit entfernte Zisterzienserkloster Iranzu bezieht. Los Arcos wurde im Mittelalter auf dem Grund einer Siedlung römischen Ursprungs, gegründet (auf deren architektonische Überreste sich wahrscheinlich der Ortsname, Los Arcos = »die Bögen«, bezieht): die »*mansio*« (Wegstation, Herberge) *Curnonion*, die auf einer Wegkreuzung lag. Diese archaische Funktion als Durchgangsort, so wie die neuere als Grenzfestung (zwischen den Königreichen Navarra und Kastilien »Castilla«), machten Los Arcos während des Mittelalters zum blühenden Zentrum finanzieller Geschäfte, Eintreibung von Maut und Wegzoll und Geldwechsel. Die Juden, die auf diese letzte Operation spezialisiert waren, bildeten in Los Arcos sicherlich während des Spätmittelalters ein wichtiges Bevölkerungselement, wenn man nach den Worten Künig von Vachs geht, der die Ortschaft »Judenstadt« (*Juden stat*) nennt. Eine andere gut bekannte Tatsache, die die Bevölkerung angeht, ist ihr Stadtrecht, das ihr der navarrische König Sancho der VI. verlieh, und das die Rechtsgleichheit aller Einwohner des Ortes festlegte, sowohl der navarrischen Bauern als auch der fränkischen Handwerker. Im unregelmäßigem Stadtbild von Los Arcos, sticht das monumentale Gebäude der Marienkirche (Iglesia de Santa María) hervor, die an der Brücke über den Fluss Odrón liegt. In verschiedenen architektonischen Stilen erbaut, von der Romanik des XII. Jahrhunderts zum Barock des XVII. und XVIII., besteht dieses Gotteshaus aus einem einzigen, von Seitenkapellen flankiertem Schiff und es fällt sein schönes Hauptaltarbild auf, das dem Besuch Marias bei Elisabeth gewidmet ist und von einer wunderschönen gotischen Statue der Heiligen Maria von Los Arcos (Santa María de los Arcos) gekrönt wird. Kurz vor Mittsommernacht, ereignet sich hier ein Beleuchtungsphänomen, das dem in San Juan de Ortega ähnlich ist, da das Bildnis nur dieses einzige Mal im Jahre von der Sonne beleuchtet wird. Vom Rest der Kirche muss man ihren achteckigen Turm erwähnen, den feinsten der navarrischen Renaissance, zur gleichen Zeit mächtig und schlank; den Kreuzgang, im spätgotischen Stil des XV. Jahrhunderts und das herrliche, platereske Portal, ein zierliches und harmonisches Steinwerk, das auch zu den besten Beispielen seines Stils innerhalb Navarras zählt.

Kirche Santa María de los Arcos. Oben, Glockenturm aus der Renaissance; Unten, Innenbarock.

7 Los Arcos – Logroño

Auf dieser Etappe verlässt man Navarra. Die erste Ortschaft der Rioja, in die man kommt, ist Logroño, eine Stadt, die in einer strategisch besonders günstigen Lage auf der Grenze zwischen Álava und Navarra liegt.

Torres del Río. Wallfahrtskirche Nuestra Señora de Poyo.

Der Jakobsweg geht vom Kastilienbogen aus (Arco de Castilla). Am Ausgang von Los Arcos nimmt man eine Piste, die den Fluss Odrón überquert und am Friedhof vorbei in Richtung Sansol führt, das vor uns erscheint. Die Landstraße N-111 verläuft immer links von uns inmitten der Äcker. Bevor man über die Kreisstraße nach der Ortschaft **Sansol** hinaufsteigt, überquert man den Bach San Pedro. Wenn man einmal in dieser Ortschaft ist, kann man ganz nahe auf dem gegenüberliegenden Hang **Torres del Río** sehen, wohin man kommt nachdem man die Schlucht hinabgestiegen ist, durch einen Tunnel, der unter der Straße nach Lazagurría hinduchführt, gegangen ist und den Fluss Linares überquert hat. Einmal im Dorf selbst, kommt man an der Kirche des Heiligen Grabes (Santo Sepulcro) vorbei und nimmt den Weg zum Friedhof. Man steigt auf eine kleine Anhöhe in der Nähe der N-111 und geht parallel zu ihr weiter, um sie wenig später zu überqueren und, nachdem man durch einen kleinen Pinienwald gewandert ist, zu der Kapelle Nuestra Señora del Poyo zu kommen. Wenig später verlässt man die Straße und biegt nach links ab, auf der Höhe eines Steilhanges um nach einer Kurve die Straße nach rechts zu überqueren, wo man einen Weg nimmt, der ansteigt und die Landstraße nach Bargota überquert. Vor uns sehen wir Viana und Logroño. Man steigt wieder hinab, dieses Mal durch die Schlucht von Mataburros, die man durchquert (Siedlung Cornava) um nachher geradeaus bergauf und bergab weiterzugehen, bis man die Straße überquert, um eine weitere Kurve zu vermeiden. Bis **Viana** wechselt der Weg zwischen Seitenstreifen und Pfad. Auf der Höhe der Ruine eines Hauses mit einer Palme kreuzt man nach rechts, um in die Ortschaft zu kommen, die man über die Straße von San Miguel verlässt. Man steigt immer bergab, überquert eine Landstraße und geht die Straßen La Rueda und Fuente Vieja hinunter, an einer Schule vorbei, zwischen Gärten und Häusern, bis man zur Landstraße N-111 kommt, nachdem man die Landstraße nach Moreda überquert hat. Man nimmt links eine Piste in Richtung zur Lagune von las Cañas. Wenn man zur Kapelle

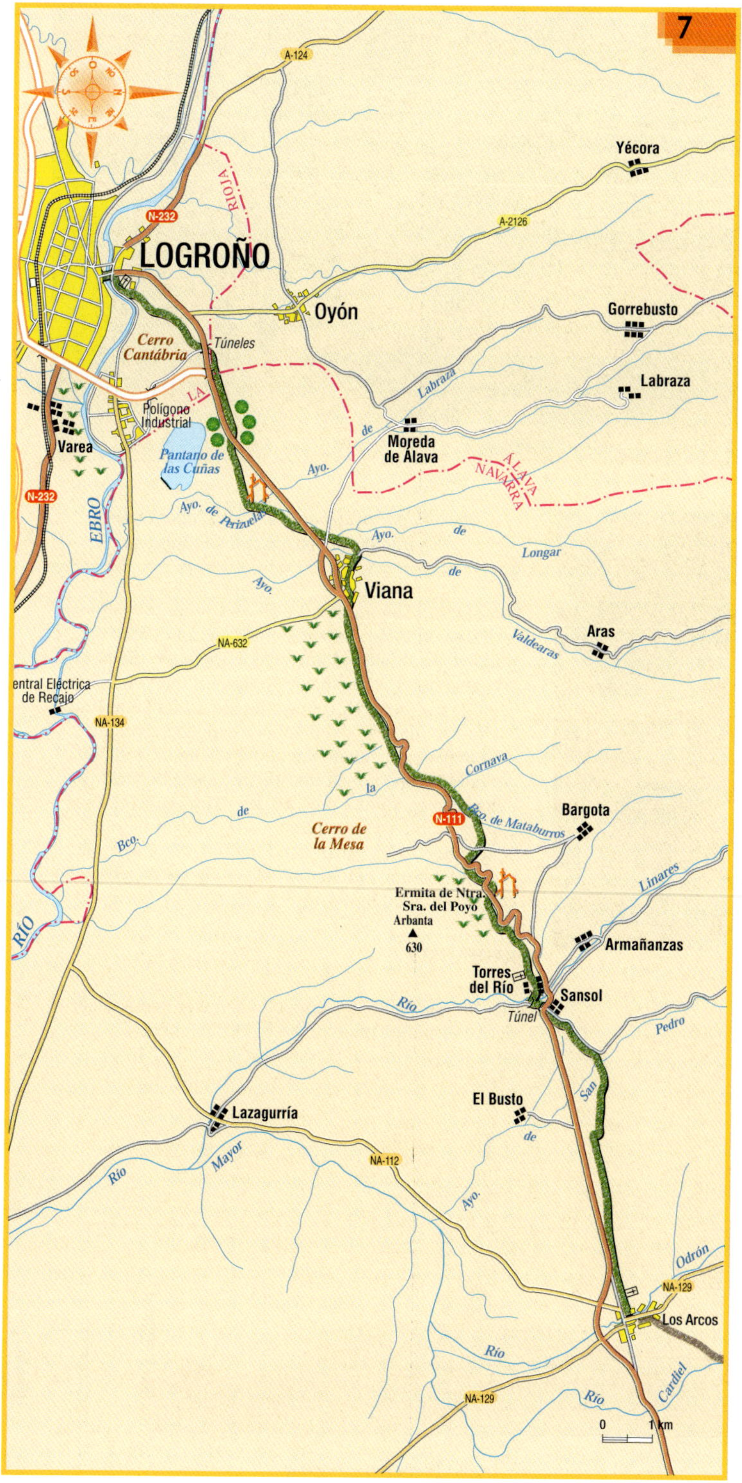
7
A-124
Yécora
A-2126
RIOJA
N-232
LOGROÑO
Oyón
Gorrebusto
Labraza
Cerro Cantábria
Túneles
LA
Polígono Industrial
Varea
Pantano de las Cuñas
Moreda de Álava
Labraza
Ayo. de
ÁLAVA
NAVARRA
N-232
EBRO
Ayo. de Perizuela
Ayo. de Longar
Viana
Ayo. de Valdearas
Aras
NA-632
entral Eléctrica de Recajo
NA-134
Cornava
la
Bco. de
Cerro de la Mesa
N-111
Bco. de Mataburros
Bargota
Ermita de Ntra. Sra. del Poyo
Arbanta
630
Linares
Armañanzas
Torres del Río
Sansol
Túnel
Río
San Pedro
El Busto
Ayo. de
Lazagurría
Río Mayor
NA-112
RÍO
Odrón
NA-129
Los Arcos
Río
Río Cardiel
NA-129
0
1 km

Oben, Pilger zwischen Viana und Logroño; links, Pilgerbogen in der Altstadt von Logroño.

von Nuestra Señora de las Cuevas kommt, nimmt man rechts einen Weg, der zur Landstraße führt. Man wandert durch einen Pinienwald, überquert die N-111 und geht durch Pinienhaine weiter, bis man vor einer Papierfabrik steht. Dort beginnt eine asphaltierte Piste. Nach drei Tunnels, die unter der Umgehungsstraße hindurchführen, steigt man auf den Hügel Cantabria, der mit Olivenbäumen und Weinstöcken bedeckt ist. Beim Abstieg kommt man an den Gärten und Häusern des Stadtrandes von Logroño vorbei. Bevor man die Stadt erreicht, lässt man den Friedhof hinter sich, um sich in Richtung der Steinbrücke zu begeben, die nach **Logroño** hineinführt.

RADFAHRER

Der Weg ist fahrbar. Dennoch kann wer den Asphalt der Landstraße vorzieht, die N-111 nehmen.

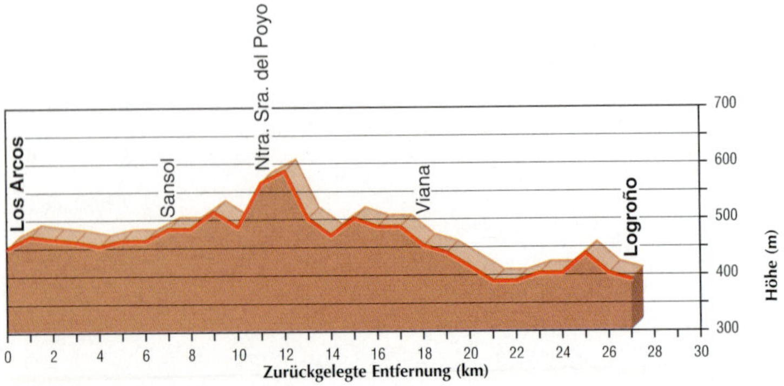

ETAPPE 7. PRAKTISCHE INFORMATION

TORRES DEL RÍO

Herbergen

Pilgerhospital (Hospital peregrino de Torres del Río).
In Calle Mayor. Das ganze Jahr geöffnet und bietet 32 Plätze. Kochmöglichkeit auf einem Herd. Fahrräder sind zugelassen. ✆ 948 648 051

Restaurants

La Pata de Oca.
Calle Mayor, 3. ✆ 948 648 051

Transportmittel

Die Busgesellschaft **La Estellesa** hält in allen Ortschaften dieser Strecke.

VIANA

Herbergen

Albergueria »Andrés Muñoz«.
In Calle San Pedro. Das ganze Jahr geöffnet. Verfügt über 50 Plätze, Küche und Waschmaschine. Fahrräder können verstaut werden. ✆ 948 645 530

Hotels

P Casa Armendariz (La Granja).**
Calle Navarro Villoslada. ✆ 948 645 078. 7 Zimmer. 14 Plätze. 36/33 € Doppelzimmer; 21/19 € Einzelzimmer; 9 € Essen/Abendessen.

Restaurants

Bodegón Borgia.
Calle Seraio Urra, 1. ✆ 948 645 781
Casa Armendáriz. Calle Navarro Villoslada, 19. ✆ 948 645 078
Pitu. Calle Medio de San Pedro, 9. ✆ 948 645 927

LOGROÑO

Herbergen

Jugendherberge (Albergue juvenil). ✆ 941 291 145
Städtische Herberge (Albergue municipal). In Rúa Vieja. Wird vom Verein der Freunde des Jakobsweges von Rioja geführt. Verfügt über fast 80 Plätze und bietet Küche, Waschmaschine, und Platz für Fahrräder. ✆ 941 260 234 / 947 229 201

Hotels

H Zenit Logroño.**
Carretera. Pamplona, km 2. ✆ 941 271 555. 56 Zimmer. 112 Plätze. 70 € Doppelzimmer; 4,51 € Frühstück.
HR* Isasa. Calle Doctores Castroviejo, 13. ✆ 941 256 599. 30 Zimmer. 60 Plätze. 5 Suites. 55 € Doppelzimmer.
HSR* La Numantina.**
Calle Sagasta, 4. ✆ 941 251 411. 17 Zimmer. 34 Plätze. 43/41 € Doppelzimmer.
HSR Mesón Pepa.** Avenida Aragón, 9. ✆ 941 234 011. 19 Zimmer. 38 Plätze. 47 € Doppelzimmer; 3,74 € Frühstück.
HSR Niza.**
Calle Gallarza, 13. ✆ 941 206 044. 16 Zimmer. 32 Plätze. 47 € Doppelzimmer.

Campingplätze

1. Kategorie. La Playa. Avenida de la Playa, 6-8. ✆ 941 252 253. 248 Plätze.

Restaurants

Anzuelo de Oro. Calle Bretón de los Herreros, 62. ✆ 941 224 506
Asador La Gavilla. Plaza del Mercado, 25-bajo. ✆ 941 249 099
Avenida P21.
Avenida de Portugal, 21. ✆ 941 228 602
El Fogón.
Calle Peso, 6. ✆ 941 201 493
Florentino.
Calle Milicias, 4. ✆ 941 260 714
Grand Canyon.
Calle Vitoria, 1. ✆ 941 211 344
La Bombilla II.
Calle Mayor. ✆ 941 224 523
Las Norias.
Camino de las Norias. ✆ 941 263 117
Leito's.
Calle Portales, 30. ✆ 941 212 078
Mesón Charro.
Calle Laurel, 12. ✆ 941 224 663
Mesón Siglo XX. Calle Ingeniero Lacierva, 8. ✆ 941 238 078
Metropol.
Avenida Jorge Vigón, 31. ✆ 941 253 136
Principal.
Avenida Pérez Galdós, 3. ✆ 941 256 742
Trópico.
Calle Salamanca. ✆ 941 201 254
Zubillaga.
Calle San Agustín, 3. ✆ 941 220 076

Transportmittel

Busbahnhof (Estación de autobuses) von Logroño. ✆ 941 235 983
Bahnhof (Estación de RENFE) Logroño. ✆ 941 240 202

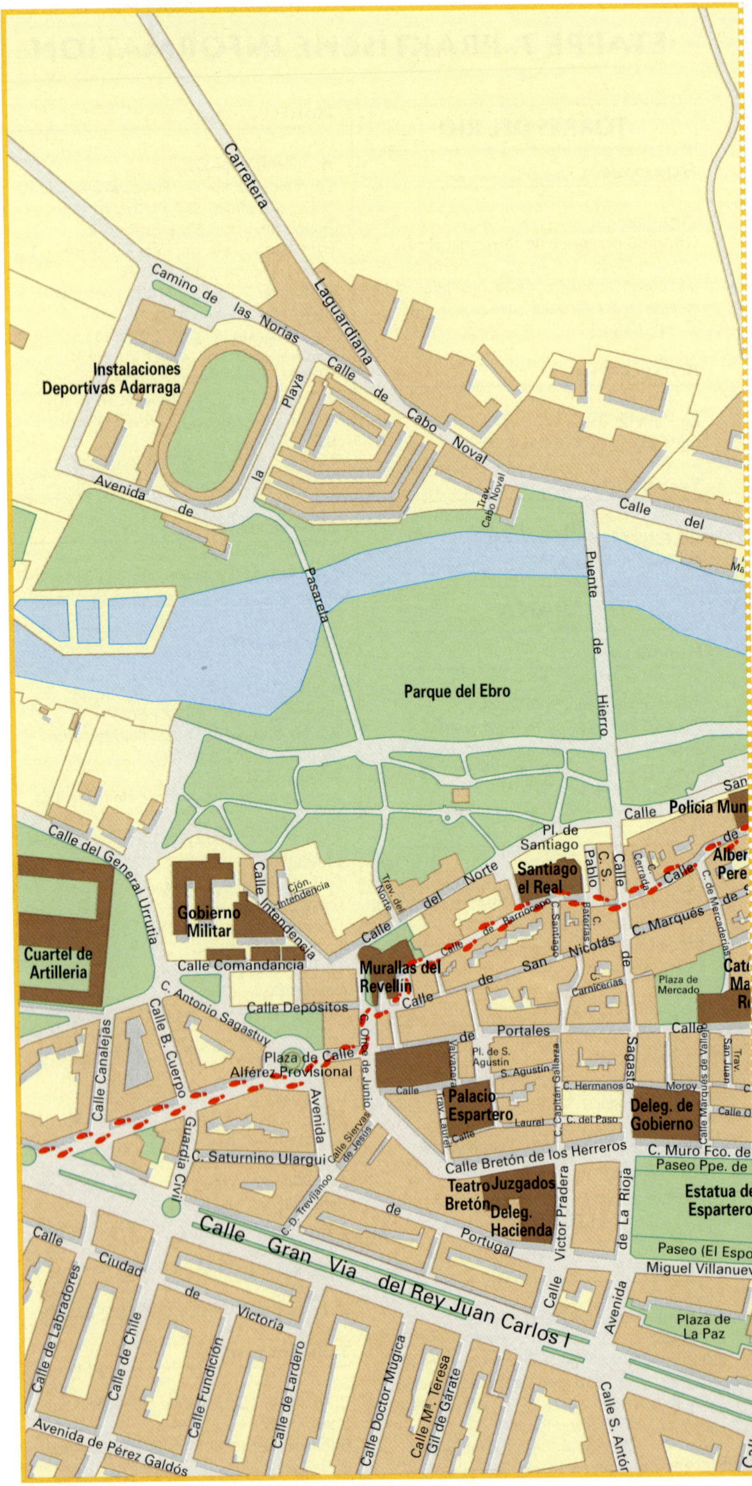
Carretera
Laguardiana
Camino de las Norias
Calle de Cabo Noval
Trav. Cabo Noval
Instalaciones Deportivas Adarraga
Playa
Avenida de la
Calle del
Pasarela
Puente de Hierro
Parque del Ebro
Calle
Policia Mun
Pl. de Santiago
Santiago el Real
C. S. Pablo
Calle
Cerrada
Calle de Alber Pere
C. de Mercaderías
Calle del General Urrutia
Calle Intendencia
Cjón. Intendencia
Trav. del Norte
Calle del Norte
Calle de Barriocepo
C. Santiago
C. Baterías
C. Marqués
Gobierno Militar
Cuartel de Artilleria
Calle Comandancia
Murallas del Revellín
Calle de San Nicolás
C. Carnicerías
Plaza de Mercado
Calle Depósitos
C. Antonio Sagastuy
Calle Canalejas
Calle B. Cuerpo
Plaza de Calle Alférez Provisional
Avenida
Calle de Portales
Pl. de S. Agustín
S. Agustín
Calle Valvanera
C. Capitán Gallarza
C. Hermanos Moroy
Sagasta
San Juan
Trav.
Calle Marqués de Vallejo
Palacio Espartero
Trav. Laurel
Laurel
C. del Paso
Deleg. de Gobierno
Guardia Civil
C. Saturnino Ulargui
Calle Sieuras de Jesús
C. D. Trevijanoo
Calle Bretón de los Herreros
C. Muro Fco. de
Paseo Ppe. de
Estatua de Espartero
Teatro Bretón
Juzgados
Deleg. Hacienda
Victor Pradera
de La Rioja
Calle de Portugal
Calle Gran Via del Rey Juan Carlos I
Paseo (El Espo
Miguel Villanuev
Avenida
Plaza de La Paz
Calle Ciudad de Victoria
Calle de Labradores
Calle de Chile
Calle Fundición
Calle de Lardero
Calle Doctor Múgica
Calle Mª. Teresa Gil de Gárate
Calle S. Antón
Avenida de Pérez Galdós

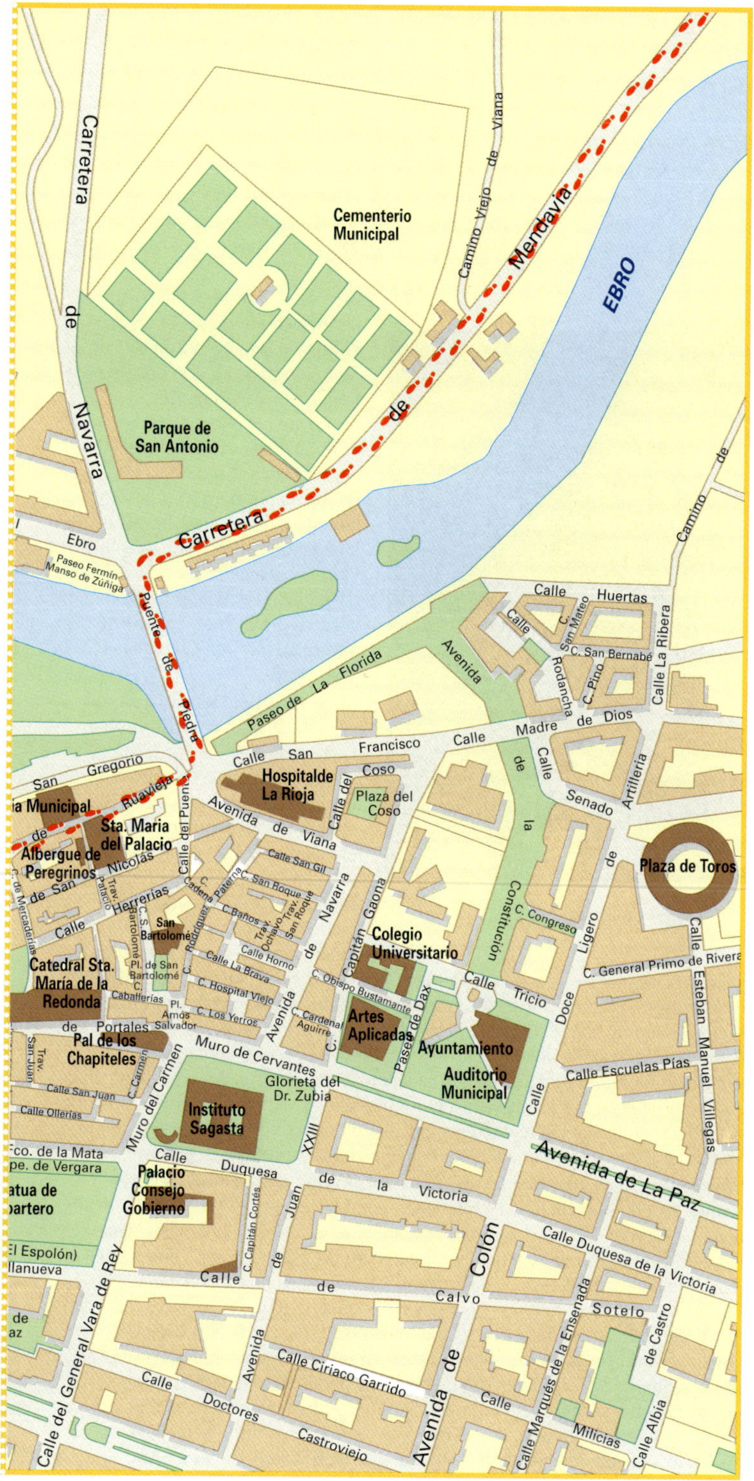

Carretera de Navarra
Cementerio Municipal
Camino Viejo de Viana
Carretera de Mendavia
EBRO
Parque de San Antonio
Ebro
Paseo Fermín Manso de Zúñiga
Puente de Piedra
Camino de
Calle Huertas
Calle
C. San Mateo
C. San Bernabé
Rodancha
C. Pino
Calle La Ribera
Avenida
Paseo de La Florida
Calle San Francisco
Calle Madre de Dios
San Gregorio
Ruavieja
Hospital de La Rioja
Calle del Coso
Plaza del Coso
Calle Senado
Artillería
Plaza de Toros
Municipal
Sta. María del Palacio
Albergue de Peregrinos
Avenida de Viana
Calle San Gil
Calle del Puente
C. San Roque
Nicolás
de San
Calle Herrerías
Cadena
Paterna
Trav. San Roque
C. Baños
Trav. Ochavo
Avenida de Navarra
Capitán Gaona
Avenida de la Constitución
C. Congreso
Doce Ligero
C. de Mercaderías
Trav. Palacio
C. S. Bartolomé
San Bartolomé
C. Rodríguez
Calle Horno
Colegio Universitario
Catedral Sta. María de la Redonda
Pl. de San Bartolomé
Calle La Brava
C. Obispo Bustamante
Calle Tricio
C. General Primo de Rivera
Calle Esteban Manuel Villegas
C. Caballerías
C. Hospital Viejo
Pl. Amós Salvador
C. Los Yerros
Avenida
C. Cardenal Aguirre
Artes Aplicadas
Paseo de Dax
Ayuntamiento
Auditorio Municipal
Portales
Pal de los Chapiteles
Trav. San Juan
C. Carmen
Muro de Cervantes
Glorieta del Dr. Zubia
Calle Escuelas Pías
Calle San Juan
Calle Ollerías
Muro del Carmen
Instituto Sagasta
XXIII
Calle
Fco. de la Mata
pe. de Vergara
Calle Duquesa de la Victoria
Avenida de La Paz
Palacio Consejo Gobierno
atua de partero
El Espolón)
llanueva
C. Capitán Cortés
Calle de Juan
Avenida de Colón
Calle Duquesa de la Victoria
Calle de Calvo Sotelo
Calle del General Vara de Rey
Calle Marqués de la Ensenada
de Castro
de az
Avenida
Calle Ciriaco Garrido
Calle Doctores Castroviejo
Avenida de
Calle Milicias
Calle Albia

Geschichte und Kulturerbe der Etappe 7

Der Französische Weg Etappe 7. Los Arcos-Logroño

Wenn man Los Arcos verlässt, überquert man den Fluss Odrón, noch einer der Wasserläufe, die durch die negative Propaganda des *Liber Peregrinationis* beeinträchtigt werden, das behauptet, seine Wasser seien tödlich, genau wie die der anderen Gewässer auf dem Weg von Estella nach Logroño. Hinter dem Fluss, neben dem Friedhof, befindet sich die Kapelle des Heiligen Blas, wo es einst ein Hospital für die kranken Pilger gab.

Sansol. Mittelschiff der Pfarrkirche.

Der Name **Sansol**, erklärt sich aus der Beziehung dieses Ortes zum Kloster des Heiligen Zoilus (San Zoilo), in Carrión, von dem er eine Komturei war. Außer des Toponyms, erinnert auch die Widmung seiner Gemeindekirche, ein Gotteshaus in barocker Bauweise aus dem XVII. Jahrhundert, an diese Tatsache. Hier könnte auch das namenlose Hospital gelegen haben, welches das *Liber Peregrinationis* nennt, um noch einen Fluss zu erwähnen, der angeblich für Mensch und Tier giftig war.

Auch **Torres del Río** wird wegen der schädlichen Gewässer seines Flusses, des Linares, gedacht. Wenige Jahre später wurde die wunderschöne Kirche des Heiligen Grabes (Santo Sepulcro) errichtet, ein kleines Meisterwerk der Romanik in Spanien. Es handelt sich um eine Kirche mit oktogonalem Grundriß, die von einer ebenfalls achteckigen Laterne gekrönt wird, mit einer halbkreisförmigen Apsis und einem kleinen, angebauten, runden Turm. Im Innern wird das Achteck von einer wunderschönen Kuppel mit Kreuzverzierung abgeschlossen, die an den »Mirhab« der Moschee von Cordoba erinnert. Es gibt keine dokumentarischen Belege zu ihrer Erbauung: ihre Widmung führt uns zum Orden des Heiligen Grabes, dessen Anwesenheit gerade auf dieser Strecke des Jakobsweges besonders aktiv war. Ihr achteckiger Grundriß hat jedoch einige Gelehrte dazu geführt, sie mit dem Orden der Tempelritter in Verbindung zu setzen, der auch auf dem ganzen Jakobsweg zugegen war.

Weiter vorne führt der Weg an den Ruinen **Cornava**s vorbei, einer der acht Weiler, deren Einwohner 1219 mit denen von Longar, Tidón, Prezuela, Piedrafita, Soto, Gorano und Cuevas zusammengetan wurden, um eine befestigte Stätte neuer Gründung an der Grenze zu Kastilien zu besiedeln: Viana. Diese Funktion der Verteidigung und seine Lage auf dem Jakobsweg, geben Viana die auffälligen Eigenschaften, die es hervorheben: einerseits seine Lage auf einer Höhe und sein von festen Mauern umgebener Bezirk, andererseits die herrlichen Beispiele weltlicher und geistlicher Architektur (Marien und Peterskirche »Iglesias de Santa María y San Pedro«), Früchte des durch den Handel erstandenen Wohlstandes eines Städtchens, das an einer großen Straße lag (der Name Viana erklärt sich aus dieser Lage am Jakobsweg, da er von »Via«, »Weg«, herrührt). Seine Eigenschaft als Jakobswegstation, kristallisierte in den vier Hospitälern, die es im XV.

Viana. Kirche von San Pedro.

Jahrhundert zählte, von denen uns der deutsche Pilger Künig von Vach berichtet. Seine Eigenschaft als königliche Stiftung, tritt auch in seinem regelmäßigen Stadtplan zu Tage, der für die von den Königen von Navarra und Aragon im Mittelalter gegründeten Siedlungen charakteristisch ist und dem wir auf dem Jakobsweg schon in Puente la Reina oder Sangüesa begegnet sind. Sancho der VII., der Gründer Vianas, gab dieser Ortschaft ein sehr günstiges Stadtrecht, das sie zusammen mir ihrer Lage sehr bald zu einer der reichsten und mächtigsten Städte Navarras machte, bis zu dem Punkt, dass 1423 der König Karl der III. ihr den Ehrentitel eines Fürstentums verlieh und sie zur Domäne des Erben der navarrischen Krone wurde. Während des XV. Jahrhunderts, wurde sie zum Schauplatz blutiger Parteikämpfe, die den navarrischen Adel entzweiten, an denen der berühmte Cesar Borgia teilnahm, der auch im Laufe eines solchen Streites umkam und heute am Eingang der Marienkirche (Iglesia de Santa María) begraben liegt, ein Gebäude, das mit Sicherheit das hervorragendste in Viana ist. Es handelt sich um einen gotischen Bau, dessen auffälligste Teile diejenigen sind, die später hinzugefügt wurden, wie der Turm oder das Steinwerk seiner südlichen Fassade aus dem XVI. Jahrhundert. Unter den Kunstschätzen, die im Innern des Gotteshauses aufbewahrt werden, muss man das Hauptaltarwerk, die Orgel und die Fresken des Luis Paret in der Kapelle des Heiligen Johannes del Ramo (San Juan del Ramo), hervorheben.

Viana. Fresken von Paret in der Kirche Santa María.

Die heutige Kapelle der **Heiligen Dreieinigkeit (Ermita de la Trinidad) von Cuevas**, erbt den Ortsnamen und die Lage des alten Cuevas, einem der acht Weiler aus denen Viana gebildet wurde und der auch im *Liber Peregrinationis* wegen des ungesunden Wassers seines Baches, des Hormazuelas, erwähnt wird. Im XIII. Jahrhundert ließen sich dort die Brüder des Dreieinigkeitordens mit der Absicht, die Pilger zu betreuen, nieder, und von dorther rührt die heutige Widmung der Kapelle, die im XVII. Jahrhundert errichtet wurde.

Nachdem wir den Hügel **Cantabria** umgangen haben, auf dem die keltisch-

Logroño. Steinbrücke über den Fluss Ebro.

römische Stadt gleichen Namens lag (Cantabria bedeutet »am Ufer des Ebro«), die von Leowigild (Leovigildo) gegen Endes des VI. Jahrhunderts zerstört wurde, müssen wir den wasserreichen Ebro überqueren um nach Logroño zu kommen. Bis zum XIX. Jahrhundert, taten dies Pilger und andere Reisende über eine der bekanntesten Brücken des Jakobsweges: die sogenannte »Steinbrücke« (Puente de Piedra), die von Alfons dem VI. nach Bericht seines Chronisten Pelayo von Oviedo (Pelayo de Oviedo), ungefähr zu der Zeit erbaut wurde, als der Graf García Ordóñez und er selbst Logroño wiederaufbauten und ihr das Stadtrecht verliehen (1096), nachdem sie im Jahre 1092 durch den Cid zerstört worden war. Die zwei großen Heiligen, die am Jakobsweg entlang Bautätigkeiten vorgenommen haben, der heilige Domenicus oder Domingo de la Calzada und der heilige Johannes von Ortega (San Juan de Ortega), haben später Reparaturen an dieser Brücke durchgeführt. **Logroño** wird im *Liber Peregrinationis* als Station des Jakobsweges erwähnt; dort erfährt sie keine Sonderbehandlung, aber ihr Fluss, der Ebro, wird wegen »seines gesunden Wassers und seines Reichtum an Fischen« hervorgehoben. Dieser Kommentar ist um so bemerkenswerter, wenn wir uns ins Bewusstsein rufen, dass von Estella bis hierher, alle Flüsse des Jakobsweges das Adjektiv »giftig« erhalten haben. Die historischen Ursprünge Logroños, bevor sie ihr Stadtrecht bekam, sind nicht leicht zu ermitteln, denn sie scheint bis dahin wenig mehr als eine Bauernsiedlung gewesen zu sein. Die Struktur des Ortsnamens selbst (aus dem romanischen Artikel und dem Namen eines Besitzers zusammengesetzt) scheint auf ein mittelalterliches *fundus* hinzuweisen. Trotzdem ist es möglich, dass auf ihrem heutigen Grund die Stadt *Vareia* gelegen wäre, eine keltiberische Stadt, die von den antiken Geographen erwähnt wird aber die während der Spätantike oder zur Zeit der Westgoten verlassen oder zerstört wurde, wie die Tatsache beweist, dass das Toponym in Vergessenheit geriet. Aus der Zeit des García Ordóñez und Alfons des VI. (Alfonso VI), stammt der Plan des Stadtzentrums: zwei Straßen die parallel zueinander und zum Fluss verlaufen, die »alte Straße« (Rúa Vieja) und die »Hauptstraße« (Rúa Mayor). An der ersten liegt die älteste Kirche Logroños, die kaiserliche Kirche der »Heiligen María des Palastes« (Santa María del Palacio), so genannt, weil sie zum Palast Alfons des VII. *des Kaisers* (Alfonso VII *el Emperador)*, gehörte. Die Ritter des Heiligen Grabes, denen der König den Palast schenkte, als er den Orden 1155 nach Spanien brachte, erbauten die Kirche, so wie ein Pilgerhospital. Die ältesten Teile des Bauwerkes sind im Zisterzienserstil gehalten, obwohl der Hauptteil seiner Struktur aus der Barockzeit ist. Ebenfalls auf der Rúa Vieja befindet sich der Pilgerbrunnen (Fuente de los Peregrinos) aus dem XVII. Jahrhundert. Und am Ende der Straße, die Kirche des Heiligen Jakob »el Real« (Santiago el Real), ein Bauwerk mit einem einzigen Kirchenschiff, das im XVI. Jahrhundert errichtet wurde, wenn man auch seinen Ursprung nicht weniger als bis ins IX. Jahrhundert zurückzuverlegen versucht, um sie so zur sagenhaften Schlacht von Clavijo in Beziehung zu setzen. Mit Ausnahme einer romanischen Figur der Schutzpatronin Logroños, der Virgen de la Esperanza, die dort aufbewahrt wird, sind die restlichen ikonographischen Elemente der Gemeindekirche dem Apostel gewidmet, der sowohl als Pilger dargestellt wird, wie als »Maurentöter« (»Matamoros«), Held der christlichen »Reconquista« gegen den Islam. An der Straße in welche die Rúa Vieja übergeht, heute Calle de Barrio Cepo, steht noch immer das Tor des Jakobsweges (Puerta del Camino) oder del Revellín, durch das die Pilger aus Logroño hinauszogen. Auch der Ursprung des Klosters des Heiligen Franziskus (San Francisco) steht mit dem Jakobsweg in Verbindung, da es vielleicht vom Heiligen Franziskus selbst während seiner Wallfahrt nach Santiago de Compostela gegründet worden ist. Die lokale Legende erzählt von einem Wunder, das der Heilige an der Person des Sohnes des Herrn von Agoncillo getan habe, der als Dank die franziskanische Gründung stiftete. Zuletzt muß man noch erwähnen, dass das heutige Provinzhospital, das am Ende der Steinbrücke liegt, sich auf der Stelle des alten Pilgerhospitales von Roqueamador oder Rocamadour erhebt.

Andere wichtige Gebäude der Stadt sind der Dom der Heiligen María la Redonda (Santa María la Redonda), der im XV. Jahrhundert auf einer kleinen achteckigen romanischen Kirche errichtet wurde, von der er den Beinamen (»die Runde«) geerbt hat und die Bartholomäuskirche (iglesia de San Bartolomé), die im XII. Jahrhundert im Kern der ursprünglichen Stadt erbaut wurde. Ihr gotisches Portal fällt durch die Schönheit seiner Figuren auf.

Burgruinen von Clavijo.

Außerhalb des Verlaufs des Jakobsweges, etwa zwanzig Kilometer südlich von Logroño, befinden sich die Ruinen der **Burg von Clavijo** (Castillo de Clavijo), ein Ort der auch zum Jakobskult in Beziehung steht, wenn auch nicht zu seinem mit dem Pilgertum verbundenen Aspekt, sondern zum kriegerischen. Dort wäre, nach einer späteren Legende, die es darauf absah, die Idee des Beistandes des Apostels für die christlichen Königreiche der Iberischen Halbinsel in ihrem Kampf gegen den Islam zu verbreiten, der Apostel als Ritter auf dem Rücken eines weißen Pferdes erschienen, und hätte an der Schlacht teilgenommen, die den König von León, Ramiro den I. und den Emir Abd-al-Rahman den II. (Abderramán II) im Jahre 844 aufeinander stoßen ließ und so der christlichen Seite den Sieg verschafft. Die Auswirkungen dieser Schlacht waren die Abschaffung des ebenfalls legendären Tributs der hundert Jungfrauen, den die Christen schmählicherweise seit der Zeit des Königs Mauregato zahlen mussten, und die Einrichtung der sogenannten Jakobsgabe, nach der jede Stadt und jedes Dorf, das den vorher genannten Tribut entrichtet hatte, so wie viele der später von den Christen zurückeroberten Städte und Dörfer, einen Zins an die Kirche von Santiago de Compostela als Dank für ihre Befreiung, zahlen mussten.

8 Logroño – Nájera

Von Logroño nach Nájera muss man den Landstraßen N-232 und N-120 folgen, die durch eine Landschaft führen, in der die Weingärten vorherrschen. Diese Etappe bietet keine großen Schwierigkeiten.

Nájera. Brücke über den Fluss Najerilla.

Um **Logroño** zu verlassen geht man über die Rúa Vieja und die Straße Barriocepo; man tritt durch das Tor von Revellín oder »Jakobswegtor« (Puerta del Camino) und geht über die Straße Once de Junio weiter, über den Platz Alférez Provisional, die Straßen Marqués de Murrieta und Burgos und durch die Industrieanlage. Wenn man an eine Tankstelle kommt, muss man nach links durch die Straßen Entrena und Rodejón gehen und weiter durch die Straßen Prado Viejo und Arco. Man steigt in einen Tunnel hinunter, um unter der Umgehungsstraße hindurchzugehen, und an seinem Ausgang finden wir einen als Allee ausgebauten Weg, der von ornamentalen Bäumen gesäumt wird (Paradiesbäumen, Mimosen, Pappeln, Zypressen usw.) der uns zur Talsperre la Grajera führt, die etwa fünf Kilometer von der Stadt entfernt ist. Dort gibt es in einem Pinienwald einen Rastplatz. Man verlässt die Talsperre links in Richtung Landstraße N-232. Der Weg läuft parallel zur Straße weiter, und erreicht den Hügel Alto de la Grajera, wo die N-232 mit der N-120 zusammentrifft. Von da geht es nach **Navarrete** hinunter. Nach etwas weniger als einem Kilometer überquert man die N-120 und eine parallel zu ihr verlaufende Nebenstraße. Über Acker geht man bis zur Brücke über der Autobahn A-68 weiter, die bis zum Eingang des Städchens führt, wo die Überreste des Hospitals des Heiligen Johannes von Akko (San Juan de Acre) liegen. Man verlässt diese Ortschaft auf der Landstraße N-120 und kommt am Friedhof vorbei, dessen Portal aus dem XIII. Jahrhundert zum erwähnten Hospital gehörte. Wenn man zu einem Grundstück kommt, besteht die Möglichkeit, die Straße zu verlassen, wenn man so möchte (in jedem Fall werden wir unter dem Mangel an Bäumen leiden) indem man auf einen Feldweg abschwenkt und zwischen Weingärten, Olivenbäumen und Kornfeldern hindurchzieht. Wenn man zur Weinbaugenossenschaft von Sotés kommt, überquert man die Landstraße, die zu dieser Ortschaft führt, um über einen asphaltierten Weg zur N-120

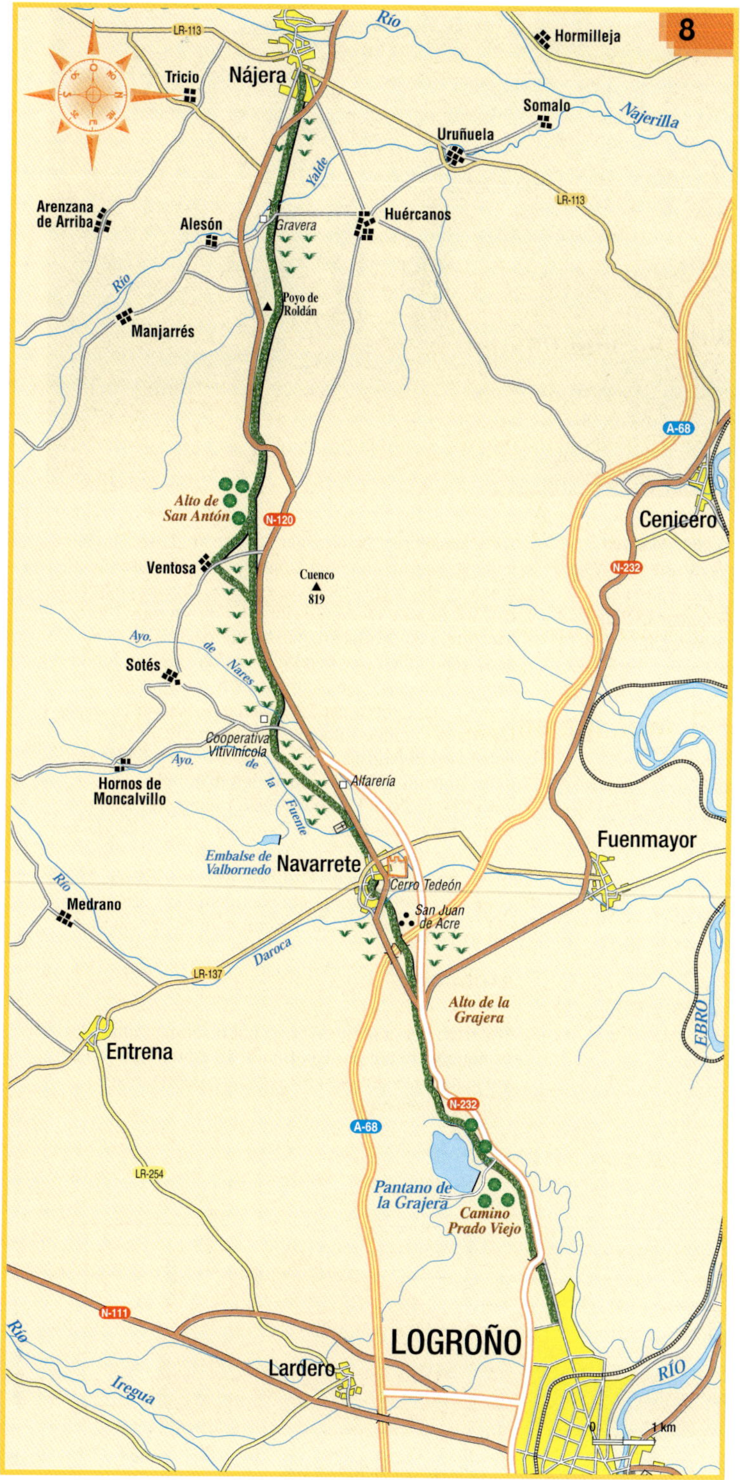
8
Nájera
Tricio
Hormilleja
Somalo
Río Najerilla
Uruñuela
LR-113
Arenzana de Arriba
Alesón
Gravera
Huércanos
Yalde
Río
Manjarrés
Poyo de Roldán
A-68
Alto de San Antón
N-120
Cenicero
N-232
Ventosa
Cuenco 819
Ayo. de Nares
Sotés
Cooperativa Vitivinícola
Ayo. de la Fuente
Hornos de Moncalvillo
Alfarería
Fuenmayor
Embalse de Valbornedo
Navarrete
Cerro Tedeón
San Juan de Acre
Río Medrano
LR-137
Daroca
Alto de la Grajera
EBRO
Entrena
N-232
A-68
LR-254
Pantano de la Grajera
Camino Prado Viejo
N-111
Río Iregua
LOGROÑO
Lardero
RÍO
0
1 km

Pilger zwischen Navarrete und Nájera in der Nähe von Rolandssitz (Poyo de Roldán).

zurückzukehren. Nach einer Strecke an dieser Straße entlang, kann man einen Umweg nach **Ventosa** machen, das wenig mehr als einen Kilometer entfernt ist und wo es eine Herberge gibt oder direkt zum Alto de San Antón weiterziehen. Nachdem man bis zu einer gewissen Höhe zwischen Weinstöcken, Gebüsch und Steineichen gestiegen ist, muss man wieder hinuntersteigen um nach rechts die N-120 zu überqueren. Einen Kilometer weiter erscheint der legendäre *Rolandsitz* (*Poyo de Roldán*), der leider von einer Antenne gekrönt ist und den man links zurücklässt. Zwei Kilometer weiter überquert man die Straße nach Huércanos. Man umgeht die Kieshalde, um den Fluss Yalde auf einem Steg zu überqueren. Wenig später finden wir einen Rastplatz bei einer Fabrik. Hinter ein paar Gemüsegärten und nachdem man von Neuem die N-120 überquert hat, kommt man nach **Nájera.**

RADFAHRER

Praktisch der gesamte Weg ist gut befahrbar, ohne dass es nötig wäre auf der Landstraße zu fahren (die N-120), wenngleich es auf dem Alto de San Antón einige Schwierigkeiten gibt.

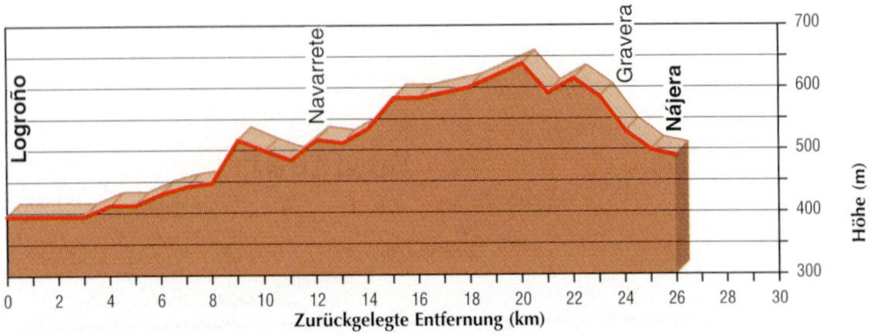

ETAPPE 8. PRAKTISCHE INFORMATION

NAVARRETE

Herbergen

Städtische Herberge
(Albergue municipal).
In Calle San Juan gelegen und vom Verein der Freunde des Jakobsweges von Rioja geführt. Ungefähr 40 Plätze. Verfügt über Waschmaschine und Küche. Das ganze Jahr geöffnet.
✆ 941 440 776 / 941 440 776

Restaurants

El Molino.
Calle Coso, 6. ✆ 941 440 364

Los Murales.
Carretera Burgos, km 8.
✆ 941 440 753

Transportmittel

Die Busse der Gesellschaft Grupo Jiménez halten an mehreren Stellen in Navarrete. ✆ 947 266 930

VENTOSA DE LA CUESTA

Herbergen

Refugio »San Saturnino«.
Vom Verein der Pilger von San Saturnino geführt. Mit ca. 25 Plätze. Das ganze Jahr geöffnet und verfügt über Küche und Waschmaschine.
✆ 941 441 899

Dienstleistungen

Obwohl es eine kleine Ortschaft ist, gibt es eine Bar und ein Geschäft.

NÁJERA

Herbergen

Städtische Herberge
(Albergue municipal).
Sie befindet sich im Kloster Santa María la Real. Sie wird vom Verein der Freunde des Jakobsweges von Nájera geführt. Verfügt über 60 Plätze und Küche. ✆ 941 362 121 / 607 487 591

Hotels

HS* Hispano.
Calle Cepa, 2. ✆ 941 363 700.
22 Zimmer. 44 Plätze. 33 € Doppelzimmer; 3 € Frühstück; 9 € Essen/Abendessen.

Campingplätze

3. Kategorie. El Ruedo.
Carretera Nájera. ✆ 941 360 102.
154 Plätze.

Restaurants

El Mono.
Calle Mayor, 6. ✆ 941 363 028

Los Parrales.
Calle General Franco, 52.
✆ 941 363 735

Asador El Trinquete.
Calle Mayor, 8. ✆ 941 363 539

Bodegón de Judería.
Calle Constantino Garrán, 13.
✆ 941 361 138

Duque Forte.
Calle Calvo Sotelo, 15. ✆ 941 363 784

Hispano.
Calle Duques de Nájera, 2.
✆ 941 362 957

Royalty.
Paseo San Julián, 2. ✆ 941 363 302

Transportmittel

Die Busse der Gesellschaft Grupo Jiménez halten in Nájera.
✆ 947 266 930

Geschichte und Kulturerbe der Etappe 8

Der Französische Weg Etappe 8. Logroño-Nájera

Zur Zeiten des *Liber Peregrinationis* (ca. 1130) hatte der Jakobsweg zwischen Logroño und Nájera noch nicht seinen heutigen Verlauf, der einige Jahre nach der Verfassung dieses Werkes festgelegt wurde. Tatsächlich erwähnt unser mittelalterlicher Führer zwischen diesen beiden Ortschaften nicht Navarrete als Jakobswegstation, sondern *Villa Rubea*, ein Ortsname, der in nur wenigen Texten belegt ist. Er gehört zu dem heute verlassenen Dorf, Villarubia, im Bezirk von Fuenmayor, wenige Kilometer nördlich von Navarrete, wo ein von den Rittern des Heiligen Grabes geführtes Hospital lag, einem Ritterorden, der in der Rioja von einiger Bedeutung war. Es war wahrscheinlich im letzten Drittel des XII. Jahrhunderts, als man die Pilgerstraße zwischen Logroño und Nájera etwas nach Süden verlegte, so dass sie durch Navarrete verlief. Bevor sie in diese Ortschaft kamen, begegneten die Pilger aus den Zeiten nach dem *Liber Peregrinationis*, einer Komturei des Johanniterordens, die mit einem hervorragenden, um das Jahr 1185 auf Kosten von Doña María Ramírez gegründeten, Hospital ausgestattet war. Heute noch können wir auf ihrem Grundstück einige Ruinen sehen. Andere Überreste kann man in Navarrete zerstreut bewundern, wie zum Beispiel ein herrliches romanisches Portal, das auf den heutigen Friedhof, am Ausgang des Dorfes, auf dem Weg nach Nájera, verlegt wurde.

Navarrete ist zum ersten mal 1175 unter seinem heutigen Namen (*Navarret*) belegt, der wahrscheinlich den alten Namen *Corcuetos*, ersetzte. Unter diesem Namen erscheint es als eines der »Villas de Campo« oder »Felddörfer« (zusammen mit Fuenmayor, Hornos, Medrano, Velilla de Rad und Entrena) in einer Schenkung der Königin Doña Estefanía - Ehefrau des navarrischen Königs García von Nájera (García el de Nájera) - an das Kloster des Heiligen Julian von Sojuela (San Julián de Sojuela) im Jahre 1060. An der Grenze gelegen, wurde es zum Schauplatz von Konflikten zwischen Navarrern und

Navarrete. Außenansicht und barocker Hauptaltaraufsatz der Kirche Asunción.

Nájera.

Kastiliern, bis es endgültig den letzteren zufiel, deren König Alfons del VIII. (Alfonso VIII), ihm 1195 sein Stadtrecht verlieh. Navarrete hat sich seinen Renaissance-Stadtplan erhalten, welcher der komplizierten Topographie de Hügels auf dem es liegt, angepasst ist. Auf dem Gipfel dieses Hügels, im Stadzentrum von Navarrete, erhebt sich die herrliche dreischiffige Kirche Mariä Himmelfahrt (Iglesia de la Asunción), aus dem XVI. Jahrhundert, in der unter anderen Kunstschätzen ein riesiges, der Himmelfahrt Marias gewidmetes Altarwerk beherbergt wird. Auf der Fassade von einem der alten Paläste des Städchens, der auf der Pilgerstraße von Navarrete liegt, kann man in einer Nische eine kleine Figur von Santiago »Maurentöter« (Matamoros) aus dem XIV. Jahrhundert sehen. Am Ausgang der Ortschaft, auf dem Weg nach Nájera, können wir das schöne, sich nach innen verjüngende Portal des Hospitals von St. Johannes von Acre (San Juan de Acre) bewundern, das im vorigen Jahrhundert hierhergebracht wurde und als Eingang zum Friedhof dient. Auf einem seiner zehn Kapitelle finden wir noch einmal eine Darstellung des Kampfes zu Pferde zwischen Roland (Roldán) und Ferragut, nach dem Modell, das wir schon in Irache und Villamayor de Monjardín gesehen haben, und das in allen Fällen eine Kopie des herrlichen, von Martín gemeißelten Kapitells am Schloss der navarrischen Könige in Estella ist.

Zwischen Navarrete und Nájera, auf einem Hügel mit dem Namen **Alto de San Antón**, kann man die Ruinen, die diesen Namen begründen, sehen: Überreste eines Klosters, das dem Orden des Heiligen Antonius (San Antonio) gehörte. Dieser Orden, der in Viennois gegründet worden war, zeichnete sich durch seine besondere Betreuung, vor allem medizinischer Art, der Pilger aus. Seine Anwesenheit in diesen einsamen Gebieten, erklärt sich nur durch die Absicht, die Jakobspilger zu versogen. Nur wenige Meter von diesen Ruinen entfernt, befinden sich noch weitere Überreste, die die lokale Überlieferung den Templerittern zuschreibt, den Bürgen der Sicherheit der Pilger an diesen abgelegenen Orten.

Ein ähnlicher Hügel, dieser in der Nähe von Nájera, der »**Rolandssitz**« (Poyo de Roldán), bringt uns wieder den literarischen Zweikampf zwischen diesem fränkischen Helden und dem heidnischen Riesen Ferragut ins Gedächtnis, ein Thema das, wie wir auf der navarrischen Strecke des Weges sowohl an der Ikonographie wie an der Toponymik gesehen haben, sich in dieser Gegend großer Beliebtheit erfreute. Nach einer lokalen Sage, wäre Roland nach Nájera gekommen um die von Ferragut eingesperrten christlichen Ritter zu befreien, wäre auf den Felsen, der heute seinen Namen trägt, gestiegen, hätte von dort aus den Riesen erspäht und ihn durch einen Steinwurf erschlagen. Nach einer

Fassade der Kirche Santa María la Real in Nájera.

anderen Version, ist der Felsen selbst der Stein mit dem Roland den Riesen erschlug. Sei dem wie es will, hat die Lokalsage zwei verschiedene Überlieferungen aufgefangen und verschmolzen: die von dem Riesen Errolán (die baskische Form von Roland), den Feind des Baskenvolkes, das er mit großen Steinen angriff, und eine andere, die wir in verschiedenen literarischen Quellen finden, unter ihnen im *Pseudo-Turpin* (ca. 1140), wo sie zum ersten Mal niedergeschrieben wurde: nach seinen Siegen über Aigoland in Pamplona und Furre in Monjardín, gelangt Karl der Große (Carlomagno) auf dem Jakobsweg nach Nájera, das von einem syrischen Riesen namens Ferragut (*Ferrum acutum*, »scharfes Eisen« oder *Ferrea cutis*, »Eisenhaut«) beherrscht wird. Dieser besiegt im Zweikampf Reinhald von Montalban (Reinaldos de Montalbán), Konstantin von Rom (Constantino de Roma), Hoel von Nant (Hoel de Nantes) und noch zwanzig andere Ritter, die er in seiner Burg einsperrt. In dem Augenblick tritt Roland vor, um den Riesen zum Kampf zu fordern. Nach den ersten, unentschiedenen Zusammenstößen, zu Pferd und zu Fuß, kommen die beiden Gegner ins Gespräch, in dessen Verlauf der naive Riese Roland seinen einzigen schwachen Punkt entdeckt, den Nabel. Der Franke merkt sich das wohl, tötet ihn, indem er ihm einen Dolch dort hineinstößt, und befreit danach seine Landsleute.

Solche Geschichten, die vom *Pseudo-Turpin* durch ganz Europa verbreitet wurden, hatten einen derartigen Erfolg, dass sie in tausend Liedern und Dichtungen weiterverarbeitet wurden, und so den Namen **Nájeras** für immer mit dem des literarischen syrischen Riesen verbanden, bis zu dem Punkt, dass in einem italienischen Pilgerführer des XIV. Jahrhunderts, diese riojanische Stadt als *Lazera di Ferrau* erscheint. Wir haben schon an verschiedenen Orten die ikonographische Darstellung dieser Geschichte gesehen, vor allem das herrliche Kapitell, das von Martín am Schloss der Könige von Navarra in Estella gemeißelt wurde. Auf ihm ist der Zweikampf in seinen beiden Phasen dargestellt: erst zu Pferd (auf dem Frontteil des Kapitells) und dann zu Fuß (auf einer der Seiten); es wird schriftlich angegeben dass Roland von Logroño her dem Riesen entgegenritt (*Rollan de Logronio*) und es werden mit großer Plastizität die bestialischen Gesichtszüge des Riesen dargestellt, als er, vom Pferd abgestiegen und ohne Helm, mit einer Keule gegen Roland kämpft. Abgesehen von jener in Estella, konnten wir auf dem Jakobsweg noch andere Darstellungen von etwas weniger Qualität sehen, auf denen nur die Episode zu Pferd dargestellt ist: in Irache, Villamayor de Monjardín und Navarrete. Dieses Motiv findet man auch auf Kapitellen der alten Kathedrale in Salamanca, in Sainte-Madeleine in Vézelay, in Saint-Romain de Drayes-les-Belles-Fontaines, Cunault etc. Dies alles bezeugt die Verbreitung des *Pseudo-Turpin* zu jenen Zeiten.

Obwohl die Bedeutung Nájeras nicht ausschließlich in ihrer Eigenschaft als Jakobsstation liegt, begünstigte doch ihre Lage an dieser Pilgerstraße zum großen Teil ihre plötzliche blühende Entwicklung während des hohen Mittelalters. Erbin des Bodens des antiken Tricio, ist Nájera eine Gründung der Araber, denen sie ihren Namen verdankt (»Ort zwischen Felsen«). Im Jahre 923 wurde sie den Moslems in einer gemeinsamen Aktion der Könige Navarras und Leons, abgewonnen. Sancho der III. *der Ältere* (Sancho III *el Mayor*) von Navarra machte sie zur Hauptstadt seines Königreiches und ließ den Jakobsweg durch die Stadt hindurchführen, womit er den alten, beschwerlicheren, nördlichen Weg vermied. Zu seiner Zeit wurden in Nájera die ersten Münzen des christlichen Spaniens geprägt. Seinem Sohn, dem unglücklichen García den IV. *von Atapuerca* (García IV *el de Atapuerca*) verdanken wir das wichtigste historische Gebäude der Stadt, das Kloster von Santa María la Real, eine herrliche Anlage, die am Eingang einer Höhle errichtet ist. Die zu diesem Kloster gehörige Sage erzählt, dass es der König García selbst war der, als er einem seiner Falken im Laufe einer Jagd folgte, im Innern der Höhle ein von einer Lampe beleuchtetes Bildnis der Muttergottes fand, das von einer »Terrasse« mit weißen Lilien geschmückt war. Der König erbaute nicht nur das Heiligtum zu Ehren der Mutter Gottes, sondern gründete auch den ersten in Spanien bekannten Ritterorden, der zu Ehren des Blumentopfes, der bei der Gottesmutter gefunden wurde, »der Terrasenorden« (»la Orden de la Terraza«), genannt wurde. König García vertraute das Kloster einer religiösen Gemeinde von Stiftsherren an, die der des Heiligen Isidor (San Isidoro) folgte und die außer dem Kultus, die Aufgabe übernahm, die Pilger im zum Heiligtum gehörigen Hospital zu betreuen. Nach der Eroberung der Rioja durch die Kastilier und das Königreich von León, übergab Alfons der VI. (AlfonsoVI) Santa María den französischen Kluniazensern, im Rahmen seines methodischen kulturellen und religiösen Vorhabens, seine Königreiche zu europäisieren. Heute wird es von einer Franziskanergemeinschaft verwaltet. Die prächtigsten Teile des Klosters sind gotischen Stiles, wie zum Beispiel das Gotteshaus aus dem XV. Jahrhundert, das Bildnis der Gottesmutter, das eindrucksvolle königliche Pantheon der navarrischen Herrscher, der »Kreuzgang der Ritter«, u.a.

Kloster Santa María la Real in Nájera. Oben, gotischer Kreuzgang »de los caballeros (der Ritter)«; unten, Römergrab von Doña Blanca de Navarra.

Die Tätigkeit Alfons des VI. in Nájera bestand hauptsächlich darin, es mit Einrichtungen für die Pilger auszustatten: verschiedene Herbergen und Hospitäler, sowie die Brücke über den Fluss Najerilla, die später vom Heiligen Johannes von Ortega (San Juan de Ortega) repariert wurde, bezeugen die Sorge des großen Königs aus León um Nájera und den Jakobsweg.

9 Nájera – Santo Domingo de la Calzada

Diese Etappe wird von Feldwegen durchlaufen, zwischen der Bergkette Sierra de Cantabria im Norden und der Sierra de La Demanda im Süden.

San Millán de la Cogolla. Kloster von Yuso und Tal.

Man verlässt **Nájera** über die Straßen Rey Don García und Costanilla und steigt inmitten eines Pinienwaldes einen steilen Hang hinauf. Von dort aus gelangt man an eine Ebene, die mit Weinstöcken bebaut ist und über die ein Feldweg führt, der nach 3,5 Kilometern zum Asphaltweg wird. Von hier sichtet man Azofra, wohin wir uns richten müssen (sowie Cordovín, das links davon liegt). Zwischen Bewässerungsanbaufeldern kommt der Jakobsweg nach **Azofra**, das er auf seiner Hauptstraße und der Straße Virgen de Valvanera durchquert, um es rechts am »Pilgerbrunnen« (Fuente de los Romeros) vorbei zu verlassen, die Landstraße, die nach San Millán de la Cogolla führt zu überqueren (das 20 km entfernt liegt) und über Alesanco und das Kloster Cañas zu ziehen. Man geht geradeaus auf einem Sandweg weiter (ein Wegkreuz zeigt die Grenze zwischen Azofra und Alesanco an). Eine Strecke lang verläuft der Weg parallel zur

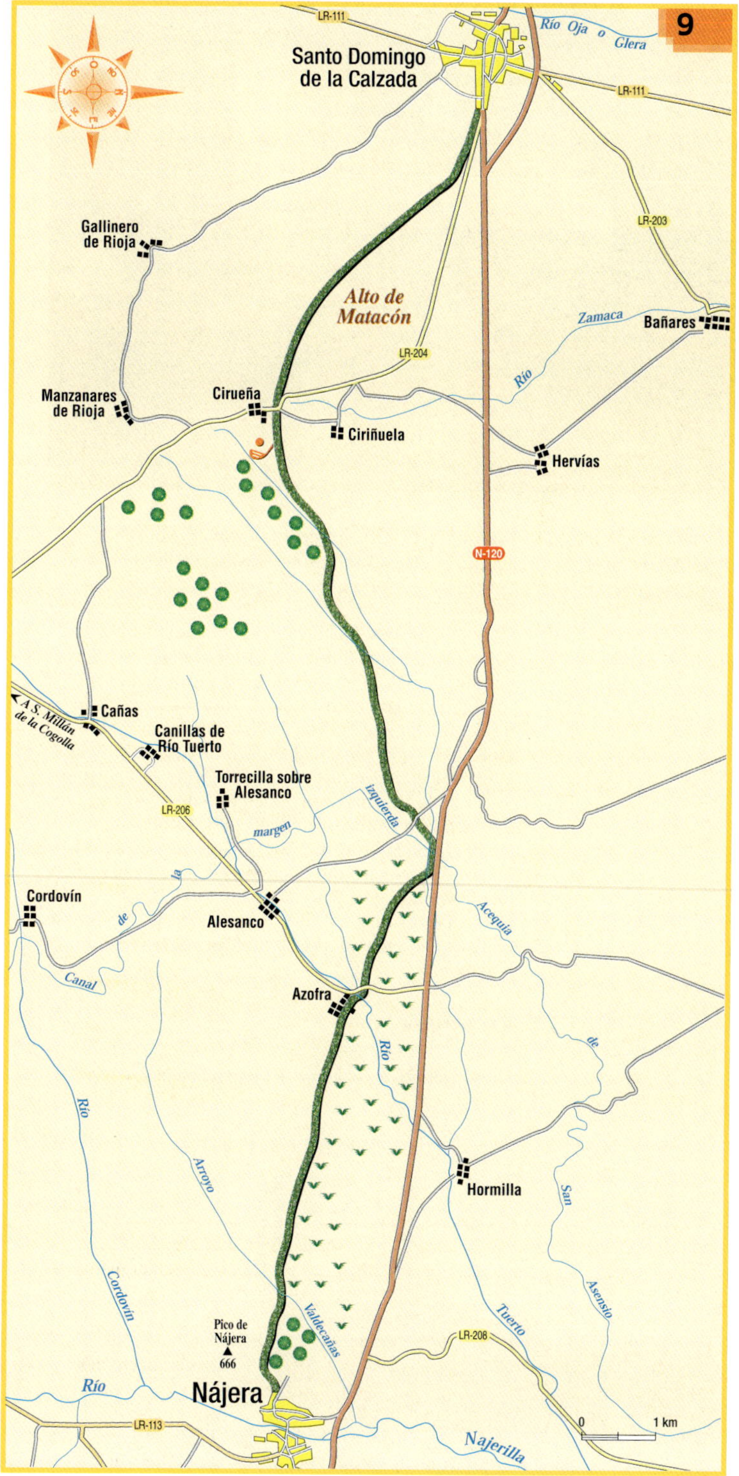
9
Santo Domingo
de la Calzada
LR-111
Río Oja o Glera
LR-111
LR-203
Gallinero
de Rioja
Alto de
Matacón
Zamaca
Bañares
LR-204
Río
Manzanares
de Rioja
Cirueña
Ciriñuela
Hervías
N-120
Cañas
A S. Millán
de la Cogolla
Canillas de
Río Tuerto
Torrecilla sobre
Alesanco
izquierda
margen
LR-206
la
Cordovín
de
Alesanco
Acequia
Canal
Azofra
de
Río
Río
Hormilla
Arroyo
San
Cordovín
Asensio
Tuerto
Valdecañas
Pico de
Nájera
666
LR-208
Río
Nájera
LR-113
Najerilla
0
1 km

Kloster von Valvanera in der Sierra de la Demanda (Gebirge).

Landstraße N-120, auf der man weiter bis nach Santo Domingo gehen kann. Aber es ist reizvoller sich von der Landstraße zu entfernen und nach Cirueña zu wandern. Dazu steigt man durch dichte Vegetation hindurch auf eine Hochebene, auf der ein Golfplatz auftaucht, der inmitten eines Steineichenhains äußerst künstlich wirkt. Rechts erkennt man Ciruñuela. Und wenig später kommt man durch **Cirueña**. Von da ab bis Santo Domingo führt die Piste durch ein Terrain mit großen Höhenunterschieden (Alto de Matacón). Von einem Hügel aus erreicht unser Blick die Ausläufer der Sierra de la Demanda im Süden und der Sierra de Cantabria im Norden, während sich vor uns Santo Domingo de la Calzada zeigt, wohin man geradeaus hinabsteigt. Nach **Santo Domingo de la Calzada** geht man zwischen ein paar Hallen hindurch hinein. Danach muss man auf dem Bürgersteig, die Landstraße entlanggehen um auf die Straße Doce de Mayo zu kommen.

RADFAHRER

Diese Etappe bietet keine Schwierigkeiten.

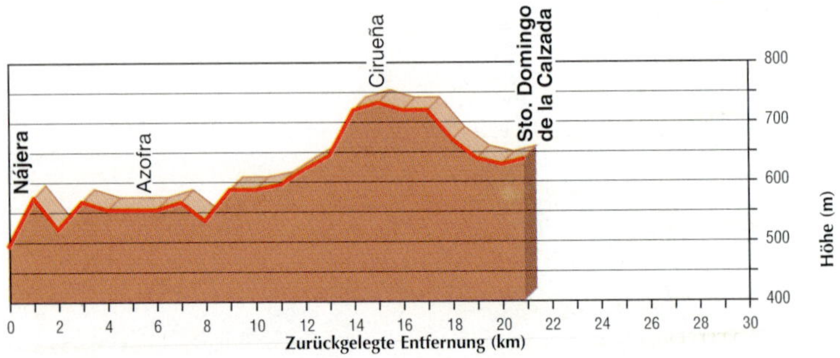

ETAPPE 9. PRAKTISCHE INFORMATION

AZOFRA

Herbergen

Albergue »Herbert Simón«.
Die Pfarrei bietet das ganze Jahr über Herberge bei der Kirche. Verfügt über 16 Plätze und Küche. Sie haben Platz für Fahrräder.
✆ 941 379 057

Albergue »Roland Kalle«.
Privat. ✆ 941 379 096

Restaurants

Camino de Santiago.
Calle Mayor, 24. ✆ 941 379 239

El Peregrino.
Plaza de España, 17.
✆ 941 416 041

SANTO DOMINGO DE LA CALZADA

Herbergen

Albergue »Casa del Santo«.
Die Laienbruderschaft Cofradía del Santo führt eine Herberge mit langer Tradition. 70 Plätze, obwohl es im Sommer mehr gibt, und Küche. Das ganze Jahr geöffnet. Verfügt über Platz für Fahrräder und einen Stall.
✆ 941 343 390

Albergue de la Abadía Cisterciense »Nuestra Señora de la Anunciación«.
In Calle Mayor las Madres Benedictinas gelegen, bietet sie ungefähr 30 Plätze. Verfügt über Küche, Stall und Fahrradraum. ✆ 941 340 700

Hotels

HS* Rio.
Calle Etchegoyen, 2. ✆ 941 340 005.
12 Zimmer. 24 Plätze.

HS Hospedería Cisterciense.
Calle Pinar, 2. ✆ 941 340 700.
79 Zimmer. 111 Plätze.

Pensión Albert.
Plaza Beato Hermosilla.
✆ 941 340 827. 5 Zimmer.
10 Plätze.

Pensión Miguel.
Avenida Juan Carlos I, 23-3°.
✆ 941 343 252. 6 Zimmer.
12 Plätze. 22 € Doppelzimmer.

Restaurants

Casa Sarmiento.
Avenida de Haro, 5. ✆ 941 341 572

El Rincón de Emilio.
Plaza Bonifacio Gil, 7.
✆ 941 340 990

Hidalgo.
Calle Hilario Pérez, 6.
✆ 941 340 227

Los Arcos.
Calle Mayor, 68. ✆ 941 342 890

Mesón del Abuelo.
Plaza Alameda. ✆ 941 342 791

Mesón El Peregrino.
Calle Mayor, 18. ✆ 941 340 202

Mesón Los Caballeros.
Calle Mayor, 56. ✆ 941 342 789

Transportmittel

Die Busverbindung Logroño-Burgos, die von der Busgesellschaft Grupo Jiménez betrieben wird, hat eine Haltestelle in Santo Domingo de la Calzada.

Geschichte und Kulturerbe der Etappe 9

Der Französische Weg Etappe 9. Nájera – Santo Domingo de la Calzada

Der Abschied von **Nájera** bedeutet für viele Pilger momentan den eigentlichen Jakobsweg zu verlassen, um einen bedeutenden Umweg zu machen, der sie nach Valvanera und St. Millán de la Cogolla führt.

Im monumentalen Kloster von **Valvanera** wird die Schutzpatronin der Rioja im Bildnis einer wunderschönen, romanisch-byzantinischen Figur aus dem XI. Jahrhundert, verehrt.

Auf diesem Umweg, befindet sich das Kloster **San Millán de la Cogolla**, Wiege des Schutzpatrones von Kastilien (des Heiligen Millán) und auch der spanischen Sprache, denn aus seiner großen, emilianischen Klosterbibliothek, stammen die ersten bekannten Zeugnisse sowohl des Spanischen wie des Baskischen: die hochberühmten *Glosas Emilianenses*, die im Manuskript nr. 60 der Historischen Akademie erhalten sind, sowie noch andere Glossare, eine Art enzyklopädischer Wörterbücher, die noch älter sind und in derselben Madrider Institution aufbewahrt werden. Die Anlage von San Millán weist zwei Teile auf: Suso (von *sursum*, »oben«), die ältere, besteht aus den in den Berg gegrabenen Höhlen, in denen der Heilige Eremit und seine Nachfolger seit dem VI. Jahrhundert gelebt haben, sowie aus den Gebäuden, die später hinzugefügt worden sind: die mozarabische (christlich-maurische) Kirche, der berühmte Vorhof, wo die sieben Infanten (Prinzen) von Lara begraben sind, und die eindrucksvolle, liegende Statue des Heiligen Milláns, aus dem XI.

San Millán de la Cogolla. Links, Innenansicht des Klosters von Suso; unten, barocke Sakristei des Klosters von Yuso.

Jahrhundert, an der Stelle, wo der Heilige begraben lag. Schon im XI. Jahrhundert hatte die Nähe zur Pilgerstraße bewirkt, dass der Kult des Heiligen Millán einige Elemente annahm, die typisch für den des Heiligen Jakobs (Santiago) sind, wie der Zins, den ihm alle Ortschaften Kastiliens bis zum Pisuerga zahlen mussten oder seine Unterstützung der christlichen *Reconquista* (auch er erschien in einigen Schlachten auf einem weißen Pferd). Eine andere Auswirkung des Jakobsweges war der Bau einer Pilgerherberge und eines Pilgerhospitals mit Lazarett und Ärzten im Tal, wo heute **Yuso** (von *deorsum*, »unten«) liegt. Am Ende zogen auch die Mönche dorthin um, und nahmen ihre Bibliothek und die Gebeine des Heiligen Millán mit. Die eindrucksvolle Klosteranlage, die man heutzutage bewundern kann, wurde im XVI. Jahrhundert errichtet.

Wenn man zum Jakobsweg zurükkehrt ohne noch einmal durch Nájera zu kommen, gelangt man nach **Cañas**, der Heimat des Heiligen Domenicus von Silos (Santo Domingo de Silos, 1000-1073), des Gründers des

Kloster von Santa María in Cañas. Gesamtansicht und Grab von Doña Urraca.

Benediktinerklosters in Burgos, das heute seinen Namen trägt. In Cañas beherbergt das Kloster der Heiligen Maria (Monasterio de Santa María) seit seiner Gründung eine Nonnengemeinschaft. Sowohl der architektonische Stil der Gebäude wie die Ordensregel der Nonnen, sind zisterziensisch. Bemerkenswert sind sowohl die Kirche, wie der Kapitelsaal, der ein kleines Museum mit so außerordentlichen Kunstwerken wie das Grabmal der Seligen Urraca López de Haro, aus dem XIII. Jahrhundert enthält. Die Lokalüberlieferung bewahrt außerdem die Erinnerung an den Besuch in Cañas des Heiligen Franziskus von Asisi, (San Francisco de Asís) auf seiner Reise nach Santiago de Compostela.

Wenn man Nájera auf dem ofiziellen Weg verlassen hat, ist die erste Ortschaft, die man findet, **Azofra**, eine kleine Siedlung mit einem für den Jakobsweg typischen Plan, bei dem die Häuser entlang der Pilgerroute stehen. Im XII. Jahrhundert ist ein Pilgerhospital mit einem Friedhof belegt, das zu einer Kirche, die dem Heiligen Petrus (San Pedro) geweiht war, gehörte. In der heutigen Gemeindekirche »Unserer lieben Frau der Engel« (Nuestra Señora de los Ángeles), aus dem XVII. Jahrhundert, wird eine Statue des Heiligen Jakobs (Santiago) als Pilger aufbewahrt.

Der Name **Cirueña** steht weniger mit dem Pilgertum in Verbindung, als mit der Lebensgeschichte des Grafen Fernán González, der nach seinem Heldenlied hier

Santo Domingo de la Calzada. Portal der Kathedrale aus der Renaissance.

von den navarrischen Truppen nach der Schlacht von Valpierre gefangengenommen wurde. Auf der Höhe von **Ciriñuela** und **Hervías**, war einst das Hospital von Valleota oder Bellota, das von den Rittern des Calatravaordens zwischen Ende des XII. und Anfang des XIII. Jahrhunderts, geleitet wurde.

Santo Domingo de la Calzada ist, als Stadt die durch und für die Pilger gegründet worden ist, ein anderer der großen Meilensteine des Jakobsweges. Ihr Name ist der ihrers Gründers, Domenicus oder Domingo, einer Figur aus dem XI. Jahrhundert, der aus dem nahegelegenen Viloria de Rioja stammte, das ebenfalls auf dem Jakobsweg liegt. Seine Heiligengeschichte erzählt, dass er, nachdem er von den Klöstern von Valvanera und St. Millán nicht angenommen worden war, sich als Einsiedler in einem Wald am Ufer des Flusses Oja niederließ. Voller Mitleid für die Jakobspilger, die er mit großer Mühe den Fluss überqueren sah, baute er für sie eine Brücke, später eine Herberge und endlich eine Kirche, die im Jahre 1106 geweiht und am Ende des XII. Jahrhunderts, zur Kathedrale emporgehoben wurde. Um diese bedeutende persönliche Initiative, die mit sehr prekären Mitteln begonnen wurde, durchzuführen, zählte der Heilige Domingo auf die Unterstützung der verschiedenen Herren der Rioja, erst Alfons der VI. (Alfonso VI) von León und Kastilien (Castilla), später Alfons der I. (Alfonso I) von Aragón, sowie des Bistums von Calahorra, unter dessen Gerichtsbarkeit das Zentrum seiner Aktivitäten stand. Zur Zeit des *Liber Peregrinationis*, hatten diese Aktivitäten des Heiligen in einem blühenden Siedlungsort Gestalt angenommen, deren wichtigste Gebäude den Pilgern dienten: eine Brücke, ein Hospital und die dem Heiland geweihte Kirche (Iglesia de San Salvador), wo der Heilige inmitten der von ihm erbauten Straße, begraben lag. In dem Kapitel, das den Heiligen, deren Reliquien die Pilger auf ihrem Weg nach Santiago verehren müssen, gewidmet ist, werden auf navarrischem Gebiet »die Gebeine des Heiligen Domingo, des Bekenners« erwähnt, »der die Straße zwischen Nájera und Redecilla erbaut hat, unter der er ruht«. Sein Kult war von Anfang an sehr rege, von einer emsigen Laienbruderschaft unterstützt, die sich der Betreuung der Pilger widmete. Unter den vielen Wundern, die man ihm zuschreibt, ragt das weltberühmte »des Huhnes, das sang als es schon gebraten war« heraus, und das nichts anderes ist, als eine verschönerte Variante der Episode des unschuldig erhängten Pilgers, den ein Heiliger am Leben erhält, indem er ihm die Füße stützt. Dieses Wunder, das sich an mehreren Punkten der Jakobsstraße wiederholt, ist zum ersten mal im *Buch der Wunder* (*Libro de los milagros*) des *Liber sancti Iacobi* belegt. Laut diesem ereignet es sich in Toulouse, der Pilger ist ein Deutscher und der Heilige, der für ihn eintritt, ist logischerweise der Apostel Jakobus (Santiago). Jakob von Varazze (Jacobo de Varazze), in seiner *Legenda Aurea*, und Vicente de Beauvais, in seinem *Geschichtenspiegel* , folgen dem *Liber sancti Iacobi*. Der Zisterzienser Cesareus von Hiesterbach (Cesareo de Hiesterbach) führt in seinem *Dialog der Wunder* einige Variationen ein, denn bei

Hühnerstall in der Kathedrale Santo Domingo de la Calzada.

ihm sind die Pilger zwei, Vater und Sohn, die aus Utrecht stammen. Alfons der X. der Weise (Alfonso X el Sabio) ersetzt den Heiligen Jakob als Fürbitter durch die Jungfrau María, und in dieser Rolle kann man in anderen Varianten den Heiligen Gil oder den Bischof von Utrecht, den Heiligen Amandus (San Amando) finden. Aber die Hinzufügung eines zweitenTeiles dieses Wunders, in dem die Hauptrolle von Geflügel gespielt wird, das schon gebraten und im Begriff vom Ortsrichter gegessen zu werden, auf wunderbare Weise wieder zum Leben erwacht,stammt aus Santo Domingo de la Calzada, wo ein schriftlicher Beleg aus der Mitte des XIV. Jahrhunderts diese Geschichte zum ersten Mal erzählt. Dieses malerische Motiv (das seinerseits von einer Episode aus den apokryphen Evangelien herrührt), erlangte so großen Erfolg, dass es in vielen Kirchen der Jakobsstraße und in ganz Europa dargestellt wurde, und sogar zum Emblem einiger von ihnen wurde, wie »o Galo« der portugiesischen Ortschaft Barcelos. Aber wie wir schon gesagt haben, ist es Santo Domingo de la Calzada, das diese Legende mit am meisten Berechtigung für sich in Anspruch nimmt. Die dortige Version des Wunders, erzählt dass es sich um eine Pilgerfamilie aus Köln handelte, Vater, Mutter und Sohn (namens Hugonel), die im Hospital von Santo Domingo beherbergt waren. Dort versucht ein Mädchen den jungen Mann zu verführen, und als sie von ihm abgewiesen wird, versteckt sie einen Silberbecher zwischen seinen Kleidern und zeigt ihn wegen Diebstahls an. Hugonel wird festgenommen und hingerichtet. Aber bevor sie abreisen, hören seine Eltern ihn vom Galgen aus sagen, dass er lebt, da der Heilige Domingo ihm die Füße stützt. Die Eltern wenden sich an den Stadtrichter, der am Tisch sitzt und gerade im Begriff ist, einen gebratenen Hahn und eine gebratene Henne zu verspeisen. Als er hört, was ihm die Eltern erzählen, antwortet er ihnen ungläubig, dass der Hingerichtete so lebendig ist, wie das Geflügel das er auf dem Teller hat. In dem Augenblick springen die Vögel vom Teller herunter, fangen an zu flattern und beweisen so die Unschuld des Burschen.

Seit dem XV. Jahrhundert hinterlassen alle Pilger, die einen schriftlichen Bericht ihrer Pilgerreise verfasst haben, eine Version dieses Geflügelwunders, und sie vergessen auch nicht zu erwähnen, dass sich im Kreuzschiff der Kathedrale als Erinnerung daran ein Hahn und eine Henne befinden. Noch heute kann man sie dort in einer schönen gotischen Nische bewundern, die »der Hühnerstall« genannt wird, und sich tatsächlich im rechten Arm des Kreuzschiffes befindet. Die Kathedrale, die dem Erlöser (San Salvador) und der Heiligen María gewidmet ist, ist eines der ersten gotischen Gebäude Spaniens. Es ist ein Heiligtum in Form eines lateinischen Kreuzes, mit einem mittleren Teil aus drei Schiffen, Kreuzgewölbe und einem romanischen Deambulatorium. Innerhalb ihrer Vielfältigkeit, zeugt der Stil ihrer Kapitelle von den Beziehungen der Bildhauer zu Nájera, Moissac und Pamplona. Unter den Kunstschätzen der Kirche, sind das Altarwerk des Hauptaltars, ein Werk des großen Damian Forments, und die liegende Statue des Heiligen Domingo, in romanischem Stil, zu erwähnen. Wie schon das *Liber Peregrinationis* sagte, ist der Heilige mitten auf der Pilgerstraße begraben, und aus diesem Grund unterbricht die Kathedrale die gerade Linie des Jakobsweges in dieser Ortschaft. Die anderen zwei großen Werke des Heiligen Domingo, die Brücke und das Hospital, sind noch heute erhalten, erstere gänzlich wiederaufgebaut, letzteres als Teil des Parador Nacional de Turismo, eines staatlichen Hotels.

10 Santo Domingo de la Calzada – Belorado

Wieder neben der N-120, an der nur sehr selten einige Bäume Trost spenden, wandert man zwischen zahlreichen Kornfeldern, die durch kleine Bäche und verstreute Eichenwäldchen unterbrochen werden, welche die Nähe des Gebirges ankündigen, während die Berge von Oca am Horizont erscheinen.

Brücke über den Fluss Oja in Santo Domingo de la Calzada.

In **Santo Domingo De La Calzada** führt der Jakobsweg von der Hauptstraße (Calle Mayor) und der Straße Palomarejos aus zur N-120. Nachdem man die Brücke über den Fluss Oja überquert hat, die der Heilige Domingo selbst gebaut hat, nimmt man links einen von Scheinakazien beschatteten Pfad, an dessen einer Seite die Straße liegt, während sich auf der anderen Kornfelder erstrecken. Der Weg führt leicht bergauf bis zum *Kreuz der Tapferen* (*Cruz de los Valientes*, etwa 3km.), das auf der Höhe der Kreuzung mit der Umgehungsstraße liegt. Nach 5km. steht der Pilger vor zwei Möglichkeiten: auf der Landstraße nach Grañón weiterzugehen, womit die Entfernung 1,9km wäre, oder auf dem Weg weiterzuziehen, was 3,2km. bedeutet.

Wenn man diese letzte Alternative wählt, kommt man nach **Grañón** hinein, nachdem man am Friedhof vorbei gegangen ist und die Straße, die nach Morales führt, überquert hat. Man muss weiter über die Straßen Mayor und Cercas, um wieder aus dem Dorf herauszukommen, indem man eine Rampe hinabsteigt. Wenn man am letzten Gebäude angelangt ist, biegt man nach links und nimmt einen Feldweg, der nach rechts abschwenkt, um den Fluss Villar zu überqueren. Man muss in Richtung der Grenze zwischen La Rioja und Burgos ziehen, die etwa 2km entfernt liegt und von der aus man auf der anderen Seite der Straße den Fluss Relánchigo erblickt und gegenüber Redecilla und Castildelgado, mit den Bergen von Oca im Hintergrund, in der Ferne. Wenig später, weniger als 2km, gelangt man nach **Redecilla**, nachdem man an einem Informationsstand des Jakobsweges vorbeigekommen und auf die linke Seite der Landstraße gegangen ist. Man geht weiter durch die Straße El Cristo und die Calle Mayor, an der Kirche vorbei und steigt wieder zur Landstraße hinab, auf der man den Fluss Reláchigo überquert und auf einem parallelen Weg nach **Castildelgado** weiterwandert. Hinter dieser

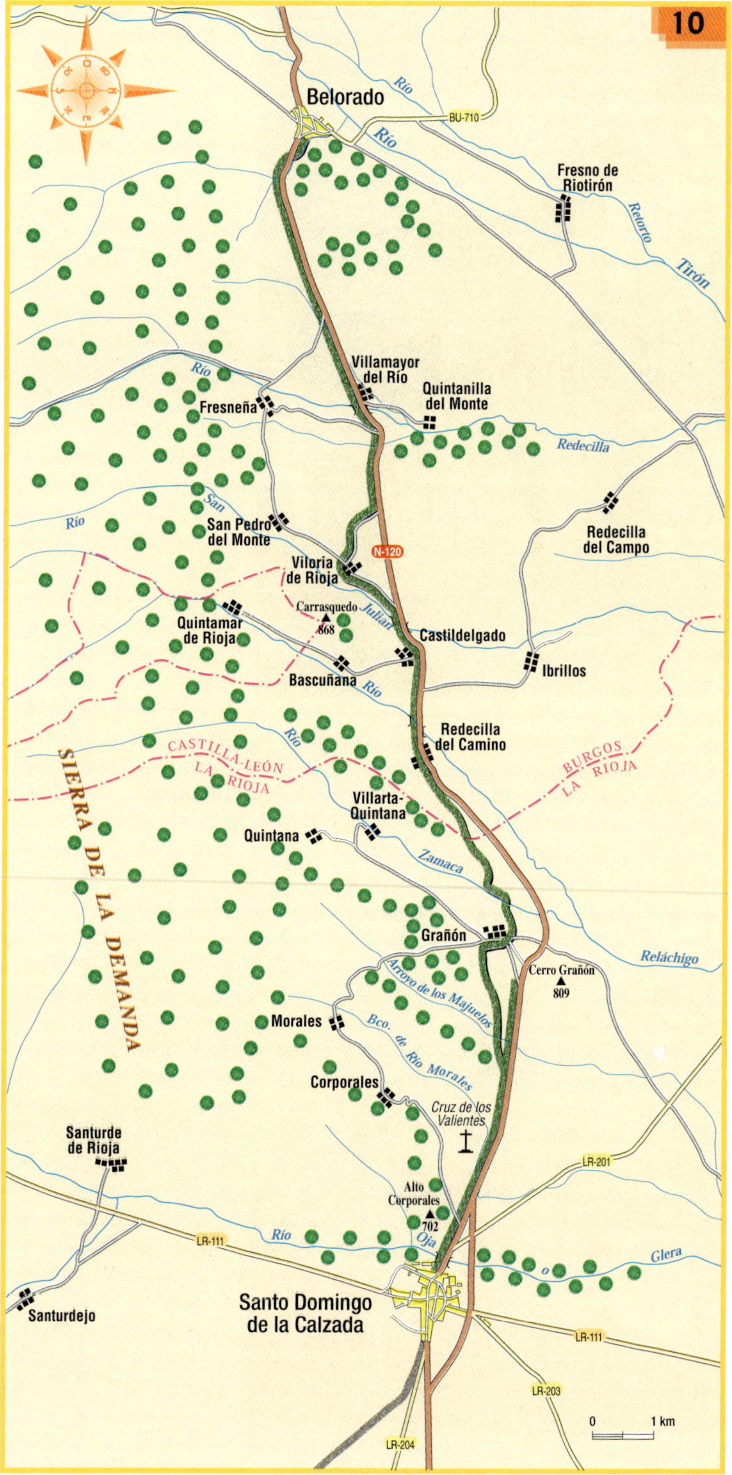
10
Belorado
BU-710
Río
Fresno de Riotirón
Retorto
Tirón
Villamayor del Río
Quintanilla del Monte
Fresneña
Redecilla
Río
San
San Pedro del Monte
Redecilla del Campo
N-120
Viloria de Rioja
Carrasquedo
868
Julián
Quintamar de Rioja
Castildelgado
Bascuñana
Río
Ibrillos
Redecilla del Camino
Río
CASTILLA-LEÓN
LA RIOJA
BURGOS
LA RIOJA
SIERRA DE LA DEMANDA
Villarta-Quintana
Quintana
Zamaca
Grañón
Reláchigo
Cerro Grañón
809
Arroyo de los Majuelos
Morales
Bco. de Río Morales
Corporales
Cruz de los Valientes
Santurde de Rioja
LR-201
Alto Corporales
702
LR-111
Río
Oja
Glera
Santurdejo
Santo Domingo de la Calzada
LR-111
LR-203
0
1 km
LR-204

Pilger auf dem Weg durch Grañón.

Ortschaft und nach etwas mehr als 500m, gibt es eine Abzweigung nach **Viloria de Rioja**, dem Geburtsort des Heiligen Domingo de la Calzada, den man über die Straße Bajera verlässt, um über die Landstraße N-120 nach **Villamayor** hinabzusteigen. Dort nimmt man die Hauptstraße (Calle Mayor) um wieder auf den Jakobsweg zu kommen. Man muss 5km weitergehen, um unser Ziel zu erreichen. Am Eingang von **Belorado** kann man die Straße vermeiden und auf einem Pfad rechts von ihr weiterwandern, der die hässlichen Industriehallen vermeidet und der an einem mit Nadelbäumen bedeckten Hügel entlang, bis zur Kirche der Heiligen Maria (Iglesia de Santa Maria) und ihrer Herberge führt.

RADFAHRER

Auf dieser Etappe gibt es keine großen Schwierigkeiten, obwohl von Grañón bis Belorado der Weg nicht asphaltiert ist.

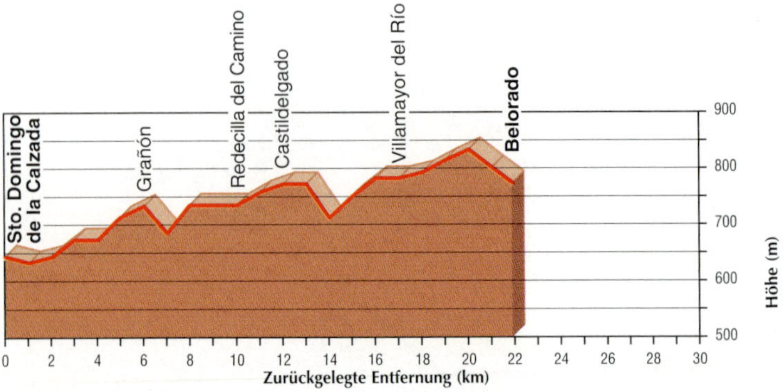

ETAPPE 10. PRAKTISCHE INFORMATION

GRAÑÓN

Herbergen

Jugendherberge (Albergue juvenil) »Virgen de Carrasgueda«.
✆ 941 746 000
Pilgerhospital (Hospital de peregrinos) »San Juan Bautista«.

Transportmittel

Bushaltestelle der Gesellschaft Grupo Jiménez, Busverbindung Logroño-Burgos.

REDECILLA DEL CAMINO

Herbergen

Städtische Herberge (Albergue municipal). Calle Mayor. Im alten Hospital de San Lázaro. 24 Plätze, Küche und Hof. Radfahrer sind zugelassen.
✆ 947 588 078 / 947 580 283

Transportmittel

Bushaltestelle der Gesellschaft Grupo Jiménez, Busverbindung Logroño-Burgos.

CASTILDELGADO

Hotels

HS** El Chocolatero. Carretera. Logroño, km 57-58. ✆ 947 588 063. 50 Plätze. 44/39 € Doppelzimmer; 24/21 € Einzelzimmer; 5,9 € Frühstück; 12 € Essen/Abendessen.
HSR* Club. Carretera Logroño-Vigo. ✆ 947 580 699. 8 Zimmer. 15 Plätze.

Restaurants

El Chocolatero. Carretera N-120, km 14. ✆ 947 588 063

VILORIA DE RIOJA

Herbergen

Private Pilgerherberge.
✆ 646 364 037

VILLAMAYOR DEL RÍO

Herbergen

Albergue de Villamayor del Río.
✆ 639 350 272 / 659 967 967

Restaurants

Casa León. Carretera Logroño, km 90.
✆ 947 580 237

BELORADO

Herbergen

Pfarrherberge. Bei der Kirche Santa María. Ungefähr 30 Plätze. Küche. Im Sommer gibt es zusätzlich Platz in einer Garage. Radfahrer sind zugelassen.
✆ 947 580 085
Albergue »Cuatro Cantones«. Calle Hipólito López Bernal, 10. Verfügt über 46 Plätze, Küche, Waschmaschine und Garten. Fahrradraum. Das ganze Jahr geöffnet.
✆ 947 580 591 / 696 427 707

Hotels

H* Belorado. Avenida Generalísimo, 30. ✆ 947 580 684. 20 Plätze. 40 € Doppelzimmer; 25 € Einzelzimmer; 2,5 € Frühstück; 9 € Essen/Abendessen.
Pensión Ojarre. Calle Santiago, 16. ✆ 947 580 223. 7 Plätze. 27 € Doppelzimmer.
Pensión Toñi. Calle Redecilla del Campo. ✆ 947 580 525. 10 Plätze. 45 € Doppelzimmer.

Restaurants

Etoile.
Plaza Mayor, 26. ✆ 947 580 246
Goya. Avenida Generalísimo, 8.
✆ 947 580 344
Picias. Avenida Generalísimo, 8.
✆ 947 580 325
Tizona. Avenida Generalísimo, 10.
✆ 947 580 390

Transportmittel

Bushaltestelle der Gesellschaft Grupo Jiménez, Busverbindung Logroño-Burgos.

Geschichte und Kulturerbe der Etappe 10

Der Französische Weg Etappe 10. Santo Domingo de la Calzada-Belorado

Nachdem sie die Brücke über den Fluss Oja überquerte, die der Heilige Domingo am Ausgang seines Städtchens errichtet hatte, führte die von ihm erbaute Straße die Pilger bis zu den Hängen von **Grañón**, eine Ortschaft, die auf dem Hügel Mirabel liegt und die als Festung der langen, unsteten und gepeinigten Grenze, die jahrhundertelang Kastilien (Castilla) von Navarra trennte, entstand. Einige Überreste ihres starken Mauerringes kann man noch immer an der Straße, die um den Ort herumführt, wahrnehmen. Die ersten schriftlichen Zeugnisse von Grañón sind aus dem X. Jahrhundert und verbinden es mit dem kastilischen Grafen Fernán González; später erscheint es unter der Herrschaft der Könige von Navarra und am Ende des XI. Jahrhunderts, in Beziehung zum König Alfons dem VI. (Alfonso VI) und seinem treuen Statthalter und großem Rivalen des Cid, García Ordóñez, der unter seinen Titeln den des Grafen von Grañón zählte und der die Politik Alfons des VI. auf riojanischem Gebiet ausführte, wie wir schon im Falle der Neubesiedlung von Logroño gesehen haben. Die militärische und politische Bedeutung Grañóns, so wie seine Nähe zur Jakobsstraße, veranlassten, dass sich einige religiöse Institutionen in seinem Bezirk einrichteten, wie zum Beispiel die Klöster des Heiligen Tomé (Santo Tomé) und des Heiligen Michael (San Miguel). Von diesem letzteren, das sich im XI. Jahrhundert San Millán de la Cogolla anschloss, hing ein Pilgerhospital ab, das lange Zeit in Betrieb war. Aber die religiöse Einrichtung, die von Anfang an am engsten mit Grañón verbunden erscheint, ist das Kloster Johannes des Täufers (San Juan Bautista), das am östlichen Ende der Ortschaft liegt. Anfangs hing es von Santa María de Nájera ab und betrieb möglicherweise ein Pilgerhospital. Die monumentale heutige Gemeindekirche, welche die Lage und die Widmung jenes Klosters geerbt hat, ist ein gotischer Bau aus dem XIV. Jahrhundert, dem bedeutende Teile später hinzugefügt worden sind. Innen befindet sich ein kostbares Altarbild, ein Werk des Natuera Borgoñón und des Bernal Forment. Das Kloster war ein zentraler Teil der Struktur des Ortes, dessen Plan vom hypodamischen Typ ist, und das von daher zu dem urbanistischen Modell gehört, das in Spanien entlang des Jakobsweges besonders in Navarra und Aragon, für die wiederbesieldelten und neugegründeten Ortschaften an seinem Verlauf, verbreitet ist. Obwohl Grañón ein relativ bedeutender Ort war und die Mittel

Grañón. Altaraufsatz aus dem XVI. Jh. der Kirche San Juan Bautista.

Redecilla del Camino. Taufbecken aus dem XIII. Jh., in der Pfarrkirche Virgen de la Calle.

besaß, um den Pilgern Herberge zu bieten, wird es vom *Liber Peregrinationis* nicht erwähnt, vielleicht weil es etwas abseits der Straße lag, die der Heilige Domingo de la Calzada angelegt und gepflastert hatte, im Falle dass diese mit der heutigen Landstraße identisch war. 1258, gliederte Alfons der X, der Weise (Alfonso X el Sabio), Grañón Santo Domingo ein, was zu einigen lokalen Konflikten führte. Diese Rivalität zwischen Grañón und Santo Domingo hat ihr Denkmal im »Kreuz der Tapferen«, das an einem Punkt zwischen beiden Städtchen errichtet ist, wo einstmals ein Gottesurteil wegen dem Besitz eines Gemeindeangers stattgefunden hatte. Man erinnert sich noch an den Namen des Siegers, Martín García, der Grañón vertrat und seine Nachbarn bat, jeden Sonntag ein Vaterunser und ein Avemaría für ihn zu beten.

Anders als Grañón, wird **Redecilla del Camino** sehr wohl im *Liber Peregrinationis* innerhalb des Wirkungskreises von Santo Domingo de la Calzada, als Jakobswegstation erwähnt. Es handelt sich auch hier um eine für den Jakobsweg typische Ortschaft, die entlang des Pilgerweges angelegt ist, an deren Straßenrand - eins gegenüber dem anderen - das Pilgerhospital des Heiligen Lazarus (San Lázaro) aus dem XII. Jahrhundert (die heutige Herberge ist auf seinem Grundstück errichtet) und die Gemeindekirche der »Heiligen Jungfrau der Straße« (Virgen de la Calle, was eine eindeutige Anspielung auf die Straße-den Jakobsweg ist) stehen. In diesem Gotteshaus von modernem Bau wird eines der bekanntesten Kunstwerke des Jakobsweges aufbewahrt: ein in einen großen Stein gemeißeltes Taufbecken aus dem XII. Jahrhundert. Es handelt sich um ein großes, halbkugelförmiges Becken, das sich auf einen festen Fuß mit einer runden, aus mehreren Halbkreisen geformten Basis stützt. Die acht halbkreisförmigen Blätter des Fußes stellen in ihrer senkrechten Projektion ein Bündel von Halbsäulen dar, die an einer zentralen, viereckigen Säule angebaut sind. Diese Scheinsäulen, verlängern sich auf dem Becken in Form von vierstöckigen Türmen, die mit Türen, Balkonen und Fenstern geschmückt sind, genau wie die Räume zwischen den Säulen. Offensichtlich sucht diese originelle Dekoration auf dem Becken ein Gebäude oder, besser noch, eine Stadt, darzustellen: das himmlische Jerusalem (Jerusalén), das endgültige Ziel aller Getauften. In der Umgebung von Redecilla, am Ufer des Flusses Relachigo, gab es seit dem Ende des XII. Jahrhunderts noch ein Hospital, das der Heiligen Christina geweiht war und von San Millán de la Cogolla abhing.

Castildelgado, das in den mittelalterlichen Schriftdokumenten als *Villaipún* bekannt ist, hatte ebenfalls ein Pilgerhospital, das von Alfons dem VII. (Alfonso VII) gegründet worden war. Der heutige Name, der erst vor kurzem den alten ersetzt hat, ehrt den berühmtesten der Söhne dieses Dorfes, Don Francisco Delgado, Bischof von Lugo und Jaén, erwählter Erzbischof von Burgos, einer der wichtigsten Theologen der Gegenreformation und aktiver Teilnehmer des Trenter Konzils (1564). Er liegt in der Gemeindekirche des Heiigen Petrus (San Pedro) begraben.

Viloria de Rioja ist die Heimat des Heiligen Domingo de la Calzada. In der Gemeindekirche ist das romanische Taufbecken erhalten, von dem versichert

Belorado. Hauptplatz (Plaza Mayor) und Kirche San Pedro.

wird, dass der Heilige dort getauft worden ist. Auch das Grundstück wo das Haus seiner Familie stand, hat man identifiziert, ein Haus das bis vor nicht allzu langer Zeit noch stand.

Nachdem man durch **Villamayor del Río** gekommen ist, einer kleinen Ortschaft am Ufer eines dürftigen Baches, kommt man nach **Belorado**, eine andere historische Station des Jakobsweges. Als wahrscheinliche Römergründung, passt die urbanistische Struktur Belorados mehr in eine Nord-Südachse als in eine hypothetische Ost-Westpilgerstraße. Möglicherweise rührt dies daher, dass diese Ortschaft schon relativ entwickelt war, als der Heilige Domingo de la Calzada den Jakobsweg durch sie hidurch leitete. Diese Nord-Südachse ist durch die Lage Belorados gegeben, das sich entlang einer alten Römerstraße erstreckt, die dem Lauf des Flusses Tirón folgend, von Briviesca in Richtung Nord- Süd verlief. Das Städtchen erhebt sich auf einer Terrasse des Flusses Tirón, im Schatten eines Kalksteinfelsens auf dem eine Burg stand, die heute in Ruinen liegt. Belorado, das im *Liber Peregrinationis* als eine der Jakobswegstationen erwähnt wird, war kurz vorher, im Jahre 1116, von Alfons dem I. von Aragón (Alfonso I) wiederbesiedelt worden, der ihm auch sein Stadtrecht verlieh, im Rahmen der Handlungen, die dieser König in der Rioja durchführte, um dort seine Position gegenüber den Interessen seines Stiefsohnes Alfons des VII. von León und Kastilien (Alfonso VII de León y Castilla) zu festigen, der aber am Ende die Stadt für sein Reich gewinnen würde. Vorher hatte Belorado, »Stadt am Rande einer Grafschaft« - wie sie das Lied von Fernán González nennt - nacheinander zur Grafschaft Kastilien (Fernán González), dem Königreich Navarra (Sancho III.) und zum Königreich León und Kastilien (Alfons VI.) gehört. Eigentlich ist diese wechselhafte Geschichte Belorados während des Hochmittelalters die des ganzen Gebietes der Rioja, eine lange, reiche und umkämpfte Grenze, die immer zwischen den Königreichen León und Navarra hin und her schwankte. Es gibt nicht wenige Zeugnisse die in Belorado an den Jakobswallfahrten erinnern, obwohl die ältesten karg und etwas dunkel sind. Unter den merkwürdigsten und originellsten können wir den Kult rechnen, der in diesem Städtchen dem Heiligen Kaprasius (San Caprasio) dargebracht wird. Seine Geschichte, die mit der der Heiligen Fe (Santa Fe) verbunden ist, erzählt uns zum Teil das *Liber Peregrinationis*: Der Heilige Kaprasius, war während des letzten Drittels des III. Jahrhunderts Bischof von Agen (in der französichen Gascogne), und versteckte sich während der vom

Kaiser Maximinius verordneten Verfolgung, in einer Höhle. Das Beispiel der jungen Fe, die tapfer und offen dem Martyrium entgegenging, trieb ihn dazu, sein Versteck zu verlassen, zum Orte des Märtyrertodes der Jungfrau zu gehen und dort dasselbe glorreiche Ende wie sie zu finden. Nun gibt es in der Wand der Schlucht an deren Fuße Belorado liegt, eine Höhle, die den Namen St. Cabrás trägt, zur Erinnerung an den Bischof von Agen, der vor seinem Martyrium auch in einer Höhle versteckt lebte. Es ist anzunehmen, dass dieser Heiligenkult von Pilgern oder Siedlern aus der Gascogne nach Belorado gebracht worden ist, vielleicht von denselben, die Alfons der I. der Schlachtenreiche (Alfonso I el Batallador) 1116 hierherführte, um das Städtchen wiederzubesiedeln. Die Statue des Heiligen Kaprasius, die am Anfang in der Höhle selbst stand, befindet sich heute in der Kirche des Heiligen Nikolaus (San Nicolás). Es scheint, dass die Höhle, eine der vielen, welche die Wand der Schlucht von Belorado durchbrechen, wirklich in westgotisch Zeit als Wohnsitz eines Einsiedlers gedient hat, zu einer Zeit wo die Anachoretenbewegung einen starken Impuls zeigte, wie wir es schon am Beispiel des Heiligen Millán gesehen haben. Eine andere interressantere Spur des Jakobskultes, stellt eine Urkunde des Jahres 1408 dar - die im Rathaus aufbewahrt wird - in der der König erklärt, dass Belorado davon befreit ist, der Kirche des Heiligen Jakobs (Santiago) in Compostela die sogenannte »Jakobsgabe« zu zahlen. Dieser kuriosen Akte zufolge, wäre dieser 1408 beendete Streitfall 1408 zu Zeiten des Königs Ramiro des I. entstanden, nach seinem sagenhaften Sieg in Clavijo, als er von der Ortschaft die Zahlung des erwähnten Zinses verlangt hatte, wogegen diese sich geweigert habe, indem sie darauf hinwies, dass sie nicht zu seinem Königreich gehörte. In der Kirche der Heiligen Maria (Santa María) ist ein wunderbares Altarwerk aus Stein, das ganz dem Heiligen Jakob (Santiago) geweiht ist, erhalten. Auf ihm ist der Apostel, wie wir schon in anderen Kirchen der Rioja gesehen haben, in seinen zwei großen ikonographischen Varianten dargestellt: als »maurentötender« Ritter (Matamoros) und als friedlicher Pilger. Abgesehen davon wird der Hauptaltar der Kirche von einer wunderschönen romanischen Figur der Jungfrau Maria gekrönt. Vom alten Hospital der Heiligen Maria von Bethlehem (Santa María de Belén), das vom Bischof von Burgos verwaltet wurde, ist nur noch eine Kapelle am Eingang der Dorfes erhalten. Andere Denkmäler der blühenden Vergangenheit Belorados, die erhalten geblieben sind, sind die Kirchen des Heiligen Petrus (San Pedro) und des Heiligen Nikolaus (San Nicolás).

Belorado. Oben, Altaraufsatz der Kirche Santa María; unten, Detail der Pilgerherberge.

11 Belorado – San Juan de Ortega

Bis Villafranca Montes de Oca ist der Weg ähnlich wie in der vorigen Etappe. Aber danach muss man in die dichten Wälder der Berge von Oca hineinwandern.

Pfarrei Espinosa del Camino.

Man geht die Straße Camino de Santiago entlang, um aus **Belorado** hinauszukommen und nimmt einen asphaltierten Weg, der am Kloster der Heiligen Clara (Convento de Santa Clara) vorbeiführt, um in die Landstraße N-120 zu münden und sie zu überqueren, so dass man auf der linken Seite weitergeht. Am Ufer des Flusses Tirón, kann man auf einem Rastplatz ausruhen bevor man über eine Fußgängerbrücke aus Holz geht. Im Augenblick verläuft unsere Route, wie in der vorigen Etappe neben der Landstraße und zwischen Kornfeldern. Nachdem man an einer Tankstelle, einem Posten des Roten Kreuzes und an der Abzweigung nach Miguel de Pedroso vorbeigekommen ist, trennt sich der Pfad von der N-120, um, ohne sie aus den Augen zu verlieren, nach **Tosantos** zu führen. Der Weg kommt von hinten in das Dorf, aber von dort kann man die Berge und die Kapelle der Virgen de la Peña sehen, die in einen von ihnen gegraben ist. Ganz in der Nähe befindet sich **Villambistia**, von wo man unter Pappelreihen weitergeht und wenig später, auf einer Anhöhe, **Espinosa del Camino**, wohin man sich richten muss, nachdem man die Landstraße überquert hat. Wir haben das Tal des Flusses Oca vor uns. Man wandert auf einer Sandpiste zwischen Kornfeldern weiter, die uns dazu zwingt bergauf zu gehen um nachher wieder zum Kloster San Felices hinabzusteigen. Der Pfad schwenkt nach links ab und führt nach **Villafranca Montes de Oca**. Man kommt in diese Ortschaft über die Straße, die für Fußgänger äußerst

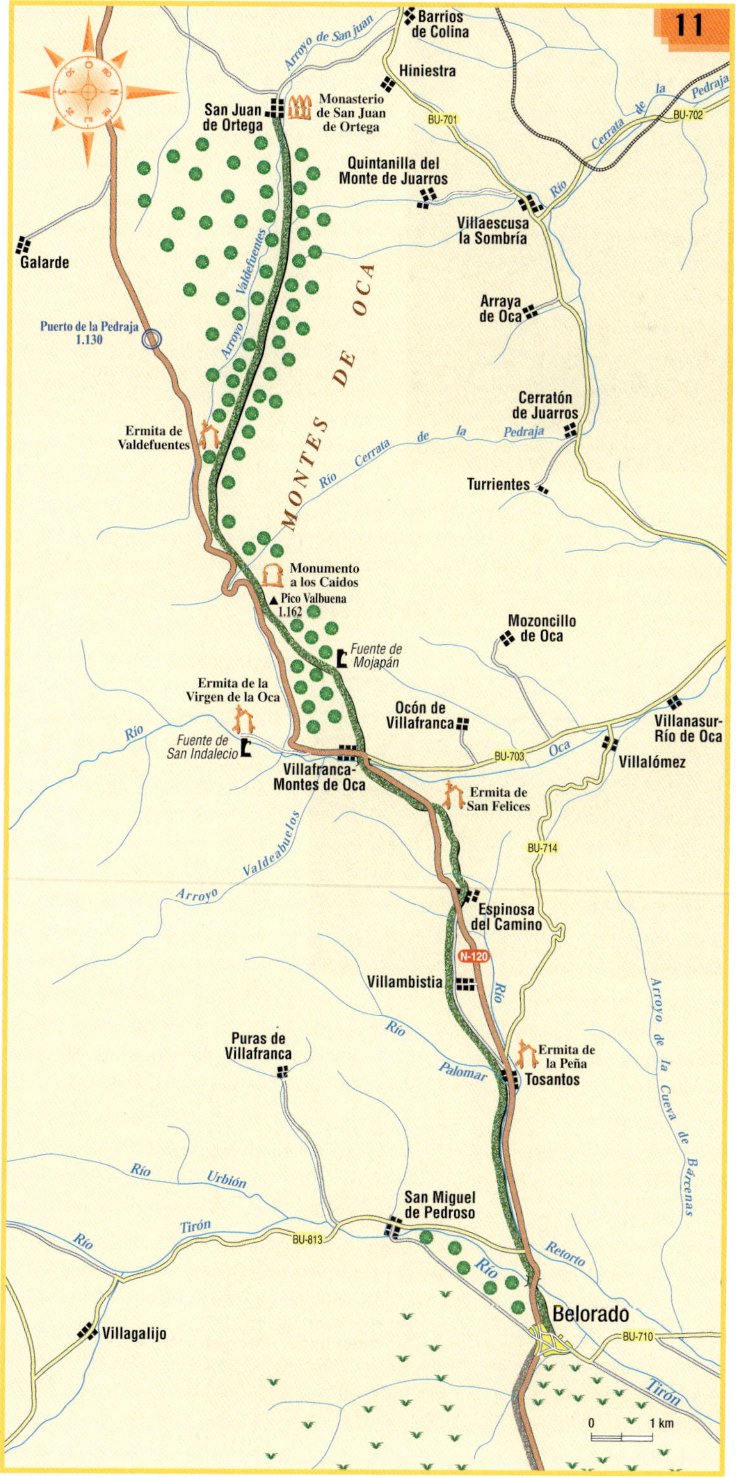
11
Barrios de Colina
Hiniestra
San Juan de Ortega
Monasterio de San Juan de Ortega
Arroyo de San Juan
BU-701
BU-702
Río Cerrata de la Pedraja
Quintanilla del Monte de Juarros
Villaescusa la Sombría
Galarde
Arroyo Valdefuentes
MONTES DE OCA
Arraya de Oca
Puerto de la Pedraja 1.130
Cerratón de Juarros
Ermita de Valdefuentes
Río Cerrata de la Pedraja
Turrientes
Monumento a los Caidos
Pico Valbuena 1.162
Mozoncillo de Oca
Fuente de Mojapán
Ermita de la Virgen de la Oca
Ocón de Villafranca
Villanasur-Río de Oca
Fuente de San Indalecio
Río Oca
BU-703
Villalómez
Villafranca-Montes de Oca
Ermita de San Felices
BU-714
Arroyo Valdeabuelos
Espinosa del Camino
N-120
Villambistia
Río
Arroyo de la Cueva de Bárcenas
Río Palomar
Puras de Villafranca
Ermita de la Peña
Tosantos
Río Urbión
San Miguel de Pedroso
Río Tirón
BU-813
Retorto
Río
Belorado
BU-710
Villagalijo
Tirón
0 1 km

gefährlich wird. Man überquert sie nach rechts auf der Höhe des Hospitals des Heiligen Abtes Antonius (San Antonio Abad), wo unser Aufstieg beginnt. Die Pfeile zeigen nach links, um den Friedhof herum, aber eine Rampe führt auf bequemere Weise an denselben Punkt. Man steigt nicht ohne Mühe durch tiefe Eichenwälder hindurch auf die Berge von Oca. Nach etwas mehr als einem Kilometer, erreicht man den Brunnen Mojapán, ein schöner Ort um auszuruhen und sich zu erholen. Wenn man oben ankommt, erscheinen Nadelbaumpflanzungen neben den Eichen. Da sie sehr nah ist, kann man die Landstraße N-120 hören (Denkmal der Gefallenen »Monumento a los Caídos«). Nachdem man die Schlucht des Flusses Cerrata de la Pedraja überquert hat, wandert man auf einer Waldpiste weiter (mit der Möglichkeit auf der Höhe des Meilensteines MP-61 auf einem Weg zur Kapelle Valdefuentes abzuzweigen), und wenn der Wald zu Ende ist, erscheint **San Juan de Ortega.**

Oben, Blick auf die Berge von Oca (Montes de Oca). Unten, Pilger bei San Juan de Ortega.

RADFAHRER

Bis **Villafranca** ist das Terrain gut befahrbar, obwohl es Schwierigkeiten geben kann, wenn es Schlamm gibt. Dagegen kann der Aufstieg zu den Bergen von Oca und der Weg bis nach **San Juan de Ortega** ziemlich anstrengend sein.

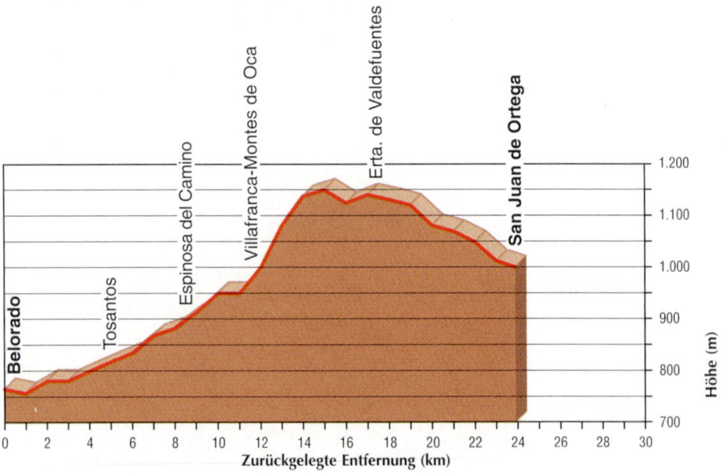

ETAPPE 11. PRAKTISCHE INFORMATION

TOSANTOS

Herbergen

Albergue del »Camino de Santiago«.
✆ 947 580 250

VILLAFRANCA MONTES DE OCA

Herbergen

Pilgerherberge
(Albergue de peregrinos)
»San Antonio Abad«.
Sie befindet sich an der Carretera Burgos. Verfügt über 20 Plätze. Sie bietet Küche, Aufenthaltsraum und Warmwasser.
✆ 947 460 922 / 947 582 000

Hotels

Pensión El Pájaro.
Carretera Logroño-Vigo.
✆ 947 582 001. 7 Zimmer.
12 Plätze. 30 € Doppelzimmer;
16 € Einzelzimmer

Restaurants

El Pájaro.
Urbanización San Roque.
✆ 947 582 029

Transportmittel

Bushaltestelle der Gesellschaft Jiménez.

Dienstleistungen

Es gibt ein Geschäft, Bars und eine Apotheke.

SAN JUAN DE ORTEGA

Herbergen

Albergue del Monasterio.
Albergue mit langer Tradition.
Sie wird vom Pfarrer geführt, der schon seit langer Zeit seine Gastfreundschaft anbietet. Verfügt über 60 Plätze. Bleibt das ganze Jahr geöffnet.
✆ 947 560 438

Dienstleistungen

Neben dem Kloster findet man eine Bar.

Geschichte und Kulturerbe der Etappe 11

Der Französische Weg Etappe 11. Belorado-San Juan de Ortega

Am Ausgang von Belorado überquert der Weg den Fluss Tirón auf einer kleinen Brücke, die Überlieferung dem Heiligen Johannes von Ortega (San Juan de Ortega) zuschreibt, und die einige Elemente aus der Zeit dieses heiligen Baumeisters enthält. Ganz in der Nähe erinnert eine dem Heiligen Lazarus geweihte Kapelle an das alte Pilger und Krankenhospital, das dort gelegen war.

In **Tosantos** kann man vom Weg aus die eigenartige Kapelle »Unserer Lieben Frau des Felsens« (Nuestra Señora de la Peña) sehen, die in einen mit Höhlen durchsetzten Kalksteinhügel gegraben worden ist, der dem in Belorado ähnich ist. In ihr wird ein romanisches Bildnis der Heiligen Jungfrau aufbewahrt.

Auf der Höhe von **Villambistia** (das Städchen, »villa«, von Laín, *el Bestia*, »*die Bestie*«, der Namen seines ersten Besitzers), ist ein Stück der alten gepflasterten Straße erhalten und in der Gemeindekirche von **Espinosa del Camino**, gibt es ein Bildnis des Heiligen Indalezius (San Indalecio), dargestellt als Bischof, eine Auswirkung des regen Kultes, der diesem Heiligen in der Gegend von Oca dargebracht wird, wie wir sehen werden, wenn wir über Villafranca schreiben. Später begegnet der Jakobsweg einer rustikalen Kapelle, die als die Apsis von St. Felices (Ábside de San Felices) bekannt ist, ein sehr beschädigter Überrest des christlich-maurischen Klosters des Heiligen Felix, des Lehrers des Heiligen Millan und wo man sagt, dass der kastilische Graf Diego Porcelos, der Gründer der Stadt Burgos, seine Grabstätte fand.

Villafranca Montes de Oca, liegt auf dem Gebiet des alten Oca (*Auca*, Bischofssitz mindestens zwischen dem IV. und dem VI. Jahrhundert), das nach der sarazenischen Invasion zerstört und nie wieder aufgebaut wurde, obwohl Alfons der I. (Alfonso I) es kurze Zeit später aus der moslemischen Gewalt wieder zurückgewann. Konkret lag das alte *Auca* innerhalb des Bezirkes von Villafranca, auf dem Grundstück von Llano, wo sich heute die Kapelle der Heiligen María von Oca erhebt, die vielleicht eine Erinnerung an die alte und heute unbekannte Widmung der Kathedrale von Oca darstellt. Hinter ihr befindet sich der Brunnen des Heiligen Indalezius (San Indalecio), eine Quelle die vorgibt der Ort zu sein, wo der Heilige den Märtyrertod erlitt. Nach einer lokalen Überlieferung, wäre der Heilige Indalezius der Bekehrer der Gegend von Oca und ihr erster Bischof gewesen, und sein Kult ist in diesem Gebiet ziemlich verbreitet, wie wir schon in Espinosa del Camino gesehen haben. Aber er geht nicht auf die Zeiten des Heiligen Indalezius zurück, sondern auf die späteren des Jakobsweges oder auf ein noch jüngeres Datum. Doch wer war dieser Indalezius?

Nach einem christlich-maurischen Text des IX. Jahrhunderts, wäre er einer der sieben Apostel, die von den Heiligen Peter und Paul (San Pedro y San Pablo) in Rom geweiht worden waren und den Auftrag bekamen, Spanien zum Christentum zu bekehren. Diesem Text zufolge, hätte der Heilige Indalezius am Ende seiner Mission die Diozese *Urci*

Ruinen der Apsis San Felices in Villafranca de Montes de Oca.

Wallfahrtskirche von Valdefuentes.

(Pechina, Almería) gegründet, deren erster Bischof er wurde. Im XI. Jahrhundert, wird in Santiago de Compostela, wie man im dritten Buch des *Liber sancti Jakobi* lesen kann, ein anderer Text verfasst, in dem die Überlieferung der sieben Apostel mit der der Spanienmission des Heiligen Jakob (Santiago), verbunden wird. In diesem neuen Text erscheinen die sieben Apostel als die spanischen Jünger des Heiligen Jakobs. Genau zu dieser Zeit, wurden laut einem anderen Text, die Gebeine des Heiligen Indalezius nach San Juan de la Peña und danach nach Jaca, wo sie heute ruhen, gebracht. Es ist möglich, dass dies der Zeitpunkt ist, an dem der Kult des Heiligen Indalezius in Oca beginnt, der mit dem alten und bedeutendem Hospital des Heiligen Jakobs zusammenhängt, das auch im XI. Jahrhundert gegründet wurde und eine große Rolle im Wiederaufleben der Stadt spielte.

Tatsächlich beschließt 1075 Alfons der VI. (Alfonso VI) einerseits den alten und heruntergekommenen Bischofssitz von Oca nach Burgos zu verlegen, anderseits, vielleicht als Kompensation, die Stadt auf einem dem alten nahe gelegenen Grund neu aufzubauen, mit einem vorteilhaften Stadtrecht und einem neuen Namen: Villafranca. Dieser Neuaufbau wurde an einer relativ neuen Variante des Jakobsweges vorgenommen, die von Sancho dem III. von Navarra angelegt, und von den Heiligen Baumeistern Domingo de la Calzada und Johannes (Juan) von Ortega, mit der Unterstüztung Alfons des VI. erbaut worden war. Das oben erwähnte Hospital des Heiligen Jakob (Santiago), die wichtigste Institution des hochmittelalterlichen Villafranca, ist verschwunden ohne eine Spur zu hinterlassen, mit Ausnahme der Widmung der Gemeindekirche, deren heutiges Gebäude aus dem XVIII. Jahrhundert stammt. In ihr werden zwei schöne Figuren des Heiligen Jakob als Pilger aufbewahrt. Das andere Monument Villafrancas, das mit dem Pilgertum in Verbindung steht, ist ein weiteres Hospital, das den Namen St. Antonius Abt oder der Königin (San Antonio Abad o de la Reina) trägt, von dem wichtige Teile, unter ihnen der prächtige Flachbogen des Portals, erhalten geblieben sind. Trotz des großen Wappens der Katholischen Könige, das auf dem Portal gemeißelt ist, ist die Königin, auf die der Name des Hospitals anspielt, Doña Juana Manuel, Ehefrau Heinrichs des II. (Enrique II), die es 1380 den Mönchen des Heiligen Antonius übergab, eines religiösen Ordens, der eine besondere Rolle auf dem Jakobsweg spielte und sich auf die Behandlung gewisser Krankheiten, wie die Erysipel oder Rose, spezialisiert hatte. In diesem Hospital hat man ärztliche Instrumente jener Zeit entdeckt.

In den wilden Bergen von Oca, bevor man das Heiligtum des Johannes von Ortega (San Juan de Ortega), Ende dieser Etappe, erreicht, befindet sich die Kapelle von **Valdefuentes**, heute dem Heiligen Jakob (Santiago) geweiht, die den einzigen Überrest der alten Kirche des Hospitales darstellt, das hier eine Zisterziensergemeinschaft im XII Jahrhundert führte. Man weiß, dass es außer diesem, in den Bergen von Oca noch andere Hopspitäler gab, wie das von Valbuena oder von Muñeca, die dort errichtet worden waren, um die Pilger in einer der schrecklichsten Gegenden des Jakobsweges zu betreuen, denn abgesehen von der Dichte der Vegetation und der Schroffheit des Terrains, war es voller wilder Tiere und Wegelagerer. Diese letzteren fanden in dieser Grenzgegegend Schutz sowohl vor den kastilischen als auch vor den navarrischen

San Juan de Ortega. Mausoleum mit liegender Statue.

Behörden, und lebten davon, die schutzlosen Pilger zu überfallen, deren einzige Verteidigung darin bestand, sich in großen Gruppen zusammenzuschließen, um so zu vermeiden ausgeraubt zu werden. Dieser war der wichtigste Grund, der Johannes (Juan) von Quintanaortuño - ein Jünger und Mitarbeiter des Heiligen Domingo de la Calzada - dazu brachte an diesem Ort zu arbeiten, Wege zu öffnen, und an einem der unwirtlichsten Punkte der Berge, der Ortega (vom lat. *urtica*, »Brennessel«) hieß, ein Hospital für Pilger, eine Kapelle und eine religiöse Gemeinschaft zu gründen. Es handelt sich um die Anlage, die seit dem XIII. Jahrhundert unter dem Namen ihres Gründers bekannt ist: **San Juan de Ortega**. 1080 im nahen Quintanaortuño geboren, war er in seiner Jugend ein Jünger des Heiligen Domingo de la Calzada, mit dem er am Bau von Hospitälern, Kirchen und Wegen (der Straße zwischen Agés uns Atapuerca), Brücken (Logroño, Nájera, Santo Domingo de la Calzada, Belorado, Agés) usw., arbeitete. Nach dem Tod seines alten Lehrers im Jahre 1109, als das Gebiet unter dem wütenden Bürgerkrieg zwischen Doña Urraca und Alfons dem I. *dem Schlachtenreichen* (Alfonso I, el Batallador) litt, der einen großen Teil der Bauten der Heiligen Baumeister in der Rioja zerstören sollte, beschloss der Heilige Johannes ins Heilige Land zu pilgern. Im Laufe dieser gefahrvollen Reise, rettete er auf wunderbare Weise sein Leben, nachdem er zum Heiligen Nikolaus (San Nicolás) von Bari gebetet hatte, worauf er gelobte, diesem Heiligen eine Kapelle zu weihen. Wieder zuhause angelangt, reparierte er einige der Brücken, die sein Lehrer gebaut hatte, und die durch den Krieg zerstört worden waren, aber vor allem konzentrierte er sich auf die Berge von Oca, wo er ein Hospital und eine Kapelle errichtete, die dem Heiligen Nikolaus von Bari geweiht waren, wie er es versprochen hatte, und wo er eine Gemeinschaft von Stiftsbrüdern der Regel des Heiligen Augustin gründete. All dieses führte natürlich dazu, die Umgebung zu sanieren und Zugänge und Ausgänge in die unwirtliche Gegend zu schaffen. Es fällt auf, dass das *Liber Peregrinationis*, wo Angaben einer Reise, die um 1130 gemacht worden ist, wiedergegeben werden, die Anlage von San Juan de Ortega nicht erwähnt, vielleicht weil sie zu der Zeit noch nicht vollendet war. Das erste wichtige Dokument, das sich auf das Hospital von San Juan de Ortega bezieht, stammt aus dem Jahre 1138, und in ihm stellt es der Papst Innozenz der II. (Inicencio II) unter seinen unmittelbaren Schutz. Der Heilige Johannes zählte wie auch der Heilige Domingo, mit der königlichen Gunst, bis zu dem Punkt, dass er zum Beichtvater Alfons des VII. (Alfonso VII) wurde, der ihm 1142 einen Großteil der königlichen Besitzungen in den Bergen von Oca vermachte. Diese Institution blühte zu Lebzeiten des Heiligen, als eine Art kastilisches Roncesvals (Roncesvalles). Jedoch nach dem Tod des Gründers, der sich 1163 ereignete, verlor sie einen großen Teil ihres Prestiges, obwohl sie das ganze Mittelalter hindurch in Betrieb blieb. Im XV. Jahrhundert, schon im Wirkungskreis der mächtigen Kirche von Burgos, erlangte es einen Teil des alten Glanzes an der Hand einer Ordensgemeinschaft des Heiligen Hieronymus (San Jerónimo) wieder, die dort von dem berühmten Bischof

Kirche San Juan de Ortega.

von Burgos, Pablo de Santamaría, eingerichtet worden war. Unter den Tugenden, die man diesem Heiligen zuschrieb, war die der Macht seiner Fürbitte gegen die Unfruchtbarkeit, berühmt. Mit diesem Ziel besuchte 1477 die katholische Isabella (Isabel la Católica) das Heiligtum, mit gutem Erfolg, nach den vielen und prächtigen Arbeiten, die die Königin in der Kirche machen ließ, zu schließen. Aus dieser Zeit ist zum Beispiel die gotische Kapelle des Heiligen Nikolaus von Bari, welche die vom Heiligen Johannes errichtete erstetzt und auch das prächtige Mausoleum, einschließlich liegender Statue, des Heiligen Johannes von Ortega, das Johannes von Köln (Juan de Colonia) und Gil von Siloé, erbaut haben. Aus der Zeit des Heiligen Johannes von Ortega ist der größte Teil der ursprünglichen Kirche, deren Bau 1150 begann: aus dieser Zeit sind mindestens die drei Apsiden und der Transept. Eines unmittelbar darauf folgenden Datums ist das herrliche romanische Grabmal des Heiligen Johannes von Ortega. Aus dem XII. Jahrhundert sind auch der größte Teil der Kapitelle. Unter ihnen ist eine neue Darstellung des Zweikampfes zwischen Roland (Roldán) und Ferragut bemerkenswert, die man zu denen, die wir schon in Navarra und La Rioja gesehen haben, hinzufügen kann; aber man muss vor allem dasjenige erwähnen, das in gedrängter und genialer Reihung die Ereignissfolge der Mariä Verkündigung, des Besuches bei Elisabeth, des Traumes des Heiligen Josefs (San José) und die Geburt des Jesuskindes, enthält. Der weltweite Ruhm dieses Kapitells, beruht auf einem einfachen aber wunderbaren Effekt, der das Licht, die Architektur und die Heilsgeschichte verbindet, und der am Abend der Tagundnachtgleichen stattfindet: wenn die Kirche im Dunkeln bleibt, fällt ein Strahl der untergehenden Sonne auf das Kapitell und macht so das Gleichnis der Erzeugung des Jesuskindes durch den Heiligen Geist augenfällig.

12 San Juan de Ortega – Burgos

Nach den einsamen Landschaften in den Bergen der Sierra de Atapuerca, steigt man in das Tal des Flusses Pico hinab. Von da ab verschwindet die ruhige ländliche Landschaft und wird am Eingang von Burgos durch Verkehr und Industrie ersetzt.

Von **San Juan de Ortega** aus führen uns unsere Schritte zur Landstraße, die nach Santovenia de Oca führt, sowie zur N-120. (Wenn man es vorzieht auf der Landstraße zu wandern, führt eine Piste, die neben ihr läuft, direkt nach Burgos.) Sehr bald zeigt ein Holzkreuz an, dass man in einen Wald aus Eichen und Pinien hinein muss. Hinter ein paar Toren führ das Vieh hört der Wald dort auf, wo ein alter Graben des Bergbauzuges auftaucht. 500 Meter weiter, begegnet uns ein anderes Kreuz. Von dort aus kann man links die Kirche von Santovenia betrachten, während man geradeaus **Agés** sieht, wohin man an der Kapelle Nuestra Señora de Rebollo vorbei hinabsteigen muss. Von Agés geht eine kleine Straße aus, die direkt nach Atapuerca führt (und an der Brücke vorbeikommt, die vom Heiligen Juan de Ortega über den Fluss Vena gebaut wurde). Von hier aus geht der Weg in Richtung Sierra de Atapuerca, wobei er stetig zwischen Steineichen hinaufführt. Bald erscheint ein Stacheldraht, der ein Militärgelände abgrenzt. Und fast 2km weiter, erhebt sich noch ein großes Holzkreuz (rechts sieht man in einiger Entfernung einen Steinbruch und Kommunikationsantennen). Beim Abstieg, kommt man an mehrere Kreuzungen: die erste zwingt uns dazu, zwischen Cardeñuela und Castañares zu wählen.

Brücke zwischen Agés und Atapuerca.

A) Wenn man Cardeñuela wählt, führt der Weg zu dieser Ortschaft über **Villalval** hinab, um sich, einmal in **Cardeñuela** angekommen, nach **Orbaneja** zu richten.

B) Wenn die Wahl Castañares trifft, erscheint wenig später eine neue Weggabelung, zwischen Castañares und Orbaneja.

- Wenn man Orbaneja wählt, steigt man zu dieser Ortschaft hinab, wo der Weg von Cardeñuela wieder mit unserem Weg zusammentrifft. Von **Orbaneja** aus geht man in Richtung Autobahn A-1 weiter, überquert diese auf einer Brücke und wandert auf einer asphaltierten Piste nach **Villafría** weiter. Man überquert die Zugschienen und einmal in Villafría angelangt, geht man durch die Industrieanlage, entlang der Landstraße N-120. Mit diesem Ort verschmolzen ist das Viertel Gamonal, durch das man nach **Burgos** hineinkommt. Danach geht man durch die Straßen Las Calzadas, San Juan, Avellanos und Fernán González in Richtung Kathedrale.

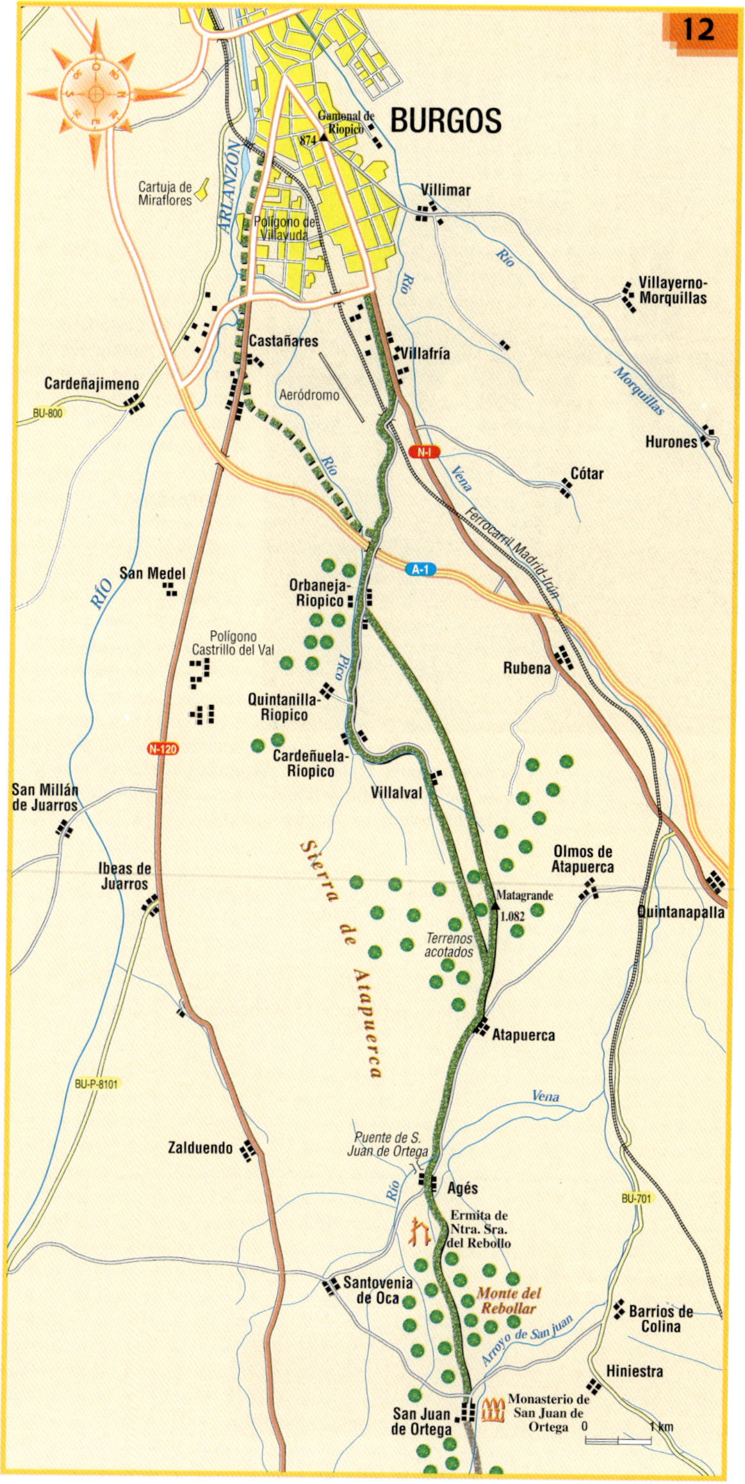
12
BURGOS
Gamonal de Riopico
874
Cartuja de Miraflores
ARLANZÓN
Polígono de Villayuda
Villimar
Río
Río
Villayerno-Morquillas
Castañares
Villafría
Aeródromo
Morquillas
Cardeñajimeno
BU-800
N-I
Hurones
Río
Vena
Cótar
Ferrocarril Madrid-Irún
A-1
San Medel
RÍO
Orbaneja-Riopico
Polígono Castrillo del Val
Pico
Rubena
Quintanilla-Riopico
N-120
Cardeñuela-Riopico
San Millán de Juarros
Villalval
Sierra de Atapuerca
Olmos de Atapuerca
Ibeas de Juarros
Matagrande
1.082
Quintanapalla
Terrenos acotados
Atapuerca
BU-P-8101
Vena
Puente de S. Juan de Ortega
Zalduendo
Agés
Río
BU-701
Ermita de Ntra. Sra. del Rebollo
Santovenia de Oca
Monte del Rebollar
Barrios de Colina
Arroyo de San juan
Hiniestra
San Juan de Ortega
Monasterio de San Juan de Ortega
0
1 km

Der Jakobsweg durch Burgos.

• Die Alternative über Castañares ist viel länger und der Einzug nach Burgos umständlicher, außerdem gibt es weniger Schilder. Bis Castañares überquert man ebenfalls die Autobahn und nimmt einen Weg nach links, zwischen Schutthalden und umzäunten Zonen. Ab **Castañares** folgt man ständig der Landstraße und wenn man nach Burgos hineinkommt, dem Fluss Arlanzón.

RADFAHRER

Von San Juan de Ortega aus kann man entweder:

A) Die Wanderroute nehmen, obwohl die Strecke, welche die Sierra de Atapuerca durchläuft, große Schwierigkeiten bietet. Von **Atapuerca** aus kann man die Landstraße nehmen, die es mit **Olmos de Atapuerca** verbindet und von dort auf der N-1 weiterfahren.

B) Nach links abbiegen, um in **Santovenia** die N-120 zu nehmen, die über **Zalduendo, Ibeas de Juarros** und **San Mendel** direkt nach Burgos führt.

C) Nach rechts abbiegen, Richtung **Barrios de Colina** über **Olmos de Atapuerca, Rubena** und **Villafría**.

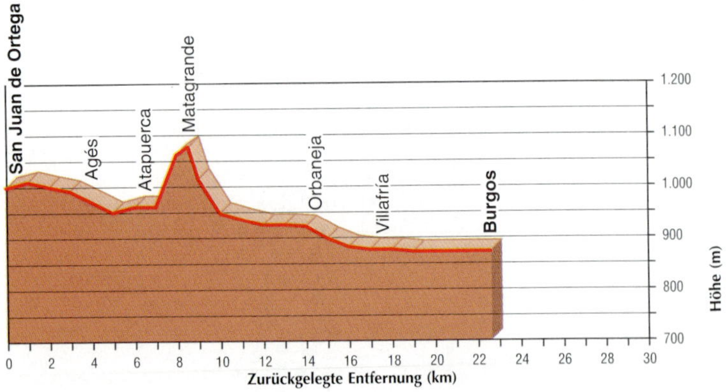

ETAPPE 12. PRAKTISCHE INFORMATION

ATAPUERCA

Herbergen

Pilgerherberge (Albergue de peregrinos) »La Hutte«. Calle En Medio, 36. Ungefähr 20 Plätze. Verfügt über Versammlungsraum und Warmwasser. ✆ 947 430 320

OLMOS DE ATAPUERCA

Herbergen

Städtische Herberge (Albergue municipal). Calle La Iglesia. Verfügt über 32 Plätze, Küche und Warmwasser. ✆ 947 430 328

IBEAS DE JUARROS

Restaurants

Cantina de Ibeas. ✆ 947 421 230
Los Claveles. Carretera Logroño, 31. ✆ 947 421 230

Transportmittel

Bushaltestelle der Gesellschaft Continental. ✆ 947 267 001.

RUBENA

Hotels

Pensión Salo.
Carretera. N-I Madrid-Irún, km 251. ✆ 947 431 065. 13 Plätze. 36 € Einzelzimmer

VILLAFRÍA DE BURGOS

Hotels

H ABC Aduana.** Carretera N-I Villafría, km 245. ✆ 947 484 252. 22 Zimmer. 30 Plätze. 53 € Doppelzimmer; 40 € Einzelzimmer; 3,15 € Frühstück; 7,5 € Essen/Abendessen.
HR Buenos Aires.** Carretera. N-I, km 245. ✆ 947 483 770. 140 Plätze. 48 € Doppelzimmer.
HSR Iruñako.** Carretera. N-I Madrid-Irún, km 245. ✆ 947 484 126. 52 Plätze. 44/41 € Doppelzimmer; 27/25 € Einzelzimmer.

Campingplätze

2. Kategorie. Río Vena.
Carretera. N-I Burgos-Irún, km 245. ✆ 947 484 120. 240 Plätze.

Transportmittel

Bushaltestelle der Verbindung Logroño-Burgos.

BURGOS

Herbergen

Fertigbauhütten, die in eine Herberge umgestaltet wurden. Im Parque El Parral, beim Hospital del Rey. Sie wird vom Verein der Freunde des Jakobsweges von Burgos geführt. 90 Plätze. Das ganze Jahr geöffnet. Im Sommer findet man auch in der Turnhalle Platz. ✆ 947 460 922

Hotels

Pensión Punta Brava. P° Fuentecillas, 3-5°. ✆ 947 208 211. 12 Plätze. 30 € Doppelzimmer; 20 € Einzelzimmer
Pensión Victoria. Calle San Juan, 3-2°. ✆ 947 201 542. 27 Plätze. 30/25 € Doppelzimmer; 20/16 € Einzelzimmer
H* Joma. Calle San Juan, 26-2°. ✆ 947 203 350. 7 Zimmer. 21/19 € Doppelzimmer; 1,87 € Frühstück.
HS Juarreño.** Calle Santa Clara, 29. ✆ 947 265 038. 5 Zimmer. 28 € Doppelzimmer.
HSR* Hidalgo. Calle Almirante Bonifaz, 14. ✆ 947 203 481. 11 Zimmer. 30/20 € Doppelzimmer.

Campingplätze

1.Kategorie. Fuentes Blancas.
Carretera. Burgos-Cartuja de Miraflores, km 3,5. ✆ 947 486 016. 1.200 Plätze.

Transportmittel

Busbahnhof. ✆ 947 288 855
Bahnhof (RENFE). ✆ 947 203 560

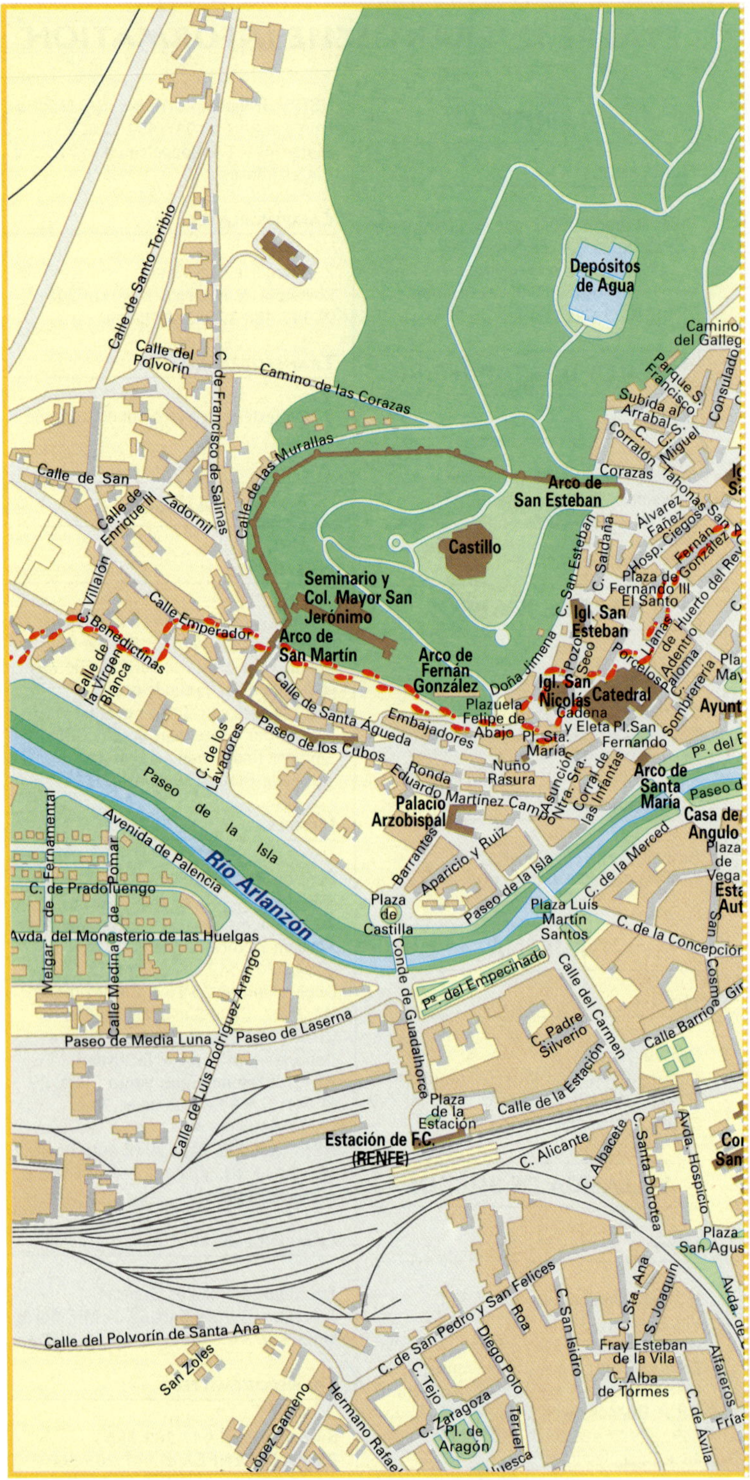
Depósitos de Agua
Camino del Galleg
Parque S. Francisco
Subida al Arrabal
Corralón
C. S. Miguel
Consulado
Calle de Santo Toribio
Calle del Polvorín
C. de Francisco de Salinas
Camino de las Corazas
Calle de las Murallas
Arco de San Esteban
Corazas
Tahonas
Castillo
Calle de San Zadornil
Calle de Enrique III
C. Villalón
Seminario y Col. Mayor San Jerónimo
C. San Esteban
C. Saldaña
Álvarez Fañez
Hosp. Ciegos
Fernán González
Plaza de Fernando III El Santo
Huerto del Rey
Calle Emperador
C. Benedictinas
Arco de San Martín
Arco de Fernán González
Doña Jimena
Pozo Seco
Igl. San Esteban
Llanas de Adentro
Paloma
Porcelos
Sombrerería
Igl. San Nicolás
Catedral
Calle de la Virgen Blanca
Calle de Santa Águeda
Embajadores
Plazuela Felipe de Abajo
Cadena y Eleta
Pl. San Fernando
Ayunt
Paseo de los Cubos
C. de los Lavadores
Pl. Sta. María
Nuño Rasura
Ronda
Eduardo Martínez Campo
Asunción Ntra. Sra.
Corral de las Infantas
Arco de Santa María
Pº. del
Paseo d
Casa de Angulo
Paseo de la Isla
Palacio Arzobispal
Barrantes
Aparicio y Ruiz
C. de la Merced
Plaza de Vega
Esta Aut
Río Arlanzón
Avenida de Palencia
Fernamental
C. de Pradoluengo
Pomar
Plaza de Castilla
Paseo de la Isla
Plaza Luís Martín Santos
C. de la Concepción
Avda. del Monasterio de las Huelgas
Melgar
Calle Medina de Pomar
Calle de Luis Rodríguez Arango
Conde de Guadalhorce
Pº. del Empecinado
Calle del Carmen
San Cosme
C. Padre Silverio
Calle Barrio Gi
Paseo de Media Luna
Paseo de Laserna
Plaza de la Estación
Calle de la Estación
Estación de F.C. (RENFE)
C. Alicante
C. Albacete
C. Santa Dorotea
Avda. Hospicio
Plaza San Agus
Calle del Polvorín de Santa Ana
San Zoles
C. de San Pedro y San Felices
Roa
C. San Isidro
C. Sta. Ana
S. Joaquín
Avda. de
Fray Esteban de la Vila
C. Alba de Tormes
Alfareros
Diego Polo
C. Tejo
C. Zaragoza
Pl. de Aragón
Teruel
Huesca
Hermano Rafael
López Gameno
C. de Ávila
Frías

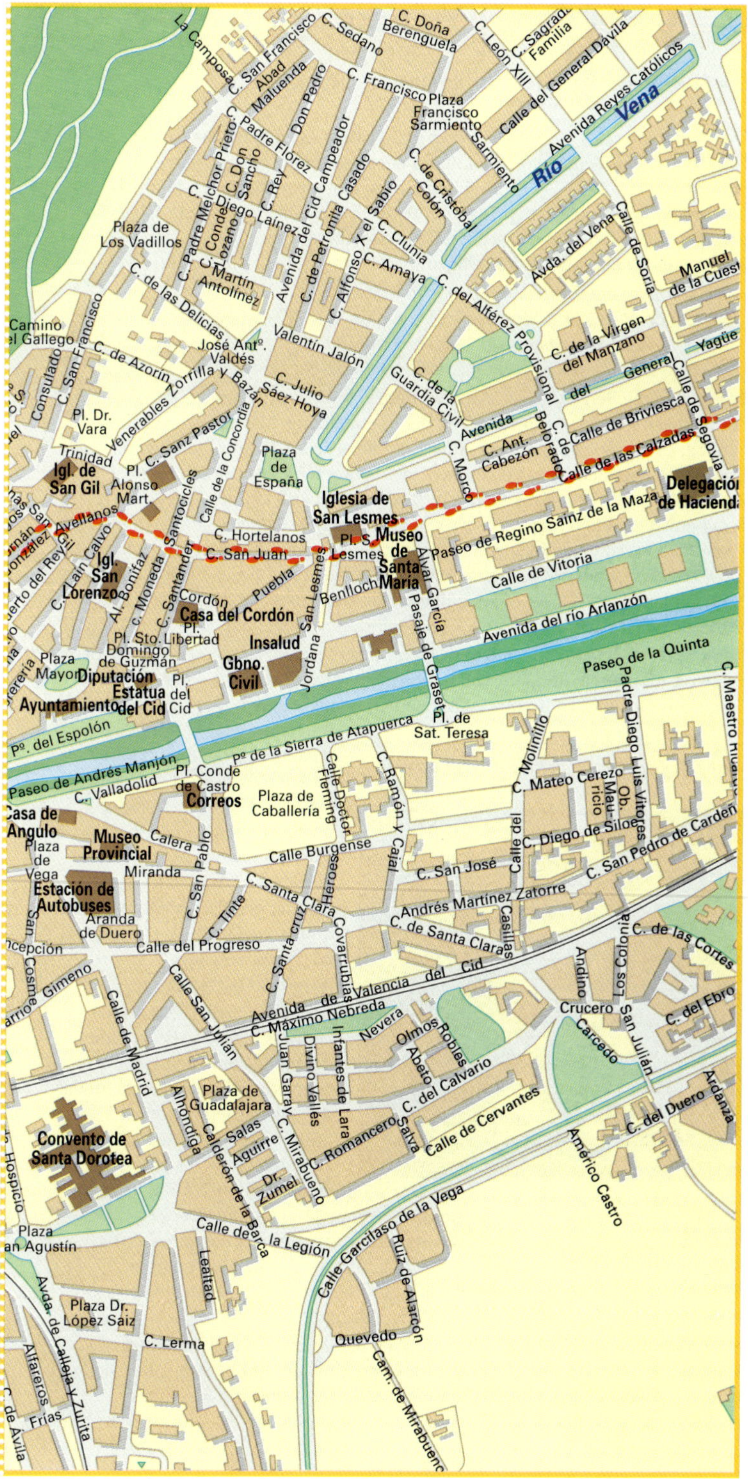
La Camposa
C. San Francisco
C. Sedano
C. Doña Berenguela
C. León XIII
C. Sagrada Familia
Calle del General Dávila
Avenida Reyes Católicos
Río Vena
Abad Maluenda
Don Pedro
C. Francisco
Plaza Francisco Sarmiento
Sarmiento
C. Prieto
C. Padre Flórez
C. Melchor
C. Don Sancho
C. Rey
Avenida del Cid Campeador
C. de Petronila Casado
C. Alfonso X el Sabio
C. de Cristóbal Colón
C. Clunia
C. Amaya
C. Diego Laínez
C. Padre
C. Conde Lozano
Martín Antolínez
Plaza de Los Vadillos
C. de las Delicias
Avda. del Vena
Calle de Soria
Manuel de la Cuest
C. del Alférez Provisional
Camino el Gallego
C. San Francisco
Consulado
C. de Azorín
José Antº. Valdés
Valentín Jalón
C. Julio Sáez Hoya
C. de la Guardia Civil
C. de la Virgen del Manzano
Avenida del General Yagüe
Pl. Dr. Vara
Venerables
Zorrilla y Bazán
C. Sanz Pastor
Calle de la Concordia
Plaza de España
Avenida
C. Morco
C. Ant. Cabezón
C. de Belorado
Calle de Briviesca
Calle de Segovia
Calle de las Calzadas
Delegación de Hacienda
Trinidad
Igl. de San Gil
Pl. Alonso Mart.
Santocicles
Iglesia de San Lesmes
C. Hortelanos
C. San Juan
Pl. S. Lesmes
Museo de Santa María
Paseo de Regino Sainz de la Maza
Avellanos
C. Laín Calvo
Igl. San Lorenzo
Al. Bonifaz
C. Moneda
C. Santander
Cordón
Puebla
San Lesmes
Benlloch
Alvar García
Calle de Vitoria
Avenida del río Arlanzón
Casa del Cordón
Pl. Libertad
Pl. Sto. Domingo de Guzmán
Insalud
Jordana
Pasaje de Grasset
Paseo de la Quinta
Plaza Mayor
Diputación
Gbno. Civil
Pl. del Cid
Estatua del Cid
Ayuntamiento
Pº. del Espolón
Pº de la Sierra de Atapuerca
Pl. de Sat. Teresa
C. Molinillo
Padre Diego Luis Vitores
C. Maestro
Paseo de Andrés Manjón
C. Valladolid
Pl. Conde de Castro
Correos
Plaza de Caballería
Calle Doctor Fleming
C. Ramón y Cajal
C. Mateo Cerezo
Ob. Mauricio
Casa de Angulo
Museo Provincial
Calera
Plaza de Vega
Miranda
C. San Pablo
Calle Burgense
Calle del
C. Diego de Siloe
C. San Pedro de Cardeña
Estación de Autobuses
C. Santa Clara
Héroes
C. San José
Andrés Martínez Zatorre
Aranda de Duero
C. Tinte
C. de Santa Clara
Casillas
Calle del Progreso
C. Santa Cruz
Covarrubias
C. de las Cortes
Los Colonia
San Cosme
Gimeno
Calle de Madrid
Calle San Julián
Avenida de Valencia del Cid
C. Máximo Nebreda
Nevera
Olmos
Robles
Andino
Crucero
Carcedo
San Julián
C. del Ebro
Juan Garay
Divino Vallés
Infantes de Lara
Abeto
C. del Calvario
Plaza de Guadalajara
Alhóndiga
Calderón de la Barca
Salas
Aguirre
C. Mirabueno
C. Romancero
Salvá
Calle de Cervantes
Américo Castro
C. del Duero
Ardanza
Convento de Santa Dorotea
Dr. Zumel
Hospicio
Plaza San Agustín
Calle de la Barca
la Legión
Calle Garcilaso de la Vega
Ruiz de Alarcón
Lealtad
Avda. de Calleja y Zurita
Plaza Dr. López Saiz
C. Lerma
Quevedo
Cam. de Mirabueno
Alfareros
Frías
C. de Ávila

Geschichte und Kulturerbe der Etappe 12

Der Französische Weg Etappe 12. San Juan de Ortega-Burgos

Der Pilgerführer des *Liber Sacti Iacobi* (ca. 1130), besagt, dass das Gebiet der Navarrer ab den Bergen von Oca in das der Kastilier überging. Dieser Kommentar, der mehr Wert als ethnographisch-linguistische Notiz, denn als Beschreibung der politischen Situation seiner Zeit hat, kann auch ein spätes Echo der alten Grenzsituation dieser Berge sein, welche die berühmten Verse des *Liedes von Fernán González* besingen:

Entonces era Castiella un pequeño rincón.
Era de castellanos Montes de Oca mojón.
(Damals war Kastilien ein kleiner Winkel.
Es waren die Berge von Oca der Grenzstein der Kastilier)

Wenn man die Berge verlässt, nahe von **Agés**, findet man Spuren vom Wirken des Heiligen Johannes von Ortega in der unmittelbaren Nachbarschaft seiner Stiftung: es handelt sich um eine kleine romanische Brücke mir nur einem Bogen, die über den Fluss Vena geschlagen worden ist. Das andere historische Denkmal in Agés ist mit der Grenzsituation dieser Gegend und den Begebenheiten, die dadurch enstanden, verbunden: es handelt sich um eine alte Grabplatte in der Gemeindekirche, welche die Lokalüberlieferung mit dem provisorischen Grab des navarrischen Königs García von Nájera (García el de Nájera) identifiziert, bevor er endgültig in das könighiche Pantheon von Santa María de Nájera gebracht wurde, das er selbst gegründet hatte.

Tatsächlich starb Don García laut den Chroniken in der Nähe von Agés, auf dem Feld von **Atapuerca**, im Jahre 1054, wo eine blutige Schlacht um den Besitz der Berge von Oca und La Bureba zwischen den beiden Söhnen Sanchos des III. des Älteren (el Mayor) von Navarra stattfand: Ferdinand von Kastilien (Fernando de Castilla), dem der Sieg zufiel und der unglückliche García. Ein Markstein mitten auf dem Feld, bevor man nach Atapuerca kommt, der als »das Ende des Königs« bekannt ist, erinnert uns an dieses Geschehen.

Archäologische Fundstätte von Gran Dolina.

Aber seit 1992 ist der Name Atapuerca nicht mehr nur ein Hinweis auf diese Begebenheit der mittelalterlichen Geschichte Spaniens, sondern mit einem der spektakulärsten Ereignisse unserer Gegenwartskultur verbunden: auf der großen archäologischen Grabungsstätte der Gran Dolina, sind die Überreste des sogenannten *Homo Antecessor*, das heißt, des gemeinsamen Vorfahrens unserer Spezies und der ausgestorbenen Neanderthaler, entdeckt worden. Die Tatsache, dass ihr Alter auf mehr als 800.000 Jahre festgelegt worden ist, macht *Homo Antecessor* zum »ersten Europäer« menschlicher Gattung, der uns bekannt ist.

Nach **Orbaneja** und **Villafría**, führt der Weg nach Burgos durch **Gamonal**, das heute mit dieser Stadt verschmolzen ist. Gegenüber der Kirche von Santa María la Real y Antigua, aus dem XIII. Jahrhundert, kennzeichnet ein Relief des Heiligen Jakob (Santiago) als Pilger, das auf ein gotisches Wegkreuz gemeißelt ist, den alten Verlauf der Straße.

Gesamtansicht von Burgos und die Kathedrale.

Man kann ohne zu übertreiben sagen, dass **Burgos** eine der Städte Spaniens ist, die am meisten mit dem Heiligen Jakob verbunden ist. Zwar nicht ihre Gründung - die 884 im Laufe einer von Alfons dem III. (Alfonso III) durchgeführten Wiederbesiedlungskampagne der spanischen Zentralebene, stattfand - aber wohl ihre Entwicklung und ihr Aufstieg zum wirtschaftlichen und politischen Zentrum, sind durch ihre Lage am Pilgerweg begünstigt worden, der hier mit einer wichtigen Straße, welche das Meer mit dem Binnenland verband, zusammenstieß. Bevor der Jakobsweg hierher verlegt wurde, war Burgos nur eine Festung von vielen (wie ihr Ortsname westgotischer Abstammung andeutet, Burgos, die »befestigten Türme«, die Burgen, mit Anspielung auf die Türme des Cerro del Castillo, das heißt des »Burgberges«) während der ersten Jahre des Kampfes gegen den Islam gewesen. Mit der Verlegung des Jakobsweges, vereint mit der Tastsache, dass die Grenze zu Navarra weiter weg rückte, nachdem die Rioja von Kastilien annektiert worden war, wurde die alte Bezirkshauptstadt zur Hauptstadt des Königreiches und seit 1075, zum Bischofssitz. Logischerweise spiegelt sich das große Ansehen, das Burgos im Mittelalter genoss in seinen glanzvollen architektonischen Werken aus dieser Zeit wieder, die großteils mit der Betreuung der Pilger verbunden sind. Diese kamen über die heutige Straße »de las Calzadas« nach Burgos, die so genannt wurde (calzada = »Straße«), weil dort der Jakobsweg mit der Straße, die nach Bayona und zum Meer führt, zusammentraf. Bevor sie in die Stadt kamen, fanden sie das Kloster und Hospital des Heiligen Johannes des Evangelisten (San Juan Evangelista), eine der großen Herbergsinstitutionen des Jakobsweges seiner Zeit. Es war 1074 von Alfons dem VI. (Alfonso VI) für eine benediktinische Gemeinschaft unter Führung des Abtes Adelelmo, gegründet worden. Der Eifer dieses Mannes, der um dieselbe Zeit wie der Heilige Domingo de la Calzada und der Heilige Johannes (San Juan) von Ortega lebte, bei der Betreuung von Pilgern, Armen und Kranken, machte ihn zum großen Wahrzeichen der Gastfreundschaft von Burgos, so dass er heiliggesprochen und zum Schutzpatron der Stadt erklärt wurde, wo er als der Heilige Lesmes bekannt ist. Obwohl einige romanische Überreste seiner alten Institution erhalten sind, lebt sein Andenken vor allem in der St. Lesmeskirche weiter, einem gotischen Bauwerk, das im XIV. Jahrhundert neben dem ursprünglichen Hospital errichtet wurde.

Nachdem sie durch das Johannestor (Puerta de San Juan, XIII. Jh.) getreten und entlang der heutigen Johannesstraße (Calle de San Juan) ins Stadtzentrum gelangt waren, fanden die Pilger in Burgos ein großes Angebot an Hospitälern und Herbergen vor. Der deutsche Pilger vom Ende des XV. Jahrhunderts, Künig von

Kathedrale von Burgos.

Vach, berichtet von 32 wohltätigen Einrichtungen, von denen wir einige Namen kennen: das Kaiserhospital (Hospital del Emperador), das von Alfons dem VI. (Alfonso VI) gegründet worden war, das des Heiligen Johannes von Ortega (San Juan de Ortega), das von Malatos, von St. Lukas (San Lucas) u.a. Dazu muss man noch die Namen der religiösen Institutionen hinzufügen, die in der Stadt ihren Wohnsitz hatten und einen Teil ihrer Aktivitäten der Betreuung der Pilger widmeten, wie das Kloster Las Huelgas, das des Heiligen Augustin (San Agustín), u. a..

Aber das sichtbare Wahrzeichen von Burgos für die Pilger und die Besucher aller Zeiten, ist die herrliche Kathedrale der Heiligen María (Santa María), eine der wichtigsten der gotischen Architektur in Spanien. Ihr Bau wurde 1221, auf Geheiß Ferdinands des III. des Heiligen (Fernando III, el Santo) und des Bischofs Maurizius (Mauricio) begonnen, wenngleich sie erst 1260 geweiht wurde. Dennoch wurde an ihr bis ins XVI. Jahrhundert gebaut. Ihr großartiges Äusseres, das durch ihre herrliche Fassade, ihre verschiedenen Portale und die spektakuläre Krönung durch einen Vierungsturm und zwei Spitztürme gekennzeichnet ist, steht im Einklang mit der Pracht ihres Inneren: die Kapelle des Konnetabels oder Heermeisters (Condestable), der heilige Christus von Burgos, die »Goldene Treppe« (Escalera Dorada), die Kapelle des Heiligen Nikolaus (Capilla de San Nicolás), das Grabmal des Cid im Kreuzschiff und die Kapelle des Heiligen Jakobs (Santiago) sind einige herrausragende Beispiele einer langen Liste von Schätzen. Inmitten dieses bunten Ensembles von Statuen und Bildern aller Zeiten, findet man nicht selten den Apostel Jakob, dargestellt als Pilger oder Ritter (in der ihm geweihten Kapelle, in der Kapelle der Heiligen Tekla, »Santa Tecla«, auf den Stühlen des Chores, auf dem Tor »de la Pellejería«, im Kreuzgang, im Dommuseum....).

Die Umgebung der Kathedrale ist voll von hervorragenden Bauwerken mittelalterlichen oder späteren Datums: die alte Burg auf dem Hügel, der die Stadt beherrscht; die Kirche der Heiligen Gadea (Águeda), die alte Kirche, wo Alfons der VI. (Alfonso VI) vor dem Cid und dem kastilischen Adel schwor; die gotische Kirche des Heiligen Nikolaus (San Nicolás, XV. Jh.), die des Heiligen Gil, die Tore des Heiligen Johannes (Puerta de San Juan), des Heiligen Stefan (Puerta de San Esteban, XIII. Jh.) und der Heiligen Maria (Puerta de Santa María, XVI. Jh.), der Palast des Konnetabels oder Heermeisters (Haus des Gurtes, »Casa del Cordón«) und viele mehr.

Außerhalb der Mauern der alten Stadt, hatten sich bedeutende religiöse Einrichtungen niedergelassen, die sich in der Betreuung der Pilger hervortaten, wie das Kloster des Heiligen Augustin (San Agustín) und das von Las Huelgas.

Von diesen abgesehen, darf man nicht die prächtige Kartause von Miraflores vergessen, die von der Königin Isabel der Katholischen (Isabel la Católica) als königliches Pantheon ihrer Eltern erbaut wurde: Johannes der II. (Juan II) und Isabel von Portugal. An diesem zurückgezogenem Ort befindet sich ein emblematisches Denkmal des Pilgertums, in Form eines hervorragenden in Holz geschnitzten, Heiligen Jakobs (Santiago), der zum Altarwerk des Hauptaltares gehört.

Burgos. Kartause Miraflores.

Am Ausgang von Burgos, wenn sie den Fluss Arlanzón überquert hatten, begegneten die Pilger dem wichtigsten Hospital der Stadt - und einem der besten des Jakobsweges: dem »Königshospital« (Hospital del Rey), das 1195 von Alfons dem VIII. (Alfonso VIII) gegründet worden war, der es einer Gemeinschaft von Mönchen, die zum Ritterorden von Calatrava gehörten, anvertraute - . Zu verschiedenen Zeiten stark umgebaut, hat dieses Bauwerk heute im Wesentlichen einen Renaissance-Charakter. Aus der Renaissance stammt auch das möglicherweise bekannteste Bild dieses Ortes, das Relief, das Juan de Balmaseda in eine der Holztüren geschnitzt hat, und das eine Pilgerfamilie darstellt. Das Zeugnis des Pilgers Laffi aus dem XVII. Jahrhundert, zeigt uns die Glanzzeit dieser Institution zur Zeiten der Gegenreformation.

Das Königshospital - heute zur Juristischen Fakultät der Universität Burgos umfunktioniert - war im Ursprung von dem glanzvollen Kloster Las Huelgas abhängig, das fast nebenan lag. Ebenfalls von Alfons dem VIII. (AlfonsoVIII) gegründet, wurde es von einer Gemeinschaft von Nonnen von königlicher oder aristokratischer Herkunft, nach der Regel des Heiligen Bernhard (San Bernardo) geleitet. In dieser eng mit der kastilischen Monarchie verbundenen Institution sind mehrere Könige gekrönt worden, nachdem sie von dem Apostel Jakob (Santiago) selbst zu Rittern geschlagen worden waren, der hier in einer sitzenden Statue dargestellt ist, die in der rechten Hand ein Schwert hält und deren Arm beweglich war, um die Zeremonie des Ritterschlages des künftigen Königs durchführen zu können.

Königshospital (Hospital del Rey), gegenwärtig Sitz der Universität Burgos.

13 Burgos – Castrojeriz

Auf dieser langen Etappe wandert man über die Kornsteppen der Provinz Burgos, die von kleinen Bächen durchlaufen werden und durch Hochebenen getrennt sind. Es gibt sehr wenig Bäume: Baumarten, die an den Ufern der Flüsse wachsen, Gruppen von Steineichen, die an die frühere Existenz von Wäldern in dieser Landschaft erinnern und junge Nadelbäume auf den Hängen.

Typisches Landschaftsbild der Ebenen von Burgos.

Man verlässt die Stadt **Burgos** über den Fluss Arlanzón auf der Brücke Malatos und am Park El Parral entlang. Das Hospital del Rey und die Humanistische Fakultät liegen links von uns, während der Jakobsweg parallel zu der Landstraße N-620 weiterführt. Man überquert die Gleise und die Straße und biegt nach rechts in die Straße Pérez Galdós ein. Dort erscheint eine Piste, die an der Baumschule des Bundeslandes Castilla und León (Junta de Castilla y León) vorbeiführt und zur kleinen Nebenstation La Alameda führt, von wo aus man nach **Villalbilla** kommt. Wenn man nicht in die Ortschaft hinein möchte, muss man unter Pappeln und Obstbäumen weitergehen. Man überquert das Hindernis der Autobahn und geht auf der Landstraße (N-120) und auf der Brücke Puente del Arzobispo über den Fluss Arlanzón. Auf einem Weg, der neben dem Asphalt herführt, kommt man nach **Tardajos**. Von da aus geht man auf einer asphaltierten Piste in Richtung **Rabé de las Calzadas** weiter, durch ein Tal, das von zahlreichen Bächen durchflossen wird. Hinter der Brücke über den Fluss Urbel, kommt man zum Dorf. Um es zu verlassen, muss man zwischen Hallen hindurch, und wenn man zur Kapelle Nuestra Señora del Monasterio kommt, neben dem Friedhof, erscheint eine Weggabelung: die Pfeile zeigen nach links, aber beide Wege sind parallel und vereinen sich nach fast 3 Kilometern durch eine einsame Kornfelderlandschaft, die von kleinen Anhöhen geschützt wird. Man steigt auf die Hochebene, auf der man mehr als 1,5 Kilometer lang wandert um steil (»Hang von Matamulos«) in das Tal des Flusses Hormazuelas hinunterzusteigen, wo man die Landstraße nach Estepar und den Fluss überquert, um nach **Hornillos** zu kommen. Man geht an der Herberge und der Kirche vorbei und verlässt das Dorf auf dem Weg nach rechts, der zwischen Pappeln verläuft. Es folgt ein neuer Aufstieg auf ein Plateau und wenn man

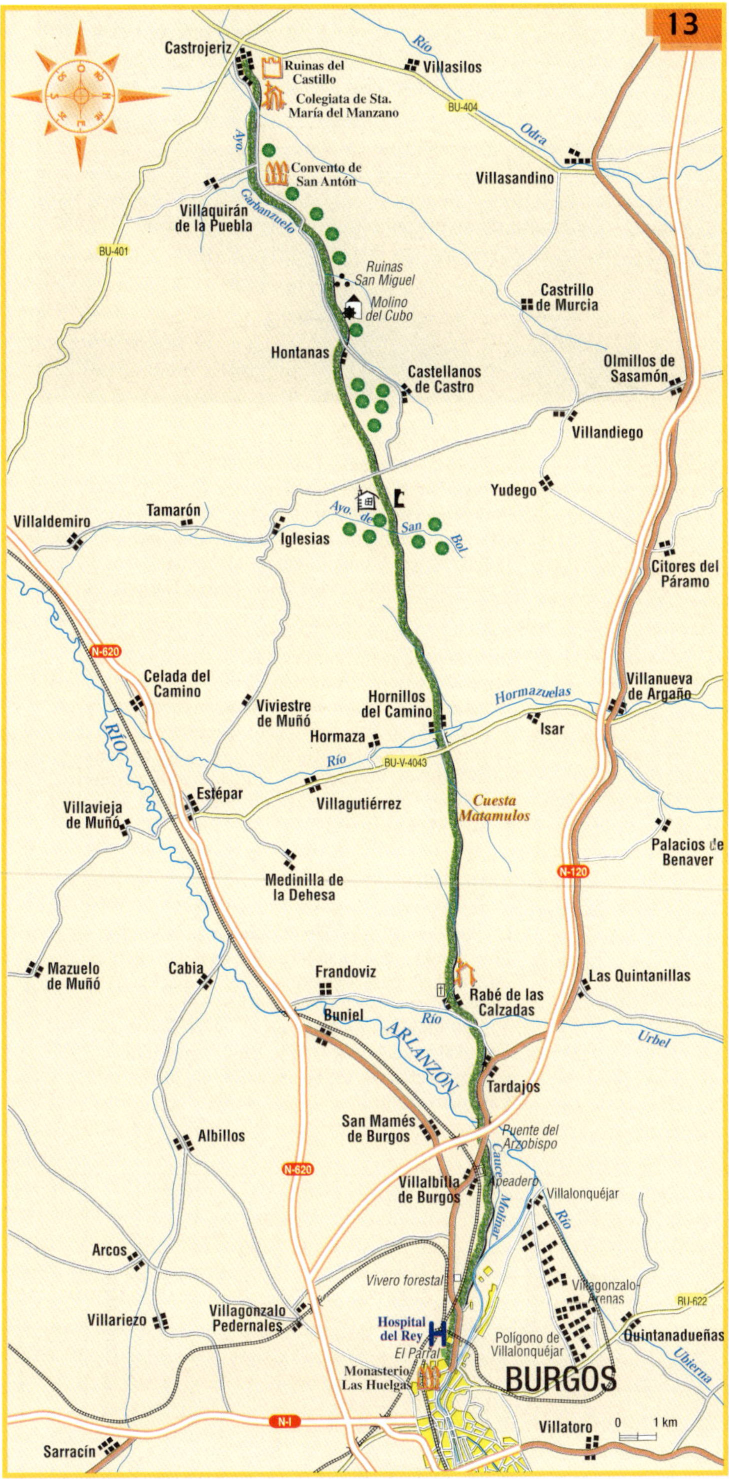
13
Castrojeriz
Ruinas del Castillo
Colegiata de Sta. María del Manzano
Río
Villasilos
BU-404
Odra
Villasandino
Ayo.
Convento de San Antón
Garbanzuelo
Villaquirán de la Puebla
BU-401
Ruinas San Miguel
Molino del Cubo
Castrillo de Murcia
Hontanas
Castellanos de Castro
Olmillos de Sasamón
Villandiego
Yudego
Tamarón
Villaldemiro
Iglesias
Ayo. de San Bol
Citores del Páramo
N-620
Celada del Camino
Viviestre de Muñó
Hornillos del Camino
Hormazuelas
Villanueva de Argaño
Isar
Hormaza
Río
BU-V-4043
Estépar
Villagutiérrez
Cuesta Matamulos
Villavieja de Muñó
Palacios de Benaver
N-120
Medinilla de la Dehesa
Mazuelo de Muñó
Cabia
Frandoviz
Las Quintanillas
Rabé de las Calzadas
Buniel
Río
ARLANZÓN
Urbel
Tardajos
San Mamés de Burgos
Puente del Arzobispo
Albillos
Cauce Molinar
N-620
Villalbilla de Burgos
Apeadero
Villalonquéjar
Río
Arcos
Vivero forestal
Villagonzalo-Arenas
BU-622
Villariezo
Villagonzalo Pedernales
Hospital del Rey
El Parral
Polígono de Villalonquéjar
Quintanadueñas
Ubierna
Monasterio Las Huelgas
BURGOS
N-I
Villatoro
0
1 km
Sarracín

Umgebung von Castrojeriz.

wieder hinuntergeht, erscheint der Bach San Bol, wo ein Jerusalemkreuz auf einem Gebäude eine Unterkunft anzeigt (Brunnen). Man steigt auf eine andere Hochebene hinauf, auf der Gruppen von Steineichen hin und wieder die Weiden und Kornfelder unterbrechen. Und auf seinem westlichen Hang erscheint unverhofft **Hontanas**, dessen Hauptstraße Calle Real in die Landstraße übergeht, in Richtung Castrojeriz. Auf einer parallelen Piste durchwandert man das Tal, dem Lauf des Baches Garbanzuelo folgend, zwischen Anhöhen, deren Hänge mit Bäumen bepflanzt sind. Nach etwa 4 Kilometern kommt man wieder auf die Straße und geht unter dem Bogen des Klosters des Heiligen Antonius (Convento de San Antón) durch. Von dort aus erblickt man **Castrojeriz**, an dessen Eingang uns die Stiftskirche Santa María del Manzano erwartet.

RADFAHRER

Die größten Schwierigkeiten kann man beim Abstieg über den Hang »Matamulos« finden und es existiert die Möglichkeit, dass Wege und Pisten voll Schlamm sind. Die Alternative für Radfahrer wäre der Landstraße N-120 bis **Olmillos de Sasamón** zu folgen und dort die lokale Straße in Richtung Iglesias zu nehmen, von der rechts die Straße abzweigt, die direkt nach **Castrojeriz** führt.

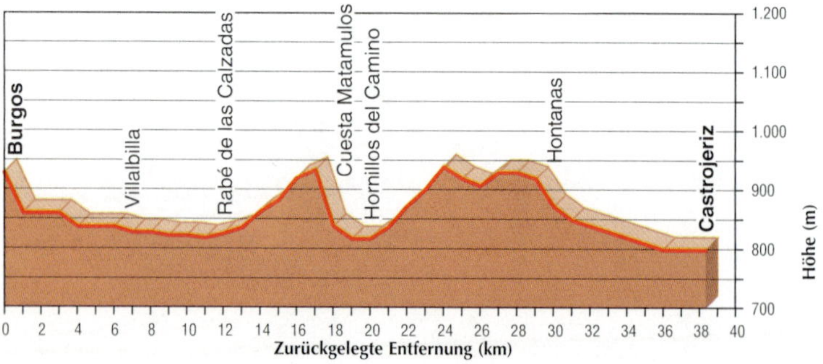

ETAPPE 13. PRAKTISCHE INFORMATION

VILLALBILLA DE BURGOS

Herbergen

Städtische Herberge (Albergue municipal). Centro Cultural de Villalbilla. 10 Plätze. ✆ 947 291 210

Hotels

HSR* San Roque. ✆ 947 291 229. 7 Zimmer. 33 € Doppelzimmer; 25 € Einzelzimmer

Restaurants

Los Brezos. Carretera Valladolid. ✆ 947 291 010
La Forja. Calle Sagrado Corazón, 22. ✆ 947 291 279
La Tomasa. Calle Estación. ✆ 947 204 829

TARDAJOS

Herbergen

Städtische Herberge (Albergue municipal). Calle Asunción. Das ganze Jahr geöffnet. 20 Plätze. Küche, um Essen aufzuwärmen. ✆ 947 451 189

Hotels

Pensión Mary. Calle Pozas. ✆ 947 451 125. 6 Zimmer. 11 Plätze. 24 € Doppelzimmer; 12 € Einzelzimmer; 2,4 € Frühstück.

Restaurants

Los Pececitos. Avda. General Yague, 7. ✆ 947 451 060
Ruiz. Calle Pozas, 10. ✆ 947 451 125

RABÉ DE LAS CALZADAS

Herbergen

Pilgerherberge (Albergue de peregrinos) »Virgen de la Guía«. 30 Plätze. Abendessen und Frühstück. Platz zum Verstauen von Fahrrädern. Geöffnet vom 1.3. bis 31.10. ✆ 947 451 341

HORNILLOS DEL CAMINO

Herbergen

Städtische Herberge (Albergue municipal). Plaza de la Iglesia. Das ganze Jahr geöffnet. 40 Plätze, Küche und Hof zum Abstellen der Fahrräder. Befindet sich in sehr gutem Zustand . ✆ 947 411 220
Albergue »La Escuela«. ✆ 947 377 436

ARROYO SAN BOL

Herbergen

Neben dem Bach liegt eine Schutzhütte, mit einem großen Kreuz Jerusalems an der Fassade, die Pilger im Sommer aufnimmt. Ungefähr 20 Plätze. Ein schöner Pappelhain, eine Quelle und die Gastfreundlichkeit des Verantwortlichen der Schutzhütte.

HONTANAS

Herbergen

Städtische Herberge (Albergue municipal). Calle Real. Im gleichen Gebäude wie das alte Pilgerhospital, das "Mesón de los Franceses", das jetzt wieder aufgebaut wurde. Verfügt über eine Küche und einen Fahrradraum. Zusätzlich gibt es noch andere Plätze, die zur Aufnahme von Pilgern umgestaltet wurden. Insgesamt gibt es ungefähr 50 Plätze.

CASTROJERIZ

Herbergen

Städtische Schutzhütte (Refugio municipal). Calle El Cordón. Sie wird vom Verein der Freunde der Schutzhütten geführt. 32 Plätze. Das ganze Jahr geöffnet. Sehr guter Service.
Städtische Herberge (Albergue municipal) »San Esteban«. Plaza Mayor. Geöffnet im Zeitraum der größten Pilgerströme. ✆ 947 377 001
Pilgerherberge (Albergue de peregrinos) in den Ruinen des Klosters San Antón.

Hotels

H** La Cachava. Calle Real, 93-95. ✆ 947 378 547. 8 Zimmer. 15 Plätze. 60 € Doppelzimmer; 45 € Einzelzimmer; 6 € Frühstück; 15 € Essen/Abendessen.
HS** Puerta del Monte. Paseo Puerta del Monte. ✆ 947 378 647. 14 Zimmer. 24 Plätze. 44/39 € Doppelzimmer; 25/21 € Einzelzimmer; 3 € Frühstück; 7,81 € Essen/Abendessen.

Campingplätze

2. Kategorie Camino de Santiago. ✆ 947 377 255. 150 Plätze.

Restaurants

La Taberna. Calle General Mola, 43. ✆ 947 377 120

Geschichte und Kulturerbe der Etappe 13

Der Französische Weg Etappe 13. Burgos-Castrojeriz

Nach dem Viertel von San Pedro, wo das Kaiserhospital (del Emperador) lag, das von Alfons dem VI. (Alfonso VI) gegründet worden war, muss man die Brücke »der Kranken« (de malatos) über dem Fluss Arlanzón überqueren, deren Name auf ein anderes Hospital anspielt, das schon 1165 existierte, und den ansteckenden Kranken gewidmet war. Man kommt auch am Königshospital (Hospital del Rey) vorbei, das von Alfons dem VIII. (Alfonso VIII) gegründet worden war. Die Pilger verfügten noch über ein weiteres Hospital am Ausgang von Burgos: hinter **Villalbilla** und bevor man nach Tardajos, am Ufer des Arlanzón, kam, stand das Hospital des Heiligen Johannes der Brücke (San Juan del Puente), das dem Bistum von Burgos gehörte. Die Brücke, die im Namen des Hospitales erwähnt wird, war wohl die, die heute »Brücke des Erzbischofs«, (»Puente del Arzobispo«) genannt wird, auch ein bischöflicher Besitz, wir ihr Name angibt. Diese Brücke ist mit einer Anekdote verbunden, deren historische Wahrscheinlichkeit ziemlich gering scheint, nach der der König Alfons der VI. hier einen schlimmen Fall von seinem Pferd erlitten haben soll, als er seine Feinde verfolgte. Man darf nicht vergessen, dass trotz seiner Stiftungen in Burgos, die Lokalüberlieferung den König Alfons den VI. hauptsächlich als Gegenspieler des lokalen Helden *par excellence*, des Cid, sieht, was Geschichten wie diese erklärt, wo der König nicht gerade gut wegkommt.

Sobald man die Brücke überquert, kommt man nach **Tardajos**, einem Städtchen mit tausendjähriger Tradition als Durchreiseort, das auf der Römertraße liegt, die *Clunia* (Coruña del Conde, Burgos) mit *Juliobriga* (an der Grenze zwischen Cantabrien, »Cantabria«, und Palencia) verbindet. Im Mittelalter besaß es verschiedene Herbergseinrichtungnen, weshalb es im Führer des *Liber sancti Iacobi* als Jakobswegstation erwähnt wird. Der Name, den es in diesem Führer erhält, *Alterdallia*, ist derselbe wie die Namen, die man in lokalen Urkunden liest: *Oter de Aliis*, oder *Uter de Alios*, das heißt, »Knoblauchhügel« (»Otero de Ajos«). Diese lokalen Urkunden sprechen immer von einem Pilgerhospital, das seine Stifter dem Bistum von Burgos übergeben. Ob es sich um das schon erwähnte Hospital des Heiligen Johannes der Brücke handelt oder nicht, können wir nicht sagen. Auf jeden Fall wäre es nicht der einzige Besitz der Bischöfe (und späteren Erzbischöfe) von Burgos in Tardajos, denn auf dem Grundstück des heutigen Klosters der paulinischen Pater, besaßen sie vor Zeiten einen Palast.

Der kurze und angenehme Weg von Tardajos nach Rabé, wird traditionell von einem Vers begleitet, dessen fast dramatische Färbungen

> *(De Rabé a Tardajos, no te faltarán trabajos;*
> *De Tardajos a Rabé, ¡libéranos, Dominé!)*
> *(Von Rabé nach Tardajos, wird es dir nicht an Mühen fehlen;*
> *Von Tardajos nach Rabé , beschütze uns Domine!)*

heutzutage fast unverständlich wirken, nachdem das einstmals sumpfige Tal des Urbel saniert worden ist.

Rabé de las Calzadas, ist auch aus genau denselben Gründen wie Tardajos, eine Ortschaft mit einer alten Tradition als Durchreiseort. Wie der Beiname der den christlich-maurischen Namen ihres alten Besitzers begleitet, anzeigt (Calzadas bedeutet »Straßen«), lag Rabé an der Kreuzung zwischen der Römerstraße *Augustobriga-Clunia* und dem Jakobsweg. Alfons der VI. (Alfonso VI) zählte sie zu den Besitztümern des Kaiserhospitals (Hospital del Emperador), das er in Burgos gegründet hatte. Von ihren Altertümern ist das herrausragendeste das romanische Portal ihrer Gemeindekirche, die der Heiligen Marina gewidmet ist.

Ruinen des Konvent San Antón.

Auch der Name **Hornillos del Camino**, eine Ortschaft deren Plan eines der reinsten Beispiele eines Pilgerweg-Dorfes darstellt, ist eng mit dem Jakobsweg verbunden. Es wird in dem Führer des *Liber sancti Iacobi (Furnellos)* und in einem französichen Heldenlied des Zyklus um Karl den Großen (Carlomagno) erwähnt, das um 1200 geschrieben wurde und auf dem Jakobsweg spielt, *Anseïs de Carthage*, das sich die Mühe macht, den Ursprung seines Namens (»Backöfen des Weges«) zu erklären: seiner fiktiven Handlung zufolge, fand der Kaiser Karl am Ufer des Flusses Hormazuelas einen Backofen, in dem er Brot für sein Heer backen ließ. Diese pseudohistorische Anekdote war sicher mit der Tatsache verbunden, dass seit 1151 Hornillos zum Kloster des Heiligen Dionysius (San Dionisio) von Paris gehörte, das großes Interresse daran hatte, den Kult Karls des Großen zu fördern. Später ließ sich in Hornillos eine französische Benediktinergemeinschaft nieder, die durch eine Stiftung des Königs Alfons des VIII. (Alfonso VIII) aus dem Jahre 1181, direkt von dem französischen Heiligtum von Rocamadour abhängig war. Ein Bildnis unserer Lieben Frau von Rocamador (das schon lange von dort entfernt wurde) und die Widmung seiner gotischen Kirche, sind das Erbe, das diese Gemeinschaft in Hornillos hinterlassen hat. Außer seiner benediktinischen Gastfreundschaft bot Hornillos den Pilgern ein Lazarett und ein Haus für Leprakranke an.

Auf der Hälfte des ungeschützten Weges, der Hornillos von Hontanas trennt, stand das Haus der Mönche vom Orden des Heiligen Antonius, das vom nahen Kloster des Heiligen Anton von Castrojeriz abhängig war: es handelt sich um das Anwesen des Heiligen Baudilius oder Heiligen Boal (San Baudilio o San Boal), das seinen Namen dem Bach und dem Tal, in dem man noch seine Ruinen sehen kann, hinterlassen hat: Sambol. Die Verehrung des Heiligen Baudilius von Nimes auf der Iberischen Halbinsel, ist älter als die Ankunft der Mönche des Heiligen Antonius in Spanien, die aus der französischen Dauphinée kamen. Trotzdem ist sie merkwürdigerweise in jenen Gebieten stärker, wo dieser Orden am aktivsten war, wie in Katalonien (Cataluña) und Kastilien (Castilla) (vor allem in Burgos).

Hontanas besaß auch ein altes Pilgerhospital, im selben Gebäude, das heute aus diesem Grund »Franzosenschenke« (»Mesón de los Franceses«) genannt wird. Seine gotische Gemeindekirche aus dem XIV. Jahrhundert, ist der Unbeflekten Empfängnis Mariä (Inmaculada Concepción) gewidmet.

Zwei Kilometer bevor man nach Castrojeriz hineinkommt, befinden sich die Ruinen des Klosters des Heiligen Anton, der Hauptsitz des Ordens der Hospitalbrüder des Heiligen Antonius (San Antonio) in Kastilien und Leon, der

Gesamtansicht von Castrojeriz und seiner Stiftskirche.

1146 von Alfons dem VII. gegründet und ausgestattet worden war. Dieser Orden, war 1095 in der französischen Dauphinée entstanden war und wurde so genannt, weil er eine Reliquie des Heiligen Antonius in seinem Besitz hatte, des ägyptischen Anachoreten aus dem III. Jahrhundert. Er verbreitete sich schnell durch ganz Europa und war besonders auf dem Jakobsweg aktiv. Er übernahm die Verantwortung für die ärztlichen Betreuung und wurde berühmt, weil es ihm gelang die Wundrose oder Erysipelie zu heilen, eine gangrenöse Mutterkornvergiftung, die auch als »Antoniusfeuer« oder »heiliges Feuer« bekannt war und aus brandigem Hautausschlag und Hautrötung bestand. Außerdem heilten die Antoniusmönche eine Schweinspest mit ähnlichen Symptomen, das »rote Schweinsübel«. Von diesen Aktivitäten rühren zwei der Symbole, die den Heiligen Abt Antonius begleiten, her: das Feuer und das Schwein. Von daher kommt auch, dass er als Schutzpatron der Tiere gilt. Das dritte Symbol des Heiligen Antonius und seiner Mönche war ein Kreuz in Form des »Tau«, (des T aus dem griechischen Alphabet), das diese Mönche auf ihr Ordenskleid gestickt trugen und das man noch auf den Mittelpfosten der Fenster des Antoniusklosters sehen kann. Das Bemerkenswerteste, das sich von dieser verwahrlosten gotischen Ruine erhalten hat, ist ein Doppelbogen, unter dem der Jakobsweg herführt, das Portal der Kirche und - als Kuriosität zu erwähnen - die Fensternische in der die Mönche Esswaren für die Pilger, die nach Torschluss kamen, hinterließen. Es wird erzählt, dass diese gastfreundlichen Mönche den Pilgern entgegengingen und sie dadurch ermunterten, dass sie das »Eultreia, esuseia«, die große Hymne des Pilgermarsches und der Kreuzzüge, sangen.

Castrojeriz ist ein anderes Paradebeispiel eines Pilgerweg-Dorfes, das heißt, eines Dorfes in dem die Häuser entlang einer einzigen Straße aufgereiht sind, in diesem Fall einer sehr langen (die deutschen Pilger nannten Castrojeriz *die lange Stadt*) und von monumentalen Gebäuden gesäumten, die leider nicht sehr gut erhalten sind. Der Ursprung und die frühe Entwicklung von Castrojeriz sind zwar nicht belegt, könnten aber so ähnlich wie die von Burgos sein: beide Städte haben als Kern eine Burg auf einem Hügel, wahrscheinlich als Folge der Sicherheitspolitik an der kastilischen Grenze zur Zeit Alfons des III. (Alfonso III); der Siegerich (Sigerico) des Ortsnamens (Castrojeriz > *Castrum Sigerici*), ein asturianischer oder kastilischer Edelmann, der anderen Quellen unbekannt ist, könnte damals sein Gründer gewesen sein. Wie in dem Fall von Burgos bedingte der Jakobsweg ein längliches Stadtbild, das aus einer Straße besteht, die den südlichen Hang des Burgberges entlang verläuft.

Castrojeriz erlebte seine Glanzzeit im Mittelalter, zum großen Teil dank dem stetigen Pilgerfluss, der dort in mehereren Hospitälern Unterkunft fand (vier am Ende des XV. Jh.). Die Anwesenheit von Bettelorden wie die Franziskaner oder Dominikaner (eine Erinnerung an diese letzteren findet man noch in der

Widmung der heutigen Kirche des Heiligen Dominik, »Santo Domingo«) ist ein weiteres Zeichen dieses gewissen städtischen Glanzes, den Castrojeriz im Mittelalter erlebte. Unter den französischen Pilgern war es als »die Burg der vier Mäuse« oder »Vier Mäuse« bekannt (*Castra Sorecia, Castrum Soricis, Quatre Souris, Castre Souris*), ein Wortspiel, das durch die Fonetik des Ortsnamens erzeugt wurde, die sie an das Wort *souris,* »Maus«, erinnerte.

Santiago Pilger in der Stiftskirche Virgen del Manzano oder Almazán.

Unter seinen Sehenswürdigkeiten sticht am Eingang das herrliche gotische Gebäude der Domkirche der Heiligen Jungfrau von Almazán oder »des Apfelbaums« (Virgen del Manzano o de Almazán) heraus, eine wunderschöne Figur aus dem XIII. Jahrhundert, die Alfons der X. (Alfonso X) in seinen *Cantigas* besungen hat. Im Innern der Kirche werden Werke hervorragender Künstler aufbewahrt (Mengs, Bronzino, Carduccio). Im Städtchen selbst fällt seine elegante, ebenfalls gotische mit einigen romanischen Elementen und dem Heiligen Johannes (San Juan) gewidmete Kirche, auf. Es gab auch noch zwei Gotteshäuser, die dem Heiligen Stefan (San Esteban) und dem Heiligen Jakob (Santiago) gewidmet waren, von denen heute nichts mehr erhalten ist.

Stiftskirche Virgen del Manzano.

14 Castrojeriz – Frómista

Nach Castrojeriz, das auf ihrem südlichen Hang liegt, ist die Anhöhe von Mostelares (»Teso de Mostelares«), zwischen dem Tal des Flusses Odrilla und der fruchtbaren Ebene des Pisuerga, die letzte Hochebene der Provinz Burgos. Der Fluss Pisuerga fließt nach Palencia und in die Region der Tierra de Campos mit ihren unendlichen Ebenen hinein.

Brücke Itero über den Fluss Pisuerga.

Über die Straße Calle del Cordón kommt man auf die Landstraße nach Villasilos, die man überquert um einen Weg, der zwischen Hallen hindurchzieht, zu nehmen. Nachdem man auch die Landstraße nach Melgar de Fernamental überquert hat und den Hügel mit seiner Burg im Rücken gelassen hat, nimmt man einen Sandweg, der das Tal des Flusses Odrilla in Richtung auf die Hochebene durchquert. Nachdem man den Fluss auf einer mittelalterlichen Brücke überquert hat, beginnt man den Aufstieg über den steilen Hang von Mostelares. Man wandert über die Hochebene bis zu ihrem Rand, wo man nach Westen die fruchtbare Ebene des Flusses Pisuerga und die Tierra de Campos erblickt, während man im Norden die Kantabrische Kordilliere (Cordillera Cantábrica) sieht. Man steigt den sogenannten »Franzosenweg Engpass« (»Colada del Camino Francés«) hinab. Der Abstieg, der am Anfang ziemlich steil ist, wird dann sanfter bis das Terrain ganz flach ist. Man kommt an einem Rastplatz neben dem Brunnen »Fuente del Piojo« vorbei und wenig später kommt man auf eine Piste, die von Pedrosa del Príncipe herkommt, aber ein Weg leitet uns nach links und wir kommen rechts an Itero del Castillo vorbei, das auf dieser Seite des Flussufers des Pisuerga liegt. Vor der Brücke von Itero, kommt man an der Kapelle des Heiligen Nikolaus (»Ermita de San Nicolás«) vorbei. Der Fluss markiert die Trennungslinie zwischen Burgos und Palencia und wenn man ihn überquert hat, fängt die Tierra de Campos an. Der Jakobsweg folgt dem Flusslauf durch den frischen Uferwald und nachdem man den Friedhof und einen Rastplatz hinter sich gelassen hat, kommt man nach **Itero de la Vega** (das ursprünglich abseits des Jakobsweges lag). Die Straßen, die zum Ausgang des Dorfes führen sind folgende: Onésimo Redondo, Emilio Ibáñez, Santa Ana und Comandante Ramírez. Auf einer schattigen Piste kommt man zur Landstraße nach Osorno, die man überquert um geradeaus weiterzugehen, genau wie man später den Kanal des Pisuerga überquert. Man steigt sanft neben dem Hügel »Alto del Paso Largo« hinauf. Und vor unseren Augen erscheint Boadilla. Es tauchen auf beiden Seiten kleine

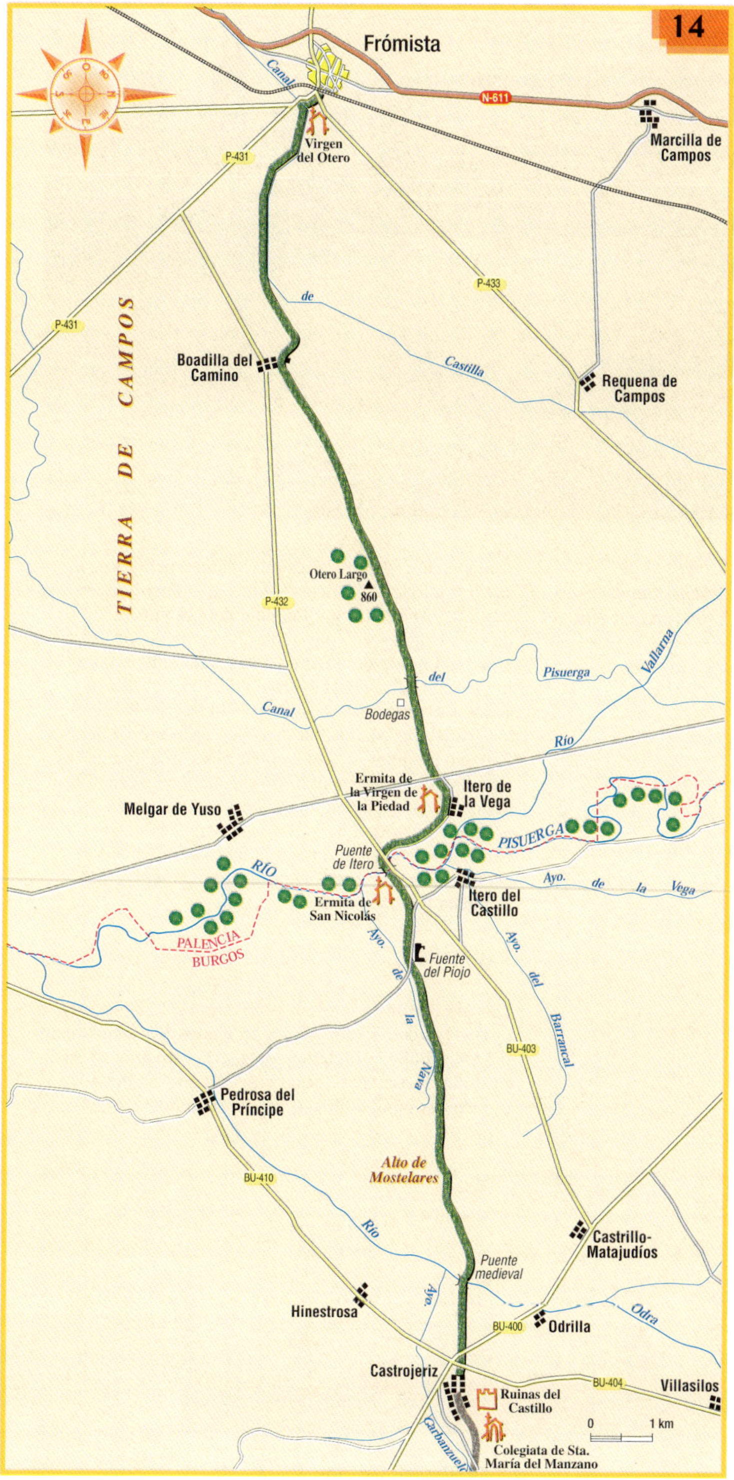
14
Frómista
Canal
N-611
Marcilla de Campos
Virgen del Otero
P-431
P-433
de
Castilla
P-431
Boadilla del Camino
Requena de Campos
TIERRA DE CAMPOS
Otero Largo
860
P-432
del
Pisuerga
Vallarna
Canal
Bodegas
Río
Ermita de la Virgen de la Piedad
Itero de la Vega
Melgar de Yuso
PISUERGA
Puente de Itero
RÍO
Ermita de San Nicolás
Itero del Castillo
Ayo. de la Vega
PALENCIA
BURGOS
Ayo. de la Nava
Fuente del Piojo
Ayo. del Barrancal
BU-403
Pedrosa del Príncipe
Alto de Mostelares
BU-410
Río
Castrillo-Matajudíos
Puente medieval
Ayo.
Hinestrosa
BU-400
Odrilla
Odra
Castrojeriz
BU-404
Villasilos
Ruinas del Castillo
0
1 km
Colegiata de Sta. María del Manzano
Garbanzuelo

Schleuse des Castilla-Kanals in der Nähe von Frómista

Anhöhen auf, deren Hänge mit Bäumen bepflanzt sind, sowie zahlreiche Taubenschläge. Ein kleiner Bach ist das letzte Hindernis vor **Boadilla del Camino**, an dessem Eingang sich die städtische Herberge befindet. Man geht hinter der Kirche Santa María und an dem berühmten Schandpfahl vorbei und kommt auf eine Tenne. An einem Bewässerungsgraben erscheint eine Weggabelung. Man wählt den Weg nach links, der von Pappeln gesäumt ist und zum Kastilienkanal (Canal de Castilla) führt, dem man bis in die Nähe von Frómista folgen muss. Nachdem man den Kanal auf einer Schleuse überquert hat, führt eine Asphaltpiste zur Landstraße nach Astudillo, auf der man durch einen Tunnel, der unter den Zuggleisen hindurchführt, nach **Frómista** hineinkommt.

RADFAHRER

Die Anhöhe Teso de Mostelares kann für Radfahrer ein großes Hindernis sein. Um es zu vermeiden, nimmt man die Landstraße in Richtung Melgar de Fernamental bis Castrillo de Matajudíos und von dort aus die BU-403, die auf der großen Brücke von Itero mündet.

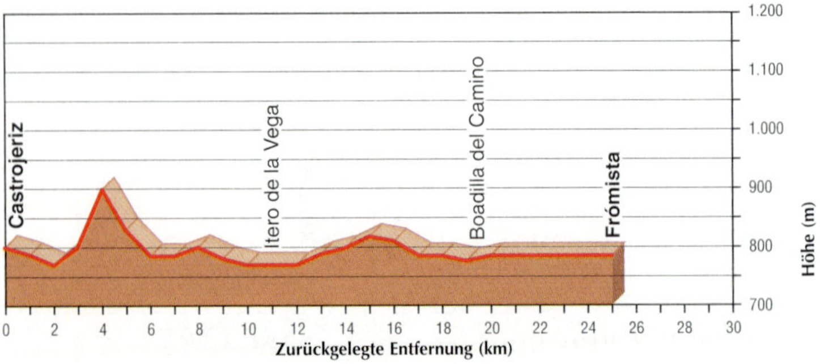

ETAPPE 14. PRAKTISCHE INFORMATION

ITERO DEL CASTILLO

Herbergen

Pilgerherberge
(Albergue de peregrinos).
Am Plaza Mayor gelegen. Verfügt über 8 Plätze. Das ganze Jahr geöffnet.
✆ 947 377 337

Stiftskirche San Nicolás
(Ermita de San Nicolás).
Camino de los Peregrinos. Verfügt über 8 Plätze, Küche und Versammlungsraum. Geschlossen von Oktober bis Mai. ✆ 947 377 359

ITERO DE LA VEGA

Herbergen

Städtische Herberge
(Albergue municipal).
Plaza del Generalísimo, s/n. Verfügt über 20 Plätze. Das ganze Jahr geöffnet.
✆ 979 151 826 / 979 151 905

BOADILLA DEL CAMINO

Herbergen

Städtische Herberge
(Albergue municipal).
Calle De las Escuelas, s/n. Verfügt über 12 Plätze und Hof mit Garten. Das ganze Jahr geöffnet. ✆ 979 810 776

Pilgerherberge (Albergue de peregrinos). ✆ 979 730 579

FRÓMISTA

Herbergen

Städtische Herberge (Albergue municipal). In Calle del Hospital gelegen. Verfügt über 55 Plätze. Sie hat einen Fahrradhof. Das ganze Jahr geöffnet. ✆ 979 810 001

Hotels

H* San Martín.
Plaza San Martín, 7. ✆ 979 810 000. 12 Zimmer. 23 Plätze. 36 € Doppelzimmer; 30 € Einzelzimmer; 3,9 € Frühstück; 7,8 € Essen/Abendessen.

Pensión Camino de Santiago.
Calle Las Francesas, 26.
✆ 979 810 053. 12 Zimmer. 24 Plätze. 30/25 € Doppelzimmer;21/18 € Einzelzimmer; 3 € Frühstück; 8 € Essen/Abendessen.

Pensión Marisa.
Plaza San Martín, 3. ✆ 979 810 023. 5 Zimmer. 10 Plätze. 22 € Doppelzimmer; 14 € Einzelzimmer; 2,5 € Frühstück; 10,22 € Essen/Abendessen.

Restaurants

Hostería de los Palmeros.
Plaza San Telmo, 4. ✆ 979 810 067

Villa de Fromista.
Avenida del Ejército Español, 22.
✆ 979 810 409

Van-Dos.
Calle Ingeniero River, 10.
✆ 979 810 861

Transportmittel

Die Busgesellschaft Amaya betreibt die Strecke Burgos-Frómista.
Es gibt einen kleinen Zugbahnhof (Estación de RENFE).

Dienstleistungen

Es gibt eine Bar mit Geschäft, und eine Herberge ist Teil der Räumlichkeiten eines Landhauses, das ein Restaurant mit einschließt.

Geschichte und Kulturerbe der Etappe 14

Der Französische Weg Etappe 14. Castrojeriz-Frómista

Praktisch beim Verlassen von Castrojeriz, überqueren die Pilger den Fluss auf einer kleinen romanischen Brücke. Diese ist das einzige erwähnenswerte historische Bauwerk auf den mehr als zehn Kilometern, die Castrojeriz von **Itero del Castillo** trennen, das schon am Ufer des Pisuerga liegt, der Trennungslinie zwischen der Provinz Burgos und Palencia und der Grenze zwischen den historischen Gebieten von Kastilien und Campos, wie die berühmten Verse des *Liedes von Fernán González besingen*:

Entonçes era Castyella un pequeño rincón
Era de castellanos Montes de Oca mojón
E de la otra parte Fitero el fondón.
(Damals war Kastilien ein kleiner Winkel
Es waren der Grenzstein der Kastilier die Berge von Oca
und am anderen Ende, die Schlucht von Fitero.)

Die Etymologie Iteros verweist gerade auf diese Grenzeigenschaft des Ortes. Es handelt sich um eine Adjektivform derselben Herkunft wie »hito«, »Grenzstein«, das vom Latein *ficto* kommt, einem sekundären Partizip des Verbes *figere*, »einschlagen«, das in der Spätantike entstanden ist, als das Latein sich in Vulgärlatein verwandelte (das Partizip in korrektem, klassischen Latein wäre *fixus*, also »fest«). Dieses Partizipialadjektiv *ficto*, das in der Wendung *mojone fito* in einem Dokument aus dem Jahre 1100 erscheint, wurde durch Abkürzung zum Substantiv »hito«, das »in den Boden eingeschlagener Stein« und daher »Grenzstein« oder einfach »Grenze« bedeutet, und zu Itero (bis Ende des XIX. Jahhunderts »Fitero« geschrieben). Interessanterweise erwähnt der italienische Pilger des XVII. Jahrhunderts, Domenico Laffi, die Brücke bei Itero als *ponte che si chiama della Mulla*, (»Brücke die 'von der Mulla' « genannt wird), was vielleicht einen hypotetischen Namen »de la Muga« wiederspiegelt (*muga* oder *muria* »Steinhaufen« und »Grenze« in vielen spanischen Dialekten), den die Einwohner dieses Ortes vielleicht dieser Grenzmarke gaben.

Der Führer des *Liber sancti Iacobi* erwähnt diese Ortschaft unter dem Namen *Pons Fiterie*, was im Einklang zu den Dokumenten jener Zeit steht (*Pons Fiterii* oder *Pontefitero*), wahrscheinlich weil sie am Kopfende der großen, elfbögigen Brücke lag, die der große Baumeister des Jakobsweges, Alfons der VI. (Alfonso VI), errichten ließ. In Itero del Castillo gab es einst ein wichtiges Haus des Johanniterordens (Orden del Hospital de San Juan de Jerusalén), der sich der Betreuung der Pilger widmete, so wie ein Hospital, das dem kastilischen Edelmann Nuño Pérez de Lara gehörte. Höchstwahrscheinlich ist die heute restaurierte Nikolauskapelle (Ermita de San Nicolás), ein Überrest einer dieser beiden Institutionen.

Boadilla del Camino. Taufbecken aus dem XIV. Jh. in der Kirche La Asunción.

Gotische Gerichtssäule in Boadilla del Camino.

Am anderen Ufer des Pisuerga befindet sich **Itero de la Vega**, eine Ortschaft, die älter ist als Itero del Castillo, nach dem Namen zu schließen, den sie in den mittelalterlichen Dokumenten erhält (einfach *Fitero*, ohne jeglichen Zusatz). An ihrem Eingang, befindet sich die Kapelle der Piedad, aus dem XIII. Jahrhundert, in der eine schöne Figur von dem Heiligen Jakob (Santiago) als Pilger aufbewahrt wird. Die Gemeindekirche des Heiligen Petrus (San Pedro) zeigt noch das Portal des ursprünglichen, mittelalterlichen Heiligtums: der Rest wurde im XVII. Jahrhundert praktisch neu erbaut.

Wie wir schon gesagt haben, beginnt an diesem Punkt das historische Gebiet **Tierra de Campos**. Diese Bezeichnung, »Felderland«, bezieht sich auf eine Region von großer geographischer Homogenität, die von ihrem endlosen und geradlinigen Horizont geprägt ist, sowie von ihrem Mangel an Bäumen. Den Eindruck, den so eine Landschaft erweckt, kann man in dem Aquarell der Worte Jorge Guillens zusammenfassen, der sie so von dem Aussichtspunkt von Montealegre aus in vier für sein präzises Genie charakteristischen Versen ausdrückt:

El castillo divisa la llanura
Tierra de Campos, infinitamente
Todo en su desnudez así perdura
Elemental planeta, frente a frente
(Die Burg erblickt die Ebene,
Tierra de Campos, unendlich
Besteht alles so in seiner Nacktheit
Elementarer Planet, Stirn an Stirn.)

Die *Albeldensiche Chronik (Crónica Albeldense*) aus dem IX. Jahrhundert, nannte dieses Gebiet Gotische Felder (Campos Góticos, *Campi Gothorum*), und übernahm so die Bezeichnung *campus*, mit der die Römer den uralten einheimischen Begriff *paramus* übersetzt hatten (wie auf einer spätrömischen Inschrift in lateinischer Sprache, die sich auf dieses Gebiet bezieht, belegt ist). Von den antiken Geographen bis zu dem Pilgerführer im *Liber sancti Iakobi*, erwähnen alle Beschreibungen dieselben geographischen Eigenschaften. Aber der Führer gibt uns noch eine andere Tatsache an: den großen Reichtum dessen sich dieses Gebiet zu seiner Zeit (ca. 1130) erfreute.

»Es ist ein Land voller Schätze, Gold, Silber, reich an Tuch und kräftigen Pferden, mit einer großen Fülle an Brot, Wein, Fleisch, Fisch, Milch und Honig. Aber es mangeln ihm die Bäume«.

Abgesehen von dem Reichtum, der aus seinen eigenen Ressourcen entsprang (Brot, Wein, usw.), fällt das Lob der Fülle an Gold, Silber usw. auf, mit der die Kirchen der Tierra de Campos jener Zeit ausgestattet waren, die zum großen Teil ein Produkt der Kriegesbeute und der Abgaben der spanisch-moslemischen Kleinkönigreiche war.

Die erste Ortschaft, welcher der Jakobsweg hinter Itero begegnet, ist **Boadilla del Camino**, die dazu dienen kann, eine große Anzahl der Ortschaften dieses Gebietes zu beschreiben: wenige Häuser, (wachsender) Mangel an Bevölkerung und großer Reichtum an historischem Erbe. In ihrer Kirche Mariä Himmelfahrt (Asunción), romanisch, wenngleich im XVI. Jahrhundert praktisch neu erbaut, muss man unter anderen Kunstschätzen ein Taufbecken aus dem XIII. Jahrhundert erwähnen, das in einen großen Stein gehauen ist. Es handelt sich um einen großen, halbkugelförmigen Kelch, der auf einer festen, viereckigen Säule steht, die ihrerseits von zwölf kleinen Säulen, die sie im Kreis umgeben, gestützt wird. Die Verzierung des Kelches besteht aus Rosetten, Kreuzen und verschlungenen Bögen, Motive die gewissermaßen einen keltischen Geschmack ausweisen. Die andere Sehenswürdigkeit in Boadilla ist ein gotischer Schandpfahl aus dem XV. Jahrhundert, an dem die lokalen Behörden die schwerer Verbrechen Angeklagten richteten und eventuell auch hinrichteten.

Frómista. Statue des San Telmo (Heiligen Telmo) und altes Hospital.

Nach Boadilla begegnet der Jakobsweg dem »Kastilienkanal« (Canal de Kastilla) - der im XVIII. Jahrhundert gebaut wurde um das Korn zu transportieren, zu bewässern und zu mahlen - und verläuft eine gute Strecke paralell zu ihm. Hinter einer seiner Schleusen, kommt man nach **Frómista** hinein, das im *Liber sancti Iacobi* nicht nur als Jakobswegstation erwähnt wid, sonder auch als Ende einer seiner dreizehn Etappen.

Frómista, dessen Name von einem westgotischen Personennamen herstammt (der »der Erste« oder »der Wichtigste« bedeutet), entsteht als Ortschaft zur Zeiten der Wiederbesiedelung der Kastilischen Hochebene, im X. Jahrhundert. In einem Dokument aus Sahagún von 961, finden wir einen Mann mit diesem Namen (*Fromesta*), der vielleicht mit demjenigen identisch ist, der die Wiederbesiedelung leitete und der erste Besitzer der Ortschaft wurde. Ein Jahrhundert später, um 1066, ließ die Königin Doña Mayor, Witwe Sanchos des III. von Navarra und Mutter des Königs von Kastilien und León, Ferdinand des I. (Fernando I), das Kloster errichten, das später als Priorat dem kluniazensischen Kloster des Heiligen Zoilus (San Zoilo) in Carrión zugeschrieben wurde. Von dieser Institution bleibt uns nur die heutige Martinskirche (Iglesia de San Martín), eine der besten Vertreterinnen der spanischen Architektur aus der Romanik, die in unmittelbarer Verbindung zu anderen Bauwerken aus derselben Zeit steht, die ebenfalls auf dem Jakobsweg liegen, wie die Kathedralen von Jaca, Santiago und Pamplona (von der sehr wenig erhalten ist) oder die Stiftskirche de Heiligen Isidors (Colegiata de San Isidoro) in León. Sie besteht aus drei Schiffen mit ihren dazugehörigen Apsiden, einem Vierungsturm, der von außen achteckig erscheint und über dem Kreuzschiff auf vier verjüngten Hängezwickeln errichtet ist, drei Portalen und zwei zylindrischen Türmen an beiden Seiten der östlichen Fassade. Der Reichtum an Skulpturen dieser kleinen Kirche ist beeindruckend, sowohl an Qualität, Anzahl und Vielfältigkeit: mehr als 100 verzierte Kapitelle und eine Reihe von mehr als 315 mit Figuren geschmückten Gesimskonsolen, von denen leider 86 im Laufe der umfassenden und äußerst fragwürdigen Restaurierung Ende des XIX. Jahrhunderts, ersetzt worden sind (einige aus sittlichen Gründen!).

Abgesehen von der erhabenen Kirche des Heiligen Martin, gibt es in Frómista noch andere nennenswerten Gebäude, wie die große Peterskirche (Iglesia de San Pedro), gotisch, aus dem XIV. Jahrhundert, in der sich unter anderen Werken ein schönes

Frómista. Kirche San Martín.

Bildnis des Heiligen Jakob als Pilger aus dem XVI. Jahrhundert befindet, oder die Kirche der »Heiligen Maria der Burg« (Santa María del Castillo), die auf einer alten Festung erbaut ist und von der man ein Altarbild, das vom Kastilier Fernando Gallego gemalt wurde, erwähnen muss. In der Kapelle des Heiligen Jakobs oder »des Hügels« (Ermita de Santiago o del Otero) am Rande Frómistas, wird ein romanisches Bildnis dieses Heiligen verwahrt.

Von der Vergangenheit Frómistas als Pilgerherberge, zeugen außer der Erwähnung im Führer des *Liber sancti Iacobi,* andere, jüngere Belege, von zwei weiteren Hospitälern, das des Heiligen Jakob (Santiago) und das der Jerusalempilger (Palmeros) und der sogenannte Garten des Franzosen oder Pilgers (Huerto del Francés o del Romero), der möglicherweise ein Pilgerfriedhof war.

Zu den berühmten Söhnen der Ortschaft zählt der Dominikaner Pedro González Telmo (1190-1246), Schutzpatron von Tuy und auch der Matrosen: von seinem zweiten Nachnamen her kommt der Ausdruck »Feuer des Heiligen Telmus« oder Elmsfeuer, um ein seit der Antike berühmtes optisches Phänomen zu bezeichnen, das in einer Lichterscheinung über dem Wasser besteht, die die Matrosen einer übernatürlichen Offenbarung zuschrieben.

15 Frómista – Carrión de los Condes

Auf dieser Etappe werden wir die einzigen Bäume in diesem, vom Menschen so beeinflussten Gebiet, am Ufer des Flusses Ucieza finden. Die Wanderung verläuft immer geradeaus an der Landstraße entlang, ohne Schutz vor dem Regen, dem Wind oder der Sonne... wenngleich man entlang des Weges mehrere Rastplätze eingerichtet hat.

Población de Campos. Wallfahrtskirche San Miguel.

Die Straße Julio Senador geht in die Landstraße über, auf der man **Frómista** verlässt. Man muss die Umgehungsstraße überqueren. Man nimmt einen für die Pilger eingerichteten Pfad rechts der Straße (an der linken Seite sieht man den Kanal fließen). Auf diesem Pfad gelangt man nach **Población de Campos** und bevor man dorthin kommt, an die Kapelle des Heiligen Michael (Ermita de San Miguel; neben der Kapelle gibt es ein kleines Ausflugslokal in einem Pappelwäldchen). In Población selbst kommt man an der Herberge und an der Kapelle Mariahilf (Ermita del Socorro) vorbei. Bevor man das Dorf verlässt, bieten sich auf dem Platz Plaza del Corro zwei Alternativen:

A) Nach links kommt man -nachdem man vorher den Fluss Ucieza überquert hat auf die Landstraße C-980, um an ihr entlang geradeaus nach **Revenga** weiterzuwandern, bis man nach **Villarmentero** gelangt.

B) Oder man verlässt die Ortschaft auf der Straße Cruz de Malta, und geht auf einem Feldweg auf dem rechten Ufer des Flusses Ucieza weiter, an **Villovieco** vorbei, in das man nicht hineingeht, überquert den Fluss nach links Ufer und wandert zwischen der Ufervegetation weiter, bis man nach **Villarmentero** gelangt.

Von da ab treffen beide Alternativen zusammen. (Wenngleich es noch manche alte Schilder gibt, die als Fortsetzung einen alten, etwas vernachlässigten Pfad voller Sträucher anzeigen, der das linke Ufer des Ucieza bis zur Landstraße nach Arconada entlangführt, die rechts an der Kapelle der Virgen del Río vorbei nach **Villalcázar de Sirga** führt.)

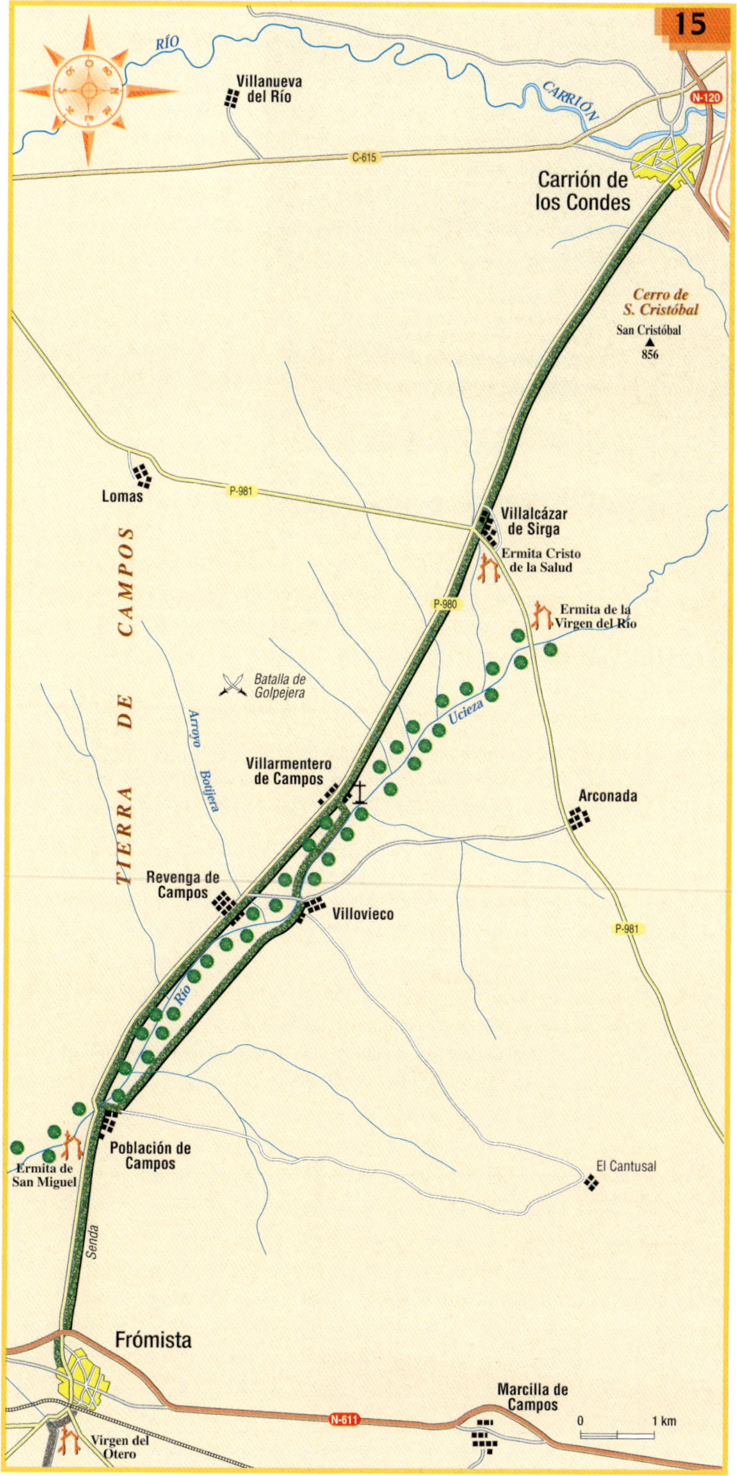
15
RÍO
CARRIÓN
Villanueva del Río
N-120
C-615
Carrión de los Condes
Cerro de S. Cristóbal
San Cristóbal
856
Lomas
P-981
Villalcázar de Sirga
Ermita Cristo de la Salud
P-980
Ermita de la Virgen del Río
TIERRA DE CAMPOS
Batalla de Golpejera
Arroyo Botijera
Ucieza
Villarmentero de Campos
Arconada
Revenga de Campos
Villovieco
P-981
Río
Ermita de San Miguel
Población de Campos
El Cantusal
Senda
Frómista
Marcilla de Campos
N-611
0
1 km
Virgen del Otero

Für Pilger hergerichteter Weg in der näheren Umgebung von Carrión de los Condes.

Von Villarmentero bis **Villalcázar de Sirga** geht der Pfad parallel zur Straße weiter. Am Ausgang dieser Ortschaft nimmt man wieder die Piste, die auf der rechten Seite der C-980 eingerichtet ist und die direkt nach **Carrión de los Condes** führt. Am Eingang des Städtchens überquert man die Straße nach links und nimmt die Pilgerstraße (Avenida de los Peregrinos) in Richtung des Klosters der Heiligen Klara (Convento de Santa Clara) und von dort weiter zu den Kirchen der Heiligen Maria und des Heiligen Jakob (Santa María y Santiago).

RADFAHRER

Auf dieser Etappe werden Radfahrer keinerlei Hindernisse vorfinden. Die Alternative a) folgt getreu dem Verlauf der Landstraße.

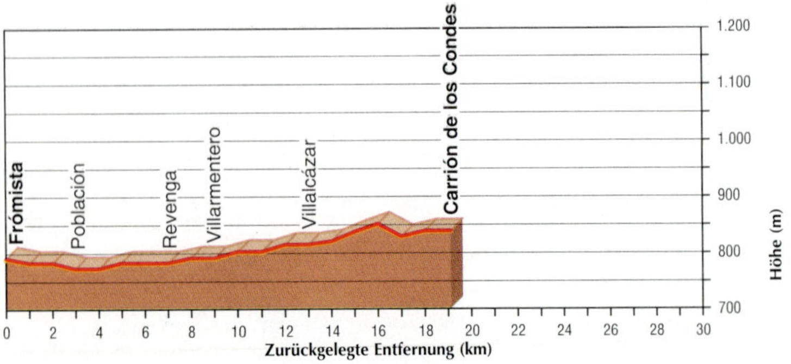

ETAPPE 15. PRAKTISCHE INFORMATION

POBLACIÓN DE CAMPOS

Herbergen

Städtische Herberge (Albergue municipal). In Calle Francesa gelegen. Verfügt über 16 Plätze, Küche, Aufenthaltsraum und Warmwasser. Geöffnet vom 1. April bis 31. Oktober. ✆ 979 810 293 / 979 810 738

VILLALCÁZAR DE SIRGA

Herbergen

Städtische Herberge (Albergue municipal). Sie befindet sich gegenüber der Kirche und wird vom Pfarrer geführt. Verfügt über 20 Plätze und Küche. Das ganze Jahr geöffnet. ✆ 979 888 076 / 969 585 655

Hotels

HS* Infanta Doña Leonor. Calle Condes de Toreno, ✆ 979 888 015. 9 Zimmer. 18 Plätze. 37 € Doppelzimmer; 22 € Einzelzimmer; 3 € Frühstück.
HSR* Las Cántigas. Calle Condes de Toreno. ✆ 979 888 015. 5 Zimmer. 9 Plätze. 37 € Doppelzimmer; 22 € Einzelzimmer

Restaurants

Mesón Los Templarios. Plaza Mayor. ✆ 979 888 089
Mesón Villasirga. Plaza Mayor. ✆ 979 888 022

CARRIÓN DE LOS CONDES

Herbergen

Pilgerherberge (Albergue de peregrinos) »Monasterio de Santa Clara«. Verfügt über 30 Plätze. ✆ 979 880 134 / 639 919 875
Pilgerherberge (Albergue de peregrinos) »Parroquia de Santa María del Camino«. Der Pfarrer führt einer der traditionellsten, jedoch erst kürzlich renovierten, Herbergen. 60 Plätze und das ganze Jahr geöffnet. ✆ 979 880 072
Jugendherberge (Albergue juvenil). ✆ 979 881 063

Hotels

HSR* Hospedería Albe. Calle Esteban Collantes, 21. ✆ 979 880 913. 8 Zimmer. 14 Plätze. 24 € Doppelzimmer; 24 € Einzelzimmer
HS* La Corte. Calle Santa María, 34. ✆ 979 880 138. 20 Zimmer. 48/42 € Doppelzimmer; 39/33 € Einzelzimmer; 9 € Essen/Abendessen.
HS* Real Monasterio de Santa Clara. Calle Santa Clara, 1. ✆ 979 880 134. 9 Zimmer. 15 Plätze. 32 € Doppelzimmer; 16 € Einzelzimmer; 2,5 € Frühstück.
HS* Santiago. Plaza de los Regentes, 8. ✆ 979 881 052. 16 Zimmer. 35 Plätze. 46 € Doppelzimmer; 25 € Einzelzimmer
P* El Resvalón. Fernán Gómez, 19-1°. ✆ 979 880 433. 6 Zimmer. 14 Plätze. 19 € Doppelzimmer.

Campingplätze

2. Kategorie.
El Edén. Carretera Logroño-Vigo, km 200. ✆ 979 881 152. 289 Plätze.

Restaurants

Abel. Calle Esteban Collantes, 11. ✆ 979 880 325
El Edén. Calle El Plantío. ✆ 979 880 185
La Corte. Calle Sta. María, 36. ✆ 979 880 138
Las Vigas (Hotel Real Monasterio San Zoilo). Calle Souto. ✆ 979 880 049
Los Condes. Plaza Mayor. ✆ 979 880 136
Mesón El Portón. Calle José Antonio Girón. ✆ 979 880 407
Mikus. Calle Conde Garay, 1. ✆ 979 880 018

Transportmittel

Auf der Strecke nach León fahren die Busse von ALSA bei Carrión vorbei. ✆ 979 749 840.

Geschichte und Kulturerbe der Etappe 15

Der Französische Weg Etappe 15. Frómista-Carrión de los Condes

Bevor man nach **Población de Campos** hineinkommt, in einer angenehmen Landschaft am Ufer des Flusses Ucieza, erhebt sich einsam die Kapelle des Heiligen Michael (San Miguel), aus dem XIII. Jahrhundert. Der Name »Población« spielt direkt auf den Umstand der organisierten Wiederbesiedelung dieses Gebietes im Laufe des X. und XI. Jahrhunderts, mittels kleine Weiler, Städtchen, Dörfer oder Siedlungen an wie die, von der die Rede ist. Ihre Beziehung zum Jakobsweg rührt von Alters her, denn hier gab es während des Mittelalters einen Sitz der Ritter des Johanniterordens (Orden de San Juan). Es ist nicht sicher, ob die Tatsache, dass die Gemeindekirche der Heiligen Magdalena geweiht ist, eine Erinnerung an diese Anwesenheit der Johanniter darstellt, trotz der Beziehung dieser Heiligen zur Hilfstätigkeit und ihrer engen Verbindung zum Jakobskult. Die romanische Kapelle der »Hilfreichen Gottesmutter« (Virgen del Socorro), in der eine ebenfalls romanische Statue dieser Madonna aufbewahrt wird, erweckt auch Vorstellungen der Hilfe an Armen und Bedürftigen.

Portal der Kirche Santa María la Blanca in Villalcázar de Sirga.

Eins gegenüber dem anderen gelegen, sind **Revenga** und **Villovieco** auch neue Siedlungen aus der Zeit des Dorfes »Población«. Im Toponym der zweiten, finden wir die für diese Ortschaften typische Namensform: die Bezeichnung »Villa«, d.h. »Städtchen«, und den Namen ihres Gründers oder ersten Besitzers, in diesem Fall ein gewisser Oveco, auch einer der charakteristischen Namen der Region Campos im Hochmittelalter. Außer an diesen beiden Seitenwegen des Französischen Weges, wie der Jakobsweg hier bezeichnet wird, findet man wichtige Spuren des Pilgertums in etwas entfernteren Orten, wie Arconada.

Was wir über den Namen Villovieco gesagt haben, gilt auch für den von **Villarmentero**, dessen Gründer einer der vielen Armenteros oder Armentales (»reich an Vieh«) war, die wir in den Dokumenten jener Zeit vorfinden. Die Gemeindekirche, die dem Heiligen Martin von Tours geweiht ist (San Martín de Tours), zeigt noch ein wunderschönes christlich-maurisches Deckentafelwerk. Es ist bemerkenswert, dass in dieser Ortschaft und in anderen, benachbarten, das Fest des heiligen Martin nicht an seinem traditionellen Tag im Herbst gefeiert wird (11. November, überliefertes Datum seines Todes), und auch nicht an dem Festtag im Sommer, den der alte spanische Kalender angab (11. August), sondern am 4. Juli. Dieser Tag war das zweite Fest St. Martins (das seiner Erwählung und Überführung seiner Reliquien) nach dem römischen Kalender und seine Durchsetzung in Villarmentero muss man nicht anders als als ein Zeichen des starken Einflusses der Kluniazenser in dieser Gegend verstehen (die sich in Carrión, Frómista und Sahagún niedergelassen hatten) und ihres Interresses daran, den spanisch christlich-maurischen Kalender durch den römischen zu ersetzen.

Villalcázar de Sirga. Blick auf die Kirche Santa María la Blanca.

Vor kurzem hat man anhand der lokalen mündlichen Überlieferungen - die von der zu früh verstorbenen Historikerin Lourdes Burgos gesammelt worden sind - herausgefunden, dass innerhalb des Gebietes von Villarmentero die Schlacht von Golpejera (1071) stattgefunden hat, in der der Cid und König Sancho der II. von Kastilien den König von León, Alfons den VI. (Alfonso VI) besiegten und gefangennahmen, eine Begebenheit, die sowohl die Chroniken jener Zeit aufnahmen, als auch (heute verschollene) Heldenlieder, sowie Balladen. Die verschiedenen Ereignisse dieser Schlacht, wie sie die Chroniken und Gedichte erzählen, spiegeln sich fast Schritt für Schritt in verschiedenen Toponymen der Gegend um Villarmentero und Lomas, das etwas südlich des Jakobsweges liegt, wieder: Die *Zelte* (»Las Tiendas«) in denen die beiden Heere lagerten, der *Kampf* (»La Reyerta«), das *Massaker* (»La Matanza«), der *Granatwerfer* (»La Mortera«), Botijera (eine heutige Verballhornung des alten Golpejera) und der »Weg des Gezwungenen«, (»Senda del Obligado«), auf dem der gefangene Alfons der VI. nach Burgos geführt worden ist: Das sind einige der Namen, die sich in kleinen Weilern dieser Gegend erhalten haben und welche die verschiedenen Szenen der Schlacht herraufbeschwören. Es kann sein, dass das berühmte Wegkreuz, das sich inmitten der Kornfelder erhebt und gerade an der Stelle liegt, wo der alte Kurs des Jakobsweges den Weg nach Las Tiendas kreuzte, eine an einem weit sichtbaren Ort aufgestellte Erinnerung an dieses denkwürdige Ereignis ist.

Villálcazar de Sirga (oder »Villasirga«) ist ein weiteres gutes Beispiel eines Dorfes der Gegend von Campos: wenige Häuser, wenige Einwohner und ein eindrucksvolles Gotteshaus voll von Kunstschätzen. Es handelt sich um die herrliche Kirche der Weißen Maria (Santa María La Blanca), die unter anderem durch die verschiedenen *Cantigas*, die König Alfons der X. der Weise (Alfonso X, el Sabio), dieser Madonna gewidmet hat, berühmt ist. Dieser König war einer der besten Werber für dieses Heiligtum, dessen Madonna er die Heilung mehrerer Pilger zuschreibt. Die befestigte Form dieser Kirche kommt von ihrer Funktion als Festung der Tempelritter, ein Orden der auf dem Jakobsweg sehr aktiv war, vor allem in der Tierra de Campos und auf der Strecke von Astorga nach Galizien, und dessen Auftrag es war, die Pilger in einer Zeit zu beschützen, in der ihnen Gefahren sehr verschiedener Art lauerten.

Die Marienkirche ist ein romanisches Bauwerk der Übergangszeit zur Gotik, mit drei überwölbten Schiffen und einem doppelten Kreuzschiff. Außen sind die große Rosette und die Skulpturen ihrer mit einem Säulengang versehenen Fassade, zu erwähnen. Innen wird eine wunderschöne gotische Statue der Weißen Jungfrau aufbewahrt, dieselbe die der Weise König besang. In der

Gesamtansicht von Carrión de los Condes.

schönen Jakobskapelle (capilla de Santiago) befinden sich die Grabmäler des Infanten Don Felipe und seiner Ehefrau, Doña Leonor Ruiz de Castro. Felipe, der fünfte Sohn Ferdinands des III. des Heiligen (Fernando III, el Santo), war der Bruder König Alfons des X. und gehörte zum Orden der Tempelritter, was sein Mausoleum in Villasirga erklärt. Die Kapelle wird von einer Statue des Heiligen Jakobs aus dem XVI. Jahrhundert im Habit seines Ordens gekrönt , während die Kirche ein großes, der Muttergottes geweihtes Altarwerk beherrscht, das aus Bildtafeln und Reliefs besteht, die einige der Wunder aus den *Cantigas* König Alfons zeigen.

Man kann sagen, dass **Carrión de los Condes**, wegen seiner Lage und seiner Geschichte die Hauptstadt der Tierra de Campos ist. Der Führer des *Liber sancti Iacobi*, spiegelt diese wichtige Eigenschaft wieder und beschenkt es mit Lob, das er Städten wie Burgos vorenthält:

> *»Danach kommt Carrión, ein geschäftiges und hervorragendes Städtchen, reich an Brot, Wein, Fleisch und aller Art von Erzeugnissen.«*

Der Name Carrión de los Condes, das heißt »der Grafen«, der den alten Ciudad de Santa María oder Santa María de Carrión (wegen des Flusses Carrión) ersetzt, rührt von der Bedeutung der Familie der Banu-Gómez her, Edelleute aus León, die einstmals das ganze Gebiet von dieser Stadt aus beherrschten. Ein Mitglied dieser Familie, der Graf Gómez, ließ die Gebeine des frühchristlichen Märtyrers Zoilus (Zoilo) aus Córdoba hierherbringen. Zusammen mit seiner Frau, Teresa, ließ er eine Kirche mit einem Hospital bauen, die sie 1076 dem Kluniazenserorden übergaben und die, zusammen mit dem Kloster von Sahagún, in kurzer Zeit zum wichtigsten Heiligtum der Gegend wurden. Trotzdem wird es von dem Führer des *Liber sancti Iacobi* nicht in dem Kapitel, das er den Heiligen des Jakobsweges widmet, erwähnt, vielleicht weil zu der Zeit, als dieser Text geschrieben wurde, die Bedeutung St. Zoilus zurückgegangen war, da es unter die Herrschaft des nahegelegenen, allmächtigen Klosters von Sahagún geraten war. An dem heutigen Gebäude ist nur wenig Romanisches erhalten, obwohl dann und wann verborgene Elemente ans Licht kommen, wie der auf vier Marmorsäulen gestützte Bogen, der 1994 entdeckt wurde.

Abgesehen von St. Zoilus, besaß Carrión noch eine große Anzahl Hospitäler und religiöser Einrichtungen, die den Pilgern Herberge boten. Wenn man dem Lauf des Jakobsweges durch die Ortschaft folgt, begegnet man dem Kloster der

Heiligen Clara, das im XIII. Jahrhundert gegründet wurde und mit der nicht schriftlich belegten Pilgerreise des Heiligen Franziscus von Assisi (San Francisco de Asís) nach Santiago de Compostela verbunden ist. In seinem Museum kann man unter anderen Kunstschätzen, eine von Gregorio Fernández gemeißelte Pietá bewundern.

An die Stadtmauer angebaut liegt die Kirche der Heiligen Maria »des Weges« (Santa María del Camino) oder »des Sieges« (de la Victoria), die in der ersten Zeit Carrión ihren Namen gab. Das heutige Gebäude ist aus dem XII. Jahrhundert und besteht aus drei überwölbten Schiffen, die in ebensovielen Apsiden enden. Im Innern wird eine romanische Statue der Gottesmutter, der die Kirche geweiht ist, verwahrt. Die Hauptfassade - die an einer der Längsseiten des Gebäudes liegt und durch ein Vordach geschützt ist, das von zwei starken Schwebebögen gestützt wird - zeigt eine reiche Vielfalt an Skulpturen, die durch den Lauf der Zeit etwas verwittert sind. Unter ihnen sind einige Stierköpfe, welche die lokale Überlieferung mit einer Sage in Verbindung setzt, nach der Carrión von dem Tribut der hundert Jungfrauen, die jedes Jahr den Moslems überliefert werden mussten und den die Christen seit Zeiten des Königs Mauregats (Mauregato) erduldeten, durch das wunderbare Erscheinen einiger Stiere befreit wurde, die die Steuereintreiber auseinanderscheuchten. Diese Sage, die mit derjenigen der Schlacht von Clavijo verbunden ist, muss man als einen lokalen Versuch verstehen, sich von dem sogenannten Jakobszinns zu befreien.

Verschiedene Ansichten des Klosters San Zoilo in Carrión de los Condes. Oben, Gräber der Grafen und Infanten von Carrión; unten, Kreuzgang des Klosters.

Die Jakobskirche (Iglesia de Santiago) in Carrión, war ursprünglich einer der Sitze der Tempelritter in dieser Gegend. Vor der Zerstörung, die sie im Laufe der französischen Invasion erlitt, rettete sich glücklicherweise ihe Fassade, die eines der schönsten bildhauerischen Werke der spanischen Romanik zeigt. Besonders hervorzuheben sind die 24 Figuren des Stirnbogens, wo verschiedene Persönlichkeiten aus dem täglichen Leben dargestellt werden (Handwerker, Künstler, Krieger), der Fries mit den zwölf Aposteln und vor allem der »phydische« Pantokrator, der von dem Tetramorphos umgeben ist, ohne Zweifel einer der Höhepunkte der romanischen Bildhauerkunst.

16 Carrión de los Condes – Sahagún

Man wandert 13 Kilometer lang auf der historischen Via Aquitana durch eine einsame Landschaft, die wenn man nach Calzadilla kommt, nicht mehr flach ist, da die »Cuezas« erscheinen, kleine Täler, die durch Anhöhen getrennt sind. Wenn man statt der Landstraße einen der Pfade nimmt, kommt man durch einen Eichenwald bevor man zu den bekannten Kornfeldern zurückkehrt und den Fluss Valderaduey überquert, um in das Gebiet der Provinz León zu kommen.

Pilger bei der Überquerung einer Brücke kurz vor der Ankunft in Sahagún.

Wenn man den Fluss Carrión überquert, kommt man am Kloster San Zoilo vorbei und muss danach die Kreuzung mit der Landstraße, die nach Saldaña führt, in Richtung Sahagún überqueren. Wenn man zur nächsten Kreuzung kommt, geht man geradeaus weiter, auf der Piste in Richtung Villotilla, die auch »Straße des Indiano« (»Carretera del Indiano«)* genannt wird. Auf dem Weg kommt man an mehreren Pappelwäldern vorbei und überquert viele kleine Bäche. Ungefähr 4 Kilometer weiter befindet sich die Abtei von Benevívere in einer sehr bewaldeten Gegend und kurz danach überquert man den Fluss Molino. Einen Kilometer weiter verlässt man diese Piste an einer Kurve, um geradeaus auf der alten Via Aquitana weiterzugehen (13km), die von Bäumen gesäumt wird, die leider noch keinen Schatten spenden. Wenn man auf ihr weiterwandert, kommt man rechts am Brunnen »Fuente del Hospitalejo« oder »Santa María de la Fuente« vorbei. Währendessen sieht man im Norden und parallel zur Römerstraße die Autobahn, während einige einsame Steineichen zwischen den Äckern auftauchen. Man überquert die Straße nach Bustillo del Páramo und den Lauf mehrerer Bäche, die den Jakobsweg senkrecht kreuzen, sowie die Cañada Real, einen öffentlichen Viehweg. Wenig danach erscheint am Horizont der Turm der Kirche von **Calzadilla de la Cueza**. Am Ausgang dieses Dorfes, bestehen mehrere Möglichkeiten:

a) Auf dem zur Straße N-120 parallelen Pfad bis **Terradillos de Templarios** weiter zu gehen, wobei man durch **Ledigos** kommt.

---

* »Indiano« wurden diejenigen genannt, die nach Amerika auswanderten und als reiche Männer zurückkehrten. (A.d.Ü.)

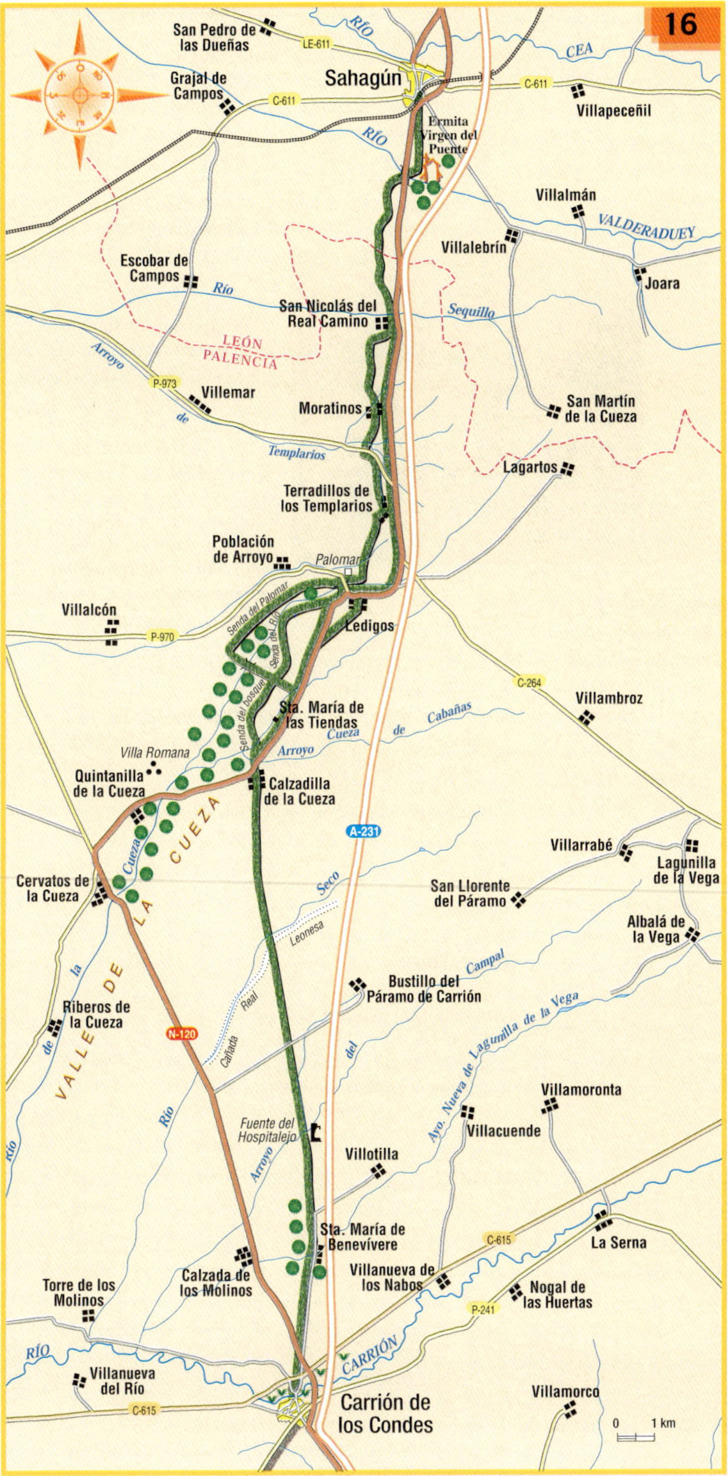
16
San Pedro de las Dueñas
LE-611
Río Cea
Sahagún
Grajal de Campos
C-611
Villapeceñil
Río
Ermita Virgen del Puente
Villalmán
Valderaduey
Villalebrín
Escobar de Campos
Joara
Río
San Nicolás del Real Camino
Sequillo
León
Palencia
Arroyo de Templarios
P-973
Villemar
Moratinos
San Martín de la Cueza
Lagartos
Terradillos de los Templarios
Población de Arroyo
Palomar
Villalcón
Ledigos
P-970
Senda del Palomar
Senda del Río
Senda del bosque
C-264
Villambroz
Sta. María de las Tiendas
Arroyo Cueza de Cabañas
Villa Romana
Quintanilla de la Cueza
Calzadilla de la Cueza
Cueza
Valle de la Cueza
A-231
Villarrabé
Lagunilla de la Vega
Cervatos de la Cueza
Seco
San Llorente del Páramo
Albalá de la Vega
Leonesa
Campal
Bustillo del Páramo de Carrión
Riberos de la Cueza
Cañada Real
Ayo. Nueva de Lagunilla de la Vega
N-120
del
Río de la
Villamoronta
Villacuende
Fuente del Hospitalejo
Arroyo
Río
Villotilla
Sta. María de Benevívere
C-615
La Serna
Villanueva de los Nabos
Torre de los Molinos
Calzada de los Molinos
Nogal de las Huertas
P-241
Río Carrión
Villanueva del Río
C-615
Carrión de los Condes
Villamorco
0 1 km

b) Links vom Asphalt den sogenannten Waldpfad zu nehmen, der den Bach Fuente Arriba überquert und danach durch einen Eichenwald führt, um von Neuem auf die N-120 zu kommen. Auf dem km. 222 nimmt man einen Feldweg bis Ledigos, der rechts parallel zur Straße verläuft.

c) Dem Pfad am Fluss entlang zu folgen, der aus dem vorigen Pfad hervorgeht und der erst zwischen dem Fluss Cueza und der Landstraße veläuft und dann auf der Höhe von Ledigos die Straße nach Población de Arroyo bis zu einem Taubenschlag nimmt, um danach mit der nächsten Route zusammenzutreffen.

Innenansicht der städtischen Herberge (albergue municipal) von Sahagún.

d) Man überquert den Fluss Cueza und folgt dem Pfad, der zu einem Taubenschlag führt, welcher am Rande der Straße nach Población de Arroyo liegt. Von dort aus umgeht ein Feldweg die Kurve der Landstraße und führt nach **Terradillos de los Templarios.**

Man verlässt diese Ortschaft auf einem Weg, der zur Straße nach Villada führt, die man nach rechts verlässt. Man überquert den Bach Templarios und kommt durch die mittelalterliche Siedlung Villavieja. Von **Moratinos** aus führt eine anderer Weg nach **San Nicolás del Real Camino**. Hinter diesem Dorf überquert man den Fluss Sequillo. An dem Punkt, an dem Sahagún am Horizont erscheint, befindet sich die Grenze zwischen den Provinzen Palencia und León. Den Fluss Valdereduey überquert man wieder auf der Straße. Von ihr geht eine Weg aus, der zur Kapelle der Virgen del Puente führt und der danach parallel zur Straße bis nach **Sahagún** hineinführt.

RADFAHRER

Von dem Moment an, wo man die »Straße des Indiano« verlässt, bis Calzadilla de la Cueza, hängt der Schwierigkeitsgrad dieser Etappe von dem Zustand des mit Steinen gepflasterten Weges ab.

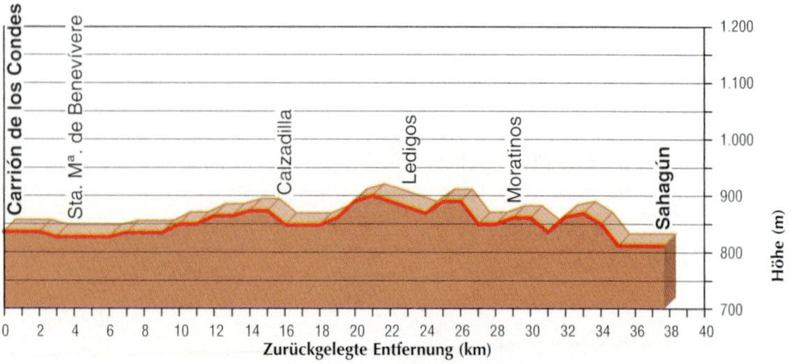

ETAPPE 16. PRAKTISCHE INFORMATION

CALZADILLA DE LA CUEZA

Herbergen

Pilgerherberge (Albergue de peregrinos) »Camino Real«. Segunda Travesía Mayor. Verfügt über 100 Plätze, Küche, Waschmaschine, Hof und Schwimmbad. An Weihnachten geschlossen. ✆ 979 883 187 / 676 483 517
Pilgerschutzhütte (Refugio de peregrinos). ✆ 979 803 050

Hotels

HS* Camino Real. Calle Trasera Mayor, 5. ✆ 979 883 072. 10 Zimmer. 18 Plätze. 38 € Doppelzimmer; 25 € Einzelzimmer; 3,25 € Frühstück; 9,6 € Essen/Abendessen.

LEDIGOS

Herbergen

Pilgerherberge (Albergue de peregrinos) »El Palomar«. ✆ 979 883 614

TERRADILLOS DE LOS TEMPLARIOS

Herbergen

Albergue de Terradillos de los Templarios. Calle La Iglesia, 18. Verfügt über 55 Plätze, Waschmaschine, Geschäft und Garten. Frühstück, Essen und Abendessen wird serviert. Das ganze Jahr geöffnet. ✆ 979 883 679

SAN NICOLÁS DEL REAL CAMINO

Herbergen

Alberguería »Laganares«. Calle Nueva, 1. Bei der Kirche. Verfügt über 21 Plätze. Geöffnet vom 1.März bis 31. Oktober. ✆ 629 181 536

SAHAGÚN

Herbergen

Pilgerherberge (Albergue de peregrinos) »La Trinidad«. Prachtvolle städtische Herberge, die in der Kirche La Trinidad untergebracht ist. Verfügt über 104 Plätze, Küche und einen Hof für Fahrräder und Pferde. Das ganze Jahr geöffnet. Computer mit Internetanschluss. ✆ 987 780 001 / 987 782 117
Im Sommer nehmen auch die **Benediktinischen Mütter** (Madres Benedictinas) Pilger auf.

Hotels

HS Alfonso VI.** Calle Antonio Nicolás, 4. ✆ 987 781 144. 14 Zimmer. 40/33 € Doppelzimmer; 33/27 € Einzelzimmer; 2,5 € Frühstück; 8 € Essen/Abendessen.
HS La Codorniz.** Calle Arco, 84. ✆ 987 780 276. 37 Zimmer. 74 Plätze. 48/42 € Doppelzimmer; 38/32 € Einzelzimmer; 4 € Frühstück; 10 € Essen/Abendessen.
HS* El Ruedo. Plaza Mayor, 1. ✆ 987 781 834. 4 Zimmer. 8 Plätze. 62/59/54 € Doppelzimmer; 2,95 € Frühstück; 10,5 € Essen/Abendessen.
HS* Hospedería Benedictina. Avda. Doctores Bermejo y Calderón, 8. ✆ 987 780 078. 21 Zimmer.
HS* Pacho. Avenida Constitución, 86. ✆ 987 780 775. 8 Zimmer. 13 Plätze. 35/27 € Doppelzimmer; 25/17 € Einzelzimmer; 1,75 € Frühstück; 7 € Essen/Abendessen.
Pensión La Asturiana. Plaza Lesmes Franco, 2. ✆ 987 780 073. 9 Zimmer. 12 Plätze. 18 € Doppelzimmer; 10 € Einzelzimmer; 1,5 € Frühstück; 6 € Essen/Abendessen.

Campingplätze

2. Kategorie Pedro Ponce. Carretera N-120, km 2. ✆ 987 781 112. 600 Plätze.

Restaurants

Asador El Ruedo. Carretera Mayorga. ✆ 987 780 438
Camino de Santiago. Avenida Conde Ansúrez, 3. ✆ 987 780 177
Luis. Plaza Mayor, 4. ✆ 987 781 085
El Cepo. Avenida Constitución, 43. ✆ 987 781 136
El Peregrino. Avenida Fernando de Castro, 78. ✆ 987 780 372
Mesón El Húmedo. Calle Flora Flórez, 6. ✆ 987 781 213
San Facundo. Avenida Constitución, 99. ✆ 987 780 276

Transportmittel

In Sahagún hält der Zug auf der Strecke in Richtung León.
Die Busgesellschaft **ALSA** hält in Sahagún auf der Strecke nach León. ✆ 987 260 500

Geschichte und Kulturerbe der Etappe 16

Wallfahrtskirche Nuestra Señora del Puente, in der Nähe von Sahagún.

Der Französische Weg Etappe 16. Carrión-Sahagún

Sehr nahe bei Carrión befinden sich die verwitterten Überreste der **Abtei der Heiligen Maria von Benevívere** (Santa María de Benevívere). Diese Institution wurde 1189 von dem kastilischen Edelmann Diego Martínez gegründet zur Versorgung der Armen, Kranken und Pilger, wie uns seine in lateinischen Versen verfasste Biographie berichtet. Von einer Gemeinschaft ordentlicher Stiftsherren geleitet, war sie eines der großen Hospitäler der Gegend, zusammen mit St. Zoilo in Carrión und Sahagún.

Von hier ab verläuft der Jakobsweg eine gute Strecke lang auf dem Pflaster der alten Via Trajana, die Bordeaux mit Astorga verband. In der Nähe befindet sich die luxuriöse spätrömische Villa von Quintanilla de la Cueza (IV.-V. J.h.), aus der Zeit wo die Städte des Reiches von ihren prominentesten Bewohnern verlassen wurden, die in autarkische, ländliche Villen wie diese zogen, die aber gut mit der Stadt verbunden waren.

Der Ortsname **Calzadilla de la Cueza**, ist ein Beleg für die Bedeutung, die die alte Römerstraße während des Mittelalters weiterhin behielt. Ihre Gemeindekirche des Heiligen Martin (San Martín), ist voll von Jakobskreuzen (Cruces de Santiago), ein Anzeichen der großen Bedeutung des Jakobsordens (Orden de Santiago) in dieser Gegend. Tatsächlich gab es in Villamartín, auf einem anderen Zweig des Jakobsweges am Ausgang von Carrión, und vor allem in **Santa María de las Tiendas**, am Ausgang von Calzadilla, zwei bedeutende Häuser dieses spanischen Ritterordens. Dieses letzte war berühmt wegen seiner Ausmaße und seiner Großzügigkeit gegenüber den Pilgern. Es bestand bis ins XIX. Jahrhundert, wenngleich heute von dem alten Glanz nur noch eine große Ruine übrig ist. Einer seiner Kunstschätze, das Bild, das über dem Altar der Kirche stand, kann man heute in der Martinskirche in Calzadilla bewundern.

Es kann sein, dass die Widmung der Gemeindekirche in **Ledigos**, die dem Apostel Jakob (Santiago) geweiht ist, mit der großen Aktivität des Jakobsordens in dieser Region verbunden ist. In ihr wird ein Bildnis des Heiligen als Pilger verwahrt.

Nach dem nächsten Ort, **Terradillos de Templarios**, kommen wir in ein Gebiet, das von den Tempelrittern beschützt und verwaltet wurde. In seiner dem Heiligen Petrus geweihten Gemeindekirche wird ein romanisches Kruzifix aufbewahrt.

Wie sein Name andeutet, wurde **Moratinos** von Mauren unter christlicher Herrschaft besiedelt, vielleicht Ziegelbaufacharbeiter, die einige der bedeutendesten Gebäude im »mudejar« (maurischen) Stil in Sahagún und in seiner Umgebung, errichtet haben könnten.

In **San Nicolás del Real Camino** hatten die Tempelritter Besitzungen, obwohl man nichts von einer möglichen Niederlassung weiß. Vielleicht ist die romanische Figur der Gottesmutter, die in der Kirche aufbewahrt wird, mit ihnen verbunden. Dagegen hatte eine Gemeinschaft geistlicher Stiftsherren dort ein Hospital, das anfangs ein Haus für Leprakranke war und danach seine Dienste auf alle Pilger erweiterte.

Bevor man nach Sahagún kommt, überquert man auf einer Römerbrücke den Fluss Valderaduey, dessen Hydronym vielleicht den alten iberischen Namen der flachen Region von Campos enthält.

Seit Menéndez Pidal erklärt man seine Etymologie vom iberisch-baskischen *ara*, »eben«, plus dem Suffix *toi*, das eine steigernde und verstärkende Bedeutung hat. Wir haben schon gesehen, dass vor der Durchsetzung der römischen Bezeichnung für diese weite Ebene, *campus*, ein anderer, auf der Iberischen Halbinsel entstandener Begriff existierte, *paramus*, von unbekannter sprachlicher Herkunft, obwohl er einen gewissen, indoeuropäischen Klang aufweist. Dies würde bedeuten, dass die große Ebene von Campos vor der Ankunft der Römer zugleich von Völkern verschiedener Abstammung und Sprache bewohnt wurde.

Ruhende Pilger auf dem Hauptplatz (Plaza Mayor) von Sahagún.

Am anderen Ufer des Flusses, erwartet uns die Kapelle der Heiligen Jungfrau der Brücke (Virgen del Puente), die wie fast alle mittelalterlichen Kirchen in Sahagún, aus Ziegeln errichtet ist. Dort gab es ein altes Pilgerhospital, das von einer religiösen Gemeinschaft geleitet wurde, von der wir weder ihre Herkunft noch ihre Ordensregel wissen.

Sahagún ist eine der Städte, die im *Liber sancti Iacobi* am meisten hervorgehoben werden. Im fünften Buch, bezeichnet sie der Pilgerführer als Endpunkt einer Etappe. Außerdem lobt er sie in einer Weise, die nur mit den Lobpreisungen, die Santiago de Compostela, Estella, León und Carrión erfahren, zu vergleichen ist. Es wird auch der Besuch der Heiligtümer der lokalen Märtyrerheiligen, Fakundus und Primitivus (Facundo y Primitivo) empfohlen, eine Ehre die sonst in Spanien nur St. Jakob (Santiago), der Heilige Domingo de la Calzada und der Heilige Isidor (San Isidoro) von León, erfahren. Und dazu kommt noch, dass im vierten Buch des *Liber sancti Iacobi*, dem berühmten *Pseudo-Turpin*, der die fiktiven Heldentaten Karls des Großen (Carlomagno) in Spanien erzählt, Sahagún die Ehre zugesprochen wird, von Kaiser Karl persönlich gegründet worden zu sein.

Was die historische Herkunft Sahagúns betrifft, ist es nicht sicher, dass die heutige Siedlung den Boden des alten *Camala* geerbt hat, das dem *Itinerarium Antonini* (*Itinerario de Antonino*) zufolge, einem Wegführer aus dem IV. Jahrhundert, an der Römerstraße Bordeaux-Astorga lag. Selbst wenn es so wäre, ist von der alten Keltisch-römischen Stadt alles bis auf die letzte Spur verschollen, einschließlich ihres Namens.

Die tatsächlichen historischen Anfänge Sahagúns sind, wie auch die seines Toponyms (Sahagún < *Safagún* < *Sanfagund* < *Sanctus Facundus*), diejenigen seines Heiligtumes, das nach der Lokalüberlieferung der Ort ist, wo die Heiligen Fakundus und Primitivus im III. Jahrhundert den Märtyrertod erlitten. Die Bedeutung dieser Heiligen - um deren Geburtsort sich Sahagún und Orense streiten - war wohl in frühchristlicher und westgotischer Zeit nicht gering, denn 652 ist belegt, dass einige von ihren Reliquien in die entfernte Kirche von Guadix gebracht wurden. Zwei Jahrhunderte später, 872, kauft König Alfons III. (Alfonso

Sahagún. Kirche San Lorenzo.

III) die den Heiligen geweihte Basilika, die in Ruinen lag, baut sie neu auf und übergibt sie einer Gemeinschaft christlich-maurischer Mönche, die aus Córdoba geflohen waren. Von diesem Moment an, beginnt Sahagún an Besitztum und Ansehen zu wachsen, bis es finanziell unabhängig wird. Ein Zeichen dieses Wachstums ist die *Passion* der beiden Heiligen, ein literarisches Werk, das im X. Jahrhundert verfasst wurde, dessen Weitschweifigkeit und Umfang, ohne Parallele unter den Passionsgeschichten der spanischen Märtyrer, wohl im Einklang zum Glanze ihres Heiligtums stand.

Aber der Moment des Höhepunktes von Sahagún, fällt in die Zeit Alfons des VI. (Alfonso VI), der die Abtei zu einem der kulturellen, geistigen und sogar politischen Zentren im Spanien seiner Zeit macht. Dieser König, der oft und lange in Sahagún Hof hielt, machte die Abtei zum Mittelpunkt der ehrgeizigen kulturellen und religiösen Reform seiner Königreiche, welche die einheimische (spanisch-westgotisch-mozarabische) Liturgie durch die gregorianisch-römische ersetzte. Diese liturgische Reform brachte so große Veränderungen für das Leben des Reiches und seiner Einwohner, wie zum Beispiel die Änderung der Feste der

Sahagún. Oben, Kapelle La Peregrina; unten, Torbogen von San Benito.

Heiligen und mit ihnen des Kalenders; die Änderung der Texte, der Musik und anderer liturgischer Gebräuche, sowie der Schrift in der die Bücher verfasst wurden. Um diese schwierigen Änderungen durchzuführen, zählte der König auf die Mitarbeit der mächtigen burgundischen Abtei von Cluny, die eine große Anzahl hochgebildeter Mönche nach Spanien schickte. Viele von ihnen verbrachten eine Zeitlang in den Zellen Sahagúns - dem wichtigsten kluniazensischen Sitz Spaniens, mit Gerichtsbarkeit über mehr als 50 Klöster und Priorate - bevor sie mehrere der wichtigsten spanischen Bischofssitze jener Zeit einnahmen.

Heute gibt es wenige sichtbare Überreste von jener großartigen Institution (der Bogen, die Kapelle des Heiligen Manzius, »San Mancio«), obwohl eine große Grabungskampagne vorgesehen ist, um die Fundamente ihrer prächtigen Kirche, sowie andere Räumlichkeiten ans Licht zu bringen, unter denen es ein *scriptorium* und eine dem Reichtum der Abtei und der Bedeutung ihrer Aufgabe angemessene Bibliothek, gegeben haben muss.

Selbstverständlich war Sahagún auch für den Jakobsweg wichtig - der von Alfons VI. ja so gefördert wurde - und es verfügte über eines der bedeutendesten Hospitäler der ganzen Pilgerroute. Im Schatten der Abtei, deren Besitztum es war, und zum Großteil auch dank der Pilgerreisen, wuchs das blühende Städchen Sahagún, das von Menschen aus ganz Europa besiedelt wurde. Gerade aus den goldenen Jahrhunderten des Pilgertums (XII. und XIII. J.h.) sind die charkteristischsten und wertvollsten historischen Gebäude der Stadt: die Kirchen des Heiligen Tirseus (Tirso) und Lorenzus (Lorenzo), deren stolze Ziegelsteintürme mit ihren drei Reihen von Bogenfenstern heute das bekannteste Bild Sahagúns sind und das Franziskanerkloster »der Pilgerin« (Convento »de la Peregrina«), in dessen restaurierten Räumen das Dokumentationszentrum des Jakobsweges (Centro de Documentación del Camino de Santiago) seinen Sitz haben wird. Außerdem muss man die Kapelle des Heiligen Johannes von Sahagún (San Juan de Sahagún) aus dem XVI. Jahrhundert erwähnen, die Dreieinigkeit (la Trinidad, heute eine Pilgerherberge) oder das Benediktinerinnenkloster des Heiligen Kreuzes (Convento de la Santa Cruz), das in gewissen Maße das Andenken der Abtei weiterführt. Im Klostermuseum werden einige seiner Kunstschätze ausgestellt, wie die berühmte barocke Statue der »Pilgermuttergottes« (Virgen Peregrina), von der Bildhauerin aus Sevilla, Luisa Roldán oder die prächtige Monstranz des Enrique de Arfe. In der Klosterkirche, an der einige romanische Elemente noch erhalten sind, befinden sich die Gräber des großen St. Fakundusverehrers, König Alfons VI., und seiner vier Gattinnen. Unter den berühmten Einwohnern der Stadt, denen Sahagún ein Andenken gewidmet hat, befinden sich der Heilige Johannes von Sahagún (San Juan de Sahagún), Fray Bernardino de Sahagún, Pedro Ponce de León und neuerdings auch der Geschichtschreiber des Pilgertums, Millán Bravo Lozano.

17 Sahagún – Reliegos

In Sahagún verlässt man Tierra de Campos, um in die Hochebenen von León zu wandern, die von Kornfeldern bedeckt sind und von zahlreichen kleinen Tälern geprägt sind, durch die Bäche fließen, die nur zu bestimmten Jahreszeiten Wasser führen und von kleinen Lagunen, die durch den Stillstad des Wassers auf einem Terrain entstehen, das an der Oberfläche steinig und auf einer tieferen Lage tonhaltig ist.

Pilger in Calzada de Coto.

Die Straße Antonio Nicolás führt auf die Brücke Puente del Canto über dem Fluss Cea, auf der man aus **Sahagún** hinausgeht. (Die berühmte Lanzenwiese »Prado de las Lanzas« und das Camping, liegen rechts davor.) Ein von Pappeln gesäumter Weg führt links an der Landstraße N-120 entlang, bis - nachdem man auf die rechte Seite hinübergegangen ist, um an der Kapelle des Heiligen Rochus (Ermita de San Roque) vorbeizugehen - eine Weggabelung erscheint, an der man entscheiden muss, ob man neben dem Französischen Königlichen Weg (Camino Real Francés) oder auf der »Via Traiana« weiterzieht:

A) Ohne dass man nach Calzada de Coto hineingeht, beginnt eine von jungen und schönen Platanen gesäumte Piste mit zahlreichen Rastplätzen, die bis Mansilla de las Mulas weitergeht. (Die Autobahn verläuft parallel dazu, rechts). Nachdem man an einigen von Pappeln umwachsenen Lagunen vorbeikommt, die nur zu gewissen Jahreszeiten Wasser vorweisen, den Bach Coso überquert und die Kapelle Perales hinter sich lässt, ist die erste Ortschaft, in die man kommt, **Bercianos del Real Camino**, von wo man im Norden das bewaldete Gebiet des Gemeindelandes von Valdelocajos sieht, durch das die andere Alternative führt. Am Ausgang von Bercianos, nimmt man wieder denselben Sandweg und überquert den Bach Majuelos. Zwischen den Pappeln zeigt ein Schild den »Pilgerbrunnen» (Fuente de los Romeros) an und weiter vorne kommt man an noch weiteren kleinen Lagunen vorbei. Um nach **El Burgo Ranero** hineinzugelangen, geht man unter der Autobahn hindurch und durchquert das Dorf auf seiner Hauptstraße (Calle Real), die zum Ausgang führt, wo ein großer Teich liegt.

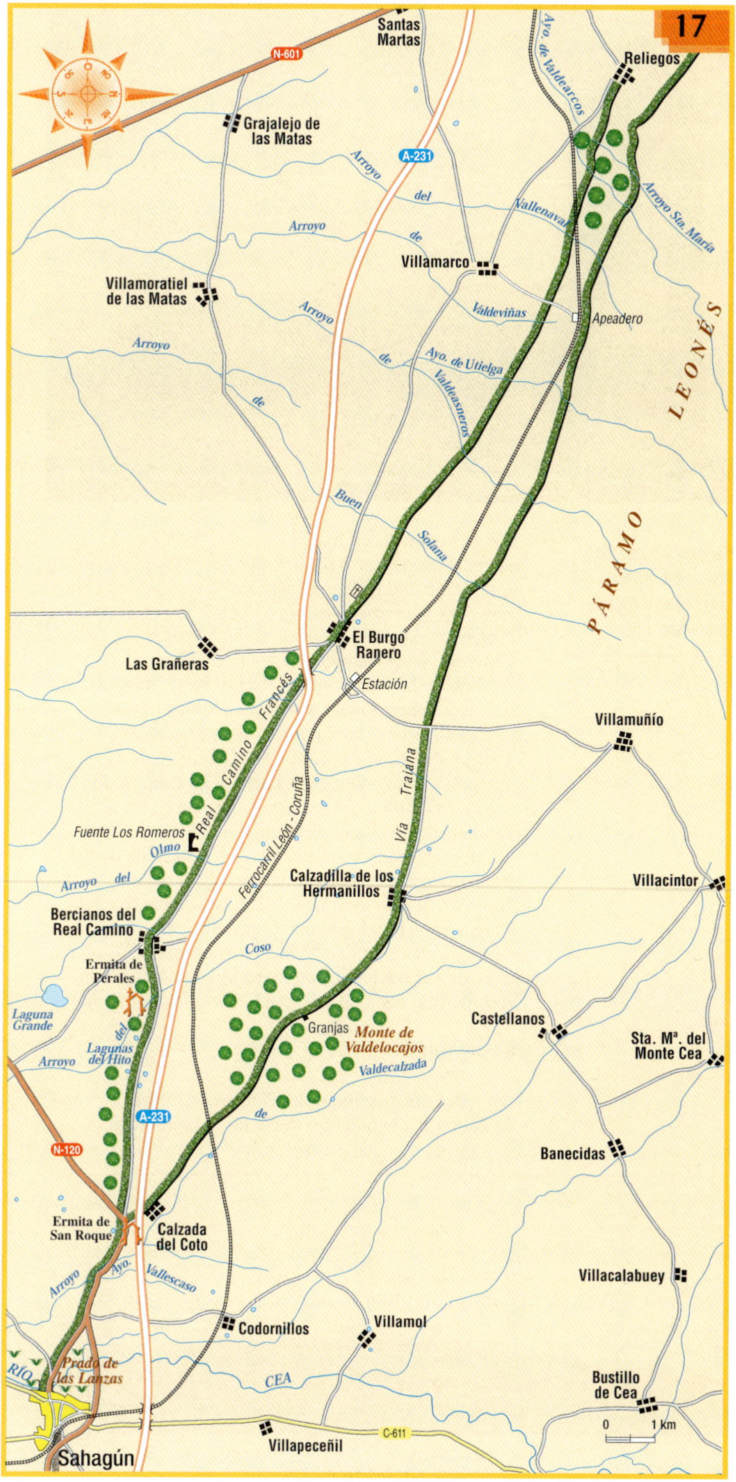
17
N-601
Santas Martas
Reliegos
Ayo. de Valdearcos
Grajalejo de las Matas
A-231
Arroyo del Vallenava
Arroyo Sta. María
Arroyo de Valdeviñas
Villamarco
Villamoratiel de las Matas
Apeadero
Arroyo de Buen Solana
Ayo. de Utielga
Valdeasneros
LEONÉS
PÁRAMO
El Burgo Ranero
Estación
Las Grañeras
Real Camino Francés
Villamuñío
Vía Trajana
Ferrocarril León - Coruña
Fuente Los Romeros
Arroyo del Olmo
Calzadilla de los Hermanillos
Villacintor
Bercianos del Real Camino
Coso
Ermita de Perales
Laguna Grande
Lagunas del Hito
Arroyo del
Granjas
Monte de Valdelocajos
Valdecalzada
de
Castellanos
Sta. Mª. del Monte Cea
N-120
Banecidas
Ermita de San Roque
Calzada del Coto
Arroyo
Ayo. Vallescaso
Villacalabuey
Codornillos
Villamol
Prado de las Lanzas
RÍO
CEA
Bustillo de Cea
0
1 km
C-611
Villapeceñil
Sahagún

Bercianos del Real Camino Francés. Pfarrkirche San Salvador.

Von Neuem wandert man auf der für die Pilger eingerichteten Piste, wo wir auf unserem Weg vielen Rastplätzen und Bächen begegnen. Nach fast 8km sieht man links Villamarco, während der Jakobsweg sich den Zuggleisen nähert und sie letztendlich überquert. Man lässt eine Nadelbaumpflanzung hinter sich und durchquert das kleine Tal des Baches Santa María. Da erscheint **Reliegos** nach mehr als 12 Kilometern.

B) Wenn man die »Via Traiana« oder Pilgerstraße (Calzada de los Peregrinos) wählt, kreuzt man die Autobahn und kommt nach **Calzada de Coto.** Bald überquert man die Zugschienen, um durch den in Weideland verwandelten Wald von Valdelocajos zu wandern. Danach kommt man nach **Calzadilla de los Hermanillos**. Von dort aus nimmt man dieselbe Römerstraße, auf der man die Landstraße nach Burgo Ranero kreuzt und geht immer näher an den Zuggleisen weiter, bis man an den Nebenbahnhof von Villamarco gelangt. Auf der Höhe von Reliegos kann man einen Weg dorthin nehmen oder nach Mansilla weitergehen.

RADFAHRER

Aufgrund des Zustandes der Pfalsterung, ist für Radfahrer die bequemste Route der Camino Real.

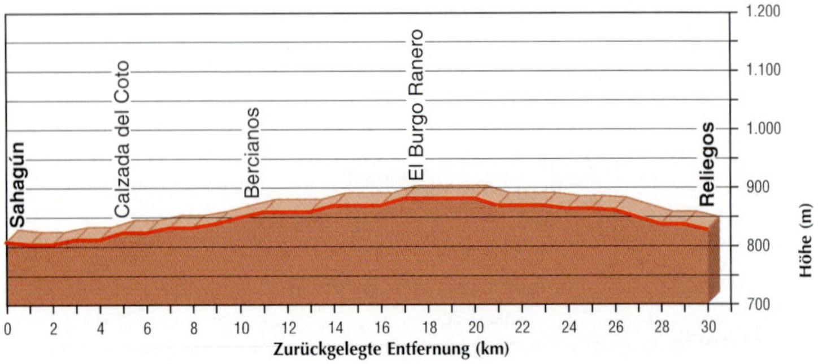

ETAPPE 17. PRAKTISCHE INFORMATION

BERCIANOS DEL REAL CAMINO

Herbergen

Pfarrherberge von Bercianos del Real Camino (Albergue parroquial de Bercianos del Real Camino).
In Calle Santa Rita gelegen. Verfügt über 38 Plätze, Küche und Essensraum. Das ganze Jahr geöffnet.
✆ 987 784 008

Hotels

HS* Riveiro. Calle Mayor, 12.
✆ 987 744 287. 8 Zimmer. 16 Plätze. 30 € Doppelzimmer.

Restaurants

Rivero.
Calle Mayor, 12. ✆ 987 784 287

EL BURGO DE RANERO

Herbergen

Albergue »Domenico Laffi«.
Einer der schönsten Herbergen des Jakobsweges, aus Luftziegeln gemacht, wie die traditionellen Bauten des Gebietes. Verfügt über Küche, Kamin und 26 Plätze.
✆ 987 330 154 / 987 330 023

Hotels

HS* El Peregrino. Calle Fray Pedro del Burgo, 30. ✆ 987 330 069. 10 Zimmer. 14 Plätze. 34/31 € Doppelzimmer; 22/19 € Einzelzimmer; 3 € Frühstück; 8 € Essen/Abendessen.

Restaurants

El Molino.
Barrio Estación, 13. ✆ 987 330 031

Transportmittel

Zugbahnhof (Estación de RENFE) der Linie Valladolid-León.

RELIEGOS

Herbergen

Städtische Herberge (Albergue municipal).
Der Stadtrat hat eine Herberge in einer alten Schule errichtet, ziemlich groß, mit Küche, das ganze Jahr geöffnet. Gute Einrichtungen.

CALZADA DEL COTO

Herbergen

Städtische Herberge (Albergue municipal).
Verfügt über 24 Plätze. Das ganze Jahr geöffnet. ✆ 987 781 177

CALZADILLA DE LOS HERMANILLOS

Herbergen

Albergue de Calzadilla de los Hermanillos.
✆ 987 330 023

Geschichte und Kulturerbe der Etappe 17

Brücke bei Chopera de las Lanzas.

Der Französische Weg Etappe 17. Sahagún-Reliegos

Sowie der Fluss Pisuerga die östliche Grenze der Tierra de Campos darstellt, wird die westliche dieser historischen Region von dem Cea begrenzt. Vielleicht spielt der Name der starken Brücke mit fünf Bögen, die Alfons VI. (Alfonso VI) 1085 bauen ließ, »Puente de Canto« (wobei »canto« in seiner Bedeutung als »Ufer«, »Rand«, »Grenze« verstanden werden muss), auf diese Grenzlage an. Aber es ist wahrscheinlicher, dass der Name der Brücke vom seinem Baumaterial herrührt, der Stein (»canto«), dessen Gebrauch zu den für die restlichen Gebäude Sahagúns charakteristischen Ziegelsteinen, im Kontrast steht.

Die »**Pappelwald der Lanzen**« (Chopera de las Lanzas), das heißt, die dichten Uferwälder, die auf der anderen Seite des Flusses wachsen, oder etwas ähnliches, gab es wahrscheinlich schon im XII. Jahrhundert. Um ihr Bestehen zu erklären, dachte sich der Autor des vierten Teiles des *Liber sancti Iacobi*, das als »Pseudo-Turpin« bekannt ist, eine spektakuläre Geschichte aus, die gleichzeitig dazu diente, die Herkunft Sahaguns zu erklären und die Figur Karls de Großen (Carlomagno) mit einem der wichtigsten Punkte des Jakobsweges zu verbinden. Unter den Behauptungen dieser fiktiven Chronik der Heldentaten des fränkischen Kaisers in Spanien, ist auch eine, die ihm sowohl die Entdeckung des Grabes des Apostels Jakob (Santiago), wie die Erbauung seines Weges, zuschreibt. Nun war Sahagún damals für den Jakobsweg so bedeutend, dass der Verfasser dieses Werkes das Bedürfnis empfand, seinen Ursprung ebenfalls Karl dem Großen anzurechnen gegen den moslemischen Heerführer Aigoland (Aigolando), dessen Spuren er folgte und den...

»[...] sie im Lande, das Campos genannt wird, fanden, auf einer Wiese am Ufer des Flusses Cea, einem sehr fruchtbaren und ebenen Ort, wo später auf Geheiß Karls des Großen die großartige Basilika gebaut werden sollte, wo die Gebeine der heiligen Märtyrer, Fakundus und Primitivus ruhen; wo die Abtei der Mönche gegründet und eine große, sehr reiche Stadt errichtet werden sollte [...]«

Nach mehreren Zweikämpfen, beschließen Kaiser Karl und der Emir Aigoland eine Schlacht auf offenem Feld. Das Wunder, das sich am Vorabend ereignet, erklärt die Herkunft der großen Alleen am Ufer des Cea, die heute wieder zu Ehren dieser Fiktion des *Pseudo-Turpins* den Namen »Pappelwald der Lanzen«, (Chopera de las Lanzas) tragen:

»Einige Christen stießen im Laufe der Vorbereitungen der Schlacht die Nacht vorher, ihre Lanzen vor dem Zeltlager in die Erde, auf den Wiesen am Ufer des Flusses. Am nächsten Tag erschienen die Lanzen derjenigen, die in der darauffolgenden Schlacht den Palmenzweig des Märtyrertodes erlangen würden, mit Rinde und dichten Zweigen geschmückt. Außerordentlich erstaunt und in der Meinung, dass es sich um ein göttliches Wunder handeln musste, fällten sie sie auf Bodenhöhe. Die Wurzeln der Stäbe, die als Wurzelstöcke in der Erde blieben, erzeugten später die weiten Wälder die man noch immer dort sehen kann, denn viele der Lanzen waren aus Weidenholz [...]. Am selben Tag entbrannte die Schlacht, in der 40.000 Christen starben, der Herzog Milon, Rolands Vater und das Pferd Karls des Großen.«

Karl der Große muß zu Fuß weiterkämpfen und hält heldenhaft mit nur 2.000 Kriegern gegen den Angriff der Moslems stand, bis endlich, als der Tag sich schon neigt, vier italienische Markgrafen kommen um ihm zu helfen, und Aigoland in die Flucht schlagen. Diese malerischen Elemente, wie zum Beispiel den Tod Milons und des Pferdes Karls des Großen nach Sahagún zu verlegen, waren Teil eines Versuches, dort ein Zentrum des Karolingerkultes zu schaffen. Aus welchen Gründen auch immer - und im Gegensatz zu Roncesvals (Roncesvalles) - trug der Versuch dieses Mal keine Früchte und es ist von dieser schönen Geschichte keine Spur in der Lokalüberlieferung erhalten (weder in Ortsnamen, noch in Volks oder Kunstmärchen, noch in sonst einer Form). Dagegen ist die Episode von Sahagún auf einer der Tafeln des silbernen Schreines dargestellt, der in Aachen (Aquisgrán) die Überreste des Schreines Karls des Großen birgt.

In **Calzada de Coto** haben wir ein Beispiel, wie die physische Erhaltung der alten Via Trajana in diesem Gebiet zwische Carrión und Mansilla, diese zu einem wichtigen geographischen Anhaltspunkt machte, der fast als Bezeichnung einer Region oder eines Landkreises funktionierte. Viele Orte, die an ihrem Rande liegen, wie Sahagún selbst, Calzada del Coto, Calzadilla de la Cueza oder Calzadilla de los Hermanillos, werden von den mittelalterlichen Dokumenten in einem Gebiet situiert, das »Römerstraße« (Calzada) genannt wird (*in loco Calzata*). Mit der Zeit wurde diese

Wallfahrtskirche in Virgen de Perales, in der Nähe von Bercianos.

Gebietsbezeichnung bei einigen von ihnen zum Teil des Ortsnamens. Ein Paradebeispiel dafür ist Calzada de Coto, das im X. Jahrhundert *Villa Zakarias in loco Calzata* hieß, später einfach »Städchen, das auf der Römerstraße (Calzada) liegt« und am Ende »Städchen das Calzada genannt wird« (*in villa que dicunt Calzata*).

Von diesem Punkt an und bis Reliegos, teilt sich der Jakobsweg in zwei parallel laufende Zweige. Der erste und ältere verläuft rechts und fällt mit der Via Trajana zusammen (A). Der zweite, der links verläuft, wird in der Gegend »Französischer Königsweg« (Camino Real Francés) genannt, eine Kombination von Begriffen, die seine Eigenschaft als Route der Pilger, also Ausländer (französisch), mit seiner Zuordnung im XVIII. Jahrhundert aufgrund seiner Qualität und seinem Ausmaß, zu den Königswegen -den Autobahnen jener Zeit (B)- verbindet.

A: Auf dem Zweig der »Via Trajana«, wo man einige Stücke der alten Pflasterung finden kann, sowie einige Meilensteine (Dehesa de Valdelocajos), kommt man nur durch eine einzige Ortschaft, mit dem ausdrucksvollen Namen »Kleine Römerstraße der Brüderchen« (**Calzadilla de los Hermanillos**). Dort gab es wohl, wenn nicht ein Priorat, so doch ein bescheidenes Anwesen der Abtei von Sahagún, das dort zur Betreuung der Pilger eingerichtet worden war. Um sie herum entstand die heutige Siedlung, in deren dem Heiligen Bartholomäus gewidmeten Gemeindekirche, einige Werke großen Wertes aufbewahrt werden, wie eine Darstellung der Kreuzigung aus dem XVI. Jahrhundert über dem Hauptaltar.

B: Auf dem Zweig des »Französischen Königsweges«, befindet sich, bevor man nach Bercianos kommt, die Kapelle der Virgen de Perales, die im XII. Jahrhundert zum Hospital von Cebreiro gehörte.

In **Bercianos del Real Camino Francés**, dessen Name auf den Herkunftsort seiner mittelalterlichen Siedler anspielt, den Bierzo, fällt die dem Heiland

Bercianos del Real Camino Francés. Innenansicht der Pfarrkirche San Salvador.

Pilgerschutzhütte in El Burgo Ranero.

(San Salvador) geweihte Gemeindekirche auf. In ihr wird eine Statue Johannes des Täufers (San Juan Bautista) aufbewahrt. Vor kurzem hat man hier am Ufer der Lagune von Valdematas, ein Denkmal zur Erinnerung an den Historiker des Pilgertums, Millán Bravo Lozano, errichtet.

In dieser verlassenen Gegend, bevor man nach **Burgo Ranero** kommt, fand die bekannte und grausame Episode des toten Pilgers, der von Wölfen gefressen wird, statt, die der italienische Reisende des XVII. Jahrhunderts, Domenico Laffi, erzählt. Dieser bolognesische Pilger beschreibt Burgo Ranero als ein Hirtendorf, das aus strohgedeckten Hütten bestand. Der Name Burgo und andere Hinweise, scheinen darauf hinzudeuten, dass zur Zeit ihrer Gründung, diese Ortschaft nicht so bescheiden wie im XVII. Jahrhundert gewesen ist. Sie ist zum ersten Mal 1126 als ein von Sahagún abhängiger Weiler (»burgo«) beurkundet. Ihr Stadtplan, der aus einer einzigen Straße besteht, verrät die Anwesenheit von »Bürgern«, Händlern und Handwerkern, die sich am Jakobsweg niedergelassen hatten, dem sie ihren Wohlstand verdankten. Dieser Wohlstand zeigt sich zum Beispiel in einer schönen romanischen Statue der Muttergottes, die bis vor kurzem in der Gemeindekirche des Heiligen Petrus (San Pedro) aufbewahrt wurde und die heute im Museum der Kathedrale von León steht. Ein anderes Zeichen des Wohlstandes war die Tatsache, dass Burgo Ranero der Herkunftsort prominenter Menschen wie Pedro del Burgo (XV. Jh.) war, der zwanzig Jahre lang Abt in Sahagún war. Er war Bildhauer und Architekt, und wir verdanken ihm die Restaurierung zahlreicher wichtiger Monumente, wie des Klosters des Heiligen Petrus von Cárdena (San Pedro de Cárdena). Seine Grabmalstatue, die von seinen eigenen Schülern gemeißelt wurde, befindet sich im Kloster der Benediktinerinnen (Madres Benedictinas) in Sahagún.

In **Reliegos** treffen sich die zwei historischen Wege wieder, die Via Trajana und der Französische Königsweg. Die Entfernungen, die das *Itinerarium Antonini* (Itinerario de Antonino) angibt, zeigen, dass auf seinem Platz oder nicht weit davon entfernt, die antike *mansio* oder Wegstation *Pallantia* der Via Trajana (Bordeaux-Astorga) lag, an dem Punkt wo diese Straße mit einer anderen Römerstraße, die aus León kam (*Legio VIIª Gemina*) zusammentraf. Die nicht sehr gebräuchliche Widmung seiner Gemeindekirche, die dem Heiligen Kyprian (San Cipriano) und dem Papst St. Cornelius (San Cornelio, III. Jh.) geweiht ist, zwei Männer der urchristlichen Kirche, die im Kampf gegen die Häresie der »Libelatiker« vereint waren, (d.h. der Christen, die, um der Verfolgung zu entgehen, vorgaben, dem Christentum abzuschwören) muss nicht auf diese alte Zeit zurückgehen, sondern eher auf die der Wiederbesiedelung von Reliegos (IX.-X. Jh.), als es Brauch war, diese zwei Heiligen zusammen zu verehren.

18 Reliegos – León

Man steigt von der Hochebene zur Stadt León hinunter, wobei man die fruchtbare Ebene des Flusses Esla bei Mansilla de Mulas überquert und an bewässerten Feldern vorbeizieht, bis die ersten Industriehallen erscheinen. Vom Hügel Alto del Portillo aus, erblickt man schon die schöne Stadt León.

Pilgerdenkmal in Mansilla de la Mulas.

A) Der Französische Königliche Weg (Real Camino Francés) durchläuft **Reliegos** über seine Hauptstraße (Calle Real) und kommt an der Anlage für das baskische Ballspiel und an dem Fussballplatz vorbei. Man muss zum Ufer des Esla auf derselben, von Bäumen gesäumten Piste der vorigen Etappe gehen. Man kommt über den Bach Arroyo Grande und bevor man nach **Mansilla de las Mulas** gelangt, überquert man eine Brücke über der Umgehungsstraße und einen Kanal, um dann durch das Tor, das früher der südliche Eingang der Stadt war, hindurchzutreten.

B) Die »Via Traiana« endet ihrerseits, nach einem ähnlichen und fast parallelem Verlauf, in Mansilla de las Mulas, in das sie durch das Tor der Heiligen Maria (Puerta de Santa María) führt. Das Dorf verlässt man zusammen mit der Landstraße N-601 auf der mittelalterlichen Brücke über den Fluss Esla. Wenig später erscheint ein Pfad, der parallel zur Straße verläuft und von Bäumen gesäumt wird. Ihm muss man folgen. Nach dem Friedhof und dem Fluss Moro, durchquert man auf der Landstraße **Villamoros de Mansilla** (auf der anderen Seite der Straße, auf einer Anhöhe, liegt Lancia). Man verlässt Villamoros auf dem Seitenstreifen, um einige Meter weiter einen Weg zu nehmen, der durch einen Pappelwald führt. Der Fluss Porma fließt links von uns, bis er mit unseren Schritten zusammentrifft. Dann überquert man ihn auf einer großen Brücke mit 20 Bögen neben dem dichten Uferwald, nachdem man die Landstraße nach San Miguel de Escalada überquert hat. Man zieht duch **Puente de Villarente** und am Ausgang, nach der Tankstelle, nimmt man einen Weg rechts von der N-601. Man überquert den Kanal des Porma und geht in Richtung einer kleinen Anhöhe auf der **Arcahueja** liegt. Nach 1 km kommt man nach **Valdefuente**. Von dort aus geht man zur Straße zurück, auf der man auf den Alto del Portillo steigt, hinter dem

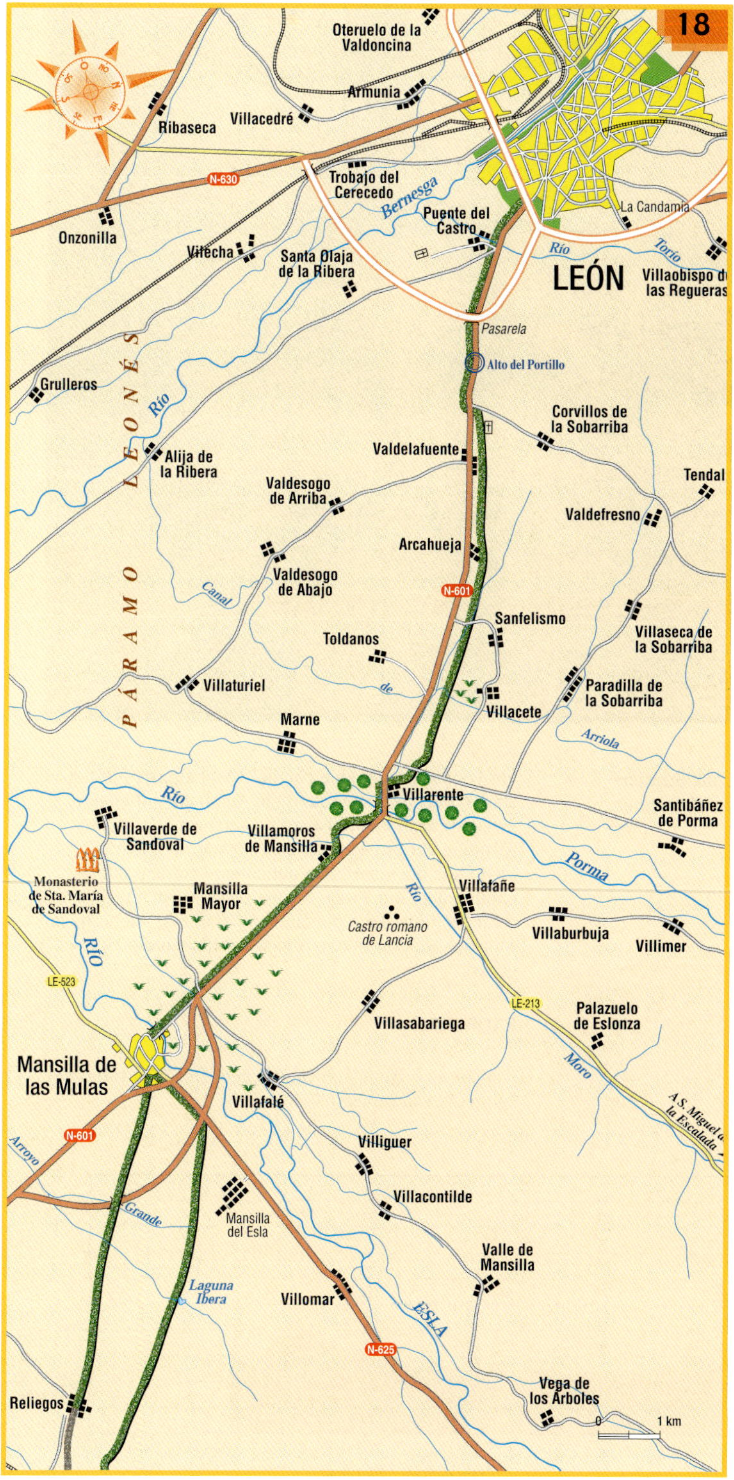
18
Oteruelo de la Valdoncina
Armunia
Villacedré
Ribaseca
N-630
Trobajo del Cerecedo
Bernesga
Puente del Castro
La Candamia
Río
Torío
LEÓN
Villaobispo de las Regueras
Onzonilla
Vilecha
Santa Olaja de la Ribera
Pasarela
Alto del Portillo
Grulleros
Río
PÁRAMO LEONÉS
Corvillos de la Sobarriba
Valdelafuente
Alija de la Ribera
Tendal
Valdesogo de Arriba
Valdefresno
Arcahueja
Canal
Valdesogo de Abajo
N-601
Sanfelismo
Villaseca de la Sobarriba
Toldanos
de
Villaturiel
Villacete
Paradilla de la Sobarriba
Marne
Arriola
Río
Villarente
Santibáñez de Porma
Villaverde de Sandoval
Villamoros de Mansilla
Monasterio de Sta. María de Sandoval
Porma
Mansilla Mayor
Río
Villafañe
Castro romano de Lancia
Villaburbuja
Villimer
Río
LE-523
LE-213
Palazuelo de Eslonza
Villasabariega
Mansilla de las Mulas
Moro
A S. Miguel de la Escalada
Villafalé
N-601
Arroyo
Villiguer
Villacontilde
Grande
Mansilla del Esla
Valle de Mansilla
Laguna Ibera
Villomar
ESLA
N-625
Vega de los Árboles
Reliegos
0
1 km

León. Gewölbe der Kathedrale.

uns León erwartet. Eine parallele Asphaltpiste führt zur Stadt hinab. Man überquert die Autobahn auf einem Steg, um nach **Puentecastro** zu gelangen, das man in Richtung der Brücke über den Fluss Torio durchzieht (den Fluss überquert man auf einem Laufsteg) um endlich über die Straße Miguel Castaño nach León zu gelangen und durch die Straßen Barahona, Puerta de la Moneda, Rúa und Calle Ancha zur Kathedrale zu gehen.

RADFAHRER

Etappe ohne große Schwierigkeiten. Der Weg verlässt kaum die Landstraße N-120.

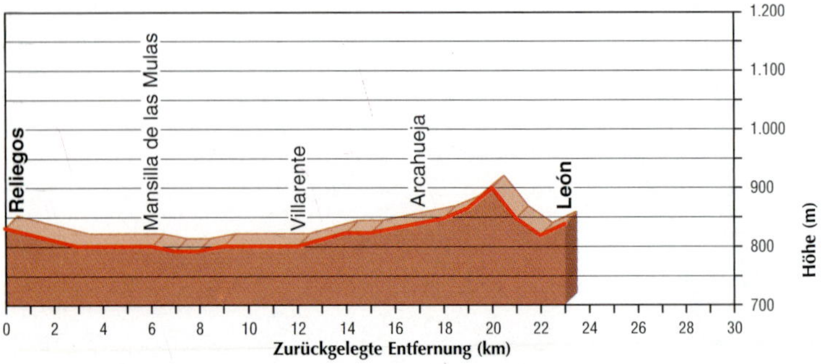

ETAPPE 18. PRAKTISCHE INFORMATION

MANSILLA DE LAS MULAS

Herbergen

Albergue de Mansilla de las Mulas. In Calle del Puente gelegen. Der Verein der Freunde des Jakobsweges von León nimmt das ganze Jahr über Pilger auf. Verfügt über Küche, Waschmaschine und Trockner. ✆ 987 310 068

Hotels

HS El Gallo.** Carretera Cistierna, 17. ✆ 987 310 359. 7 Zimmer. 11 Plätze. 46 € Doppelzimmer; 27 € Einzelzimmer; 2 € Frühstück; 10 € Essen/Abendessen.
HS* Las Delicias. Calle Los Mesones, 22. ✆ 987 310 075. 6 Zimmer. 11 Plätze. 35 € Doppelzimmer; 23 € Einzelzimmer; 2 € Frühstück; 8 € Essen/Abendessen.
HS* Los Faroles. Avenida Picos de Europa. ✆ 987 310 949. 12 Zimmer. 20 Plätze. 32 € Doppelzimmer; 18 € Einzelzimmer; 3 € Frühstück; 10 € Essen/Abendessen.

Restaurants

Alberguería del Camino.
Calle Concepción, 12. ✆ 987 311 193
Bahillo.
Carretera Cistierna. ✆ 987 230 839
Casa Marcelo.
Calle Postigo, 1. ✆ 987 310 835
El Hórreo del Tío Faico.
Avenida Constitución, 58. ✆ 987 311 220

Campingplätze

2. Kategorie. Esla. Fuente de los Prados. ✆ 987 310 089. 168 Plätze.

Transportmittel

Busbahnhof (Estación de autobuses), in dem die Busse der Gesellschaft ALSA auf der Strecke nach León halten. ✆ 987 260 500

ARCAHUEJA

Restaurants

Camino Real. Carretera Madrid N-601, km 320. ✆ 987 218 134
El Pradillo.
Carretera N-601. ✆ 987 269 032

VALDELAFUENTE

Restaurants

Cerro Alto.
Carretera Madrid. ✆ 987 258 357
Santa Fe. Carretera N-601, km 321.

PUENTE DE VILLARENTE

Hotels

HSR* El Delfín Verde. Carretera Adanero-Gijón. ✆ 987 312 065. 23 Zimmer. 33/32 € Doppelzimmer; 16/15 € Einzelzimmer
Pensión Casablanca. Carretera. Adanero-Gijón, km 314. ✆ 987 312 164. 8 Zimmer. 21 € Doppelzimmer; 12 € Einzelzimmer

Restaurants

Avellaneda. Calle Camino de Santiago, 139. ✆ 987 312 236
La Casona. Calle Camino de Santiago, 20. ✆ 987 312 474

LEÓN

Herbergen

Pilgerherberge (Albergue de peregrinos) »De las RRMM Benedictinas«. Plaza del Grano, 7. 150 Plätze. ✆ 680 649 289
Jugendherberge »Consejo de Europa«. Paseo del Parque, 2. Geöffnet Juli, August und September. 90 Plätze und Küche. ✆ 987 202 969 / 987 200 206
Städtische Pilgerherberge »Ciudad de León«. Calle Campos Góticos, s/n. 64 Plätze f¨ür Pilger , 75 für Jugendliche. Waschmaschine. ✆ 987 081 833

Hotels

HS* España. Calle del Carmen, 3. ✆ 987 236 014. 12 Zimmer. 24 € Doppelzimmer.
Pensión Avenida. Avenida Palencia, 4. ✆ 987 223 763. 17 Zimmer. 18 € Doppelzimmer.
Pensión Melany. Avda. Palencia, 4-1° I. ✆ 987 241 075. 10 Zimmer. 19 € Doppelzimmer.
Pensión Suarez. Calle Ancha,7-2°. ✆ 987 254 288. 7 Zimmer. 18 € Doppelzimmer.

Transportmittel

Busbahnhof. ✆ 987 296 100

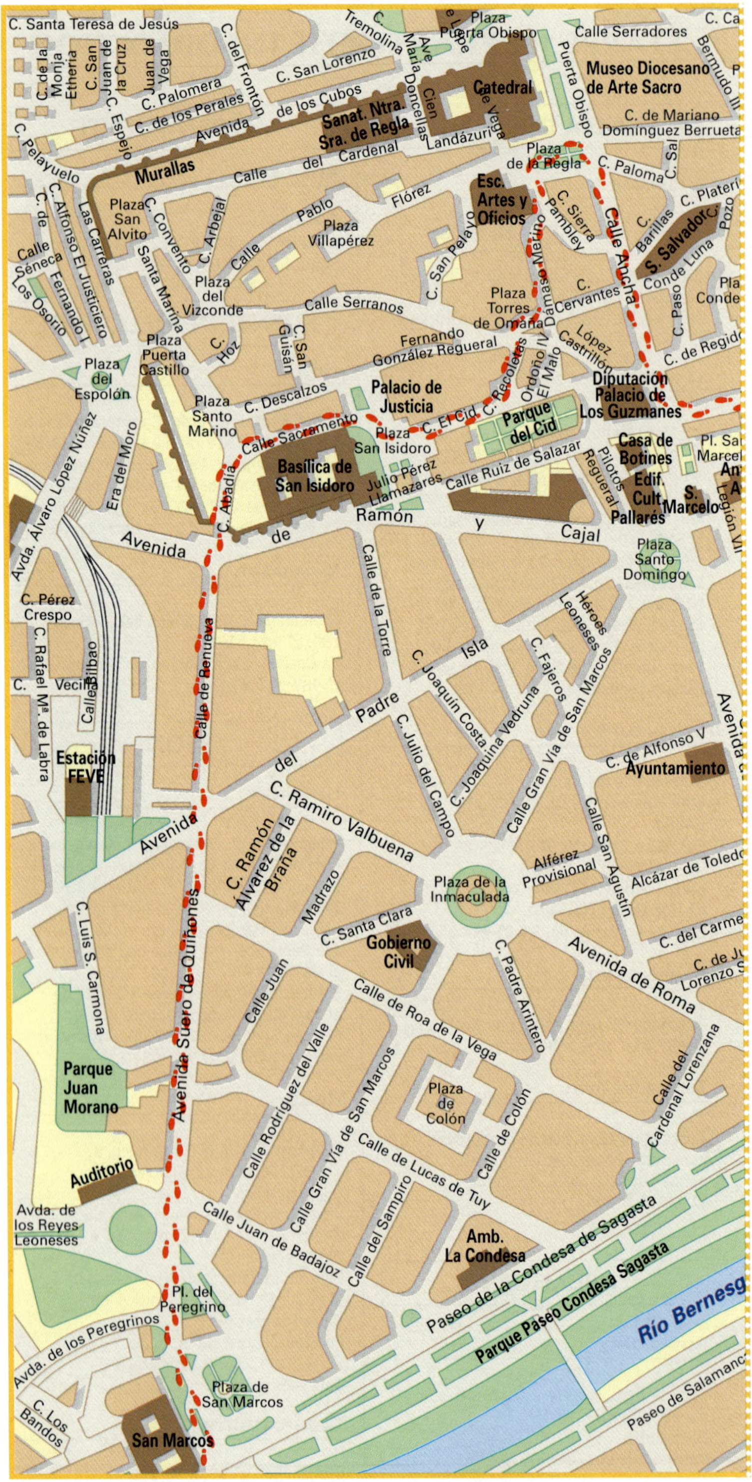
C. Santa Teresa de Jesús
C. de la Monja Etheria
C. San Juan de la Cruz
C. Espejo
Juan de Vega
C. Palomera
C. de los Perales
C. del Frontón
Tremolina
C. San Lorenzo
de los Cubos
Avenida
Murallas
C. Ave María
Doncellas
Cien
Plaza Puerta Obispo
Lope de Vega
Catedral
Sanat. Ntra. Sra. de Regla
Calle del Cardenal
Landázuri
Puerta Obispo
Calle Serradores
Museo Diocesano de Arte Sacro
C. de Mariano Domínguez Berrueta
Bermudo III
Plaza de la Regla
C. Paloma
C. Sal
C. Pelayuelo
C. de Alfonso El Justiciero
Las Carreras
Plaza San Alvito
C. Convento
C. Arbejal
Calle Pablo Flórez
Plaza Villapérez
Esc. Artes y Oficios
C. Sierra Pambley
Calle Ancha
C. Barillas
S. Salvador
C. Platerías
Pozo
Calle Séneca
Fernando I
Los Osorio
Santa Marina
Plaza del Vizconde
C. San Pelayo
Dámaso Merino
Plaza Torres de Omaña
C. Cervantes
Conde Luna
C. Paso
Plaza Conde
Calle Serranos
Plaza Puerta Castillo
C. Hoz
C. San Guisán
Fernando González Regueral
López Castrillón
C. de Regidores
Plaza del Espolón
Plaza Santo Marino
C. Descalzos
Palacio de Justicia
C. Recoletas
Ordoño IV
El Malo
Diputación Palacio de Los Guzmanes
Calle Sacramento
Plaza San Isidoro
C. El Cid
Parque del Cid
Casa de Botines
Pl. San Marcelo
Avda. Álvaro López Núñez
Era del Moro
Basílica de San Isidoro
Julio Pérez Llamazares
Calle Ruiz de Salazar
Pilotos Regueral
Edif. Cult. Pallarés
S. Marcelo
Legión VII
C. Abadía
Avenida de Ramón y Cajal
Plaza Santo Domingo
C. Pérez Crespo
C. Rafael Mª. de Labra
C. Vecilla
Calle Bilbao
Calle de Renueva
Calle de la Torre
Héroes Leoneses
C. Joaquín Costa
Isla
C. Fajeros
Padre
Estación FEVE
del
C. Julio del Campo
C. Joaquina Vedruna
Calle Gran Vía de San Marcos
C. de Alfonso V
Ayuntamiento
Avenida
C. Ramiro Valbuena
C. Ramón Álvarez de la Braña
Calle San Agustín
Alférez Provisional
Alcázar de Toledo
Plaza de la Inmaculada
Madrazo
C. Santa Clara
Gobierno Civil
C. Luis S. Carmona
C. del Carmen
C. de Juan Lorenzo
Avenida de Roma
Avenida Suero de Quiñones
Calle Juan
C. Padre Arintero
Calle de Roa de la Vega
Parque Juan Morano
Calle Rodríguez del Valle
Calle Gran Vía de San Marcos
Plaza de Colón
Calle de Colón
Calle del Cardenal Lorenzana
Auditorio
Calle de Lucas de Tuy
Avda. de los Reyes Leoneses
Calle Juan de Badajoz
Calle del Sampiro
Amb. La Condesa
Paseo de la Condesa de Sagasta
Pl. del Peregrino
Parque Paseo Condesa Sagasta
Río Bernesga
Avda. de los Peregrinos
Plaza de San Marcos
C. Los Bandos
San Marcos
Paseo de Salamanca

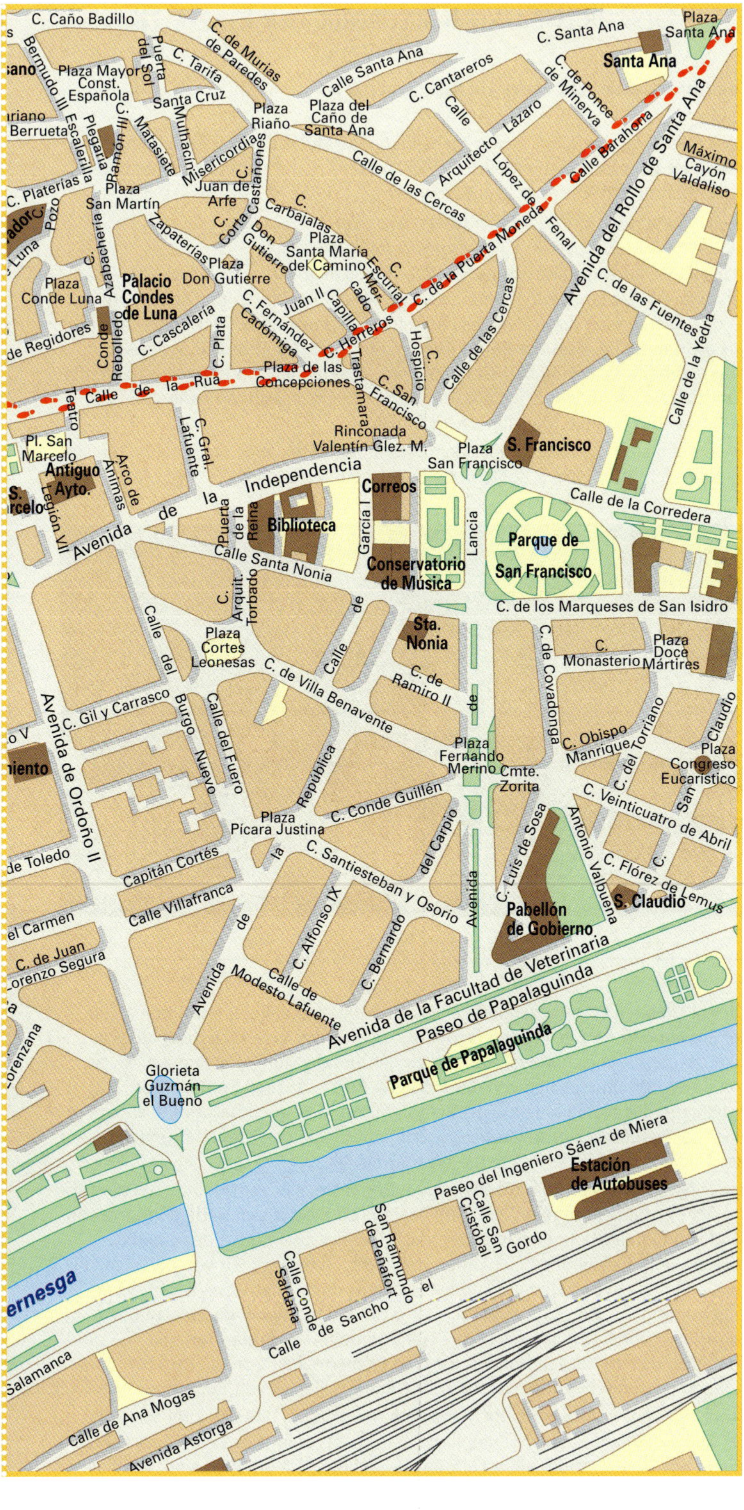
C. Caño Badillo
Bermudo III
Plaza Mayor
Const. Española
Puerta del Sol
C. Tarifa
C. de Murias de Paredes
Calle Santa Ana
C. Santa Ana
Plaza Santa Ana
Santa Ana
C. Cantareros
C. de Ponce de Minerva
Escalerilla
Plegaria
C. Ramón III
C. Matasiete
Mulhacín
Santa Cruz
Plaza Riaño
Plaza del Caño de Santa Ana
Calle
Arquitecto Lázaro
López de Fenal
Calle Barahona
Máximo Cayón Valdaliso
Berrueta
C. Platerías
Plaza San Martín
Misericordia
Juan de Arfe
C. Castañones
C. Corta
Calle de las Cercas
Avenida del Rollo de Santa Ana
Pozo
Luna
Azabachería
Zapaterías
C. Carbajalas
Don Gutierre
Plaza Santa María del Camino
C. Escurial
Mer-cado
C. de la Puerta Moneda
C. de las Fuentes
Plaza Conde Luna
Palacio Condes de Luna
Plaza Don Gutierre
Juan II
Capilla
C. Herreros
C. Hospicio
Calle de las Cercas
Calle de la Yedra
de Regidores
Conde Rebolledo
C. Cascalería
C. Plata
C. Fernández Cadórniga
Plaza de las Concepciones
Trastamara
C. San Francisco
Teatro
Calle de la Rúa
C. Gral. Lafuente
Rinconada Valentín Glez. M.
Plaza San Francisco
S. Francisco
Pl. San Marcelo
Antiguo Ayto.
Arco de Animas
Legión VII
Avenida de la Independencia
Puerta de la Reina
Biblioteca
Correos
García I
Lancia
Parque de San Francisco
Calle de la Corredera
Calle Santa Nonia
Conservatorio de Música
C. Arquit. Torbado
C. de los Marqueses de San Isidro
Calle del Burgo Nuevo
Plaza Cortes Leonesas
Calle de
Sta. Nonia
C. de Ramiro II
C. de Covadonga
C. Monasterio
Plaza Doce Mártires
C. de Villa Benavente
Avenida de Ordoño II
C. Gil y Carrasco
Calle del Fuero
Plaza Fernando Merino
Cmte. Zorita
C. Obispo Manrique
C. del Torriano
C. San Claudio
Plaza Congreso Eucarístico
República
C. Conde Guillén
C. Veinticuatro de Abril
Plaza Pícara Justina
de Toledo
Capitán Cortés
C. Santiesteban y Osorio
del Carpio
Avenida
C. Luis de Sosa
Antonio Valbuena
C. Flórez de Lemus
S. Claudio
Pabellón de Gobierno
Calle Villafranca
el Carmen
C. de Juan Lorenzo Segura
Avenida de
C. Alfonso IX
C. Bernardo
Calle de Modesto Lafuente
Avenida de la Facultad de Veterinaria
Paseo de Papalaguinda
Parque de Papalaguinda
Lorenzana
Glorieta Guzmán el Bueno
Paseo del Ingeniero Sáenz de Miera
Estación de Autobuses
San Raimundo de Peñafort
Calle San Cristóbal
Gordo
Calle Conde Saldaña
Calle de Sancho el
Bernesga
Salamanca
Calle de Ana Mogas
Avenida Astorga

Geschichte und Kulturerbe der Etappe 18

Der Französische Weg Etappe 18. Reliegos-León

Die Entfernung die Reliegos von Mansilla de las Mulas trennt, beträgt eine spanische oder kastilische Meile (5,5727km) und ist auf dem Jakobsweg dank dieses berühmten Verses bekannt geworden:

La legua de Castilla / de Reliegos a Mansilla
(Die kastilische Meile: / von Reliegos nach Mansilla)

Mansilla de las Mulas ist wahrscheinlich das *Manxilla*, das im Führer des *Liber sancti Iacobi* als Jakobswegstation erwähnt wird. Obwohl zu der Zeit (1130) bis zu drei Ortschaften dieses Namens auf einem kleinen Gebiet existierten, lässt uns die Tatasache, dass der Reiseführer angibt, dass der Fluss Esla an dieser einen vorbeifloss, mit Sicherheit behaupten, dass es sich um das *Mansilla de illa Ponte*, das auch andere zeitgenössische Dokumente erwähnen handelt und damit um das heutige Mansilla de las Mulas.

Tatsächlich sind die Brücke über dem Esla und die mächtige Stadtmauer, die zwei großen historischen Bauten, die uns das mittelalterliche Esla vor Augen

Platz von Mansilla de las Mulas.

führen. Was seine Vegangenheit als Jakobswegstation angeht, existieren außer der Erwähnung im *Liber sancti Iacobi*, Belege für drei gute Pilgerhospitäler aus dem XV. Jahrhundert, und es sind die ein Jahrhundert jüngeren Statuten zweier von ihnen bekannt: desjenigen des Heiligen Geistes (Sancti Spiritus) und desjenigen des Heiligen Jakob (Santiago). Mansilla ist auch bekannt, weil hier einer der berühmtesten spanischen Schelmenromane des XVII Jahrhunderts, spielt: *Die schelmische Justine* (*La pícara Justina*).

In der Nähe von Mansilla, wenngleich außerhalb der Pilgerroute, da wo der Esla mit dem Porma zusammenfließt, erhebt sich das **Kloster der Heiligen Maria von Sandoval** (Santa María de Sandoval), das 1142 der Graf Ponce de Minerva erbauen ließ. Das heutige Gebäude, im Stil der Übergangszeit von der Romanik zur Gotik, ist etwas späteren Datums. Ebenfalls mehr oder weniger abseits der Pilgerroute befinden sich die berühmten Klöster **San Miguel de Escalada**, im christlich-maurischen Stil aus dem X. Jahrhundert, und **Santa María de Gradefes**, das im XII. Jahrhundert für eine Gemeinschaft zisterziensischer Nonnen gegründet wurde, wie auch Las Huelgas Reales von Burgos.

Bevor man nach **Villamoros de Mansilla** hineinkommt, eine der drei Mansillas der mittelalterlichen Dokumente, kann man rechts vom Weg den Hügel **Lancia** sehen, wo Überreste der alten keltisch-römischen Stadt erhalten sind. Lancia

Kathedrale von León.

war das letzte Bollwerk der Asturen, die südlich der Kantabrischen Kordillere (Cordillera Cantábrica) lebten und die dem Fluss Esla ihren Namen hinterließen (er heißt in den antiken und mitellalterlichen Dokumenten *Astura*), in ihrem Widerstand gegen die Römer, bis es 26 v.C. endgültig erobert wurde. Später erwähnt es das *Itinerarium Antonini* als Station auf der Römerstraße, die *Pallantia* (Reliegos) mit *Legio VIIª Gemina* (León) verband.

Die Brücke über dem Porma, die heute als **Brücke von Villarente** (Puente de Villarente) bekannt ist, hat wohl den Verfasser des Reiseführers beeindruckt, denn es ist die einzige, die er als »gewaltig« beschreibt. Es handelt sich tatsächlich um eine große Struktur mit 20 Bögen, die heute gänzlich wiederaufgebaut worden ist, aber dennoch ihre mittelalterliche Form bewahrt. Fast an ihrem Brückenkopf, links, erhebt sich ein großes Haus aus dem XVI. Jahrhundert, das seinerzeit ein Pilgerhospital war. Es wurde von einem Mitglied des *Cabildo*, des Stadtrates von León, gestiftet, der Erzdiakon von Triacastela war.

Nachdem man durch die kleinen Orte **Arcahueja** und **Toldanos** gewandert ist, von denen der letztere eine Siedlung von aus Toledo ausgewanderten maurischen Christen oder Mozarabern ist, kommt man nach **Alto del Portillo**, wo ein schönes Wegkreuz den Jakobsweg anzeigt. Das heutige ist modern und ersetzt das historische (XV. Jh.), das heute auf dem Markusplatz (Plaza de San Marcos) steht. Von da aus steigt man nach **Puente Castro** hinunter, einem Viertel Leons, das am Ufer des Flusses Torio liegt. Dieses Viertel, sowie die dazugehörige Brücke, haben ihren Namen, »Brücke des Castro«, von dem alten Judenviertel, das auf dem Hügel Mota (Cerro de la Mota) auf einer alten asturischen Siedlung errichtet worden war. Die mittelalterlichen Texte nannten dieses befestigte Viertel *castrum iudeorum* (so im Führer des *Liber sancti Iacobi* und bei Lucas von Tuy) oder *castrum Legionis* (Rodrigo Jiménez de Rada).

León ist eine andere der Städte, die vom *Liber sancti Iacobi* besonders hervorgehoben werden, das es nicht nur als Ende einer Etappe bezeichnet, sondern auch als »mit aller Art von Gütern ausgestatteter Sitz des königlichen Hofes«. Außerdem empfiehlt es den Besuch der Reliquien des Heiligen Isidors (San Isidoro) und zeigt eine gute Kenntnis der Stadt und ihrer urbanen Topographie (es werden ihre beiden Flüsse, der Torío und der Bernesga erwähnt, sowie das Viertel von Puente de Castro). Trotzdem ist sie dort nur ein schwaches Abbild der Stadt zu Zeiten Alfons des VII. (Alfonso VII), als León in ihrer Eigenschaft als Sitz des mächtigsten Königs der Iberischen Halbinsel, die wichtigste Stadt des christlichen Spaniens war.

Zur Zeit des *Liber sancti Iacobi* (1130), zählte León fast tausend Jahre, da es 69 n. Chr. als Sitz der *Legio VIIª Gemina*, gegründet worden war, woher es auch seinen Namen hat (*Legionem* > *Leion* > León) und was auch die viereckige Form seines ersten Stadtplanes, sowie dessen Strukturierung um zwei senkrecht

León. Königliches Grab (Panteón de los Reyes) in der Königlichen Stiftskirche (Real Colegiata) von San Isidoro.

sich schneidende Achsen herum, erklärt. Nach der moslemischen Invasion im VIII. Jahrhundert, wird es bald von Alfons dem I. (Alfonso I) wiedergewonnen. 914-915, zur Zeit der Wiederbesiedelung der ganzen nördlichen Zentralhochebene, verlegt König Ordoño der II. seinen Hof von Oviedo nach León, und macht es damit zur Hauptstadt seines Reiches.

Die goldenen Jahrhunderte des Pilgertums fallen mit der Etappe des größten Glanzes der Stadt zusammen. León bot den Pilgern eine große Menge Hospitäler und wohltätiger Institutionen, sowie Heiligtümer, die man bei dem Besuch der Stadt aufsuchen konnte. Bevor sie durch den Königsbogen (Arco del Rey) oder die Puerta Cauriense durch die Mauer traten, kamen die Wanderer an der Kirche und dem Hospital der Heiligen Ana (Santa Ana) vorbei, die im XII. Jahrhundert von einer Gemeinschaft Ritter des Heiligen Grabes verwaltet wurden. Im Stadtinnern, befand sich die romanische Kirche der »Heiligen María des Weges« (Santa María del Camino), heute »des Marktes« (del Mercado), wo ein gotisches Bildnis der Schutzpatronin Leons aufbewahrt wird. Wenn man die Straße de la Rúa weiterging, kam man zur Kirche und dem Hospital des Heiligen Marzellus (San Marcelo), die einem frühchristlichen Märtyrer aus León geweiht waren, einem Zenturio der VII. Legion, wobei das Hospital von einer Gemeinschaft von Stiftsherren geführt wurde.

Wenn man einen kleinen Umweg macht, findet man die Kathedrale der Heiligen María von Regla (Santa María de la Regla), eines der schönsten gotischen Gotteshäuser Spaniens. Auf ihrem Grundstück sind nacheinander die Bäder der römischen Militärsiedlung, der Palast Ordoños des II., als er León zu seiner Hauptstadt machte, und die alte romanische Kathedrale errichtet worden. Letztere wurde gänzlich niedergerissen, um das gotische Gebäude zu erbauen, das man heute bewundern kann. Das charakteristischste dieses architektonischen Schatzes ist zweifellos das bunte Licht seines Inneren, das dank mehr als hundert Fenstern mit ihren dazugehörigen Glasmalereien, entsteht. Außen sind die herrlichen Skulpturengruppen um die drei Tore ihrer Hauptfassade, bemerkenswert. Dort, sowie auf dem Bild über dem Hauptaltar, in vielen Kapellen und auf zahlreichen Glasfenstern, ist der Apostel Jakob (Santiago) wohl vertreten.

Nicht weit von der Kathedrale entfernt und ebenfalls innerhalb der durch die ehrwürdige Mauer gezeichneten Grenzen der alten Stadt, befindet sich der zweite große architektonische Schatz Leóns, der zum Teil an diese Stadtmauer angebaut ist: die Stiftskirche des Heiligen Isidor (Colegiata de San Isidoro). Das heutige Gebäude stammt aus der Mitte des XII. Jahrhunderts, aber das Ereignis, das diese Anlage zu einem bedeutenden Heiligtum machte, war die Überführung von Sevilla her, der Reliquien des Heiligen Kirchenlehrers Isidor von Sevilla (Isidoro de Sevilla, VII. Jh.), dem Autor der *Etymologien* (*Etimologias*), eines der am meisten gelesenen Werke des ganzen Mittelalters, das zusammen mit den Werken des Boetius (Boecio) und des Kassiodor (Casiodoro), die Fundamente des Wissens während dieser langen Epoche, darstellte. Diese Überführung fand im Jahre 1063 statt, aufgrund des persönlichen Einsatzes des Königs Ferdinand des I. (Fernando I), der den Kult der Reliquien einer Gemeinschaft von regulären Stiftsherren anvertraute. Unter den bemerkenswertesten Kunstwerken dieses herrlichen Baus, befinden sich die Skulpturen des »Tores der Vergebung« (Puerta del Perdón), deren Ikonographie sich um die Passion und Wiederauferstehung Christi dreht, so wie die am »Tor des Lammes« (Puerta del Cordero), das vom *Agnus Dei* gekrönt wird, dem Symbol des Opfers Jesu der Menschheit zuliebe, unter dem sich andere Opferszenen drängen, die aus dem Alten Testament stammen.

Von St. Isidor ist zu Recht das Pantheon der Könige bekannt, eine überwölbte Krypta, in der 23 Herrscher von Leon ruhen. Seine Wände und Decke sind mit wunderschönen Gemälden mit Temperafarben geschmückt, die verschiedene Szenen der Evangelien darstellen, sowie einen Tierkreis und einen Kalender. Unter den romanischen Kunstschätzen, die in St. Isidor aufbewahrt werden, befinden sich unter anderem die Truhe, die die Reliquien des Heiligen enthält, eine Bibel mit Miniaturen des großen Bibelexegeten St. Martino von León (XII. Jh.), das Kreuz von Peñalba und der Kelch der Doña Urraca.

Wie es sich für eine so blühende Institution gehörte, zeichnete sich St. Isidor auch durch die Versorgung der Pilger aus. In spätmittelalterlicher Zeit waren jedoch die zwei großen Hospitäler der Stadt das des Heiligen Antonius (San Antonio) und vor allem das des Heiligen Markus (San Marcos). Seit dem Ende des XII. Jahrhunderts, gehörte diese Einrichtung den Rittern des Jakobsordens (Orden de Santiago) und im XVI. Jahrhundert wurde es sogar zu ihrem Hauptsitz. Aus dieser Zeit stammt der Bau dieses geschätzten materesken Klosters, dessen Hauptfassade voll von Jakobsymbolen ist. Unter ihnen überwiegen diejenigen ritterlichen Inhalts (Schwertkreuze, Darstellung des Heiligen Jakobs als »Maurentöter«) gegenüber denen mit einer pilgerhaften Symbolik (Jakobsmuscheln).

León. Nächtliche Ansicht der Fassade des Paradors von San Marcos.

19 León – Villadangos del Páramo / Villar de Mazarife

Man verlässt die urbane Zone praktisch erst nach Virgen del Camino. Von da ab bieten sich uns zwei Möglichkeiten: an der Straße zu bleiben und damit der historischen Route folgen oder sich von dieser auf lokalen Wegen und Straßen auf einer Route, die vor ein paar Jahren eingerichtet wurde, zu entfernen. Beide Möglichkeiten führen über die Hochebene von León.

León. Brücke von San Marcos.

Wenn man die Straßen Renueva und Suero de Quiñones entlanggeht, gelangt man nach San Marcos. Von dort aus überquert man die Brücke über den Fluss Bernesga um geradeaus bis zu den Zuggleisen weiterzuwandern, die man auf einem Steg überquert. In **Trobajo del Camino**, das gänzlich mit León zusammengewachsen ist, biegt man nach links in eine Straße, die in die Landstraße N-120 mündet, um sie nach rechts zu überqueren und auf dem Weg Camino de la Cruz hinaufzusteigen, der zwischen Hallen hindurchführt und endlich, bevor man an die Tankstelle kommt, an der Landstraße anlangt. 4 km weiter kommt man nach **Virgen del Camino**. Am Ausgang, nachdem man das Heiligtum hinter sich gelassen hat, überquert man die N-120 links und geht parallel zu ihr weiter, bis man die Autobahn A-66 überquert. Dort erscheint eine Gabelung mit zwei Alternativen:

A) Nach **Villadangos del Páramo** auf einem neben der Landstraße N-120 eingerichteten Pfad zu ziehen, über **Valverde de la Virgen** und **San Miguel del**

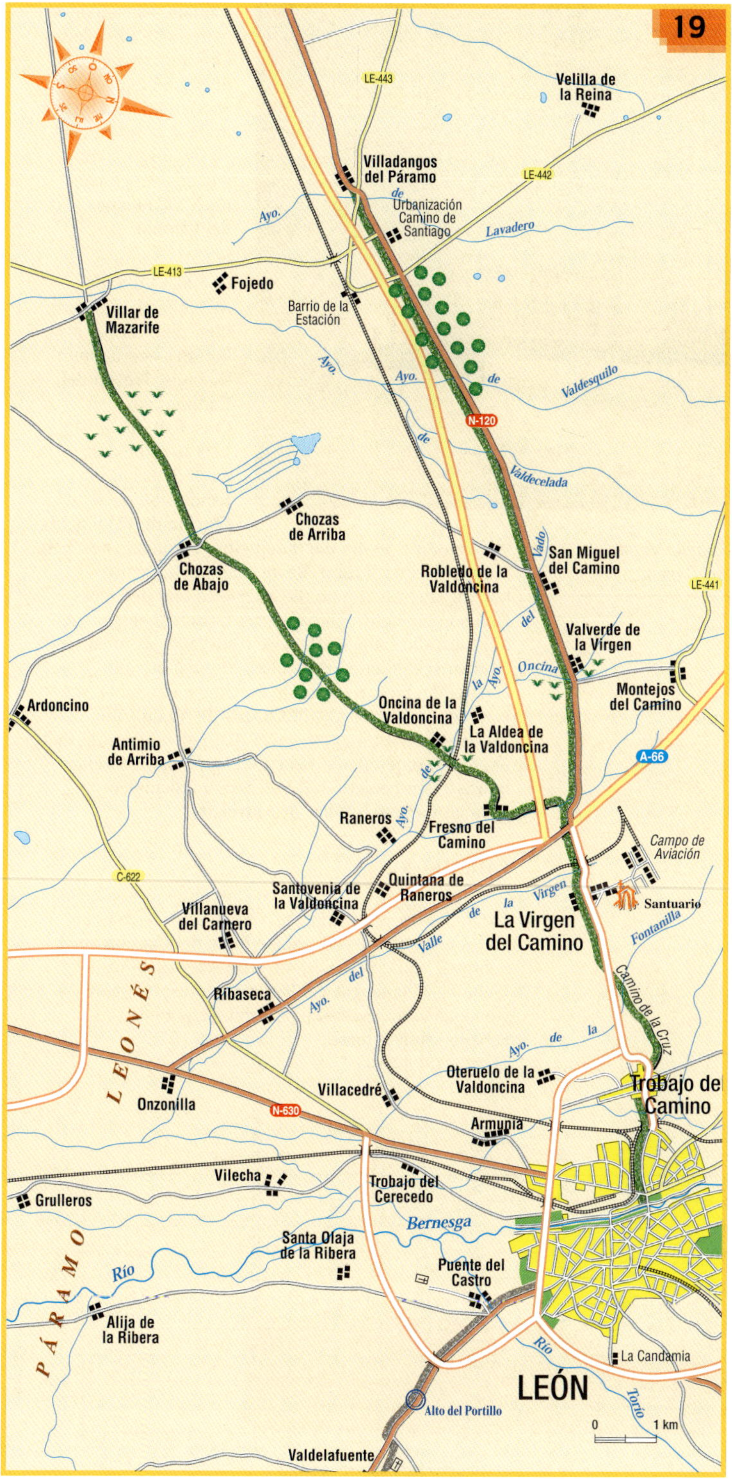

19
Velilla de la Reina
LE-443
LE-442
Villadangos del Páramo
Urbanización Camino de Santiago
Ayo. de Lavadero
LE-413
Fojedo
Barrio de la Estación
Villar de Mazarife
Ayo. de Valdesquilo
N-120
Ayo. de Valdecelada
Chozas de Arriba
Chozas de Abajo
Vado
San Miguel del Camino
Robledo de la Valdoncina
LE-441
Valverde de la Virgen
Ayo. de la Oncina
Montejos del Camino
Ardoncino
Oncina de la Valdoncina
La Aldea de la Valdoncina
A-66
Antimio de Arriba
Raneros
Fresno del Camino
Campo de Aviación
C-622
Quintana de Raneros
Santovenia de la Valdoncina
Santuario
Villanueva del Carnero
La Virgen del Camino
Valle de la Virgen
Fontanilla
Camino de la Cruz
Ribaseca
Ayo. del
Ayo. de la
PÁRAMO LEONÉS
Onzonilla
Oteruelo de la Valdoncina
Trobajo del Camino
Villacedré
N-630
Armunia
Vilecha
Grulleros
Trobajo del Cerecedo
Bernesga
Santa Olaja de la Ribera
Río
Puente del Castro
Alija de la Ribera
Río Torío
La Candamia
LEÓN
Alto del Portillo
0
1 km
Valdelafuente

Kapelle Virgen del Camino.

Camino. Nachdem man durch diese letzte Ortschaft gezogen ist, überquert man die Straße und geht immer in ihrer Nähe parallel zu ihr weiter. 8km weiter gelangt man nach **Villadangos del Páramo.**

B) Nach Villar de Mazarife zu wandern, über die Autobahn hinüber und dann in Richtung **Fresno del Camino**, einer Ortschaft, die im Tal liegt und die man nach rechts auf der Landstraße nach **Oncina de Valdoncina** verlässt, eine Straße die durch eine einsame Landschaft mit viel Gebüsch führt. Bevor man nach Oncina kommt, überquert man die Zuggleise und den Fluss gleichen Namens. Einmal in der Ortschaft angelangt, führt uns die Calle Real an den Ausgang, wo man eine landwirtschaftliche Piste nimmt, die auf die mit verstreuten Eichen bedeckte Hochebene hinaufsteigt. Nach etwa 5km erscheint **Chozas de Abajo.** Am Ausgang kommt man an einem Pappelwald vorbei und überquert einen Bach. Und auf einer Piste, zwischen bewässerten Feldern und Bewässerungskanälen, gelangt man nach **Villar de Mazarife**.

RADFAHRER

Für Radfahrer ist es trotz des Verkehrs am leichtesten, von Anfang an die N-120 bis **Virgen del Camino** zu nehmen. Von dort aus ist die erste Alternative in Richtung **Villadangos del Páramo** am bequemstem, wenngleich die zweite auch nicht allzu große Schwierigkeiten bietet.

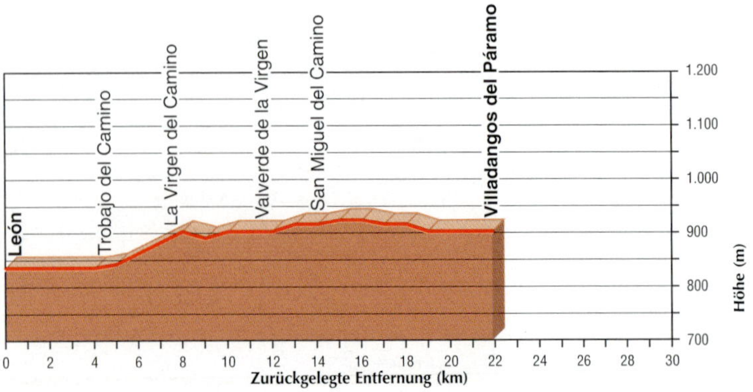

ETAPPE 19. PRAKTISCHE INFORMATION

TROBAJO DEL CAMINO

Hotels

HS* La Gárgola. Calle Gran Capitán, 7. ✆ 987 806 180. 10 Zimmer. 21 Plätze. 29 € Doppelzimmer; 19 € Einzelzimmer
Pensión Ancar. Calle Menéndez Pidal, 16. ✆ 987 802 761. 5 Zimmer. 10 Plätze. 30 € Doppelzimmer; 15 € Einzelzimmer

Restaurants

Buenavista. Ava. Párroco Pablo Díez, 325. ✆ 987 802 982
Casa Talique. Avda. Párroco Pablo Díez, 240. ✆ 987 802 763
Mirador de la Cruz. Calle Cruz, 20. ✆ 987 802 439
Pata Negra. Avenida Párroco Pablo Díez, 289. ✆ 987 253 150

LA VIRGEN DEL CAMINO

Hotels

H Villapaloma.** Avenida Astorga, 47. ✆ 987 300 990. 30 Zimmer. 57 Plätze. 63 € Doppelzimmer; 42 € Einzelzimmer
HSR San Froilán.** Avda. Peregrinos, 1. ✆ 987 302 019. 22 Zimmer. 40 Plätze. 48 € Doppelzimmer; 42 € Einzelzimmer
HSR Soto.** Carretera. León-Astorga, km 5. ✆ 987 802 925. 41 Zimmer. 46 Plätze. 48 € Doppelzimmer; 36 € Einzelzimmer
HSR* Julio Cesar. Calle Cervantes, 6. ✆ 987 302 044. 8 Zimmer. 14 Plätze. 18 € Doppelzimmer; 18 € Einzelzimmer

Restaurants

Asturias. Calle Cervantes, 5. ✆ 987 300 005
Central. Avenida Astorga, 85. ✆ 987 302 041
El Soto. Carretera León-Astorga, km 5. ✆ 987 804 010
Miravalles. Carretera León-Astorga, 34. ✆ 987 302 338

Transportmittel

Bis La Virgen del Camino fährt der Stadtbus. Außerdem führt die Strecke León-Astorga-Ponferrada der Busgesellschaft ALSA vorbei, die Haltestellen in Trobajo del Camino, Valverde de la Virgen, San Miguel del Camino und Villadangos hat.

VILLADANGOS DEL PÁRAMO

Herbergen

Städtische Herbergen (Albergue municipal). Verfügt über 80 Plätze, Küche und Fahrradraum. Das ganze Jahr geöffnet. ✆ 987 390 629 / 987 390 003

Hotels

HR Avenida III.** Carretera. León-Astorga, km 17. ✆ 987 390 311. 40 Zimmer. 76 Plätze. 27 € Doppelzimmer; 17 € Einzelzimmer
HS Alto Páramo.** Carretera. León-Astorga, km 18. ✆ 987 390 425. 15 Zimmer. 26 Plätze. 35 € Doppelzimmer; 20 € Einzelzimmer
HS Libertad.** Calle Padre Ángel Martínez, 25. ✆ 987 390 123. 23 Zimmer. 39 Plätze. 36 € Doppelzimmer; 25 € Einzelzimmer
HSR* Avenida II. Carretera. León-Astorga, km 17. ✆ 987 390 151. 10 Zimmer. 19 Plätze. 47/41 € Doppelzimmer; 29/28 € Einzelzimmer

Campingplätze

2. Kategorie. Camino de Santiago. Carretera. N-120, km 324. ✆ 987 680 253. 494 Plätze.

Restaurants

Avenida II. Carretera. León-Astorga, km 17. ✆ 987 390 081
Camino de Santiago. Carretera. León-Astorga, km 18. ✆ 987 390 193
La Pradera. Carretera León-Astorga, km 17. ✆ 987 390 017

SAN MIGUEL DEL CAMINO

Restaurants

El Rincón de Julia. Calle La Fuente, 7. ✆ 987 303 266

VILLAR DE MAZARIFE

Herbergen

Albergue de Jesús. In Calle Orujo, 8 gelegen. Verfügt über 55 Plätze, Küche und Aufenthaltsraum. Das ganze Jahr geöffnet. ✆ 987 390 697 / 686 053 390

Geschichte und Kulturerbe der Etappe 19

Der Französische Weg Etappe 19. León-Villadangos del Páramo

Ein guter Beweis der Kenntnis, die der Verfasser des *Liber sancti Iacobi* von León hatte, ist die Tatsache, dass dies die einzige Stadt ist, wo er die Existenz zweier Flüsse aufzeichnet, von denen er sogar ihre Lage zur Stadt angibt: der Torío auf der Seite, wo der Jakobsweg in die Stadt kam, bei Puente Castro, und der Bernesga, auf der anderen Seite, wo der Jakobsweg nach Astorga weiterführt. Es ist bezeichnend, dass in seinem Pilgerführer von Logroño (Ebro) bis Sahagún (Cea), auf einer Strecke von fast 250km, nur zwei Flüsse angegeben werden (Pisuerga und Carrión), während auf dem Gebiet, das heute die Provinz León einnimmt (etwas mehr als 200km) die Namen von neun Flüssen genannt werden: Cea, Esla, Porma, Torío, Bernesga, Sil, Cúa, Burbia und Valcárcel.

(abajo) Heiligenbild des San Salvador in der Kathedrale von Oviedo.

Nachdem sie St. Marcos ade gesagt und die Brücke über den Bernesga überquert hatten, mussten die Pilger entscheiden, ob sie der Route, die sie direkt nach Santiago de Compostela führte, folgen wollten oder es vorzogen, einen Umweg nach Norden zu machen, in Richtung Asturias und **Oviedo**. Wenn sie dieses letztere wählten, mussten sie von León aus den Bernesga flussaufwärts wandern, bis Robla und dann zum Pass von Pajares hinaufsteigen. Dort fanden sie mindestens seit dem XII. Jahrhundert, eine ehrwürdige Institution, die zur Betreuung der Pilger errichtet worden war: die Stiftskirche und das Hospital der Heiligen Maria von Arbas (Santa María de Arbas). Die erste Ansicht Oviedos genossen die Pilger vom Berg Manjoya aus, dessen Name, genau wie der »Berg der Freude« (Monte del Gozo) bei Compostela, auf den Jubel der Pilger anspielt, das Ziel, das sie so viel Mühe gekostet hatte, zu erreichen. Dort erwartete sie eine spektakuläre Reliquiensammlung heiliger Objekte, die mit dem Leben Jesu, der Gottesmutter, der Apostel, Personen aus dem Alten Testament und vielen frühchristlichen Märtyrern, sowohl aus Spanien wie aus Nordafrika, verbunden waren. Diese Reliquien, die der Überlieferung nach von den Aposteln selbst gesammelt und von ihren Jüngern nach Spanien gebracht worden waren, wurden in der Heiligen Truhe der Kathedrale von San Salvador aufbewahrt - wohin sie nach der moslemischen Invasion im VIII. Jahrhundert, gebracht worden waren - und genossen eine Verehrung, die in Spanien nur von der der Gebeine des Heiligen Jakob (Santiago) übertroffen wurde, sowie die Anzahl der Pilger, die nach San Salvador kamen, nur hinter der der Jakobspilger zurückstand. Es existierte eine gewisse Konkurrenz zwischen beiden Heiligtümern, die vor allem von Oviedo aus geschürt wurde und die sich in einem bekannten Verslein wiederspiegelt:

> *Quien va a Santiago / y no a San Salvador Visita al criado / y deja al Señor.*
> *(Wer nach Santiago zieht/ und nach San Salvador nicht so gern,*
> *Besucht den Knecht / und vergisst den Herrn.**)

* (In Anspielung darauf, dass San Salvador dem Heiland geweiht ist. A. d. Ü.)

Kapelle Virgen del Camino.

Aber es scheint, dass die Wallfahrten nach Asturias ihre Inspiration und Existenz denen nach Santiago de Compostela schulden, denn sie profitierten vor allem von den Jakobspilgern, die von ihrem Ruf angezogen, beschlossen sich auf den langen und anstrengenden Umweg zu begeben, der sie von León nach Oviedo führte. In gewisser Weise könnte man sagen, dass Oviedo das wichtigste Heiligtum der Jakobsroute war, und dass sein Besuch die längste Abzweigung vom Französischem Weg darstellt.

Wahrscheinlich gab es viele Pilger, die es sich zweimal überlegten und in der Ahnung der Entbehrungen und Mühen, welche sie auf dem Weg nach Oviedo erwarteten, beschlossen auf der Route weiterzuziehen, die sie direkt nach Santiago de Compostela führte. Auf ihrem Weg, war die erste Ortschaft **Trobajo del Camino**, am Ausgang von Leon, die heute der Stadt einverleibt ist. Das Bildnis des Heiligen Jakob »Maurentöters« (Santiago Matamoros), das in seiner Johannes dem Täufer (San Juan Bautista) geweihten Gemeindekirche aufbewahrt wird, stammt aus einer Jakobskapelle des XVIII. Jahrhunderts. Hinter Trobajo erhebt sich ein Wegkreuz, das dem in Alto del Portillo sehr ähnlich ist und von dem aus die Pilger einen letzten Blick auf León werfen konnten.

Unmittelbar danach befindet sich **La Virgen del Camino**, das um ein Heiligtum der Gottesmutter entstanden und gewachsen ist, das ein Bildnis der Schutzpatronin Leons aufbewahrt, eine gotische *Mater Dolorosa* aus dem

Rechts, Blick auf Valverde del Camino; unten, Gesamtansicht von San Miguel del Camino.

XV. Jahrhundert. Nach der Überlieferung erschien an diesem Ort 1516 die Gottesmutter einem Hirten, dem sie befahl, ihr zu Ehren eine Kapelle zu errichten. Dank des Rufes und der Bedeutung, die das neue Heiligtum sowohl in León wie in seiner Umgebung gewann, übertrug man auf dieses Gottesmutterbild den Titel »Jungfrau des (Jakobs)Weges«, unter dem bis dahin in León dasjenige bekannt gewesen war, das heute »Jungfrau oder Gottesmutter des Marktes« (Virgen del Mercado) genannt wird. Das große heutige Gebäude ist ein moderner Bau (1961) des Architekten Francisco Coello von Portugal, OP. Von ihm sind die Apostel im Jugendstil, welche die Hauptfassade des Gebäudes krönen, berühmt. Es handelt sich um 13 große Bronzestatuen (6m hoch, 700 kg. schwer), auf denen der Bildhauer José María Subirachs die Gottesmutter und die zwölf Apostel dargestellt hat.

Seit einigen Jahren teilt sich der Jakobsweg nach Virgen del Camino in zwei parallele Zweige. Der erste führt über die Orte **Fresno del Camino**, **Oncina de la Valdoncina**, **Chozas de Abajo**, **Villar de Mazarife** und **Villabante**, bescheidene Siedlungen, die schon im Mittelalter existierten.

Auf dem zweiten Zweig, der als Jakobsweg besser belegt ist, ist die erste Ortschaft **Valverde de la Virgen**. Im freundlichen Tal des Oncina gelegen, ist es eine bescheidene aber sehr alte Siedlung, da es schon seit dem X. Jahrhundert in den schriftlichen Belegen erwähnt wird. Wir wissen nicht, ob die etwas seltene Widmung seiner Gemeindekirche etwas mit diesem hohen Alter zu tun hat. Sie ist der frühchristlichen Märtyrerin aus Saragossa (Zaragoza) Engracia, geweiht, die zusammen mir ihren 18 Märtyriumsgenossen von dem großen Dichter Prudentius (Prudencio) in seiner Hymnensammlung mit dem Titel *Peristephanon* (IV. J.h.) besungen worden ist.

Im nächsten Ort, **San Miguel del Camino**, gab es im XII. Jahrhundert ein Pilgerhospital und in seiner Gemeindekirche, die dem Heiligen Michael (San Miguel) geweiht ist, wurde einst ein Bildnis aus dem XV. Jahrhundert des Heiligen Jakob (Santiago) im Pilgergewand aufbewahrt, das heute in León ist.

Es gab auch ein Pilgerhospital in **Villadangos del Páramo**. Diese Ortschaft liegt, wie ein Teil ihres Toponyms anzeigt, inmitten der Landschaft, die man als »Páramo leonés« kennt und die sich von León bis nach Astorga erstreckt. Diese Bezeichnung, *páramo*, ist ein vorrömischer Begriff, der ausschließlich aus der Iberischen Halbinsel stammt und der von den Bewohnern der heutigen Provinz León und der Tierra de Campos gebraucht wurde, um die weiten Ebenen, die für dieses Gebiet charakteristisch sind, zu bezeichnen.

Es ist nicht klar, ob Villadangos das alte *Vallata*, welches das *Itinerarium Antonini* auf der Via Trajana situiert, darstellt. Wenn es so wäre, würde hier der Jakobsweg wieder der alten Römerstraße begegnen, von der er sich in Reliegos getrennt hatte, um in Richtung León abzuzweigen. Wie dem auch sei, sind die ersten Belege Villadangos unter seinem jetzigen Namen oder unter einem ähnlichen (*Angos, Viadangos, Fontedangos*), aus dem XII. Jahrhundert und erscheinen in der *Historia Compostelana* belegt, die der große Erzbischof von Compostela, Diego Gelmírez, schreiben ließ. Laut dieser Chronik war der Ort Villadangos Schauplatz verschiedener Scharmützel im Laufe des Krieges, den der compostelanische Prälat - der auf das Wohl seines Patensohnes, des zukünftigen Alfons des VII. (Alfonso VII) bedacht war - gegen den Stiefvater desselben, den König von Aragón, Alfons den I. *den Schlachtenreichen* (Alfonso I *el Batallador*) führte, der aufgrund seiner Ehe mit Doña Urraca die Herrschaft über das gesamte christliche Spanien anstrebte. Obwohl die kriegerischen Zusammenstöße in Villadangos dem König von Aragón günstig waren, fiel der Ort am Ende als Folge jenes Krieges dem compostelanischen Bistum zu.

»Santiago Matamoros« in der Pfarrkirche von Villadangos del Páramo.

Wahrscheinlich ist es wegen dieser zwei Umstände, Villadangos kriegerischer Vergangenheit und seiner Beziehung zu Santiago de Compostela, dass die Gemeindekirche dem Apostel Jakob (Santiago) gewidmet ist und das auf seinen Darstellungen der kriegerische Charakter über dem pilgerhaften dominiert. So ist zum Beispiel der Hauptaltar bis auf ein Bildnis des Heiligen Claudius, ganz dem Apostel gewidmet und von einer bekannten Skulptur aus dem XVIII. Jahrhundert gekrönt, die ihn darstellt, wie er gegen seine Feinde kämpft: auf seinem weißen Pferd und mit einem für jene Zeit typischen Dreispitz. Am Tor der Kirche gibt es auch einige recht amüsante, farbige Reliefs, die von unlesbaren Schrifttafeln »erklärt« werden, auf denen die mythische Schlacht von Clavijo dargestellt ist. In ihr besiegt der König von León, Ramiro I., mit Hilfe des Apostels das Heer Abd-al-Rahman des II. (Abderramán II), und befreit so die spanische Christenheit von dem lästigen Tribut der hundert Jungfrauen. Erinnern wir uns noch mal daran, dass alle Ortschaften des Königreiches als Gegengabe dafür, dass sie von solcher Unterdrückung befreit wurden, Santiago einen jährlichen Zins zahlen mussten, der als »Jakobsgabe« bekannt war. In Hinsicht darauf, dass Villadangos eine Besitzung der Kirche von Compostela war, wäre es nicht zu gewagt anzunehmen, dass diese Tafeln eine Erinnerung an diese Vepflichtung wären, eine Verpflichtung gegen die viele andere, der so »begünstigten« Orte sich widersetzten oder die sie zu umgehen versuchten (auf dem Jakobsweg haben wir die Beispiele von Carrión und Belorado gesehen).

20 Villadangos del Páramo / Villar de Mazarife – Astorga

In Puente de Órbigo treffen die beiden Routen, die wir in der vorigen Etappe begonnen hatten zusammen, und man verlässt die Hochebene von León, die jetzt weniger einer Steppe ähnelt, dank der Gräben und Kanälen für den Bewässerungsfeldbau, der sich bis in diese Gegend verbreitet hat. Die Berge von León erscheinen bereits vor unseren Augen und am Ende der Etappe erwartet uns Astorga, die Hauptstadt der Maragatería.

Puente de Órbigo.

A) Nach ***Villadangos del Páramo*** kommt man durch einen frischen Pappelwald und an einem Bach vorbei, um dann einen Pfad zu nehmen, der parallel zur Landstraße N-120 verläuft. Nach **San Martín del Camino** führt der Jakobsweg zwischen bewässerten Feldern immer nahe dem Asphalt weiter in Richtung **Puente de Órbigo.**

B) **Villar de Mazarife** verlässt man auf der Kreisstraße, die von Pappelwäldchen und bewässerten Feldern (Mais und Zuckerrübenfelder) gesäumt wird, durch eine von zahlreichen Kanälen und Bewässerungsgräben durchfurchte Gegend. Man überquert die Landstraße nach San Martín und, wenn man **Villavante** schon erblickt, nimmt man eine Abzweigung in Richtung dieser Ortschaft, wenn man sie besuchen möchte. Nach Villavante und bevor man nach **Puente de Órbigo** kommt, überquert man die Zuggleise, die Autobahn »Jakobsweg« (Camino de Santiago) und die Landstraße N-120.

Wenn beide Routen einmal in einem einzigen Weg zusammengetroffen sind, kommt man über die herrliche Brücke nach **Hospital de Órbigo** und lässt die städtische Herberge am bewaldeten Ufer des Flusses Órbigo hinter sich.

Die Straße Camino de Santiago endet in einer Gabelung: die Landstraße geht nach links weiter und unsere Route nach rechts, durch eine Flurbereinigungspiste, die nach **Villares de Órbigo** führt. Von dort aus führt eine weitere Piste sanft zur Straße N-120 hinauf, ohne sie jedoch zu erreichen, denn man nimmt vorher einen Weg durchs Gebüsch, der auf eine Anhöhe steigt, um danach nach **Santibáñez de Valdeiglesias** hinunterzuführen. Von da aus steigt ein Weg auf den Hügel Monte de la Colomba, der mit Steineichen, Kastanienbäumen und einem Eichenwald bewachsen ist. Von dort aus sehen wir den Teleno im

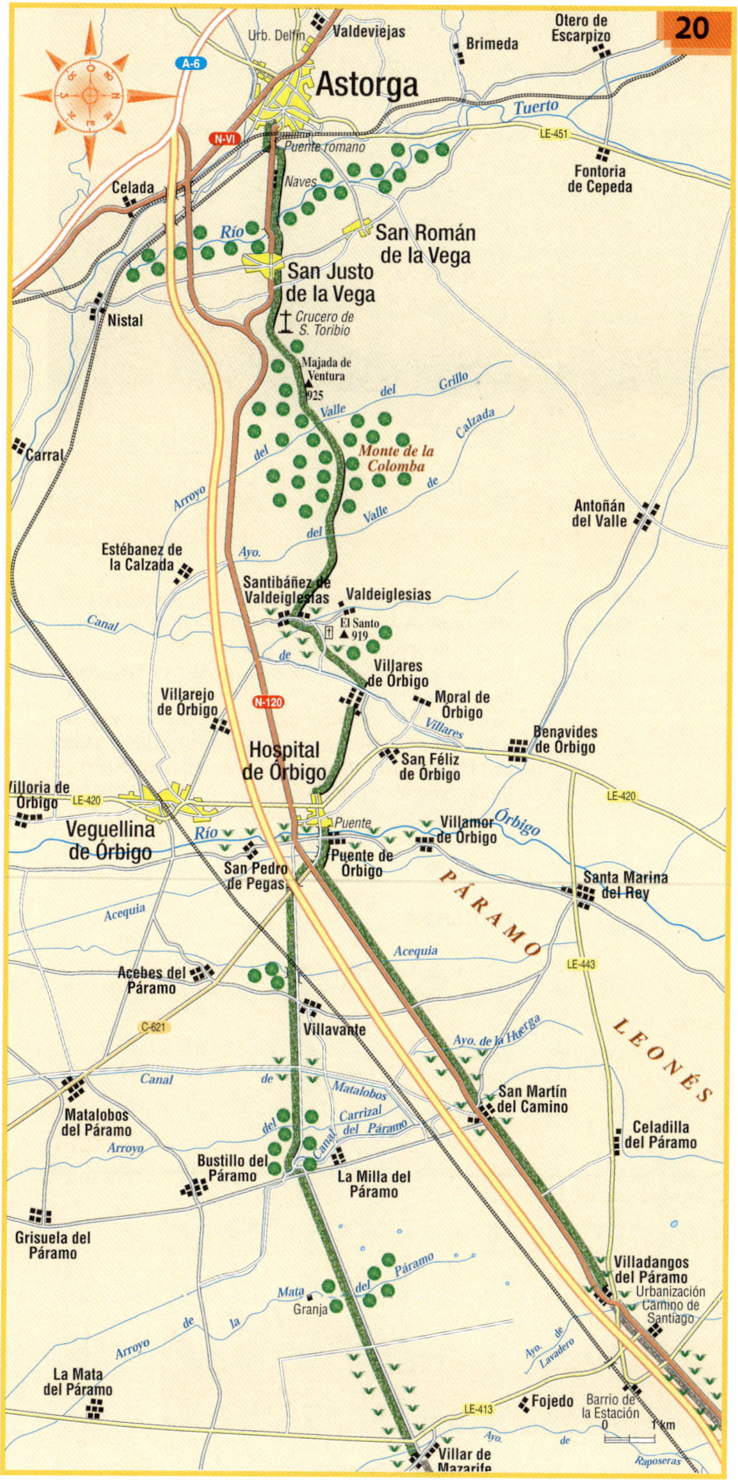
20
Astorga
Urb. Delfín
Valdeviejas
Brimeda
Otero de Escarpizo
A-6
N-VI
Tuerto
LE-451
Puente romano
Naves
Fontoria de Cepeda
Celada
Río
San Román de la Vega
San Justo de la Vega
Nistal
Crucero de S. Toribio
Majada de Ventura
925
del Grillo
Valle
Calzada
Carral
Monte de la Colomba
del
de
Valle
del
Arroyo
Antoñán del Valle
Estébanez de la Calzada
Ayo.
Santibáñez de Valdeiglesias
Valdeiglesias
Canal
El Santo
919
de
Villares de Órbigo
Villarejo de Órbigo
N-120
Moral de Órbigo
Villares
Benavides de Órbigo
Hospital de Órbigo
San Féliz de Órbigo
Villoria de Órbigo
LE-420
LE-420
Veguellina de Órbigo
Río
Puente
Villamor de Órbigo
Órbigo
San Pedro de Pegas
Puente de Órbigo
PÁRAMO
Santa Marina del Rey
Acequia
Acequia
Acebes del Páramo
LE-443
Villavante
C-621
LEONÉS
Ayo. de la Huerga
Canal
de
Matalobos
San Martín del Camino
Matalobos del Páramo
del
Carrizal
del Páramo
Canal
Celadilla del Páramo
Arroyo
Bustillo del Páramo
La Milla del Páramo
Grisuela del Páramo
Páramo
Villadangos del Páramo
Mata
del
Urbanización Camino de Santiago
Granja
de
la
Arroyo
Ayo. de Lavadero
La Mata del Páramo
Fojedo
Barrio de la Estación
LE-413
0
1 km
Ayo.
de
Raposeras
Villar de Mazarife

Pilger, die vom Wegekreuz Santo Toribio aus auf Astorga, ganz in der Nähe von San Justo de la Vega, blicken.

Südwesten und gegenüber von uns die Berge von León. Man überquert eine Landstraße und kommt an einer Nadelbaumpflanzug vorbei, wonach man ab dem Wegkreuz des Heiligen Toribio den Abstieg nach **San Justo de la Vega** beginnt. Aus dieser Ortschaft kommt man auf der Brücke über den Fluss Tuerto hinaus. Man verlässt die Landstraße und geht hinter ein paar Hallen und Häusern weiter. Man geht über die römische Brücke und überquert - wieder auf der Landstraße angelangt - die Zuggleise, um auf den Straßen Travesía de Minerva und Puerta del Sol nach **Astorga** hineinzugehen.

RADFAHRER

Ab **Hospital de Órbigo** ist die Landstraße N-120 die Alternative zu den Wegen die querfeldein führen.

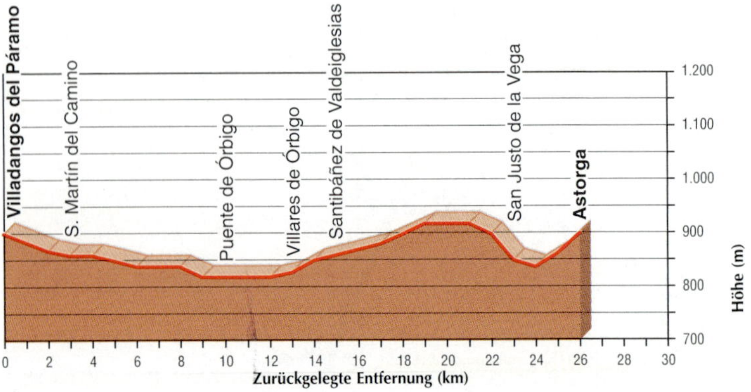

ETAPPE 20. PRAKTISCHE INFORMATION

SAN MARTÍN DEL CAMINO

Herbergen

»Teleclub«. Carretera. León-Astorga, s/n. 60 Plätze, Küche und Bar. ✆ 656 544 555

Transportmittel

Hier führt die Busstrecke León-Astorga-Ponferrada der Gesellschaft ALSA vorbei.

PUENTE DE ÓRBIGO

Hotels

Pensión La Asturiana. Avenida Constitución, 54. ✆ 987 388 425. 6 Zimmer. 18 € Doppelzimmer; 9 € Einzelzimmer
Pensión José Luis. Carretera Villamor. ✆ 987 388 349. 3 Zimmer. 5 Plätze. 30 € Doppelzimmer; 15 € Einzelzimmer

Restaurants

Parrillada Puente del Paso. Avenida de la Constitución, 124. ✆ 987 388 851

HOSPITAL DE ÓRBIGO

Herbergen

Städtische Herberge (Albergue municipal). In »Casa de la Vega«. 40 Plätze. Küche, Waschmaschine und ein Platz für die Fahrräder und die Pferde. Im Sommer Fußmedizin- und Physiotherapieservice. ✆ 987 388 206
Pfarrschutzhütte (Refugio parroquial) »Karl Leisner«. Calle Álvarez Vega, 32. 100 Plätze. Küche, Hauskapelle und Garten für Zelte. Geöffnet vom 15.3. bis 31.10. ✆ 987 388 444 / 987 389 198

Hotels

HR Paso Honroso.** Carretera N-120, km 335. ✆ 987 361 010. 25 Zimmer. 47 Plätze. 52/45 € Doppelzimmer; 36/30 € Einzelzimmer
HS Don Suero de Quiñones.** Calle Álvarez Vega, 1. ✆ 987 388 238. 11 Zimmer. 20 Plätze. 55 € Doppelzimmer; 36 € Einzelzimmer

Campingplätze

2. Kategorie D. Suero de Quiñones. Terrenos de la Vega. ✆ 987 361 018. 350 Plätze.

Restaurants

La Encomienda. Calle Álvarez Vega, 30. ✆ 987 388 211
La Vega. Calle La Vega. ✆ 987 388 486

SANTIBÁÑEZ DE VALDEIGLESIAS

Herbergen

Pfarrherberge Calle Carromonte, 3. 65 Plätze. Küche. Geöffnet vom 1.Mai bis 31. Oktober. ✆ 987 377 698

SAN JUSTO DE LA VEGA

Hotels

HSR* Juli. Calle Real, 56. ✆ 987 617 632. 8 Zimmer. 12 Plätze. 28 € Doppelzimmer; 25 € Einzelzimmer

ASTORGA

Herbergen

Städtische Herbergen (Albergues municipales). Calle Rodríguez, 24. 60 Plätze. Plaza de los Marqueses, 13. 162 Plätze. Verfügen über Küche. ✆ 987 618 281 / 660 547 751
Albergue »San Javier«. Calle Portería, 6. 110 Plätze, Küche und Waschmaschine. Fahrradraum. ✆ 987 618 532

Hotels

Pensión Fuertes. Avenida Madrid, 54. ✆ 987 615 572. 5 Zimmer. 23 € Doppelzimmer.
Pensión Ruta Leonesa. Carretera León, 14. ✆ 987 615 037. 4 Zimmer. 27 € Doppelzimmer.

Restaurants

Delfín. Carretera. Madrid-Coruña, km 326. ✆ 987 615 016
El Maragato. Carretera. Madrid-A Coruña, km 386. ✆ 987 619 169

Transportmittel

Astorga liegt auf der Strecke León-Astorga-Ponferrada, die von der Busgesellschaft **ALSA** betrieben wird.
Busbahnhof (Estación de autobuses). ✆ 987 602 423
Bahnhof. ✆ 987 616 091

Geschichte und Kulturerbe der Etappe 20

Der Französische Weg Etappe 20. Villadangos del Páramo-Astorga

Von Virgen del Camino bis Hospital de Órbigo, verläuft der Weg auf zwei Armen. Auf dem ersten, wo mögliche Überreste einer alten Römerstraße gefunden worden sind, liegt die Ortschaft **Villabante**.

Der zweite Arm führt nach Villadangos über **San Martín del Camino**, dessen Name durch die Widmung seiner Gemeindekirche an den Heiligen Martin von Tours (San Martín de Tours) erklärt wird. Die Verehrung dieses Heilige pannonischer Herkunft, der in seiner Jugend Soldat in einer römischen Legion und später Bischof von Tours war (IV. Jh.), genoss ein außerordentlich hohes Ansehen innerhalb der merowingischen Welt, von wo aus sein Kult sich unter den Rest der Christenheit verbreitete. In Spanien wurde er sehr stark im Reich der Sweben verehrt (VI. Jh.), und später wurde sein Kult zur Zeit des asturischen Königreiches wiederbelebt (VIII.-IX. Jh.), dank dem Kontakt zwischen seinen Königen und den Karolingern, bis er endgültig durch die Wallfahrten nach Santiago de Compostela gefestigt wurde (XI.-XIII. Jh.). Die Verehrung des Heiligen Martins an diesem konkreten Ort, könnte aus jeder dieser drei Etappen stammen, vor allem aus den beiden letzten. Andererseits kennt man mindestens seit dem XVII. Jahrhundert, die Existenz eines Hospitals für arme Pilger in San Martín del Camino.

Der Führer des *Liber sancti Iacobi* erwähnt als Jakobswegstation eine Ortschaft, die er *Orbega* nennt. Es ist klar, dass er auf einen der beiden Orte am Ufer des Flusses Órbigo anspielt, Puente de Órbigo oder Hospital de Órbigo, wenn er nicht überhaupt beide gleichzeitig meint, und sie in einem mögliche Plural vereinigt (*Orbega* = die Órbigos). Wie schon gesagt, ist Órbigo eigentlich der Name eines bedeutenden Flusses, den der Verfasser des Führers merkwürdigerweise nicht im dazugehörigen Abschnitt erwähnt. Dies bedeutet, dass seine Reise durch die Hochebene von León bis zum Bierzo etwas zu rasch gewesen ist.

Puente de Órbigo. Pilger bei der Überquerung der Brücke in Richtung Hospital de Orbigo.

Obwohl die ersten bekannten Belege der Ortschaft **Puente de Órbigo** vom Ende des XII. Jahrhunderts stammen, ist es möglich, dass sie schon vorher existierte. Von großer strategischer Wichtigkeit als eines der Zugangstore zum nordwestlichen Spanien, waren dort schon Sueben und Westgoten zusammengestoßen (V. Jh.), sowie später der asturische König, Alfons der III. (Alfonso III) mit den Heeren des Kalifen (X. Jh.). Ihre Länge und Eleganz, machen die Brücke, die diesem Ort seit Ende des XII. Jahrhunderts seinen Namen gibt, zu einer der besten Bauten ihrer Art auf dem Jakobsweg. Aber ihr Ruf beruht nicht auf ihrer architektonischen Qualität, sondern auf den Ereignissen des »Ehrenhaften Durchzugs« (»Passo honroso«), einer der schönsten Geschichten des Jakobsweges, in der sich das Ritterliche und Pilgerhafte in einer seltsamen Mischung treffen. Es handelt sich um die »private« Heldentat eines würdigen Vorgängers Don Quixotes von der Mancha

(Don Quijote de la Mancha), des Edelmannes aus León Suero de Quiñones:

Seit langer Zeit fühlte sich dieser Ritter durch die Liebe zu einer gewissen Dame gefangen, weshalb er jeden Donnerstag einen eisernen Ring um den Hals trug. Um sich davon zu befreien, rief er den Heiligen Jakob (Santiago) als Zeugen an und setzte den Preis seines Lösegeldes, um sich aus diesem »Liebesgefängnis« zu befreien, auf 300 Lanzen fest, die er und acht Gefährten im Laufe des Jubiläumsjahres 1434 brechen mussten. Er ließ sein Vorhaben von einem Herold verkünden und einen Turnierplatz auf einer Wiese bei Puente de Órbigo festsetzen. Dort forderten er und seine acht »Bürgen« jeden »fahrenden« Ritter, der vorbeikam und die Herausforderung annahm, zum Zweikampf auf. Die Bedingungen des Kampfes wurden in 22 Punkten ausgeführt und als Reglement des Tourniers veröffentlicht. Zum Beispiel wurde festgelegt, dass man die Ritter, die nicht kämpfen wollten, nicht dazu zwingen sollte, aber dass die Damen, die keinen Ritter hätten, um sie zu verteidigen, ihren rechten Handschuh als Pfand abgeben müssten. Die Rechtmäßigkeit des Tourniers wurde von dem Schreiber Pero Rodríguez de Lena bescheinigt, der alles, was sich dort vom 10 Juli is zum 9 August zutrug, in einer notariellen Akte festhielt. In dieser Zeit besiegten Don Suero und seine »Bürgen« 68 Ritter, die die Herausforderung angenommen hatten, Franzosen, Italiener, Deutsche, Portugiesen und Spanier, wobei man nur den Tod eines Ritters aus Aragón zu beklagen hatte. Zwar noch weit von den festgelegten 300 Lanzen entfernt, gaben sich Don Suero und sein Gefolge doch mit dem bis dahin Erreichten zufrieden, und begaben sich auf eine Wallfahrt nach Santiago de Compostela, wo der Ritter dem Apostel ein goldenes Armband mit einer Inschrift mit den folgenden Versen in französisch-provenzalischer Sprache übergab, die wahrlich die Härten einer »*prison d'amour*« heraufbeschwören:

Hospital de Órbigo. Kirche und Straße.

> *Si a vous ne playst avoyr mesura / certes ie di que ie suy sans ventura.*
> *(Wenn es euch nicht beliebt Maß zu haben / dann ist es sicher, dass ich unglücklich bin.)*

Dieses Armband trägt heute der Reliquienschrein in Form einer Büste des Heiligen Jakob Alfeo (Santiago Alfeo) in der Kathedrale von Santiago de Compostela als Kette.

Auf der anderen Seite der Brücke liegt **Hospital de Órbigo**, dessen Name von einem vom Johanniterorden geleiteten Hospital herrührt, das zwar nicht durch schriftliche Dokumente belegt ist, aber wohl durch die mündliche Überlieferung.

Die Gemeindekirche von **Villares de Órbigo** ist dem Heiligen Jakob geweiht, der in seiner Variante zu Pferde den Hauptaltar krönt. In der Dreifaltigkeitskirche (Iglesia de la Trinidad) von **Santibáñez de Valdeiglesias**, finden wir ihn auch in dieser Version, zusammen mit dem Heiligen Rochus (San Roque) im Pilgergewand. Wie auch an anderen Orten, scheint hier der Heilige Rochus den Apostel unter seinem pilgerhaften Aspekt zu vertreten. Die

Astorga. Gesamtansicht der Kathedrale, dem Episcopal Palast und der Stadtmauer.

Widmung der Kirche an die Dreifaltigkeit, könnte darauf hinweisen, dass hier einstmals eine Gemeinschaft von Mönchen des Dreifaltigkeitsordens ihren Sitz hatte, ein Orden der seit dem XIII. Jahrhundert sehr aktiv bei der Betreuung der Pilger war.

Bevor man nach **San Justo de la Vega** kommt, kündet das Kreuz des Heiligen Toribius (Crucero de San Toribio) den Pilgern den ersten Blick auf Astorga an. Nach der lokalen Überlieferung, warf der Heilige Toribius, Bischof von Astorga (V. Jh.) von hier aus einen letzten Blick auf seine Stadt, um sich danach den Staub von seinen Sandalen abzuschütteln. Möglicherweise weist diese Legende auf die große Popularität der priszilianischen Heräsie* in der Diozese Astorga hin. Es sind zwei Briefe des Heiligen Toribius über dieses Problem erhalten, sowie die Antwort des Papstes Leon Magnus (León Magno). In diesem Dorf erinnert unter anderem der Name der Hospitalstraße an den Jakobsweg.

Astorga ist neben Burgos die einzige große Stadt mit einem Bischofssitz, deren klassischer, lateinischer Name (*Asturica*) dem Verfasser des *Liber sancti Iacobi* nicht bekannt war, der sie *Austurga* oder *Osturga* nennt und sie nicht einmal als Ende einer Etappe ansieht. Dies, zusammen mit dem Mangel an Angaben über die Gebiete des *Páramo* und der *Maragatería*, im Gegensatz zu den vielfältigen Kommentaren, die er über die Stadt León und das Gebiet des Bierzo macht, zeigen, dass der Verfasser dieses Reiseführers sich nicht allzu lange in dieser Gegend aufhielt.

Das wäre anders gewesen, wenn es sich um einen Reisenden aus der Römerzeit gehandelt hätte, als Astorga *Asturica Augusta* war, Haupt des *Conventus Iuridicus Asturicensis*, das heißt, der administrativen Einheit, die mit dem Gebiet der Asturen zusammenfiel. Die Tatsache, dass es die Hauptstadt einer Region sagenhafter Goldressourcen war, in der ein *Procurator Metallorum* an der Spitze einer besonderen Militäreinheit seinen Sitz hatte, erklärt dass hier zwei so wichtige Straßen wie die *Via Trajana* und die *Via de la Plata* zusammentrafen. Aus den Briefen des Heiligen Kyprian (San Cipriano) von Karthago geht hervor, dass Astorga schon im III. Jahrhundert einen Bischof hatte. Es wurde vom Westgotenkönig Theoderich (Teodorico, V. Jh.) zerstört, sowie von Al-Mansur (Almanzor, X. Jh.). In westgotischer und hochmittelalterlicher Zeit, blühten auf

* Vom Spanier Priszillian im IV. Jahrhundert verbreitete Lehre, die einige Elemente der Gnostiker und Manichäer enthielt(A.d.Ü).

seinem Gebiet aktive monastische und anachoretische Bewegungen. In Astorga selbst gab es bis zu 10 Klöstern, die es zusammen mit seinen 21 Hospitälern zu einem der gastfreundlichsten Orte des Jakobsweges machten.

Astorga. Gefäße im Römischen Museum (Museo Romano).

Es war eine befestigte, mehr oder weniger viereckige Stadt, und die Pilger betraten sie durch das »Sonnentor« (Puerta del Sol), gingen zwischen den Marktständen der »Ladenstraße« hindurch (Rúa de las Tiendas), der heutigen St. Franziskusstraße (Calle de San Francisco), kamen an der Kirche des Heiligen Franziskus vorbei (nach der Überlieferung, eine persönliche Gründung des Heiligen von Assisi), sowie an der des Heiligen Bartholomäus (San Bartolomé, XI. Jh.), bis sie zum wichtigsten Monument der Stadt kamen, der Kathedrale der Heiligen Maria. Das heutige Gebäude ist gotisch (XV.Jh.) obwohl ein Teil der alten romanischen Kathedrale erhalten ist. Sie birgt in ihrem Innern Werke von Gregorio Fernández, eine romanische Statue der Virgen de la Majestad und ein herrliches Altarwerk des Gaspar Becerra, das über dem Hauptaltar steht. Auf einem ihrer Giebel begegnen wir von neuem einer Erinnerung an die mythische Schlacht von Clavijo: den beliebten Pero Mato, dem *Maragato*, der als Leutnant des christlichen Heeres an ihr teilnahm. Neben der Kathedrale liegt das alte Hospital des Heiligen Johannes (San Juan), das im XII. Jahrhundert gegründet wurde. Andere Hospitäler in Astorga waren das des Heiligen Stefan (San Esteban), St. Feliz, »die Fünf Wunden« (Las Cinco Llagas) u.a.. Zwischen der Kirche der Heiligen Maria und der gotischen Kapelle des Heiligen Stefan, liegt die sogenannte »Zelle der Eingemauerten« (Celda de las Emparedadas), die der Lokalüberlieferung zufolge ein Gefängnis für Frauen unanständigen Lebenswandels war, die von den Pilgern auf ihrem Weg durch die Stadt ernährt wurden.

Abgesehen von den zahlreichen römischen Überresten Astorgas (Brücke, Kerker, Mobiliar), muss man das »Museum der Wege« (Museo de los Caminos) erwähnen, das seinen Sitz im neugotischen Bischofspalast hat, der von Antoni Gaudí Anfang des XX. Jahrhunderts gebaut wurde.

Astorga. Jakobinischer Saal des Jakobswegmuseum (Museo de los Caminos).

21 Astorga – Rabanal del Camino

Schon ganz in der Gegend der Maragatería, steigt man fast ohne es zu merken, sanft über die ersten Ausläufer der Berge von León, zu den Bergen selbst hinauf. Es handelt sich um ein welliges Terrain, voller Ginster und Heidekraut, Kümmereichen und Nadelbaumpflanzungen.

Nächtliche Ansicht der Kathedrale von Astorga.

Wenn man die Kathedrale als Ausgangspunkt nimmt, ist dies der Weg, der aus **Astorga** hinausführt: die Straßen Rúa de los Judíos, Poeta Leopoldo Panero, Esteban Carro Celada, San Pedro und Rúa de los Francos. Man überquert die Landstraße N-VI in Richtung Ponferrada und geht dann auf den von Bäumen gesäumten Bürgersteigen der Landstraße LE-142 in Richtung **Murias de Rechivaldo**, lässt Valdeviejas rechts hinter sich und kommt an der Kapelle des »Ecce Homo« vorbei. Eine Brücke überquert die Autobahn und danach eröffnet ein Wegkreuz den Pilgerpfad, der am Asphalt entlang verläuft. Vor Murias liegen noch ein Pappelwald und der Fluss Jerga. Links führt ein Weg durch die »hintere« Seite dieser Ortschaft, auf der Straße Calle de la Iglesia. Am Ausgang verläuft der Jakobsweg neben einer Flurbereinigungspiste durch eine Landschaft mit kleinen, mit Steineichen, Ginster, Nadelbaumpflanzungen und Eichen bewachsenen Hügeln. Rechts geht die Landstraße nach Castrillo de Polvazares weiter. (Wenn man möchte, kann man einen Umweg machen, um dieses schöne Dorf kennenzulernen). An dem Punkt, an dem die Straße nach Santa Colomba de Somoza abbiegt, muss man sie überqueren, um auf einer asphaltierten Piste bis **Santa Catalina de Somoza** weiterzuwandern, das man auf seiner Hauptstraße, der Calle Real, durchquert. Am Ausgang nimmt man wieder denselben, parallel zum Asphalt verlaufenden Pfad in Richtung **El Ganso**, eine Ortschaft, die 4,5 km entfernt liegt und durch die man auf der Landstraße zieht. Wenn man sie verlässt, fängt die Landschaft an sich mit Eichen zu bedecken. Zwei Kilometer weiter endet unser Pfad und man muss auf dem Asphalt weiterwandern, durch

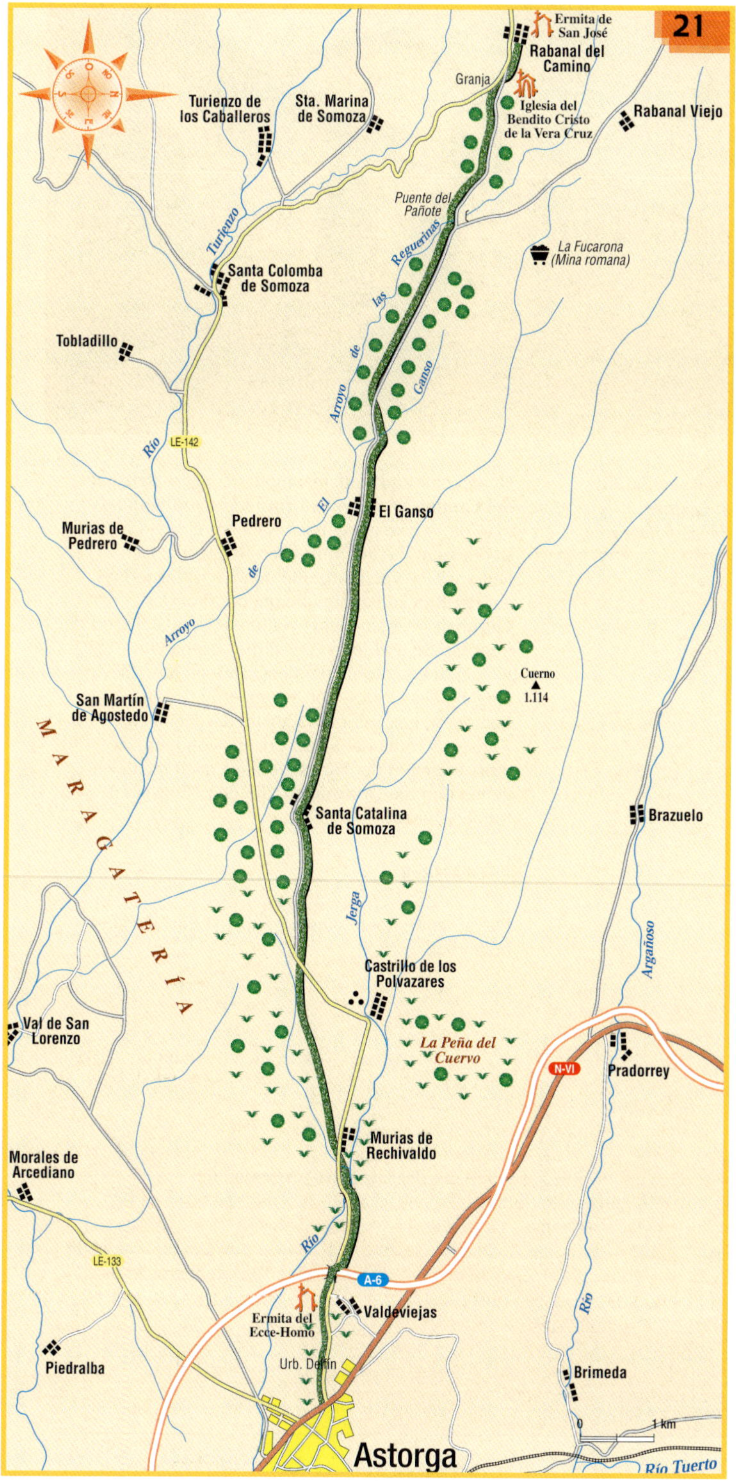
21
Ermita de San José
Rabanal del Camino
Granja
Iglesia del Bendito Cristo de la Vera Cruz
Rabanal Viejo
Turienzo de los Caballeros
Sta. Marina de Somoza
Puente del Pañote
La Fucarona (Mina romana)
Santa Colomba de Somoza
Río Turienzo
Arroyo de las Reguerinas
Tobladillo
Arroyo del Ganso
LE-142
El Ganso
Pedrero
Murias de Pedrero
Arroyo de El Ganso
Cuerno 1.114
San Martín de Agostedo
MARAGATERÍA
Santa Catalina de Somoza
Brazuelo
Jerga
Castrillo de los Polvazares
Argañoso
Val de San Lorenzo
La Peña del Cuervo
N-VI
Pradorrey
Murias de Rechivaldo
Morales de Arcediano
Río
LE-133
A-6
Ermita del Ecce-Homo
Valdeviejas
Río
Piedralba
Urb. Delfín
Brimeda
0 1 km
Astorga
Río Tuerto

Typische Straße in Castrillo de los Polvazares.

Heidekraut und Nadelbaumpflanzungen. **Rabanal del Camino** erscheint am Horizont. Vorher muss man die Abzweigung nach Rabanal el Viejo hinter sich lassen, die am römischen Bergwerk »La Fucarona« vorbeiführt, und den Bach Reguerinas auf der Brücke Pañote überqueren. Vor der Ortschaft liegt ein Eichenwald, aus dem aufgrund ihrer Größe und ihres Alters, die sogenannte »Pilgereiche« (Roble del Peregrino) herausragt. Am Eingang des Dorfes, dort wo man die LE-142 überquert, erscheint die Kapelle des Heiligen Christus (Ermita del Santo Cristo). Von hier aus muss man von der Landstraße aus nach rechts gehen und die Dorfstraßen, die den »Pilgerweg« formen, hinaufwandern.

RADFAHRER

Die gesamte Route dieser Etappe ist für Fahrräder befahrbar.

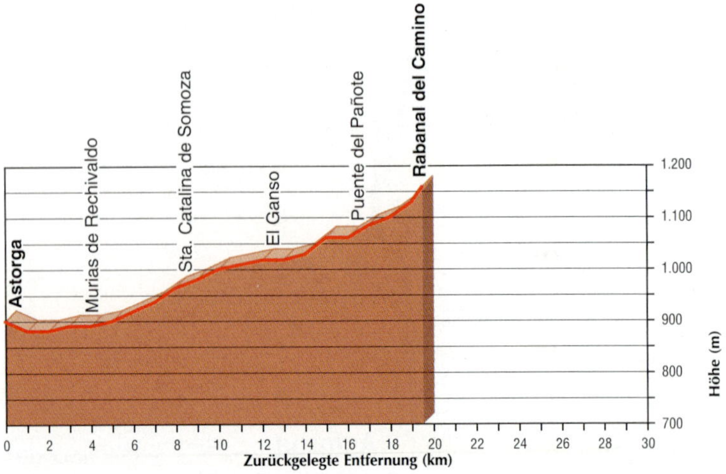

ETAPPE 21. PRAKTISCHE INFORMATION

MURIAS DE RECHIVALDO

Herbergen

Albergue de Murias.
Verfügt über eine kleine Herberge mit ungefähr 20 Plätzen, das ganze Jahr geöffnet und vom Gemeinderat geführt.
✆ 987 691 150

Restaurants

Mesón Asturum. Carretera Santa Colomba. ✆ 987 619 270

CASTRILLO DE LOS POLVAZARES

Hotels

HSR** Hostería Cuca la Vaina.
Calle Jardín. ✆ 987 691 078.
7 Zimmer. 55 € Doppelzimmer;
3 € Frühstück.

Restaurants

Casa Maruja Botas.
Calle Real, 24. ✆ 987 691 065

Casa Coscolo.
Calle El Rincón, 1. ✆ 987 691 984

Mesón La Magdalena.
Calle Real, 21. ✆ 987 691 067

Casa Juan Andrés. Calle Juan José Cano, 16. ✆ 987 691 971

Mesón del Arriero.
Calle Real, 4. ✆ 987 691 047

La Peregrina.
Calle Real, 52. ✆ 987 691 102

SANTA CATALINA DE SOMOZA

Herbergen

Gemeinderatherberge Santa Catalina de Somoza (Albergue Junta Vecinal de Santa Catalina de Somoza).
✆ 987 691 819

EL GANSO

Herbergen

Albergue Camino de Santiago.
✆ 987 691 088

RABANAL DEL CAMINO

Herbergen

Refugio »Gaucelmo«.
Sie befindet sich in einem alten Pfarrhaus, das dank der "Confraternity of Saint James" wieder aufgebaut wurde und die von deren Mitgliedern und dem Verein der Freunde des Jakobsweges von El Bierzo geführt wird. Geöffnet von April bis Oktober. ✆ 987 691 901

Städtische Herberge (Albergue municipal).
Am Plaza del Pueblo gelegen. Verfügt über 40 Plätze, Küche und Waschmaschine. Geöffnet von Ostern bis 15. Oktober. Ab 16 h steht ein Masseur zu Diensten. ✆ 687 617 445

Albergue »Nuestra Señora del Pilar«.
Am Plaza Gerónimo Morán, s/n. Verfügt über 72 Plätze, Küche, Kamin und großer Hof . Das ganze Jahr geöffnet.
✆ 987 691 890

Hotels

HS* Hostería El Refugio.
Calle Real. ✆ 987 691 274. 9 Zimmer. 14 Plätze. 47 € Doppelzimmer; 32 € Einzelzimmer; 3,6 € Frühstück; 9 € Essen/Abendessen.

Pensión El Tesín.
Calle Real. ✆ 652 277 262. 3 Zimmer. 6 Plätze. 40 € Doppelzimmer; 2 € Frühstück.

Restaurants

La Posada de Gaspar.
Calle Real, 24. ✆ 987 691 079

Geschichte und Kulturerbe der Etappe 21

Blick auf Castrillo de los Polvazares.

Der Französische Weg Etappe 21. Astorga-Rabanal del Camino

Von der Kathedrale aus verließen die Pilger Astorga durch das Bischofstor (Puerta del Obispo), wo die Zunft der »*pelliteros*« dem Apostel Jakob (Santiago) eine Kapelle geweiht hatte. Außerhalb der Stadtmauer durchquerten sie den Vorort Rectivía und standen vor einem neuen Dilemma: dem Jakobsweg über den Pass von Manzanal zu folgen oder über Rabanal und den Berg Irago zu ziehen. Der deutsche Pilger aus dem XV. Jahrhundert, Künig von Vach, empfiehlt seinen Lesern die erste Variante, weil sie ebener ist. Wir dagegen folgen der zweiten, obwohl auf der Route über Manzanal wichtige mit dem Jakobskult verbundene Monumente liegen, wie das Hospital, das die Johanniter in der Nähe des Passes betrieben.

Die Ortschaft, die heute **Valdeviejas** genannt wird, erscheint in den mittelalterlichen Belegen als *Villa Sancti Verissimi*. Tatsächlich ist heute noch die Gemeindekirche des Ortes dem Märtyrer aus Lissabon (Lisboa), St. Verissimus (Verísimo), geweiht. Die Verehrung dieses Heiligen hier ist ein weiteres Zeichen dafür, dass wir uns Galizien nähern. Ein Zeugnis der eng mit den Wallfahrten verbundenen Vergangenheit von Valdeviejas, ist die belegte Existenz eines Pilgerhospitals hier im XV. Jahrhundert. Am Ausgang des Ortes erhebt sich die Kapelle des Ecce Homo.

In **Murias de Rechivaldo** geht der Jakobsweg in ein neues Gebiet über, die Maragatería. Der Grenzcharakter Murias wird vielleicht auch durch den ersten Teil seines Ortsnamens angedeutet, »murias«. Dieses uralte hispanische Wort bedeutet im Prinzip »Steinhaufen« aber aufgrund der Funktion, die diese Steinhaufen hatten, bedeutet es auch »Grenze«.

Wenn Astorga manchmal als die Hauptstadt der **Maragatería** angesehen wird, geschieht dies, weil es eine größere Stadt in der Nähe dieser Region ist, und nicht so sehr, weil es wirklich dazugehört. Die Maragatería bezeichnet nicht so sehr ein Gebiet mit klaren geographischen Eigenschaften, als vielmehr eine Gruppe von Ortschaften, deren Bewohner bis vor kurzem einige alte Bräuche bewahrt haben, die sie von ihren unmittelbaren Nachbarn unterschieden. Schon manchen Reisenden aus dem XV. Jahrhundert, so wie Arnold von Harff, fiel der kostbare Schmuck auf, den manche Frauen der Maragatería trugen, was manchmal als ein Weiterleben keltischer Bräuche verstanden worden ist. Das kann sein, denn man darf nicht vergessen, dass in der Nähe die Goldgruben des Bierzo liegen, aber diesen Schmuck kann man auch als ein Zeichen des Reichtums interpretieren, der Frucht des Unternehmungsgeistes dieses Volkes von Fuhrmännern und Händlern war.

Nur einen Kilometer vom Jakobsweg entfernt, liegt **Castrillo de los Polvazares**, ein Ort, der heute als einer der charakteristischsten für das Wesen der Maragatería gilt. Sein Ruf kommt daher, dass dies der Ort ist, wo die Schriftstellerin Concha Espina ihren bekannten Roman *Die maragatische Sphynx* (*La Esfinge maragata*) spielen ließ, der ein wunderschönes Portrait der Sitten und Gewohnheiten der Leute dieser gegend ist. Von Castrillo ist das perfekte Steinpflaster seiner Hauptstraße bekannt und vor allem das typisches Gerricht der Maragatería, ein besonderer »cocido«, ein Eintopf, den man in umgekehrter Reihenfolge ist: man beginnt erst mit dem schmackhaftesten Teil (das Fleisch), geht dann zu den Hülsenfrüchten und dem Gemüse über, um mit der Suppe zu enden.* In der Nähe von Castrillo de los Polvazares befinden sich auf dem Hügel Cerro de la Mesa die Überreste eines keltischen *castrum*, eines befestigten Dorfes.

Es kann sein, dass **Santa Catalina de Somoza** die Ortschaft ist, die Arnold von Harff einfach »Hospitale« nennt. Außer dem Zeugnis des rheinischen Pilgers, ist in diesem Ort ein Hospital der Virgen de las Candelas belegt. In der Gemeindekirche der Heiligen Maria, die anfangs der Heiligen Katharina von Alexandrien (Santa Catalina de Alejandría) geweiht war (von daher der Name des Dorfes), wird eine Reliquie des Heiligen Blas aufbewahrt, der auch der Schutzpatron der Ortschaft ist. Da wir die Verehrung dieses Bischofs von Sebaste (Armenien) an vielen Orten des Jakobsweges finden, wo den Pilgern außer Herberge auch ärztliche Betreuung angeboten wurde, ist es möglich, dass dies auch der Fall im Hospital von Santa Catalina de Somoza war. Der zweite Teil des Toponyms, »Somoza« (vom lateinischen *sub montia*, »am Fuße des Berges«), bezeichnet und beschreibt den Charakter der Gegend, die auf dem Hang am Anfang des schwierigen Aufstieges des als Rabanal, Foncebadón oder »Irago« bekannten Berges liegt.

* Diese Reihenfolge ist im Bezug auf das bekanntere Madrider »cocido« »umgekehrt«, bei dem man erst die Suppe, dann das Gemüse und die Kichererbsen und am Schluss das Fleisch isst.

Oben, typische Hochzeitstracht aus La Maragatería in Castrillo de los Polvazares; rechts, Blick auf eine Straße in Santa Catalina de Somoza.

Ansicht von El Ganso.

Arnold von Harff, der im Allgemeinen sehr gründlich war, wenn es darum ging, die Ortsnamen der Gegenden, die er durchwanderte, wiederzugeben, machte sich nicht die Mühe, die korrekten Namen der kleinen maragatischen Orte der Gegend von Somoza anzugeben. So nennt er zum Beispiel Santa Catalina »Hospitale« und bezeichnet den nächsten Ort, **El Ganso** als »Hospitale grande«. Der älteste Beleg eines Hospitals in El Ganso ist von 1142, als es der Kathedrale von Astorga zugesprochen wurde. Vom XIII. Jahrhundert an, betreute eine Gemeinschaft prämonstratensischer Nonnen dort die Jakobspilger. Ein Überrest dieser den Wallfahrten gewidmeten Vergangenheit ist die Widmung seiner Gemeindekirche, die dem Heiligen Jakob (Santiago) geweiht ist und in der eine Darstellung des Apostels als Pilger zu sehen ist.

El Ganso ist die erste Ortschaft auf dem heutigen Jakobsweg, in der man Häuser mit Strohdach sehen kann, die für den Nordwesten Leóns und für einen Teil Galiziens typisch sind. Nach dem Zeugnis des italienischen Pilgers des XVIII. Jahrhunderts Domenico Laffi, war diese Art, die Dächer zu decken, vor nicht allzulanger Zeit in der ganzen Provinz León verbreitet.

Etwas abseits des Weges, auf seiner rechten Seite, befindet sich das **Bergwerk von Fucarona** (Mina de Fucarona), das schon zur Römerzeit in Betrieb war. Es ist eine der alten Goldgruben, die den Reichtum Astorgas zur Zeit Roms sprichwörtlich machten.

Rabanal del Camino wird mehrere Male im Führer des *Liber sancti Iacobi* erwähnt. Das erste Mal erwähnt er es zum Ende der neunten Etappe, eine Auszeichnung, die er nicht der historischen Hauptstadt der Region Astorga, zukommen lässt. Er sagt außerdem, dass dieser Ort auch als *Captivus* bekannt war. Dieser seltsame Beiname, der bei Ortsnamen ungewöhnlich ist, ist aus dem galizischen »cativo« heraus erklärt worden, was »klein« bedeutet. In dem Fall wäre Rabanal del Camino durch dieses Adjektiv von Rabanal Viejo unterschieden worden, einer älteren Ortschaft, die in der Nähe lag. Eine andere Theorie weist auf eine nicht belegte Beziehung von Rabanal zu einer mächtigen Familie aus Astorga hin, die dieses Gebiet Mitte des XII. Jahrhunderts beherrschte und denselben Beinamen führte: *Captivus*. Jahrhunderte später berichtet uns der bolognesische Pilger Laffi, das noch zu seiner Zeit Rabanal durch einen Beinamen bezeichnet wird, den er als *Ravancilla* wiedergibt und den man wahrscheinlich als eine Verballhornung der Verkleinerungsform »Rabancillo« lesen muss.

Die zweite Erwähnung von Rabanal im Führer des *Liber sancti Iacobi* findet sich in einem Kapitel in dem der Wohltaten verschiedener Personen gedacht wird: Andrés, Roger, Alvito, Fortún, Arnaldo, Esteban und Pedro. Diese Männer hatten den Jakobsweg zwischen Rabanal und Puertomarín vor 1120 repariert, zur Zeit Alfons des VII. (Alfonso VII), Diego Gelmírez, Alfons des I. (Alfonso I) von Aragon und Ludwig des Dicken (Luis el Gordo) von Frankreich. Von ihnen ist außer einem keiner identifiziert worden, obwohl es Hinweise darauf gibt, dass es sich um Personen handeln könnte, die Mitglieder des Tempelritterordens waren: sowohl Rabanal wie Portomarín waren bedeutende Niederlassungen der Tempelritter und dieser Orden war auch in der Gegend, die die beiden Orte trennt, dem Bierzo, sehr aktiv, wie uns unter vielen anderen Beispielen die beeindruckende Burg der Tempelritter in Ponferrada beweist. Die Anwesenheit der Tempelritter in Rabanal erklärt sich durch die Nähe dieser Ortschaft zum Pass von Foncebadón (der im Mittelalter *Mons Iragus* genannt wurde) und der Notwendigkeit, die normalerweise unbewaffneten Pilger in schwierigen Gegenden wie dieser, vor Diebstählen, Überfällen und Angriffen jeder Art zu schützen.

Gesamtansicht und Detail von Rabanal del Camino.

Die Anwesenheit der Tempelritter in Rabanal del Camino zeigt sich gerade in seinem edelsten und ältesten Gebäude, der Gemeindekirche der Heiligen Maria, romanisch, vom Ende des XII. Jahrhunderts. Es handelt sich um ein Beispiel mit einigen baulichen Besonderheiten. Obwohl sie im Laufe der Jahrhunderte stark umgebaut worden ist, kann man noch einige Überreste des ursprünglichen romanischen Gebäudes sehen, wie das Portal, das zur Sakristei führt. Auf dem Platz, den dieser (aus dem XVIII. Jh.) einnimmt, lagen vermutlich die Räumlichkeiten der Tempelritter.

Außer der Kirche der Heiligen María, besaß Rabanal mehrere Hospitäler und Kirchen, wie das Hospital des Heiligen Gregors (San Gregorio) oder die Kapelle des Heiligen Christus vom wahren Kreuz (Santo Cristo de la Vera Cruz), das genau am Eingang des Ortes liegt. Im Dorf selbst, erhebt sich die Kapelle des Heiligen Josefs (San José), aus dem XVIII. Jahrhundert, in der auch ein Bildnis des Apostels Jakob aufbewahrt wird.

Der Stadtplan von Rabanal, das aus einer langen Straße besteht, zeigt es als typisches Beispiel eines Ortes, der am Jakobsweg entstanden ist. Im allgemeinen Bild eines gewissen Niedergangs, dass uns seine Häuser bieten, kann man einige Beispiele sehen, die an bessere Zeiten erinnern. Unter ihnen muss man besonders das »Haus der vier Ecken« (»Casa de las cuatro Esquinas«) erwähnen, das berühmt ist, weil es König Philip den II (Felipe II) auf seiner Durchreise durch Rabanal beherbergt hat.

22 Rabanal del Camino – Ponferrada

Der Aufstieg zum berühmten »Monte Irago«, auf dessen Pass das berühmte Kreuz Cruz de Ferro, mit seiner tausendjährigen Tradition steht, geht zwischen Pfriemkraut, Ginster und Heidekraut weiter. Danach beginnt man den Abstieg in die reiche Gegend des Bierzo.

Schutzhütte von Manjarín.

Von der Mariä Himmelfahrts Kirche (Iglesia de la Asunción) aus, geht man zum Ausgang von **Rabanal** hinauf und nimmt einen Weg rechts von der Landstraße. Nach 1 km überquert man die Straße nach links und steigt auf einem Pfad hinauf. Nach einer Kurve kehrt man auf den Asphalt zurück und kommt zum wiedererstandenen **Foncebadón** (Brunnen), das man auf einem Weg verlässt, um nach einer Kurve wieder nach rechts zu kreuzen. Bevor man bei der **Cruz de Ferro** und der Jakobskapelle (Ermita de Santiago) anlangt, kommt man an einem Nadelwald vorbei. Von da aus nimmt man einen Pfad, der manchmal wegen des Pfriemkrauts schwer begehbar ist. **Manjarín** ist der nächste Ort, duch den man kommt (Brunnen am Ausgang). Ein Pfad führt links an der Straße entlang weiter, von dem aus man das Tal und die steilen Hänge der Berge von León betrachten kann. Auf der Straße steigt man auf einen mit Nadelbäumen bewachsenen Hügel mit einer großen Antenne hinauf, wonach man anfängt, mit Ponferrada am Horizont, hinabzusteigen. Rechts erspart uns ein kleiner Pfad eine Kurve. Kurz danach erscheint links ein Pfad mit einem äußerst steilen Abstieg nach **El Acebo**, das man auf seiner Hauptstraße Calle Real durchquert. Man nimmt die Landstraße (von ihr geht die Abzweigung nach Compludo aus) um sie wenig später nach links zu verlassen und zwischen Gebüsch nach **Riego de Ambrós** weiterzugehen. Wenn man einmal dort ist, biegt man nach rechts und steigt auf einem von Kastanienbäumen gesäumten Pfad in das Tal des Baches Prado Mangas hinab. Man überquert diesen, um zur Landstraße zurückzukehren, die man nach rechts verlässt, um zum Ufer des Flusses Pretadura hinabzusteigen, dann hinauf am Hang entlang zu wandern, bis man zur Landstraße nach **Molinaseca** hinabsteigt (vor dem Obst-und Gemüsegärten liegen) und in das man auf der Brücke über den Fluss Meruelo hineinkommt. Die Route durch das Städchen führt über die Calle Real und die Straßen Rúa del Cristo (Wegkreuz) und Santiago. Man verlässt es auf dem Bürgersteig der Landstraße LE-142, nachdem man dem Hospital des Heiligen

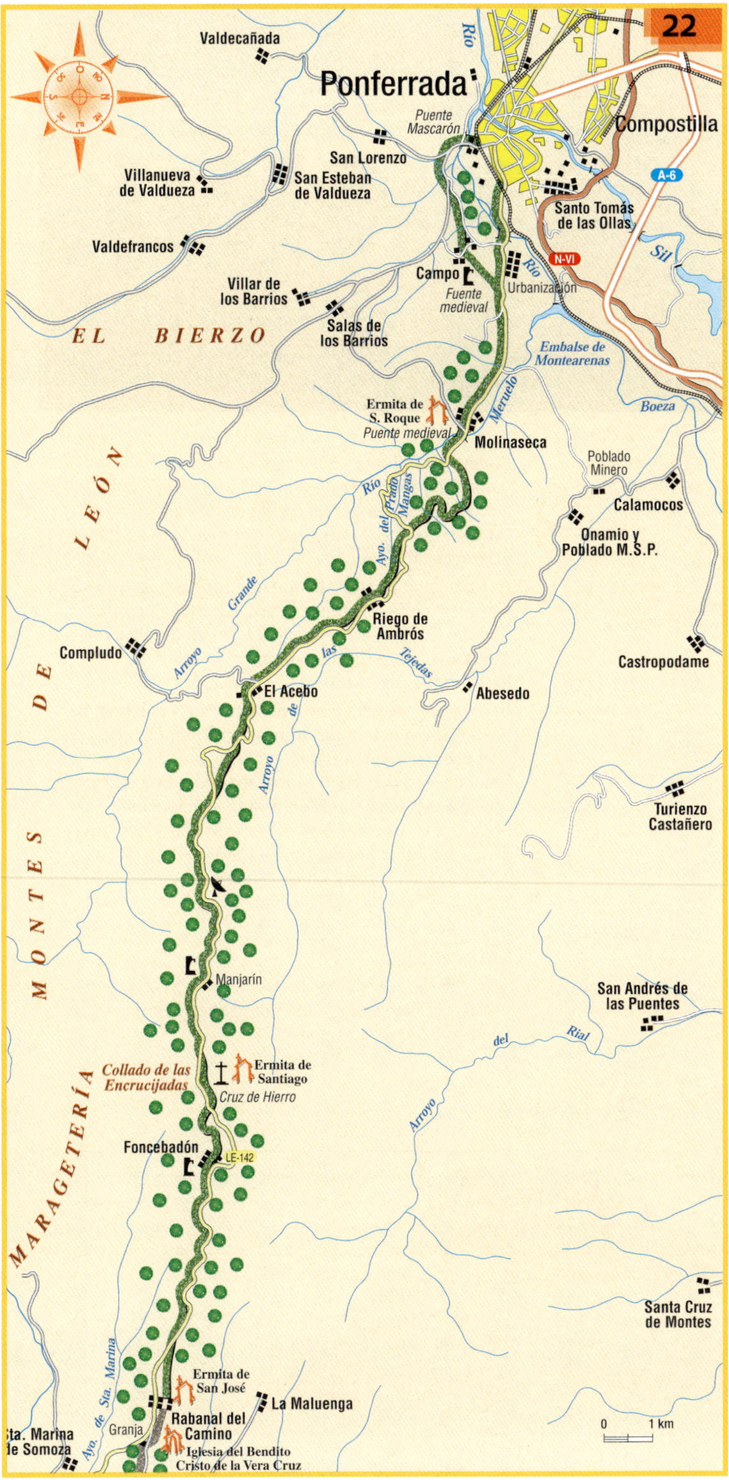
22
Ponferrada
Compostilla
Puente Mascarón
San Lorenzo
San Esteban de Valdueza
Villanueva de Valdueza
Valdecañada
Valdefrancos
Santo Tomás de las Ollas
A-6
Río Sil
N-VI
Campo
Fuente medieval
Urbanización
Río
Villar de los Barrios
Salas de los Barrios
EL BIERZO
Embalse de Montearenas
Río Meruelo
Boeza
Ermita de S. Roque
Puente medieval
Molinaseca
Poblado Minero
Calamocos
Onamio y Poblado M.S.P.
Río Prado Mangas
Ayo. del
Arroyo Grande
Riego de Ambrós
Compludo
Arroyo de las Tejedas
Castropodame
El Acebo
Abesedo
MONTES DE LEÓN
Turienzo Castañero
Manjarín
San Andrés de las Puentes
Arroyo del Rial
Collado de las Encrucijadas
Ermita de Santiago
Cruz de Hierro
Foncebadón
LE-142
MARAGETERÍA
Santa Cruz de Montes
Ayo. de Sta. Marina
Ermita de San José
La Maluenga
Sta. Marina de Somoza
Granja
Rabanal del Camino
Iglesia del Bendito Cristo de la Vera Cruz
0 1 km

Brücke über den Fluss Meruelo in Molinaseca.

Rochus (San Roque) begegnet ist, das heute als Unterkunft für Pilger dient. Der Fluss fließt rechts und auf beiden Seiten der Straße gibt es Weingärten und Wallnussbäume. Nach etwas mehr als 1km erscheint eine Weggabelung:

A) Man kann **Ponferrada** auf den Bürgersteigen dieser Landstraße erreichen, nachdem man den Fluss Boeza und die Zuggleise überquert hat; durch die Straßen Molinaseca und Castillo kommt man zur emblematischen Burg.

B) Man kann auch einen Weg nach links nehmen, der nach **Campo** hinabführt (römischer Brunnen) und von dort aus über eine asphaltierte Piste auf der Straße münden und den Bach Moriscal auf der Brücke Escaril überqueren. Einmal in **Ponferrada** angekommen, überquert man die Brücke Mascarón über dem Fluss Boeza und geht auf der Straße Camino Bajo de San Andrés weiter, überquert die Zuggleise und erreicht die Brug durch die Straße Hospital.

RADFAHRER

Auf dieser Etappe kann man die ganze Zeit der Landstraße LE-142 folgen.

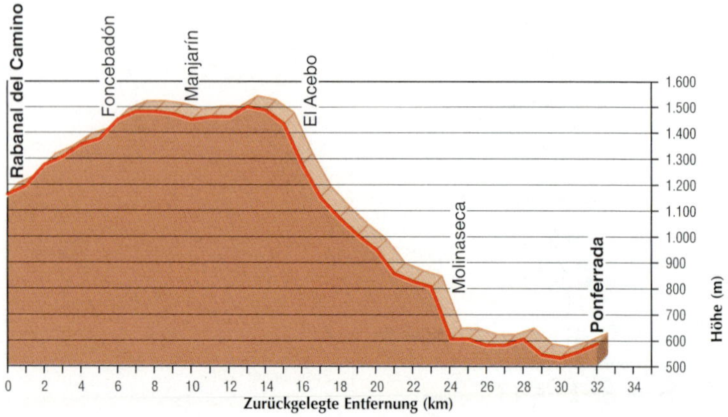

ETAPPE 22. PRAKTISCHE INFORMATION

FONCEBADÓN

Herbergen

Schutzhütte (Refugio). Die Kirche wurde wieder aufgebaut.

Restaurants

El Convento de Foncebadón. Travesía Calle Real. ✆ 987 691 245
La Taberna de Gaia. ✆ 987 691 079

MANJARÍN

Herbergen

»Refugio de Tomás«. Bescheiden, aber mit großer Bereitschaft zur Aufnahme von müden Pilgern.

EL ACEBO

Herbergen

Albergue »El Acebo«. Calle Real, 16. Mit 24 Plätzen, Waschmaschine, Fahrradraum. ✆ 987 695 074
Albergue »La Taberna de Josefina«. Calle Real, 16. 14 Plätze. ✆ 987 695 074
Albergue vecinal. Calle Real, 16. 10 Plätze. ✆ 987 695 074

Restaurants

El Acebo. Calle Real. ✆ 987 695 074
La Taberna de José. Plaza de la Peña, 4. ✆ 987 695 488

RIEGO DE AMBRÓS

Herbergen

Der Gemeinderat führt eine Herberge, die das ganze Jahr geöffnet ist. Calle Real, s/n. 35 Plätze. Küche. ✆ 987 695 190

Hotels

Pensión Riego de Ambrós. Carretera Astorga, 3. ✆ 987 695 188. 20 € Doppelzimmer.

Restaurants

Ruta de Santiago. Travesía Gutiérrez Suárez, 1. ✆ 987 418 151

MOLINASECA

Herbergen

Albergue »San Roque«. Avda. Manuel Fraga Iribarne, s/n. 80 Plätze im Sommer und 30 im Winter. Küche , Kamin, Waschmaschine und Trockner. ✆ 615 302 390

Hotels

H La Posada de Muriel.** Plaza del Santo Cristo. ✆ 987 453 201. 8 Zimmer. 59 € Doppelzimmer; 41 € Einzelzimmer
HSR El Palacio.** Calle El Palacio, 19. ✆ 987 453 094. 42/35 € Doppelzimmer.

Restaurants

Mesón Real. Carretera. Ponferrada-Astorga. ✆ 987 453 166
Azar. Calle El Palacio. ✆ 987 453 100
Mesón Puente Romano. Calle La Presa. ✆ 987 453 154

PONFERRADA

Herbergen

Albergue »Parroquia del Carmen«. 100 Plätze. Das ganze Jahr geöffnet. Verfügt über Küche und Platz für Pferde.

Hotels

Pensión Casa Manolo. Avenida Valdés, 35-4° Dch. ✆ 987 411 017. 5 Zimmer. 9 Plätze. 14 € Doppelzimmer; 1,5 € Frühstück.
Pensión El Minero. Calle Via Nueva, 17. ✆ 987 411 326. 9 € Doppelzimmer.

HSR* Roma.
Avenida Ferrocarril, 16. ✆ 987 411 908. 16 € Doppelzimmer.

Restaurants

Tresportiñas. Calle Lago de Carucedo, 13. ✆ 987 425 572
Burbia. Avda. Astoga, 9. ✆ 987 424 976
Mesón El Ancla. Avenida Galicia, 57. ✆ 987 416 954

Transportmittel

Busgesellschaft ALSA. Strecke León-Astorga-Ponferrada.
Busbahnhof. ✆ 987 640 080
Bahnhof (RENFE). ✆ 987 424 623

Geschichte und Kulturerbe der Etappe 22

Eisenkreuz (Cruz de Ferro).

Der Französische Weg Etappe 22. Rabanal del Camino-Ponferrada

Foncebadón ist die letzte Ortschaft des Jakobsweges bevor man das Gebiet von Astorga verläßt und zum Bierzo kommt. Die ältesten Belege, die es auch tatsächlich *in confinio Verdigense*, »an der Grenze zum Bierzo« situieren, geben uns den Schlüssel zur Etymologie des Namens, *Fons Sabbatonis*, das heißt, »Quelle eines Mannes, der Sábado genannt wird«, ein seltener Name, der im Hochmittelalter jedoch belegt ist. Der verwahrloste Zustand dieses Dorfes heutzutage, steht nicht im Einklang mit seiner früheren Bedeutung. Hier wurde sogar ein Konzil gehalten, das von König Ramiro dem II. (X. Jh.) einberufen worden war. Etwas mehr als ein Jahrhundert später, sind dort mindestens drei Einrichtungen belegt, die der Beherbergung der Pilger gewidmet waren. Die erste war das Werk einer der bekanntesten Figuren des Jakobsweges, des Eremiten Gaucelmo, der ein Zeitgenosse des Heiligen Domingo de la Calzada, des Heiligen Lesmes von Burgos und des Heiligen Johannes (Juan) von Ortega war. Wie diese, widmete Gaucelmo sein Leben der Hilfe der Jakobspilger, was in seinem Falle hieß, ihnen beim kritischen Übergang über den Pass von Foncebadón beizustehen, wozu er, genau wie die drei Heiligen, auf die Unterstützung König Alfons des VI. (Alfonso VI) zählen konnte. Nach seinem Namen zu schließen von französischer Herkunft, hatte sich Gaucelmo in diese rauhe Landschaft als Einsiedler zurückgezogen, doch der tägliche Anblick der Schwierigkeiten der Pilger brachte ihn genau wie den Heiligen Domingo dazu, sich ihrer Hilfe zu widmen. Im Jahre 1103 ließ Alfons der VI. ein Stück Land um die Pilgerherberge Gaucelmos herum mit Kreuzen abgrenzen und erteilte ihm das Privileg der Immunität, das er auch den Dienern der Kirche des Messias (San Salvador) in Foncebadón verlieh.

Außer der Herberge Gaucelmos gab es im XII. Jahrhundert in Foncebadón noch zwei weitere Hospitäler, die der Heiligen Maria Magdalena und dem Heiligen Johannes (San Juan) gewidmet waren. Später ließ sich, den Spuren Gaucelmos folgend, eine Einsiedlergemeinschaft in Foncebadón nieder, die von der Kirche in Astorga abhing. Die Länge der Hauptstraße, auf der der Pilgerweg verläuft und die hohe Bauqualität einiger der Gebäude von

Foncebadón, lassen uns heute noch ein wenig von dem alten Reichtum und von der Bedeutung dieses Dorfes ahnen, das heute leider in Ruinen liegt.

Der **Pass von Foncebadón** wird in den mittelalterlichen lateinischen Texten, und darunter auch im Führer des *Liber sancti Iacobi*, »Iragoberg« (*Mons Yragus*) genannt. Später nannten ihn alle ausländischen Pilger, sowohl Franzosen wie Italiener oder Deutsche, »Rabanalberg« (*Rabanel, Ravanel, Rauaneel*). Der Eindruck, den diese Berge auf die Pilger machten, wurde in einigen literarischen Werken wiedergegeben, die zum Teil ihre Handlung dort ansetzten. Unter anderen französischen Dichtungen des Zyklus um Karl den Großen (Carlomagno), spielt der Berg Rabanal in *Ansëis de Carthage*, einem Werk, das um 1200 geschrieben wurde, eine wichtige Rolle.

Am höchsten Punkt des Passes, auf der Spitze eines kegelförmigen Steinhaufens, erhebt sich **Cruz de Ferro**, das »Eisenkreuz«, ein fünf Meter hoher nackter Baumstamm, der von einem Eisenkreuz ohne jeglichen Schmuck gekrönt ist. Obwohl es heute eines der bekanntesten Denkmäler des Jakobsweges ist, lässt uns jedoch die Einfachheit seiner Beschaffung nicht die Absicht erraten, mit der es in uralter Zeit errichtet wurde. Es ist ein kollektives Werk, denn die Steine sind von Tausenden von Wanderern seit undenklichen Zeiten aufgehäuft worden. Am Anfang war es wohl eine einfache Grenzmarke, welche die Linie zwischen zwei Gebieten anzeigte, aber die Wanderer legten aus votiven oder apotropäischen Gründen immer mehr Steine dazu, bis sie einen riesigen, ständig wachsenden Haufen formten. Letztendlich christianisierte der Eremit Glaucelmo diesen heidnischen Ritus Anfang des XII. Jahrhunderts, indem er das Eisenkreuz aufstellte, das heute das Denkmal krönt.

Blick auf El Acebo.

Manjarín, die erste Ortschaft des Bierzo nach dem Pass von Foncebadón, ist auch seit einigen Jahren fast verlassen. Die Herberge, die man heute dort den Pilgern bietet, ist schon einmal im XVI. Jahrhundert belegt.

Seit der Zeit der katholischen Könige mussten die Einwohner von **El Acebo**, als Gegenleistung dafür, dass sie keinen Tribut zahlten, eine Pilgerherberge unterhalten und außerdem 400 Stäbe auf dem Weg, der ihre Herberge vom Hospital des Gaucelmo in Foncebadón trennte, aufstellen. Die Funktion dieser hohen Stäbe wurde vor allem im Winter klar, wenn die Wege unter dem Schnee verschwanden und die Pilger Gefahr liefen sich in den Bergen zu verirren. In der Gemeindekirche des Heiligen Michaels (San Miguel), steht eine schöne, mehrfarbige Steinskulptur, welche die bärtige Figur eines Mannes mittleren Alters dastellt, ohne jegliche Attribute mit Ausnahme eines Buches und einer türkisfarbenen Tunica, die mit goldenen Lilien bestickt ist. Vielleicht weil sie barfuß ist, hat man diese geheimnisvolle Gestalt manchmal mit dem Apostel Jakob (Santiago) identifiziert. Die Lilie wird im *Liber sancti Iacobi* als Symbol des Apostels bezeichnet, aber die Umsetzung dieser Idee in seine Ikonographie fehlt völlig, wenn wir von dem unsicheren Beispiel dieser Skulptur absehen. Die Lilie ist eher ein Symbol des Heilands. Dagegen gehört das Buch, das die Skulptur hält, nicht zu seinen Attributen, sondern zu denen seiner Apostel und Jünger.

Ansicht von Molinaseca.

Hinter El Acebo führt eine Abzweigung nach **Compludo**, einem Ort, der in einem tiefen, fast unzugänglichen Tal liegt. Dort gründete der heilige Fructuoso (VII. Jh.) seine erste Stiftung: das Kloster der Heiligen Justus (Justo) und Pastor. Zur Weihung dieses Klosters, brachte er die Reliquien der Märtyrerkinder aus Alcalá de Henares (damals *Complutum*, von daher der name Compludo). Dort schrieb St. Fructuoso auch die erste seiner Klosterregeln nieder, dank der er zum großen Anstifter der spanischen Klosterbewegung in westgotischer Zeit wurde, die einen ihrer Mittelpunkte in Compludo und im Bierzo hatte. Aber heute ist Compludo vor allem wegen seiner »ferrería« bekannt, einer altertümlichen Schmiede, deren vom Wasser getriebener Mechanismus noch genauso wie im Mittelalter funktioniert.

In **Riego de Ambrós** sind die Gemeindekirche der Magdalena und ein Brunnen mit demselben Namen, ein mögliches Anzeichen eines alten Pilgerhospitales.

Molinaseca ist die erste Station, die vom Führer des *Liber sancti Iacobi* nach dem Pass des Iragoberges erwähnt wird. In einem Dokument vom Jahre 1188, wird ein *casa de Molina*, ein Haus von Molina, als Besitz der Kirche von Astorga, bescheinigt. Außer dieser Einrichtung bezeugen eine schöne romanische Brücke und die urbanistische Beschaffenheit Molinas, die Beziehung dieser Ortschaft zum Jakobsweg. Die Gemeindekirche des Heiligen Nikolaus (San Nicolás), die im XVII. Jahrhundert über einer romanischen Kirche aus dem XI. Jahrhundert gebaut wurde, birgt ein Bildnis des Heiligen Rochus im Pilgerhabit. Am Eingang des Dorfes liegt eine Kapelle namens »Nuestra Señora de la Quinta Angustia«, die zwar barock ist aber schon seit dem XI. Jahrhundert belegt ist und die eine besondere Verehrung unter den Pilgern genoss. Am Rande des Dorfes gab es auch vom XII. bis zum XIV. Jahrhundert ein Lazarett.

In **Campo** verbirgt sich möglicherweise hinter der Widmung an den Heiligen Blas der Gemeindekirche, ein altes Pilgerhospital.

Ponferrada wird auch einige Male im Führer des *Liber sancti Iacobi* erwähnt. Das erste Mal als Jakobswegstation zwischen Molinaseca und Cacabelos; das zweite Mal wegen seines Flusses, dem Sil, der als einer der großen Wasserläufe auf dem Jakobsweg genannt wird. Die Entstehung dieser Stadt ist mit diesem Fluss verbunden, seit der Bischof von Astorga, Osmund (Osmundo), neben einer dem Heiligen Petrus (San Pedro) geweihten Kirche eine große Brücke bauen ließ, die, nach der Etymologie des Ortsnamens zu schließen, mit Eisenstützen versehen war, die sie zu etwas Besonderem machten. Es ist möglich, wenn auch nicht sicher, dass dort, wo sich die Flüsse Sil und Boeza vereinen, früher die *mansio* (Herberge, Wegstation) *Interamnium Flavium* der Römerstraße Astorga-Braga, stand, eine Annahme, welche die zahlreichen römischen Überreste, die man in der Gegend gefunden hat, unterstützen.

Um nach Ponferrada hineinzukommen, mussten die Pilger erst über den Fluss Boeza, anfangs in Booten, wie der Name »Bootsfurt« (»paso de barca«) andeutet, danach auf einer später zerstörten Brücke und endlich über die

Tempelritterburg in Ponferrada.

Brücke »Mascarón«. An seinem Ufer befand sich der Weiler (burgo) Pomboeza, in dem es mehrere Herbergseinrichtungen gab.

Man ging auf der heutigen Hospitalstraße weiter (Calle Hospital), die so wegen dem Hospital der Heiligen Anna oder der Königin (de Santa Ana oder la Reina) genannt wurde, das auf Kosten der Königin Isabella die Katholische (Isabel la Católica) gebaut wurde. Etwas weiter, auf einem Vorgebirge neben dem Sil, gegenüber der Kirche des Heiligen Andreas, erhebt sich die herrliche Burg der Tempelritter, die sicher das Generalquartier dieses Militärordens im Bierzo war, einer der Gegenden Spaniens, in der sie am meisten Einfluss erreichten. In der Nähe befindet sich die Basilika der Gottesmutter von der Encina, die ein Bildnis dieser Schutzpatronin des Bierzo birgt, das die Sage mit den Tempelrittern verbindet, die es in einer Steineiche (»encina«) gefunden haben sollen, die für den Bau eines Gotteshauses vorgesehen war.

In der Umgebung Ponferradas befinden sich einige der besten Beispiele der vorromanischen Architektur Spaniens, wie zum Beispiel Santo Tomás de Ollas oder Santa María de Vizbayo. Nicht sehr weit entfernt, liegen die Ruinen der ehrwürdigen Abtei San Pedro de Montes, die vom Heiligen Fructuoso gegründet und von St. Genadio weitergeführt wurde, um später zu einem der wichtigsten benediktinischen Klöster Spaniens zu werden.

23 Ponferrada – Villafranca del Bierzo

Das Gebiet des Bierzo, ein Tal, das inmitten eines Kreises von Bergen liegt, ist dank seines günstigen Klimas, eine fruchtbare Gegend, in der Weinstöcke, Obstbäume und Gemüse angebaut werden.

Villafranca del Bierzo. Verzeihungsportal (Portada del Perdón) der Kirche Santiago.

Von der Allee Paseo Huertas del Sacramento aus, nimmt man die Landstraße und geht auf ihrem Bürgersteig an den Einrichtungen der Elektrizitätsfirma ENDESA vorbei. Danach geht man die Straßen des Dorfes Compostilla entlang und am Ausgang kommt man durch einen Tunnel. Man geht zwischen Weinstöcken, bis man nach **Columbrianos** gelangt, wo man die Landstraße nach Villablino überquert. Man geht durch die Straßen De la Iglesia und Real, lässt die Kapelle des Heiligen Blas und des Heiligen Rochus (Ermita de San Blas und San Roque) hinter sich und verlässt die Ortschaft zwischen bewässerten Feldern und Bewässerungskanälen. Man nimmt eine Piste und kommt auf der Landstraße nach **Fuentes Nuevas**. Kurz danach befindet sich **Camponaraya**, das man auf der Landstraße durchquert. An seinem Ausgang nimmt man auf der Höhe der Genossenschaft (Erholungsgebiet) einen Weg, der auf einen Hügel steigt. Hinter der Brücke über die Autobahn, taucht das kleine Tal des Baches Magaz auf. Und man durchquert große Flächen mit Weingärten und zahlreiche Pappelwälder, bevor man durch die Straße *Calle de los Peregrinos* nach **Cacabelos** hineingeht. Man verlässt das Dorf nachdem man den Fluss Cúa überquert hat und an der Kapelle Nuestra Señora de las Angustias vorbeigekommen ist, und wandert erst auf dem Bürgesteig der LE-713 und dann auf dem Asphalt selbst weiter, inmitten einer Landschaft von Weingärten und Weinkellern. Man gelangt nach **Pieros** (links liegt Castrum Bergidum). Und danach verläuft die Landstraße durch das wellige Tal, in dem die Gebäude verstreut liegen. Wenn man an dem Bach Valtuilles vorbeikommt, nimmt man einen Weg nach rechts, auf dem man zwischen Weingärten, Obstbäumen und einigen Eichen und an mit Nadelbäumen bepflanzten Vorgebirgen vorbei, weitergehen muss. Links sieht man das fruchtbare Ufer des Flusses Burbia. Auf

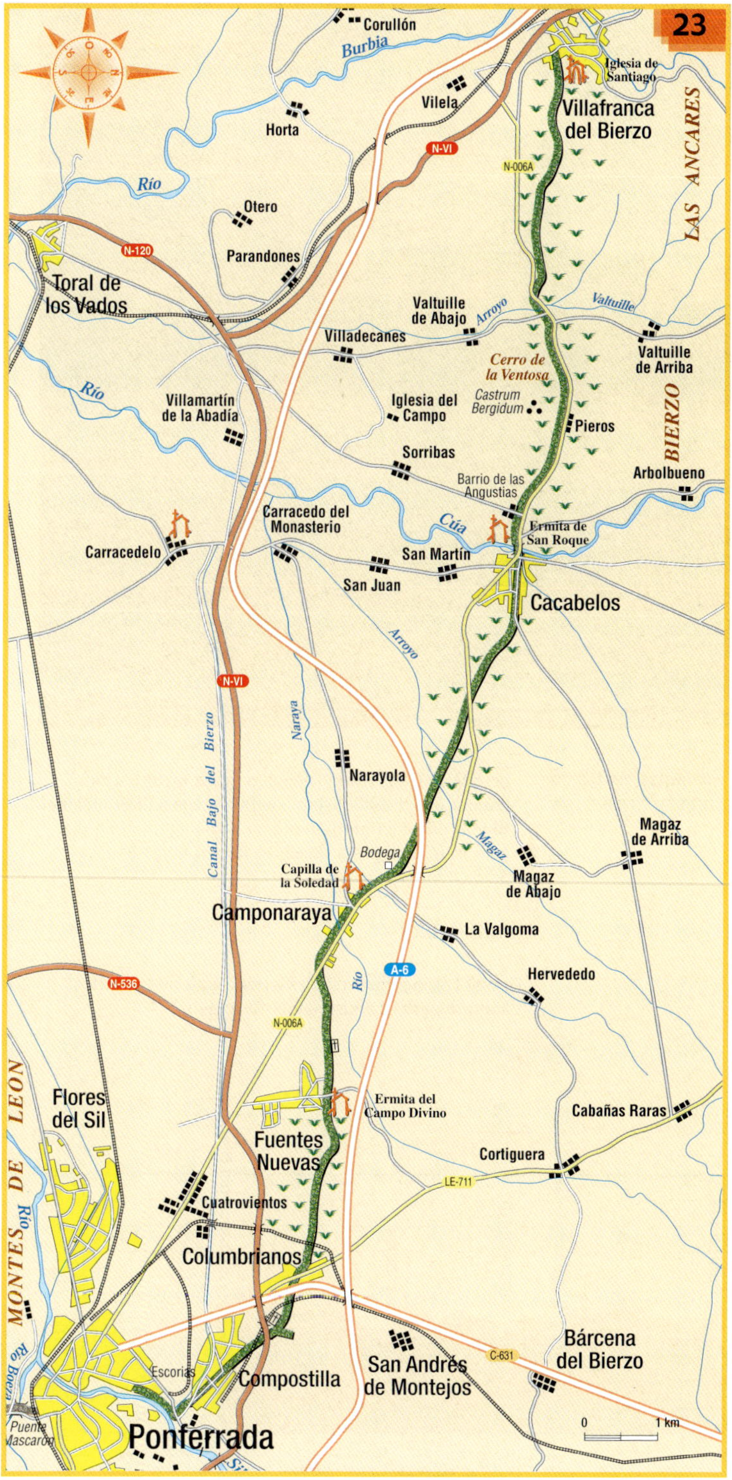
23
Corullón
Burbia
Vilela
Horta
Iglesia de Santiago
Villafranca del Bierzo
N-VI
N-006A
Río
LAS ANCARES
Otero
N-120
Parandones
Toral de los Vados
Valtuille de Abajo
Arroyo
Valtuille
Villadecanes
Valtuille de Arriba
Cerro de la Ventosa
Río
Villamartín de la Abadía
Iglesia del Campo
Castrum Bergidum
Pieros
BIERZO
Sorribas
Arbolbueno
Barrio de las Angustias
Carracedo del Monasterio
Cúa
Ermita de San Roque
Carracedelo
San Martín
San Juan
Cacabelos
Arroyo
N-VI
Naraya
Canal Bajo del Bierzo
Narayola
Magaz de Arriba
Magaz
Bodega
Capilla de la Soledad
Magaz de Abajo
Camponaraya
La Valgoma
A-6
N-536
Río
Hervededo
N-006A
Ermita del Campo Divino
Flores del Sil
Cabañas Raras
MONTES DE LEON
Fuentes Nuevas
Cortiguera
LE-711
Río
Cuatrovientos
Columbrianos
Río Boeza
Escorias
Bárcena del Bierzo
San Andrés de Montejos
C-631
Compostilla
Puente Mascarón
Ponferrada
0
1 km

Villafranca del Bierzo.

dem Weg Camino de la Virgen, nach mehr als 2km, kommt uns die städtische Herberge von **Villafranca del Bierzo** entgegen und kurz danch gelangt man an die Jakobskirche (Iglesia de Santiago) am Eingang des Städtchens.

RADFAHRER

Es gibt keine großen Schwierigkeiten und außerdem kann man der Landstraße N-IV folgen.

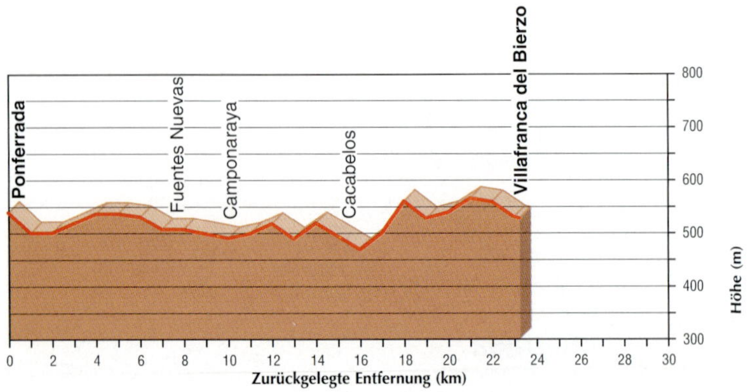

ETAPPE 23. PRAKTISCHE INFORMATION

FUENTESNUEVAS

Restaurants

Monteclaro. Calle Antonio Cortés, 24. ✆ 987 404 814

CAMPONARAYA

Restaurants

Gran Bierzo.
Calle Tercera Paralela. ✆ 987 463 252
Naraya. Polígono Industrial Camponaraya. ✆ 987 450 260
Riazor. Carretera N-VI, km 395,6. ✆ 987 463 142

CACABELOS

Herbergen

Städtische Herberge (Albergue municipal). Sie befindet sich am Ausgang des Ortes. Geöffnet von April bis Oktober. Verfügt über 70 Plätze. Wenn sie geschlossen ist, werden als Schutzhütte, zumindest provisorisch, die alten Wohnstätten der Lehrer benutzt.

Hotels

HSR Santa María.** Calle Santa María, 20-A. ✆ 987 549 588. 32 Plätze. 36 € Doppelzimmer; 4 € Frühstück.
P El Molino. Calle Santa María, 10. ✆ 987 546 829. 5 Plätze. 18/16 € Doppelzimmer; 2 € Frühstück; 8 € Essen/Abendessen.

Restaurants

Casa Gato.
Calle El Foyo, 2. ✆ 987 547 200
Casa Lázaro. Calle Santa María, 8. ✆ 987 546 247
El Refugio de Saúl.
Calle Calexa Sixtina, 4. ✆ 987 547 055
La Moncloa de San Lázaro.
Calle Cimadevilla, 99. ✆ 987 546 101
Mesón Apóstol. Calle Santa María, 29. ✆ 987 549 189
Mesón Los Arcos. Calle Alférez Provisional, 23. ✆ 987 549 015
Villamaría. Avda. Constitución, 98. ✆ 987 547 343

VILLAFRANCA DEL BIERZO

Herbergen

Städtische Herberge (Albergue municipal). Calle Santiago, s/n. Neben der Kirche Santiago. 78 Plätze und Küche. Geöffnet von April bis November. ✆ 987 542 680
Pilgerhospital (Hospital de peregrinos) Ave Fenix. Calle Santiago, 4. 77 Plätze. Das ganze Jahr geöffnet. ✆ 987 542 655

Hotels

HS Casa Méndez.**
Calle Espíritu Santo, 1. ✆ 987 542 408. 21 Plätze. 38 € Doppelzimmer; 4 € Frühstück; 10 € Essen/Abendessen.
HS* Comercio. Calle Puente Nuevo, 9. ✆ 987 540 008. 25 Plätze. 20 € Doppelzimmer; 2,5 € Frühstück; 8 € Essen/Abendessen.
HS* El Cruce. Calle San Salvador, 37. ✆ 987 542 469. 22 Plätze. 27/23 € Doppelzimmer; 9 € Essen/Abendessen.
HSR* La Charola. Calle Doctor Areen, 19. ✆ 987 540 200. 9 Plätze. 21 € Doppelzimmer; 16 € Einzelzimmer; 4 € Frühstück.
Pensión Venecia. Carretera. N-VI, km 410. ✆ 987 540 468. 19 Plätze. 18 € Doppelzimmer; 9 € Einzelzimmer; 1,8 € Frühstück.

Restaurants

Casa Goyo.
Calle Antonio Pereira. ✆ 987 540 276
El Padrino.
Calle Doctor Arén, 17. ✆ 987 540 075
La Charola. Carretera. N-VI, km 406. ✆ 987 540 200
La Escalinata.
Pl. Prim, 4. ✆ 987 540 706
Mesón Don Nacho.
Calle Truqueles, 1. ✆ 987 540 076
Panchi. Calle Las Vegas, 2. ✆ 987 542 004
Sevilla.
Pl. Mayor, 13. ✆ 987 540 186
Venecia. Carretera. Madrid-A Coruña. ✆ 987 540 311
Viña Femita.
Calle Calvo Sotelo, 2. ✆ 987 542 490

Geschichte und Kulturerbe der Etappe 23

Der Französische Weg Etappe 23. Ponferrada-Villafranca del Bierzo

In **Compostilla**, dessen Ortsname auf Spanisch derselbe ist, wie der galizische »Compostela« (den man als »schöne Stadt oder schönes Dorf« übersetzen kann), könnte die Widmung der Kirche »Unserer Lieben Frau der Zuflucht« (Nuestra Señora del Refugio) eine Erinnerung an ein altes Hospital, eine Pilgerherberge oder sonst eine Unterkunft sein.

Columbrianos ist, wie ihr Name andeutet, eine Siedlung maurischer Christen aus der portugiesischen Stadt Coimbra, wenngleich auf ihrem Grund Überreste noch älterer Siedlungen aus asturischer Zeit gefunden worden sind. Die Widmung von einer ihrer zwei Kapellen an den Heiligen Blas, ist wohl mit den Überresten eines Pilgerhospitales, das man in der Nähe gefunden hat, verbunden.

Ganz in der Nähe von **Fuentes Nuevas**, am Ufer des kleinen Flusses Naraya, liegt **Camponaraya**, das einstmals zwei Pilgerhospitäler hatte. Es fällt die alte Widmung seiner Kirche auf, die dem Heiligen Ildefonsus (San Idlefonso, VIII. Jh.) geweiht ist, der Erzbischof von Toledo und einer der geachtetesten Intellektuellen seiner Zeit war. Der Ruf seiner Werke überlebte ihn und eines von ihnen ist auf merkwüdige Weise mit den Zeugnissen aus den Anfängen der Wallfahrten nach Santiago verbunden. Tatsächlich besagt die erste Nachricht, die wir von einem Pilger jenseits der Pyrenäen besitzen, dem Bischof Godescalco von Le Puy (X. Jh.), dass dieser auf seiner Reise, während seines Aufenthaltes im Kloster von Albelda, in der Rioja, das Traktat über die Jungfrau Maria des Heiligen Ildefonso, *De Virginitate Perpetuae Sanctae Mariae*, abschreiben ließ.

Cacabelos wird ebenso wie sein Fluss, dem Cúa, im Führer des *Liber sancti Iacobi* erwähnt. Außer dieser kurzen Notiz gibt es in diesem Buch andere Angaben. Die uns zur Annahme ermuntern, der Verfasser habe Cacabelos und seine Umgebung gut gekannt, wie wir später sehen werden. Diese Kenntnis hat sicher damit zu tun, dass Cacabelos eine Besitzung der Kirche von Santiago de Compostela war. Laut der *Historia Compostelana*, ließ

Cacabelos. Volksfest zu Ehren der Jungfrau Angustias.

Diego Gelmírez 1108 den befestigten Ort Cacabelos, den er zerstört vorgefunden hatte, wieder aufbauen und mit allen Ehren seine Kirche weihen, die heutige Heilige María de la Plaza. Der Reichtum von Cacabelos im Mittelalter ermöglichte sein Wachstum und dadurch den Bau anderer Kirchen: St. Bartholomäus (San Bartolomé), St. Stefan (San Esteban) und St. Lazarus (San Lázaro), die heute nicht mehr erhalten sind. Die letzte, die anfangs außerhalb der Stadtmauern lag, war mit einem Hospital für kranke Pilger verbunden. Wir können die heutige Kapelle des Heiligen Rochus (San Roque), die in der Nähe liegt, als einen Überrest dieses Hospitales ansehen. In ihr wird ein Bildnis dieses Heiligen aufbewahrt, in seiner üblichen Darstellung als Pilger voller Wunden, die uns die vielen kranken Pilger ins Gedächtnis ruft, die eine Wallfahrt antraten, um ihre Gesundheit wiederzugewinnen. Nahe der Brücke über den Cúa, erhebt sich die heutige Kirche der Quinta Angustia ebenfalls auf dem Grund eines alten Pilgerhospitals. In ihr wird eine sehr merkwürdige barocke Heiligenfigur aufbewahrt, welche die so sehr verbreitete Darstellung des Heiligen Antonius (San Antonio) von Padua und dem Jesuskind zeigt. Das originelle dieser Statue ist, dass beide, der Heilige und das Jesuskind, in einem Kartenspiel vertieft sind.

Verkauf von Töpferwaren in Cacabelos.

Im archäologischen Museum des Ortes, werden sowohl vorrömische wie auch römische Funde ausgestellt, die in der Umgebung von Cacabelos geborgen worden sind. Viele von diesen Überresten stammen aus **Castro de la Ventosa**, dem Hügel auf dem das alte *Bergidum* lag, eine asturische Festung, die später der ganzen Gegend des Bierzo ihren Namen gab (*Bergidum > Bierçi[d]u >* Bierzo). Im *Pseudo-Turpin*, dem vierten Teil des *Liber sancti Iacobi*, finden wir eine bemerkenswerte Geschichte, die sich auf diese keltisch-römische Ruine bezieht, und welche die Kenntnis des Autors von den Gebieten des Bierzo in der Umgebung von Cacabelos beweist. In ihr versucht er zu erklären, warum *Lucerna Ventosa* - wie er die Ruinen von Castro de Ventosa nennt - zu seiner Zeit (ca. 1140) eine Ruine war und es für immer bleiben musste:

Alle diese Städte [alle Städte Spaniens], *einige ohne Kampf, andere nach großen Schlachten, eroberte damals Karl der Große (Carlomagno), außer dem besagten Lucerna, einer äußerst stark befestigten Stadt von Valverde* [d. h. Bierzo], *die er erst am Schluss erobern konnte. Endlich begab er sich dorthin, belagerte sie vier Monate lang, und nachdem er ein Gebet zu Gott und dem Heiligen Jakob erhoben hatte, fielen ihre Mauern und sie blieb bis zum heutigen Tag verlassen, denn in ihrer Mitte entsprang ein Teich voll schwarzen Wassers, in dem große schwarze Fische schwammen* [...] *Diese sind die Städte, die er* [Karl der Große] *verfluchte, wegen der vielen Mühen, die es ihn gekostet hatte, sie einzunehmen und die deshalb bis heute unbewohnt sind: Lucerna Ventosa, Cáparra und Adania.*

Diese Sage, die der Verfasser des *Pseudo-Turpin* von der Schweiz (daher der Name Lucerna für die verfluchte Stadt) in den Bierzo verlegt (nicht nur nach

Castro de Ventosa, sondern auch an den nahen See von Carucedo, der wirklich von großen schwarzen Fischen bevölkert ist) erfüllt zwei Ziele: an erster Stelle, der Bestrebung des *Pseudo-Turpins* zu dienen, den Jakobsweg mit karolingischen Sagen zu bevölkern, das heißt, mit Anziehungspunkten für die »Touristen« jener Zeit: die Pilger (erinnern wir uns an die Fälle von Roncesvals, Monjardín, Nájera oder Sahagún). An zweiter Stelle sollte sie den wirtschaftlichen Interessen der Kirche von Santiago de Compostela dienen, der Besitzerin von Cacabelos. Im Laufe des XII. und am Anfang des XIII. Jahrhunderts, versuchten die Könige von León mehrere Male die alte Befestigung von Ventosa wiederaufzubauen und neu zu besiedeln, was den Ruin von Cacabelos und große Verluste für das nahegelegene Kloster von Carracedo bedeuten konnte. Nach verschiedenen gerichtlichen Verfahren gegen diese zwei Institutionen, gaben die Könige ihr Projekt auf, ließen das neue Dorf, das sie in Castro Ventosa errichtet hatten (und wohin die Bewohner von Cacabelos *en masse* gezogen waren), niederreißen und versprachen sowohl der Kirche von Santiago de Compostela, wie dem Kloster von Carracedo, niemals zu versuchen, diese alte Ruine neu zu besiedeln. Andererseits müssen wir sagen, dass diese von außen eingeführte Geschichte sich im Bierzo nicht durchsetzte, aber sehr wohl am See von Sanabria in Zamora, wo es eine Sage von einer im See versunkenen Stadt gibt, die Villaverde de Lucena heißt.

Kirche von Pieros.

Ohne Zweifel erklärt die Verbindung von **Carracedo** zu seiner Tochtergemeinschaft in San Martín de Castañeda, am Ufer des Sees von Sanabria, diese Verlegung der Sage. Die ursprüngliche Abtei von Carracedo wurde im X. Jahrhundert gegründet und war dem Heiland (San Salvador) geweiht. Später, im XII. Jahrhundert, ersetzte sie diese Widmung durch die an die Heilige Maria und wurde zu einem der wichtigsten Zisterzienserzentren der Gegend. Ihre vernachlässigten Ruinen sind nur ein schwaches, wenngleich doch herrliches Abbild ihres früheren Glanzes.

In der Gemeindekirche von **Pieros**, die dem Heiligen Martin von Tours geweiht ist, kann man noch die Inschrift lesen, die von ihrer Weihung durch den Bischof Osmund von Astorga berichtet.

Villafranca del Bierzo wird im *Liber sancti Iacobi* als Ende der zehnten Etappe erwähnt, was bedeutet, dass es schon damals (1130) ein wichtiger Ort war. Seine Anfänge sind nicht dokumentarisch belegt, aber sowohl sein Name, wie der seiner wichtigsten Kirche, St. María von Cruñego, werfen einiges Licht darauf. Obwohl die ersten schriftlichen Dokumente aus dem Jahre 1120 stammen, ist anzunehmen, dass Villafranca zur Zeit Alfons des VI. (Alfonso VI) besiedelt wurde und von ihm das Stadtrecht erhielt, da er wahrscheinlich daran interessiert war, in dieser Gegend einen Kontrollposten aufzustellen. Mit diesem Ziel, begünstigte er die Ankunft einer Gemeinschaft von Kluniazensern, die sich in der Nähe des Weilers Burbia niederließ. Diese Mönche betreuten sowohl die Pilger, als auch den Kult der Kirche der Heiligen Maria von Cruñego (Cruñego kommt von *Cluniacum*, dem lateinischen Namen von Cluny). Das heutige, spätgotische Gebäude, hat den alten romanischen Bau ersetzt. Aber nicht nur die Kluniazenser betreuten in Villafranca die Pilger. Die Kirche des Heiligen Jakob (Santiago) am Eingang der Stadt, gehörte zu einem gleichnamigen Hospital, das nicht mehr erhalten ist. Im Gegensatz dazu, kann man die Kirche noch in ihrer ursprünglichen romanischen Form bewundern, die 1189 vollendet wurde. Nicht nur wegen der Skulpturen auf ihren Kapitellen ist diese Kirche bekannt, sondern auch weil sie seit dem XV. Jahrhundert ein Privileg genießt, das auf dem Jakobsweg einzigartig ist. Nach einer Bulle des Papstes Calixtus der II. (Calixto II), konnten die Pilger, die wegen einer Krankheit die Wallfahrt nach Santiago de Compostela nicht zu Ende führten, denselben Jubiläumsablass erhalten, indem sie durch das Tor der nördlichen Fassade der Jakobskirche in Villafranca gingen, durch das sogenannte »Tor der Vergebung« (»Puerta del Perdón«). Außerdem gab es hier einst ein Hospital des Heiligen Rochus (San Roque), auf dessen Grundstück später das Klarissenkloster der Anunciada (XVII. Jh.) errichtet wurde. Sowohl hier, wie auch in der Kirche des Heiligen Franziskus (San Francisco), lebt die Erinnerung an den Besuch des Heiligen von Assisi in Villafranca, im Laufe seiner Wallfahrt nach Santiago, weiter. Andere bemerkenswerte Gebäude in Villafranca sind die monumentale Nikolauskirche (Iglesia de San Nicolás, XVI. Jh.) und die feste Burg der Markgrafen von Villafranca.

»El Cristo« (Kruzifix) in Villafranca del Bierzo.

In der Nähe des Städtchens kann man, in Corullón, die kleinen romanischen Kirchen des Heiligen Michael (San Miguel) und des Heiligen Stefans (San Esteban) bewundern, sowie, in Visonia, die Kirche des Heiligen Fiz (Felix), welche die Erbin einer ursprünglichen Gründung des Heiligen Fructuoso ist, die nachher den Johanniterrittern gehörte, weshalb sie auch als St. Johannes (San Juan) bekannt ist.

Kirche San Miguel in Corullón.

24 Villafranca del Bierzo – O Cebreiro

Die letzte Etappe im Gebiet des Bierzo, eine der schönsten und härtesten, verläuft durch das enge Tal des Flusses Valcarcel, bevor sie den Aufstieg zum Pass von O Cebreiro angeht, der zwischen den Ancares und der Sierra do Courel liegt und der, obwohl er nicht den höchsten Punkt des Jakobsweges darstellt, innerhalb weniger Kilometer einen großen Höhenunterschied bietet.

Vega de Valcarce.

Villafranca del Bierzo durchquert man auf der Straße Calle del Agua, die auf die Brücke über den Fluss Burbia mündet. Ab hier bieten sich uns zwei Alternativen:

A) Auf der steilen Straße Pradela beginnt man den Aufstieg zum Hügel Cerro Real, begleitet von einer Vegetation von Kastanienbäumen, einigen Nadelbäumen und Steineichen, Eichen, Ginster, Heidekraut, Farnkraut... Während der Route ist der Talgrund immer präsent, auf dem der Fluss Valcarce verläuft, sowie die Landstraße N-VI und der neue Verlauf der Autobahn A-6. Nach fast 3km geht man am Hang des Berges durchs Gebüsch entlang, bis man zwischen den schönen Kastanienbäumen hinabsteigt, mit Trabadelo bereits am Horizont, Pereje, das man im Tal gelassen hat, links und Pradela rechts. Man kommt zur ersten Weggabelung, an der man den Weg ausschlägt, der nach Pradela führt. Bei einer zweiten Kreuzung, führen zwar beide Alternativen zur Piste, auf der man dann hinuntersteigt, aber der Pfad links, der fast nicht markiert ist, ist direkter. Wenn man die Piste einmal erreicht hat, geht man auf ihr hinunter, wobei man sie manchmal verlässt um ihre Kurven zu vermeiden. Nach 10km kommt man nach **Trabadelo**.

B) Auf der Straße Concepción kommt man zur Landstraße N-VI, die uns über **Pereje** direkt nach **Trabadelo** führt. Ihre Route verläuft durch das enge und tiefe Tal des Flusses Valcarce und folgt seinem Lauf. Diese Straße war früher wegen ihres regen Verkehrs gefährlich, aber heute ist sie dank der Autobahn ein ruhigerer Weg.

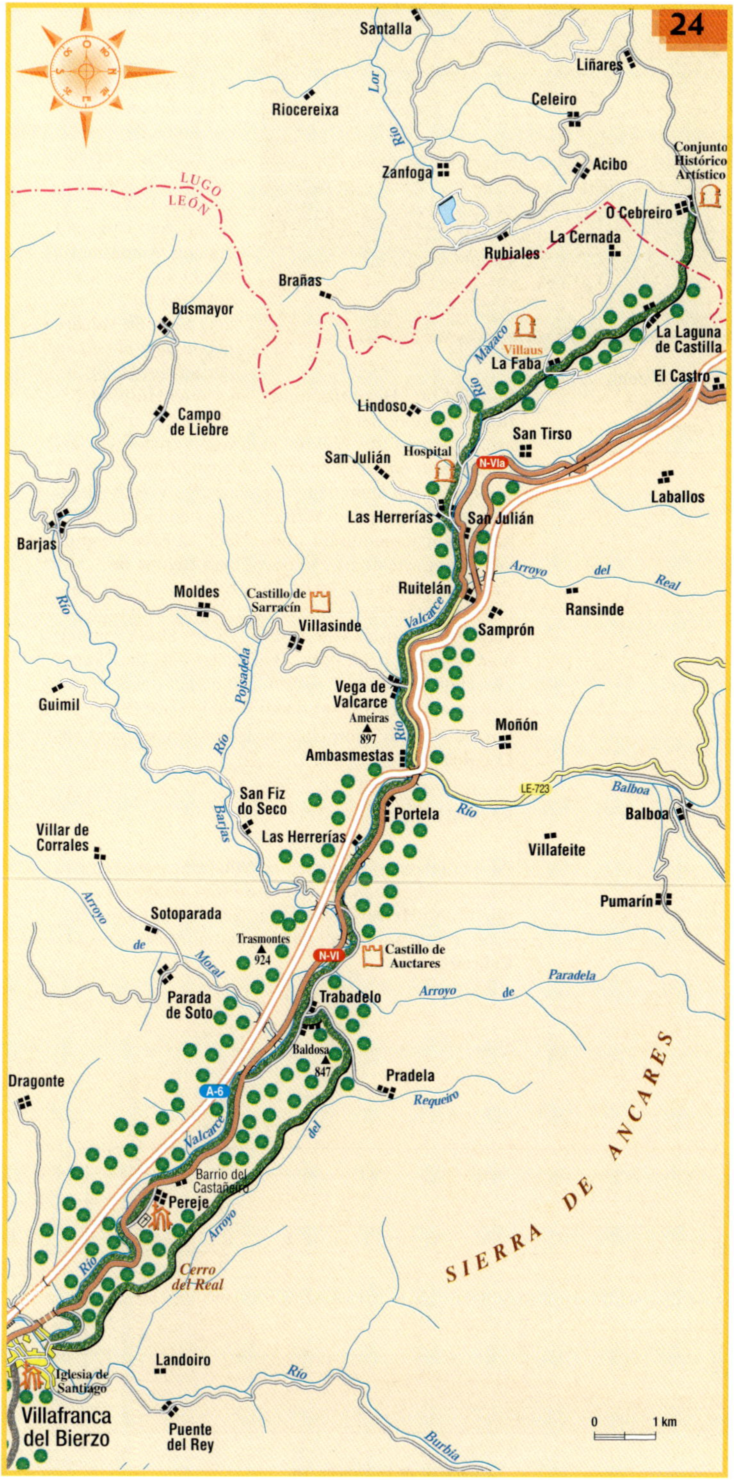
24
Santalla
Liñares
Riocereixa
Río Lor
Celeiro
Zanfoga
Acibo
Conjunto Histórico Artístico
LUGO
LEÓN
O Cebreiro
La Cernada
Rubiales
Brañas
Busmayor
Río Mazaco
Villaus
La Laguna de Castilla
La Faba
El Castro
Lindoso
Campo de Liebre
San Tirso
Hospital
San Julián
N-VIa
Laballos
Las Herrerías
San Julián
Barjas
Arroyo del Real
Ruitelán
Moldes
Castillo de Sarracín
Ransinde
Río
Río Valcarce
Sampron
Villasinde
Río Pojsadela
Vega de Valcarce
Guimil
Ameiras
897
Moñón
Ambasmestas
LE-723
Balboa
San Fiz do Seco
Portela
Río
Balboa
Río Barjas
Villar de Corrales
Las Herrerías
Villafeite
Pumarín
Arroyo de Moral
Sotoparada
Trasmontes
924
N-VI
Castillo de Auctares
Parada de Soto
Trabadelo
Arroyo de Paradela
Baldosa
847
Pradela
Dragonte
A-6
Requeiro
Río Valcarce
del
SIERRA DE ANCARES
Barrio del Castañeiro
Pereje
Arroyo
Cerro del Real
Río
Landoiro
Iglesia de Santiago
Río Burbia
Villafranca del Bierzo
Puente del Rey
0
1 km

Pilger auf dem Anstieg nach O Cebreiro.

Trabadelo verlässt man auf der alten N-VI, die verschiedene Male den Valcarce überquert und unter der Autobahn her führt. Hinter **Portela** führt die Straße em Ufer des Flusses neben dem Uferwald entlang. **Ambasmestas** taucht an einer Kurve auf. Und kurz danach liegt **Vega de Valcarce** neben dem alten Lauf der Straße. Nach **Ruitelán** und **Herrerías** (und dem Viertel **Hospital Inglés**) beginnt der gefürchtete Aufstieg auf einer asphaltierten Piste, obwohl man wenig später wieder hinabsteigt, um das Bett des Valcarce zu überqueren. Auf einem mit Steinplatten gepflasterten Weg beginnt man von Neuem den Aufstieg, zwischen Eichen, Kastanienbäumen und Farnen. Nach **La Faba** steigt der Jakobsweg weiter an und bevor man **Laguna de Castilla** erreicht (die letzte Ortschaft Leóns) geht man über ein paar Hänge mit Wiesen, Heidekraut und anderem Gebüsch. Am Ausgang dieses Dorfes nimmt man den Weg nach links. 1km weiter liegt die Grenze zwischen León und Galizien (Galicia) und von da muss man noch 152km durch Galizien wandern.

Kurz nach dem informativen Meilenstein, erreicht man **O Cebreiro**.

RADFAHRER

Für Radfahrer ist es besser, ab **Villafranca** der N-VI zu folgen, wobei man am km. 418 ihren alten Lauf nimmt. Ab **Herrerías** fährt man auf der asphaltierten Piste weiter, auf einem äußerst harten Aufstieg bis **O Cebreiro**.

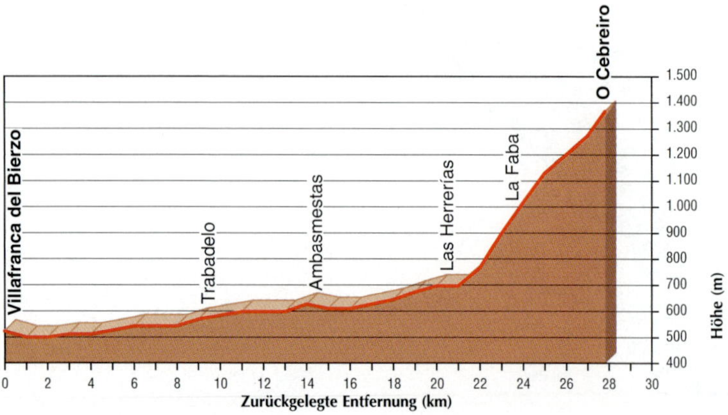

ETAPPE 24. PRAKTISCHE INFORMATION

PEREJE

Herbergen

Städtische Herberge (Albergue municipal). Camino de Santiago, s/n. 30 Plätze, Küche, Waschmaschine und Garten. Das ganze Jahr geöffnet. ✆ 987 540 138

TRABADELO

Herbergen

Städtische Herberge (Albergue municipal). Calle Camino de Santiago, s/n. 50 Plätze, Küche, Wäscherei und Bibliothek. ✆ 629 855 487

Hotels

HS Nova Ruta.** Carretera. Madrid-Coruña, km 414. ✆ 987 566 431. 26 Plätze. 44/37 € Doppelzimmer; 10 € Essen/Abendessen.

Restaurants

Nova Ruta. Carretera Madrid-Coruña, km 420. ✆ 987 566 431
Trabadelo. Carretera N-VI. Trabadelo (León). ✆ 987 566 435

VEGA DE VALCARCE

Herbergen

Städtische Herberge. 60 Plätze. Verfügt über Küche und Waschmaschine. ✆ 987 543 192
Albergue »Sarracín«. Carretera. N-6, km 426. 48 Plätze, Waschmaschine und Trockner. ✆ 987 543 045 / 653 375 727

Hotels

P Fernández. Pl. del Ayuntamiento. ✆ 987 543 027. 10 Plätze. 24 € Doppelzimmer; 12 € Einzelzimmer

Restaurants

El Español. Carretera. Antigua N-VI. ✆ 987 543 113
Mesón Las Rocas. Carretera Antigua N-VI. ✆ 987 543 285

RUITELÁN

Herbergen

Albergue »Pequeño Potala«. Carretera. N-6. 40 Plätze, Waschküche und Fahrradraum. Massagen. ✆ 987 561 322

LAS HERRERÍAS

Herbergen

Albergue del Camino de Santiago.

LA FABA

Herbergen

Städtische Herberge (Albergue municipal). Schutzhütte, die vom »Deutschen Verein des Jakobsweges« geführt wird. 35 Plätze.

LAGUNA DE CASTILLA

Herbergen

Städtische Herberge (Albergue municipal). 15 Plätze und Küche. Nur im Sommer geöffnet.

CEBREIRO

Herbergen

Städtische Herberge. 80 Plätze, Küche, Waschmaschine und Stall. ✆ 660 396 809

Hotels

H* Santuario do Cebreiro. ✆ 982 367 125. 54 € Doppelzimmer; 36 € Einzelzimmer; 12 € Essen/Abendessen.
HS Rebollal.** N-VI. Pedrafita do Cebreiro. ✆ 982 367 115. 45/37 € Doppelzimmer; 11 € Essen/Abendessen.

Restaurants

Carolo. O Cebreiro, 14. ✆ 982 367 168
S. Giraldo de Aurillac. ✆ 982 367 125
Venta Celta. ✆ 982 367 137
Hospedería O Peregrino. Observatorio. Pedrafita do Cebreiro. ✆ 982 367 164

Geschichte und Kulturerbe der Etappe 24

Gesamtansicht von Vega de Valcarce.

Der Französische Weg Etappe 24. Villafranda del Bierzo-O Cebreiro

Die Pilger durchquerten Villafranca auf der »Wasserstraße« (Calle del Agua), dem »Pilgerweg« des Städtchens, bis sie zum Fluss Burbia kamen, den sie in der Nähe der Stelle, wo er mit dem Valcárce zusammenfließt, überquerten. Wegen seiner Lage an der Mündung des Flusses Valcárce, gibt der Führer des *Liber sancti Iacobi* Villafranca del Bierzo den Namen *Villafranca de Bucca Vallis Carceris* (»Villafranca an der Mündung des Valcárce«). Von hier aus führt der Jakobsweg in den »Mund« (*bucca*) des engen und tiefen Tales des Flusses Valcárce hinein. Das Gefühl der Enge und des Eingeschlossenseins, das dieses Tal bei den Reisenden und Einheimischen erweckte, erklärt seinen nicht gerade glückverheißenden Namen: **Valcarce,** »das Tal des Gefängnisses«.

Die Beschwernisse, die die physische Beschaffenheit dieses unumgänglichen Durchgangs auf der Route nach Galizien verursachte, wurden seit der Antike von Verbrechern genützt, die hier einen günstigen Ort sahen, um auf Kosten der Händler und Reisenden reiche Beute zu machen. Das führte dazu, dass schon in der Römerzeit dort befestigte Posten aufgestellt wurden, um die Sicherheit auf der Durchreise zu garantieren (*Uttaris*). Später, im Hochmittelalter, waren es die adeligen Herren der Gegend selbst, die theoretisch dort Schutz garantieren sollten, die jedoch oftmals, unter dem Vorwand Durchgangsrechte und Zölle zu beziehen, die Reisenden mit Gewalt ausraubten, obwohl sie meistens arme Pilger waren, deren Reise keinerlei lukrative Aktivitäten beinhaltete. Im Jahre 1072, erließ Alfons der VI. (Alfonso VI) ein Dokument, in dem er solche Zahlungen für rechtswidrig erklärte aber wenige Jahre später, klagte der Bischof von Santiago, Diego Gelmírez den Edelmann Nezano Gudesteiz an die Durchreise durch das Tal völlig unter seiner Kontrolle zu halten. Wahrscheinlich war es wegen der Notwendigkeit solch einer Situation an einem so wichtigen Durchgangsort Einhalt zu gebieten, dass die wichtigsten Festungen des Valcárcel (La Redoniña, Autares und Castrosarracín) von den Tempelrittern besetzt wurden, welche die Sicherheit der Durchreise während des goldenen Zeitalters der Pilgerreisen, garantierten. Zumindest behauptet es so die Überlieferung.

Genau auf der Höhe von Redoniña befindet sich **Pereje**, die erste Ortschaft am Valcárce nach Villafranca. Der Abt von Cebreiro baute dort eine Kirche und ein Pilgerhospital, was wegen der Richtsbarkeit zu einem berühmten Rechtsstreit mit der kluniazensichen Gemeinschaft von Santa Maria de Villafranca führte.

Gegenüber der nächsten Ortschaft, **Trabadelo**, auf dem Hügel, der heute als Aldares bekannt ist, stand die antike römische *mansio* (Herberge, Wegstation) *Uttaris* des *Itinerarium Antonini*, deren Nachfolgerin die berüchtigte Burg Auctares wurde, ein unheimlicher Ort, von dem aus die hochmittelalterlichen Ritter die Pilger regelrecht überfielen um von ihnen den Wegzoll zu fordern.

Der Name der nächsten Ortschaft, **Portela**, spielt auf eine besonders enge Stelle des schon von sich aus engen Tales des Valcárce an, während in **Ambasmestas** die Gewässer dieses Flusses sich mit denen seines Nebenflusses, des Balboa, vermischen. Hier sind einige Überreste der Römerstraße erhalten, sowie eine ebenfalls römische Brücke mit drei Bögen.

Wallfahtskirche San Tirso in Vega de Valcarce.

Vega de Valcárce, die wichtigste Ortschaft des Valcárcetales, erstreckt sich auf einer fruchtbaren Ebene im Schatten von Castrosarracín, das auf einer nahen, etwas vom Jakobsweg abgelegenen Höhe, liegt. Es ist möglich, dass der Führer des *Liber sancti Iacobi*, wenn er *Castrum Sarracenicum* als Jakobswegstation erwähnt, nicht so sehr die Festung meint, sondern die Siedlung, die an ihrem Fuße entstanden war, das heißt, Vega de Valcárce, das damals noch nicht den Namen gewechselt hatte. Die Widmung der Gemeindekirche der Heiligen Magdalena, legt die Existenz eines Hospitals in der Vergangenheit nahe. Obwohl es keine sicheren Belege gibt, muss die Burg von Sarracín von Sarraceno, einem mächtigen Edelmann zu Zeiten Alfons des III. (Alfonso III) gegründet worden sein, der Graf von Astorga und dem Bierzo war (IX. Jh.). Nach der Überlieferung stand sie vom XII. bis zum XIV. Jahrhundert unter Kontrolle des Ordens der Tempelritter, was nicht verwunderlich ist, wenn man die starke Anwesenheit dieses Ordens im Bierzo in Anbetracht zieht, sowie die gefährliche Natur dieser Landschaft und die Hauptaufgabe der Tempelritter auf dem Jakobsweg: als Wächter und Beschützer der Pilger zu dienen. Das ziemlich gut erhaltene Gemäuer des heutigen Gebäudes, ist wohl nicht viel älter als aus dem XIV. Jahrhundert.

Eine andere Überlieferung behauptet, dass in der Nähe von **Ruitelán**, der nächsten Ortschaft, der Heilige Froilán (X. Jh.), Bischof von León und Schutzpatron von Lugo, seiner Heimatstadt, als Eremit lebte. Die Weihung seiner Gemeindekirche an den Heiligen Johannes denTäufer (San Juan Bautista) bewirkte, dass einige Pilgerberichte diese Ortschaft als San Juan bezeichnen.

Der Name **Herrerías**, der »die Schmieden« bedeutet, bezieht sich zweifellos auf das Schmiedehandwerk, das in dieser Gegend seit dem Mittelalter ausgeübt wurde. Die schriftlichen Belege, die von »fragoas«, das heißt »Schmiedewerkstätten« in der Umgebung von Villafranca sprechen, gehen bis zum Anfang des XII. Jahrhunderts zurück, was bedeutet, das diese Aktivitäten viel älter sein mussten. Später hält sich der Pilger aus dem XVII. Jahrhundert, Laffi, damit auf, uns in allen Einzelheiten die Art, wie das Eisen geschmolzen und bearbeitet wurde, zu beschreiben. Heute noch kann man die Überreste der alten Schmelzöfen betrachten, die bis Anfang des XX. Jahrhunderts in Betrieb waren. An einem reizvollen Plätzchen am Flussufer kann man sich an der sogenannten »Quiñonesquelle« (Fuente de Quiñones) stärken, die nach der Lokalüberlieferung auf einem Grundstück liegt, das der Familie des Suero de Quiñones, des Don Quijote ähnlichem »Bürgen« der Brücke des Órbigo, gehörte.

Anstieg nach O Cebreiro.

Am Ende des Dorfes befindet sich das Viertel, das als **Hospital der Engländer** (Hospital de los Ingleses) bekannt ist. Sein Ursprung ist ein Hospital, das schon 1178 unter diesem Namen belegt ist (*In valle Carceris Hospitali quod dicitur Anglorum*) und dessen Errichtung man zuweilen auf die geplante Wallfahrt des englischen Königs Heinrich der II. (Henry II) bezieht, der Ferdinand dem II. von León (Fernando II) schrieb, um ihm sein Vorhaben mitzuteilen (1177).

Sei kurzem wissen wir, dass die Ortschaft, die der Führer des *Liber sancti Iacobi Villaus* nennt -einer der wenigen Toponyme dieses Werkes, das noch nicht identifiziert war - dem heutigen **La Faba** entspricht. Der Namenswechsel geschah wohl im XIII. Jahrhundert, nach dem zu schließen, was von den schriftlichen Belegen ausgeht. Es handelt sich um einen den Historikern wohlbekannten Ort, der immer als Grenze des Bierzo erwähnt wird. Der zweite Teil des Ortsnamens ist nichts anderes als das Wort »uz« oder »urce« (vom lateinischen *ulicem*), das im Dialekt des Bierzo dazu dient das Heidekraut oder den Stechginster zu bezeichnen, das Gebüsch, das unumstritten auf den Hängen herrscht, die nach Cebreiro hinaufführen. Andererseits ist die Widmung der Gemeindekirche in La Faba an den Heiligen Andreas (San Andrés), dieselbe wie zur Zeit, als der Ort noch nicht seinen Namen gewechselt hatte (*eclesiam Sancti Andree de Villa Oxi*, können wir in einem Dokument aus dem Jahre 1198 lesen).

Heute gebührt nicht La Faba die Ehre, die letzte Ortschaft Leons bevor man nach Galizien kommt, zu sein, sondern dem kleinen Ort **Laguna de Castilla**, dessen relativ junger Name (»Lagune Kastiliens«), gerade als ein weiterer Hinweis auf die Unmittelbarkeit der Grenze zu Galizien zu verstehen ist.

Die erste Ortschaft auf dem Jakobsweg im Lande des Apostels ist auch eine der bedeutendesten der Route: **O Cebreiro**. In der Nähe des Passes von Piedrafita gelegen, gab es hier mindestens seit dem XI. Jahrhundert ein Hospital, obwohl wie im Falle Roncesvals, die Überlieferung das Datum seiner Gründung bis zu den Zeiten der Entdeckung des Grabes des Apostel Jakobs (IX. Jh.) zurückgehen lassen möchte. Die Wahrheit ist, dass es bis zur Zeit Alfons des VI. (Alfonso VI) kein einziges Dokument über diese Einrichtung gibt. Das Hospital wurde am Anfang einer Ordensgemeinschaft anvertraut, die aus der französischen, benediktinischen Abtei San Gerard von Aurillac kam, von der es mindestens bis zum XV. Jahrhundert weiterhin abhing. Aber ein Jahrhundert später, war das Hospital schon ein Priorat, das San Benito el Real von Valladolid unterstellt war, dem Haupt der spanischen Benediktiner seit der Zeit der katholischen Könige.

»Cáliz del Milagro« Wunderkelch in O Cebreiro.

Es fällt auf, dass trotz der Lage dieses Ortes an einem sehr verkehrsreichen Durchgangspunkt, seine Gebäude seit undenklicher Zeit dem Laufe der Zeit den Rücken kehren: einerseits die Kirche St. María la Real; andererseits die hochberühmten »Pallozas«*, die für den Ort so charakteristisch sind. Die Kirche St. María la Real ist ein Gebäude im vorromanischen Stil, mit einem basilikalen Grundriss und drei Schiffen, deren auffälligstes Merkmal die drei rechteckigen Absiden ihres Kopfendes sind. In ihr wird ein romanisches Bildnis der Madonna, der sie geweiht ist, aufbewahrt, sowie ein Kelch und ein Hostienteller aus derselben Zeit, die mit einem wunderbaren Ereignis verbunden sind, das als »das Wunder von Cebreiro« bekannt ist, wonach im Laufe einer Eucharistie eine sichtbare Wandlung geschehen sein soll. Die zwei Zeugen des Wunders, der Priester und ein Gemeindemitglied, sind in derselben Kapelle, wo diese liturgischen Instrumente ausgestellt werden, begraben.

Was die *Pallozas** angeht, handelt es sich hier um Bauten, die fast unverändert die Bauformen der ursprünglichen Bewohner vor der Romanisierung weiterführen. Ihr Name kommt von ihren Strohdächern her.**

O Cebreiro war die Gemeinde eines der Pioniere der Wiederentdeckung des Jakobsweges, Elías Valiña Sampedro, an den dort eine Büste erinnert.

* Runde, strohbedeckte Hütten. (A. d. Ü.)

** »Stroh« heißt auf Spanisch »paja« (A. d. Ü).

Hütten mit Strohdach in O Cebreiro.

25 O Cebreiro – Triacastela

Von O Cebreiro aus, das von runden Gipfeln und steilen Hängen umgeben ist, führt der Jakobsweg über die Sierra de Rañadoiro und nachdem er den Alto do Poio überwunden hat, steigt er ins Tal hinab, wo Triacastela liegt.

Pilgerdenkmal in O Cebreiro.

Den Abstieg von **O Cebreiro** beginnt man hinter der Herberge auf einem Weg, der auf den von Pinien bedeckten Hängen des Monte Pozo de Aréa entlangschlängelt und letztendlich in einer Piste mündet. Diese biegt nach links in Richtung **Liñares** ab, wo man rechts die Straße überquert. Man kann auf dem Asphalt weitergehen oder ein Stück auf einer Piste hinabsteigen, um dann auf einem Pfad am Hang entlang zurückzukehren, an Wiesen, Stechpalmen und Haselnusssträuchern entlang parallel zur Landstraße wandern, bis man am Berg Alto de San Roque auf die Straße selbst kommt. Auf einem anderen Pfad rechts, geht man weiter bis zu **Hospital da Condesa**. Man verlässt es auf der Landstraße aber nach weniger als 150 Metern nimmt man die Abzweigung nach Sabugos und Temple, die man nach dem km. 144

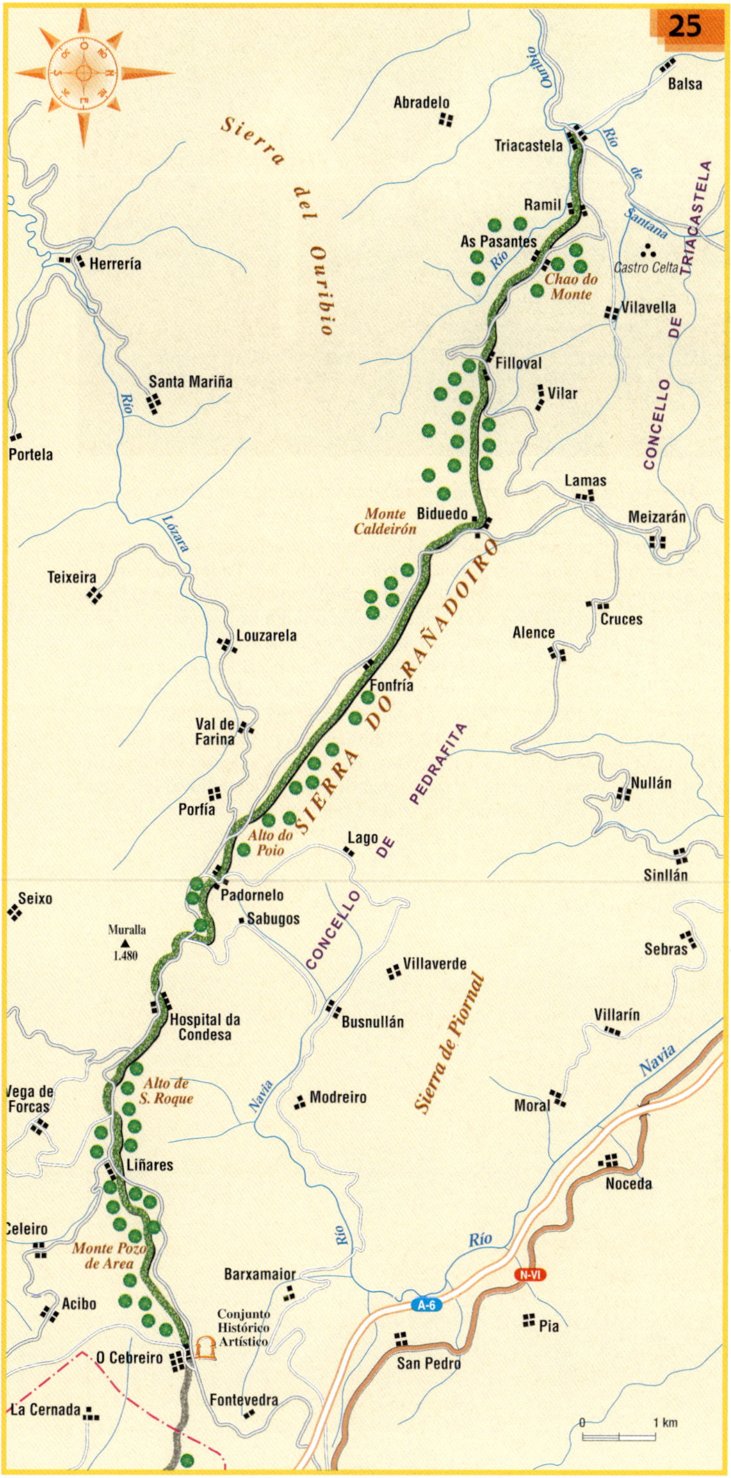
25
Sierra del Ouribio
Abradelo
Balsa
Ouribio
Triacastela
Río de Santana
Ramil
As Pasantes
Río
Chao do Monte
Castro Celta
Vilavella
Herrería
Filloval
Vilar
Santa Mariña
Río
Portela
CONCELLO DE TRIACASTELA
Lamas
Meizarán
Monte Caldeirón
Biduedo
Lózara
Teixeira
SIERRA DO RAÑADOIRO
Cruces
Alence
Louzarela
Fonfría
Val de Farina
PEDRAFITA
Nullán
Porfía
Alto do Poio
Lago
CONCELLO DE
Sinllán
Padornelo
Seixo
Sabugos
Muralla
1.480
Sebras
Villaverde
Busnullán
Hospital da Condesa
Sierra de Piornal
Villarín
Navia
Alto de S. Roque
Vega de Forcas
Modreiro
Navia
Moral
Liñares
Noceda
Celeiro
Río
Río
Monte Pozo de Area
N-VI
Barxamaior
A-6
Acibo
Pia
Conjunto Histórico Artístico
O Cebreiro
San Pedro
Fontevedra
La Cernada
0
1 km

Vorbeizug von Pilgern in der näheren Umgebung von Liñares.

verlässt, um auf einem Pfad links hinaufzusteigen. Nachdem man wieder mit der Landstraße zusammengetroffen ist, kommt man nach **Padornelo** (Kirche und Brunnen am Eingang), das man am Friedhof vorbei verlässt und geht den Aufstieg zum **Alto del Poio** an, wo man wieder auf die Landstraße zurückkehrt. Man geht auf ihr weiter, bis rechts ein paralleler Pfad erscheint (bei einer Pflanzung noch junger Nadelbäume). Nach 2,5 km. kommt man nach **Fonfría**. Kurz danach kommt man in den Gemeindebezirk von Triacastela. Man überquert die Straße nach links und geht zwischen Birken, Eichen, Stechpalmen, Farnen… bis nach **Biduedo**. Am Ausgang des Dorfes muss man über den nordwestlichen Hang des Berges Caldeirón wandern (im Tal sieht man einen Steinbruch). Man steigt den Berg nach **Filloval** hinunter, von wo man nachdem man die Landstraße überquert hat und nach links abgebogen ist, unter Eichen weiter hinabsteigt. Man überquert noch einmal die Straße, diesmal nach links und kommt nach **As Pasantes**. Durch eine »corredoira« (von Eichen und Kastanienbäumen) kommt man nach **Ramil** und kurz danach nach **Triacastela**.

RADFAHRER

Das Beste ist, am Ausgang von **O Cebreiro** die Landstraße zu nehmen und ihr bis **Triacastela** zu folgen.

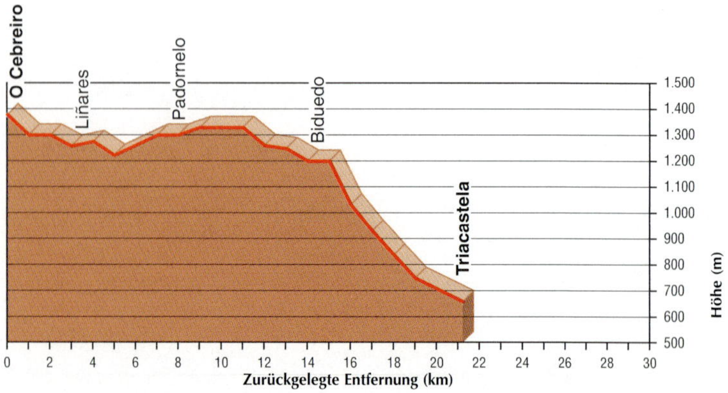

ETAPPE 25. PRAKTISCHE INFORMATION

LIÑARES

Restaurants

Casa Jaime. ✆ 982 367 166

HOSPITAL DA CONDESA

Herbergen

Albergue »Hospital da Condesa«.
Hospital da Condesa, s/n. Verfügt über 18 Plätze und Küche. Das ganze Jahr geöffnet. ✆ 660 396 810

FONFRÍA

Restaurants

Casa Núñez. Calle Fonfría do Camiño. ✆ 982 161 335

ALTO DO POIO

Herbergen

Städtische Herberge (Albergue municipal). ✆ 982 367 172

Hotels

HSR* Poio. Estrada Comarcal, km 21. Padornelo. ✆ 982 367 167. 17 Zimmer. 27 € Doppelzimmer; 21 € Einzelzimmer; 2,5 € Frühstück; 7,5 € Essen/Abendessen.

Restaurants

Santa María do Poio. Alto do Poio. Padornelo. ✆ 982 367 096

VIDUEDO

Herbergen

Albergue »Casa Quiroga«.
✆ 982 187 299

Restaurants

Mesón Betularia. ✆ 982 187 299

TRIACASTELA

Herbergen

Albergue »Aitzenea«.
Plaza Vista Alegre, 1. Verfügt über 38 Plätze, Küche, Heizung, Waschmaschine, Trockner und Fahrradraum. Geöffnet vom 1. April bis 30. Oktober.
✆ 982 548 076 / 944 602 236
Albergue »Calvor«.
✆ 982 531 266 Albergue de la Xunta (Die »Xunta« ist das galizische Regierungsorgan). Am Ortseingang gelegen. Verfügt über 56 Plätze und Heizung. Das ganze Jahr geöffnet.
✆ 982 548 087 / 660 396 811

Hotels

P** Albergue Turístico Aitznea.
Calle Vista Alegre, 1. ✆ 982 548 076. 4 Zimmer.

P* García. Rúa Peregrino, 8.
✆ 982 548 024. 3 Zimmer.

Restaurants

Fernández. Travesía de la Iglesia, 3.
✆ 982 547 048

Mesón Os Tres Castelos.
Avenida de Castilla, 10.

O Peregrino.
Calle Ramill. ✆ 982 548 024

O Novo. Avenida Camilo José Cela, 14.
✆ 982 547 005

Río. Calle Leoncio Cadórniga Carro.
✆ 982 548 133

Xacobeo. Calle Leoncio Cadórniga Carro, 4. ✆ 982 548 126

Geschichte und Kulturerbe der Etappe 25

Pilger zwischen den mit Stroh gedeckten Hütten von O Cebreiro.

Der Französische Weg Etappe 25. O Cebreiro-Triacastela

San Esteban de Liñares, die erste Ortschaft, die der Jakobsweg nach dem Pass durchquert, wird im *Liber sancti Iacobi* als Jakobswegstation erwähnt, trotz der äußerst geringen Entfernung (3km), die sie vom Hospital in O Cebreiro trennt. Der Name, den ihr dieses Werk gibt, *Linar de Rege*, den man als »Flachsfeld des Königs« übersetzen kann, hat die moderne Wissenschaft dazu geführt, die Existenz einer Flachspflanzung anzunehmen, welche die Könige dem Hospital in Cebreiro für die Wäsche bewilligt hätten. Man kann sagen, dass die Nähe dieses kleinen Ortes zum großen Hospital des Passes, sowie die Gemeinsamkeiten zwischen seiner Gemeindekirche des Heiligen Stefan (San Esteban) und der der Heiligen Maria in Cebreiro, eine Verbindung zwischen beiden zumindest wahrscheinlich macht.

Am Ausgang des Dorfes, auf dem Hügel, der als **Höhe des Heiligen Rochus** (Alto de San Roque) bekannt ist, steht eine kleine Kapelle, die diesem nicht offiziell heiliggesprochenen Heiligen geweiht ist, dessen Verehrung, die von Montpellier, seiner Heimatstadt, aus verbreitet wurde, trotzdem eine der populärsten ihrer Zeit war. Es handelt sich um eine historische Persönlichkeit

Kirche von San Juan in Padornelo.

(1295-1327), und laut seiner Biographie wurde er schon früh Waise, gab sein reiches Erbe an die Armen und ging auf Pilgerfahrt nach Rom. Auf seinem Weg und in Rom selbst, pflegte er viele Pestkranke, die er durch das Kreuzzeichen heilte. Auf seinem Rückweg befiel ihn selbst diese schreckliche Krankheit, von der er auf wundervolle Weise dank göttlichen Eingreifens geheilt wurde. Am Tor seiner Heimatstadt, Montpellier, wohin ihm der Ruf als Wunderheiler vorausgeeilt war, wollte er sich aus Bescheidenheit nicht zu erkennen geben, weshalb er als Spion festgenommen und ins Gefängnis gesteckt wurde, wo er dann auch starb. Seine Verehrung verbreitete sich bald durch ganz Europa, und wurde zu einem der beliebtesten Kulte seiner Zeit. Wir haben schon gesehen, wie auch der Jakobsweg ihn seit dem dem XV. oder XVI. Jahrhundert, als einen seiner bevorzugten Heiligen annahm und ihm auf den ikonographischen Darstellungen die Attribute eines Jakobspilgers zuteilte. Oftmals haben diese Darstellungen des Heiligen Rochus die des Heiligen Jakob (Santiago) selbst als Vorbild, von denen sie sich aber doch vor allem durch zwei Attribute unterscheiden: die Pestmrkmale, die auf seinen nackten Beinen zu sehen sind und einen kleinen Hund mit einem Stück Brot im Maul, das er dem Heiligen darbietet.

Die schriftliche Dokumentation macht nicht ganz klar, wer die edle und namenlose Dame ist, die im Namen **Hospital der Gräfin** (Hospital da Condesa) erscheint: wenn es sich wirklich um Doña Eilo handelte, die Gemahlin des Grafen Gatón, des Herrn des Bierzo, der diesen wiederbesiedeln ließ (IX. Jh.), würde es sich um eine der ältesten Herbergseinrichtungen des Jakobsweges handeln. Wie im Falle von San Esteban de Liñares, hing auch Hospital de la Condesa als Priorat von O Cebreiro ab. Die archaischen Züge des Gotteshauses dort, das wohl das Muster für das andere war, zeigen sich auch noch einmal an der Kirche des Hospitals.

Padornelo wurde von seinem Besitzer, Oveco Sánchez, der Kirche in Santiago de Compostela geschenkt, wie es in der *Historia Compostellana* steht. Die Widmung seiner Kirche an den Heiligen Johannes (San Juan), könnte, wenn sie nicht noch älteren Datums ist, eine Spur der Anwesenheit der Ritter des Johanniterordens sein, die ein Hospital, das der Magdalena geweiht war leiteten, das auf demselben Grundstück lag, das heute der Friedhof einnimmt.

Der Wirkungskreis der Johanniter von Padornelo, reichte bis nach **Alto do Poio**, einem Ort, der im Winter schwer zu erreichen war und wo die Ritter wahrscheinlich einen Posten auf dem Grundstück aufstellten, wo heute die Kapelle der Heiligen Maria steht.

Bei **Fonfría**, wo ebenfalls die frühere Existenz eines Pilgerhospitales belegt ist, hat man Überreste der Pflasterung von der alten Römerstraße gefunden.

In **Biduedo**, desses Ortsname von einem Birkenwald oder auch einer Birkenpflanzung herkommt, gab es noch ein Priorat der Johanniter. Die große Anwesenheit dieses Ritterordens auf dem Abstieg von Cebreiro her erklärt sich aus denselben Gründen, die auch die Anwesenheit der Tempelritter im Bierzo rechtfertigten: weil es sich um gebirgige Gegenden mit einem regen Verkehr handelte, die von der zentralen Autorität schwer zu kontrollieren waren, was sie zu einem günstigen Ort für die Tätigkeiten der Wegelagerer machte (und oft auch der lokalen Ritter, die sich mit dem Recht versehen glaubten, den

Gesamtansicht von Triacastela.

Durchzug durch ihre »Herrschaftsgebiete« zu regeln, obwohl der Jakobsweg mit voller Absicht als »öffentliche Straße« bezeichnet wurde). Diese Art von Militärorden, die entstanden waren, um der Christenheit vor allem im Heiligen Land in ihrem Kampf gegen den Islam beizustehen, fanden in Spanien und eben entlang des Jakobsweges, eine andere, wichtige »Front«, an der sie ihre Aufgabe erfüllen konnten: die Verteidigung und Betreuung der wehrlosesten unter den Christen, der unbewaffneten Pilger, auf einer Route, die durch Gebiete von schwierigen Berglandschaften führte, welche die Durchreise anstrengend und vor allem gefährlich machten, wie die Pyrenäen, die Berge von Oca und das Gebiet des Bierzo.

Nach Biduedo kommt der Jakobsweg nach **Filloval**, dessen Ortsname auf einen merkwürdigen, mittelalterlichen Brauch anspielt. Es handelt sich darum, dass die Einwohner des Ortes sich zusammentaten, um eine ihrer größten Bedrohungen zu jagen, den Wolf, der manchmal auch zum Feind von geschwächten oder wehrlosen Pilgern wurde, wie der Pilger Laffi auf seiner Durchreise durch Burgo Ranero erzählt (Etappe 17). In Filloval war wahrscheinlich die Grube, an der die Dorfbewohner sich auf die Lauer legten oder die als Falle für die Tiere diente. Die Entwicklung des Toponyms ist wohl folgende: **Fovea Luparia* (»Wolfsgrube«) > **Foya [lo]bar* > Foyllevar-Filloval.

Nachdem man über **As Pasantes** gezogen ist, kommt man nach **Ramil**, dessen Ortsname aus der für diese Gegend typischen Entwicklung des Namens seines ursprünglichen Besitzers hervorgegangen ist, eines gewissen Ramiro, von dem wir sonst nichts wissen.

Der wohlklingende lateinische Ortsname von **Triacastela**, scheint sich aus der Existenz von drei vorrömischen Festungen zu erklären (*castros*, auf Galizisch »castelos«), die an verschiedenen Punkten der Höhen liegen, welche die Schlucht, in der die Ortschaft liegt, beherrschen. Die ersten Belege dieses Ortes stammen aus dem IX. Jahrhundert, als er vom Grafen des Bierzo, Gatón, gegründet wurde.

Der Führer des *Liber sancti Iacobi*, verleiht Triacastela die Ehre, als Endstation einer der dreizehn Etappen des Jakobsweges in Spanien zu gelten. Außerdem wird der Ort noch dreimal im Laufe des Buches erwähnt, zweimal aufgrund zweier merkwürdiger Bräuche, die mit den Pilgerreisen verbunden waren. Hier ist der erste:

Danach kommt Triacastela, am Fuße desselben Berges [Cebreiro], *auf seiner galizischen Seite. An diesem Ort nehmen die Pilger einen Stein und tragen ihn mit sich bis nach Castañeda, wo man ihn dazu verwendet, Kalk für die Arbeiten an der Basilika des Apostels zu gewinnen.*

Triacastela. Turm der Pfarrkirche, der Jakobus gewidmet ist.

Wie man aus diesem um das Jahr 1130 geschriebenen Zeugnis sehen kann, führte die große Frömmigkeit der Jakobspilger sie sogar dazu, zu Transporteuren für schweres Material zu werden, das zum Bau der großen romanischen Kathedrale von Santiago de Compostela diente, die damals noch im Entstehen war. Diese Steinbruchaktivität von Triacastela lebt heute weiter, da hier einige, zur Zementgewinnung nötigen Materialien, gewonnen werden.

Die zuweilen übertriebene Frömmigkeit jener Pilger wurde wohl von Leuten mit einer eher materialistischen Sicht des Lebens, mit gewisser Ironie betrachtet werden. Zu dieser Art gehörten auch einige Schankwirte aus Santiago, deren Vorgangsweise in einer Strafpredigt im ersten Teil des *Liber sancti Iacobi* angeprangert wird. Wie man dort lesen kann, begaben sich diese Leute - listige Vorgänger der heutigen Reklametechniken - um der heftigen Konkurrenz zwischen den Herbergen in Santiago vorzubeugen, bis nach Triacastela, das 120km von Santiago entfernt liegt. Dort gingen sie auf die Pilger zu, die in den nächsten Tagen nach Santiago kommen würden, taten freundlich und empfahlen ihnen ihr eigenes Lokal als Quartier während ihres Aufenthaltes in der Stadt. Sie gewannen die vertrauensvollen Pilger, indem sie ihnen ein Pfand gaben (einen Gürtel, einen Schlüssel, einen Ring, einen Hut usw.), wodurch diese ihnen Vertrauen schenkten und versprachen ihnen gute Herberge und andere Vorteile. Wenn die Pilger dann einmal in Santiago waren, wurde dieses Vertrauen missbraucht, was sich in äußerst hohen Preisen für Quartiere, Essen und andere Produkte von sehr geringer Qualität zeigte.

Aus diesen zwei Angaben des *Liber sancti Iacobi* können wir schließen, dass Triacastela ein Ort war, an dem viele Pilger zusammenkamen, schon fast ein Versammlungsort großer Massen, woraus wir auf die Existenz mehrerer Herbergseinrichtungen schließen können. Eine von ihnen gehörte wohl zur Gemeindekirche, die dem Heiligen Jakob (Santiago) geweiht ist. Eine andere Einrichtung zeigt uns ein etwas ungewöhnliches Gesicht der Pilgerversorgung: es handelt sich um ein Gefängnis für Pilger oder Leute, die sich für solche ausgaben, in Zeiten, in denen die Wallfahrten schon fast zu einer Art der Bettelei geworden waren. An den Wänden dieses Gefängnisshospitals, kann man noch die »Graffiti« sehen, mit denen einige dieser aufrührerischen Wanderer ihren Aufenthalt an diesem Ort verzeichneten.

26 Triacastela – Sarria

Von den zwei Möglichkeiten, bietet die Route des Heiligen Gil (Ruta de San Xil) uns eine anregende Landschaft, mit zahlreichen »Corredoiras«: mit Steinplatten gepflasterte Wege, welche die dichten galizischen Eichenwälder durchqueren. Um Samos zu besuchen, wandern wir durch das tief eingeschnittene Tal des Flusses Ouribio.

Steinweg (Corredoira) vom Kloster von Samos nach Sarriá.

Am Ausgang von Triacastela muss man zwischen zwei Möglichkeiten entscheiden:

A) Nach rechts geht die Variante von San Xil, die nachher durch einen Weg am Bach Valdoscuro entlang führt, zwischen der Ufervegetation, Kastanienbäumen und Eichen. Wenn man **Balsa** erreicht hat, beginnt der Aufstieg. Auf einer asphaltierten Piste erreicht man einen Jakobspilgerbrunnen und lässt **San Xil** links hinter sich. Von dort aus geht man auf derselben Piste weiter und steigt zum Alto de Riocabo hinauf. Am Gipfel angekommen, nimmt man eine »Corredoira« nach rechts, auf der man sanft hinabsteigt, bis man mit einer Piste zusammentrifft und nach **Montán** kommt. Wenige Meter entfernt liegt **Fontearcuda**, von wo man weiter auf *Corredoiras* hinabsteigt, bis man einen Bach auf einem steingepflasterten Steg überquert. Man kommt auf der Landstraße in den Gemeindebezirk von Sarria und erreicht **Pintín** (im Hintergrund sieht man Sarria) und später, auf dem km. 117,5 auf der Landstraße, **Calvor**, wo beide Routen wieder zusammentreffen, um nach Sarria weiterzuführen.

B) Um das Kloster von Samos zu besuchen, muss man zur Landstraße gehen und auf ihr dem Flusslauf des Ouribio durch ein Tal, das tief in den Berg geschnitten ist, folgen, wobei uns Eichen, Birken, Ginster und andere Ufervegetation, sowie einige Kastanienbäume begleiten. Hinter der Brücke, nach weniger als 3km., geht man auf die rechte Seite der Straße hinüber, um auf einer asphaltierten Piste nach **San Cristobo do Real** hinabzusteigen. Dort überquert man den Fluss und kommt auf einem von Kastanienbäumen und Eichen gesäumten Weg zum Friedhof. Man überquert mehrere Male den Fluss wenn man durch **Renche, Lastres** und **Freituxe**

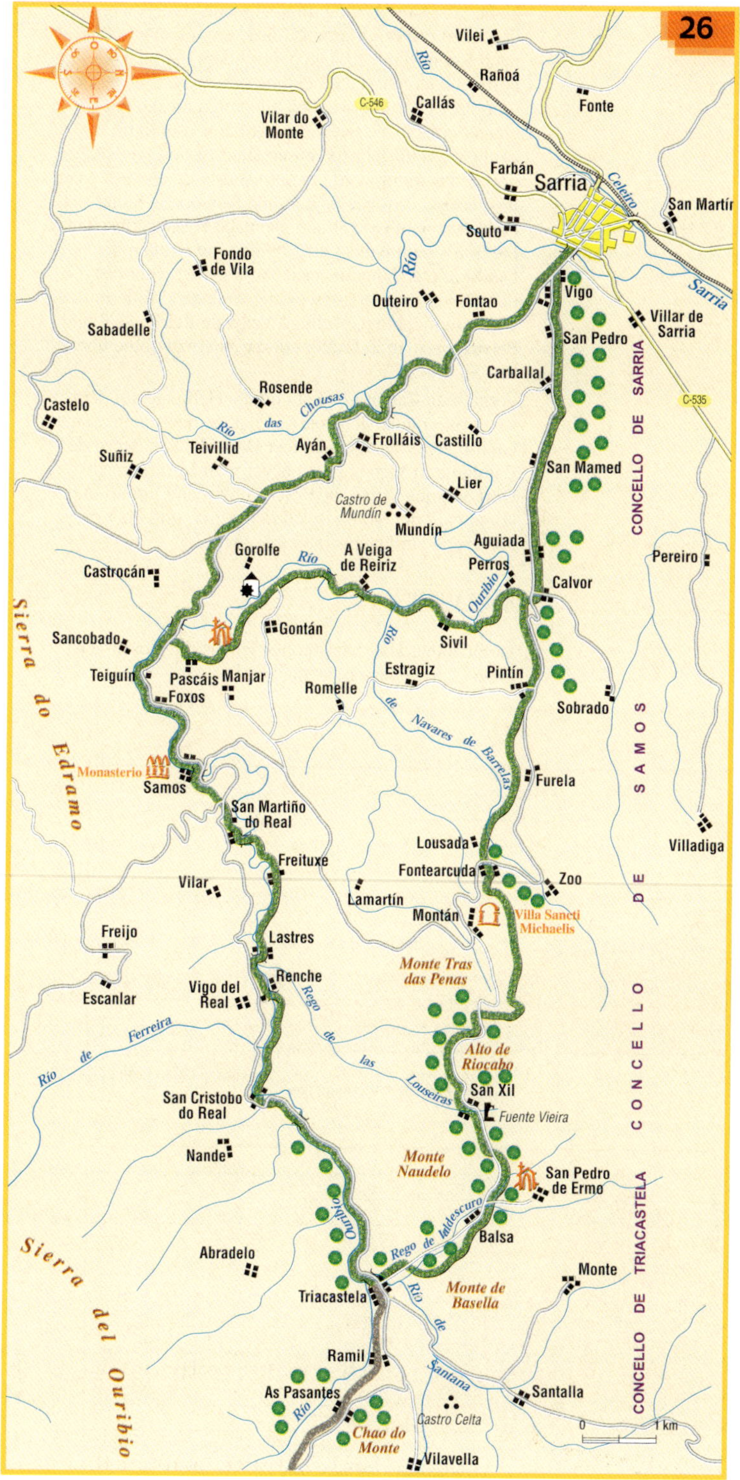
26
Vilei
Rañoá
Río
Callás
C-546
Vilar do Monte
Fonte
Farbán
Sarria
Celeiro
San Martín
Souto
Fondo de Vila
Río
Outeiro
Fontao
Vigo
Sarria
Villar de Sarria
Sabadelle
San Pedro
Carballal
C-535
Rosende
Castelo
Río das Chousas
Suñiz
Teivillid
Ayán
Frolláis
Castillo
San Mamed
Lier
Castro de Mundín
Mundín
Aguiada
Gorolfe
Río
A Veiga de Reiriz
Perros
Pereiro
Castrocán
Ouribio
Calvor
Sierra do Edramo
Sancobado
Gontán
Río
Sivil
Teiguín
Pascáis
Manjar
Estragiz
Pintín
Foxos
Romelle
Sobrado
de Navares de Barrelas
Monasterio
Samos
Furela
San Martiño do Real
Lousada
Villadiga
Freituxe
Fontearcuda
Zoo
Vilar
Lamartín
Montán
Villa Sancti Michaelis
Freijo
Lastres
Monte Tras das Penas
Renche
Escanlar
Vigo del Real
Rego de las Louseiras
Alto de Riocabo
Río de Ferreira
San Cristobo do Real
San Xil
Fuente Vieira
Nande
Monte Naudelo
San Pedro de Ermo
Ouribio
Rego de Valdescuro
Balsa
Abradelo
Sierra del Ouribio
Triacastela
Río de Santana
Monte de Basella
Monte
Ramil
As Pasantes
Santalla
Río
Chao do Monte
Castro Celta
0
1 km
Vilavella
CONCELLO DE SARRIA
CONCELLO DE SAMOS
CONCELLO DE TRIACASTELA

zieht, lässt **San Martiño do Real** rechts hinter sich und überquert die Landstarße LU-643, um auf einem Pfad nach **Samos** hinabzusteigen. Nachdem man das Kloster besucht hat, geht man Richtung des Parks am Ufer des Ouribio weiter und wandert auf einem für die Pilger eingerrichteten Kiesweg, der mit Bänken und mit zahlreichen Rastplätzen ausgestattet ist und von kleinen Bäumen gesäumt wird, an der Landstraße entlang. Man lässt Foxos, Ferreira, Teiguín und Sancobade hinter sich. Links erscheint eine Straße, die nach **Pascáis** führt. Und hier muss man wieder entscheiden, ob man an der Landstraße entlang bis nach Sarria gehen will oder durch die *Corredoiras* zwischen winzigen Weilern wandern möchte (**Gorolfe, A Veiga de Reiriz, Sivil** und **Perros**) bis man in Calvor auf die Alternativroute über San Xil trifft.

Wenn man **Calvor** verlässt und die Herberge auf dem km. 116,5 hinter sich gelassen hat, wandert man an der Landstraße über **Aguiada, San Mamede, San Pedro do Camiño** und **Vigo** entlang, bevor man Sarria erreicht. Dort überquert man die Brücke über den Ouribio und kommt auf der Straße Rúa do Peregrino und über die Freitreppe zur Hauptstraße Rúa Mayor.

RADFAHRER

Die Variante über Samos ohne jemals die Landstraße LU-643 zu verlassen, ist die beste.

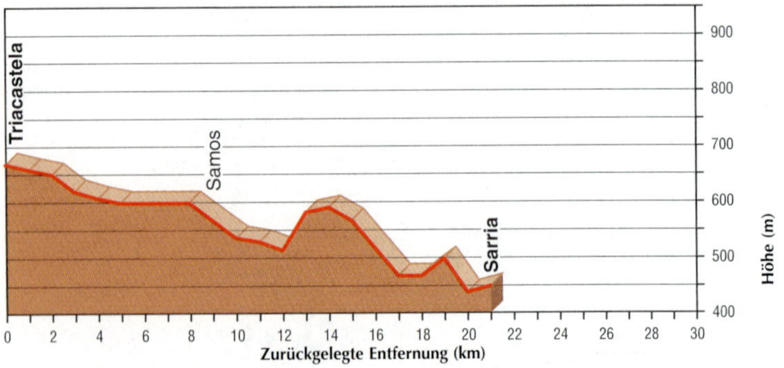

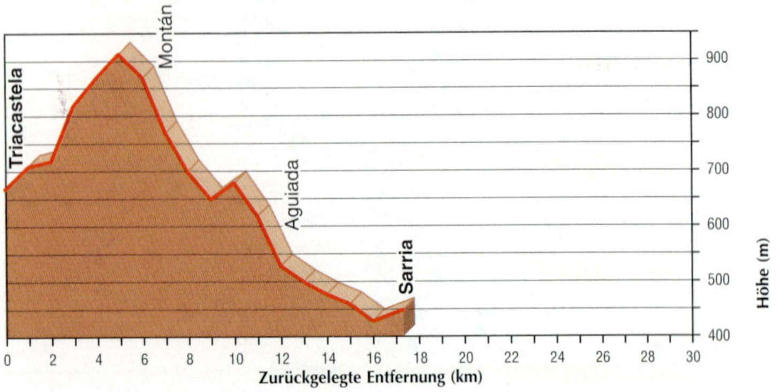

ETAPPE 26. PRAKTISCHE INFORMATION

SAMOS

Herbergen

Albergue »Casa de Madera«.
Calle Salvador, 16. Bei der Stiftskirche Ciprés (Ermita del Ciprés). Verfügt über 18 Plätze, Küche, Waschmaschine und Bibliothek. Das ganze Jahr geöffnet.
✆ 982 546 189 / 653 824 546

Albergue »Monasterio de Samos«.
Im Kloster der Bendiktiner (Monasterio de los PP. Benedictinos) werden Pilger aufgenommen. ✆ 982 546 046

Hotels

HR* A Veiga.
Estrada Sarria-Pedrafita.
✆ 982 546 052. 15 Zimmer.
30/24 € Doppelzimmer.
HSR* Victoria.
Rúa Salvador, 3. ✆ 982 546 022. 4 Zimmer. 34/22 € Doppelzimmer.

Restaurants

Hotel A Veiga. Carretera Sarria-Pedrafita. ✆ 982 546 052
Paredes. Calle Paredes de Lóuzara, 1.
✆ 982 546 167
Pontenova. Carretera de Pontevedra.
✆ 982 546 003
Resco. Avenida del Generalísimo, 34.
✆ 982 546 040
Victoria. Calle Salvador, 4.
✆ 982 546 022

CALVOR

Herbergen

Städtische Herberge (Albergue municipal). Sie befindet sich in der alten Schule. 22 Plätze.

SARRIA

Herbergen

Städtische Herberge (Albergue municipal). Sie befindet sich in einer wieder aufgebauten schönen alten Villa in Rúa Maior. Verfügt über 40 Plätze.
✆ 686 744 047

Hotels

H** Villa de Sarria. Calle Benigno Quiroga, 49. ✆ 982 533 873.
23 Zimmer. 78/66 € Doppelzimmer;
4,8 € Frühstück.
H* Roma. Calle Calvo Sotelo, 2.
✆ 982 532 211. 18 Zimmer.
37 € Doppelzimmer; 26 € Einzelzimmer
HS** Londres. Calle Calvo Sotelo, 153.
✆ 982 532 456. 20 Zimmer.
HSR* As Rodas. A Valiña.
✆ 982 546 749. 4 Zimmer.

Restaurants

Estación de Autobuses. Calle Lama de Gándara. ✆ 982 532 620
Litmar. Calle Calvo Sotelo, 141-143.
✆ 982 530 046
Londres. Calle Calvo Sotelo, 153.
✆ 982 530 891
Mar de Plata. Calle Gran Via de Alfonso IX, 29. ✆ 982 533 059
Mesón Camiño Francés. Calle Mayor.
✆ 982 532 351
Mesón da Sardiña.
Estrada. Monforte. ✆ 982 546 636
Mesón O Tapeo. Calle Calvo Sotelo.
✆ 982 534 040
O Camiño. Calle Calvo Sotelo, 211.
✆ 982 532 612
Ponte Ribeira.
Rúa do Peregrino, 29. ✆ 982 530 005
Roma.
Calle Calvo Sotelo, 2. ✆ 982 530 570

Transportmittel

In Sarria:
Busbahnhof (Estación de autobuses) in Rúa Matías López. ✆ 982 531 901.
Bahnhof (Estación de RENFE) in Rúa Estación. ✆ 982 530 787.

Geschichte und Kulturerbe der Etappe 26

Der Französische Weg Etappe 26. Triacastela-Sarria

Von Triacastela aus, kann man zwei verschiedene Wege nach Sarria nehmen: der geradeste, der als Weg des Heiligen Gil bekannt ist (A) und eine Variante, welche durch die Existenz einer ehrwürdigen Institution gerechtfertigt wird, durch das Kloster von Samos, (B).

A: Die erste Route, der sogenannte »Weg des Heiligen Gil«, erhält seinen Namen von **San Xil**, der ersten Ortschaft nach Triacastela. Der Kult des Heiligen Gil, eines griechischen Eremiten aus dem VII. Jahrhundert, der sich in der Provence (Provenza) niedergelassen hatte, wurde zu einem der Kulte mit dem höchsten Ansehen in der fränkischen Welt. Die Via Tolosana, einer der vier französischen Jakobswege, war auch als Via Egidiana bekannt, weil die Abtei des Heiligen Gil auf ihr lag (*Aegidius* > Gil). Trotz des hohen Alters dieses Kultes, glauben wir, dass er hier aus den Jakobswallfahrten heraus zu erklären ist.

Seit ein paar Jahren wissen wir, dass der Verfasser des Führers des *Liber sancti Iacobi* auf der Variante, welche wir hier beschreiben und die von kleinen Weilern gesäumt wird, gewandert ist, und nicht in der großen Abtei von Samos war, deren Besuch einen kleinen Umweg bedeutet hätte. Diese Gewissheit gibt uns die vor kurzem erfolgte Identifizierung von **Montán** mit einem der wenigen im Führer erwähnten Ortsnamen, der noch nicht geortet worden war: die geheimnisvolle *Villa Sancti Michaelis*, die als Jakobswegstation zwischen Triacastela und Barbadelo erwähnt wird. Den Schlüssel zu dieser Entdeckung geben uns die Berichte anderer Pilger, wie der von Arnold von Harff (XV. Jh.), der zwischen Triacastela und Aguiada ein *Sent Michel de la Costa* aufzeigt (Galizisch »costa«, »Hang«, »Abhang«, »Berg«), oder der eines unbekannten Italieners, ebenfalls aus dem XV. Jahrhundert, der sagt, dass in *San Michele*, das zwischen San Xil und Furela lag, ein Berg (Montán) den Pilgern Herberge gab. Wenn man eine Landkarte anschaut, kann man sehen, dass in dem engen geographischen Raum zwischen San Xil und Furela nur Montán liegt. Zu den

Gesamtbild des Klosters von Samos.

Gotischer Kreuzgang des Klosters von Samos.

Berichten dieser ausländischen Pilger kommt hinzu, dass in einem Dokument (1068) des benachbarten Klosters von Samos die Rede ist von einem

> *loco sancto isto Sancti Michaelis et Sancti Andree, quorum reliquie ibidem sunt recondite in villa vocabulo Montan*
> *(Heiligtum des Heiligen Michael und des Heiligen Andreas, deren Reliquien dort versteckt sind, im Dorf, das Montan genann wird).*

Die Existenz dieses Heiligtums,wo Reliquien von keinen geringeren als vom Apostel Andreas (San Andrés) und vom Erzengel Michael (San Miguel) aufbewahrt wurden (wahrscheinlich waren sie aus Südspanien nach der arabischen Invasion dorthin gebracht worden), rechtfertigte einen Besuch und ein wenig Reklame, wie die, welche ihm das *Liber sancti Iacobi* dann auch gab. Zwischen dem XVI. und dem XVII. Jahrhundert, als das Andenken an diesen Reliquienschatz vergessen und das alte Kloster zu einer einfachen Kirche geworden war, wurde die alte Weihung an den Heiligen Michael durch die an die Jungfrau Maria ersetzt. Diese Kirche romanischen Stils ist die, die man heute besichtigen kann.

Wie gesagt, liegt in einer kurzen Entfernung von Montán die Ortschaft **Furela**, die der erwähnte italienische Reisebericht aus dem XV. Jahrhundert *Finella* nennt. Danach kommen **Pintín** und **Calvor**, dessen Gemeindekirche des Heiligen Stefan (San Esteban) noch einige Elemente ihres ursprünglichen Gebäudes zeigt. Man weiß, dass sie im VIII. Jahrhundert zu Ehren des Heiligen Paulus (San Pablo) und des Heiligen Stefan, von einem Priester mit Namen Adilán und einigen Mönchen des nahen Klosters von Samos gegründet wurde. Ihr auffälliges Taufbecken ist aus einem romanischen Kapitell gemacht, das möglicherweise aus der Kirche selbst stammt. Eine mündliche Überlieferung, die sonst allerdings nicht bestätigt werden kann, behauptet, dass das letzte Haus auf dem Weg nach Sarria als Pilgerhospital gedient hat.

Auch in **Aguiada** erinnert man sich an ein früheres Hospital, während die Namen **San Mamed do Camiño** und **San Pedro do Camiño** von der engen Beziehung dieser Orte zur Pilgerroute zeugen. Schon an den Toren Sarrias, finden wir **Vigo de Sarria**, das, wie sein Name andeutet (*vicus*, »Dorf«), als eine von Sarria abhängige Siedlung entstand.

B: Auf der zweiten Variante, in einem tiefen, zwischen Bergen eingegrabenen Tal, befindet sich das große **Kloster des Heiligen Julian** und der **Heiligen Basilisa**

Pilger am Eingang von Sarria.

von Samos (Monasterio de los Santos Julián y Basilisa de Samos), eines der ältesten Klöster Spaniens, das im VI. Jahrhundert vom Heiligen Martin von Braga (San Martín de Braga) gegründet wurde, der die Sueben zum Katholizismus bekehrte. Die nicht sehr übliche Widmung an die Eheleute Julian und Basilisa, Märtyrer aus der ägyptischen Stadt Antinoe zur Zeit Diokletians (Diocleciano), ist ein weiteres Zeichen seines hohen Alters, denn die Popularität der Geschichte ihres Martyriums, ein wahres Loblied auf die Jungfräulichkeit sogar innerhalb der Ehe, stand in Beziehung zu der starken, monastischen Bewegung, die Spanien zur Zeit der Westgoten erlebte. Vielleicht wurden diese keuschen Eheleute als Schutzpatrone des Klosters erwählt, nicht nur weil es Reliquien von ihnen besaß, sondern auch, weil es ursprünglich ein doppeltes Kloster war, das heißt, mit Nonnen und Mönchen, obwohl dies nur eine Hypothese ist. Es kann sein, dass der Kult hier einige Jahre unterbrochen wurde, denn eine Inschrift aus dem VII. Jahrhundert berichtet, dass der Bischof von Lugo, Ermefredo, das klösterliche Leben dort wiederherstellte.

Was die Beziehung von Samos zur Wallfahrt nach Santiago angeht, war sie wohl sehr rege, aufgrund der Lage des Klosters in der Nähe des Jakobsweges, sowie dank der herkömmlichen benediktinischen Gastfreundschaft, obwohl es nicht viele schriftliche Belege gibt, die diese Annahmen unterstützen. Man hat dagegen Informationen von der Herberge, die den Pilgern später (XVI.-XVIII .Jh.) dort geboten wurde.

In dieser eindrucksvollen Klosteranlage, die mehr als ein Hektar Land einnimmt, sind wenige mittelalterliche Überreste erhalten, wenngleich dieselben außerordentlich schön sind, wie die christlich-maurische Kapelle des Heilands oder der Zypresse (del Salvador o del Cyprés, IX.-X. Jh.). Das meiste, des in Samos Erhaltenen ist aus der Renaissance, dem Barock oder dem Neoklassizismus. So auch die Kirche, auf deren Fassade man die Bildnisse der beiden Heiligen, denen sie geweiht ist, sehen kann, sowie den Heiligen Benedikt (San Benito). Das Gotteshaus hat einen rechteckigen Grundriss und bemerkenswerte Ausmaße und ist aus neoklassizistischer Zeit. Innerhalb der Anlage fällt der Kreuzgang der Nereiden auf (XVI. Jh.), von dem man sowohl ins Refektorium wie in die Bibliothek des Klosters gelangen kann. Jünger und von größeren Ausmaßen ist der Kreuzgang des Paters Feijoo (XVII. Jh.), der dem berühmten benediktinischen Schriftsteller Benito Jerónimo Feijoo y Montenegro gewidmet ist (1676-1764), einer der hellsten Köpfe der unheilvollen Zeiten Spaniens Ende des XVII. und Anfang des XVIII. Jahrhunderts. Die aufgeklärten Schriften des Bruders Benito, der in Samos geweiht worden war (1688) und zeitlebens eine enge Beziehung zu diesem Kloster pflegte, fallen noch heute durch ihre aufgeklärte und von Vorurteilen freie Kritik auf, wenn es darum geht, die Ursachen der schwierigen Situation Spaniens zu seiner Zeit und ihre möglichen Lösungen zu analysieren.

Der Name **Sarria** ist schon ein Zeichen des hohen Alters dieser Siedlung, auf deren Boden vorrömische Überreste gefunden worden sind. Aus ihrer privilegierten Lage auf einem von zwei Flüssen flankiertem Hügel zu schließen, ist anzunehmen dass sie durchgehend bewohnt war, wenngleich wir keine schriftlichen Belege davon haben und nur wenige archäologische vorweisen können. In einigen Dokumenten, deren Alter fragwürdig ist, wird behauptet, dass der mythische Leiter der Wiederbesiedlung Lugos, der Bischof Odoario, auch Sarria neu besiedeln ließ. Mit Sicherheit ist es aber Alfons der IX. (Alfonso IX), der sie um 1200 herum unter dem Namen *Villanova de Sarria* von neuem gründet und ihr das Stadtrecht verleiht.

Der Besuch der Pilger in diesem Städchen, das sich über den Hang eines Hügels, des Cerro del Castillo, erstreckt, führt beständig bergaufwärts. An erster Stelle, fanden sie die romanische Kirche der Heiligen Marina, die heute durch ein modernes Gotteshaus ersetzt worden ist. Die Weihung an diese heilige Märtyrerin aus Antiochien (Antioquía), deren Reliquien im hochmittelalterlichen Spanien zirkulierten, ist ein Zeichen für das hohe Alter dieser Kirche.

Weiter oben findet man die ebenfalls romanische Gemeindekirche des Erlösers (San Salvador), die sehr gut erhalten ist. Sie ist ein typisches Beispiel der ländlichen galizischen Romanik und schon Ende des XI. Jahrhunderts belegt. Ihre zwei Portale, die einige Skulpturen enthalten, sind etwas jünger, nähmlich aus dem XIV. Jahrhundert. In der Nähe dieser Kirche liegt das Gebäude, von dem die mündliche Überlieferung behauptet, dass es ein Hospital des Heiligen Antonius (San Antonio) war. Wenn es so wäre, könnten wir es als ein Zeugnis der Existenz des Ordens des Abtes St. Antonius auch in Galizien ansehen, der so aktiv auf den kastilischen Etappen des Jakobsweges war. Hoch oben auf dem Hügel, sind noch Reste der Burg erhalten, die sonst fast gänzlich während der Volksaufstände im XV. Jahrhundert zerstört wurde, die als »Guerras dos Irmandiños« bekannt sind.

Ganz in der Nähe erhebt sich das Kloster der Heiligen Magdalena, das heute von einer Gemeinschaft barmherziger Brüder geleitet wird. Sein etwas dunkler Ursprung scheint in einer früheren Kapelle des Heiligen Blas zu liegen, bei der sich eine Gemeinschaft italienischen Ursprunges niederließ. Später wurden sie wohl durch die Ritter des Johanniterordens ersetzt. Das heutige Gebäude, das hauptsächlich plateresk ist, hat noch einige gotische Elemente des vorherigen behalten.

Sarria. Kirche des Konvents La Magdalena.

27 Sarria – Portomarín

Auf der »Hochebene von Lugo« kommt man in Richtung des großen Flusses Miño durch zahlreiche Weiler, die zwischen Äckern, Viehweiden und Wäldern liegen.

Ponte Áspera.

Von der Hauptstraße Rúa Mayor aus, geht man zum Kloster der Heiligen Magdalena (Convento de la Magdalena) und von dort aus verlässt man die Stadt, indem man am Friedhof hinabsteigt. Wenn man zur Landstraße kommt, die Monforte de Lemos mit Lugo verbindet, geht man auf ihr weiter, bis man sie nach links verlässt und auf der Brücke »Ponte Áspera« den Fluss Celeiro überquert, an dem man einige Meter entlanggeht. Man überquert die Zugschienen (*Sancti Michaelis*) und kurz danach einen Bach. Man biegt, seinem Lauf folgend, nach rechts ab und entfernt sich von den Gleisen. Man steigt unter hundertjährigen Eichen, Birken und Kastanienbäumen bis zum Weiler **Vilei** hinauf, bei dem **Barbadelo** mit seiner Jakobskirche (Iglesia de Santiago) liegt. Man nimmt auf dem km. 100,5 eine Abzweigung links nach **Rente**. Auf dem Asphalt kommt man bis nach **Mercado da Serra**. Man überquert eine Piste und die Landstraße, die Sarria und Portomarín verbindet und kommt erst nach **Mouzós** und danach nach **Xisto, Domiz** und **Peruscallo**, sowie wenig später nach **Cortiñas** und **Lavandeira**, das man auf dem Asphalt verlässt. Man überquert den Bach Cheto um **Brea** zu erreichen. Man wandert über den Berg Mogarde weiter. Km. 100 **Mogarde**. Von Neuem durch eine *Corredoira*, überquert man den Bach Ferreiras und steigt nach **Ferreiros** hinauf, schon sehr nahe den Weilern **Mirallos** und **Pena**; auf dem Asphalt geht man nach **Couto** und **Rozas** weiter. Auf dem km. 96.5 nimmt man einen Weg nach rechts, der durch einen Pinienwald und zwischen Eichen zum

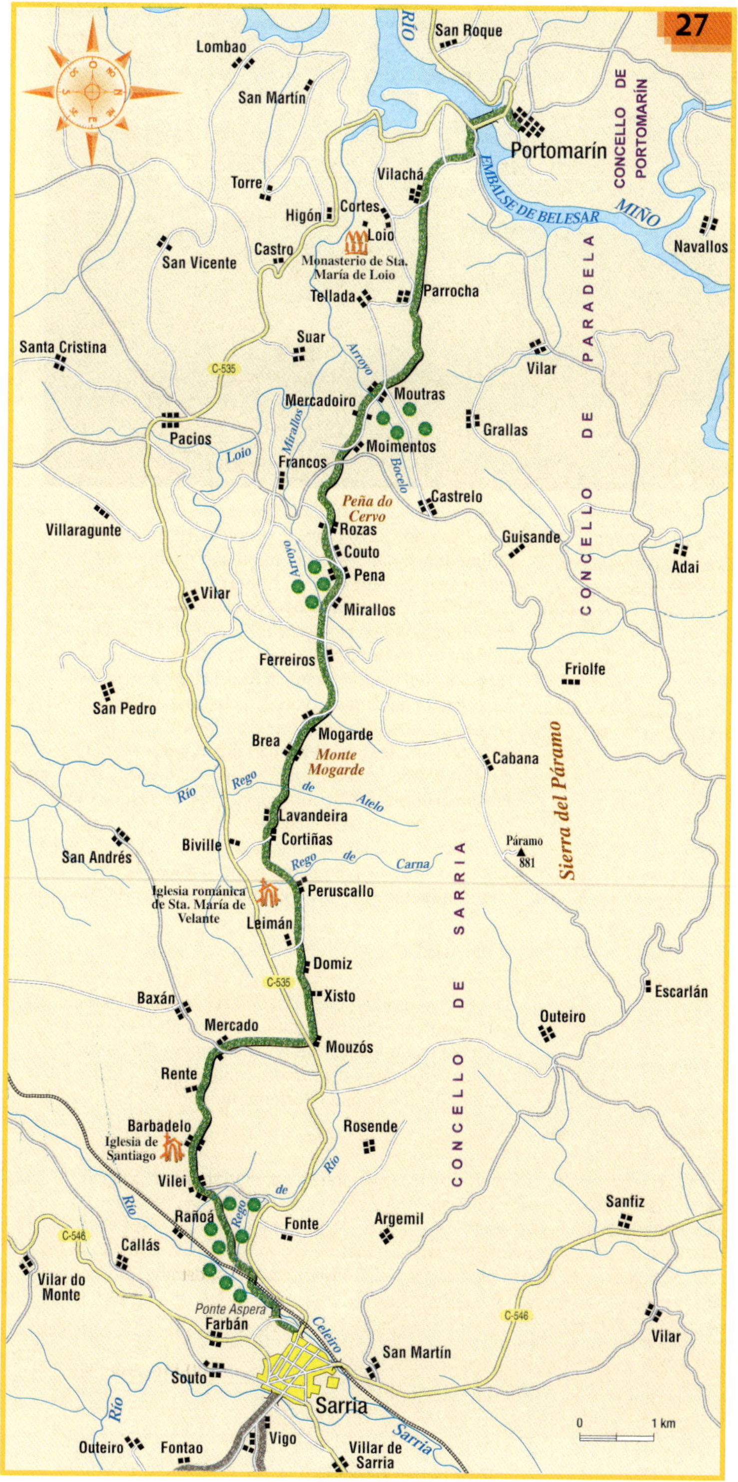
27
Lombao
San Martín
San Roque
Río
Portomarín
CONCELLO DE PORTOMARÍN
EMBALSE DE BELESAR
MIÑO
Navallos
Torre
Vilachá
Higón
Cortes
Loio
San Vicente
Castro
Monasterio de Sta. María de Loio
Tellada
Parrocha
Suar
Santa Cristina
C-535
Arroyo
Vilar
Mercadoiro
Moutras
Pacios
Gralias
Loio
Mirallos
Moimentos
Francos
Bocelo
CONCELLO DE PARADELA
Castrelo
Peña do Cervo
Villaragunte
Rozas
Guisande
Adai
Couto
Arroyo
Pena
Vilar
Mirallos
Ferreiros
Friolfe
San Pedro
Mogarde
Brea
Monte Mogarde
Cabana
Río
Rego
de
Atelo
Sierra del Páramo
Lavandeira
San Andrés
Biville
Cortiñas
Páramo 881
Rego
de
Carna
Iglesia románica de Sta. María de Velante
Peruscallo
Leimán
Domiz
C-535
Xisto
Escarlán
Baxán
Outeiro
Mercado
Mouzós
CONCELLO DE SARRIA
Rente
Rosende
Barbadelo
Iglesia de Santiago
Río
Vilei
Río
de
Rego
Sanfiz
Rañoá
Fonte
Argemil
C-546
Callás
Vilar do Monte
Ponte Aspera
Farbán
C-546
Vilar
Celeiro
San Martín
Souto
Sarria
Río
Sarria
0
1 km
Outeiro
Fontao
Vigo
Villar de Sarria

Brücke über den Stausee von Belesar.

Berg Pena do Cervo führt. Von dort steigt man nach **Moimentos** hinab. Auf der Straße und nachher auf einem Weg kommt man nach **Mercadoiro** und auf dem Asphalt nach **Moutras** (Fluss Bocelo). (Die Pinienpflanzungen sind sehr zahlreich). Die Landstraße mündet in eine andere. Man nimmt die Straße in Richtung Tellada, die man nach rechts auf einem Weg nach **Parrocha** verlässt. Von da geht man auf Asphalt weiter, um danach nach rechts in einen Weg einzubiegen, der nach **Vilachá** hineinführt, nachdem er die Landstraße überquert hat. In der Nähe von **Portomarín** muss man zur Brücke über den Fluss Miño gehen, an dessen Ufer man Überreste der alten Siedlung sehen kann. Einmal im Städtchen selbst, steigt man eine Treppe oder die Straße Sarria hinauf, in welche die Landstraße, die von Sarria kommt, übergeht.

RADFAHRER

Die Strecken durch die *Corredoiras* können gefährlich sein, wenn es Schlamm gibt. Die Alternative wäre die verschiedenen lokalen Pisten zu nehmen, die diese Weiler verbinden oder auf der Landstraße C-535 zu fahren, die direkt nach **Portomarín** führt.

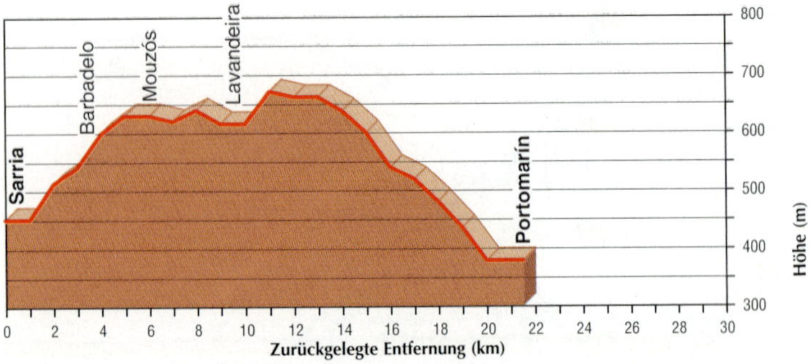

ETAPPE 27. PRAKTISCHE INFORMATION

BARBADELO

Herbergen

Städtische Herberge (Albergue municipal). Carretera. Sarria-Lugo. Verfügt über 18 Plätze und Küche. Das ganze Jahr geöffnet. ✆ 660 396 814

Restaurants

Casa Nova de Rente. Zwischen Barbadelo und Rente. ✆ 982 187 854

FERREIROS

Herbergen

Städtische Herberge (Albergue municipal). Für die Herberge wurden der alten Schule umgestaltet. ✆ 982 549 894

Restaurants

Mesón Casa Cruceiro. Ferreiros (Lugo). ✆ 982 541 240

O Mirallos. Ferreiros (Lugo).

PORTOMARÍN

Herbergen

Städtische Herberge (Albergue municipal). Verfügt über 100 Plätze (40 in einem Gebäude und weitere 60 in einem anderen, das im Sommer geöffnet ist). Auf dem Plaza dos Condes de Fenosa, hinter der Kirche San Nicolás. ✆ 982 545 143

Hotels

H* Villajardín. Rúa do Miño, 14. ✆ 982 545 252. 36 Zimmer.

Restaurants

Casa Ferreiro. Rúa do Progreso. ✆ 982 545 017

Casa Pérez. Praza Aviación Española. ✆ 982 545 040

El Labrador. Rúa Hospital, 2. ✆ 982 545 303

Mesón de Rodríguez. Calle Fraga Iribarne, 6. ✆ 982 545 054

Pousada del Camino. Rúa de Lugo, 1. ✆ 982 545 007

Transportmittel

Busgesellschaft Portomarín. ✆ 982 530 132.

Busbahnhof (Estación de autobuses) von Lugo. ✆ 982 223 985.

Dienstleistungen

Bis nach Portomarín findet man praktisch nichts vor. Einmal dort angekommen, kann man sich mit allen notwendigen Sachen eindecken.

Geschichte und Kulturerbe der Etappe 27

Der Französische Weg Etappe 27. Sarria-Portomarín

Am Ausgang von Sarria geht man bergab durch das Viertel des Heiligen Lazarus (Barrio de San Lázaro), das außerhalb der Mauern der alten Stadt lag. Der Name des Viertels und eine diesem Heiligen gewidmete Kapelle, deuten an, dass es dort ein Haus für Leprakranke oder ein »Lazareto« gab, was schriftliche Dokumente aus dem XV. Jahrhundert belegen.

Unten im Tal des Flusses Celeiro, überquert man diesen über eine Brücke mit einem einzigen Bogen, die als »Ponte Aspera« bekannt ist. Bis vor kurzem dachte man, dass an diesem Ort die *Villa Sancti Michaelis* aus dem Führer des *Liber sancti Iacobi* lag. Wie wir in der vorigen Etappe gesehen haben, ist die richtige Identifizierung dieses Ortsnamens Montán.

Kirche Santiago de Barbadelo.

Nach **Vilei**, kommt man zur Gemeinde **Santiago de Barbadelo**, der nächsten Jakobswegstation, die im Führer des *Liber sancti Iacobi* nach *Sancti Michaelis* erwähnt wird. Es wird behauptet, dass es dort ein gemischtes Kloster gab, das seit dem Jahre 874 von Samos abhing, was die Dokumente in Samos und sogar der Name, den heute das Viertel um die Jakobskirche herum trägt, bestätigen: Mosteiro (vom Lateinischen *monasterium*).

Die heutige Kirche aus dem XII. Jahrhundert zeigt einige der charakteristischen Züge der Romanik dieser Gegend, wie einen viereckigen Turm, der in drei Teile gegliedert ist, ein einziges Kirchenschiff und Granit als Baumaterial. Obwohl sie zum Teil neu wiederaufgebaut ist, handelt es sich um eines der besten Beispiele ihrer Art und ihres Stils auf der Strecke des Jakobsweges in der Provinz Lugo. Die Dekoration ihres Hauptportales ist etwas merkwürdig, wobei besonders die Darstellung einer menschlichen Figur auf dem Bogenfeld auffällt, die eine Tunika trägt und dem Betrachter mit ausgebreiteten Armen zugewendet steht.

Außer im Pilgerführer wird Barbadelo noch an anderen Orten des *Liber sancti Iacobi* erwähnt. Hier wird zum Beispiel eine lebhafte Szene aus der Predigt Nr. 17 des ersten Teiles angesetzt, die versucht die Betrügereien all jener zu korrigieren, die mit ihren bösen Künsten die Wehrlosigkeit der Pilger missbrauchten: Geldwechsler, Verkäufer, Betrüger, Prostituierte, Schelme, falsche Krüppel und Schankwirte. Von einem dieser letzten werden die betrügerischen Standardreden parodiert, die dazu dienten, die Pilger des XII. Jahrhunderts hereinzulegen. Wir müssen uns die Szene in der

Steinweg (Corredoira) in der näheren Umgebung von Brea.

Nähe des Pilgerhospitales von Santiago de Barbadelo vorstellen, mit einer Gruppe etwas weltfremd aussehender Pilger und einem zuvorkommenden und sympathischen Typen, der, nachdem er sie begrüßt, sie nach ihrer Wallfahrt gefragt und ihnen einige lokale Information gegeben hat, ihnen vielleicht bei ein paar Gläsern Wein, folgendes sagte:

»Meine Brüder, die ihr nach Santiago de Compostela zieht, ich bin ein reicher Bürger jener Stadt. Ich bin nicht nach Barbadelo gekommen, um Gäste zu werben, sondern um mit meinem Bruder zu sprechen, der hier wohnt. Aber wenn ihr eine gute Unterkunft in Santiago möchtet, kehrt in meinem Haus ein und sagt meiner Frau und meiner Familie, dass sie euch aus Liebe zu mir gut behandeln sollen. Ich gebe euch ein Pfand, damit ihr es ihnen zeigen könnt.«

Daraufhin übergab er ihnen irgend ein persönliches Besitzstück, wodurch er nun ganz das Vertrauen der Armen Ahnunglosen gewann, die, wenn sie in der Meinung dort fürstlich bewirtet zu werden in Santiago ankamen, merkten dass alles, angefangen bei den für die Vigilie des Heiligen Jakob (Santiago) unverzichtbaren Kerzen, doppelt so viel wie normalerweise kostete.

Nach Barbadelo führt der Jakobsweg durch **Rente**, **Mercado**, **Mouzós**... von Barbadelo bis zum Ende dieser Etappe, erwähnt der Führer des *Liber sancti Iacobi* keine einzge Ortschaft. Auch die Berichte von Pilgern aus späteren Zeiten machten sich nicht die Mühe die Kette kleiner Weiler zu nennen, die ohne Unterbrechung bis nach Portomarín folgen. Es ist wahrlich schwer sie voneinander zu unterscheiden, wegen ihrer Einförmigkeit und der Art, wie sie sich der wenig kontrastreichen Landschaft anpassen, einer Landschaft deren einzige Abwechslung von Wiesen, *caballeiras* und Weilern geboten wird, die aus wenigen Häusern bestehen, bei denen das für diese Gegend charakteristische Granitgrau vorherrscht. Selbst die Namen dieser Orte sind ein Zeichen der Bescheidenheit: **Xisto**, was auf Galizisch den »Schiefer« bezeichnet, ein Name der von einem Gebäude oder einer Ader von diesem Material herrührt; **Domiz**, **Leimán** und **Peruscallo**, die nach Personennamen aussehen; **Cortiñas**, das heißt, kleine Äcker; **Lavandeira**, ein Ort, der dazu ausgestattet war, um dort die Wäsche zu waschen... In der Nähe dieser Flecken, außerhalb des geraden Laufs des Jakobsweges, erhebt sich die romanische Kirche der Heiligen Maria von Belante (Santa María de Belante). Der Name **Casal** spielt auf eine kleine Häusergruppe an, während **Brea**, ein Ortsname, der einige Male auf dem galizischen Jakobsweg erscheint, eine Anspielung auf diese Route ist, denn es ist das galizische Wort für »Weg«.

Im Bezirk von Paradela, leitet die Ortschaft **Ferreiros** ihren Namen von den Schmieden ab, diesen Handwerkern, die auf den alten Straßen so

Portomarín. Pilger auf dem Hauptplatz (Plaza Mayor).

unentbehrlich waren, wie auf den heutigen die Tankstellen und Autoreparaturwerkstätten. Sie waren es, die die Hufeisen der Pferde reparierten oder die eisernen Beschläge an den Schuhen der Pilger ausbesserten. Hier gab es eine weitere Komturei des Johanniterordens, die auf dieser Seite des Passes von Cebreiro genauso aktiv waren, wie die Tempelritter auf der Seite von León.

In **Mirallos** befindet sich die romanische Kirche der Heiligen Maria von Ferreiros (Santa María de Ferreiros). Danach kommen **Pena**, **Couto**, **Rozas** und **Moimentos**, dessen Name auf ein antikes Monument anspielt. Mit **Mercadoiro**, **Moutras**, **Parrocha** (»parroquia«, »Gemeinde«) und **Vilacha** (nach seinem Namen, Städtchen oder Dorf, das auf der Ebene liegt) endet die lange Liste kleiner Flecken, die fast ineinander übergehen. Etwas abseits des Weges, auf der linken Seite, befinden sich die Ruinen des alten **Klosters der Heiligen Maria von Loyo** (Monasterio de Santa María de Loyo), das Gründerhaus des Ritterordens des Heiligen Jakob (Santiago), das den Gründern des Ordens vom König von León, Ferdinand dem II. (Fernando II) im Jahre 1181 geschenkt wurde und in dem diese die ersten Statuten desselben niederschrieben.

Von der modernen Brücke aus, auf der man den breiten und wasserreichen Fluss Miño überquert, kann man in Jahren, wo es wenig geregnet hat, einige Überreste des alten **Portomarín** sehen, das durch das Wasser des modernen Stausees von Belesar bedeckt wurde. Das moderne Portomarín, das »ex novo« auf einer Erhöhung auf dem rechten Ufer des Miño errichtet ist, wurde 1962 eingeweiht, und man kann hier die wichtigsten Bauwerke des alten Ortes sehen, die Stein für Stein von dort hierher gebracht wurden.

Die Ursprünge von Portomarín sind sehr alt, denn es stellte seit der Römerzeit einen wichtigen Übergang über den Miño dar. Das erste Glied seines Namens, »porto-« hat auf Galizisch unter anderen Bedeutungen die einer »Furt«. Das Zweite Namensglied, »-marín«, rührt daher, dass es seit dem Hochmittelalter dort ein Heiligtum gab, das der Heiligen Marina geweiht war. Das merkwürdige maskuline Suffix, (»marín« statt »marina«) kommt davon, dass diese Heilige in ein Mönchskloster eintrat und von allen »Marino« genannt wurde, weshalb sogar ihre Biographien und die Geschichte ihres Martyriums sie in der männlichen Form erwähnen.

Im Führer des *Liber sancti Iacobi*, wo Portomarín besonders hervorgehoben wird, wird der Ort immer *Pons Minee*, »Miñobrücke« genannt. Der Grund ist der Ruf, den Portomarín um 1120 der Bau einer großen Brücke einbrachte, die eine andere ersetzte, die im Laufe des Krieges den Doña Urraca und ihr Gatte, Alfons der I. von Aragón (Alfonso I) führten, zerstört worden war. Ihr Erbauer war ein gewisser Pedro Peregrino, der mit anderen sieben Personen als Ausbesserer des Jakobsweges zwischen Rabanal und Portomarín gefeiert wird. Wir haben schon auf die besonders aktive Anwesenheit zweier Ritterorden auf dieser Strecke hingewiesen, der Tempelritter und der Johanniter, und die Möglichkeit aufgezeigt, dass diese Personen auf irgendeine Weise mit ihnen verbunden sein könnten. Im Falle Pedros, scheinen seine Beziehungen zum Johanniterorden beweisbar zu sein, da das Hospital, das er selbst am Brückenkopf bauen ließ und das *Domus Dei* hieß, von der Komturei des Heiligen Johannes (Encomienda de San Juan) in Portomarín abhing. Diesem Pedro und später den Johannitern, wurde auch die frühere Kirche der Heiligen Marina übergeben. Es ist möglich dass diese nach Änderung ihrer Widmung zur Kirche des Heiligen Nikolaus (San Nicolás) wurde, die man heute noch im neuen Portomarín bewundern kann. Es handelt sich um eine Festungskirche mit Türmen und Zinnen, die typisch für die Militärorden ist und in der zweiten Hälfte des XII. Jahrhunderts errichtet wurde, mit einem rechteckigen Grundriss, einem einzigen Schiff und einer halbkreisförmigen Apsis. Unter ihren ornamentalen Elementen, sind die Skulpturen auf ihren Portalen und die große Rosette ihrer Hauptfassade zu erwähnen.

Portomarín. Oben, Kirche San Nicolás; unten, Freitreppe und Kapelle Las Nieves.

Andere historische Bauwerke des alten Portomarín, die man in das neue gebracht hat, sind ein Teil der alten Brücke, von der man einen Bogen dazu genutzt hat, die Kapelle der Heiligen Jungfrau de las Nieves zu bauen und das Portal der alten Peterskirche (Iglesia de San Pedro), die am linken Ufer des Miño lag, auf dem sich auch die Komturei der Tempelritter von Portomarín befand, zu der sie vielleicht in Beziehung stand.

28 Portomarín – Palas de Rei

Man verlässt das moderne Portomarín, um durch eine offene und ziemlich vom Menschen geprägte Landschaft weiterzuwandern, mit zahlreichen »Piñeiropflanzungen« und in der Nähe von Palas, ebenfalls mit Pflanzungen von Eukalyptusbäumen. Wenn man über die Bergkette Sierra de Ligonde zieht, die zum Galizischen Zentralgebirge gehört, das den Miño vom Ulla trennt, kommt man in die Viehzüchtergegend von Ulloa.

Von Portomarín kommende Pilger, die über die Fußgängerbrücke über den Stausee von Belesar in Richtung Gonzar gehen.

Man steigt von **Portomarín** aus von Neuem zum Fluss Miño hinab und nimmt einen Pfad, der von der Landstraße C-135 ausgeht, um auf einem Steg die Talsperre Belesar zu überqueren. Auf einer asphaltierten Piste folgt man dem Lauf des Baches Torres und steigt den Hügel San Antonio hinauf. Auf dem km. 89 muss man nach links auf einem Weg abbiegen, auf dem man weiter unter Eichen, Kastanienbäumen und Pinien hinaufsteigt. In der Nähe ist die Landstraße, zu der man zurückkehrt, nachdem man den Fluss San Mamed überquert hat, um parallel zu ihr bis zum km. 87 zu wandern. Danach überquert man nach rechts (Keramikfabrik und Bauernhof). Auf beiden Seiten der Straße wachsen Pinienwälder. Kurz danach keht man auf der Höhe eines Bauernhofes auf die linke Seite zurück, und wandert zwischen Maisfeldern und Pinien weiter. Man kommt nach **Toxibo**. Am Ausgang des Dorfes geht man einige Meter an der Straße entlang, um am km. 83,5 eine Abzweigung zu nehmen. Wir werden von Birken und Eichen begleitet, sowie von Pinienwäldern und Maisfeldern. Nach einem Rastplatz mit einem Brunnen, erreicht man **Gonzar**, dessen Herberge links von der Landstraße C-135 liegt. Von hier aus biegt man auf einen Weg nach links ab und danach nach rechts und kommt auf einer Piste nach **Castromaior**. Auf dem km. 80 kommt man auf die Landstraße und geht auf ihr nach **Hospital da Cruz** weiter. Man kommt auf einem Weg in das Dorf und geht auf einer Asphaltpiste bergauf. Auf einem Steg überquert man die Landstraße N-540 und wandert nach **Ventas de Narón** weiter (am Ausgang gibt es einen Brunnen und einen Rastplatz). Man steigt durch Pinienwälder zur Sierra de Ligonde hinauf und von dort beginnt

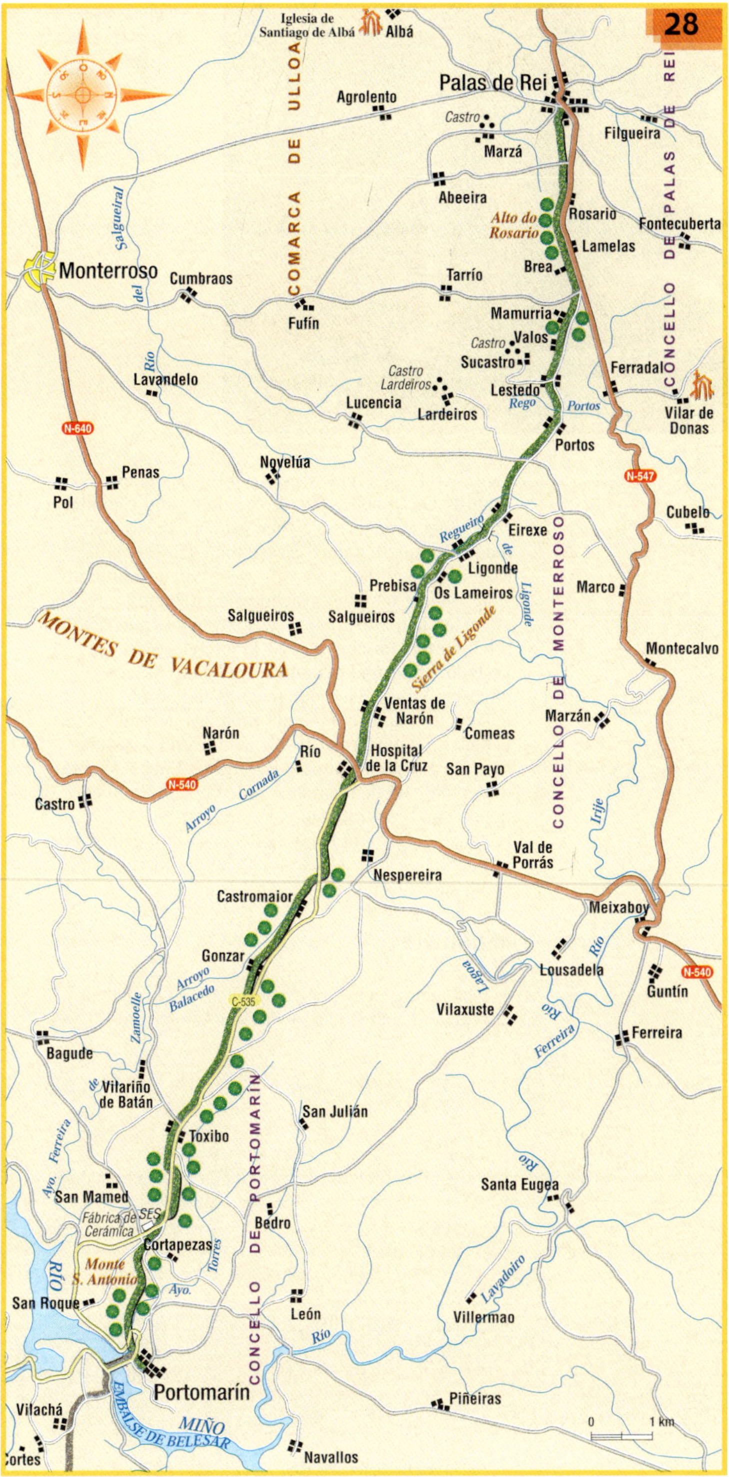
28
Iglesia de Santiago de Albá
Albá
Palas de Rei
Agrolento
Castro
Marzá
Filgueira
Abeeira
Alto do Rosario
Rosario
Fontecuberta
Lamelas
Brea
Monterroso
Cumbraos
Tarrío
Fufín
Mamurria
Castro
Valos
Sucastro
Río del Salgueiral
COMARCA DE ULLOA
CONCELLO DE PALAS DE REI
Lavandelo
Castro Lardeiros
Lardeiros
Lucencia
Lestedo
Rego Portos
Ferradal
Vilar de Donas
Portos
N-640
N-547
Penas
Pol
Novelúa
Cubelo
Eirexe
Regueiro de Ligonde
Ligonde
Prebisa
Os Lameiros
Marco
Salgueiros
Salgueiros
Sierra de Ligonde
MONTES DE VACALOURA
CONCELLO DE MONTERROSO
Montecalvo
Ventas de Narón
Marzán
Narón
Comeas
Río
Hospital de la Cruz
San Payo
N-540
Castro
Arroyo Cornada
Irije
Nespereira
Val de Porrás
Castromaior
Meixaboy
Gonzar
Lousadela
Río
Arroyo Balacedo
C-535
Lagoa
Guntín
N-540
Vilaxuste
Río Ferreira
Ferreira
Zamoelle
Bagude
Vilariño de Batán
San Julián
Toxibo
CONCELLO DE PORTOMARÍN
Ayo. Ferreira
Río
San Mamed
Santa Eugea
Fábrica de Cerámica
SES
Bedro
Cortapezas
Torres
Monte S. Antonio
Río
Ayo.
Lavadoiro
San Roque
León
Villermao
Río
Portomarín
Piñeiras
Vilachá
EMBALSE DE BELESAR
MIÑO
0
1 km
Navallos
Cortes

Pilger beim Wegekreuz von Os Lameiros.

zwischen Eichen und Wiesen der Abstieg über **Prebisa, Os Lameiros** (Wegkreuz links) und **Ligonde.** Man steigt zum Fluss gleichen Namens hinab, den man überquert um nach **Eirexe** hinaufzuwandern. Man überquert die Landstraße nach Monterroso und steigt wieder hinunter. Nachdem man **Portos** verlassen hat, findet man die Abzweigung zur schönen romanischen Kirche Vilar De Donas. **Lestedo, Valos** und **Mamurria** sind dann die nächsten Weiler. Und nun tauchen die ersten Eukalyptusbäume auf. Hinter **Brea** wandert man über **Lamelas** auf einem zur Straße parallelen Weg weiter. Man steigt auf den Alto do Rosario und beim Abstieg findet man auf dem km.66,5 einen neuen Rastplatz neben den Sportinstallationen und dem Jugendzeltlager von **Palas de Rei**. Von dort geht man in die Ortschaft hinein, in Richtung der Kirche des Heiligen Tirsus (Iglesia de San Tirso).

RADFAHRER

Es gibt keine großen Schwierigkeiten, mit Ausnahme der Auffahrt zum Hügel Monte San Antonio.

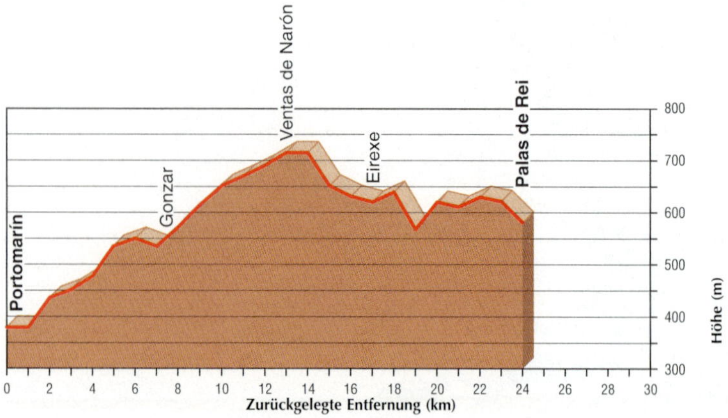

ETAPPE 28. PRAKTISCHE INFORMATION

GONZAR

Herbergen

Städtische Herberge (Albergue municipal). In der alten Schule. Verfügt über 20 Plätze, Küche und Heizung. Das ganze Jahr geöffnet. ✆ 982 157 840

HOSPITAL DA CRUZ (VENTAS DE NARÓN)

Herbergen

Städtische Herberge (Albergue municipal). Alte Schule. Verfügt über 22 Plätze, Küche, Heizung und Waschmaschine. Das ganze Jahr geöffnet. ✆ 982 545 232

LIGONDE

Herbergen

Städtische Herberge (Albergue municipal). Calle Erixe, 14. Verfügt über 121 Plätze, Küche und Aufenthaltsraum. Das ganze Jahr geöffnet.
✆ 982 153 483 / 679 190 796

Transportmittel

In **Palas de Rei** halten Busse verschiedener Strecken.

Dienstleistungen

Die Dörfer auf dem Weg sind winzig und man findet gewöhnlich keine Dienstleistungen vor, aber aufgrund des Pilgerzustroms wurden ein paar Läden eröffnet, in Castromaior, eine Bar, in Hospital ein Restaurant, neben Eirexe und Lestedo jeweils eine Bar und in Brea eine Gaststätte. In Palas de Rei findet man alles Notwendige.

PALAS DE REI

Herbergen

Städtische Herberge (Albergue municipal). Eine wieder aufgebaute schöne alte Villa dient als Pilgerschutzhütte. Avda. de Lugo, s/n. Verfügt über 60 Plätze. Das ganze Jahr geöffnet. ✆ 982 380 090

Hotels

HS* Vilariño. Avenida de Compostela, 16. ✆ 982 380 152. 15 Zimmer. 30 Plätze. 34/22 € Doppelzimmer; 22/17 € Einzelzimmer; 3,5 € Frühstück; 7 € Essen/Abendessen.

P* Arcos.
Auzo de Compostela, 6-1°C.
✆ 982 380 399. 4 Zimmer.

P* Maite.
Avenida de Compostela, 32-2°. ✆ 982 380 051. 6 Zimmer.

P* Ponterroxán.
Roxán. ✆ 982 380 132. 18 Zimmer.

Restaurants

Guntina.
Travesía do Peregrino, 4.
✆ 982 380 080

Mesón Casa Curro.
Avenida de Ourense, 15. ✆ 982 380 044

O'Portón.
Travesía da Feira, 2.

Taberna Nosa Terra.
Estrada Santiago, 25. ✆ 982 380 361

Ultreya.
Estrada Santiago-Tankstelle (Estación de Servicio). ✆ 982 380 097

Vilariño. Avenida Compostela, 16.
✆ 982 380 152

Geschichte und Kulturerbe der Etappe 28

Der Französische Weg Etappe 28. Portomarín-Palas de Rei

Am Ausgang von Portomarín liegt der Hügel des Heiligen Antonius (Monte de San Antonio). Dieser Name, die etwas abseits gelegene Lage und die Tatsache, dass er sich am Jakobsweg befindet, sind Anzeichen eines möglichen Hospitals, das vom Orden des Heiligen Antonius geleitet wurde. Dennoch fehlen hier wie in Sarria schriftliche Dokumente, die diese mögliche Anwesenheit belegen.

Hinter **Toxibo** kommt der Jakobsweg nach **Gonzar**, dessen Kirche der Heiligen Maria zu einem Priorat gehörte, das von der Komturei der Johanniter in Portomarín abhing.

In **Castromaior** gibt es auch ein kleines romanisches Gotteshaus, das der Jungfrau Maria geweiht ist. Der Name des Ortes kommt hingegen von einer Festung (*castrum*) aus vorrömischer Zeit.

Kirchenportal von Vilar de Donas.

Der Name **Hospital da Cruz** stammt von einer alten Herbergeinrichtung, die noch im XVIII. Jahrhundert in Betrieb war, von der aber keine Überreste erhalten sind. Von ihrer dazuhehörigen Kapelle des Heiligen Stefan (San Esteban), die in einigen Dokumenten erwähnt wird, fehlt ebenfalls jede Spur. Fast unmittelbar hinter Hospital liegt ein anderer Ort, dessen Name ein Echo seiner herkömmlichen gastwirtschaftlichen Aktivitäten enthält, »**Die Schenken von Narón**« (Ventas del Narón). In seiner Umgebung ist eine der Heiligen Magdalena geweihte Kapelle ein Anzeichen für ein nicht belegtes Hospital aus früherer Zeit.

Der Pilgerführer des *Liber sancti Iacobi* nennt zwischen Portomarín und Palas de Rei, dem Anfang und dem Ende dieser Etappe, eine einzige Station, der er den wohlklingenden Namen *Sala Regina* gibt, »Halle der Königin«. Kein lokales Dokument und auch kein anderer Pilgerberricht erwähnen diese Halle der Königin, deren Name im Prinzip dazu führt, an die Stiftung eines Hospitals durch eine Herrscherin zu denken (Eine der Gemahlinnen Alfons des VI. Seine Tochter, Doña Urraca?). Wenn es aber so wäre, würden wir mit Sicherheit ein Dokument besitzen, in dem dieses Ereignis festgehalten wurde, oder würden sonst irgendeine Nachricht davon haben. Da uns alle Daten fehlen, möchten wir annehmen, dass »die Halle der Königin« eine von Laien betriebene Pilgerherberge war, die zu Palas de Rei gehörte und für die

Kirche von Vilar de Donas. Links, Gräber; rechts, Malerei.

der Verfasser des Pilgerführers aus welchem Grund auch immer Reklame machte. Das Ende des »Unternehmens«, das wohl nicht von großer Dauer war, bedeutete auch das Ende des Namens. Wenn der Ort von *Sala Regina* derselbe des heutigen Ventas de Narón war, hätte diese Ortschaft, nach ihrem Namen zu schließen, die alte gastfreundlich-gewerbliche Tradition geerbt.

Hinter **Prebisa** führt der Jakobsweg nach **Lameiros**, wo eine dem Heiligen Lazarus (San Lázaro) geweihte Kapelle uns die Existenz eines Hospitals für ansteckende Kranke anzeigt. Danach, in **Ligonde**, finden wir eine dem Apostel Jakob (Santiago) geweihte Kirche. Von dem alten romanischen Gebäude, ist nur noch das Portal erhalten; der Rest wurde im XVIII. Jahrhundert neu erbaut. Sowohl die Kirche wie das dazugehörige Hospital standen unter der Obhut des Jakobsordens und man erinnert sich noch daran, wo der Pilgerfriedhof lag.

Ungefähr auf der Höhe von **Eirexe** - dessen Name vom Lateinischen *ecclesia* »Kirche« kommt - und von **Portos**, die beide etwas abseits links vom Weg zu finden, sind die Überreste von zwei weiteren keltischen befestigten Dörfern: Castro Ladeiros und Castro Simone.

In **Lestedo** finden wir wieder eine Kirche, die dem Heiligen Jakob gewidmet ist, was vielleicht ein Zeugnis für den Einfluss ist, den der Ritterorden des Heiligen Jakob in dieser Gegend hatte. Auf derselben Höhe, ein wenig abseits vom Jakobsweg und auf seiner rechten Seite, befindet sich das wichtigste künstlerische Monument dieser Etappe: **Vilar de Donas**. Es wurde zu einer nicht genau festgelegten Zeit als Nonnenkloster gegründet, was den Namen erklärt: »dona« auf Galizisch bedeutet oft genau wie das kastilische »dueña«, »Nonne«. 1184 geht es an den Jakobsorden über, der zwar gerade erst gegründet aber schon sehr mächtig war, zumindest in der Gegend um Portomarín. Seit dem Zeitpunkt wurde es zum offiziellen Begräbnisort der galizischen Ritter dieses Ordens.

Es handelt sich um ein romanisches Gotteshaus, in Form eines lateinischen Kreuzes, mit einem einzigen Schiff, das von einer halbkreisförmigen Apsis abgeschlossen wird, die von zwei kleineren Apsiden flankiert ist. Sowohl seine Form wie die Vielfältigkeit und bildhauerische Qualität seiner äußeren Dekoration, zeigen uns, dass wir nun schon weit entfernt von der Romanik von O Cebreiro und ihren robusten und einfachen viereckigen Formen sind.

Galizischer Getreidespeicher.

Aber in der Kirche selbst, auf einem steinernen Altarwerk über dem Hauptaltar, ist eine Szene dargestellt, die uns unmittelbar das Wunder der Eucharistie in O Cebreiro in Erinnerung ruft: ein Priester erhebt die Hostie vor einem einzigen, knieenden Kirchenbesucher. Ein blutender Christus über dem Altar, der von den Symbolen der Passion umgeben ist, stellt die »physische« Verwandlung der Gestalten des Abendmahls dar, die bei diesem berühmten Wunder geschah. Die wunderschönen gotischen Wandmalereien im Innern der Kirche, die aus dem XV. Jahrhundert stammen, zeigen die Verkündigung Marias. Unter den Personen, die der Szene beiwohnen, sind zwei, die die Volksüberlieferung Bela und Elvira nennt und mit den Nonnen, welche die Kirche gegründet haben identifiziert, obwohl es scheint, dass es sich um eine Dame und einen Ritter in der Tracht jener Zeit handelt. Im Innern des Gebäudes befinden sich logischerweise aufgrund des Mausoleumcharakters dieser Kirche, die Gräber und Grabplatten mehrerer, dort begrabener Jakobsritter.

Nahe **Valos**, auf der linken Seite des Jakobsweges, kann man die Überreste eines weiteren keltischen *castrums* sehen. Bevor man nach Palas de Rei kommt, vielleicht da wo heute **Brea** (noch ein »Weg«), **Mamurria** oder **Rosario** liegen oder in irgendeiner anderen wilden Landschaft, die wir schon hinter uns gelassen haben, setzt eine andere Predigt des *Liber sancti Iacobi* eine weitere ihrer lebhaften Szenen an, die dazu dienen, die Verurteilung all jener farbig zu schildern, die es darauf abgesehen hatten, die Körper, Seelen oder Taschen der Jakobspilger zu ruinieren. Wenn Babadelo und Triacastela als Szenenbild für die bösen Machenschaften der Schankwirte dienten, liefert die Strecke zwischen Portomarín und Palas de Rei den Hintergrund für eine andere pittoreske und sündige Szene und gibt Gelegenheit zu einem seiner berühmten Anathema:

Zu verurteilen sind die Dienerinnen der Pilgerherbergen auf dem Jakobsweg, die aus Wollust und gegen Geld und vom Teufel inspiriert, die Gewohnheit haben, nachts in die Betten der Pilger zu steigen. Und die Dirnen, die aus denselben Gründen den Pilgern in bewaldeten Gegenden zwischen Portomarín und Palas de Rei entgegengehen, sollte man nicht nur exkommunizieren, sondern ihnen auch alles abnehmen, und sie, nachdem man ihnen die Nase abgeschnitten hat, der öffentlichen Schande aussetzten.

Pilger in der näheren Umgebung von Avenostre.

Palas de Rei wird mehrere Male im *Liber sancti Iacobi* erwähnt und hat sogar die Ehre als Ende der vorletzten Etappe angesehen zu werden. Sein wohlklingender und prunkvoller Name, so wie er im *Liber sancti Iacobi* und in einigen späteren Dokumenten erscheint, *Palatium Regis*, das heißt, »Königsschloß«, hat dazu geführt, es für den Hof des Westgotenkönigs Witichis (Witiza) und für einen Bischofssitz zu Zeiten der Sueben zu halten (V. Jh.). Aber weder die Archäologie noch die schriftlichen Belege, haben dieses hohe Alter beweisen können. Das erste Dokument, das Palas erwähnt, eine Fälschung aus dem XI. Jahrhundert, spricht nur von seiner Kirche des Heiligen Tirsus von Ulloa (San Tirso de Ulloa), was bedeutet, dass Palas noch nicht unter dem Namen »Palas« existierte. Andererseits wäre ein alter Ortsname *Palatium* aus westgotischer oder hochmittelalterlicher Zeit auf Galizisch zu »pazo« und nicht zu »palas« geworden. Außerdem wird diese Ortschaft in den meisten Dokumenten, in denen sie erwähnt wird (aus dem XIII. Jh.), *Palaz* und nicht *Palatium* genannt. Aus all diesen Gründen meinen wir, dass Palas diesen Namen ungefähr zur Zeit des *Liber sancti Iacobi* annahm. Um dies zu erklären, haben wir kürzlich vorgeschlagen, dass es sich um ein direkt aus dem Französischen entlehntes Wort handelt, »palais« (»Palast«). Der Grund? Eine von französischen Laien gegründete und betriebene Pilgerherberge mit diesem prunkvollen Namen: »Pala[i]s de Rei« (in der ungefähren Aussprache des Französischen des XII. Jh.). Im Gegenteil zum Fall von Sala de la Reina, hätte sich dieser Name, Palas de Rei, dann durchgesetzt und wäre zum offiziellen Toponym der Siedlung San Tirso de Ulloa geworden. Die mittelalterlichen Sehenswürdigkeiten in Palas sind gerade das romanische Portal der Kirche des Heiligen Tirsus (San Tirso), eine Weihung, die älter als der Name des Dorfes ist, sowie die Fassade eines ebenfalls romanischen Hauses, die mit Jakobsmuscheln geschmückt ist. War das wohl die alte Herberge, die »Palas de Rei«, der Königspalast, genannt wurde?

Was Monumente angeht, hat Palas wenig mehr zu bieten. Dagegen gibt es im Bezirk seines »Concello« (Gemeinde) bis zu zwanzig romanische Kirchen (einige davon sind die in dieser Etappe erwähnten), und dazu noch berühmte Burgen, wie die von Pambre und Felpós, sowie »Pazos« (vom lateinischen *palatium*, mit der Bedeutung »Herrschaftliche Sitze«) wie der von Ulloa, der durch die Schriftstellerin Emilia Pardo Bazán unsterblich gemacht wurde.

29 Palas de Rei – Ribadiso

Bevor wir Leboreiro auf seiner alten Straße erreichen, kommen wir in die Provinz A Coruña und ziehen über Melide, Haupt einer Landgemeinde und Einkaufszentrum der Gegend. Die einheimischen Laubwälder verschwinden allmählich aus der Landschaft.

Brücke von Furelos.

Von der Kirche des heiligen Tirsus aus geht man die Straßen Travesía de la Iglesia und Travesía del Peregrino hinunter zur Landstraße N-547. Man geht etwa 100m auf dem Bürgersteig und nimmt dann einen Weg nach rechts, um den Fluss Ruxián zu überqueren und am km.64 auf die Straße zurückzukehren. Wenig später kommt man nach **Carballal**. Man wandert eine *Corredoira* hinab und kommt durch **Alagua**. Und auf einer kleinen Straße und danach auf einem Weg, wandert man nach **San Xulián do Camiño** hinein. Man geht wieder auf einer Piste bis **Pallota** und auf einer *Corredoira* überquert man den Fluss Pambre in **Outeiro da Ponte**. Wenn man nach **Pontecampaña** kommt, nimmt man einen Weg, der nach **Casanova** hinaufführt, km. 60, von wo man über **Porto de Bois** zur fruchtbaren Ebene des Flusses Villar hinabsteigt. 1km entfernt befindet sich Campanilla, wo man die Landstraße nimmt und kurz danach kommt man in die Provinz A Coruña. Auf einen mit Steinen gepflasterten Weg geht man nach **Leboreiro** hinein. In **Disicabo** überquert man den Fluss Seco auf der Magdalenenbrücke (Puente de la Magdalena) und erreicht **Furelos** auf einer Piste, die durch eine bewaldete Gegend führt. In Richtung **Melide** überquert man den Fluss Furelos. Man geht nach Melide durch das Viertel des Heiligen Petrus (Barrio de San Pedro) und auf der Hauptstraße hinein und verlässt es auf der N-547, die zum Viertel der Heiligen Maria (Barrio de Santa María) führt, von wo aus man die Abzweigung nach San Martiño nimmt. Am km. 50 biegt man nach rechts ab (Wegkreuz) und überquert den Fluss Lázaro in Richtung **Carballal**. Man wandert duch einen Wald aus Eichen, Eukalyptusbäumen und Pinien und überquert den Fluss Barreiros. Kurz danach kommt man nach **Raído** und danach dringt der Jakobsweg wieder in den Wald ein. Man zieht über **Paravispo** und den Bach Valverde und steigt nach **A Peroxa** hinab. Auf einer Piste erreicht man **Boente**, wo man die Landstraße überquert, sowie eine alte Straße, während man durch einen Tunnel unter der N-547 hindurchgeht, um zum Ufer des Flusses Boente

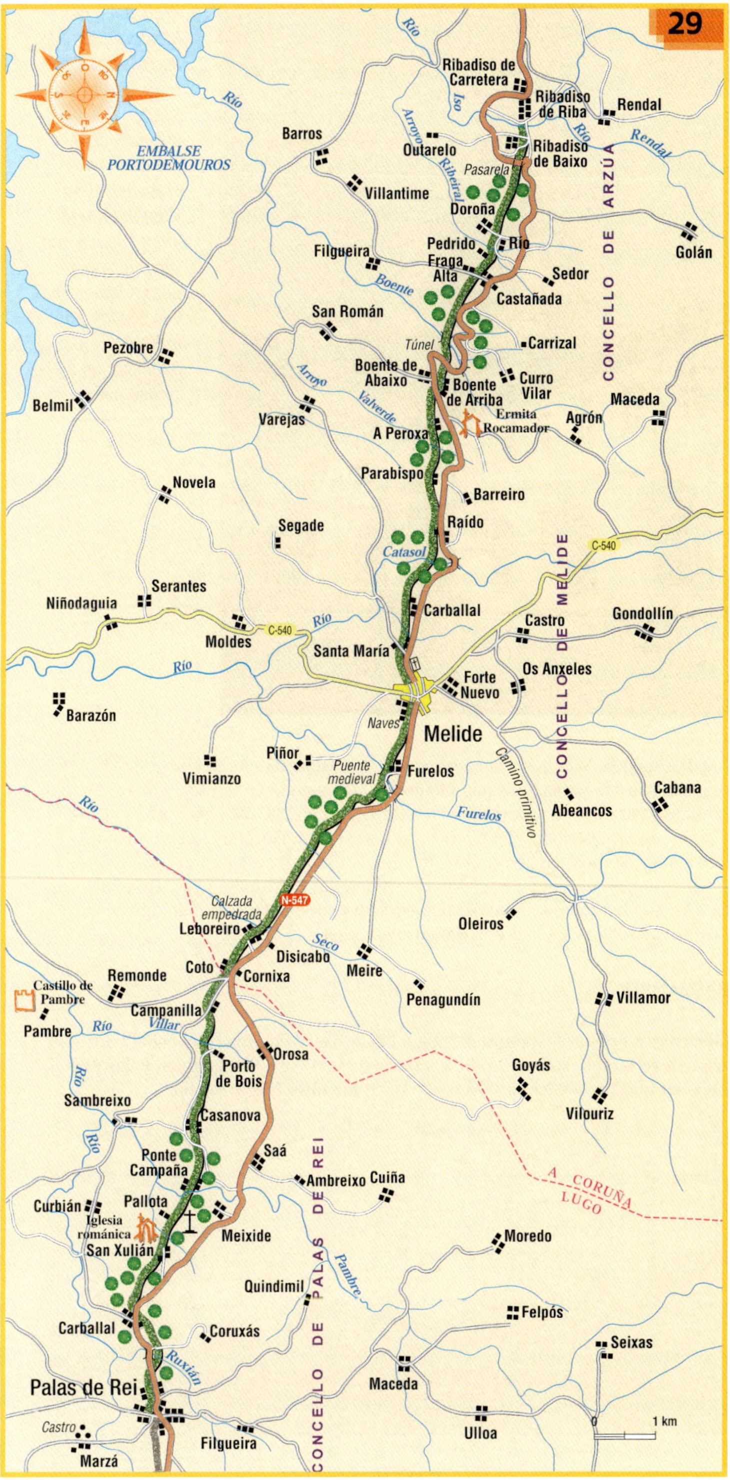
29
EMBALSE PORTODEMOUROS
Ribadiso de Carretera
Ribadiso de Riba
Rendal
Ribadiso de Baixo
Barros
Outarelo
Pasarela
Villantime
Doroña
Río
Pedrido
Fraga Alta
Filgueira
Sedor
Golán
Castañada
San Román
Carrizal
Túnel
Pezobre
Boente de Abaixo
Boente de Arriba
Curro Vilar
Belmil
Ermita Rocamador
Agrón
Maceda
Varejas
A Peroxa
Parabispo
Novela
Barreiro
Raído
Segade
Catasol
C-540
Serantes
Niñodaguia
Carballal
Castro
Gondollín
Moldes
Santa María
Os Anxeles
Forte Nuevo
Barazón
Naves
Melide
Piñor
Puente medieval
Furelos
Vimianzo
Camino primitivo
Cabana
Abeancos
Calzada empedrada
N-547
Leboreiro
Oleiros
Disicabo
Coto
Cornixa
Meire
Remonde
Castillo de Pambre
Penagundín
Villamor
Campanilla
Pambre
Villar
Orosa
Porto de Bois
Goyás
Sambreixo
Vilouriz
Casanova
Ponte Campaña
Saá
Ambreixo
Cuiña
A CORUÑA
LUGO
Curbián
Pallota
Iglesia románica
Meixide
Moredo
San Xulián
Quindimil
Pambre
Felpós
Carballal
Coruxás
Seixas
Ruxián
Palas de Rei
Maceda
Castro
Marzá
Filgueira
Ulloa
0
1 km
CONCELLO DE ARZÚA
CONCELLO DE MELIDE
CONCELLO DE PALAS DE REI
Río
Iso
Arroyo Ribeiral
Boente
Arroyo Valverde
Seco

Kreuzgang des Klosters Sobrado dos Monxes. Im Hintergrund, die Kirche. Obwohl sie sich nicht auf dem Französischen Weg befindet, lohnt es sich den Umweg von ein paar Kilometern, von Melide aus, in Kauf zu nehmen, um sie zu besuchen.

hinabzusteigen. Von dort wandert man nach **Castañeda** hinauf und geht an einigen Wiesen entlang, bis nach **Pedrido**. Man wandert nach **Río** (km.42) hinunter und überquert dort den Bach Ribeiral. Zwischen kleinen Gemüsegärten, Wiesen und Maisfeldern hindurch kommt man nach **Doroña**, von wo man unter Eukalyptusbäumen, Eichen und Pinien auf eine Anhöhe steigt, um dann wieder hinabzusteigen und den Einschnitt, durch den die Landstraße führt, auf einer Brücke zu überqueren. Beim Abstieg erreicht man den Fluss Iso, an dessen Ufer uns das alte Pilgerhospital von **Ribadiso** erwartet.

RADFAHRER

Der Weg auf dieser Etappe ist recht gut befahrbar. Wenn man es vorzieht auf Asphalt zu fahren, kann man die Landstraße N-547 am Ausgang von **Palas de Rei** nehmen und sie wieder verlassen, um nach **Ribadiso** hineinzufahren.

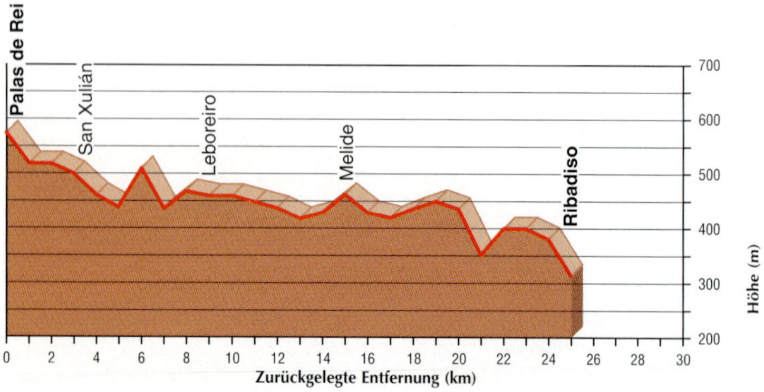

ETAPPE 29. PRAKTISCHE INFORMATION

MATO-CASANOVA

Herbergen

Albergue de Mato-Casanova.
Die alte Landschule dient als Schutzhütte. Verfügt über 20 Plätze und Küche. Das ganze Jahr geöffnet.
✆ 982 173 483

Dienstleistungen

In Pontecampaña gibt es ein Landhaus, und in Furelos, sowie in Boente de Riba und in Ribadiso de Baixo, eine Bar. Melide verfügt über Unterkünfte, Restaurants, Geschäfte...

LEBOREIRO

Herbergen

Pilgerschutzhütte von Leboreiro (Refugio de peregrinos de Leboreiro).
Sie gehört nicht zu den Herbergen der »Xunta de Galicia« (Regierungsorgan von Galizien). Sie verfügt weder über Betten noch Matratzen. Das ganze Jahr geöffnet. ✆ 981 507 351

Restaurants

Die Zwei Deutsch. O Coto.
✆ 981 507 337

FURELOS

Herbergen

Pilgerherberge (Albergue de peregrinos).

MELIDE

Herbergen

Pilgerherberge (Albergue de peregrinos) von Melide.
Calle San Antonio, s/n. Verfugt über 215 Plätze und Küche. Das ganze Jahr geöffnet. ✆ 981 506 266

Hotels

HS** Xaneiro II. Avda. de la Habana, 43-B 1°, 2° y 3°. ✆ 981 506 140. 24 Zimmer. 48 Plätze. 28/20 € Doppelzimmer;
3 € Frühstück; 6 € Essen/Abendessen.

HR* Carlos. Avenida de Lugo, 119. ✆ 981 507 633. 12 Zimmer. 24 Plätze. 33/27/21 € Doppelzimmer;
15/12/9 € Einzelzimmer; 2,5 € Frühstück.

Restaurants

Casa Ezequiel.
Avenida de Lugo, 42. ✆ 981 505 291

Coffee Center. Calle General Franco, 7.
✆ 981 505 114

Continente.
Calle Luis Seoane, 8. ✆ 981 506 182

El Molino. Calle Rosalía de Castro, 15.
✆ 981 506 048

Liñares. Calle Alberto de la Fuente, 1.
✆ 981 505 184

Pilmar. Calle Santa María de Melide.
✆ 981 507 617

Terra de Melide. Carretera de Lugo.
✆ 981 506 187

Xaneiro II. Avenida de la Habana, 43.
✆ 981 506 140

Xoldra. Avenida de Lugo, 25.
✆ 981 507 906

Transportmittel

In Melide halten Busse verschiedener Strecken.

RIBADISO DE BAIXO

Herbergen

Pilgerherberge (Albergue de peregrinos) von Ribadiso de Baixo.
Das alte Pilgerhospital wurde wieder aufgebaut und hat seine alte Funktion wieder inne. Einer der schönsten Herbergen. Verfügt über 62 Plätze, Küche, Waschmaschine, Zeltplatz und Fahrradraum. Das ganze Jahr geöffnet.
✆ 981 501 185 / 660 396 823

Geschichte und Kulturerbe der Etappe 29

Der Französische Weg Etappe 29. Palas de Rei-Ribadiso

Am Ausgang von Palas, kreuzt der Jakobsweg sowohl vor wie nach **Carballal** und **Gaiola de Arriba** zwei Arme des Arroyo Ruxián, ein Fluss in dem Kirchspiel **San Xulián do Camiño** (Ruxián < *rivu Julian[u]*, »Julianfluss«). In San Xulián befindet sich eine der zwanzig romanischen Kirchen, die zur Gemeinde (»concello«) von Palas de Rei gehören, ein kleines Gotteshaus mit einem einzigen Schiff und einer großen halbkreisförmigen Apsis. Man darf diesen Heiligen Julian nicht mit dem gleichnamigen Heiligen des Klosters von Samos, dem ägyptischen Märtyrer, verwechseln. In diesem Fall handelt es sich um Julián den Hospitalbauer (Julián el Hospitalero), eine legendäre Figur, der, um den versehentlichen Mord an seinen Eltern zu büßen, sein Leben der Betreuung der Pilger widmete. Sein Kult kam über den Jakobsweg im XI. oder XII. Jahrhundert hierher, und schlug in Galizien Wurzeln. Möglicherweise gab es ein Hospital, das zur Kirche des Heiligen Julian gehörte, wenngleich man dies noch belegen müsste.

Abgesehen von romanischen Kirchen und befestigten Dörfern keltischen Ursprungs ist die Landschaft der Gemeinde von Palas von Burgen durchsetzt, herrschaftlichen Festungen, die nicht immer ein gutes Zeichen für die Pilger waren. Zum Beispiel war Anfang des XIV. Jahrhundert die Umgegend von Palas ziemlich gefährlich für die Pilger: von der nahegelegenen **Burg von Felpós** (Castillo de Felpós) aus, überfiel sie ein Edelmann Namens Álvaro Sánchez de Ulloa, um von ihnen ungebührlichen Wegzoll zu verlangen, wobei er in manchen Fällen sogar Gewalt anwandte. Diesen Übergriffen setzte der vortreffliche Bischof von Compostela, Berenguer de Landora ein Ende, der mit bewaffneten Leuten die Burg 1321 bezwang.

Eine feste Granitbrücke über den Fluss Pambre gibt ihren Namen den Orten **Outeiro da Ponte** und **Pontecampaña**, die auf beiden Seiten des Flusses liegen. Wenn man nach Süden den Flusslauf hinauffolgt, kommt man an die **Burg von Pambre** (Castillo de Pambre), die am besten erhaltenen Festung nicht nur in Palas, sondern in der gesamten Provinz. Ihr solider Bau bewirkte, dass sie im Unterschied zur Burg von Sarria und anderen, die Angriffe der »Irmandiños«

Außenansicht des Castillo de Pambre.

Brücke am Eingang von Leboreiro.

überstand, der Bauern, die sich im XV. Jahrhundert gegen den Adel erhoben hatten, genau wie ihre Zeitgenossen, die französischen »Cabochanes« oder die englischen »Lolards«. Man kommt ebenfalls links am **Pazo de Villamayor de Ulloa** vorbei, der von dem Roman der Emilia Pardo Bazán, *Los Pazos de Ulloa*, unsterblich gemacht wurde. Die Familie Ulloa, Herren der Gegend, waren zu verschiedenen Zeiten Ausbeuter oder Wohltäter der Pilger. So wurden die Missetaten des Don Álvaro Sánchez de Ulloa, Herr von Felpós, in späteren Zeiten von anderen Mitgliedern der Familie wieder gutgemacht, die für die Errichtung und Wartung von Pilgerhospitälern innerhalb derselben Etappe in Leboreiro und Melide verantwortlich waren.

In **Porto de Bois**, das vielleicht so heißt, weil es dort eine Furt über den Fluss Villar gab, die von Ochsen (»bois«) benutzt wurde, fand im XIV. Jahrhundert im Laufe der Bürgerkriege zwischen den Befürwortern des Königs Pedro I. *des Grausamen* (*el Cruel*) und denen seines Stiefbruders Enrique de Trastámara, eine Schlacht statt, die dem letzteren günstig war.

Zwischen **Coto** und **Cornixa** liegt die Grenze zwischen den Provinzen Lugo und La Coruña. Wenn man einige hundert Meter auf einer gut erhaltenen, wenn auch ziemlich restaurierten Strecke der alten Straße aus dem Mittelalter zurückgelegt hat, kommt man nach **Leboreiro**, einer weiteren der vom Führer des *Liber sancti Iacobi* erwähnten Stationen. Der Name unter dem es genannt wird, *Campus Levurarius*, spielt auf die »Gándara« an, das tiefgelegene, offene, an Hasen* reiche Feld auf dem das Dorf von Leboreiro errichtet wurde, eine Siedlung, die durch den Jakobsweg und für ihn entstanden ist. Seine Gemeindekirche der Heiligen María ist ein kleines romanisches Gotteshaus mit einem einzigen Schiff und einer halbkreisförmigen Apsis. Die Madonna, der die Kirche gewidmet ist, ist auf einem etwas groben Relief auf dem Bogenfeld des Hauptportales von Engeln umgeben dargestellt. Gegenüber erhebt sich das alte Pilgerhospital, eines von denen, welche die Ulloa auf dieser Etappe gründeten. Als Zeugnis davon ist das Wappen dieser mächtigen Familie auf zwei der Fassaden des Hospitals gemeißelt.

Im nahegelegen **Disicabo** überquert der Jakobsweg den Fluss Seco auf der kleinen romanischen Brücke der Magdalena, die nur einen Bogen hat. Auf der anderen Seite, auf der *Gándara* (»Ebene ohne Bäume, freies Feld«) die auch als *Gándara de la Magdalena* bekannt ist, gab es wahrscheinlich früher ein

---

* Hase auf Latein = *lepus* (A.d.Ü).

Pilgerhospital. Auf der Strecke bis Furelos findet man einige Stücke der alten gepflasterten Straße, die zu einer schönen mittelalterlichen Brücke mit vier Bögen führt, die als »Ponte Velha« (»Alte Brücke«) bekannt ist, und am Eingang der Ortschaft steht. Einige Meter entfernt, bei der Kirche des Heiligen Johannes (San Juan) steht das Gebäude, das als »Casa do Hospital«, bekannt ist, und welches das Hospital des Ortes war.

Obwohl es im *Liber sancti Iacobi* nicht erwähnt wird, war **Melide** eine wichtige Jakobswegstation, wie sowohl ihre zwei romanischen Kirchen wie auch andere Zeugnisse und Denkmäler beweisen. Der Ortsname kommt von dem Personennamen *Mellitus* oder Melito, dem Namen seines ersten Besitzers in westgotischer oder hochmittelalterlicher Zeit, was auf eine gewisse Bescheidenheit seines Ursprungs hinweist. Ohne Zweifel gaben die Wallfahrten und seine privilegierte Lage am Jakobsweg Melide seine spätere Bedeutung: in der Tat kamen hier sowohl jene Pilger wieder auf den Französischen Weg, die den Pass von Cebreiro umgangen hatten, indem sie den Umweg nach Lugo machten - wie zum Beispiel Künig von Vach im XV. Jahrhundert - wie auch jene zahlreichen Wallfahrer, die sich in León entschieden hatten, San Salvador in Oviedo zu besuchen. Dies erklärt die Anzahl und Qualität der Hospitäler in Melide, wobei auch eine Rolle spielte, dass diese Ortschaft zur Kirche von Compostela gehörte. Am Eingang der Stadt lag die Kirche des Heiligen Petrus (San Pedro) von der einst ein Pilgerhospital abhing, ein romanisches Gebäude mit einem einzigen Kirchenschiff und einer rechteckigen Apsis, das heute auf das Feld des Heiligen Rochus (San Roque) verlegt worden ist.

Am Ort, wo sich der Französische Weg und die Route aus Lugo und Oviedo trafen, wurde später (XIV. Jh.) das Klosterhospital des Heiligen Geistes (Sancti Spiritus) errichtet, das von den Rittern des »Dritten Ordens« (Orden Tercera) gegründet worden war, einer Gemeinschaft, die aus Laien bestand, die ohne die Welt zu verlassen, die Vorschriften der Ordensregel des Heiligen Franziskus (San Francisco) befolgen wollten und die logischerweise dem Franziskanerorden eng verbunden waren. Im XVI. Jahrhundert wurde es zum wichtigsten Sitz dieses Ordens in Galizien und auch zum Bestattungsort seiner Mittglieder. Das Kloster wurde Ende des XV. Jahrhunderts auf Kosten der Ulloa völlig neu errichtet, wobei man die Steine der Burg über dem Städtchen als Baumaterial benutzte. Das Innere ist mit Wandmalereien geschmückt, unter denen ein Jakob »Maurentöter« (Santiago Matamoros) hervorsticht, der vielleicht ein Zeichen für das kriegerische Wesen der Mitglieder dieses Dritten Ordens ist, die das Hospital gegründet hatten. Die Pilger Arnold von Harff und Künig von der Vach, beide vom Ende des XV. Jahrhunderts, geben Melide einen seltsamen Namen: einer nennt es *Villa rumpeta* (zerstörtes Städtchen) und der andere *Zuobrochen stat*. Es ist möglich, dass die Zerstörung der Burg, um die große Kirche des Heiligen Geistes zu bauen, etwas mit diesen Bezeichnungen zu tun hat. Zwei Jahrhunderte später lobt der italienische Pilger Domenico Laffi die Schönheit Melides, und hebt dabei besonders das Kloster der Barfüßer hervor, das heißt das Kloster Sancti Spiritus.

Am Ausgang der Stadt erhebt sich die romanische Kirche der Heiligen Maria, zu der auch ein Pilgerhospital gehörte, und schon außerhalb der Stadt weist der Name des Flusses Lázaro auf die frühere Existenz eines Hospitals für Leprakranke hin, das an dem Ort lag, den man normalerweise für solche Einrichtungen vorsah, außerhalb der Mauern der Städte, und meistens am Ausgang in Richtung Santiago.

In der Nähe von **A Peroxa** steht die Kapelle von Rocamador, eine Heiligenverehrung die, von den Herrschern unterstützt und durch die Pilger des französischen *Midi* importiert, mit großem Impuls im XII. Jahrhundert nach Spanien kam.

Boente wird im *Liber sancti Iacobi* erwähnt, was zeigt, dass es eine recht bedeutende Jakobswegstation gewesen sein muss. Die Weihung seiner Kirche, die ziemlich frühen Datums ist (im Pilgerführer erhält diese Ortschaft den

Melide. Romanische Kirche Santa María.

Namen *Sanctus Iacobus de Boento*), ist ein weiteres Anzeichen für diese Bedeutung. In der Kirche gibt es ein originelles Bildnis des Heiligen Jakob (Santiago), der weder als »Pilger« noch als »Ritter« dargestellt wird, sondern in voller Majestät, das heißt, auf einem Thron wie in der Kathedrale von Santiago.

In **Castañeda** muss es Öfen gegeben haben, in denen die Steine des Cebreiroberges in Kalk umgewandelt wurden, der für die Bauarbeiten an der Kathedrale von Santiago vorgesehen war. Wie wir in Triacastela gesehen haben, hatten die Pilger jener Zeit die fromme Angewohnheit, beim Transport der Steine mitzuhelfen und trugen diese die fast 90km weit, die Triacastela von Castañeda trennen.

Am Ufer des Flusses Iso erstreckt sich die Ortschaft **Ribadiso**, in der es einst mehrere Pilgerhospitäler gab. Das wichtigste war als »Hospital des Heiligen Antonius von Ponte da Ribadiso« (»Hospital de San Antón da Ponte de Ribadiso«) bekannt. Es war eine Institution des Antoniusordens aus dem XV. Jahrhundert und stand am Kopf einer schönen Brücke mit einem einzigen Bogen. Seine Leitung ging später durch mehrer Hände und es war bis zum vorigen Jahrhundert ununterbrochen in Betrieb.

30 Ribadiso – Arca do Pino

Nach Calzada kommen wir auf einem Weg, der ständig die Landstraße kreuzt, in die Gemeinde O Pino.

Hospital von Ribadiso.

Man verlässt das Ufer des Iso, und nachdem man durch **Ribadiso de Baixo** und **Ribadiso de Riba** gekommen ist, geht man durch einen Tunnel unter der Landstraße N-547 hindurch, an dessen Ausgang **Ribadiso da Carretera** liegt. Man geht am Asphalt der N-547 entlang, bis man **Arzúa** erreicht. Auf der Straße Rúa do Carme verlässt man die Ortschaft. Man geht weiter bergab durch eine Landschaft von Wiesen und kleinen Gemüsegärten und kommt im Bezirk von **As Barrosas** durch einen Eichenwald. Der Weg schlängelt an Eukalyptus und Pinienpflanzungen vorbei. Man geht über die Brücke über den Fluss Raído, um in die Ortschaft desselben Namens zu kommen. Hinter **Perguntoño** geht man durch einen Tunnel unter der Landstraße hindurch. Man biegt nach rechts ab und kommt auf einer Piste durch **Cortobe** und **Pereiriña**, um danach durch den Wald hinabzuwandern und den Fluss Ladrón zu überqueren. Auf einer Piste kommt man nach **Calzada** und **Calle** und erreicht **Boavista** nachdem man mehrere Lokalstraßen überquert hat. Wenn man **Salceda**, das auf die N-547 geht, verlässt, nimmt man einen Weg, der wieder zur Landstraße führt und überquert sie nach links. Man wandert auf einem Weg durch den Wald hinauf, bis man nach **Ras** kommt. Man tritt dort auf den Asphalt hinaus, auf dem man einige Meter weitergeht und überquert von Neuem die Straße, um auf ihre rechte Seite zu kommen, in Richtung der Häuser von **Brea**. Hinter **Rabiña**

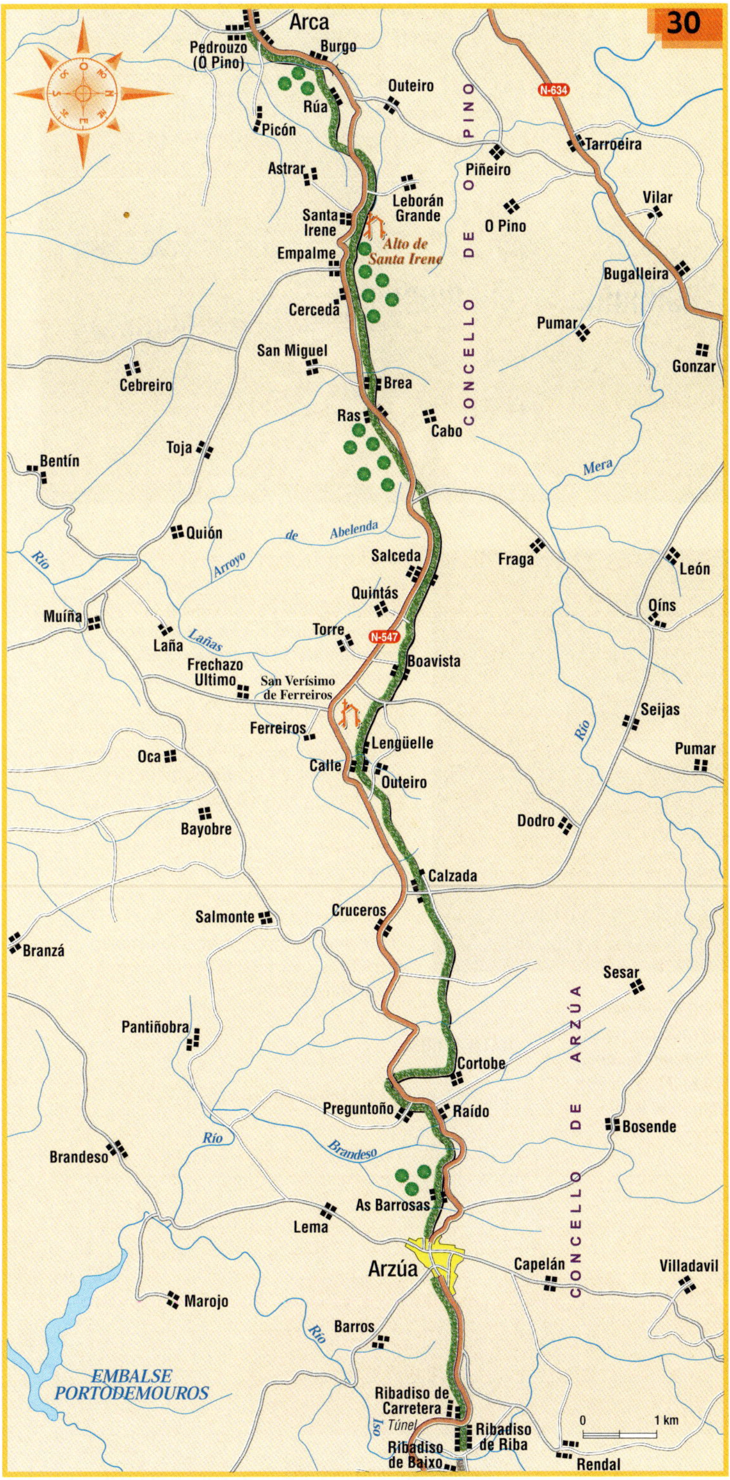
30
Arca
Pedrouzo
(O Pino)
Burgo
Outeiro
Rúa
Picón
N-634
Tarroeira
Piñeiro
Astrar
Leborán
Grande
Vilar
Santa
Irene
Alto de
Santa Irene
O Pino
Empalme
Bugalleira
Cerceda
Pumar
Gonzar
San Miguel
Cebreiro
Brea
Ras
Cabo
CONCELLO DE O PINO
Toja
Bentín
Mera
Quión
Arroyo de Abelenda
Salceda
Fraga
León
Río
Lañas
Muíña
Quintás
Oíns
Torre
N-547
Laña
Boavista
Frechazo
Ultimo
San Verísimo
de Ferreiros
Seijas
Ferreiros
Lengüelle
Río
Pumar
Oca
Calle
Outeiro
Bayobre
Dodro
Calzada
Salmonte
Cruceros
Branzá
Sesar
Pantiñobra
Cortobe
CONCELLO DE ARZÚA
Preguntoño
Raído
Bosende
Brandeso
Río
Brandeso
As Barrosas
Lema
Arzúa
Capelán
Villadavil
Marojo
Barros
Río
EMBALSE
PORTODEMOUROS
Ribadiso de
Carretera
Túnel
Iso
Ribadiso
de Riba
Ribadiso
de Baixo
Rendal
0
1 km

(km.23) geht man einige Meter am Asphalt entlang, überquert dann nach links (Rastplatz) und kehrt danach auf der Höhe des **Knotenpunkts von Santa Irene** (**Empalme de Santa Irene**) wieder auf die rechte Straßenseite zurück. An Eukalyptusbäumen vorbei kommt man zur Herberge von **Santa Irene** (die Ortschaft liegt auf der linken Seite der Landstraße.). Auf dem km. 20 überquert man die Straße nach links, um nach **Rúa** hineinzugehen. Wenn man auf dem Seitenstreifen 200 Meter weitergeht, kommt man zur Herberge von **Arca**, wenngleich man die Ortschaft, zu der sie gehört, **Pedrouzo** (denn Arca ist der Name der Pfarrgemeinde) erst findet, wenn man wieder die Landstraße überquert und durch **Burgo** zieht.

Oben, Steinweg (corredoira) zwischen Arzúa und Salceda. Unten, Fluss in der Nähe von Arzúa.

RADFAHRER:

Diese Etappe bietet keinerlei Schwierigkeiten.

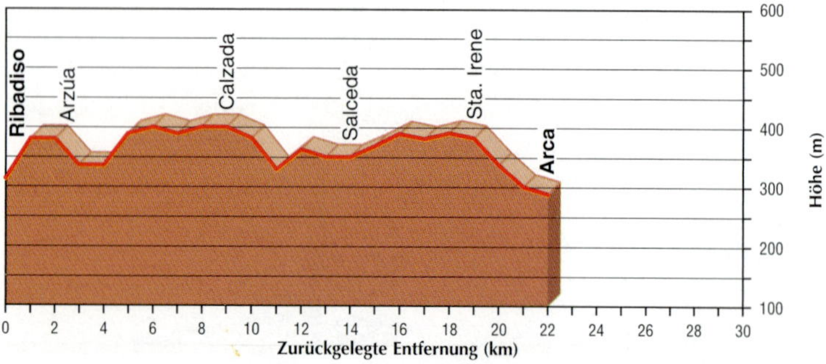

ETAPPE 30. PRAKTISCHE INFORMATION

ARZÚA

Herbergen

Albergue »Casa Tarazona«.
Ein altes Haus wurde renoviert, in Rúa Cima do Lugar, 6. Verfügt über 59 Plätze und Küche. Das ganze Jahr geöffnet. ✆ 660 396 824

Hotels

H Lar da Mota.**
Outeiro,3. ✆ 637 779 739. 8 Zimmer. 16 Plätze.
HR Suiza.** De Río Bello.
✆ 981 500 862. 10 Zimmer. 20 Plätze. 54 € Doppelzimmer; 2,5 € Frühstück.
HS* Mesón do Peregrino.
Calle Ramón Franco, 7-3°. ✆ 981 500 830. 5 Zimmer. 10 Plätze. 30/24/18 € Doppelzimmer; 2,5 € Frühstück; 7,5 € Essen/Abendessen.
HSR* El Retiro.
Carretera. Lugo. 12 Zimmer.
✆ 981 500 554. 36/33 € Doppelzimmer; 23/21 € Einzelzimmer; 3 € Frühstück.
HSR*Teodora. Carretera. Lugo, 38.
✆ 981 500 083. 24 Plätze. 31/28/25 € Doppelzimmer; 2 € Frühstück.
P Rúa.** Calle Rúa de Lugo, 130-1°.
✆ 981 500 139. 10 Zimmer. 20 Plätze. 34/28 € Doppelzimmer; 22/19 € Einzelzimmer; 2 € Frühstück.
Pensión Casa Milia. A Portela. 4 Zimmer. ✆ 981 515 241. 8 Plätze. 40/31 € Doppelzimmer; 2,5 € Frühstück; 10 € Essen/Abendessen.

Restaurants

El Retiro. Carretera. Lugo.
✆ 981 500 554
Casa Carballeira. Calle Ramón Franco, 14. ✆ 981 500 094
Mesón do Peregrino.
Calle Ramón Franco, 7. ✆ 981 500 145
O' Glomen. A Quenlla. ✆ 981 500 585
Parrillada Europa. Calle Luis Seoane, 3.
✆ 981 500 298
Parrillada Villanueva. Calle Ramón Franco. ✆ 981 501 098
Suiza. Calle Río Vello. ✆ 981 500 862
Teodora.
Calle Lugo, 38. ✆ 981 500 083

SANTA IRENE

Herbergen

Albergue »Santa Irene«.
Carretera. Santa Irene-O Pino-A Coruña. Verfügt über 15 Plätze. Abendessen werden serviert. Geöffnet vom 1. April bis Ende Oktober.
✆ 981 511 000.
Albergue de la Xunta.
Carretera. Santa Irene-O Pino-A Coruña. Sie wird von der Xunta (Regierungsorgan Galiziens) geführt. Verfügt über 36 Plätze und Küche. Das ganze Jahr geöffnet.
✆ 660 396 825

Restaurants

Empalme.
Empalme Santa Irene.
✆ 981 511 109

Dienstleistungen

Vor Calzada gibt es eine Kneipe, und Restaurants oder Gasstätten in Salceda, in **Empalme de Santa Irene** und in Pedrouzo, das auch über Geschäfte verfügt. Unterkunft in Rúa.

ARCA DO PINO

Herbergen

Dies ist die letzte Herberge bis Monte do Gozo. Sie verfügt über eine Kapazität für 126 Pilger und auch über Pferdeställe. ✆ 981 511 110

Restaurants

Regueiro.
Avenida Santiago, 33. ✆ 981 511 109

Geschichte und Kulturerbe der Etappe 30

Römerbrücke von Arzúa.

Der Französische Weg Etappe 30. Ribadiso-Arco do Pino

Ribadiso, dieses Städtchen von historischer und wallfahrtlicher Bedeutung am Ufer des Flusses Iso, ist heute in zwei Teile geteilt, von denen jeder auf einem Ufer des Flusses liegt: Ribadiso de Baixo (Unterribadiso) und Ribadiso de Riba (Oberribadiso). Man muss noch durch ein drittes Ribadiso, wenn man nach Santiago weiter will: **Ribadiso da Carretera**.

In weniger Entfernung liegt **Arzúa**, eine weitere der wichtigen Stationen des Jakobsweges in Galizien, wenn es sich wirklich um *Villanova* handelt, eine Ortschaft, die der Führer des *Liber sancti Iacobi* zwischen Boente und Ferreiros erwähnt. Obwohl es keine sicheren Dokumente gibt, die diese Identifikation bestätigen, gibt es doch einige Indizien, die sie möglich erscheinen lassen: erstens handelt es sich um die bei weitem wichtigste Ortschaft auf dieser Strecke des Weges. Außerdem wissen wir, dass sie das schon im XII. Jahrhundert war, denn sie besitzt zwei romanische Kirchen, die zu jener Zeit gebaut wurden.

Wie im Falle von Sarria, Villafranca del Bierzo und vielen anderen, gab es dort wahrscheinlich vorher einen Weiler, der Arzúa genannt wurde, auf dem am Ende des XI. oder Anfang des XII. Jahrhunderts eine neue Siedlung entstand, die von Leuten von auswärts bewohnt wurde, vor allem von Handwerkern, die durch den steten Verkehr von Pilgern an dem Ort angezogen wurden. Aus diesem Grund, um sie von dem früheren Weiler zu unterscheiden, gab man dieser Siedlung den nicht sehr originellen Namen Villanova.

Was die Tatsache betrifft, dass im *Liber sancti Iacobi*, einem Werk, das in seinen topographischen Angaben sonst einen großen Hang zur Exaktheit aufweist, dieser Ort mit solch einem unpräzisen Namen bezeichnet wird, legt die Vermutung nahe, dass diese Siedlung eine besondere Beziehung zu Santiago de Compostela hatte, bis zu dem Punkt, dass sie dort für das Villanova *per excellence* galt, das keinen Beinamen brauchte, um sich von anderen Ortschaften gleichen Namens zu unterscheiden. In einem anderen Werk, das in Santiago de Compostela zur selben Zeit wie das *Liber sancti Iacobi* verfasst wurde, der *Historia Compostelana*, werden mehrere Villanovas erwähnt, von denen alle einen Beinamen haben (Villanova de Deza, Villanova de Magide...) außer einer, eine Ortschaft, die Pedro Arias der Kirche von Santiago de Compostela schenkte. Wenn dieses Villanova der *Historia Compostelana* dasselbe wäre wie das aus dem *Liber sancti Iacobi*, fänden wir die Annahme, dass Arzúa dem Bistum von Santiago gehörte, bestätigt.

Wenn wir diese Theorie weiterverfolgen, sehen wir, dass im letzten Buch des *Liber sancti Iacobi* drei Wunder erzählt werden, die Menschen geschehen sind, welche die Pilger nicht so behandelt haben, wie es sich gehörte. Bei zwei von ihnen, werden mit dem Namen des Ortes, wo sich das Wunder zutrug, alle möglichen topographischen Details gegeben (»in Nantua, einer Stadt zwischen Genf, «Ginebra» und Lyon...«; »in der Stadt Poitiers, vom Haus des Jean Gautier bis zu der Kirche von St. Porcaire...«). Das dritte Wunder wird einfach in *Villanova* angesetzt, was bedeutet, dass wenigstens zu jener Zeit keine Möglichkeit bestand, es mit anderen »Villanovas« zu verwechseln. Dies ist das Wunder, das dieses Buch in Arzúa spielen lässt:

In Villanova [Arzúa] bat ein armer Pilger eine Frau um einen Almosen Gott zuliebe, die in dem Moment ein Brot unter der Glut wärmte. Sie antwortete ihm, dass sie kein Brot hätte, worauf der Pilger zurückgab: »So möge das Brot, das du unter der Glut hast, zu Stein werden!«. Als der Pilger weitergezogen und schon ziemlich weit weg vom Haus war, ging die schamlose Frau an die Glut, um ihr Brot herauszuholen, aber sie fand stattdessen einen runden Stein. Von Herzen ihre Tat bereuend, lief sie augenblicklich dem Pilger nach, konnte ihn aber nicht mehr finden.

Außerdem ist es der Fall, dass viele der Wunder, die im *Liber sancti Iacobi* auftauchen, gerade an Orten spielen, die dem Bistum von Santiago de Compostela gehörten. Es ist möglich, dass dies auch der Fall dieser Ortschaft ist.

Die Pilger aus späterer Zeit (XIV.-XV. Jh.) bezeugen, dass das alte Villanova wieder zu seinem früheren Namen, Arzúa, zurückkehrte. In diesen Reiseberichten, die alle französischen Ursprungs sind, spricht man von

Römerbrücke von Arzúa.

Arcerouze, dit Villeneufe; Arsetouse, dicte Villeneuve und *Alserance, dit la Villeneuve*, was anzeigt, dass der Ort schon vornehmlich Arzúa genannt wurde aber noch die andere Bezeichnung behielt. Demnach war der Prozess parallel zu dem in Sarria gewesen: ursprüngliche Existenz einer bescheidenen Siedlung mit einem Namen vorrömischer Abstammung; Gründung während des Mittelalters einer Stadt bei dieser alten Siedlung, die wahrscheinlich am Pilgerweg entlang gebaut und *Villanova* genannt wurde; Wiederherstellung des alten Namens aus welchen Gründen auch immer.

Arzúa. Hauptaltaraufsatz der Pfarrkirche.

Wie gesagt gibt es in Arzúa zwei romanische Kirchen. Die wichtigste, die auf dem Dorfplatz steht, ist dem Heiligen Jakob (Santiago) geweiht, was man als ein Anzeichen für die besagte Abhängigkeit dieses Ortes von der Kirche in Santiago de Compostela sehen könnte. Es ist ein Gebäude von ansehnlichen Ausmaßen und rechteckigem Grundriss, an das im XVII. Jahrhundert ein bemerkenswerter barocker Turm angebaut wurde. In dieser Kirche werden Bildnisse des Apostels aufbewahrt, sowohl im Pilgerhabit, den Hauptaltar krönend, wie als Held der *Reconquista*. Die Kirche der Heiligen Maria ist wahrscheinlich älter, obwohl keine Überreste des ursprünglichen Gebäudes erhalten sind.

Es ist möglich, dass diese beiden Kirchen Pilgerhospitäler unterhielten, obwohl dies nicht von der schriftlichen Dokumentation belegt wird. Außerdem wurde im XIV. Jahrhundert das Kloster der Heiligen Magdalena gestiftet, dessen Ruinen man noch sehen kann. Von hier aus leitete eine Gemeinschaft Augustiner ein Pilgerhospital.

Am Rande von Arzúa, am Orte **As Barrosas**, deutet uns die heutige Kapelle des heiligen Lazarus die Existenz eines weiteren Pilgerhospitals dort an, jenen gewidmet, die an Lepra oder an anderen ansteckenden Krankheiten litten.

Danach liegen auf dem Jakobsweg in Abwechslung mit den Eukalyptuspflanzungen, eine Reihe kleiner Weiler: **Raido**, **Cortobe**, **Pereiriña**, **Calzada** und **Calle**. Die Namen der beiden letzten spielen unmissverständlich auf ihre Lage am Jakobsweg an, der *via publica*, der »öffentlichen Straße«, von der die Dokumente des XII. Jahrhunderts sprechen.

Auf der Höhe des letzten Ortes befindet sich die Kirche des **Heiligen Verissimus von Ferreiros** (San Verísimo de Ferreiros) die Gemeindekirche all dieser kleinen verstreuten Orte. Der Führer des *Liber sancti Iacobi* erwähnt Ferreiros als letzte Station des Jakobsweges bevor man nach Santiago de Compostela kommt, mehr als 30 km von der Stadt entfernt. Auch die *Historia Compostelana* nennt eine Siedlung (*burgo*) Ferreiros auf dem Jakobsweg. Außerdem weiß man von einem Pilgerhospital, dass von dieser Gemeinde

Pfarrkirche von Arzúa.

abhing. All dies bedeutet, dass Ferreiros im Mittelalter eine gewisse Bedeutung als Jakobswegstation besaß, was man sich heutzutage schwer vorstellen kann, wenn man die zerstreuten kleinen Flecken sieht, die zur Gemeinde des Heiligen Verissimus gehören (auch diese sehr alte Verehrung des Märtyrers aus Lissabon (Lisboa) Verissimus, ist ein Zeichen für das hohe Alter dieses Ortes).

Sicherlich entstand die Ortschaft Ferreiros, genau wie andere galizische Siedlungen auf dem Jakobsweg, die als »*burgos*« bezeichnet werden, als eine Ansammlung von Ausländern, die »ex novo«, außerhalb jeder Art von vorher existierender einheimischer Organisation aus rein wirtschaftlichen Gründen entstand. In diesem Fall war es die Niederlassung einer Gruppe Handwerker, vor allem von Schmieden (»ferreiros«), die dieser Ortschaft in La Coruña ihren Namen gaben, eine Niederlassung, die wegen der Anwesenheit einer öffentlichen Straße, des Jakobsweges, erfolgte. Der äußerst rege Verkehr sowohl von Wanderern als auch von Reitern und Wagen, führte wohl zu einer großen Nachfrage der Produktion auf diesem Sektor der Handwerkstätigkeit, in Form sowohl von Nägeln für die Schuhe der Pilger, als auch von Hufeisen für die Tiere, und man darf auch nicht die Nieten und andere Ausbesserungen an den Karren vergessen, sowie an landwirtschaftlichen Instrumenten und Waffen. Dass Ferreiros ein bedeutender Ort war, bestätigt auch die Tatsache, dass es laut der *Historia Compostelana* eine der Hauptstationen einer kostbaren Reliquie war: der Kopf des Apostels Jakob Alfeus (Santiago Alfeo), den der Erzbischof von Braga und spätere Antipapst Maurizius (Mauricio) im Heiligen Land gestohlen hatte, um ihn nachher im kluniazensischen Kloster des Heiligen Zoilus (San Zoilo) in Carrión in Verwahr zu geben. Von da nahm ihn die Königin Doña Urraca, die, um die Sympathie ihres Sohnes, des späteren Alfons der VII. (Alfonso VII) und seines Vormunds Diego Gelmírez zu gewinnen, ihn der Kirche in Santiago de Compostela schenkte, wo er noch heute in einer Büste, die als Reliquienschrein dient, verehrt wird.

Nach Ferreiros folgen einer nach dem anderen die kleinen Weiler **Boavista**, **Salceda**, **Ras**, **Xen**, **Brea** (noch ein »Weg«), **Santa Irene**, **Rúa** (eine neue Anspielung auf den Jakobsweg), **Burgo** und **Arca do Pino**, das Ende dieser Etappe.

31 Arca – Santiago de Compostela

Sehr nahe an unserem Ziel, kommt der Jakobsweg zum Berg Monte do Gozo, nachdem er zahlreiche, zwischen Eukalyptuswäldern verstreute Weiler und den Flughafen von Labacolla hinter sich gelassen hat. Vor uns erscheinen die Türme der Kathedrale.

Denkmal in Monte do Gozo.

Von der Herberge von Arca geht man 200m zurück und überquert die Landstraße N-547 um über **Burgo, Arca** (**Pedrouzo**) und **San Antón** zu ziehen. In **Amenal**, km. 15, überquert man eine Brücke und die Landstraße und geht inmitten der Vegetation weiter bis nach **Cimadevilla**, von wo man auf einem Waldweg hinaufsteigt, wobei man den Flughafen von Labacolla umgeht. Am Meilenstein des km. 12 taucht die Landstraße N-544 auf, an der entlang man bergab geht, bis man an einem Bach vorbeikommt, und sie kurz danach nach rechts überquert, um die Abzweigung nach **San Paio** zu nehmen. Am Ausgang aus dieser Ortschaft beginnt ein Weg, der eine Landstraße überquert und auf dem man nach **Labacolla** hineingeht. Man geht zum Fluss Labacolla hinunter und hat man ihn einmal überquert, überquert man auch wieder die N-544. Dann beginnt man den Aufstieg auf einer asphaltierten Piste und kommt durch **Villamaior** und später an den Studios des Galizischen und Spanischen Fernsehens und an einer Holzfabrik vorbei. Hinter dem Weiler **San Marcos**, der auf dem **Monte do Gozo** selbst liegt, neben der Kapelle des Heiligen Marcus (San Marcos) und dem Denkmal, das an den Besuch Johannes Pauls des II. erinnert, erblickt man endlich das ersehnte Ziel Santiago de Compostela. Ein sanfter Abstieg führt zu den riesigen Anlagen für die Aufnahme der Pilger und

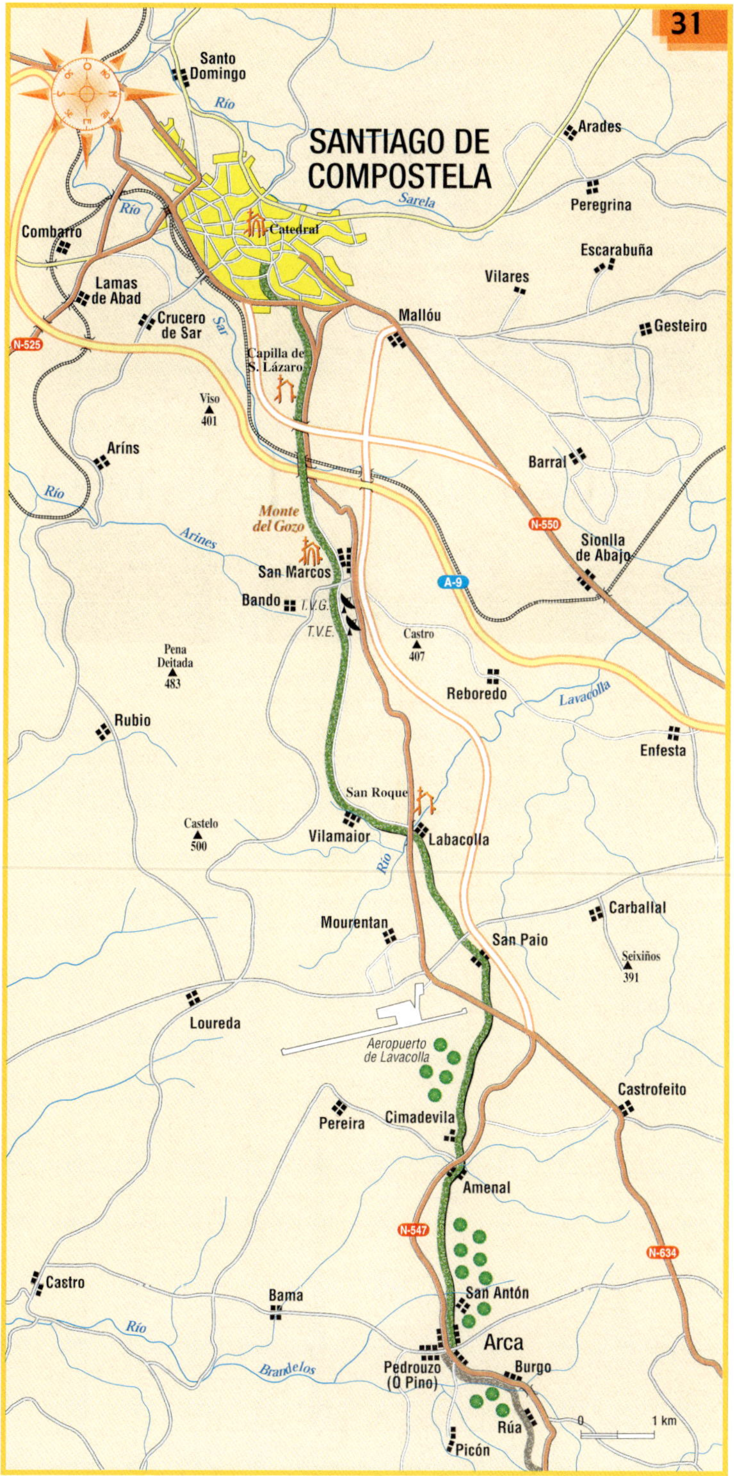
31
Santo Domingo
Río
SANTIAGO DE COMPOSTELA
Sarela
Arades
Peregrina
Escarabuña
Río
Combarro
Catedral
Vilares
Lamas de Abad
Crucero de Sar
Sar
Mallóu
Gesteiro
N-525
Capilla de S. Lázaro
Viso 401
Barral
Aríns
Río
Monte del Gozo
N-550
Arines
Sionlla de Abajo
San Marcos
A-9
Bando
I.V.G.
T.V.E.
Castro 407
Pena Deitada 483
Reboredo
Lavacolla
Rubio
Enfesta
San Roque
Castelo 500
Vilamaior
Labacolla
Río
Carballal
Mourentan
San Paio
Seixiños 391
Loureda
Aeropuerto de Lavacolla
Castrofeito
Pereira
Cimadevila
Amenal
N-547
N-634
Castro
San Antón
Bama
Río
Arca
Brandelos
Pedrouzo (O Pino)
Burgo
Rúa
0
1 km
Picón

Oberer Teil (Tympamon) vom zentralen Bogen des Ruhmestors (Pórtico de la Gloria).

dann geht man auf der Straße Rúa do Gozo weiter. Neben der Landstraße N-544 überquert man auf einer Brücke die Autobahn A-9, den Flusslauf des Sar und die Zuggleise. Nach **Santiago de Compostela** kommt man durch das Viertel des Heiligen Lazarus hinein (Barrio de San Lázaro), geht an seiner Kapelle vorbei und dann weiter durch die Industrieanlage von Fontiña, dem Viertel dos Concheiros und die Straße Rúa de San Pedro. Von der Porta do Camiño aus nimmt man die Straßen Rúa das Casas Reais und das Animas um den Platz Plaza de Cervantes zu erreichen. Die Straßen Rúa da Azabachería und Via Sacra führen zur Kathedrale von Santiago.

RADFAHRER

Die letzten Kilometer des Jakobswegs bieten den Radfahrern keinerlei Schwierigkeiten.

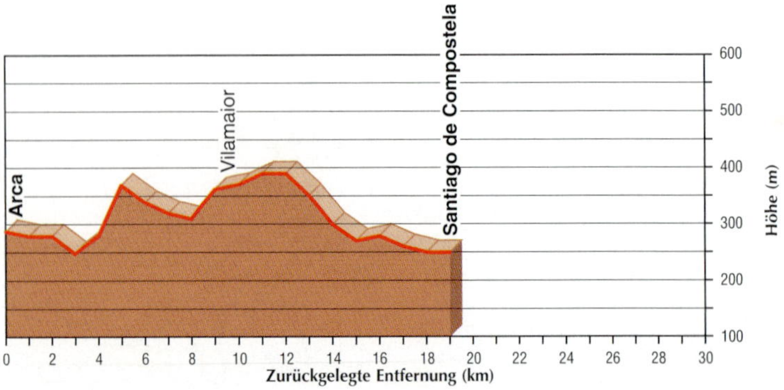

ETAPPE 31. PRAKTISCHE INFORMATION

LABACOLLA

HERBERGEN

Verfügt über eine Herberge, aber nicht über Telefon.

RESTAURANTS

Casa Lorenzo. Cruce Aeropuerto. ✆ 981 888 326
Garcas. Lugar de Mourentans, 2. ✆ 981 888 225
Ruta Jacobea. Lavacolla, 41. ✆ 981 888 211

SANTIAGO DE COMPOSTELA

HERBERGEN

Albergue Acuario. ✆ 981 575 438
Albergue Monte do Gozo. ✆ 981 558 942
Albergue Seminario Menor en Santiago de Compostela. ✆ 981 589 200

HOTELS

H* Monte do Gozo. Carretera. del Aeropuerto, km 2. Bando. ✆ 981 558 942. 1.167 Plätze. 75/49 € Doppelzimmer.
HS* Hogar San Francisco.** Calle Campillo de San Francisco, 3. ✆ 981 581 600. 77/65 € Doppelzimmer.
HS* Agusdel. Calle Pérez Constantí, 7. ✆ 981 585 214. 8 Zimmer.
HS* La Salle. Calle San Roque, 6. ✆ 981 584 611
HS* Tambre. Calle Vista Alegre. ✆ 981 580 046. 36/30 € Doppelzimmer; 18/15 € Einzelzimmer; 2,5 € Frühstück.
HSR Alameda.** Calle San Clemente, 32. ✆ 981 588 100. 42/33 € Doppelzimmer; 27/21 € Einzelzimmer; 2,41 € Frühstück.
HSR Balboa.** A Ponte da Rocha, 8. Conxo. ✆ 981 521 598. 51/48 € Doppelzimmer; 30/27 € Einzelzimmer
HSR Fornos.** Calle Hórreo, 7-2°. ✆ 981 585 130. 37/31 € Doppelzimmer; 29/22 € Einzelzimmer
HSR Mapoula.** Calle Entremurallas, 10. ✆ 981 580 124. 31/25 € Doppelzimmer.
HSR México.** República Argentina, 33. ✆ 981 598 000. 98 Plätze. 41/31 € Doppelzimmer; 3 € Frühstück.
HSR Vilas.** Calle Romero Donallo, 9. ✆ 981 591 150. 45/39 € Doppelzimmer; 27/21 € Einzelzimmer; 3 € Frühstück.
HSR* El Aparcadero. Aldrei. Marrozos. ✆ 981 539 796. 33 Zimmer.
HSR* Giadás. Plaza del Matadero, 2. ✆ 981 587 071. 34 € Doppelzimmer.
P* As Sirenas.** O Roxido. Fecha. ✆ 981 580 310. 40/30 € Doppelzimmer; 30/20 € Einzelzimmer; 6 € Frühstück.
P San Paio.** A Lavacolla. Sabugueira. Santiago de Compostela (A Coruña). ✆ 981 888 205. 10 Zimmer. 36/30 € Doppelzimmer; 2,75 € Frühstück.
P* José Rey. O Meixonfrío. As Pereiras de San Caetano. ✆ 981 581 897. 25 € Doppelzimmer; 14 € Einzelzimmer

CAMPINGPLÄTZE

1. Kategorie. Monte do Gozo. Carretera. del Aeropuerto, km 2. Ankündigen. 1.227 Plätze. ✆ 981 558 942.
2. Kategorie. As Sirenas. Carretera. Santiago-Carballo, km 11. Datum. 300 Plätze. ✆ 981 898 722.
2. Kategorie. As Cancelas. Rúa 25 de Xullo, 35. 410 Plätze. ✆ 981 580 266.

TRANSPORTMITTEL

Nach Monte do Gozo fährt ein Bus von Compostela aus, um den Pilger den Besuch der Stadt zu erleichtern.
Busbahnhof (Estación de autobuses) von Santiago de Compostela. Rúa San Caetano, s/n. ✆ 981 587 700.

Bahnhof (Estación de RENFE). Rúa Hórreo, s/n.

Flughafeninformation von Labacolla. ✆ 981 597 400. Den Pilgern, die den Beweis erbringen können Santiago erreicht zu haben, macht Iberia einen großen Rabatt auf ihren Flug.

DIENSTLEISTUNGEN

In Amenal gibt es einen Supermarkt, in Labacolla Geschäfte, Bars und Unterkünfte, und in San Marcos auch so manches Geschäft. Der in Monte do Gozo errichtete Komplex umfasst Restaurant und Cafeteria, Camping, Konzertsaal und das »Centro Europeo de Peregrinación« genannte Europäische Pilgerzentrum .

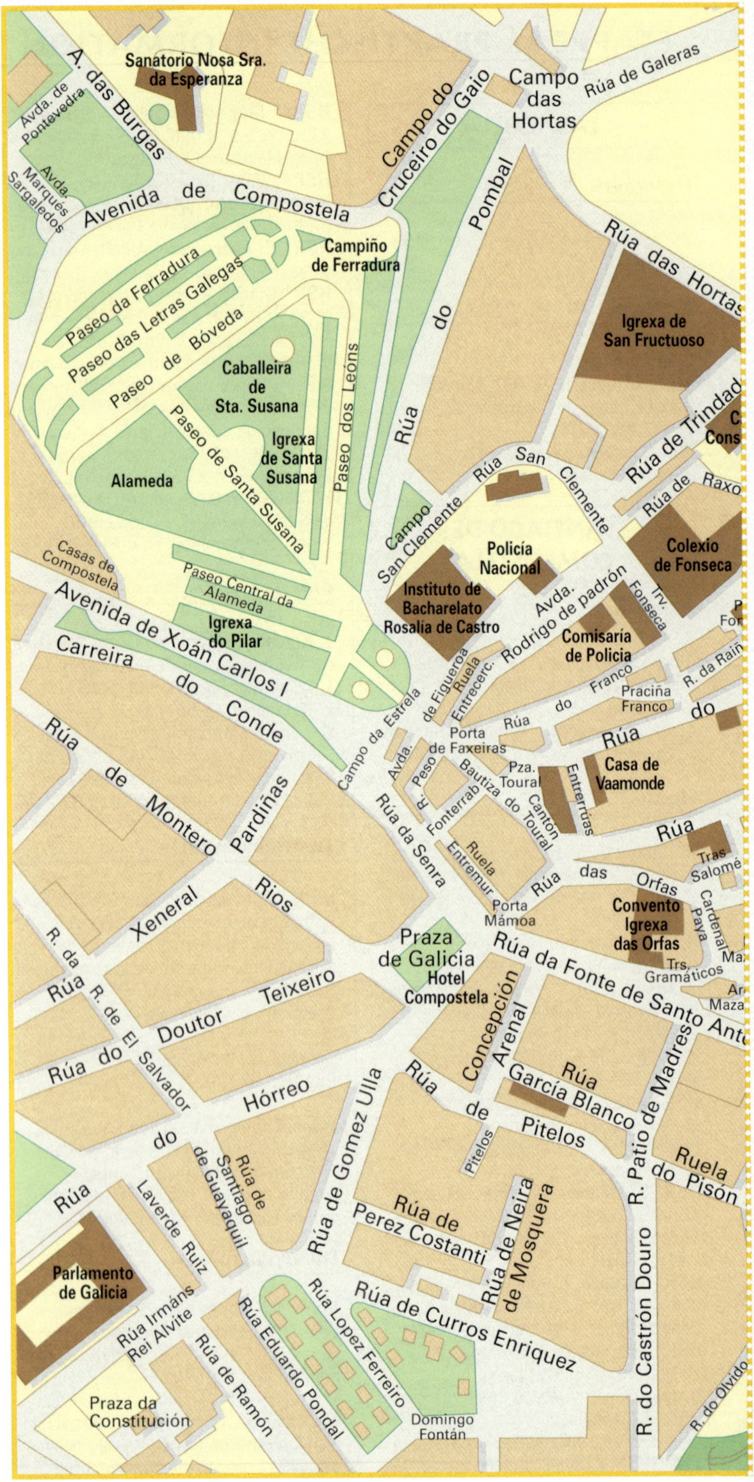
Sanatorio Nosa Sra. da Esperanza
A. das Burgas
Avda. de Pontevedra
Avda. Marqués Sargaledos
Avenida de Compostela
Campo do Cruceiro do Gaio
Campo das Hortas
Rúa de Galeras
Campiño de Ferradura
Rúa do Pombal
Rúa das Hortas
Igrexa de San Fructuoso
Paseo da Ferradura
Paseo das Letras Galegas
Paseo de Bóveda
Caballeira de Sta. Susana
Igrexa de Santa Susana
Paseo dos Leóns
Alameda
Paseo de Santa Susana
Rúa San Clemente
Rúa de Trindade
Rúa de Raxo
Campo San Clemente
Policía Nacional
Colexio de Fonseca
Casas de Compostela
Paseo Central da Alameda
Instituto de Bacharelato Rosalía de Castro
Avda. Rodrigo de padrón
Trv. Fonseca
Comisaría de Policía
Avenida de Xoán Carlos I
Igrexa do Pilar
Carreira do Conde
Campo da Estrela
Avda. de Figueroa
Ruela Entrecerc.
Rúa do Franco
Praciña Franco
R. da Raíña
Porta de Faxeiras
Pza. Toural
Rúa do
Casa de Vaamonde
Rúa de Montero Rios
Pardiñas
R. Peso
Fonterrab
Bautiza do Toural
Cantón do Toural
Entrerrúas
Rúa da Senra
Ruela Entremur
Rúa das Orfas
Tras Salomé
Porta Mámoa
Convento Igrexa das Orfas
Cardenal Paya
Xeneral
Praza de Galicia
Hotel Compostela
Rúa da Fonte de Santo Ant
Trs. Gramáticos
Maza
R. da
Rúa R. de El Salvador
Rúa do Doutor Teixeiro
Concepción Arenal
Rúa García Blanco
R. Patio de Madres
Rúa do Hórreo
Rúa de Gomez Ulla
Rúa de Pitelos
Pitelos
Ruela do Pisón
Rúa de Santiago de Guayaquil
Laverde Ruiz
Rúa de Perez Costanti
Rúa de Neira de Mosquera
R. do Castrón Douro
Parlamento de Galicia
Rúa Irmáns Rei Alvite
Rúa Eduardo Pondal
Rúa Lopez Ferreiro
Rúa de Curros Enriquez
Rúa de Ramón
Praza da Constitución
Domingo Fontán
R. do Olvido

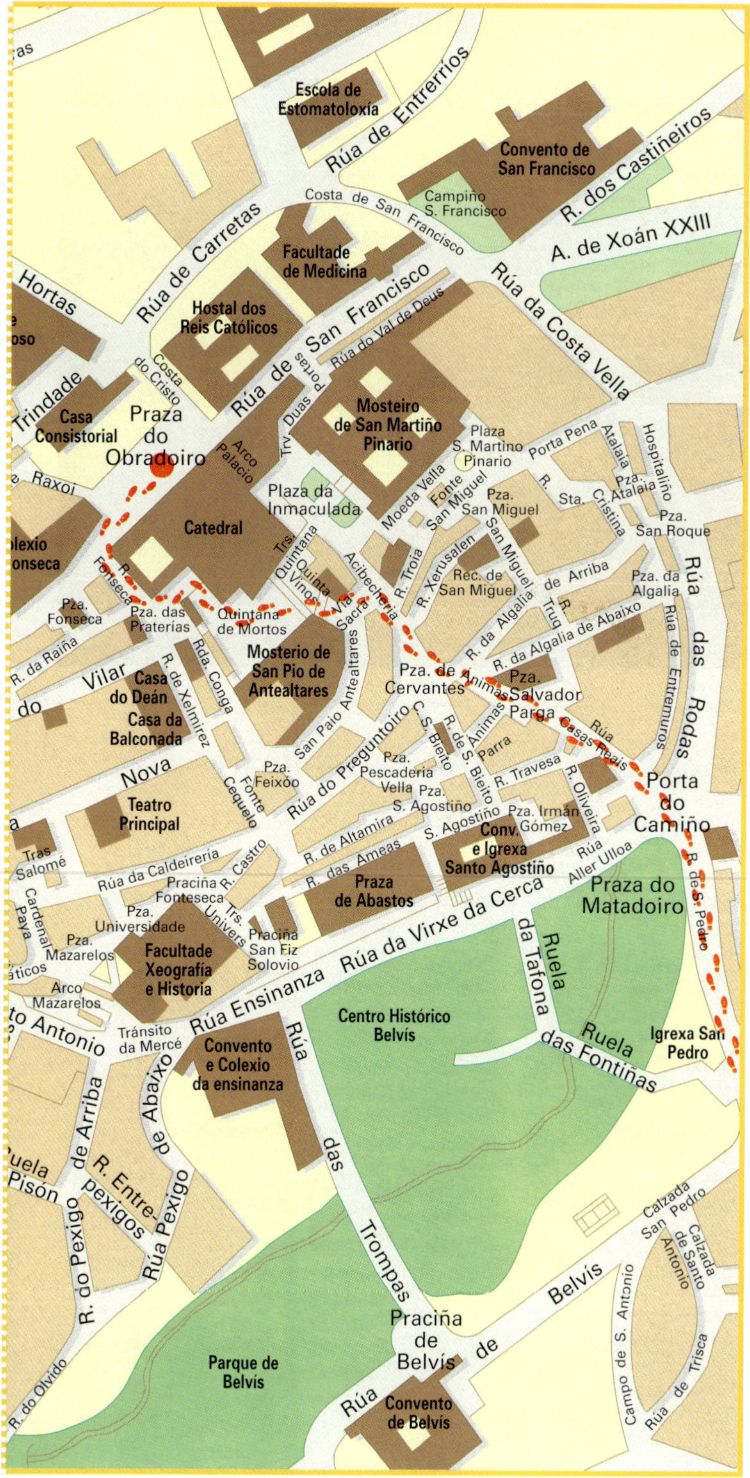

Escola de Estomatoloxía
Rúa de Entrerríos
Convento de San Francisco
R. dos Castiñeiros
Campiño S. Francisco
Costa de San Francisco
A. de Xoán XXIII
Rúa de Carretas
Facultade de Medicina
Hortas
Rúa da Costa Vella
Hostal dos Reis Católicos
Rúa de San Francisco
Rúa do Val de Deus
Costa do Cristo
Trindade
Casa Consistorial
Praza do Obradoiro
Raxoi
Mosteiro de San Martiño Pinario
Plaza S. Martiño Pinario
Porta Pena
Atalaia
Hospitaliño
Plaza da Inmaculada
Moeda Vella
Fonte San Miguel
Pza. San Miguel
R. Sta. Cristina
Pza. Atalaia
Pza. San Roque
Catedral
Quintana
Trs. Quintana
Vía Sacra
Acibechería
R. Troia
R. Xerusalén
Rec. de San Miguel
San Miguel
R. de Algalia de Arriba
Pza. da Algalia
Rúa das Rodas
Rúa de Entremuros
Pza. Fonseca
R. Fonseca
Pza. das Praterías
Quintana de Mortos
R. da Algalia de Abaixo
R. da Algalia
R. da Raíña
Vilar
Casa do Deán
Casa da Balconada
R. de Xelmírez
Rda. Conga
Mosterio de San Pío de Antealtares
San Paio Antealtares
Pza. de Cervantes
Pza. Salvador Parga
Ánimas
Rúa Casas Reais
Nova
Rúa do Preguntoiro
C. S. Bieito
R. de S. Bieito
Parra
R. Travesa
R. Oliveira
Porta do Camiño
Teatro Principal
Pza. Feixóo
Fonte Cequelo
San Paio
Pza. Pescadería Vella
Pza. S. Agostiño
S. Agostiño
Pza. Irmán Gómez
Tras Salomé
R. de Altamira
R. das Ameas
Conv. e Igrexa Santo Agostiño
Rúa Aller Ulloa
R. de S. Pedro
Rúa da Caldeirería
R. Castro
Praciña Fonteseca
Praza de Abastos
Praza do Matadoiro
Cardenal Paya
Pza. Universidade
Trs. Univers.
Praciña San Fiz Solovio
Rúa da Virxe da Cerca
Ruela da Tafona
Pza. Mazarelos
Facultade Xeografía e Historia
Arco Mazarelos
Rúa Ensinanza
Centro Histórico Belvís
Ruela das Fontiñas
Igrexa San Pedro
Tránsito da Mercé
Convento e Colexio da ensinanza
Rúa das Trompas
Rúa de Abaixo
de Arriba
Ruela Pisón
R. Entrepexigos
Rúa Pexigo
R. do Pexigo
Calzada San Pedro
Calzada de Santo Antonio
Campo de S. Antonio
Rúa de Trisca
Belvís
Praciña de Belvís
Rúa de
Parque de Belvís
Convento de Belvís
R. do Olvido

Geschichte und Kulturerbe der Etappe 31

Gesamtansicht von Santiago de Compostela.

Der Französische Weg Etappe 31. Arca do Pino-Santiago de Compostela

Kurz nach Arca, begegnet der Straße wieder ein Zeugnis des Ordens des Heiligen Antonius auf dem Jakobsweg: der Name des Weilers **San Antón**. Zwischen **Amenal** (»Ort an dem es *ameneiros* gibt«, was der galizische Name für den Erlbaum ist) und **Cimadevila** lag wahrscheinlich der Ort, der in den lokalen Dokumenten und in den Berichten der Reisenden aus dem späten Mittelalter als »Duas Casas« oder »Tres Casas« - das heißt, »zwei oder bezw, drei Häuser«- erscheint. In Amenal und nicht in Lavacolla, wie es fast Vorschrift war, nahm der Pilger Laffi seine Waschungen vor, um gebührend sauber vor den Apostel zu treten.

In dem Weiler **San Paio**, einer kleinen Ortschaft, die ihr altertümliches Aussehen zu bewahren verstanden hat, finden wir zum ersten Mal auf dem Jakobsweg eine der galizischen Heiligenverehrungen, die am weitesten verbreitet sind: die des Heiligen Pelayo, dem kleinen Jungen aus Tuy, der im Córdoba des X. Jahrhunderts den Märtyrertod fand. Der Ruf seines Martyriums war zu seiner Zeit so groß, dass er über die Grenzen der Iberischen Halbinsel hinausreichte und unter anderen Zeitgenossen, von der deutschen Dichterin in lateinischer Sprache, Hroswita von Gandersheim, besungen wurde.

Auch die Kirche in **Labacolla** ist dem Heiligen Pelayo gewidmet, aber der Ruf dieses Ortes hat andere Gründe, die auch mit Santiago de Compostela zu tun haben. Heute gibt er dem Flughafen der Stadt seinen Namen; im Mittelalter und auch später, war es der Ort, wo die Pilger sich all ihrer Kleider entledigten und im Fluss badeten, um sich den Schmutz, den sie auf ihrer monatelangen Reise angesammelt hatten, abzuwaschen und so ordentlich und sauber vor den Herrn Santiago zu treten, dem sie ihre Wallfahrt weihten und von dem sie sich so viel erhofften. Der galizische Name des Flusses kommt gerade von diesem Brauch sich ganz zu waschen (»lava«, »waschen«), einschließlich der intimsten

Stellen (»colla«, »Penis«). Der Autor des *Liber sancti Iacobi,* der mit Humor und in Anlehnung an den lateinischen Dichter Martial (Marcial), den Namen mit *Lavamentula* übersetzt (vgl. Lat. *mentula,* »männliches Glied«), beschreibt so diesen Ritus der Pilger:

[...] an einem bewaldeten Ort, zwei Meilen von der Stadt Santiago entfernt, gibt es einen Fluss der Labacolla heißt [Lavamentula], weil hier die französischen Pilger auf ihrem Weg nach Santiago, sich ihrer Kleidung entledigen und aus Liebe zum Apostel, nicht nur ihre Schamteile [mentulas] waschen, sondern auch den Schmutz an ihrem ganzen Körper.

Das letzte Hindernis, um die Wallfahrt zu vollenden, war und ist immer noch der »**Berg der Freude**«, der Monte do Gozo, von dessen westlichem Hang man zum ersten Mal die Stadt des Apostels sehen kann. Sein Name, der schon im Führer des *Liber sancti Iacobi* bezeugt ist (*Mons Gaudium*), erklärt sich aus der Freude, die die Pilger befiel, wenn sie zum ersten Mal die Türme der Kathedrale von Santiago de Compostela sahen. Kein anderer hat so gut wie Domenico Laffi das unbeschreibliche Gefühl geschildert, das die Pilger an diesem Punkt überkam:

Wir erreichten den Gipfel eines Hügels, der Monte del Gozo genannt wurde, von dem aus wir das so ersehnte Santiago erblickten, eine halbe Meile entfernt. Als wir es sahen, fielen wir auf die Knie und fingen an vor Freude zu weinen und das »Te Deum« zu singen, aber wir konnten nicht mehr als zwei oder drei Verse aufsagen, denn die große Menge Tränen, die aus unseren Augen flossen, ließen uns kein Wort hervorbringen. Die Rührung, die unsere Herzen erbeben ließ und unsere ununterbrochenen Seufzer zwangen uns dazu, den Gesang zu unterbrechen, bis wir endlich, durch die Tränen befreit, die nach und nach versiegten, das begonnene »Te Deum« wieder anstimmen konnten und so, unter Gesang, legten wir den Abstieg bis zur Stadt zurück.

Bevor man in die befestigte Stadt von **Santiago de Compostela** kam, fand man das Hospital des Heiligen Lazarus (San Lázaro), das im XII. Jahrhundert für leprakranke Pilger gegründet worden war. Das Andenken an diese wohltätige Einrichtung, lebt noch heute in dem Viertel und der Gemeinde des Heiligen Lazarus fort.

Der Weg der Pilger bis zur Kathedrale verlief durch das heutige Viertel »de los Concheiros«, das heißt der Jakobspilger, deren Abzeichen wenigsten seit Ende des XI. Jahrhunderts die Jakobsmuschel war. Etwas weiter, wo heute die Straße des Heiligen Petrus (Avenida de San Pedro) liegt, noch außerhalb der alten Mauer, kam man am alten Kloster des Heiligen Petrus »von draußen« (San Pedro da Fora) vorbei, das schon im X. Jahrhundert existierte. Durch das Tor »Puerta del Carmen«, das im Pilgerführer *Porta Francigena* heißt, traten die Pilger des Französichen Weges in Santiago de Compostela ein. Nun innerhalb der Stadtmauer, führte der Weg auf der *Via Francigena* weiter, die heute verschwunden ist. Bevor man die Kathedrale erreichte, lag ein Hospital für arme Pilger und gegenüber ihrer nördlichen Fassade (Azabachería) stand ein monumentaler Brunnen, der mit

Pilger vor dem Platz Platerías, mit dem Uhrenturm (Torre del Reloj) im Hintergrund.

Typische Souvenirs »souvenirs« für Pilger und Touristen.

Löwen geschmückt war und in dessen Becken nach Aussage des Pilgerführers bis zu fünfzehn Männer gleichzeitig baden konnten. An diesem Ort lag das sogenannte »Paradies der Stadt«, das schon zu jenen Zeiten gepflastert war und wo für gewöhnlich die Stände aufgestellt wurden, welche die typischen »Souvenirs« für die Touristen von damals, d.h. für die Pilger, anboten.

Dort werden den Pilgern die Muscheln verkauft, das heißt, die Wahrzeichen des Heiligen Jakob (Santiago), sowie Weinschläuche, Schuhwerk, Säcke aus Hirschleder, Taschen, Riemen, Gürtel und alle Art von Heilkräutern und Färbemitteln.

Später erhielt dieser dem Tourismus gewidmete Platz den Namen Azabachería, wegen der aus Jet oder Gagat (»azabache«) hergestellten Amulette, die dort verkauft wurden und die zu einer Spezialität von Compostela wurden, die noch heute weiterlebt.

An der Hand des *Liber sancti Iacobi* sind wir bis zur Kathedrale gekommen, dem Ziel unserer Wallfahrt und Zentrum der Satd Santiago. Bevor er dazu übergeht, eine der größten und vollkommensten Kathedralen ihrer Zeit in allen Einzelheiten zu beschreiben, den wüdigen Reliquienschrein der Gebeine eines der Apostel Christi und eines der drei großen Pilgerzentren der Christenheit, neben Rom und Jerusalem, verweilt der Pilgerführer in der Umgebung dieser Kathedrale: der Stadt Compostela, sowie bei ihren Flüssen, den Toren der Mauer und vor allem den Kirchen.

Unter denen, die er nennt und die es noch gibt - wenn auch ihre Gebäude restauriert sind - befinden sich außer dem schon erwähnten San Pedro de Foras, die Kirche des Heiligen Michael dos Agros (San Miguel dos Agros), das Kloster des Heiligen Martin Pinario (Convento de San Martín Pinario), die Kirche der Heiligen Susanna, die des Heiligen Fiz (Félix) von Solovio, die des Heiligen Benedikt »vom Felde« (San Benito del Campo), die des Heiligen Payo de Antealtares und die der Heiligen Maria, die heute die Kapelle Santa María de la Coticela ist, welche in die Kirche einverleibt ist.

Unter den Kirchen, die von dem Pilgerführer nicht genannt werden, befindet sich die der Heiligen Maria Salome, die einzige Kirche der Welt, die der Mutter des Heiligen Jakob (Santiago) geweiht ist und die schon 1145 existierte, oder die Stiftskirche der Heiligen Maria del Sar, auch aus dem XII. Jahrhundert. In späteren Jahrhunderten wurden das Kloster des Heiligen Franziskus (San Francisco), vielleicht eine Gründung des Heligen aus Assisi selbst auf seiner Wallfahrt nach Compostela, sowie Santo Domingo de Bonaval, das Pantheon berühmter Galizier, errichtet. Unter den weltlichen Bauten der Stadt, muss man den romanischen Palast des Gelmírez erwähnen, der an die Kathedrale angebaut ist, das Studentenheim von Fonseca, das des Heiligen Hieronymus (Colegio de San Jerónimo), der Palast Raxoi oder das große Hotel der Katholischen Könige (Hostal de los Reyes Católicos) und viele andere, für die wir hier keinen Platz haben.

Wir kehren an den Punkt der Kathedrale zurück, an dem wir uns von ihr getrennt hatten: das nördliche oder Azabacheriator. Der Führer des *Liber sancti Iacobi* verweilt lange bei der Beschreibung seiner Ikonographie. Leider wurde die gesamte Fassade im XVIII. Jahrhundert niedergerissen, um durch eine neoklassizistische ersetzt zu werden, ein Werk des Ventura Rodríguez, das man heute noch sehen kann. Die Figuren der ursprünglichen romanischen Fassade, wurden auf die Kathedrale verteilt und einige von ihnen kann man auch im Dommuseum bewundern. An der östlichen Fassade, die auf den Quintanaplatz (Plaza de Quintana) geht, gab es kein romanisches Portal. 1611 wurde dort das »Tor der Vergebung« (»Puerta del Perdón«) geöffnet, das immer geschlossen bleibt, mit Ausnahme der heiligen Jahre (wenn das Fest des Heiligen Jakob, der 25 Juli, auf einen Sonntag fällt). Neben diesem Tor hat man, engepfercht, 24 Statuen aufgestellt, die im Chor der Kathedrale standen und ein Werk des Meisters Mateo sind. Von den Portalen, die im Pilgerführer beschrieben und kommentiert werden, kann man heute nur noch das auf der südlichen Fassade bewundern, das als »Silberwerktor« (»Puerta de las Platerías«) bekannt ist. Es lohnt sich, davor mit dem Führer des *Liber sancti Iacobi* in der Hand stehen zu bleiben und Figur um Figur nachzuprüfen, dass sich hier nichts in den letzten 900 Jahren geändert hat.

Santiago de Compostela. Kloster San Martín Pinario.

Dasselbe kann man nicht von der Hauptfassade der Kathedrale sagen, die auf dem Obradoiroplatz (Plaza del Obradoiro) steht und nach Westen gerichtet ist. Es handelt sich um ein Werk des späten Barock, das von dem galizischen Architekten Casas Novoa 1750 errichtet wurde. Es bedeckte und ersetzte mit seiner barocken Pracht den einfachen Schmuck der alten romanischen Kirche, deren zwei Türme damals ebenfalls fertiggestellt wurden, wobei sie erheblich an Höhe gewannen. Gehen wir ins Innere. Dafür muss man die große, doppelte Freitreppe hinaufsteigen, die 1606 der Erzbischof Maximiliano de Austria, der aus Jaén stammte, seinem Landsmann Ginés Martínez Aranda in Auftrag gab, der zu einer Architektenfamilie gehörte, die in Castillo de Locubín (Provinz Jaén) ansässig war.

Obradoiro Fassade der Kathedrale von Santiago de Compostela.

Innen begegnen wir dem Portal der Glorie (Pórtico de la Gloria), wahrscheinlich der berühmteste Teil der Kathedrale. Es wurde in der zweiten Hälfte des XII. Jahrhunderts vom Meister Mateo errichtet, als Ersatz für das alte romanische Portal. Es handelt sich um ein dreifaches Portal, das von einem raffinierten Ensemble von mehr als 200 mehrfarbigen Statuen geschmückt ist. Ihre Expressivität und ihr Dynamismus zeichnen sie unter den besten Werken der romanischen Bildhauerkunst Spaniens aus. Auf dem Haupttympanon herrscht eine kolossale Figur des Erlösers, umringt von den vier Evangelisten und von Engeln, die die Werkzeuge der Passion halten. Auf den Archivolten, drängen sich die 24 Greise der Apokalypsis und spielen alle Art von Instrumenten jener Zeit. Der linke Bogen ist Szenen und Personen aus dem Alten Testament gewidmet; der rechte, den Konsequenzen des Jüngsten Gerichts, mit den dazugehörigen Martern und Freuden. Auf einer tieferen Ebene, auf den Türpfosten der Portale, sind links die zwölf Apostel dargestellt und rechts die Propheten. Im Zentrum, auf dem Mittelpfosten, der den zentralen Bogen teilt, genau unter dem Heiland, sitzt der Apostel Jakob (Santiago), der als Gastgeber alle Gäste empfängt, die ihn besuchen kommen. Auf der Säule, die ihn stützt und die den Stammbaum Jesaias darstellt (die Genealogie Christi), findet man die Spur eines weiteren, uralten Pilgerritus, der daraus besteht, diese Säule mit der rechten Hand zu berühren. Da er jahrhundertelang von den Massen, die die Kathedrale besuchten, wiederholt worden ist, haben die fünf Finger von Millionen Menschen aus allen Zeiten den harten Marmor abgetragen, bis sie dort eine Spur von mehreren Zentimetern Tiefe hinterlassen haben. Danach folgt noch eine Gewohnheit, die zum Ritual geworden ist: dreimal mit dem Kopf gegen die menschliche Figur zu stoßen, die auf dem Mittelpfosten, aber ins Innere der Kirche blickend, steht. Die Überlieferung, die aus dieser Figur den Meister Mateo selbst machen

will, den Bildhauer des Portales, kennt ihn nach diesem Brauch als »o santo dos croques« (den Heiligen der Kopfstöße). Viele Pilger stoßen ihren Kopf auch gegen die bärtige Figur, die am Fuße des Baum Jesaias steht und möglicherweise ein von zwei Löwen flankierter Samson ist. In die offenen Mäuler dieser Löwen stecken die Besucher ihre Arme, während sie diese Kopfstöße vornehmen.

Im Innern der Kirche finden wir ihren ursprünglichen romanischen Stil wieder. Es handelt sich um ein romanisches Gotteshaus in Form eines lateinischen Kreuzes mit drei Schiffen und einem Triforium. Das Hauptschiff wird von einer großen Apsis abgeschlossen, die einen Kapellenkranz vorweist, in dem sich verschiedene Kapellen öffnen, die schon im *Liber sancti Iacobi* beschrieben werden.

Hinter dem Hauptaltar befindet sich die romanische Statue des Apostels Jakob, von barocken Exzessen geschmückt und umringt, an der man den Ritus-Brauch der Umarmung vollzieht. Darunter, unter der Erde, befindet sich die Krypta mit der Truhe, welche die Gebeine des Apostels Santiago enthält. Es ist dies der Punkt, an dem im IX. Jahrhundert sein Grab gefunden wurde. Die Archäologie hat dort die Existenz einer Nekropole aus dem I. Jahrhundert endeckt, die der Vorläufer von allem ist, was später gebaut wurde und in dem man regelrecht eine Zusammenfassung der Geschichte von Santiago de Compostela sehen kann. Gehen wir sie einmal kurz durch:

Im ersten Drittel des IX. Jahrhunderts, als Teodomiro von Iria Flavia Bischof war, fand man in einem Wald, da wo heute die Stadt Compostela liegt, ein altes Mausoleum aus der Römerzeit, dessen Inhalt man, sich auf einige Texte und Überlieferungen stützend, die behaupteten, Santiago habe im Westen und konkret in Spanien gepredigt, mit den Überresten des Apostels identifizierte. Der König Alfons der II. (Alfonso II) ließ die erste, sehr bescheidene Basilika errichten, und sowohl er wie seine Nachfolger förderten den neuen Kult, der bald zu dem beliebtesten in ganz Spanien wurde. Diese spanische Popularität, zog bald die Aufmerksamkeit der Menschen aller Länder auf sich, die sich in immer größerer Anzahl zum Grab des Apostels begaben, der am Ende der

Santiago de Compostela. Oben, zentrale Säule des Ruhmestors (Pórtico de la Gloria) in der Kathedrale; rechts, der Flug des »Botafumeiro« genannten Weihrauchfaß, das mit Pendelbewegungen im kleineren Kirchenschiff schwingt und von 8 Männern, den sogenannten »tiraboleiros«, angetrieben wird.

damals bekannten Welt bestattet war. Nach diesem Erfolg läßt Alfons der III. (Alfonso III) am Ende des IX. Jahrhunderts eine größere und reichere Basilika bauen. Diese Basilika wird fast ein Jahrhundert später von al-Mansur (Almanzor) zerstört, der aber das Grab des Apostels verschont. Der große Bischof Pedro de Mezonzo (möglicherweise der Verfasser der weltberühmten Antifonie *Salve Regina*) geht um das Jahr 1000 den Wiederaufbau des Gotteshauses an. Siebzig Jahre später beginnt der Bischof Diego Peláez die Arbeiten an der heutigen Kathedrale, die zur Zeit des Gelmírez fertiggestellt wurde, wenngleich seitdem fortwährend an ihr etwas hinzugefügt oder umgebaut worden ist.

Was die Kunstschätze, die in der Kathedrale aufbewahrt werden angeht, so sind sie unzählig und vielfältig. Viele befinden sich in der Schatzkammer und in der Reliquienkapelle, wie der berühmte Reliquienschrein in Form einer Büste des Jüngeren Jakobus (Santiago el Menor), die Grabmäler mehrerer Personen königlichen Geschlechtes oder die Grabplatte des Bischofs Teodomiro, zu dessen Zeit das Grab des Apostels gefunden wurde. In der Bibliothek des Domarchivs werden eine andere Art Schätze aufbewahrt. Unter ihnen ragt ohne Zweifel der *Codex Calixtinus (Códice Calixtino)* heraus, ein kostbares Manuskript aus dem XII. Jahrhundert, welches das *Liber sancti Iacobi* enthält, ein sehr komplexes, dem Heiligen Apostel Jakob gewidmetes Werk, das aus mehreren Teilen besteht: einer reichen Liturgie, in der einige der ersten bekannten polyfonischen Musikstücke enthalten sind; den historischen Bericht der Überführung der Gebeine des Apostels von Jerusalem (Jerusalén) nach Galizien und der Entdeckung seines Grabes (die hier Karl dem Großen und nicht Teodomiro zugeschrieben wird); sowie die Beschreibung des Jakobsweges und der Stadt Santiago.

Diese Beschreibung des Jakobsweges ist der bekannte Pilgerführer des *Liber sancti Iacobi*, den wir so oft im Laufe dieses Buches zitiert haben. Dort ist zum ersten Mal der Verlauf des sogenannten Französischen Weges (Camino Francés) festgelegt, dem wir fast ohne Abweichung gefolgt sind.

Oben, Schrein und Apostelskulptur, die den Hauptaltar beherrschen; unten, Krypta mit der Truhe, welche die Knochen von Jakobus und seinen Schülern Theodor und Athanasius enthält.

Der Aragonische Weg

1 Somport – Jaca

Unser Ausgangspunkt befindet sich in den aragonesischen Pyrenäen, auf 1632 Metern Höhe zwischen dem Tal des Aspe, in Frankreich und dem von Canfranc. Von hier bis Jaca muss man durch das längliche Tal des Flusses Aragón nach Süden hinabsteigen. Ab Villanúa erweitert sich der Horizont und die Landschaft verwandelt sich: Steineichen, Zenneichen und andere mediterrane Pflanzenarten (in Villanúa liegt der nördlichste Steineichenwald Europas).

Skistation in Candanchú.

Unsere Wanderung beginnt auf dem Pass von **Somport**, an der Grenze zwischen Frankreich und Spanien. Nach einigen Schritten auf der Landstraße N-330, taucht links eine Treppe auf, auf der man zusammen mit dem Lauf des Flusses Aragón hinabsteigen muss, bis zu einer Ebene, auf der das Hospital der Heiligen Christina (Hospital de Santa Cristina) lag. Man überquert eine Brücke auf der Landstraße. Ganz in der Nähe befindet sich die Skistation von Candanchú, gegenüber dem Berg Tobazo. Hinter einem Bergsattel überquert man die N-330 und den Hang des Hügels, auf dem die Burg von Candanchú liegt. Der Jakobsweg nähert sich auf der Höhe der Brücke Puente del Ruso der Landstraße, ohne jedoch mit ihr in Kontakt zu treten. Auf holprigen Pfaden und einer asphaltierten Piste (die man nach rechts verlässt, bevor man den Campingplatz Canal Roya erreicht), steigt man nach **Canfranc-Estación** hinab. Man muss dabei den Aragón überqueren und letztendlich auf die Landstraße gehen, auf der man auch den Ort verlässt, nachdem man an dem großen Bahnhof vorbeigegangen ist. Man geht an der Landstraße entlang, bis zu einem zweiten Tunnel. Dann steigt man nach links eine Treppe hinab, um auf das linke Ufer des Flusses hinüberzugehen und an ihm entlang bis nach **Canfranc** zu wandern. Man kommt über eine Steinbrücke in die Ortschaft und überquert am Ausgang die romanische Brücke der Wallfahrer (Puente de los Peregrinos), die neben dem Friedhof liegt. Man geht zweimal unter der Landstraße hindurch und bevor man nach **Villanúa** kommt, steht man vor zwei Möglichkeiten:

A) Der Jakobsweg kann geradeaus weitergehen, ohne die Brücke zu überqueren, über das Dorf Villanúa und dann zwischen Äckern hindurch, wobei man

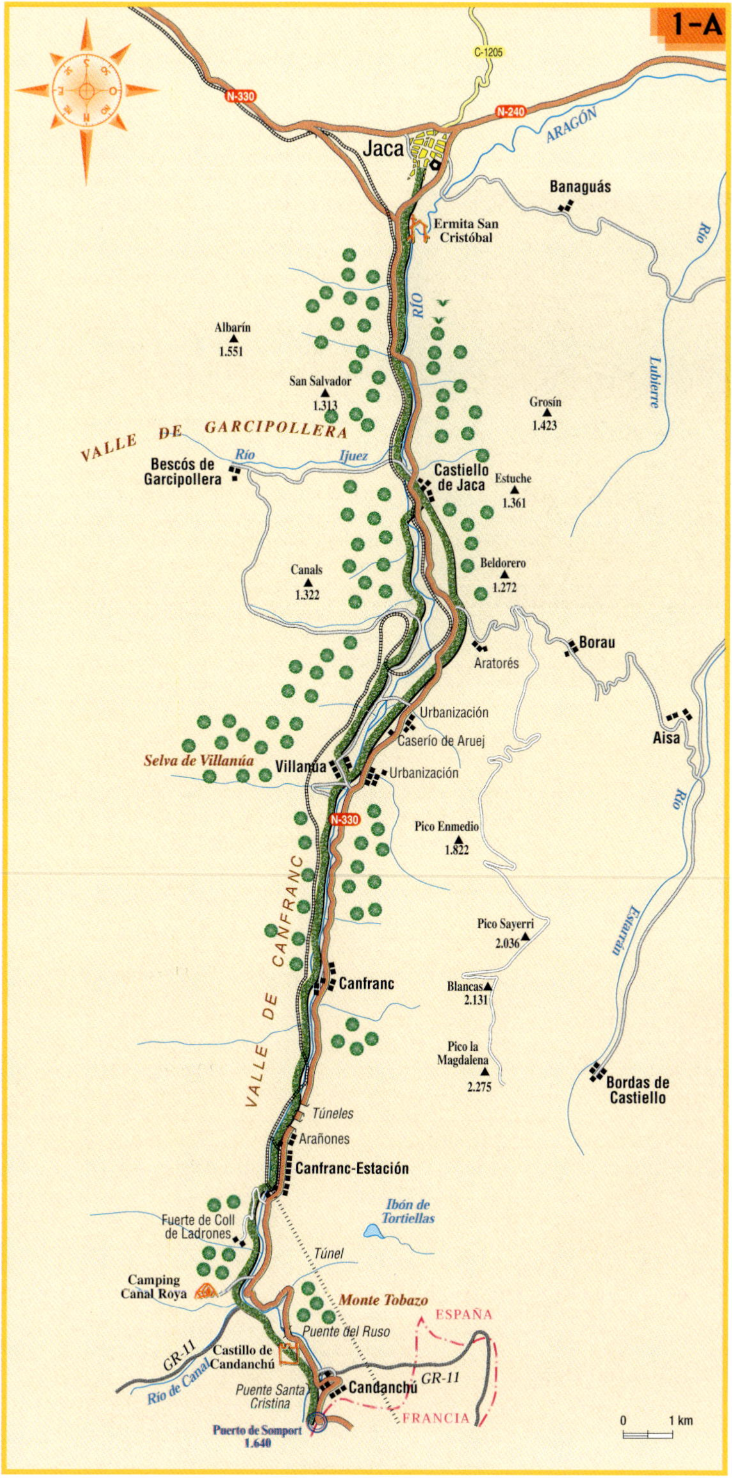
1-A
C-1205
N-330
N-240
ARAGÓN
Jaca
Banaguás
Ermita San Cristóbal
Río
Río
Albarín
1.551
San Salvador
1.313
Lubierre
Grosín
1.423
VALLE DE GARCIPOLLERA
Río Ijuez
Bescós de Garcipollera
Castiello de Jaca
Estuche
1.361
Canals
1.322
Beldorero
1.272
Borau
Aratorés
Urbanización
Caserío de Aruej
Aisa
Selva de Villanúa
Villanúa
Urbanización
Río
N-330
Pico Enmedio
1.822
VALLE DE CANFRANC
Estarrún
Pico Sayerri
2.036
Canfranc
Blancas
2.131
Pico la Magdalena
2.275
Bordas de Castiello
Túneles
Arañones
Canfranc-Estación
Ibón de Tortiellas
Fuerte de Coll de Ladrones
Túnel
Camping Canal Roya
Monte Tobazo
ESPAÑA
Puente del Ruso
GR-11
Castillo de Candanchú
Río de Canal
Puente Santa Cristina
Candanchú
GR-11
FRANCIA
Puerto de Somport
1.640
0
1 km

zweimal den Fluss und die Zuggleise überquert und durch einen Zenneichenwald kommt, um auf einer Piste, welche die N-330 kreuzt, nach **Castiello de Jaca** hinaufzuwandern.

Römische Pilgerbrücke in Canfranc.

B) Man überquert die Brücke (ein Rastplatz liegt daneben) in Richtung zum neuen Teil von Villanúa. Die Pfeile führen uns an der Landstraße entlang (am Rand gibt es einen Brunnen und einen Rastplatz.) Ein Schild zeigt links einen Weideweg an, dem man während eineinhalb Kilometern folgt. Man überquert die Straße, um zu einem weiteren Rastplatz und einer Ferienkolonie zu kommen und geht auf der Landstraße nach Borau weiter, um, bevor man mit der N-330 zusammentrifft, einen Feldweg zu nehmen, der nach 2km **Castiello de Jaca** erreicht. Man geht seine Jakobstraße (Calle de Santiago) hinunter und überquert die Landstraße. Man überquert den Fluss auf der Straße, die nach Bescós de Garcipollera führt. Auf einem Feldweg überquert man den Fluss Ijuez. Kurz danach führt ein zum Fluss paralleler Weg unter der N-330 hindurch und dann, an der Kapelle des Heiligen Christophorus vorbei (Ermita de San Cristobal), nach **Jaca** hinauf.

RADFAHRER

Einen großen Teil der Route legt man auf ziemlich steilen Pfaden zurück, die unmöglich zu befahren sind. Deshalb ist es besser, dem Lauf der Landstraße N-330 zu folgen.

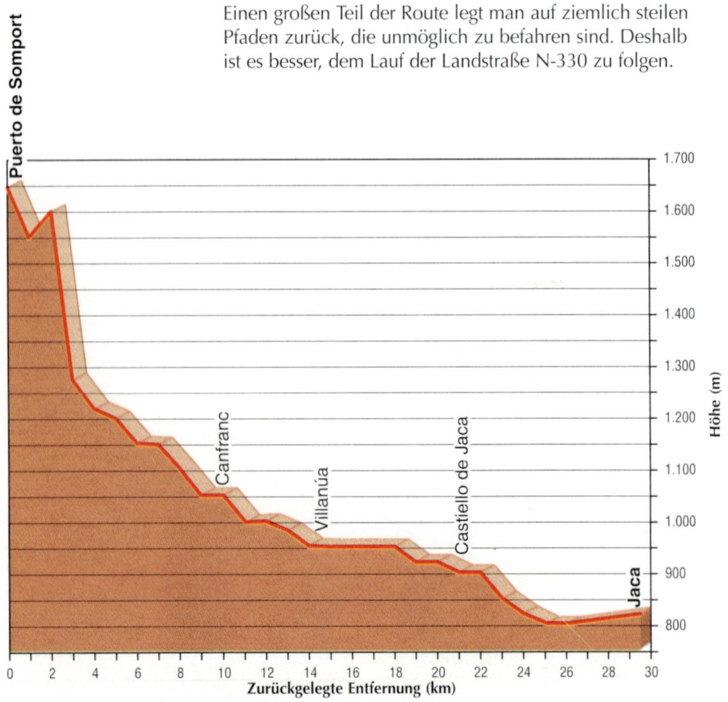

ETAPPE 1. PRAKTISCHE INFORMATION

SOMPORT

Herbergen

Albergue Aysa. Puerto de Somport. Carretera. Francia, s/n. Verfügt über Essensraum und es wird Abendessen ausgegeben. Geschlossen vom 15. bis 30. Juni und im Oktober und November.
✆ 974 373 023

CANDANCHÚ

Hotels

H*** **Edelweiss.** Carretera. Zaragoza-Francia, km 190. ✆ 974 373 200. 37 € Doppelzimmer.
H** **Candanchú.** Carretera. de Francia. ✆ 974 373 025. 108 Plätze. 74 / 26 € Doppelzimmer. 6 € Abendessen.

CANFRANC

Herbergen

Jugendherberge Canfranc (Albergue juvenil de Canfranc). ✆ 976 714 797
Albergue Pepito Grillo. ✆ 974 373 123
Albergue Sargantana.
Calle Albareda, 19. 75 Plätze. Geöffnet im Juli und August. Auch vom 1. Dezember bis 30. April (nur für Gruppen). Man bekommt Essen serviert.
✆ 974 372 010 / 974 373 217

Hotels

H** **Villa Anayet.** Pl. José Antonio, 8. ✆ 974 373 146. 36 € Doppelzimmer. 3 € Frühstück. 8 € Essen/Abendessen.
HR* **Ara.** Calle Fernando el Católico, 1. ✆ 974 373 028. 40 Plätze. 30 € Doppelzimmer.
H* **Montanglasse.** Calle Felipe V, 2. ✆ 974 373 311. 60 Plätze. 30 € Doppelzimmer.

Campingplätze

2.Kategorie. Canfranc. Carretera N-330, km 670. ✆ 974 348 354. 90 Plätze.

Restaurants

La Brasa. Calle Fernando El Católico, 11. ✆ 947 373 047. Gegrilltes Fleisch.

VILLANÚA

Herbergen

Jugendherberge (Albergue juvenil) DGA. ✆ 974 378 016
Jugendherberge (Albergue juvenil) Santa María del Pilar. ✆ 974 378 016
Refugio Tritón.
✆ 974 378 281 / 639 775 117

Hotels

HS* **Alto Aragón.**
Calle Gabriel Faci Abaad. ✆ 974 486 301. 28 Plätze. 49/36 € Doppelzimmer. 10 € Essen/Abendessen.

JACA

Herbergen

Städtische Herberge (Albergue municipal). 64 Plätze und sie befindet sich im Alten Hospital (Hospital Viejo), in Calle Conde Aznar. Verfügt über Küche und Essensraum. Sehr gute Einrichtungen.
✆ 974 355 116
Jugendherberge (Albergue juvenil) Escuelas Pías. Avda. Perimetral, 6. Verfügt über 160 Plätze. Das ganze Jahr geöffnet.
✆ 974 360 536

Hotels

H* **Alcetania.**
Calle Mayor, 43. ✆ 974 356 100. 38 Plätze. 48/34 € Doppelzimmer.
H* **Bucardo.** Avda. Francia, 13. ✆ 974 356 363. 48/30 € Doppelzimmer.
H* **Ciudad de Jaca.** Sancho Ramírez, 15. ✆ 974 364 311. 42/35 € Doppelzimmer.
HS* **El Abeto.** Calle Bellido, 15. 50 Plätze. ✆ 974 361 642. 38/30 € Doppelzimmer.
HS* **París.** Pl. San Pedro, 5. 38 Plätze. ✆ 974 361 020. 28/26 € Doppelzimmer.

Campingplätze

1.Kategorie. Peña Oroel. N-330 Jaca-Sabiñánigo. ✆ 974 360 215. 700 Plätze.
2.Kategorie. Victoria. Avda. de la Victoria, 34. ✆ 974 360 323. 288 Plätze.

Transportmittel

Jaca verfügt über einen **Busbahnhof** (Estación de autobuses), (✆ 974 355 060) und **Zugbahnhof** (Estación de RENFE) (✆ 974 360 490).
Bahnhof von Canfranc: ✆ 974 373 029.

Geschichte und Kulturerbe der Etappe 1

Der Aragonische Weg Etappe 1. Somport-Jaca

Somport, dessen Name (*Summus Portus,* »der höchste Teil des Passes«) schon andeutet, dass wir uns auf dem Pass eines großen Berges befinden, ist der Ausgangspunkt unserer Reise auf dem Zweig des Jakobsweges, der durch Aragón führt. Wenn wir uns an den Führer des *Liber sancti Iacobi* halten (ca. 1130), sehen wir, dass die französischen Pilger, die nach Spanien gelangten, über vier Straßen, die Frankreich in Richtung Südwesten durchquerten, kamen. Die drei nördlichsten Routen (*Via Turonensis* oder Weg von Tours, *Via Lemovicensis* oder Weg von Limoges und *Via Podensis* oder Weg von Le Puy) trafen kurz vor ihrer Ankunft in Spanien am Pyrenäenpass von Roncesvals (Roncesvalles) zusammen. Die vierte große Straße, die südlichste von allen, ist als *Via Tolosana* bekannt (Weg von Toulouse). Sie kam von Arles, wo die Pilger, die aus Italien kamen zu jenen anderen stießen, die aus der Schweiz und den südlichen Gegenden Deutschlands kommend, die »Oberstraße« genommen hatten, um den Lauf der Rhone (Ródano) hinabzuwandern. Nach Arles kam diese Straße durch Montpellier, Toulouse und Auch, von wo sie nach Süden schwenkte, um über den Somport nach Spanien zu kommen.

Der Pilgerrführer nennt den Pyrenäenpass des Jakobsweges von Toulouse *Portus Asperi,* was im Prinzip anzudeuten scheint, dass er sich auf den nahegelegenen Pas d'Aspe bezieht. Aber gewichtige Gründe sprechen für den Somport, darunter die Tatsache, dass dies der Pass der Römerstraße, die Aquitanien und Saragossa (Zaragoza) verband war, oder das im Pilgerführer auf diesem Pass das **Hospital der Heiligen Christina** (Hospital des Santa Cristina) erwähnt wird. Dieser Institution wird außerdem besonderes Lob gezollt indem man es mit den wichtigsten Hospitälern der Straßen nach Rom und ins Heilige Land vergleicht, zum Beispiel mit dem in Jerusalem und dem auf dem Alpenpass St. Bernard (San Bernardo), über den viele Nordeuropäer nach Italien kamen:

Der Herr hat auf dieser Welt drei Säulen errichtet, die für den Unterhalt seiner Armen nötig sind: das Hospital in Jerusalem, das Hospital von Mont-Joux und das Hospital der Heiligen Christina auf dem Somport. Dies sind Hospitäler, die an Orten liegen, wo dies von Nöten ist, heilige Orte, Häuser Gottes, Stärkung der heiligen Pilger, Ruheort der Armen, Trost der Kranken, Erlösung der Toten und Rettung der Lebenden. Wer immer sie gebaut hat, wird ohne Zweifel das Reich Gottes erlangen.

Von diesem außerordentlichen Ort sind leider nur ein paar traurige Ruinen geblieben, ohne Zweifel ein Zeichen vom frühen Niedergang dieser Herberge zugunsten des mächtigen Roncesvals. Zu Zeiten des Pilgerführers aber (1130), befand sich diese Einrichtung, die von zwei Rittern gegründet und vom mythischen Gaston IV. von Bearn und dem König Alfons I. von Aragón (Alfonso I de Aragón) gefördert worden war, auf ihrem Höhepunkt und beherrschte in Form von Komtureien und abhängigen Hospitälern, fast den ganzen Jakobsweg in der Gegend von Bearn. Sie wurde, wie so viele andere Pilgerhospitäler, die auf schwierigen Bergpässen lagen, von einer Gemeinschaft von Stiftsherren geleitet.

In der benachbarten Landschaft des »Camp d'Anjou«, gab es im Spätmittelalter eine Festung, die errichtet worden war, um die Pilger vor den vielen Räubern und Wegelagerern, die diese Gegend bevölkerten, zu schützen. In der Nähe dieser Festung liegt die moderne Ortschaft **Candanchú**, die ihren Namen von der alten Burg erhält und wegen ihrer Skifahrtsstation bekannt ist.

Nach dem modernen Ort **Canfranc-Estación**, der um den Bahnhof (»estación«) herum entstanden ist, gelangt der Jakobsweg zum historischen **Canfranc**, das schon im Führer des *Liber sancti Iacobi* als Jakobswegstation genannt wird, obwohl es auch ältere Dokumente gibt (1095), welche die Existenz einer Pilgerherberge dort bestätigen. Der Name ist aus der vermeintlichen Verpflichtung der Einwohner Canfrancs erklärt worden, den Weg für Pilger und Händler frei (*franco*) von Schnee und anderen Hindernissen zu halten. Außer einer bedeutenden Pilgerstation war Canfranc eine Art Zollstation, die von den Königen von Aragon eingerichtet worden war, um den Wegzoll von Reisenden und Waren einzutreiben, was es zu einem Ort intensiver ökonomischer Aktivität werden ließ (Geldwechsel, Märkte...). In Canfranc ist auch zum ersten Mal, schon im XV. Jahrhundert, die Ankunft der ersten Vertreter des Romavolkes in Spanien belegt, die sich für Jakobspilger ausgaben, um von der Zahlung des Wegzolls befreit zu werden. Außerdem erließ der König von Aragón, Alfons *der Großzügige* (Alfonso *El Magnánimo*) für den Romapatriarchen, »seinen Vetter« Tomás, Grafen des kleinen Ägypten (*egiptiano* > *gitano,* »Zigeuner«, Roma), einen Schutzbrief und einen Passierschein für die Durchreise durch seine Königreiche.

Bau in der Nähe von Canfrac.

Unter den historischen Gebäuden, die sich aus dem Brand, den diese Ortschaft 1944 erlitt, gerettet haben, befinden sich die romanische Gemeindekirche, die der Gottesmutter geweiht ist und eine ebenfalls romanische Brücke mit einem einzigen Bogen über den Fluss Aragón.

Bevor man nach **Villanúa** (*Villanova*) kommt, kann man etwas von der alten Römerstraße sehen. In der Gemeindekirche des Heiligen Stefan (San Esteban) wird ein romanisches Bildnis der Jungfrau Maria aufbewahrt, sowie eine Figur des Apostels Jakob (Santiago) im Pilgerhabit. Im verlassenen **Aruej**, etwas abseits vom Jakobsweg, kann man die Kirche des Heiligen Vincent (San Vicente) bewundern, ein bescheidenes Kleinod der Romanik der Pyrenäen, an der die große halbkreisförmige Apsis auffällt.

Castiello de Jaca entstand, wie der Name andeutet, um eine Festung (*castiello*), die auf einem Hügel errichtet worden war, um den nördlichen Zugang zu der Stadt Jaca zu verteidigen. Inmitten seiner Häuser ragt die romanische Gemeindekirche des Heiligen Michael (San Miguel) heraus. Am Ausgang des Dorfes, nachdem man den Aragón auf einer mittelalterlichen Brücke überquert hat, befindet sich eine romanische Kapelle, welche der heiligen Juliane (Santa Juliana) geweiht ist.

Bereits im heutigen **Jaca**, wenngleich noch außerhalb des ummauerten Bezirks der alten Stadt, stand das Hospital de la Salud, das für Pilger mit ansteckenden Krankheiten vorgesehen war und von dem einige dekorative Elemente erhalten sind.

Gesamtansicht von Jaca.

Der Führer des *Liber sancti Iacobi* erwähnt mit keinem Kommentar, dass Jaca eine Hauptstadt war und nennt es lediglich als Jakobswegstation. Wahrscheinlich war zu jener Zeit (1130) der Moment des größten Glanzes der Stadt schon vorbei. Dieser fällt mit dem letzten Drittel des XI. Jahrhunderts zusammen, als Jaca von Sancho Ramírez zur Hauptstadt des gerade entstehenden Königreiches Aragón und zum Bischofssitz erhoben wurde und er ihr ein besonders günstiges Stadtrecht (*fuero de francos*) verlieh, das ihre wirtschaftliche Entwicklung förderte. Dieses Stadtrecht, das den ausländischen Händlern, die sich in der Ortschaft niederließen, verschiedene Vorteile verschaffte, wurde nachher in anderen Siedlungen des Jakobsweges nachgeahmt, wie Estella, Sangüesa, Pamplona oder Puente la Reina. Aus dieser Zeit stammt die urbane Struktur der Stadt, die aus zwei Teilen bestand: das Viertel des Heiligen Nikolaus (San Nicolás) innerhalb der Mauern und das Neue Viertel (Burgo Nuovo, das heutige Burnau), außerhalb derselben. Auf dem Grundstück von Burnau wurde später in der Neuzeit - wie ihr polygonaler Grundriss bezeugt - die heutige Verteidigungszitadelle errichtet.

Innerhalb der Stadtmauern, im alten Viertel des Heiligen Nikolaus, erhebt sich die eindrucksvolle Kathedrale des Heiligen Petrus (Catedral de San Pedro) mit drei Schiffen und einem Grundriss in Form eines lateinischen Kreuzes. Es handelt sich um ein völlig romanisches Gotteshaus, das gegenüber dem, was damals in Spanien und Europa gebaut wurde, äußerst originell ist und das eines der Zeugnisse der wirtschaftlichen Macht des Königreiches Aragón zu jener

Jaca. Haus bei der Zitadelle.

Jaca. Oben, Zitadelle; unten, Innenansicht des Haupt- und Nebenschiffes der Kathedrale.

Zeit darstellt. Erwähnenswert sind seine herrlichen Statuen, die mit denen in St. Martin in Frómista eng verwandt sind. Zu ihrer bemerkenswerten technischen Qualität kommt der Reichtum der Themen hinzu, die auf ihren Bogenfeldern und Kapitellen dargestellt werden, die außer von der Bibel auch von literarischen Werken, wie der *Psicomaquia* des großen frühchristlichen spanischen Dichters Prudencio inspiriert worden sind. Unter den freistehenden Statuen sind die des südlichen Portals als brilliant zu bezeichnen, von der eine mit dem Heiligen Petrus, dem die Kirche geweiht ist, identifiziert wird.

In dieser Kirche werden die Reliquien des Heiligen Indaletius (San Indalecio) aufbewahrt, einer der Sieben Apostolischen Männer, das heißt, der Jünger der Apostel (oder nach einer anderen Version des Heiligen Jakobs, »Santiago«), welche die Bekehrung Spaniens zur Aufgabe hatten. Er war der erste Bischof von Urci (dem heutigen Pechina, Provinz Almería) und seine Gebeine wurden 1084 nach San Juan de la Peña und später in die Kathedrale von Jaca gebracht, wo sie sich heute befinden. Neben den seinen liegen die Überreste der Gründer von San Juan de la Peña, die Heiligen Voto (Odón, Otto) und Félix. Im Dommuseum gibt es eine große Sammlung romanischer Malerei, die zum großen Teil aus der Kirche von San Salvador stammt. Im Benediktinerinnenkloster, das sich dort befindet, bewahrt man den herrlichen Sarkophag der Doña Sancha auf, einer der Töchter des ersten Königs von Aragón, Ramiro I., einen Sarkophag der aus Santa Maria de Serós stammt.

Unter den Zeugnissen der Jakobswallfahrten in Jaca, von denen heute nur noch die Erinnerung bleibt, war die zerstörte Kirche des Heiligen Jakob (die dem Viertel seinen Namen gab) und von der einige Überreste in der heutigen Kirche des Heilgen Dominik (Santo Domingo) erhalten sind, sowie verschiedene Hospitäler, die es damals in der Stadt gab, wie das des Heiligen Andreas (San Andrés) oder das des Heiligen Johannes von Jerusalem (San Juan de Jerusalén).

2 Jaca – Arrés (Puente la Reina de Jaca)

Der Jakobsweg schwenkt nach Westen, genau wie der Fluss Aragón, der auf seinem Kurs die Depression untergraben hat, die der Korridor des Kanals von Berdún formt. Im Gegensatz zur vorigen Etappe, ist das Terrain, das wir vorfinden, fast immer flach, mit Korn bebaut und mit wenig Bäumen. Im Süden des Weges liegen der Berg Peña Oroel und die Bergkette Sierra de San Juan de la Peña.

Kreuzgang des Klosters San Juan de la Peña.

Um aus **Jaca** hinauszukommen nimmt man die Allee Paseo de la Constitución und nachdem man durch die Gärten gegangen ist, geht der Jakobsweg in den Weg Camino de Monte Pano oder de Mocorones über, der neben einer Siedlung von Einfamilienhäusern verläuft. Wenn man den Friedhof erreicht, nach 2km, taucht die Landstraße N-240 auf, auf der man einige Meter geht, um danach auf einem parallelen Weideweg weiterzuwandern. Man überquert den Fluss Gas (nach etwa 1,5km) und wenn man an einer Baumaterialienfabrik vorbeikommt, biegt links ein Weg ab, der nach San Juan de la Peña führt. Kurz darauf kommt man durch einen Pappelwald (Casa del Municionero) rechts von der N-240 und an einem alten Militärlager vorbei. 1km später überquert man die Straße nach links. Man durchquert die Schlucht von Atarés, um auf der Straße nach Atarés zur Landstraße zurückzukehren (3km.). Ein Weg, der parallel weiterführt, steigt unter Eichen und Pinien hinauf und führt dann zur alten Straße nach San Juan de la Peña hinunter, auf der man ein paar Schritte geht, um sie auf einem Weg, der rechts abbiegt, zu verlassen. Nach einer weiteren Schlucht, geht man hinter einem Hotel vorbei (die alte Venta Esculabolsas). Nachdem man die neue Landstraße überquert hat, geht man bis zur Straße nach Binacua weiter, auf welcher der Weg von San Juan de la Peña zurückkehrt. Man geht weiter, bis rechts ein Weg zwischen Gebüsch und Äckern auftaucht. Um nach **Santa Cilia** hineinzukommen (3km vom Hotel entfernt), überquert man die Landstraße. Man verlässt die Ortschaft auf einem parallel zur Landstraße verlaufenden Weg, an den Kornfeldern entlang. Auf der Höhe eines kleinen Baches, geht man auf die linke Seite der Straße. Auf dem km. 302 gibt ein Schild einen Pfad zur Herberge von Arrés an, der eine Kurve der Landstraße vermeidet, aber auf dem km. 303 zu ihr zurückkehrt. Von dort aus sieht man **Puente la Reina de Jaca**, wohin man kommt, wenn man nach rechts abbiegt und über die Brücke geht. Vorher bieten sich uns zwei Möglichkeiten:

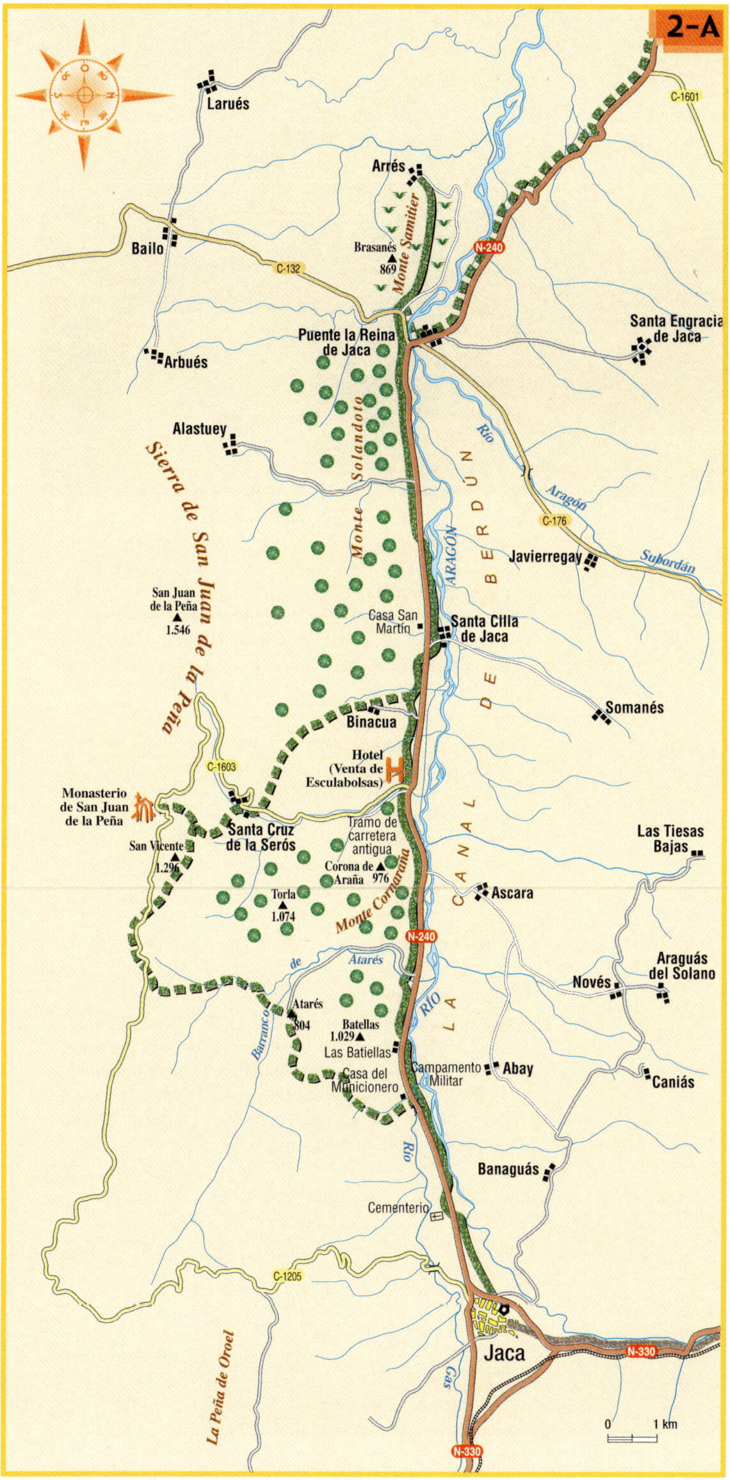
2-A
Larués
Arrés
Bailo
C-132
Brasanés
869
Monte Samitier
N-240
C-1601
Puente la Reina de Jaca
Santa Engracia de Jaca
Arbués
Monte Solandoto
Alastuey
Sierra de San Juan de la Peña
Río Aragón
C-176
Subordán
Javierregay
Monte
ARAGÓN
San Juan de la Peña
1.546
Casa San Martín
Santa Cilia de Jaca
Somanés
Binacua
Hotel (Venta de Esculabolsas)
C-1603
Monasterio de San Juan de la Peña
Santa Cruz de la Serós
Tramo de carretera antigua
San Vicente
1.296
Corona de Araña 976
Las Tiesas Bajas
Ascara
Torla
1.074
Monte Cornaraña
N-240
de Atarés
Barranco
Atarés
804
Batellas
1.029
Las Batiellas
Río
Araguás del Solano
Novés
Campamento Militar
Abay
Caniás
Casa del Municionero
CANAL DE BERDÚN
LA CANAL DE
Río
Banaguás
Cementerio
C-1205
Jaca
N-330
Gas
La Peña de Oroel
0
1 km
N-330

Blick auf Santa Cruz de la Serós.

A) Man kann ab Puente la Reina auf der N-240 nach Berdún weiterziehen und dann die zwei nächsten Etappen am rechten Ufer der Talsperre Yesa zurücklegen. Aber diese Alternative ist für Wanderer nicht zu empfehlen, da es keine Herbergen gibt, die Beschilderung mangelhaft ist und man auf dem Asphalt gehen muss.

B) Diese Alternative geht auf dem linken Ufer der Talsperre weiter. Bevor man über die Brücke geht, wandert man nach **Arrés** weiter (3,5km entfernt), wozu man die Abzweigung nimmt und ein Stück auf ihr geht, bis man einen engen Weg einschlägt, der an einer Kurve auftaucht und querfeldein hinaufführt, durch Gebüsch, bei dem der Buchsbaum überwiegt.

RADFAHRER

Der Weg ist auf dieser Etappe recht gut befahrbar. Bevor man nach Puente la Reina hineinfährt, muss man entscheiden, ob man nach Arrés weiterfährt, die Route, die für die Wanderer zu empfehlen aber für Radfahrer nicht so gut eingerichtet ist, oder ob man nach Puente la Reina hinein und von dort nach Berdún weiterfährt, immer auf der Landstraße nach

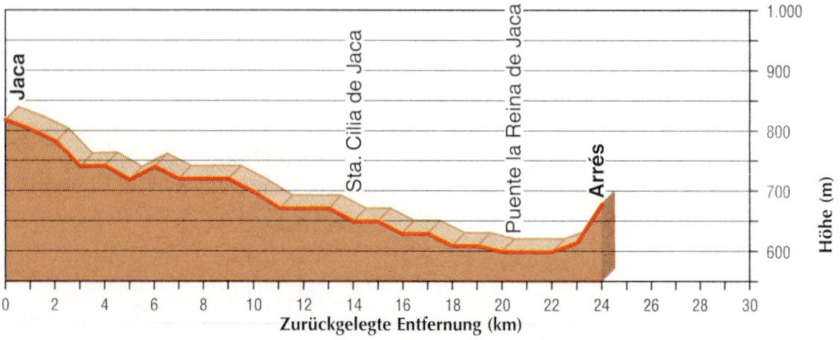

ETAPPE 2. PRAKTISCHE INFORMATION

SANTA CRUZ DE LA SERÓS

HOTELS

H** Aragón. Carretera N-240, km 295. ✆ 974 377 112. 44 Plätze. 39/32 € Doppelzimmer. 3,75 € Frühstück. 11 € Essen/Abendessen.

SANTA CILIA DE JACA

HERBERGEN

Städtische Herberge (Albergue municipal). Calle Del Sol, 8. 20 Plätze, Küche und Aufenthaltsraum. Das ganze Jahr geöffnet. ✆ 974 377 063

HOTELS

H* El Bosque. Carretera. N-240, km 300. ✆ 974 377 351. 18 Plätze. 45/36 € Doppelzimmer.

CAMPINGPLÄTZE

1.Kategorie Pirineos. Carretera. N-240, km 300. ✆ 974 377 351. 720 Plätze.

PUENTE LA REINA DE JACA

HOTELS

HS* Del Carmen. Carretera. N-240, km 285. ✆ 974 377 005. 60 Plätze. 36/33 € Doppelzimmer. 4,75 € Frühstück. 11,5 € Essen/Abendessen.

RESTAURANTS

Mesón Anaya. Carretera. Nacional 240, km 303. ✆ 974 377 194

Mesón de la Reina. Carretera Tarragona. San Sebastián. ✆ 974 377 004

ARRÉS

HERBERGEN

Der Verband der Vereine des Jakobsweges hat ein schönes Steinhaus wieder aufgebaut. Es bietet 20 Plätze, Küche, Bad und viel Gastfreundlichkeit.

TRANSPORTMITTEL

Die Busgesellschaft Alosa betreibt planmäßige Verbindungen nach Pamplona von Jaca aus, die über Venta de Esculabolsas, Santa Cilia de Jaca und Puente la Reina de Jaca führen.

DIENSTLEISTUNGEN

Auf dieser Etappe kommt man nur an einem Hotel vorbei, bevor man die Richtung nach Santa Cilia de Jaca einschlägt, das über ein paar Dienstleistungen verfügt. In Puente la Reina de Jaca kann man mehr Dienstleistungen finden. Während in Arrés, einer kleinen Niederlassung, die in den letzten Jahren zu neuem Leben erwacht, nur eine Bar existiert.

Geschichte und Kulturerbe der Etappe 2

Der Aragonische Weg Etappe 2. Jaca-Arrés

Nach Jaca bietet sich dem Pilger eine interessante Variante des geraden Laufes des Jakobswegs an. Es handelt sich um eine Abzweigung nach links, die als »Camino de Monte Pano« oder »Camino de San Juan de la Peña« bekannt ist und die gerade zu diesem großen, unter Denkmalschutz stehenden Monument führt, dem **Kloster von San Juan de la Peña**. Obwohl behauptet worden ist, dass dieses Kloster keinerlei Beziehung zu den Wallfahrten nach Santiago hatte, gibt es einige Dokumente und mündliche Überlieferungen, die solches bestreiten. Darunter die bekannte, wenngleich leider unbelegte Jakobswallfahrt des Heiligen Franziskus von Assisi (San Francisco de Asís, 1213). Die Tradition des Franziskanerordens erzählt, dass der Heilige, nachdem er in Jaca gewesen war, nach San Juan de la Peña weiterzog, wo die Mönche ihm ein Grundstück schenkten, das sie in Jaca besaßen, damit er dort ein Kloster bauen konnte. Belegt ist, dass wenige Jahre nach dem Tod des Heiligen von Assisi, seine Glaubensbrüder um Almosen baten, um die Kirche und das Kloster von Jaca fertigzustellen.

Außer dem Heiligen Franziskus gab es sicher viele Pilger, die den Umweg nach San Juan de la Peña machten, wo so glorreiche Reliquien wie die des

Kloster San Juan de la Peña.

Aposteljüngers Indaletius aufbewahrt wurden oder ein Kelch, der vermeintlich Jesus beim letzten Abendmahl gediehnt hatte, der »Heilige Graal«, der seit dem *Parzival* von Wolfram von Eschenbach so oft in der Literatur, Musik und Film erschienen ist. Abgesehen von diesen wunderbaren Reliquien, wussten die Pilger genau, dass in San Juan de la Peña eine Gemeinschaft Benediktiner lebte, deren Ordensregel vorschrieb, Fremden und Bedürftigen Gastfreundschaft zu zeigen.

Nach den Chroniken der Mönche entstand San Juan de la Peña als Zuflucht der Brüder Voto und Félix, die aus Saragossa (Zaragoza) geflohen waren, nachdem ihre Stadt in die Hände der Moslems gefallen war. Drei Jahrhunderte später siedelte der navarrische König Sancho III. *der Ältere* (*el Mayor*) an der Stelle, wo die zwei Brüder ihre Einsiedelei gebaut hatten, eine kluniazensische Gemeinschaft an und das Heiligtum wurde mit dem Namen San Juan de la Peña geweiht, das heißt »St. Johannes vom Felsen«, möglicherweise in Anspielung auf eine nahegelegene Einsiedelei des Heiligen Johannes von

Kloster San Juan de la Peña. Oben, Kirche; unten, Kreuzgang.

Atarés (San Juan de Atarés). San Juan de la Peña wurde zur Brücke, über welche die Kluniazenser die Durchsetzung des römischen Ritus in Spanien begannen, und es ist der Ort, an welchem 1071 zum ersten Mal auf der Iberischen Halbinsel der alte christlich-maurische oder mozarabische Ritus durch den gregorianisch-römischen ersetzt wurde.

Die eindrucksvolle architektonische Anlage von San Juan de la Peña besteht aus zwei Teilen, die auf zwei Ebenen liegen. Auf der unteren ist die Kirche aus mozarabischer Zeit*, die im X. Jahrhundert datiert ist, sowie der Versammlungssaal. Auf der oberen Ebene liegen die romanische Kirche, das Pantheon der Könige von Aragón und vor allem, ein Kreuzgang unter offenem Himmel, nur durch den Felsen (»peña«) geschützt, der dem Heiligtum seinen Namen gibt, und auf dessen Kapitellen von bemerkenswerter Qualität, Szenen aus dem Leben Christi dargestellt sind.

Auf derselben Abzweigung nach San Juan de la Peña befindet sich in **Santa Cruz de la Serós** eine Kirche, die ebenfalls unter Denkmalschutz steht: die Kirche der Heiligen Maria der Serós (Santa María de la Serós). Diese romanische Kirche war Teil eines Nonnenklosters, das zu dem von San Juan de la Peña gehörte, weshalb seine Bewohnerinnen als Schwestern des Heiligen

* Das bedeutet, aus der Zeit als in Spanien die Christen unter islamischer Herrschaft standen (A.d. Ü.)

Gesamtansicht von Santa Cruz de la Serós.

Johannes bekannt waren. Möglicherweise kommt von diesem Beinamen der Nonnen das Toponym Serós (*sorores* »Schwestern« < **sero[r]es* < Serós).

Wie auch Jaca und San Juan de la Peña erlebte dieses Kloster seine besten Jahre während des letzten Viertels des XI. Jahrhunderts. 1070 trat Doña Sancha, Tochter des ersten Königs von Aragón, Ramiro I., in dieses Kloster ein, nachdem ihr Mann, der Graf von Urgel, gestorben war und folgte so dem Beispiel ihrer beiden Schwestern, Urraca und Teresa, welche dies schon vorher getan hatten. Die Schenkungen Doña Sanchas, deren Grabmal wir in Jaca gesehen haben, bereicherten die Nonnengemeinschaft bedeutend und ermöglichten den Bau der Kirche, ein Gotteshaus mit rechteckigem Grundriss, das in drei Schiffe geteilt ist, in einer halbkeisförmigen Apsis endet und in seiner Architektur und bildhauerischen Gestaltung sehr viele Gemeinsamkeiten mit der Kathedrale von Jaca und San Juan de la Peña aufweist.

Santa Cruz dela Serós. Kirche Santa María de la Serós.

Genauso wie im Fall von Santa María ist die kleine Kirche des Heiligen Kaprasius (San Caprasio) das einzige, was von einer alten Klosteranlage übrig geblieben ist. Ebenfalls während des letzten Teils des XI. Jahrhunderts errichtet, fällt ihre Weihung an den Bischof von Agen, Kaprasius, auf, eine Figur die zu einer der wichtigsten Heiligenverehrungen des Jakobsweges in Beziehung steht, dem Kult der Jungfrau Fe (Sainte Foi), deren Reliquien in Conques verehrt wurden.

Von Santa Cruz kommt man über **Binacua** wieder auf den geraden Weg. Dort begegnet man auf dem Jakobsweg nach Jaca und bis zur ersten Ortschaft, **Santa Cilia**, als einzigem Zeugniss, das an den Jakobsweg erinnert, das Andenken der Schenke Venta Esculabolsas, Ort von sprichwörtlicher schlechter Behandlung der Pilger und anderer Reisender, deren Beutel (»bolsas«) dort von den Wirten geplündert wurden.

Puente la Reina de Jaca ist die Jakobswegstation, die im Führer des *Liber sancti Iacobi* den Namen *Osturit* erhält, während andere Dokumente jener Zeit es *Asturito* nennen. Es handelt sich um einen strategischen Ort, an dem der Hauptweg der Route durch Aragón mit einem kleineren Weg, welcher die Pyrenäen über den Pass von Palo überquert hatte zusammentrifft. Abgesehen von dieser privilegierten Lage, war es nach den schriftlichen Belegen auch ein »Königssitz«. Tatsächlich gehörte es dem König Alfons dem I. (Alfonso I) von Aragón, der es seiner Mutter, der Königin Felitia (Felicia), abgekauft hatte. Später ging der Ort durch eine Schenkung König Alfons an San Juan de la Peña über. Diese Gründe erklären, dass man *Osturit*-Puente la Reina de Jaca zu den Jakobswegstationen, die im Pilgerführer vorkommen, zählt. Wir wissen nicht aus welcher Zeit der Namenswechsel ist, der den alten Namen durch den neuen ersetzt, der von einer Brücke über den Fluss Aragón herrührt.

Wenn man diese Ortschaft verlässt, bieten sich zwei Möglichkeiten: die erste fällt mit der heutigen Landstraße zusammen und ist die, welche der Verfasser des *Liber sancti Iacobi* wahrnahm, die zweite läuft südlich parallel dazu und besitzt auch einige Zeugnisse, die an die Pilgerfahrten erinnern. Das Ende unserer Etappe ist gerade die erste Ortschaft dieser zweiten Variante, **Arrés**.

3 Arrés (Puente la Reina de Jaca) – Ruesta

Wir wandern am Fluss Aragón weiter, in Richtung zur umstrittenen Talsperre von Yesa und die einsame Landschaft, die uns begleitet, ist bis Artieda hauptsächlich der Landwirtschaft gewidmet. Danach erscheint der Wald der Bergkette von Peña Musera

Brücke über den Fluss Aragón in Puente la Reina de Jaca.

Von **Arrés** geht der Jakobsweg auf einem Pfad links von der Landstraße weiter, die vom Dorf hinabführt. Auf unserem Abstieg begleitet uns dieselbe Vegetation (Buchsbaum) wie bei unserer Ankunft. Ist man einmal unten, überquert man eine Piste, die man wenig später wieder nimmt. Man muss nach links gehen, nach Westen, mit dem Aragón rechts und den Kornfeldern links. Man kann **Berdún** am anderen Ufer sehen. Während etwa sechs Kilometern, muss man mehrere Wasserrisse durchqueren, bis man die Landstraße findet, die Berdún mit Martes verbindet (das auf der linken Seite des Jakobsweges liegt). Dort biegt man nach links ab um auf der Landstraße hinaufzuwandern, bis rechts eine Piste auftaucht. Man geht auf dieser nach Norden in Richtung eines Stalles hinauf und biegt dann nach links ab, wieder parallel zum Fluss. Kurz danach mündet die Piste in einen Weg für Fuhrwerke, auf dem man einige Meter geht, um ihn nachher zum Fluss hinunter gehen zu lassen, während man von Neuem in Richtung Westen wandert. Und kurz danach überquert man die Grenze zwischen Huesca und Zaragoza. Bis man auf die Höhe von Mianos kommt (das auch links liegt), schlängelt der Pfad, durchquert mehrere Wasserrisse (Sobresechos und Calcones) und seltsame Kieshaufen. Eine Strecke lang führt er unter Steineichen weiter, und nach diesen letzten 6 km. nimmt man eine von Bäumen gesäumte Piste, die an einem Stall vorbeiführt. Vor dem Aufstieg nach Mianos muss man einen Weg rechts nehmen, der zur Landstraße führt, die nach **Artieda** hinaufgeht. Wenn man am Friedhof vorbeikommt, verlässt man die Straße und geht in die Ortschaft hinein. Man geht ihre Straßen hinauf, um danach durch die Straße Luis Buñuel wieder zur Landstraße hinunterzugehen, auf der man Artieda verlässt.

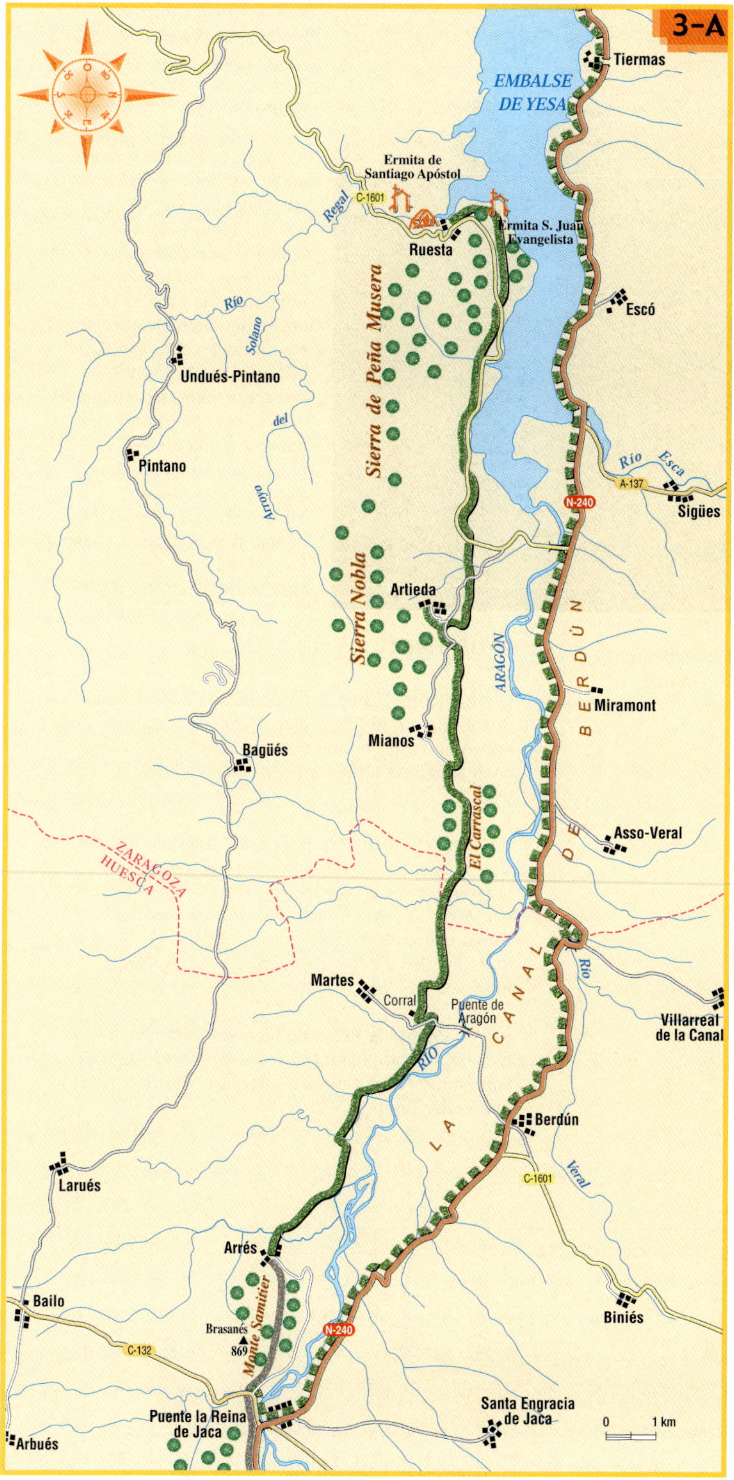
3-A
Tiermas
EMBALSE
DE YESA
Ermita de
Santiago Apóstol
C-1601
Regal
Ermita S. Juan
Evangelista
Ruesta
Sierra de Peña Musera
Escó
Río
Solano
Undués-Pintano
del
Pintano
Arroyo
Río
Esca
A-137
N-240
Sigües
Sierra Nobla
Artieda
ARAGÓN
BERDÚN
Miramont
Mianos
Bagüés
El Carrascal
Asso-Veral
ZARAGOZA
HUESCA
DE
CANAL
Río
Martes
Corral
Puente de
Aragón
Villarreal
de la Canal
Río
LA
Berdún
C-1601
Veral
Larués
Arrés
Monte Samitier
Bailo
Brasanés
869
N-240
C-132
Biniés
Puente la Reina
de Jaca
Santa Engracia
de Jaca
0
1 km
Arbués

Gesamtansicht von Ruesta.

Man geht zur Kreuzung hinunter und einige Meter weiter erscheint links eine Piste auf der Höhe von mehreren Hallen. Diese Piste mündet in die Straße, die nach Sos del Rey führt und zwischen Kornfeldern und Bäumen durch Ruesta kommt. Links taucht ein Pfad auf, auf dem man hinaufsteigt. Einmal oben, überquert man die Straße, um in den Eichenwald einzudringen. Der Wald verlängert sich, formt so einen Korridor zwischen den bebauten Feldern und geht dann in einen Pinienwald über. Man erreicht die Kapelle des Heiligen Johannes des Täufers (Ermita de San Juan Bautista). Später kommt man auf der Landstraße nach **Ruesta**.

RADFAHRER

Die Radfahrer haben die Möglichkeit zwischen der Route, die wir für die Pilger zu Fuß beschrieben haben und die sie links von der Talsperre von Yesa nach **Sangüesa** führt oder dem rechten Ufer, zu wählen:

A) Nachdem man von **Arrés** hinabgefahren ist, zeigt sich das Terrain recht flach, aber mit vielen Wasserrissen. Bevor man nach Ruesta kommt, taucht der Wald auf. Wenn man möchte, kann man am Ausgang von Artieda die Landstraße C-137 in Richtung Sos del Rey nehmen, die durch **Ruesta** führt.

B) Von **Puente la Reina de Jaca** aus (ohne nach Arrés weiterzufahren), nimmt man auf dem km. 303 die Landstraße N-240, die über **Berdún, Tiermas, Yesa** und **Javier** führt.

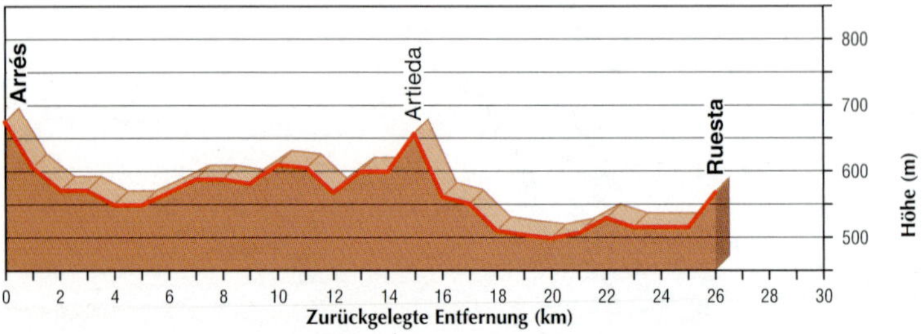

ETAPPE 3. PRAKTISCHE INFORMATION

ARTIEDA

Herbergen

Pilgerherberge (Albergue de peregrinos). Calle Luis Buñuel, 10.
Verfügt über 20 Plätze. Essen und Abendessen wird angeboten.
Das ganze Jahr geöffnet.
✆ 948 439 316 / 669 270 318

RUESTA

Herbergen

Städtische Herberge (Albergue municipal).
Verfügt über 62 Plätze, Küche, Essensraum, Restaurant, Heizung und Camping.
Das ganze Jahr geöffnet.
✆ 948 398 082 / 620 831 925

BERDÚN

Herbergen

Albergue »Rincón de Emilio«.
Private Herberge. Hat kein Telefon.

Hotels

HS* Rincón de Emilio.
Plaza Martincho, 1.
✆ 974 371 715. 14 Plätze.
38,5 € Doppelzimmer. 4 € Frühstück.
13 € Essen/Abendessen.

P Berdún.
Calle Medio, 3.✆ 974 371 748.
14 Plätze. 23 € Doppelzimmer.

Transportmittel

Die Busgesellschaft **Alosa** hält in **Berdún, Sigüés** (beim Anschluss), **Escó** und **Tiermas.**

Dienstleistungen

Bis Artieda el Camino kommt man an einer Reihe von kleinen Ortschaften vorbei, die man nicht durchquert. In **Artieda** gibt es nur eine Bar. **Ruesta** ist ein Dorf, dem die Gewerkschaft C.G.T. im Begriff ist zu neuem Leben zu verhelfen, obwohl bis jetzt, was Dienstleistungen betrifft, nur über einen Campingplatz verfügt wird.
Wenn man auf der anderen Route läuft, findet man in Berdún Unterkünfte und andere Dienstleistungen, **Sigüés** und **Tiermas** verfügen über jeweils einen Campingplatz.

Geschichte und Kulturerbe der Etappe 3

Gesamtansicht von Berdún.

Der Aragonische Weg Etappe 3. Arrés-Ruesta

Wie wir am Ende der vorigen Etappe aufzeigten, teilt sich der Weg am Ausgang von **Puente la Reina de Jaca** in zwei Varianten. Beide kann man als historische Jakobswege ansehen. Die Pilger folgten vor allem auf jenen Strecken, auf denen es keine wichtigen Ortschaften gab, keiner festen Route, die mit einer bestimmten Straße oder einem deutlich sichtbaren Weg zusammenfiel, sondern gebrauchten eine Art Korridor von wechselnder Breite, in dem verschiedene Ortschaften und ein ganzes Netz kleiner Wege lagen, die ihnen zwar keine großen Abweichungen ermöglichten, auf denen sie aber doch einmal nach hier und einmal nach da gehen konnten und die Möglichkeit hatten, unter mehreren kleinen Orten zu wählen, welche auf derselben Höhe lagen und ihnen dieselben Bequemlichkeiten anbieten konnten.

Dieses ist auch hier der Fall. Der Jakobsweg verläuft nun über zwei parallele Varianten, und in den kleinen Ortschaften, die auf beiden liegen, befinden sich ähnliche Zeugnisse der Pilgerfahrten. Um sie hier zu beschreiben und immer in Anbetracht dessen, dass diese beiden Varianten nicht in dieser Etappe ihr Ende finden, sondern dass sie getrennt bis zu ihrer Wiedervereinigung in der nächsten verlaufen (Aragón4. Ruesta-Sangüesa), werden wir sie als A und B bezeichnen:

A. Auf seinem nördlichen Verlauf, der heute mit der Landstraße N-240 zusammenfällt, führt der Jakobsweg zuerst über **Berdún**, das Haupt der sogenannten »La Canal de Berdún«, das heißt, der Ebenen des unteren Laufes des Flusses Aragón, die herkömmlich dem Getreideanbau gewidmet waren und schon zur Römerzeit eine eigene, geografische Region darstellte. Berdún, dessen Name einen keltischen Unterton hat, der im Gegensatz zu dem iberischen Substrat dieser Gegend steht, ist ein Ort, der sich altertümlich in Form und Aussehen bewahrt hat. Seine Lage auf dem ebenen Gipfel eines Hügels bestätigt die mögliche keltische Etymologie des Ortsnamens, in der man das Wort *dunum*, »Burg«, »Festung« vermuten kann.

Noch innerhalb der Region von La Canal de Berdún, führt diese Variante des Jakobsweges durch die heute verlassenen Ortschaften **Sigüés**, **Escó** und **Tiermas**.

Diese letzte ist eine der Jakobswegstationen, die im Führer des *Liber sancti Iacobi* genannt werden, der ihr außerdem eine kleine Glosse hinzufügt, die darauf anspielt, dass es sich um einen Ort handelt, der mit dem Königtum und mit warmen Bädern zu tun hat:

Danach kommt Tiermas, wo es königliche Bäder gibt, deren Wasser immer warm ist.

Tatsächlich beweisen sowohl die Etymologie des Ortsnamens wie auch die schriftlichen Belege und die Archäologie, hier die Existenz von Bädern aus der Römerzeit, die gebaut worden waren, um die warmen und schwefelhaltigen Gewässer zu nutzen, welche in der Nähe des Flusses entsprangen. Von diesen Bädern kann man etwas am Fuße des Hügels, auf dem das Dorf Tiermas liegt, sehen, wenn das Wasser der Talsperre von Yesa in Jahren der Dürre sinkt.

Tiermas ist von seinen Enwohnern vor relativ kurzer Zeit verlassen worden: nach dem Bau der Talsperre von Yesa, die das Wasser des Flusses Aragón nutzt. Obwohl die Stadt auf einem Hügel liegt, und nicht von den Gewässern beeinträchtigt worden ist, ist doch das Leben ihrer Einwohner von der Talsperre verändert worden, da es auf die Bebauung der Felder im Flusstal gestützt war, so dass dies der Grund wurde, weshalb sie ihren Wohnsitz verlassen und einen neuen suchen mussten. In Tiermas blieben nur die Gebäude zurück, die einem langsamen Verfall ausgesetzt wurden: ein Teil ihrer mittelalterlichen Stadtmauer, die Burg, die Gemeindekirche der Heiligen Dreieinigkeit (Trinidad) und ein großer Teil der Häuser.

B. Die zweite Variante dieser Etappe verläuft südlich des Flusses Aragón. Nach Arrés liegt, genau gegenüber von Berdún, **Martes**.

Die Kirche von **Artieda**, der nächsten Ortschaft, gehörte einst zum Hospital der Heiligen Christina von Somport (Hospital de Santa Cristina de Somport), das in dieser Gegend großen Einfluss in Form von Prioraten und anderen Besitzungen hatte. Aus diesem Grund können wir annehmen, dass es in Artieda auch ein Pilgerhospital gab.

Oben, Straße Artieda durch die der Jakobsweg verläuft; unten, Stausee von Yesa und Tiermas (verlassenes Dorf).

Während die Existenz eines Pilgerhospitales in Artieda in mittelalterlicher Zeit nur eine vernünftige Annahme ist, wird sie in **Ruesta** durch schriftliche Belege bestätigt. Dort gab es im XI. Jahrhundert außer der Kirche des Heiligen Jakob (Santiago), zwei weitere, eine war der Heiligen Maria gewidmet, die andere dem Heiligen Petrus (San Pedro). Von dieser letzten weiß man, dass sie eine Herberge hatte, die von ihr abhing. Alle religiösen Einrichtungen von Ruesta, einschließlich der Kirche von Tiermas, wurden 1087 von König Sancho Ramírez der benediktinischen Abtei von *La Sauve-Majeure* (*Silva Mayor*), in der Nähe von Bordeaux, geschenkt. Zu jener Zeit, noch zu Lebzeiten ihres Gründers, des Heiligen Gerard de Corbie, erlebte diese aquitanische Abtei gerade die Momente der größten Macht in ihrer Geschichte, die weitgehend mit dem Jakobsweg verbunden war, da sie eine seiner bedeutenden Stationen darstellte. Wir können hieraus schließen, dass die Benediktiner in Ruesta ein Priorat besaßen, in dem sie, der Vorschrift gemäß, die Pilger, die dorthin kamen, betreuten.

4 Ruesta – Sangüesa

Der erste Teil dieser Etappe geht durch den Wald (die Ausläufer der Gebirgskette von Peña Musera), mit der Talsperre von Yesa im Norden. Bevor man Undúes de Lerda erreicht, verändert sich das Panorama, wird ebener und ist mit seinen Kornfeldern mehr durch den Menschen beeinflusst.

Blick auf die Burg von Javier.

Um aus **Ruesta** hinauszukommen, geht man durch das Dorf hinab und nimmt den Pfad, der mit der Talsperre auf der rechten Seite, die Brücke über den Fluss Regal überquert. Man lässt den Campingplatz hinter sich und steigt hinauf. Man überquert die Piste des Campingplatzes, um zur Kapelle des Heiligen Jakob (Ermita de Santiago) zu kommen. Wenn man dieser Piste von Neuem begegnet, steigt man auf ihr durch eine Nadelbaumpflanzung hinauf in Richtung zur Landstraße nach Ruesta, aber eine andere Piste leitet uns nach rechts bergauf, wieder nach Westen. Auf einer kleinen Ebene zwischen Kornfeldern, taucht ein anderer Weg auf, auf dem man weiter unter Pinien bergauf geht (an diesem Punkt beginnt auch der Pfad der P.R.-10 in Richtung Yesa). Einmal oben schwenkt man nach links und nimmt dann eine Piste nach rechts. Hinter uns bleiben die Wälder der Peña Musera und der Gemeindebezirk von Ruesta. Von hier aus muss man nach Südwesten hinabsteigen, in das Tal des Sangüesa, zwischen Äckern auf der einen und Gebüsch auf der anderen Seite. Dann und wann tauchen einige Steineichen auf. In der Nähe von Undúes de Lerda erklimmt man einen Hügel und überquert den Bach Molinar auf der Römerstraße (die nicht in sehr gutem Zustand ist) um nach **Undúes** hinaufzuwandern. Wenn man die Ortschaft verlässt, nimmt man einen Weg der bergab führt. Nach dem letzten Gebäude, das schon verfallen ist, taucht ein Pfad auf, der nach links führt. Man kommt auf eine Piste, die zwischen Äckern und Gebüsch aus kleinen Steineichen hindurchführt und die eine asphaltierte Piste kreuzt. 2 Kilometer weiter liegt die

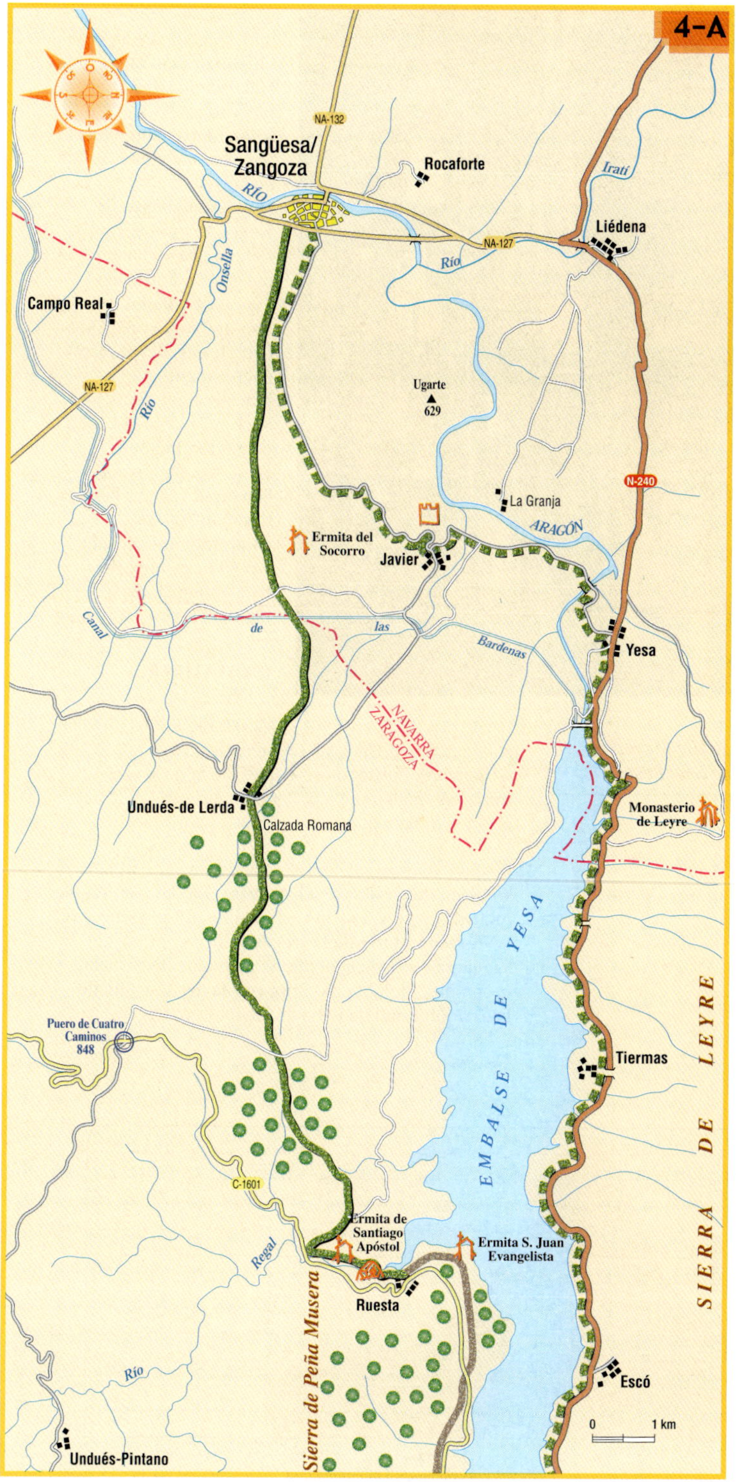
4-A
Sangüesa/
Zangoza
NA-132
Rocaforte
Río
Iratí
Liédena
NA-127
Río
Onsella
Campo Real
NA-127
Río
Ugarte
629
N-240
La Granja
Aragón
Ermita del
Socorro
Javier
Canal
de
las
Bardenas
Yesa
Navarra
Zaragoza
Undués-de Lerda
Calzada Romana
Monasterio
de Leyre
Embalse de Yesa
Sierra de Leyre
Puero de Cuatro
Caminos
848
Tiermas
C-1601
Regal
Ermita de
Santiago
Apóstol
Ermita S. Juan
Evangelista
Ruesta
Sierra de Peña Musera
Río
Escó
0
1 km
Undués-Pintano

Straße Mayor de Sangüesa.

Grenze zwischen Navarra und Aragón. Wenig später überquert man die Nebenstrasse die über den unterirdischen Kanal de las Bardenas führt. Eine Strecke lang geht man auf einem Flurbereinigungsweg weiter. Währendessen sieht man im Hintergrund die großen äolischen Türme des Berges Aibar und im Norden die Straße nach Javier. Bevor man nach Sangüesa hineinkommt, muss man nach links abbiegen und danach in Richtung Westen gehen, so dass **Sangüesa** vor uns liegt, in das man auf der Landstraße hineinzieht, wobei man unter der Umgehungsstraße hindurch geht.

RADFAHRER

A) Für die Radfahrer, die auf dem linken Ufer der Talsperre von Yesa weiterfahren, bietet diese Etappe die Schwierigkeit, keine Alternativroute, auf der man auf Asphalt fahren könnte, zu haben.

B) Die Radfahrer, die auf der Landstraße N-240 fahren, kommen durch die Ortschaft **Yesa**. Dort können sie die Abzweigung nach rechts nehmen, um das **Kloster von Leyre** (**Monasterio de Leyre**) zu besichtigen. Um **Sangüesa** zu erreichen, nimmt man eine Abzweigung nach links, die über die **Burg von Javier (Castillo de Javier)** führt und dann nach Sangüesa weitegeht.

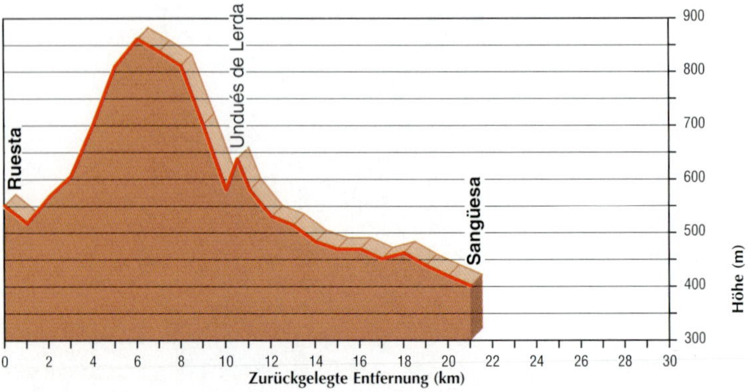

ETAPPE 4. PRAKTISCHE INFORMATION

UNDUÉS DE LERDA

HERBERGEN

Verfügt über 56 Plätze. ✆ 948 888 105

LEYRE

HOTELS

H** Hospedería de Leyre. Monasterio de San Salvador de Leyre. ✆ 948 884 100. 60 Plätze. 60/26,5 € Doppelzimmer; 45/39 € Einzelzimmer 5 € Frühstück. 10,5 € Essen/Abendessen.

YESA

HOTELS

HS** El Jabalí. Carretera. Pamplona-Jaca, km 49. ✆ 948 884 042. 42 Plätze. 38/24 € Doppelzimmer baño; 21/18 € Einzelzimmer 3,5 € Frühstück. 10 € Essen/Abendessen.

RESTAURANTS

Arangoiti. Calle René Petit, 23. ✆ 948 884 122. Regionale Küche. Durchschnittlicher Preis auf der Speisekarte, 24-12 €

El Jabalí. Carretera. de Jaca, km 49. ✆ 948 884 042. Regionale Küche. Ist gleichzeitig eine Pension. Durchschnittlicher Preis auf der Speisekarte, 16-9 €

La Boya. Carretera. Pamplona-Jaca, km 49. ✆ 948 398 054

Yamaguchy 2. Calle Confederación. ✆ 948 884 102. Durchschnittlicher Preis auf der Speisekarte, 24-12 €

JAVIER

HOTELS

H** El Mesón. Pl. de Javier. ✆ 948 884 035. 16 Plätze. 52 € Doppelzimmer. 5 € Frühstück. 12,5 € Essen/Abendessen.

SANGÜESA

HERBERGEN

Städtische Herberge von Sangüesa. Calle Enrique Labrit, 26. 12 Plätze und Küche. ✆ 948 870 042.

HOTELS

H** Yamaguchi. Carretera. de Javier. ✆ 948 870 127. 80 Plätze. 62/54 € Doppelzimmer; 37 € Einzelzimmer 6,5 € Frühstück. 23 € Essen/Abendessen.
HS** J. P. P.° Raimundo Lumbier, 3. ✆ 948 871 693. 14 Plätze. 44 € Doppelzimmer; 35 € Einzelzimmer 4 € Frühstück. 12 € Essen/Abendessen
P** Las Navas. Calle Alfonso el Batallador, 7. ✆ 948 870 077. 12 Plätze. 36 € Doppelzimmer; 18 € Einzelzimmer 9 € Essen/Abendessen.

CAMPINGPLÄTZE

2. Kategorie. Cantolagua. Camino Cantolagua. ✆ 948 430 352. 220 Plätze.

RESTAURANTS

Acuario. Santiago, 9. ✆ 948 870 102. Braten und Fisch. Durchschnittlicher Preis auf der Speisekarte, 24-12 €
Ciudad de Sangüesa. Calle Santiago, 4. ✆ 948 871 021. Regionale Küche. Durchschnittlicher Preis auf der Speisekarte, 24-12 €
Hotel El Mesón. Touristisches Gebiet von Javier. ✆ 948 884 035. Steingebäude mit tadelloser moderner Dekoration. Hausmannskost aus dem Baskenland und Navarra. Durchschnittlicher Preis auf der Speisekarte, 25-12 €
Las Navas. Calle Alfonso el Batallador, 7. ✆ 948 870 077. Regionale Küche. Durchschnittlicher Preis auf der Speisekarte, 24-12 €
Mediavilla. Calle Alfonso el Batallador, 15. ✆ 948 870 212. Braten. Durchschnittlicher Preis auf der speisekarte 42-24 €

TRANSPORTMITTEL

In Yesa halten Busse der Strecke Jaca-Pamplona. In Sangüesa halten Busse verschiedener Strecken.
Busbahnhof (Estación de autobuses) von Pamplona: ✆ 948 223 854.

Geschichte und Kulturerbe der Etappe 4

Kloster Leire. Bereich der Apsis.

Der Aragonische Weg Etappe 4. Ruesta-Sangüesa

Wir wollen nochmals daran erinnern, dass bis zum Ende dieser Etappe der Jakobsweg in zwei parallele Varianten geteilt verläuft, A und B:

A. Nach Tiermas und nachdem man die Grenze zwischen Aragón und Navarra überschritten hat, führt der Jakobsweg nach **San Salvador de Leyre**, einem der bekanntesten und ältesten Klöster in Spanien. Die erste schriftliche Nachricht über dasselbe, gibt uns der große christlich-maurische Schriftsteller St. Eulogio de Córdoba (800-859), der in seiner *Apologie der Märtyrer* (*Apología de los Mártires*) erzählt, wie er in den Schränken in Leyre eine Biographie (oder besser gesagt, eine Antibiographie) Mohammeds fand. Lesen wir dieses kurze aber saftige Dokument, das bezeugt, dass in jenen schwierigen Zeiten Leyre schon eine gute Bibliothek besaß:

Vor langer Zeit, während meines Aufenthaltes in der Stadt Pamplona, trieb mich die Neugierde dazu, mir im Kloster von Leyre damit die Zeit zu vertreiben, zwischen den unbekannten Manuskripten, die es dort gab, herumzustöbern. Plötzlich fand ich, als Teil eines Buches, eine kurze Biographie des unheilvollen Propheten.

Unmittelbar nach der Zeit des Heiligen Eulogio lebte der bekannteste der Äbte von Leyre, der Heilige Virila (870-950). Der Ruf seines Namens ist mit einer Legende verbunden, die sich an mehreren Orten mit verschiedenen Helden wiederholt und die eine Metapher der Mystischen Verzückung ist: der Heilige Virila fällt vom sanften Gesang eines Vögleins eingewiegt, in einen süßen Schlaf, von dem er erst 300 Jahre später aufwacht.

Aus der Zeit des Eulogio und des Virila oder vielleicht etwas späteren Datums, ist der älteste erhaltene Teil der Klosteranlage in Leyre: die berühmte Krypta des Heiligen Babil, die aus vier durch Bögen getrennten Kircheschiffen besteht. Diese Bögen ruhen auf gigantischen Kapitellen, die von zylindrischen Säulen gestützt werden. Die Verehrung des Heiligen Bábilas, des Bischofs und Märtyrers aus Antiochien, dem die Krypta geweiht ist, war in der *Bética*, dem Süden Spaniens, seit dem VII. Jahrhundert besonders verbreitet. Vielleicht kann man eine Beziehung herstellen zwischen dem Besuch des Eulogio aus Córdoba in Leyre und dem Beginn der Verehrung des Heiligen Bábilas an diesem

Kloster Leire. Krypta von San Babil.

nördlichen Ort, wo möglicherweise damals eine seiner Reliquien eintraf, die man aus einem südlichen Heiligtum gerettet hatte.

Trotz dieser Bedeutung schon in jenen alten Zeiten, ist das Wachstum an Reichtum und Einfluss des Klosters in Leyre mit der Zeit der größten Macht des Königreiches Navarra gepaart, die mit der Regierungszeit Sanchos III. *des Älteren* (*el Mayor*, 1000-1035) und seiner Nachfolger zusammenfällt. In dieser Zeit erhält Leyre reiche Schenkungen und es wird seine romanische Kirche erbaut. An diesem Gotteshaus, das 1057 dem Heiland geweiht wurde, fallen seine drei Apsiden am Kopfende auf, von denen die mittlere größer als die beiden seitlichen ist, und die durch drei Rundbögen gekennzeichnet sind, sowie die Kapelle, welche den ersten Königen Navarras als Pantheon diente. Von seinem Äußeren muß man ohne Frage das große Hauptportal erwähnen, das als *Porta Speciosa* (»Schönes Tor«) bekannt ist und deren zahlreiche und vielfältige Skupturen kürzlich mit denen in San Isidoro von León verglichen worden sind.

Die Variante des Jakobsweges, die wir hier beschreiben, führte immer am rechten Ufer des Aragón über **Yesa** und überquerte den Fluss Irati in der Nähe von Liédana über die Foz de Lumbier, auf einer Brücke mit einem einzigen Bogen, die heute halb verfallen ist. Dies bedeutet, dass der Weg nicht durch Sangüesa, dem Ende dieser Etappe, führte. Trotzdem zweigten wohl viele Pilger von Yesa aus ab, um diese wichtige Stadt zu besichtigen, die voll von Zeugnissen der Pilgerfahrten war. Dazu musste man den Fluss Aragón auf einer mittelalterlichen Brücke überqueren, von der auf beiden Seiten einige Bögen erhalten sind.

Auf diesem Umweg findet man die Burg von **Javier**, deren Name eine dialektale Variante des baskischen Begriffes »Etxa berri« (Neues Haus) ist. Als männlicher Personenname ist Javier heute zu einem der beliebtesten geworden, nicht nur in Navarra und dem Baskenland, sonder auch in ganz Spanien und in aller Welt. Außer wegen seines schönen Klanges, kommt diese weite Verbreitung von einer Figur aus moderner Zeit her, dem Jesuiten Javier (1506-1552), dem Missionar von Indien und Japan, der in der katholischen Welt eine außerordentliche Verehrung genießt und der in der Burg von Javier geboren wurde, deren Namen er annahm. Heute ist die Burg von Javier das Ziel einer Massenwallfahrt, die »Javierada« genannt wird und jedes Jahr am ersten Sonntag im März stattfindet.

B. Die zweite Jakobswegvariante, führt vor Sangüesa, wo sie mit der ersten zusammentrifft, nur durch die Ortschaft **Undúes de Lerda**.

Sangüesa ist ein wichtiger Ort auf dem Jakobsweg, der seltsamerweise vom Führer des *Liber sancti Iacobi* nicht erwähnt wird. Wir haben schon gesagt, dass die Archäologie beweist, dass die Straße, der die Pilger folgten, nicht nach Sangüesa abzweigte, sondern geradeaus nach Monreal führte. Un dennoch ist Sangüesa eine Stadt, die durch den Jakobsweg und für ihn entstand und die voll von Zeugnissen der Pilgerfahrten ist, wie wir gleich sehen werden. Man muss aber bemerken, dass die Stadt, die heutzutage den Namen Sangüesa trägt, nicht diesselbe ist, wie die, welche diesen Namen im Altertum führte (*Sancosa*). Das alte Sangüesa war das heutige Rocaforte, ein vorrömisches *oppidum*, das auf einem Hügel auf der strategischen Landzunge zwischen den Flüssen Aragón und Irati lag. König Sancho Ramírez verlieh wegen der Nähe dieses Ortes zum Jakobsweg, all jenen besondere Privilegien, die kamen um ihn zu besiedeln. Aber die ungünstige Lage des alten Sangüesa auf solch einer Höhe, führte den Sohn Sanchos, Alfons I. *der Schlachtenreiche* (Alfonso I *el Batallador*) dazu eine neue Siedlung auf der Ebene zu bauen, um einen Palast herum, den er an der Stelle bevor man den Fluss Aragón überquerte, besaß, und ihr 1122 das besondere Stadtrecht von Jaca (fuero de francos) zu verleihen.

Die neue Stadt, die »Neue Burg« (»Burgo Nuevo«) von Sangüesa, wird nach dem rechteckigen Muster gebaut, das die gleichmäßige Verteilung unter den neuen Siedlern ermöglichte. Die senkrechte Achse dieses Rechtecks, die heutige Rúa Mayor, war der Weg, der die Pilger vom Eingang der Stadt bis zum Ausgang führte. Dieser Ausgang lag an der Brücke über den Fluss Aragón, nach einem Muster, das sich in Puente la Reina genau wiederholt. Die neuen Siedler, die vor allem aus Frankreich kamen, ließen sich auf beiden Seiten der Straße nieder, um den Pilgern verschiedene Dienstleistungen anbieten zu können. Möglicherweise waren es ihre Streitigkeiten mit den Einwohnern der »Alten Burg« (»Burgo Viejo«), welche sie dazu brachten, selbst eine Stadtmauer zu bauen, die sechs Tore hatte.

Sangüesa. Kirche Santiago.

Der Reichtum der Stadt zeigte sich in den sechs Gemeindekirchen, die sie zu einem gewissen Zeitpunkt zählte, während ihre klare Beziehung zum Jakobsweg sich an den dreizehn Hospitälern ablesen ließ, welche die Stadt unterhielt. Unter diesen war ohne Zweifel das bedeutendeste das der Johanniter, denen Alfons der I. (Alfonso I), der große Gönner dieses Ordens, 1131 seine Burg am Kopfende der Brücke über den Aragón schenkte. Daneben schenkte der König den Ordensrittern eine Kirche der Heiligen Maria, auf deren Grundstück sie später das eindruckvolle Gebäude der Stiftskirche der Heiligen Maria la Real (Colegiata de Santa Maria la Real) errichteten. Es handelt sich um ein Gotteshaus in Form eines lateinischen Kreuzes, mit drei Schiffen und drei Apsiden, das zwischen der zweiten Hälfte des XII. und Anfang des XIII. Jahrhunderts gebaut wurde. Aus dieser Zeit stammt ihr stolzer Turm, der von einem Pfeil gekrönt wird. Ohne Zweifel sind das Beste der Kirche die Statuen an ihrer südlichen Fassade, die eine der besten romanischen Skulpturengruppen in Spanien darstellen. Die Statuen der ersten Phase (ca. 1130) sind anscheinend mit denen in San Juan de la Peña und anderen Orten in Aragón verwand. Die der zweiten, die von einem Meister Namens Leodegario signiert sind (ca. 1200), scheinen unmittelbar von Chartres inspiriert worden zu sein, sowie von anderen französischen Kirchen, vor allem aus Burgund. Unter den zahlreichen Motiven, die auf diesem Portal dargestellt werden, ist eine Gruppe berühmt, die aus einem Schmied, der ein Schwert schmiedet und einem Krieger, der damit einen Drachen tötet, besteht, was eine Beziehung zur sagenhaften Geschichte des Germanenhelden Siegfried andeutet, die von Wagner in Musik umgesetzt wurde.

Sangüesa. Stiftskirche Santa María la Real.

Auch die Kirche des Heiligen Jakob ist aus dem XII. Jahrhundert, ein Gotteshaus mit drei Schiffen und den dazugehörigen Apsiden. Auf seiner Hauptfassade steht im Tympanon eine mehrfarbige Statue des Heiligen Jakob aus dem XVI. Jahrhundert. Innen kann man eine große gotische Statue des Apostels sehen, die im Jahre 1965 entdeckt wurde.

Unter den restlichen alten Kirchen in Sangüesa, die aber den Lauf der Zeit nicht überlebt haben, befanden sich die des Heiligen Nikolaus (San Nicolás), die von Roncesvals abhing und die der Magdalena, die zu einem Haus für Leprakranke außerhalb der Stadtmauern gehörte.

Unter den Sehenswürdigkeiten aus späterer Zeit, muss man den massiven Bau des Palastes des Prinzen von Viana erwähnen, sowie das Haus des Rektors, das mit Motiven der Jakobswallfahrten geschmückt ist. In der Umgebung von Sangüesa lohnt es sich, einen Umweg in Richtung Sos del Rey Católico zu machen, um die romanische Kapelle des Heiligen Adrian von Vadolunego zu besichtigen.

5 Sangüesa – Monreal

Beide Möglichkeiten, die sich uns bieten, sind von großer Schönheit. Wenn man sich entscheidet über den Berg Alto de Aibar zu wandern, findet man von Rocaforte bis Izco keine einzige Siedlung und läuft Gefahr sich zu verirren, wenn man nicht sehr genau den Schildern folgt. Die andere Alternativroute verläuft immer in der Nähe der Landstraße. Ihr größter Reiz ist, das man durch die Foz de Lumbier kommt.

Gesamtansicht von Liédena.

Man geht durch die Hauptstraße (Calle Mayor) aus der Ortschaft hinaus, an Santa María la Real vorbei und in Richtung zur Brücke desselben Namens. Wenn man auf der Landstraße NA-127 weitergeht, bieten sich einem zwei Möglichkeiten:

A) Nach links geht die Abzweigung nach Rocaforte, von der seinerseits ein Weg abbiegt, der zwischen der Papierfabrik und den Saatfeldern hindurchführt und nach **Rocaforte** hinaufsteigt. Von dort steigt man auf einem von Pappeln und einigen Zwergeichen beschattetem Weg hinunter (ein Zeichen weist auf den Berg Alto de Aibar), durch eine Landschaft mit Gebüsch (Weißdorn und Buchsbaum). Wenn man zum Viehweg Cañada Real kommt, beginnt der Aufstieg, der durch (die Ruinen von) Santa Cilia an einem Bach vorbei führt und durch einen Tunnel unter der Landstraße nach Aibar geht. Ein Pfad leitet uns nach rechts und nach einem kleinen Tor, geht man ein Stück parallel zur Landstraße bergab, und dann weiter nach rechts hinunter, um danach ein umzäuntes Feld zu überqueren. Nachdem man auf dem Abstieg durch einen Pinienwald gewandert ist, nimmt man eine asphaltierte Piste, von der nach rechts ein Pfad zwischen Pinien, Buchsbaum und Wacholder über den Hang des Berges geht. Auf einer weiteren Piste überquert man einen Bach, um auf einen anderen Hügel zu steigen, wo man einem Weg nach links folgt. Man geht am Hang des Hügels 2km parallel zum Bach entlang, bis man auf einer neuen Piste unter Nadelbäumen bergauf steigt, und sich vom Wasserlauf in Richtung des Grundstücks von Olaz (einem Dorf, das im XIV. Jahrhundert verlassen wurde). Weiter oben nimmt man eine andere Piste und danach einen Weg, der nach links hinabführt, Von hier aus sieht man bereits Izco, das man zwischen Kornfeldern erreicht.

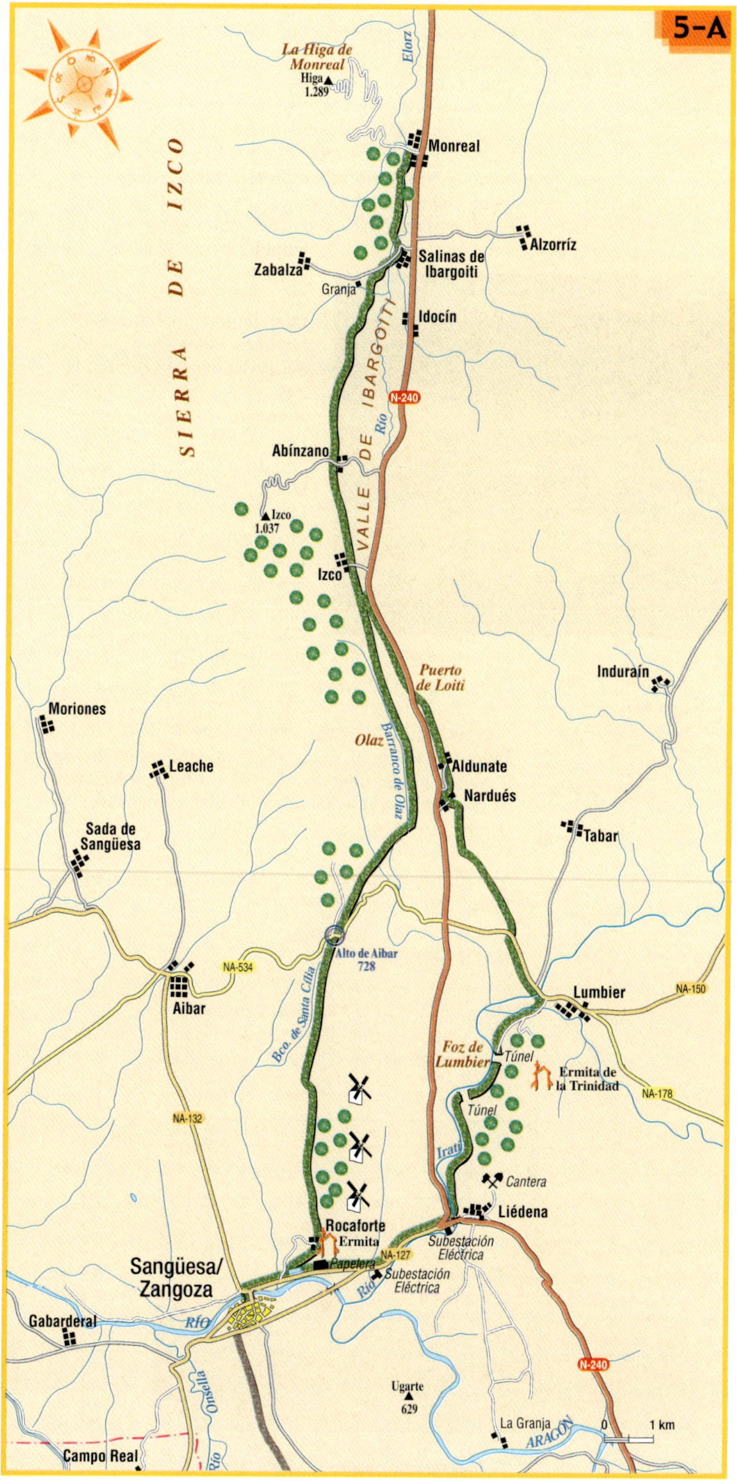
5-A
La Higa de Monreal
Higa 1.289
Elorz
Monreal
SIERRA DE IZCO
Alzorríz
Salinas de Ibargoiti
Zabalza
Granja
Idocín
VALLE DE IBARGOITI
N-240
Río
Abínzano
Izco 1.037
Izco
Puerto de Loiti
Induraín
Moriones
Olaz
Barranco de Olaz
Aldunate
Leache
Nardués
Tabar
Sada de Sangüesa
Alto de Aibar 728
NA-534
Aibar
Bco. de Santa Cilia
Lumbier
NA-150
Foz de Lumbier
Túnel
Ermita de la Trinidad
NA-178
NA-132
Túnel
Irati
Cantera
Liédena
Rocaforte
Ermita
Subestación Eléctrica
NA-127
Sangüesa/ Zangoza
Papelera
Subestación Eléctrica
Río
Gabarderal
RÍO
Onsella
N-240
Ugarte 629
La Granja
ARAGÓN
0
1 km
Campo Real
Río

B) Man geht auf der NA-127 nach **Liédena** weiter, in das man hineingeht, nachdem man den Fluss Irati überquert hat. Wenn man die Ortschaft verlässt, geht eine Piste in Richtung Westen, genau wie der Irati, zwischen Weinstöcken, Korn und Olivenbäumen. Und nach 2,5km. führt uns ein Tunnel auf einer »Grünen Straße« (Via Verde) in die eindrucksvolle Foz de Lumbier. Von Geiern umgeben, zwischen Zwergeichen, Buchsbaum und Wacholder, geht man in Richtung Talsperre und danach zum Ausgangstunnel. **Lumbier** ist die nächste Ortschaft, danach nimmt man die Landstraße NA-150. Man muss diese an der Kurve nach **Nardúes** verlassen. Man geht auf dem Seitenstreifen der N-240 weiter und, einmal in **Aldunate**, nimmt man einen Pfad zwischen Ahornen, der an einem Pinien- und an einem Eichenwald vorbeiführt. Um den Berg Alto de Loiti zu erreichen, kehrt man zur Landstraße zurück und kommt auf einem Pfad nach Izco.

Anhöhe von Loiti und Dorf von Aldunate.

In Izco treffen beide Alternativen zusammen. Von hier bis **Abinzano** führt eine 2km. lange Piste zwischen Äckern hindurch, mit bewaldeten Hügeln auf der linken Seite. Die Landstraße liegt rechts. Nach weiteren acht Kilometern erscheint **Salinas de Ibargoiti**, in das man auf der Großen Brücke (Puente Grande) über dem Fluss Elorz hineingeht. Wenn man es verlässt, überquert man den Fluss und steigt durch einen Wald, der erst aus Pinien und dann aus Eichen besteht, auf einen Hügel. Bevor man nach Monreal hineinkommt, geht man am Fußballplatz vorbei und überquert den Fluss Elorz.

RADFAHRER

Für Radfahrer ist die Alternative B am empfehlenwertesten. Sie ist besser befahrbar und liegt näher der Straße.

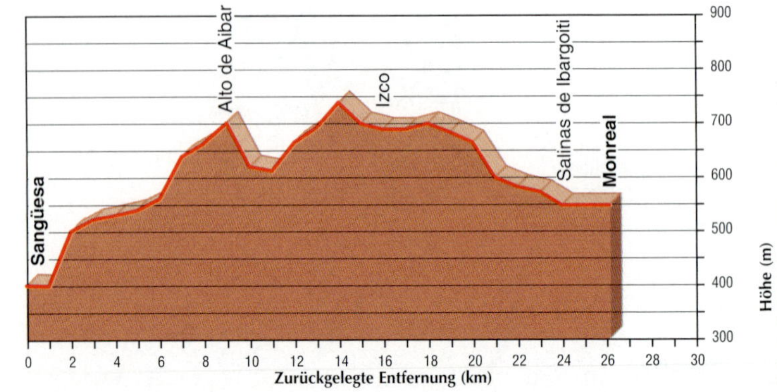

ETAPPE 5. PRAKTISCHE INFORMATION

LIÉDENA

Hotels

HS** Latorre.
Carretera Pamplona-Huesca, km 40.
✆ 948 870 610.
48 € Doppelzimmer; 30 € Einzelzimmer
5 € Frühstück. 11 € Essen/Abendessen.

IZCO

Herbergen

Albergue San Martín.
Calle Mayor, s/n. Verfügt über 20 Plätze und Küche. Das ganze Jahr geöffnet.
✆ 948 362 210 / 948 362 129

Transportmittel

Die Busstrecke Jaca-Pamplona hat Haltestellen in Liédena, Aldunate und Monreal.

Dienstleistungen

In Izco werden Essen und Getränke in der Herberge verkauft. Erst einmal in Monreal angekommen, gibt es genügend Dienstleistungen.

MONREAL

Herbergen

Die Herberge befindet sich bei der Kirche in Calle De la Corte, 1. Verfügt über 26 Plätze, Küche und Waschmaschine. Das ganze Jahr geöffnet. ✆ 948 362 081

Hotels

HS** Unzué.
Carretera Huesca.
✆ 948 362 008. 22 Plätze.
75/42 € Doppelzimmer. 3 € Frühstück.
10 € Essen/Abendessen.

Geschichte und Kulturerbe der Etappe 5

Der Aragonische Weg Etappe 5. Sangüesa-Monreal

Wie im Falle der Hauptstraße von Puente la Reina, mündete die Rúa Mayor von Sangüesa in einer Brücke, die im Stadtrecht erwähnt wird, das Alfons I. *der Schlachtenreiche* (Alfonso I *el Batallador*) 1122 der Stadt verlieh. Diese Brücke, auf deren einem Strebepfeiler eine römische Inschrift zu lesen war, ist uns leider nicht erhalten geblieben, wenngleich wir durch die Beschreibungen, die es von ihr gibt, wissen, dass es sich um ein prächtiges Exemplar mit sieben Bögen handelte.

Kurz nachdem man die Metallbrücke überquert hat, die sie heute ersetzt, kommt man zur Kapelle des Heiligen Nikolaus (San Nicolás), ein Zeugnis einer alten Einrichtung, die zu Roncesvalles gehörte und diesem Heiligen geweiht war. Von ihrer herrlichen romanischen Kirche, die in Ruinen liegt, hat man die Kapitelle gerettet, die man heute im Museum der Cámara de Comptos in Pamplona sehen kann.

Gesamtansicht von Rocaforte.

Rocaforte ist die »alte Burg«(»Burgo Viejo«) von Sangüesa und die Ortschaft, die bis zur Gründung des »Burgo Nuevo« diesen Namen seit vorrömischer Zeit geführt hatte (*Sancossa*). Seine Lage auf einem Hügel, von dem aus man eine weite Landschaft beherrscht und sein Festungscharakter, geben ihm seinen heutigen Namen, der es so gut beschreibt (»der feste Felsen«). Aber der größte Ruhm Rocafortes kommt nicht von einer Kriegstat her, sondern von dem Aufenthalt des Heiligen Franziskus von Assisi (San Francisco de Asís) dort auf seiner Pilgerfahrt nach Compostela.

Wenngleich wir gesehen haben, dass die Überlieferung behauptet, dass der Heilige Franziskus sich in Jaca und San Juan de la Peña aufgehalten habe, versichern die Chronisten des Franziskanerordens in Spanien, dass es in Rocaforte war, wo der Heilige seine erste Stiftung vornahm. Laut diesen Chronisten, zog sich Franziskus in eine Kapelle zurück, die dem Heiligen Apostel Bartholomäus (San Bartolomé) geweiht war und so zum ersten Sitz der Franziskaner in Spanien wurde. Abgesehen von dieser Einsiedelei des Heiligen Bartholomäus, die nordwestlich von Rocaforte liegt, ist die Umgebung dieser Ortschaft voll von Zeugnissen von Szenen aus dem täglichen Leben des Heiligen Franziskus während seines Aufenthaltes an diesem Ort, wie zum Beispiel einem »Brunnen des Heiligen Franziskus«, wo der Heilige seinen Durst löschte oder einem »Stein der Ruhe des Heiligen Franziskus«, auf den dieser sich zum Ausruhen setzte.

Der Chronist des Franziskanerordens Wadingo, erzählt außerdem, dass der Heilige einen Obstbaumgarten gepflanzt hatte, zu dem auch ein Maulbeerbaum mit Heilfähigkeit gehörte. Jahre später, als die Franziskaner Rocaforte verließen, vetrocknete dieser Maulbeerbaum, fing aber wieder zu grünen an, als die Mönche in die Ortschaft zurückkehrten. Es gibt noch einige Legenden über diesen möglichen Aufenthalt des Heiligen Franziskus in Rocaforte und Sangüesa, wenngleich alle erst Jahrhunderte nach der Zeit, in der sie spielen, aufgeschrieben worden sind. Wie wir in späteren Etappen sehen werden, gibt es viele Orte auf dem Jakobsweg, die ähnliche Zeugnisse bewahren wie die in Rocaforte, und es gibt viele Legenden und Anekdoten, die vom Heiligen Franziskus als Jakobspilger handeln. Es gibt keinen einzigen schriftlichen Beleg, der uns diese mögliche Reise des bescheidenen Patriarchen nach Compostela bestätigt, aber man kann doch sagen, dass die franziskanischen Gründungen auf dem Jakobsweg, von denen viele zu Lebzeiten des Heiligen enstanden, zu den ersten auf der Iberischen Halbinsel gehören.

Römische Villa in Lumbier.

Sangüesa und seine Umgebung sind voll von römischen und sogar noch älteren Überresten. Unter ihnen sind die Brücke von Sangüesa, Abschnitte der alten Römerstraße und vor allem die alte römische Villa in **Liédena**, die am Rande des alten Weges liegt. Es handelt sich um eine prunkvolle ländliche Villa aus der Spätantike (IV. Jh.) ein gutes Beispiel für die Romanisierung dieser Gegend in der Nähe der Pyrenäen. In der Nähe dieser Villa, auf dem Weg, den die Pilger vor der Gründung Sangüesas nahmen und der möglicherweise eine alte Römerstraße war, liegt die eindrucksvolle **Foz de Lumbier**, eine äußerst steile natürliche Schlucht, die durch die Erosion des Kalksteins durch den schnellen Fluss Irati geöffnet wurde. Um sie zu überqueren, baute man im Mittelalter eine ebenso eindrucksvolle Brücke mit nur einem Bogen, die als Teufelsbrücke (Puente del Diablo) bekannt ist.

Fluss Irati in Foz de Lumbier.

Haus und Kirche Idocin.

Hier, wie auch in anderen ähnlichen Landschaften, die nur sehr schwer oder gar nicht begehbar sind und deren Durchquerung durch ein Ingenieurwerk von großer technischer Herausforderung ermöglicht wurde, sind Sagen mit kleinen Varianten entstanden, die das Bauwerk, das normalerweise eine Brücke ist, dem Teufel zuschreiben. Die Handlung dieser Sagen ist gewöhnlich folgende:

Ein Siedlung leidet unter den unüberwindlichen Schwierigkeiten, welche die Natur eines bestimmten Ortes bietet. Der Teufel, der immer auf der Lauer steht, um die Nöte der Menschen auszunutzen, bietet ihnen seine technische Hilfe an, um diese Schwierigkeiten zu beseitigen, aber verlangt dafür eine sehr hohe Gegenleistung: ein Opfer, das entweder das nächste Neugeborene der Siedlung ist, oder das erste Lebewesen, das über die Brücke geht. Die Menschen nehmen den Vertrag an, und der Teufel führt sorgfältig seine Aufgabe aus, sieht sich aber, wenn es darum geht, seinen Lohn zu empfangen, betrogen, da die schlauen Menschen, ohne ihr Wort zu brechen, ihm ein kleines Zicklein anstatt des menschlichen Opfers, das er erwartete, darbringen.

Etwas abseits von der Foz de Lumbier, nach Süden, geht unser Weg durch einsame Landschaften, die zum Berg Alto de Aibar führen. An seinem Hang liegt das verlassene Dorf **Santa Cilia**, ein mittelalterlicher Weiler, der heute unbewohnt ist. »Cilia« ist die zusammengezogene, für diese Gegend typische Form, des Namens Cäcilia (Cecilia), einer römischen Märtyrerin aus den ersten Jahren des Christentums und Schutzpatronin der Musiker seit Ende des Mittelalters. Die Verbreitung und tiefe Verwurzelung ihres Kultes in Jaca und Umgebung, muss von der Anwesenheit einer ihrer Reliquien hier kommen, was diese Gegend zum Ziel einer besonderen Verehrung machte.

Was wir über die Heilige Cäcilia gesagt haben, kann man auch auf den Heiligen Bábilas anwenden, dessen Namen, ebenfalls in seiner charakteristischen Form Babil, man nach dem Alto de Aibar in den Namen einer Schlucht und eines anderen Hügels findet. In der Nähe war wohl die ihm geweihte Kapelle gelegen, deren Portal man heute an der Kapelle der Heiligen Barbara auf dem Gipfel des Hügels Higa de Monreal, sehen kann. Die besondere Verehrung, die man in der Gegend von Leyre und Sangüesa diesem orientalischen Märtyrer seit der Zeit der maurischen Herrschaft zollte, brachte König Juan II. und seine Mutter, Doña Catalina, im XV. Jahrhundert dazu, die Reliquien des Heiligen nach Sangüesa bringen zu lassen, wo man ihm zu Ehren eine Basilika errichtete.

Unter den wenigen, aber schönen Häusern von **Izco**, fällt das Gebäude seiner Gemeindekirche des Heiligen Martin auf, das aus der Übergangszeit von der Romanik zur Gotik stammt und im XIII. Jahrhundert errichtet wurde, wenngleich es später sehr stark umgebaut worden ist. Die Widmung an den Heiligen Martin von Tours können wir hier als eine der vielen französischen Heiligenverehrungen ansehen, die über den Jakobsweg nach Spanien eingeführt wurden.

Ebenfalls aus dem XIII. Jahrhundert ist die Gemeindekirche von **Abínzano**, die dem Apostel Petrus (San Pedro Apóstol) geweiht ist. Wie die des Heiligen Martin in Izco ist ihr Gebäude später weitgehend umgebaut worden (XVI. - XVII. Jahrhundert).

Etwas abseits unserer Route, am Rande der Landstraße, erhebt sich **Idocin**, eine kleine Ortschaft deren größter Ruhm es ist, die Heimat von Francisco Espoz y

Mittelalterliche Brücke von Monreal.

Mina zu sein, einem der berühmten spanischen Freiheitskämpfer, die im Unabhängigkeitskrieg den Widerstand des Volkes gegen die napoleonische Okkupation anführten. Aber sein größtes und ältestes historisches Bauwerk ist die Kirche des Heiligen Clemens (San Clemente). Wie fast alle Kirchen dieser kleinen Orte in der Umgebung von Monreal, wurde dieses Gotteshaus im Mittelalter, zwischen dem XII. und dem XIII. Jahrhundert errichtet und erlitt später in der Neuzeit eine umfassende Reform, die ihm das Aussehen gab, das wir heute vor Augen haben.

Dies ist auch der Fall, bei der dem Erzengel Michael (Arcángel San Miguel) geweihten Gemeindekirche von **Salinas de Ibargoiti**. Der Name der Ortschaft wird durch ihre Salzbecken erklärt.

Monreal wird im Führer des *Liber sancti Iacobi* als wichtige Jakobsstation erwähnt, die das Ende der zweiten Etappe der Strecke durch Aragón und den Anfang der dritten darstellt. Dies geschieht nicht zufällig, denn Monreal ist eine weitere Ortschaft, die durch den Jakobsweg entstanden ist und sich dank ihm entwickelt hat. Der Name Monreal ist relativ jung, denn man findet ihn zum ersten Mal in einem schriftilichen Beleg von 1132 und weist eindeutig diese Ortschaft als königliche Gründung aus. Die Könige gaben ihr jedoch erst fast zwanzig Jahre später, 1149, das Stadtrecht. Bevor sich die Franken hier niederließen, gab es auf seinem Boden oder in der Nähe eine Siedlung mit Namen Higa, dem Namen, der dem großen Kalksteinkegel geblieben ist (Higa de Monreal), an dessen Fuß die Siedlung liegt.

Der Stadtplan von Monreal ist der für die Gründungen von Navarra und Aragón auf dem Jakobsweg typische: eine lange Straße (in diesem Fall die Calle del Burgo), an der die Häuser der Siedlung planmäßig verteilt sind. Unter den Gebäuden dieser Ortschaft ist die Gemeindekirche der Heiligen Maria del Burgo bemerkenswert, die ursprünglich dem Heiligen Martin von Tours geweiht war und in der ein Bildnis der Madonna aufbewahrt wird.

Als deutlichstes Zeugnis der Wallfahrten hier gibt es ein Dokument aus dem Jahre 1144, das uns über die Existenz eines Pilgerhospitales informiert, das von der Kirche in Pamplona abhing.

6 Monreal – Puente la Reina

Wir wandern über die nördlichen Hänge der Sierra de Alaiz, über die Kornfeldebene des Flusses Elorz bis Tiebas (von dort aus sieht man Pamplona im Norden auftauchen). Die Autobahn, die Landstraße N-120 und die Zuggleise, sind Hindernisse, nach denen man in die Gegend des Valdizarbe kommt. Dort leitet uns der Fluss Robo nach Puente la Reina.

Obanos. Kirche und Platz.

Die Straße del Burgo führt zum Ende von **Monreal** (ein Pfeil in Richtung Kirche, zeigt eigentlich die Herberge an), von wo der Weg Camino de los Carros zwischen Kornfeldern ausgeht. Die Landstraße verläuft rechts und links erhebt sich der Hügel Higa de Monreal. In der Nähe des Flusses Elorz geht man durch Streifen aus Kiefern und anderem Gebüsch bis man die Brücke überquert um in Richtung der Sierra de Alaiz zu gehen und auf ihren Hängen zwischen Steineichen und Buchsbaum weiter zu wandern. Nach 4 km taucht **Yárnoz** auf. Man geht an der Kirche vorbei und verlässt das Dorf auf dem Weg zum Friedhof. Man geht am Fuße des Berges weiter und kommt auf einem sehr steilen Weg nach **Otano**. Kurz danach (1,5 km.) kommt Ezperun, mit einem alten Steinbruch am Eingang. Ein Streifen aus Ahornen führt nach **Guerendiain** (1km.). Um das Dorf zu verlassen, kommt man an der Johanneskirche vorbei (Iglesia de San Juan). Man geht weiter am Fuße der Sierra entlang, diesmal unter Eichen und Steineichen. Man braucht fast 4km. um nach **Tiebas** zu kommen, das zwischen Steinbrüchen auf der Bergkette liegt. Man kommt auf einer Piste, die rechts von uns auftaucht, in das Dorf hinein. Von dort bis Enériz müssen wir zwischen zwei Routen wählen:

A) Wenn man an der Schule vorbei aus dem Dorf geht, da wo die Herberge liegt, muss man die Landstraße überqueren und bergab gehen, wobei man den Steinbruch links und den Fußballplatz rechts lässt. Man nähert sich der Autobahn und geht an ihr entlang, um dann durch einen Tunnel unter ihr hindurchzugehen. Man überquert ebenfalls die N-121 und die Zugschienen. Nach **Muruarte de Reta** wandert man bis **Olcoz** weiter. Dort muss man einen Weg nach rechts nehmen, der uns auf eine Anhöhe hinaufführt. Man steigt zum Fluss Robo hinunter und folgt seinem Lauf. Danach überquert man die Landstraße nach Úcar. Nach **Enériz**

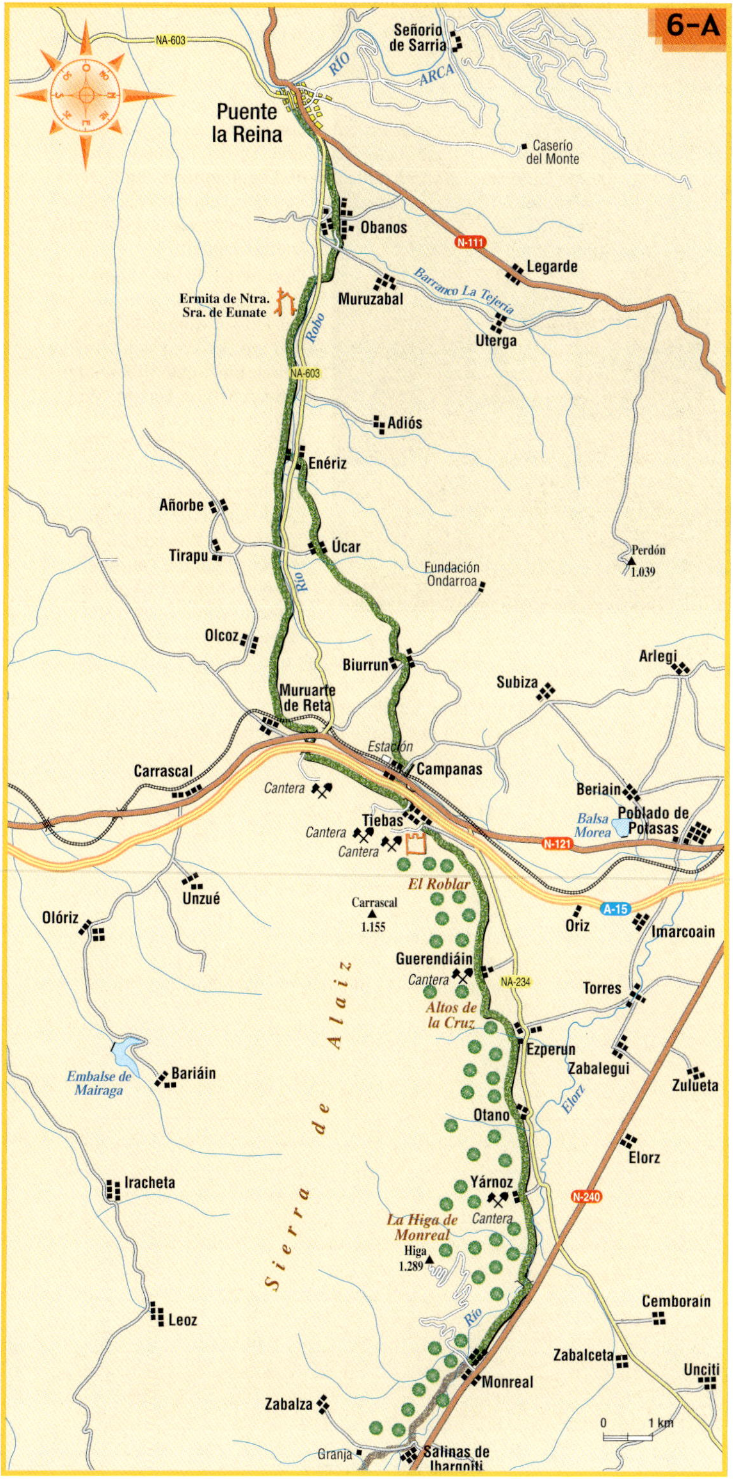
6-A
NA-603
Señorío de Sarria
RÍO
ARCA
Puente la Reina
Casério del Monte
Obanos
N-111
Legarde
Muruzabal
Barranco La Tejería
Ermita de Ntra. Sra. de Eunate
Robo
Uterga
NA-603
Adiós
Enériz
Añorbe
Tirapu
Úcar
Perdón 1.039
Fundación Ondarroa
Río
Olcoz
Arlegi
Biurrun
Subiza
Muruarte de Reta
Estación
Carrascal
Campanas
Cantera
Beriain
Tiebas
Balsa Morea
Poblado de Potasas
Cantera
Cantera
N-121
El Roblar
Unzué
Carrascal 1.155
A-15
Olóriz
Oriz
Imarcoain
Guerendiáin
Cantera
NA-234
Torres
Altos de la Cruz
Sierra de Alaiz
Ezperun
Zabalegui
Embalse de Mairaga
Bariáin
Elorz
Zulueta
Otano
Elorz
Iracheta
Yárnoz
N-240
La Higa de Monreal
Cantera
Higa 1.289
Cemborain
Río
Leoz
Zabalceta
Unciti
Monreal
Zabalza
0
1 km
Granja
Salinas de Ibargoiti

Straße von Enériz.

geht man durch die Straße San Juan hinein.

B) Wenn man das Dorf auf der Landstraße von Tiebas verlässt, überquert man die Autobahn, geht um den Bahnhof herum und dann in Richtung **Biurrun**. Von dort geht ein Weg nach **Úcar** weiter, von wo man nach **Enériz** wandert.

Dort treffen beide Alternativen zusammen. Man geht am Lauf des Flusses Robo entlang und dort wo der Weg sich von ihm trennt, biegt man in Richtung zur Kirche von **Eunate**. Man kommt durch ein Erholungsgebiet. Wenn man nach **Obanos** hinaufwandern möchte, muss man die Landstraße N-601 überqueren, an ein paar Weingärten vorbeigehen, die Landstraße, die nach Muruzábal geht überqueren und einen steilen Hang hinaufsteigen. Von Obanos geht man bergab und überquert von Neuem die Landstraße. Man geht erst parallel zu ihr weiter und dann auf einem Pfad zwischen Gemüsegärten, bis man auf der Straße nach **Puente la Reina** hineinkommt.

RADFAHRER

Sollte man Schwierigkeiten haben, kann man auf der Landstraße N-240 aus Monreal hinausfahren und die Landstraße NA-234 nehmen, die links abbiegt. Wenn man die Autobahn überquert hat, fährt man eine kleine Strecke auf der N-121, bis rechts die NA-601 abbiegt, die in die N-111 mündet, die nach Puente la Reina hineinführt.

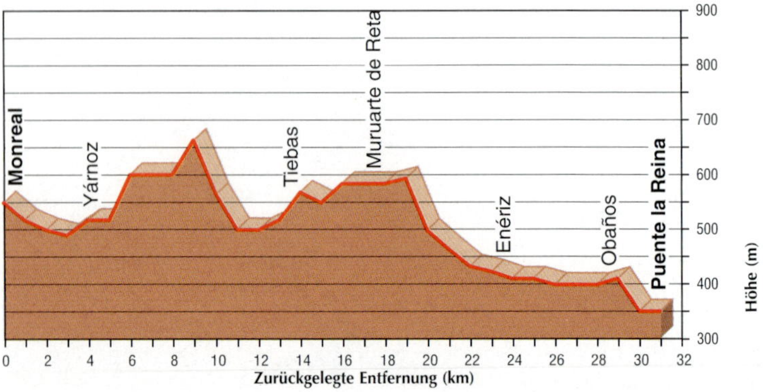

ETAPPE 6. PRAKTISCHE INFORMATION

TIEBAS

Herbergen

Städtische Herberge (Albergue municipal). Es gibt eine Schutzhütte in der alten Schule. Ein einziger Saal mit Matratzen und Toiletten ohne Duschen. In der Nähe ist das Pelota-Spielfeld, dessen Duschen man benutzen kann.

Restaurants

Casa Tere. Campanas. Carretera Zaragoza, km 15. ✆ 948 360 020
Jiménez. Carretera Campanas. ✆ 948 360 012
Venta Úcar. Úcar. Venta de Úcar. ✆ 948 350 094

EUNATE

Herbergen

Neben der Stiftskirche ist ein kleines Gebäude für Pilger.

OBANOS

Herbergen

Albergue Usda. Neben der Kirche gelegen. Verfügt über 36 Plätze und Küche. Geöffnet vom 1.November bis 1. März. Dienstags geschlossen. ✆ 676 560 927

Restaurants

Ibarberoa. Calle San Salvador. ✆ 948 344 153. Durschnittlicher Preis auf der Speisekarte, 18-12 €

PUENTE LA REINA

Herbergen

Hotel Jakue. Am Ortseingang gelegen. Verfügt über 40 Plätze. Mit Waschmaschine und Küche.
Die PP. Reparadores verfügen über eine Herberge in Calle Crucifijo, das ganze Jahr geöffnet. Verfügt über 80 Plätze, Küche, Essensraum und Waschmaschine.Die Eigentümer des Campingplatzes haben die Herberge »Santiago Apóstol« in den Paraje el Real umgestaltet, mit 100 Plätze. Waschmaschine.

Hotels

HR Bidean.** Calle Mayor, 20. ✆ 948 341 156. 38 Plätze. 80/48 € Doppelzimmer; 50/40 € Einzelzimmer 6 € Frühstück.

H El Peregrino.** Carretera Pamplona-Logroño, km 23. ✆ 948 340 075. 28 Plätze. 180/72 € Doppelzimmer. 9 € Frühstück. 48 € Essen/Abendessen. Restaurants

Hotel Jakue. Calle Irunlarrea. ✆ 948 341 017. Durchschnittlicher Preis auf der Speisekarte, 18-11 €

La Conrada. Paseo de los Fueros. ✆ 948 340 052. Durchschnittlicher Preis auf der Speisekarte, 12-6 €

La Plaza. Plaza Mayor, 52. ✆ 948 340 145. Durchschnittlicher Preis auf der Speisekarte, 12-6 €

Lorca. Plaza Mayor, 54. ✆ 948 340 127. Durchschnittlicher Preis auf der Speisekarte, 24-12 €

Sidrería Izarbe. Calle Irunbidea. Carretera. Pamplona-Logroño, km 23. ✆ 948 340 434. Braten.

Mesón del Camino. Enériz. Calle Mayor. ✆ 948 350 170

Transportmittel

In Puente la Reina halten Busse der Strecke Pamplona-Puente la Reina-Estella-Logroño der Gesellschaft La Estellesa. ✆ 948 222 223.

Geschichte und Kulturerbe der Etappe 6

Der Aragonische Weg Etappe 6. Monreal-Puente la Reina

Seit dem Mittelalter und bis vor nicht allzulanger Zeit verließ man Monreal auf einer schönen gepflasterten Brücke über den Fluss Elorz, die noch steht, aber leider nicht mehr von Nutzen ist, da es den alten Weg der Pilger, der zur Brücke führte, nicht mehr gibt, weil er durch die moderne Flurbereinigung bedeckt worden ist.

Auf einem Acker erhebt sich ein gotisches Wegkreuz, das »Stein des Heiligen Blas« (»Piedra de San Blas«) genannt wird, was vielleicht ein Zeugnis eines alten Hospitals für Leprakranke ist, das in der Vorstadt von Monreal lag.

Auf der anderen Seite des Elorz befinden sich die Überreste der Kapelle von **Garitoain**, die 1942 abgetragen wurde. Dies war das letzte Zeugnis eines Priorats mit Kirche und Pilgerhospital der französischen benediktinischen Abtei von Santa-Foi in Conques. Bevor die Benediktiner sich dort ansiedelten, gab es dort einen Ort, der von Sancho III. *dem Älteren* (*el Mayor*) im Jahre 1032 für frei erklärt worden war.

Die nächste Ortschaft auf dem Jakobsweg ist **Yarnoz**, das zwischen der Getreideebene und den ersten Ausläufern der Sierra de Alaiz liegt. Es ist ein Ort, der aus sehr wenigen homogenen Steinhäusern besteht, mit denen die Gemeindekirche der Geburt Christi (Natividad) ohne Misstöne verschmilzt. Von größeren Ausmaßen ist dagegen der viereckige Verteidigungsturm aus dem XIV. Jahrhundert, der im höhergelegenen Teil des Ortes liegt.

In geringer Entfernung, noch am Fuß der Sierra de Alaiz, erstreckt sich **Otano**. Seine der Himmelfahrt Jesu (Ascensión) gewidmete Gemeindekirche, wurde im Mittelalter errichtet und später, im XVI. und XVII. Jahrhundert umgebaut.

In **Ezperun**, sowie in der nächsten Ortschaft, **Guerendiáin**, wiederholen sich praktisch dieselben Bilder, die wir schon in Yarnoz und Otano sahen: eine mittelalterliche, später umgebaute Kirche (jeweils der Mariä Empfängnis, »Concepción« und Johannes dem Täufer, »San Juan Bautista« gewidmet) und wenige aber elegante, in manchen Fällen etwas verwahrloste Häuser, die sich zwischen dem Fuße der Sierra de Alaiz und den Getreideebenen des Flusses Elorz, erstrecken. Trotz ihrer Nachbarschaft zum Jakobsweg zeigen all diese kleinen Orte keine Anzeichen dafür, ihm ihren Ursprung oder ihren Reichtum

Blick auf die mittelalterliche Kirche von Guerendiáin.

Blick auf die Kirche Tiebas.

zu schulden. Wie ihre baskischen Ortsnamen andeuten, entstanden sie als kleine ländliche Flecken, die dank des Ackerbaus reich wurden. Ihr Bild kann uns helfen, den Gegensatz zu erläutern, der während des XI., XII. und XIII. Jahrhunderts im Königreich Navarra existierte, das nach dem Willen seiner Könige in zwei benachbarte aber antagonistische Gebiete geteilt war: in das ländliche Navarra, in dem das einheimische, baskisch sprechende Bevölkerungselement vorherrschte, und das städtische Navarra, das von den fränkischen Siedlungen (burgos francos) vertreten war, die in dieser Zeit gegründet wurden (Monreal, Sangüesa, Puente la Reina, Estella, die Frankenviertel in Pamplona, u. a.) und die von Ausländern bewohnt waren, Handwerkern und Händlern, die am Anfang ausschließlich von der großen Pilgerroute und von den Bedürfnissen, die diese erzeugte, lebten.

Im Lichte dieses Gegensatzes, den wir hier in vereinfachter Form gezeichnet haben, können wir die Schmähungen besser verstehen, die der Verfasser des *Liber sancti Iacobi* gegen die Navarrer ausspricht: das heißt, gegen jene ländliche Bevölkerung, die aufgrund ihrer wirtschaftlichen Aktivitäten ohne jegliche Beziehung zu den Wallfahrten lebte, die wegen ihrer Sprache weder die Pilger verstand, noch sich mit ihnen verständigen konnte und die sich obendrein in ihrem eigenen Land von den hinzugezogenen Siedlern der *burgos francos* zurückgesetzt fühlte, denen die navarrischen Könige selbst Vorteile und Steuerbefreiungen erteilten, die sie ihren alten Untertanen verweigerten. All dies erzeugte ein Klima des gegenseitigen Hasses und der Verachtung, die oft in richtigen Bürgerkriegen zum Ausdruck kamen - wie es in Pamplona während des ganzen Mittelalters der Fall war - die uns helfen können, den Grund der berühmten Beschimpfungen der Navarrer im *Liber sancti Iacobi* zu verstehen, die ohne Zweifel aus diesem Kontext herrühren.

Tiebas liegt ebenfalls am Fuße der Sierra de Alaiz. Aber hier befinden wir uns schon in einer anderen Realität als der im Tal des Elorz. Tiebas war die Residenz der navarrischen Könige des Hauses Champagne, des Troubadurs Teobald des I. und seines Sohnes, Teobald des II. (Teobaldo I y II, XIII. Jh.), die dort eine Burg errichten ließen, wo sie oft für lange Zeit residierten. In dieser Burg waren die königlichen Archive des Reiches verwahrt, was die Bedeutung

Ansicht von Biurrun.

zeigt, die diese Ortschaft erreichte. Das andere bedeutende Gebäude in Tiebas ist die romanische Gemeindekirche, die der Heiligen Eufemia geweiht ist. Dass König Teobald Tiebas als Residenz erwählte, kann man durch die strategische Lage des Ortes erklären, der auf einer Wegkreuzung in der Nähe von Pamplona liegt und von dort aus das weite Tal der Stadt - das sogenannte »Becken« - beherrscht.

Von Tiebas bis Enériz bieten sich zwei Möglichkeiten dem Jakobsweg zu folgen (A und B), die etwa acht Kilometer lang parallel verlaufen.

A. Die erste Möglichkeit ist, nach rechts zu biegen und über **Campanas** zu ziehen, die erste Ortschaft der Gegend Valdizarbe, die man auf dem Jakobsweg in Aragón findet. Die Beziehung dieses Ortes zum Jakobsweg, wird von einer dem Heiligen Nikolaus (San Nicolás) von Bari geweihten Kapelle bezeugt, einem Zeugnis des Pilgerhospitals, das es hier einst gab. Auch in moderner Zeit gab es dort eine Herberge für Reisende, die »Glockenschenke« (»Venta de las Campanas«) hieß, und dem heutigen, relativ jungen Dorf, seinen Namen gibt.

In **Biurrun**, einer Ortschaft, die aus großen rustikalen Häusern besteht, die typisch für die Gegend von Valdizarbe sind, befindet sich die Gemeindekirche des Rosenkranzes (Rosario) von solidem Bau. Abgesehen davon zeigen uns zwei Kapellen, von denen eine dem Heiligen Martin von Tours und die andere dem Heiligen Christophorus (San Cristóbal) geweiht ist, das gemischte Wesen dieses Ortes, der hauptsächlich von der Landwirtschaft lebt aber schon einige Beziehungen zum Jakobsweg unterhält, im Gegensatz zu den kleinen Orten am Fuße der Sierra de Alaiz. Tatsächlich können wir die Anwesenheit des Heiligen Martin von Tours als die Einführung eines Kultes ansehen, der trotz seiner weltweiten Verbreitung, einen ausgeprägten französischen Charakter hat und der auf dem Jakobsweg hierherkam. Was den Heiligen Christophorus angeht, ist er, obwohl nicht sehr oft auf dem Jakobsweg verehrt, der herkömmliche Beschützer der Wanderer und Reisenden im allgemeinen.

In **Úcar** finden wir abgesehen von der Himmelfahrt Marias (Asunción) geweihten Gemeindekirche, eine dem Heiligen Michael (San Miguel) gewidmete Kapelle in der Nähe des Dorfes, einem weiteren Beschützer *per excellence* der Christenheit. Wir können jedoch nicht sagen, ob seine Verehrung sich in irgendeine Herberge oder sonst einen Dienst für die Pilger in dieser Ortschaft, umsetzte.

B. Die zweite Möglichkeit um von Campanas nach Enériz zu kommen, führt als erstes über **Muruarte de Reta**, das eine schöne, dem Heiligen Stefan geweihte, gotische Kirche besitzt.

Auch in der nächsten Ortschaft dieser Variante, **Olcoz**, kann man ein schönes romanisches Gotteshaus bewundern, das in diesem Fall dem Heiligen Michael geweiht ist. Die Ornamentierung seines Portales hat man vor kurzem mit dem Portal von Santa Maria de Eunate verglichen.

In **Enériz**, wo beide Varianten des Jakobsweges, die sich in Campanas getrennt hatten, wieder zusammentreffen, finden wir ein neoklassizistisches Gotteshaus, die Gemeindekirche des Dorfes, die der Magdalena geweiht ist. Es ist gut möglich, dass ihre Widmung uns anzeigt, dass es an diesem Ort einst ein Pilgerhospital gab.

Bildnis der Jungfrau von Eunate (Virgen de Eunate).

Bevor der aragonesische Jakobsweg sich wieder mit dem aus Roncesvals vereint, begegnet ihm das letzte und vielleicht berühmteste historische Monument seines Laufes: die **Kapelle von Santa Maria de Eunate**. Die Etymolgie dieses Namens ist unklar, wenngleich der Vorschlag weit verbreitet worden ist, sie wegen des Bogenganges, der das Gebäude umgibt, aus dem baskischen Eun -»hundert«, -ate »Türen« zu erklären. Auch ihre merkwürdige Bauart, ihre Anwesenheit an so einem

Wallfahrtskirche Santa María de Eunate.

Pilgerdenkmal in der Nähe von Puente la Reina.

abgelegenen Ort und ihre genaue Funktion sind noch nicht zufriedenstellend erklärt worden, obwohl viel Tinte über dieses originelle Gebäude verschrieben worden ist. Es handelt sich um ein kleines romanisches Gebäude mit achteckigem Grundriss und ungleichen Seiten, von denen eine sich in einer fünfeckigen Apsis öffnet. Die Kirche ist von einer Art Korridor oder offenem Kreuzgang umgeben, der auf der inneren Seite vom Gotteshaus abgeschlossen wird und auf der äußeren von einem Bogengang, der mit ihm konzentrisch ist und um die ganze Anlage geht. Man hat diese Kirche herkömmlich mit dem Orden der Tempelritter verbunden, weil man meinte, dass ihre runde Form und der Gang, der um sie herumführt, eine Nachahmung des Heiligen Grabes in Jerusalem sein könnten, das auch kreisförmig und von einem Deambulatorium umgeben ist. Wahrscheinlicher ist aber, wenngleich kein schriftlicher Beleg es endgültig bestätigt, dass die Kapelle von Eunate den Rittern des Johanniterordens gehörte, worauf einige Angaben in den Belegen hindeuten. Was ihre Funktion angeht, abgesehen davon, dass sie ein möglicher Versammlungsort der Johanniter gewesen sein könnte, diente sie mit Sicherheit als Bestattungsort sowohl für die Ritter des Ordens, wie für die vielen Pilger, die während ihres Aufenthalts an diesem Ort starben. Dies bestätigt die Tatsache, dass unter den Gebeinen, die man in den Beinhäusern dort gefunden hat - die sich am Fuße der Bögen, in den Zwischenräumen befanden - auch viele Jakobsmuscheln zum Vorschein gekommen sind.

Ein wenig weiter wird der Ort, an dem beide Wege, der von Somport und der von Roncesvals, zusammentreffen, heute durch eine moderne Eisenstatue gekennzeichnet, Werk des Gerardo Brun, die neben der Landstraße N-111, bevor diese nach Puente la Reina hineinführt, steht.

Weitere Wege

1 Verlängerung 1: Santiago-Padrón

Außenansicht der Stiftskirche Iria Flavia.

Die Route, die von Santiago nach dem Städtchen Padrón führt, beginnt auf dem Platz Plaza del Obradoiro. Auf der Straße Rúa do Franco erreicht man das Tor Porta Faxeira und von dort aus geht man durch die Straßen Carreira do Conde oder Xoán Carlos I und nimmt die Straße Rosalía de Castro, auf der man die Stadt verlässt, um in das Viertel A Choupana zu kommen. Man überquert die Brücke über den Fluss Sar und geht weiter bis zu den Ruinen von **A Rocha Vella**. Über den Hügel **Agro dos Monteiros** und nach ständigem Bergauf und Bergab erreicht man die Ortschaft **Rúa de Francos**, in deren Nähe die Ruinen von **Castro Lupario** liegen. Am Gut **Pazo do Faramello** vorbei, sowie an **Areal** und **Angueira de Suso** und nachdem man einen Pinienwald hinter sich gelassen hat, erreicht man die Kirche Santa María de Cruces und kurz danach das Heiligtum Nosa Señora da Escravitude. Von dort aus geht man über die Ortschaften **Loureiro, Vilar, Tarrío, Anteportas, Cambelas, Rueiro, Souto, Quintáns** und **Pousa**, bis man nach **Iria Flavia** kommt, das schon ganz in der Nähe von **Padrón** liegt.

VERLÄNGERUNG 1. PRAKTISCHE INFORMATION

Herbergen

Teo:
An der alten N-550, gibt es eine Herberge 28 Plätze. ✆ 981 815 700
Padrón:
Verfügt über ein schönes renoviertes Haus, in Rúa Costiña do Carme, mit 44 Plätzen. ✆ 981 810 044

Hotels

Biduido:
H** **Milladouro.** Rúa Anxeriz, 12. O Milladouro. ✆ 981 536 623. 61/27 € Doppelzimmer; 49/38 € Einzelzimmer

Iria Flavia:
H** **Rosalía.** Calle Maruxa Villanueva. A Matanza. ✆ 981 812 490. 21 Zimmer. 50/43 € Doppelzimmer; 9 € Essen/Abendessen.

Padrón:
HR** **Rivera.** Calle Enlace Parque, 7. ✆ 981 811 454. 17 Zimmer. 45/34 € Doppelzimmer; 33/26 € Einzelzimmer 3 € Frühstück.

Restaurants

Padrón:
Mesón Gaucho Rois. A.Compostela, 53. ✆ 981 810 190. Santiaguiño. Praza de Macías, 8. ✆ 981 810 023

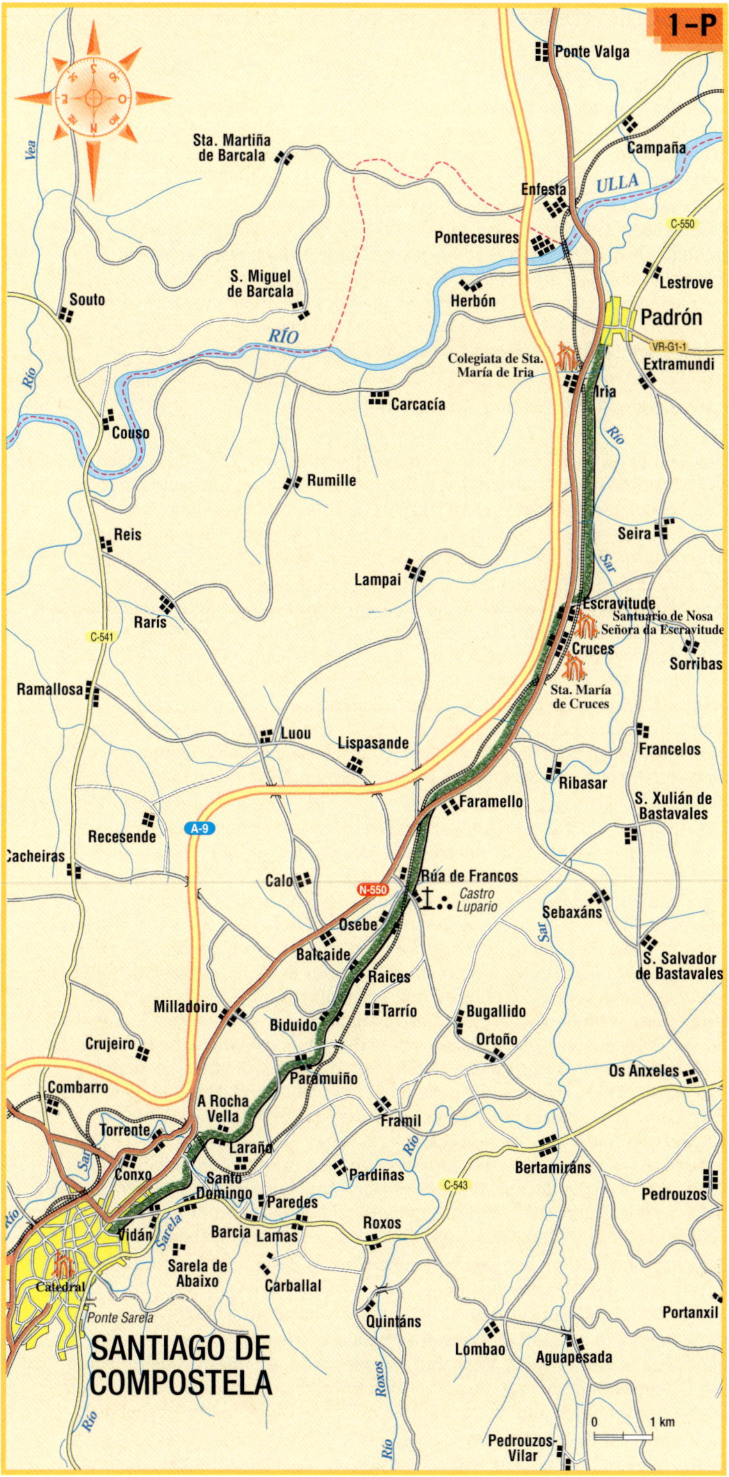
1-P
Ponte Valga
Campaña
Sta. Martiña de Barcala
Enfesta
ULLA
C-550
Pontecesures
S. Miguel de Barcala
Lestrove
Souto
Herbón
Padrón
RÍO
VR-G1-1
Colegiata de Sta. María de Iria
Extramundi
Iria
Carcacía
Couso
Río
Rumille
Seira
Reis
Sar
Lampai
Escravitude
Santuario de Nosa Señora da Escravitude
Raris
C-541
Cruces
Sorribas
Ramallosa
Sta. María de Cruces
Luou
Lispasande
Francelos
Ribasar
Faramello
S. Xulián de Bastavales
Recesende
A-9
Cacheiras
Calo
Rúa de Francos
N-550
Castro Lupario
Sebaxáns
Osebe
Balcaide
S. Salvador de Bastavales
Raices
Milladoiro
Tarrío
Bugallido
Biduido
Ortoño
Crujeiro
Os Ánxeles
Paramuiño
Combarro
A Rocha Vella
Framil
Torrente
Bertamiráns
Laraño
Conxo
Pardiñas
Santo Domingo
C-543
Pedrouzos
Paredes
Roxos
Vidán
Barcia
Lamas
Sarela
Sarela de Abaixo
Carballal
Catedral
Portanxil
Ponte Sarela
Quintáns
SANTIAGO DE COMPOSTELA
Lombao
Aguapesada
Roxos
0
1 km
Pedrouzos-Vilar
Vea

Geschichte und Kulturerbe der Verlängerung 1

Nach der Vollendung einer so langen und schweren Wallfahrt, konnten sich viele nicht damit abfinden, Santiago de Compostela als das endgültige Ziel ihrer Reise anzusehen. Daher suchten sie diese Erfahrung zu verlängern, indem sie zwei emblematische Orte besuchten: Padrón und Finisterre.

Der erste, Padrón, ist eng mit dem Jakobskult verbunden, da er einen wesentlichen Teil der mit dem Apostel verknüpften sakralen Geographie darstellt, als der Ort, an dem seine aus Jerusalem kommenden Reliquien aus dem Schiff geladen worden sind. Der zweite, das Kap von Finisterre, besitzt zwar keine bedeutenden Denkmäler, ist aber der Ort an den die Menschen damals die westliche Grenze zwischen der ihnen bekannten Welt und dem unendlichen und geheimnisvollen Ozean verlegten.

Verlängerung 1. Santiago de Compostela-Padrón

Laut dem Pilgerführer des *Liber sancti Iacobi* verließen die Pilger, die nach Padrón weiterzogen, Santiago durch das Tor Puerta Fajeira, das am Ende der »Frankenstraße« (Rúa del Franco) lag. Aus dem Text des Pilgerführers zu schließen, der es *porta de Felgariis* nennt, erklärt sich sein Name aus den Farnkräutern, die in seiner Umgebung wuchsen.

Der Pilgerführer berichtet auch, dass der Weg nach Padrón außerhalb der alten Stadtmauer an erster Stelle auf die Kirche der Heiligen Susanna (Iglesia de Santa Susana) traf, ein Gebäude, dass noch heute in einer schönen Parkanlage der modernen Stadt steht, dem »Hufeisenpark« (Parque de la Herradura). Die Kirche wurde 1105 von dem damaligen Bischof Diego Gelmírez dem Heiligen Grab geweiht. Er gab damals in ihr mit großer Feierlichkeit eine kostbare Reliquie in Verwahrung, die der Kirche in Braga entrissen worden war: der Körper der Heiligen Susanna, eine Figur aus dem alten Testament, deren Geschichte im Buch des Propheten Daniel erzählt wird.

Bemerkenswerte Orte auf dem kurzen Weg, der von Santiago nach Padrón führt, sind die sogenannte **A Rocha Vella** (der alte Felsen), die Ruinen einer alten Burg des Erzbischofes von Santiago, die neben dem Jakobsweg liegen. Etwas weiter, nachdem man durch **Biduido** - dessen Phytotoponym auf die Birken, die dort wachsen, anspielt - sowie durch **Osebe** gekommen ist, kommt man nach **Rúa de Francos**, an deren Eingang ein schönes gotisches Wegkreuz die Wanderer begrüßt. Abgesehen von Überresten der Römerstraße und einer anmutigen mittelalterlichen Brücke mit einem einzigen Bogen, befindet sich ganz in der Nähe die Enklave des **Castro Lupario**, eine vorrömische Ruine, die mit der Legende des Apostels Jakob verbunden ist. Nach einer Überlieferung, die schon im *Liber sancti Iacobi* wiedergegeben wird, wohnte an diesem Ort Frau Lupa, eine Matrone, welche die Jünger des Heiligen Jakobs, die den Leichnam ihres Meisters übers Meer von Palestina nach Galizien gebracht hatten, baten ihnen das Grundstück ihres Besitzes, das letztendlich Compostela werden sollte, zu überlassen, um den Apostel dort zu bestatten. Nach verschiedenen Ereignissen, bekehrt sich Frau Lupa, die vorher der Götzenverehrung frönte, zum Christentum und überlässt den Jüngern des Heiligen Jakobs ihr Grundstück, um dort den Apostel zu begraben.

Der Weg führt weiter über **Faramello** und **Cruces**, dessen der Jungfrau María geweihte Gemeindekirche noch ihre alte romanische Fassade zeigt. Im Gemeindebezirk von Cruces steht das barocke Heiligtum **da Escravitude**.

Wenn man dem Lauf des Flusses **Sar** in Richtung Meer folgt, führt der Jakobsweg über die Weiler **Vilar, Tarrío, Anteportas, Cambelas, Rueiro, Souto und Quintáns** und trifft auf die uralte **Iria Flavia**, die heute zu Padrón gehört, deren Ortsname sich aber in der Stiftskirche Santa María de Iria erhalten hat.

Die Bedeutung dieses Ortes im Rahmen der Jakobslegende und des Jakobskultes ist enorm, denn es handelt sich um das Haupt der Diözese in

Blick auf Padrón.

deren Gebiet der Leichnam des Apostels gefunden wurde, sowie um den Hafen, wo seine Gebeine ankamen. Diese Siedlung besaß seit den Zeiten Vespasians den Rang einer römischen Stadt - daher ihr Beiname »Flavia«-, war die Hauptstadt eines Gerichtsbezirkes in spätrömischer Zeit und schon seit der Antike ein Bischofsitz. Anfangs war ihre Kathedrale der Märtyrerin aus Mérida, der Heiligen Eulalia, geweiht, eine Widmung die später durch die heutige an die Jungfrau María ersetzt wurde. Zu Zeiten des Bischofs Teodomir (Teodomiro, IX. Jh.), findet man innerhalb ihres Hoheitsgebietes den Leichnam des Apostels Jakob und dieses Ereignis sollte mit der Zeit den Niedergang des alten Sitzes mit sich bringen.

Tatsächlich verursachte der Aufschwung des neuen »heiligen Ortes« Santiago de Compostela die langsame Vernachlässigung von Iria bis zu dem Punkt, dass im Jahre 1095 die Bischöfe dieses Bistums ihren alten Titel als Bischof von Iria durch den neuen als Bischof von Compostela ersetzten. Nicht nur das, sondern Iria wird auch zur einfachen Stiftskirche herabgesetzt. Eine Auswirkung dieser Herabsetzung ist auch der Namenswechsel der alten Stadt Iria, die den neuen Namen Padrón annimmt. Der Ursprung dieses Namens ist der Ruhm den der Felsen erlangte (»padrón« bedeutet auf galizisch »großer Stein, normalerweise mit einer Funktion als Gedenkstein«), an den das Boot, das von Jaffa herkam und den Leichnam des Heiligen Jakob trug, angebunden wurde, als es an Land stieß.

Obwohl es andere Versionen gibt, wird dieser »padrón« heute mit einem römischen Altar identifiziert, der die mit einer Inschrift versehene Basis einer Statue ist und als Fundament des Altares der Jakobskirche (Iglesia de Santiago) in Padrón diente, einen Altar den der Bischo Teodomir im IX. Jahrhundert errichten ließ. Jetzt befindet er sich im Presbiterium der heutigen neoklassizistischen Kirche.

Ein anderes Andenken in Padrón an den Heiligen Jakob ist der Brunnen Fuente del Carmen, der auf wunderbare Weise duch das Wirken des Apostels entsprang, als dieser mit seinem Stab an einen Felsen schlug. An diesem Brunnen befinden sich Reliefs, die die Überführung des Apostels darstellen. An derselben Stelle erhebt sich das Kloster del Carmen, das anfangs des XVIII. Jahrhunderts erbaut wurde.

Aber unter den Sehenswürdigkeiten in Padrón muss man die Stiftskirche von Santa María de Iria hervorheben, wenngleich eher wegen ihrer glorreichen Vergangenheit als wegen dem, was heute diese zu verschiedenen Zeiten umgebaute Anlage, welcher der Barock ihr heutiges Aussehen gab, dem Besucher zu bieten hat.

2 Verlängerung 2: Santiago de Compostela-Fisterra und Muxía

Blick auf Cee in der Ria von Corcubión.

Wenn man den Platz Plaza del Obradoiro als Ausgangspunkt nimmt, geht man aus **Santiago de Compostela** durch die Straßen Rúa das Hortas, Poza de Bar, San Lorenzo und la Robleda (neben dem Kloster San Lourenzo de Transouto) hinaus, von wo aus man die Stadt verlässt. Nachdem man durch **Ponte Sarela** gekommen ist, geht man zwischen den zahlreichen Weilern der Gemeinde **Ames** weiter, bis man zur mittelalterlichen Brücke **Augapesada** kommt. Man steigt den Hügel Alto do Mar das Ovellas hinauf um später den Lauf des Flusses Tambre in **Pontemaceira Vella** zu überqueren. In **Negreira** überquert man den Fluss Barcala

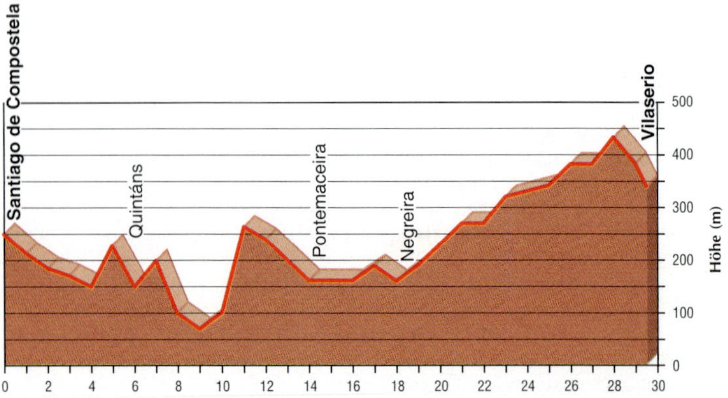

VERLÄNGERUNG 2. PRAKTISCHE INFORMATION

HERBERGEN

NEGREIRA: 22 Plätze und Küche.
OLVEIROA: 44 Plätze und Küche.
FISTERRA: Bietet Schutzhütte (Calle Real, 2). 48 Plätze und Küche. ✆ 981 740 781
DUMBRÍA: Schutzunterkunft in der Turnhalle. In **Grixá** wird man in der Pfarrei aufgenommen.
MUXÍA: In der städtischen Turnhalle.

HOTELS

SANTIAGO DE COMPOSTELA: **HS* La Salle.** Calle San Roque, 6. ✆ 981 584 611
CEE: **H** Larry.** Calle Magdalena, 8. ✆ 981 746 441. 21 Zimmer.
FISTERRA:
H* A Langosteira. Avda. Coruña, 57. ✆ 981 740 543. 38/28 € Doppelzimmer
MUXÍA: **HS** La Cruz.** Avda. López Abante, 44. ✆ 981 742 084. 45/33 € Doppelzimmer; 11 € Essen/Abendessen.

RESTAURANTS

BERTAMIRANS: **Mi Tasca.** Avda. de la Mahía, 21. ✆ 981 584 449
NEGREIRA: **Casa Barqueiro.** Avda. de Santiago, 13. ✆ 981 818 234
CEE: **O Galego.** Calle Rosalía de Castro, 33. ✆ 981 746 654
CORCUBIÓN: **San Martín.** Avda. da Mariña, 4. ✆ 981 746 601
FISTERRA: **Apalaxa.** Calle El Muelle. ✆ 981 740 569
O Centolo.
Calle del Puerto. ✆ 981 740 452
Muxía: **La Sirena.** Calle Condes de Maceda, 13. ✆ 981 742 007

(und lässt dabei das Gut Pazo do Cotón und die Kapelle des Heiligen Maurus »San Mauro«) hinter sich und geht durchs Gebüsch weiter in Richtung Terra de Xallas. Hinter den Ebenen steigt man den Hang des Hügels Monte Aro hinauf, von dem man die Talsperre Fervenza erblickt und steigt dann entlang der Bergkette Serra do Castelo ins Tal des Flusses Xallas hinab, dessen Gewässer man in **Ponteolveiroa** überquert. Auf dem Asphalt kommt man bis nach **Olveiroa**, das man in Richtung **Hospital** verlässt, welches man erreicht, nachdem man den Lauf des Logoso überquert hat. Wenn man an der Fabrik Ferroatlántica vorbeikommt, taucht eine Weggabelung auf, an der man sich zwischen Muxia und Fisterra entscheiden muss:

a) In Richtung Fisterra führt der Weg an der Kapelle Nosa Señora das Neves und dem Brunnen Fonte Santa vorbei, sowie kurz danach an der Kapelle des Märtyrers Petrus (Kapilla San Pedro Mártir). Bevor wir durch die Pinienwälder des Hügels Alto do Cruceiro da Armada hinabsteigen, erscheint das Meer vor uns. Man muss in diese Richtung gehen, um nach **Cée** und danach nach **Corcubión** zu kommen. Wenn man an **Sardiñeiro** vorbeikommt, geht man die Allee am Strand von Langosteira entlang, die direkt nach **Fisterra** führt. Durch die Straßen Rúa de Santa Cataliña und Rúa Real erreicht man die Kirche Santa María das Areas und nimmt von dort die Landstraße in Richtung des Leuchturms von Finisterre.

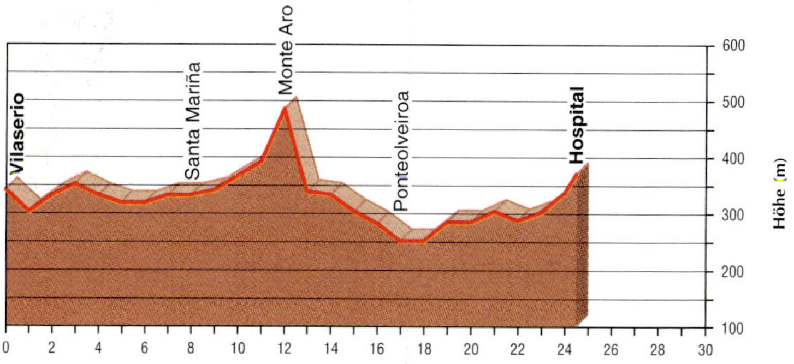

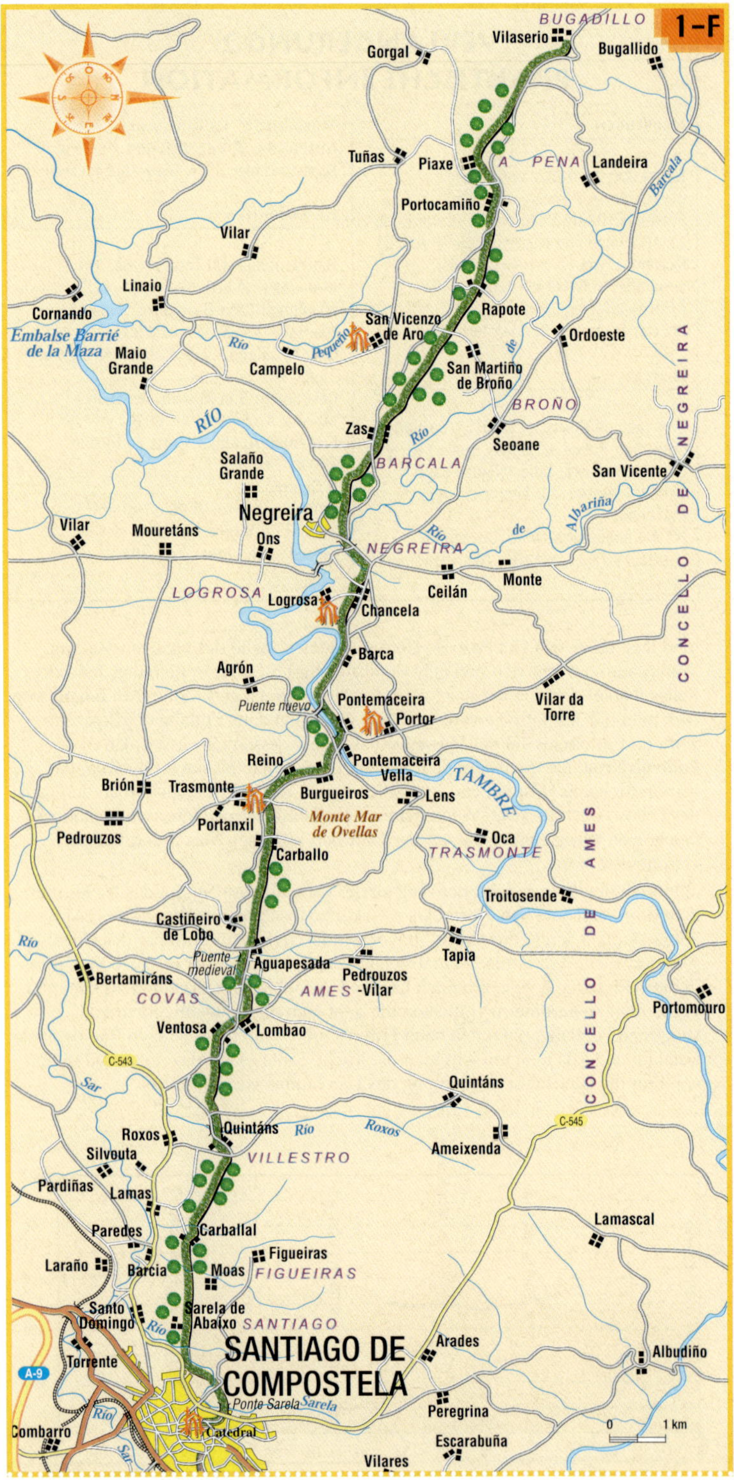
1-F
BUGADILLO
Vilaserio
Gorgal
Bugallido
Tuñas
Piaxe
A PENA
Landeira
Barcala
Portocamiño
Vilar
Linaio
Cornando
Embalse Barrié de la Maza
Maio Grande
Río
Campelo
Pequeño
San Vicenzo de Aro
Rapote
Ordoeste
San Martiño de Broño
de
BROÑO
RÍO
Zas
Río
BARCALA
Seoane
San Vicente
Salaño Grande
Negreira
Vilar
Mouretáns
Ons
Río
de
Albariña
NEGREIRA
Monte
Ceilán
LOGROSA
Logrosa
Chancela
CONCELLO DE NEGREIRA
Barca
Agrón
Puente nuevo
Pontemaceira
Portor
Vilar da Torre
Reino
Pontemaceira Vella
TAMBRE
Brión
Trasmonte
Burgueiros
Lens
Pedrouzos
Portanxil
Monte Mar de Ovellas
Oca
TRASMONTE
Carballo
Troitosende
Castiñeiro de Lobo
Río
Tapia
Puente medieval
Aguapesada
Bertamiráns
Pedrouzos -Vilar
COVAS
AMES
CONCELLO DE AMES
Portomouro
Ventosa
Lombao
C-543
Sar
Quintáns
Roxos
Quintáns
Río
Roxos
Ameixenda
C-545
Silvouta
VILLESTRO
Pardiñas
Lamas
Lamascal
Paredes
Carballal
Laraño
Barcia
Moas
Figueiras
FIGUEIRAS
Santo Domingo
Sarela de Abaixo
SANTIAGO
Río
SANTIAGO DE COMPOSTELA
Arades
Albudiño
Torrente
A-9
Ponte Sarela
Sarela
Río
Peregrina
Combarro
Catedral
Sar
0
1 km
Escarabuña
Vilares

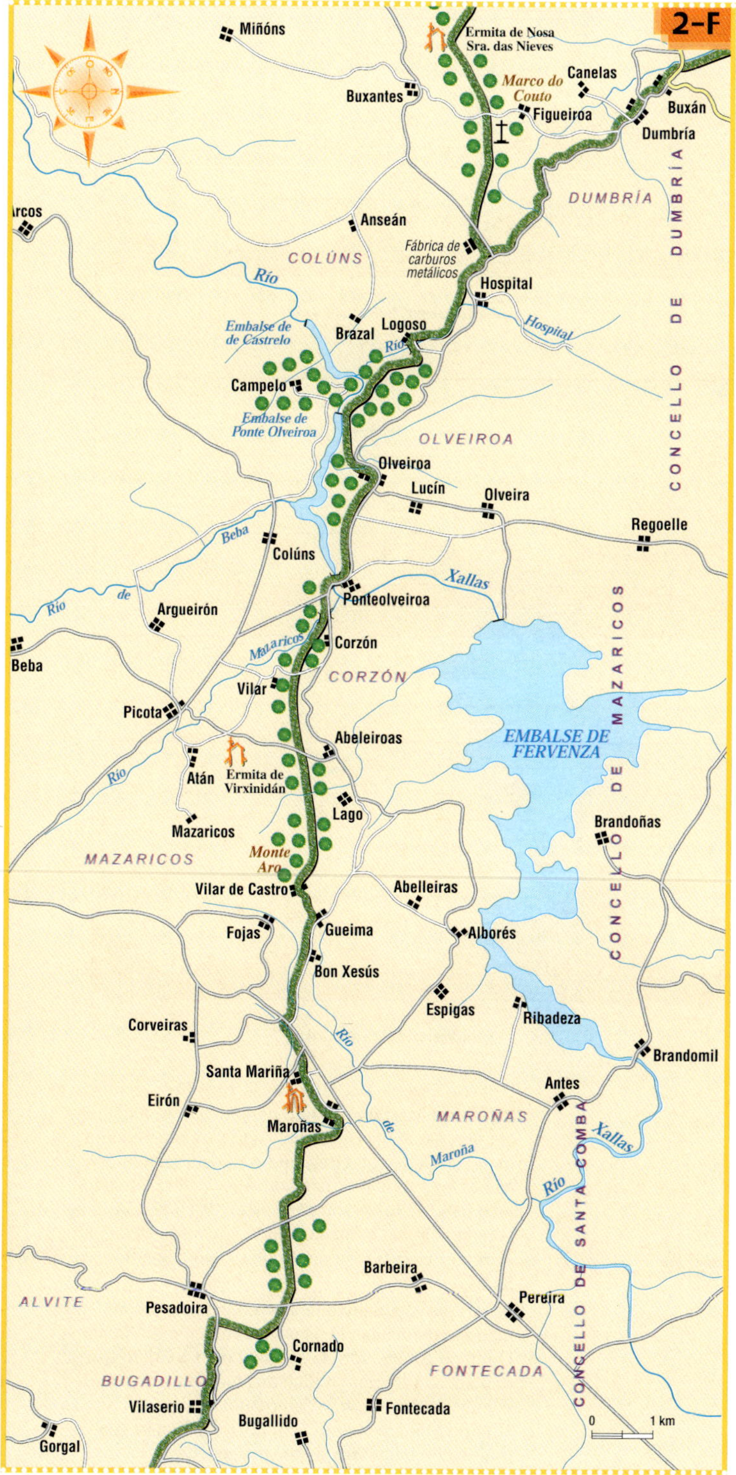
2-F
Miñóns
Ermita de Nosa Sra. das Nieves
Marco do Couto
Canelas
Buxantes
Figueiroa
Buxán
Dumbría
DUMBRÍA
CONCELLO DE DUMBRÍA
Arcos
Anseán
COLÚNS
Fábrica de carburos metálicos
Río
Hospital
Embalse de de Castrelo
Brazal
Logoso
Río
Hospital
Campelo
Embalse de Ponte Olveiroa
OLVEIROA
Olveiroa
Lucín
Olveira
Regoelle
Beba
Colúns
Xallas
Río
de
Argueirón
Ponteolveiroa
Beba
Mazaricos
Corzón
CORZÓN
Vilar
Picota
EMBALSE DE FERVENZA
CONCELLO DE MAZARICOS
Abeleiroas
Río
Atán
Ermita de Virxinidán
Lago
Mazaricos
Brandoñas
MAZARICOS
Monte Aro
Vilar de Castro
Abelleiras
Fojas
Gueima
Alborés
Bon Xesús
Espigas
Ribadeza
Corveiras
Río
Brandomil
Santa Mariña
Antes
Eirón
Maroñas
MAROÑAS
de
Xallas
Maroña
Río
CONCELLO DE SANTA COMBA
Barbeira
ALVITE
Pesadoira
Pereira
Cornado
BUGADILLO
FONTECADA
Vilaserio
Fontecada
Bugallido
Gorgal
0
1 km

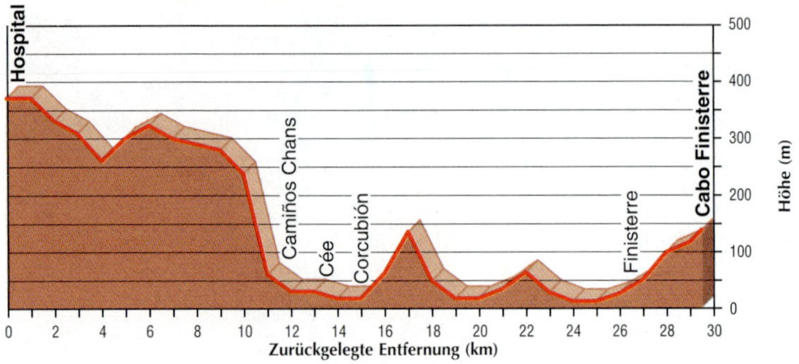

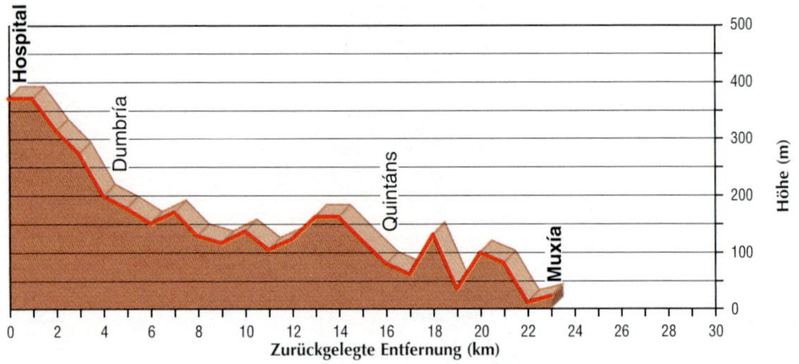

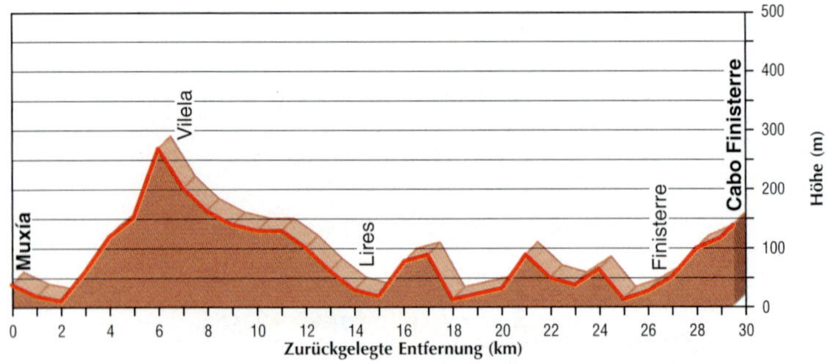

Um von Fisterra aus nach Muxía zu gehen, kommt man durch **San Martiño de Duio** und erreicht in Richtung Norden die Punta de Rostro. Auf Sandpisten kommt man zur »Ría« von **Lires,** und nachdem man in der Nähe des Kapps Touriñán vorbeigewandert ist, steigt man den Facho de Lourido hinauf. Nach dem Abstieg kommt man nach **Muxía**, von wo man das Heiligtum »Unserer Lieben Frau des Bootes« (Nosa Señora da Barca) erreicht.

b) Um die Alternativroute nach Muxía zu nehmen, muss man um den Hügel Peña do Corvo herum in Richtung Dumbría gehen. Von da aus geht man auf dem Asphalt und auf Sandwegen in Richtung Norden weiter und kommt an den Klöstern San Martiño de Ozón und San Xian de Moraime vorbei, um über den Strand von Espiñeirido nach **Muxía** hineinzugehen.

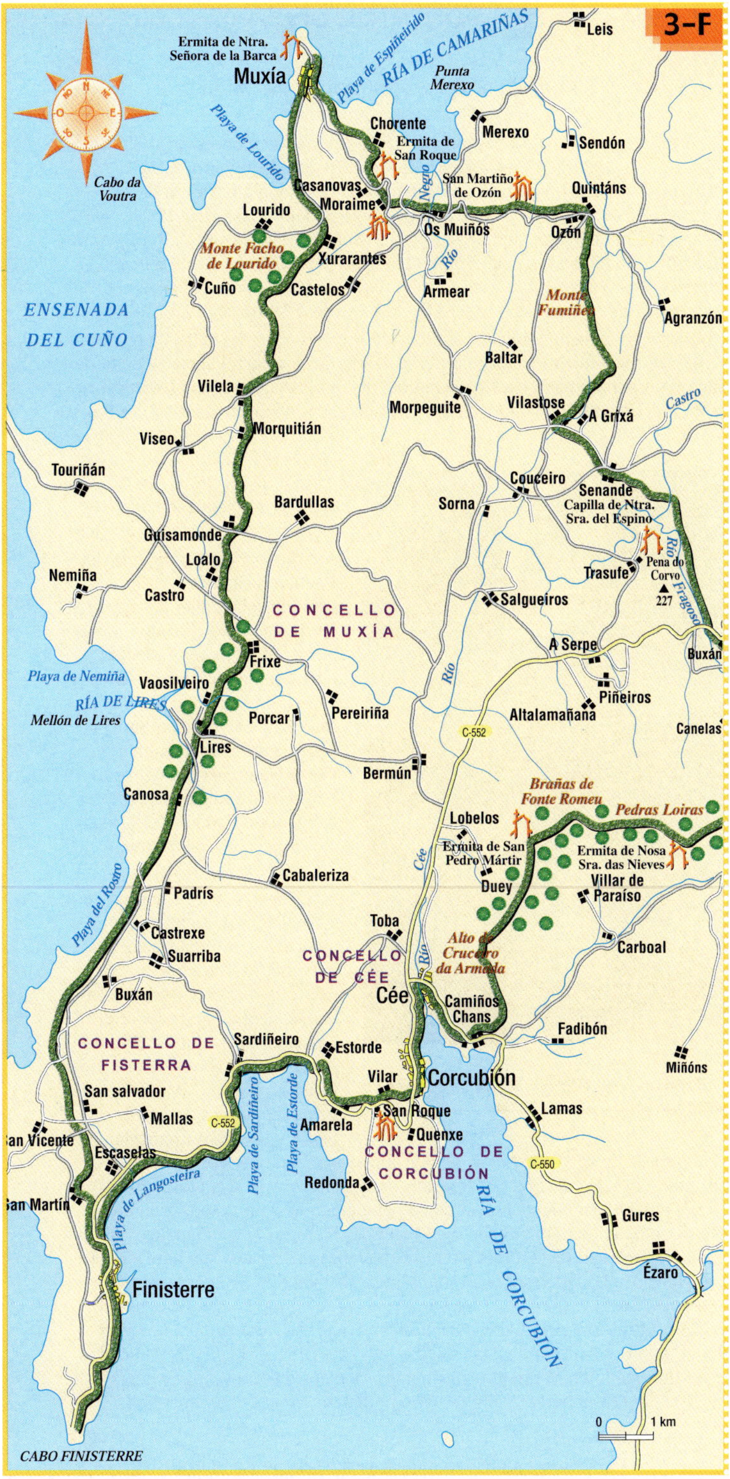
3-F
Ermita de Ntra. Señora de la Barca
Muxía
Playa de Espiñeirido
RÍA DE CAMARIÑAS
Punta Merexo
Leis
Playa de Lourido
Chorente
Ermita de San Roque
Merexo
Sendón
Cabo da Voutra
Casanovas
Moraime
Negro
San Martiño de Ozón
Quintáns
Lourido
Os Muiños
Ozón
Monte Facho de Lourido
Xurarantes
Río
Cuño
Castelos
Armear
Monte Fumiñeo
Agranzón
ENSENADA DEL CUÑO
Baltar
Vilela
Morpeguite
Vilastose
A Grixá
Castro
Viseo
Morquitián
Touriñán
Couceiro
Senande
Capilla de Ntra. Sra. del Espino
Bardullas
Sorna
Guisamonde
Río Fragoso
Loalo
Pena do Corvo
227
Trasufe
Nemiña
Castro
Salgueiros
CONCELLO DE MUXÍA
A Serpe
Buxán
Frixe
Playa de Nemiña
Vaosilveiro
Río
Piñeiros
RÍA DE LIRES
Mellón de Lires
Porcar
Pereiriña
Altalamañana
Canelas
Lires
C-552
Bermún
Canosa
Brañas de Fonte Romeu
Pedras Loiras
Lobelos
Ermita de San Pedro Mártir
Ermita de Nosa Sra. das Nieves
Cée
Cabaleriza
Duey
Villar de Paraíso
Playa del Rostro
Padrís
Castrexe
Toba
Alto do Cruceiro da Armada
Carboal
Suarriba
CONCELLO DE CÉE
Río
Buxán
Cée
Camiños Chans
CONCELLO DE FISTERRA
Sardiñeiro
Fadibón
Estorde
Miñóns
Vilar
Corcubión
San salvador
Playa de Sardiñeiro
Playa de Estorde
San Roque
Lamas
Mallas
C-552
Amarela
Quenxe
San Vicente
CONCELLO DE CORCUBIÓN
Escaselas
C-550
Playa de Langosteira
Redonda
RÍA DE CORCUBIÓN
San Martín
Gures
Ézaro
Finisterre
0
1 km
CABO FINISTERRE

Geschichte und Kulturerbe der Verlängerung 2

Verlängerung 2. Santiago de Compostela-Fisterra und Muxia

Die Fortsetzung des Jakobsweges zum *Finis Terrae* (dem Ende der Welt) ist nicht so mit wichtigen Denkmälern des Jakobskultes bestückt wie der Französische Weg oder andere Pilgerstraßen. Dennoch gibt es mindestens seit Anfang des XV. Jahrhunderts schriftliche Belege dafür, dass viele Pilger, waren sie einmal in Santiago, sich dazu entschlossen dem Sternenweg zu folgen, der sie vom Firmament aus nach Sonnenuntergang leitete*, zu dem äußersten Ende der bekannten Welt, dem Ort, an dem das Land durch das unendliche und unbekannte Westliche Meer abgelöst wurde: Fisterra oder Finisterre.

Um diese zusätzliche Wallfahrt zurückzulegen, verließen die mittelalterlichen Pilger die Mauern von Santiago durch das Tor »des Heiligen Pilgers« (Puerta del Santo Peregrino) - nach der Bezeichnung, die ihm das *Liber sancti Iacobi* gibt - oder der Dreieinigkeit (Trinidad), die zwischen dem heutigen Standort des Palasts Raxoi (Palacio Raxoi) und des Hotels der Katholischen Könige (Hostal de los Reyes Católicos) lag, um der heutigen Straße Huertas nach Westen zu folgen.

Fisterra. Kirche Santa María das Areas.

Auf diesem Weg zum Ende der Welt, verzeichnet der gaskognische Pilger aus dem XV. Jahrhundert Nompar de Caumont nur zwei Zwischenstationen: eine noch nicht identifizierte *Salhemana* und den Ort Maroñas. Die übrigen Berichte heben die Schwierigkeiten hervor, dem Jakobsweg nach Finisterre zu folgen, auf dem einige ihrer Verfasser sich sogar verirrten, wie zum Beispiel Sebastian Ilsung (XV. Jh.).

Nach den bescheidenen Weilern **Carballal** und **Quintáns** trifft der Jakobsweg in **Aguapesada** auf eine interessante Brücke mittelalterlichen Ursprungs. Von da aus geht es weiter über die Ortschaften **Trasmonte**, **Ponte Maceira** - die ihren Namen einer Brücke aus dem XIV. Jahrhundert verdankt - **Barca** und das Herrengut (pazo) **Chancela** an den Toren von Negreira. Auf seinem Wappen wird eine der Episoden aus der Legende der Überführung des Apostels dargestellt, wie sie das *Liber sancti Iacobi* erzählt: nachdem sie von Doña Lupa einen Bestattungsort für ihren Meister erbeten haben, werden die Jünger des Heiligen Jakob (Santiago) von ihr nach *Dugium* geschickt, einer alten, heute verlassenen Stadt, die bei Finisterre lag. Der böse König dieser Stadt plant im Geheimen den Tod der Jakobsjünger, aber diese werden durch Gott gewarnt und ergreifen die Flucht, verfolgt vom König und seinen bewaffneten Mannen. Im Laufe der Verfolgung, an einem Punkt, den der Text nicht genau angibt, fällt eine Brücke durch ein Wunder unter den gottlosen Verfolgern zusammen. Wie aus diesem Wappen hervorgeht, möchte die Lokalüberlieferung dieses wunderbare Ereignis hier ansetzen.

* Die Milchstraße heißt auf Spanisch auch »Camino de Santiago«, d.h. »Jakobsweg«. (A.d.Ü.).

Leuchtturm des Kap (Cabo) Fisterra oder Finisterre.

Negreira ist die wichtigste Ortschaft auf diesem Weg. Sie ist im Mittelalter entstanden und ihre wichtigsten Sehenswürdigkeiten sind das mittelalterliche Herrengut Pazo do Cotón und eine Kapelle, die daneben liegt und dem Heiligen Mauro geweiht ist.

Hinter **Portocamiño** befindet sich **Maroñas**, durch das Nompar de Caumont auf seiner Wallfahrt zog. Man kann dort eine mittelalterliche Kirche bewundern, die der Heiligen Marina geweiht ist.

In **Olveiroa** oder in **Hospital**, bieten sich für die Weiterreise zwei Alternativen: ein Weg, der direkt zum Kap Finisterre führt (A) und ein anderer, der parallel zu dem ersten in Richtung Muxia verläuft (B).

A) Von Hospital nach Fisterra kommt der Weg an der neoklassizistischen Kirche der Virgen de las Nieves vorbei und sieht bei seiner Ankunft in **Cee** zum ersten Mal das Meer. In **Corcubión** ragt die gotische Gemeindekirche des Heiligen Marcos zwischen seinen wohl erhaltenen Häusern heraus, in der eine Holzfigur des Heiligen, dem sie geweiht ist, aufbewahrt wird. Sie ist italienischen Ursprungs und stammt aus dem XV. Jahrhundert.

Der Name **Fisterra** oder Finisterre erklärt sich aus der antiken Auffassung der Welt heraus, nach der wir uns hier vor einer der äußersten Grenzen der Erde befinden. Die uralten indoeuropäischen Mythen von dem Tod der Sonne im Westen finden unter den alten griechischen und römischen Geographen und Geschichtsschreibern ihren Ausdruck, wenn sie uns von der religiösen Furcht erzählen, welche die Legionäre von Junius Brutus befiel, als sie den imposanten Untergang einer riesigen roten Sonne in den Gewässern des Ozeans sahen, der den Eindruck eines Brandes inmitten des Wassers erweckte.

Viele der deutschen Pilger, die bis hierher kamen, verballhornten in einer Volksetymologie den lateinischen Namen Finisterre zu »Finstersterne«. Wahrscheinlich wurden sie durch die mittelalterliche Bezeichnung des Atlantischen Ozeans als »Finsteres Meer« dazu gebracht.

In der Nähe von Finisterre befand sich die alte Stadt *Dugium*, deren Erinnerung in den Hagiotoponymen San Martiño de Duio und San Vicente de Duio weiterlebt.

Im Zentrum der Ortschaft Fisterra steht die romanische Kirche der »Heiligen María vom Sand« (Santa María das Areas) neben den Überresten des alten Pilgerhospitals. In der Kirche bewahrt man eine schöne gotische Holzfigur des Heiligen Christus von Fisterra (Santo Cristo de Fisterra) auf, dessen Kult - zum großen Teil dank der Pilger - eine der beliebtesten in ganz Galizien ist.

Abgesehen vom Christus werden in dieser Kirche eine Renaissancefigur der Virgen del Carmen und eine Holzstatue des Apostels Jakob verehrt.

Viele Pilger belegen die Existenz eines Klosters dort, das dem Heiligen Willhelm (San Guillermo) geweiht war und von dem heute nichts mehr erhalten ist, nachdem es im XVII. Jahrhundert von bretonischen Piraten zerstört wurde. Die Tatsache, dass Nompar es *Saint Guilhames du desert* nennt, zeigt uns, dass es sich um denselben Heiligenkult handelt, den wir schon an anderen Punkten des Jakobsweges vorfanden, wie z. B. in Gellone (Herault) und Obanos (Navarra). Die verschiedenen Legenden erzählen, dass der Herzog Willhem der X. von Aquitanien (Guillermo X de Aquitania) sich, nachdem er die Jakobswallfahrt zurückgelegt hatte, sich als Eremit an diese drei Orte zurückzog, wo er seine Tage im Geruch der Heiligkeit beendete.

B) Zwischen Hospital und Muxia führt der Weg erstmal über **Dumbría** und verläuft dann über **Sanade** und **Quintáns**, bevor er auf die Kirche von **San Martiño de Ozón** trifft, die noch ihre ursprüngliche romanische Apsis vorzeigt. Etwas weiter kommt man durch **Muiños**, dessen Name von der großen Anzahl Mühlen herrührt, die es dort gibt. In **Moraime** bietet das Kloster des Heiligen Julian ein weiteres gutes Beispiel der Romanik dieser Gegend. In seinem Innern finden gotische Wandmalereien Schutz.

Muxia verdankt seinen Ruhm dem Heiligtum der Jungfrau Maria »des Bootes« (de la Barca), das auch mit dem Jakobskult verbunden war. Laut der Legende kam die Jungfrau Maria zu der Zeit, als der Apostel Jakob in dieser Gegend predigte, bevor er nach Jerusalem zurückfuhr, an diese Küste, um ihn bei seiner Predigt zu ermuntern und ihr zu Stein gewordenes Boot blieb dabei für immer an jenem Ufer festgebunden, das heute das Ziel einer der beliebtesten Wallfahrten Galiziens ist. Manche Pilger, wie zum Beispiel Sebastian Ilsung (XV. Jh.), behaupten sogar, dass sich dort das größte Wunder des gesamten Jakobsweges ereignet.

Kapelle Nosa Señora da Barca in Muxía.

3 Silberweg (La Vía de la Plata)

Die Römerstraße führt unter dem Bogen von Cáparra hindurch.

Die Via de la Plata verläuft von Süden nach Norden und geht von **Sevilla** aus (wenngleich man die Wanderung auch von **Granada** aus antreten kann, wo sie als *Mozarabischer Weg* »Camino Mozárabe« angezeigt wird), um in Astorga mit dem Frazösischen Weg zusammenzutreffen (Camino Francés) oder über Puebla de Sanabria nach Galizien (Galicia) zu führen.

Die Via de la Plata durchläuft am Anfang die Bergkette von Sevilla, eine Gegend, die der Viehhaltung gewidmet und mit Steineichen und Korkeichenwäldern bewachsen ist. Die Route durchquert die Berge von Sierra Morena, um über **Monesterio** in das Gebiet Extremadura einzudringen. Sie verläuft durch die der Landwirtschaft gewidmete Gegend von Tierra de Barros (**Zafra**) und über die fruchtbare Ebene des Guadiana (**Mérida**). Sie kommt zwischen Weiden nach **Cáceres** und geht über die Bergkette Sierra de Béjar in die Provinz Salamanca über, in der neben den Steineichen auch Eichen auftauchen. Nach **Béjar** kommt man nach **Salamanca** und später durch das Gebiet Tierra del Vino in die Provinz Zamora. Man kommt durch die Stadt **Zamora**, und wenn man die Gegend Tierra del Pan hinter sich gelassen hat, steht man vor zwei Möglichkeiten:

a) Über **Santa Marta de Tera** nach **Puebla de Sanabria** weiterzugehen und durch die Provinz Orense nach Galizien zu kommen.

b) Über **Benavente** und **La Bañeza,** die schon in der Provinz León liegen, nach **Astorga** zu wandern**.**

Bis man nach Galizien kommt, gibt es fast keine Herbergen, obwohl in vielen Ortschaften die Pilger von der Stadt oder Pfarrgemeinde aufgenommen werden.

In Galizien gibt es Herbergen in **A Gudiña**, **Laza**, **Vilar de Barrio**, **Xunqueira de Ambía**, **Verín**, **Monterrei**, **Sandiás**, **Ourense**, **Cea, Bendoiro**, auf dem **Campingplatz Medelo** und letztendlich auf dem **Monte do Gozo,** bevor man **Santiago de Compostela** erreicht.

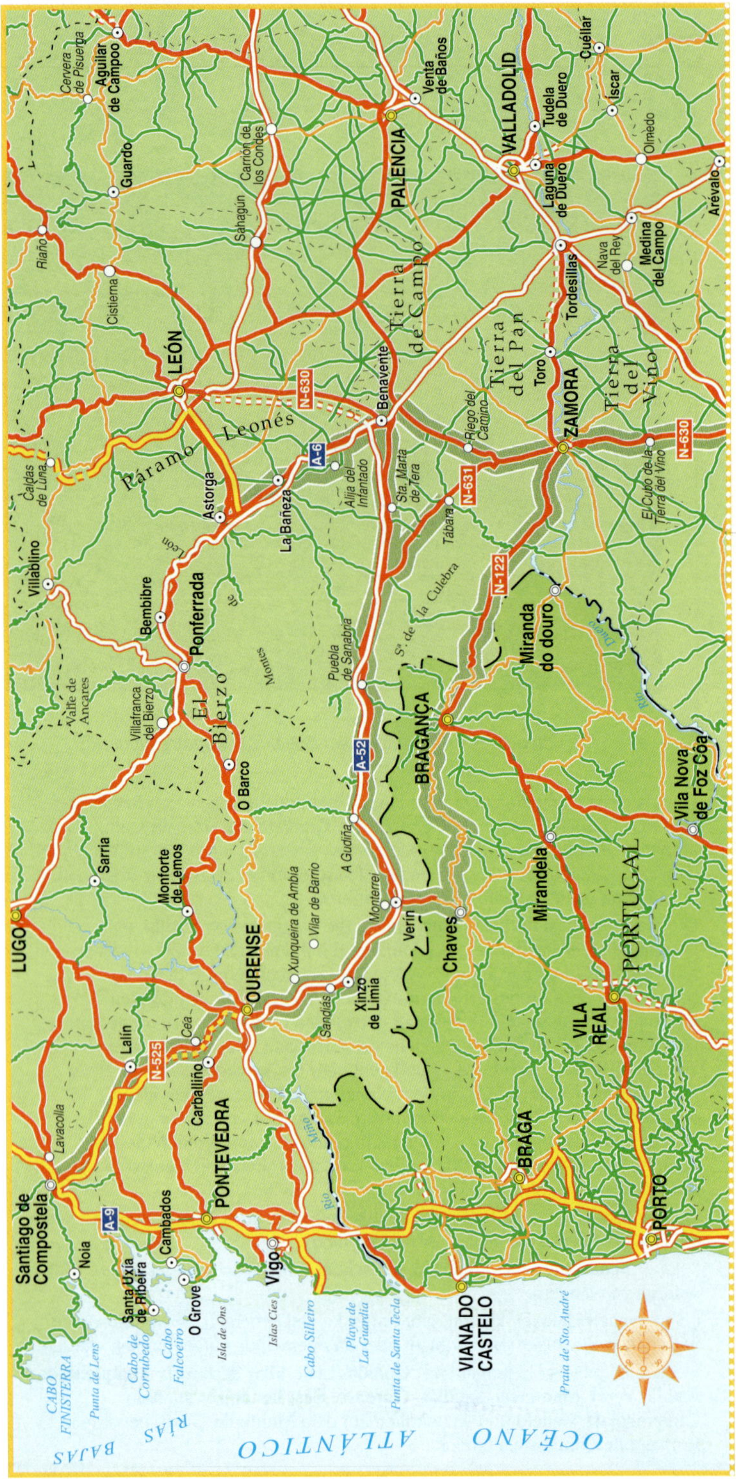

Aguilar de Campoo
Cervera de Pisuerga
Guardo
Riaño
Cistierna
Carrión de los Condes
Sahagún
Venta de Baños
PALENCIA
VALLADOLID
Cuéllar
Iscar
Tudela de Duero
Olmedo
Laguna de Duero
Arévalo
Medina del Campo
Nava del Rey
Tordesillas
Toro
Tierra de Campo
Tierra del Pan
Tierra del Vino
LEÓN
N-630
Benavente
Páramo Leonés
Caldas de Luna
A-6
Astorga
La Bañeza
Alija del Infantado
Sta. Marta de Tera
Riego del Camino
ZAMORA
N-631
Tábara
El Cubo de la Tierra del Vino
Villablino
Bembibre
Ponferrada
N-122
Sª. de la Culebra
Miranda do douro
Puebla de Sanabria
Montes de León
El Bierzo
Valle de Ancares
Villafranca del Bierzo
O Barco
BRAGANÇA
A-52
Vila Nova de Foz Côa
A Gudiña
Sarria
Monforte de Lemos
Mirandela
LUGO
Monterrei
Verín
Xunqueira de Ambía
Vilar de Barrio
Chaves
OURENSE
PORTUGAL
Xinzo de Limia
Sandiás
Cea
VILA REAL
Lalín
N-525
Carballiño
Lavacolla
PONTEVEDRA
Río Miño
BRAGA
Santiago de Compostela
A-9
Cambados
PORTO
Noia
Santa Uxía de Ribeira
O Grove
Vigo
VIANA DO CASTELO
Isla de Ons
Islas Cíes
Cabo Silleiro
Playa de La Guardia
Punta de Santa Tecla
Praia de Sto. André
Cabo de Corrubedo
Cabo Falcoeiro
CABO FINISTERRA
Punta de Lens
RÍAS BAJAS
OCÉANO ATLÁNTICO

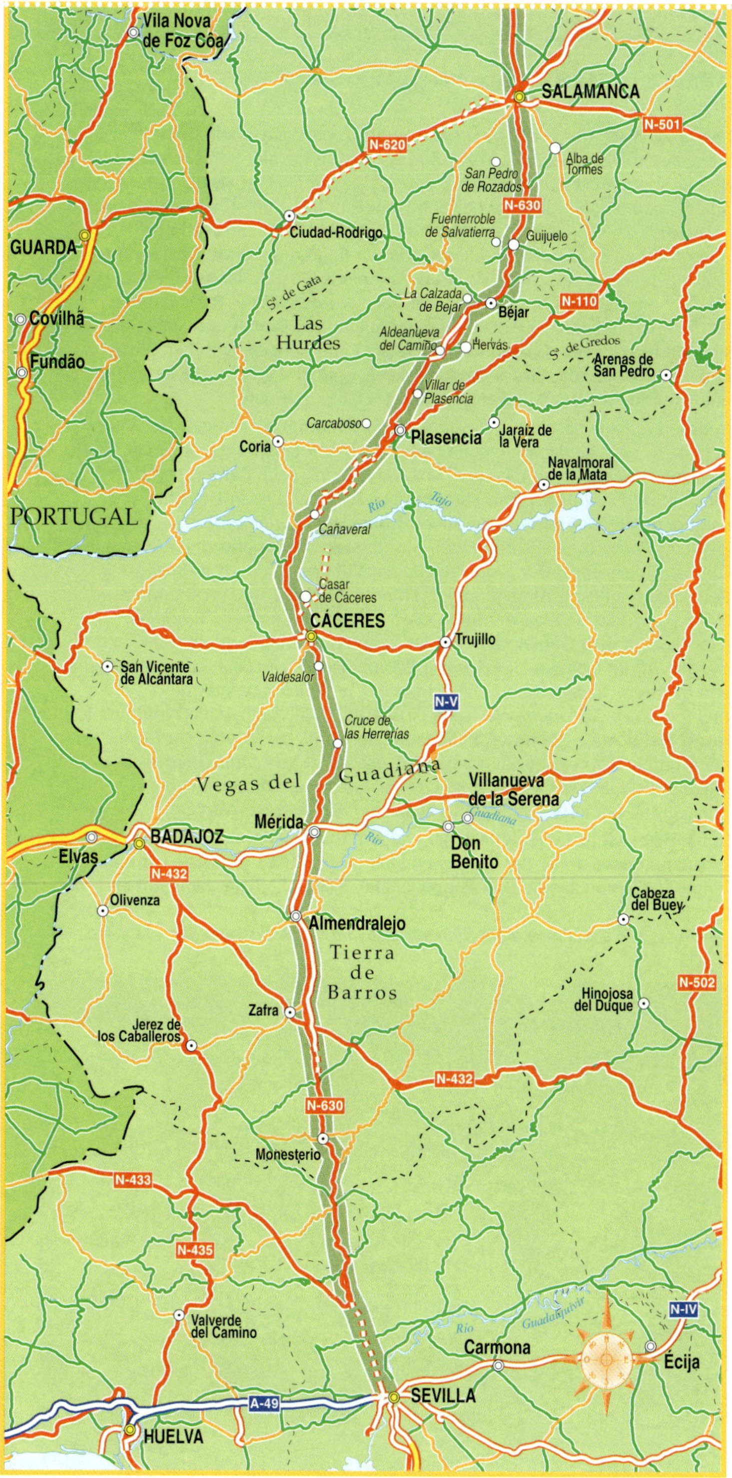
Vila Nova de Foz Côa
SALAMANCA
N-501
N-620
Alba de Tormes
San Pedro de Rozados
N-630
Fuenterroble de Salvatierra
Guijuelo
Ciudad-Rodrigo
GUARDA
Sª. de Gata
La Calzada de Bejar
Béjar
N-110
Covilhã
Las Hurdes
Aldeanueva del Camino
Hervás
Sª. de Gredos
Arenas de San Pedro
Fundão
Villar de Plasencia
Carcaboso
Plasencia
Jaraíz de la Vera
Coria
Navalmoral de la Mata
PORTUGAL
Río Tajo
Cañaveral
Casar de Cáceres
CÁCERES
Trujillo
San Vicente de Alcántara
Valdesalor
N-V
Cruce de las Herrerías
Vegas del Guadiana
Villanueva de la Serena
Mérida
Guadiana
Río
BADAJOZ
Elvas
Don Benito
N-432
Olivenza
Cabeza del Buey
Almendralejo
Tierra de Barros
N-502
Hinojosa del Duque
Zafra
Jerez de los Caballeros
N-432
N-630
Monesterio
N-433
N-435
N-IV
Valverde del Camino
Río Guadalquivir
Carmona
Écija
SEVILLA
A-49
HUELVA

Das Kulturerbe des Silberweg (La Vía de la Plata)

Weitere 1. Die Vía de la Plata oder der Mozarabische Weg

Der Jakobsweg, der von Sevilla nach Santiago de Compostela führt, nützt weitgehend – bis zu seiner Ankunft in Astorga - eine alte Römerstraße, deren Beschreibung man in einem Werk findet, das viel älter ist als der Führer des *Liber sancti Iacobi* (XIII. Jh.), der den Französischen Weg (Camino Francés) beschreibt. Es handelt sich um das *Itinerarium Antonini* (Itinerario de Antonino), einer »Landstraßenkarte«, die im II. Jahrhundert n. Chr. verfasst wurde, vielleicht zur Zeit des Kaisers Antoninus Pius, in der alle Straßen des Römischen Reiches seiner Zeit beschrieben wurden. Diese Beschreibung der Straßen bestand aus der Aufzählung der Städte, *mansiones* und Stationen, die sich auf ihrem Verlauf befanden, sowie die Entfernungen zwischen ihnen, eine Information, die dieses Werk direkt den *miliarii* (großen Meilensteinen mit Inschriften) entnahm, welche an den Straßen standen.

In unserem Falle beschreibt das *Itinerarium Antonini* die Etappen der Via de la Plata in verschiedenen Abschnitten: *Ab Hispali Emeritam* (von Sevilla nach Mérida), *Ab Emerita ad Ocelum Duri* (von Mérida nach Zamora) und *Ab Ocelum duri Asturicam* (von Zamora nach Astorga). Die Ortschaften, die nach dem alten Reiseführer auf dieser Route lagen, waren folgende: *Hispalis* (Sevilla), *Italica* (heute Santiponce), *Monte Mariorum* (vielleicht Guillena), *Curica* (Monesterio), *Contributa* (vielleicht Villafranca de los Barros), *Perceiana* (vielleicht Almendralejo), *Emerita* (Mérida), *Ad Sorores* (in der Nähe von Casas de Don Antonio), *Castris Caecilii* (Cáceres), *Turmulos* (vielleicht in dem Gebiet, das von der Talsperre Alcántara II überschwemmt worden ist, im Gemeindebezirk von Garrovillas), *Rusticiana* (Gemeindebezirk von Galisteo) *Capara* (Ventas de Cáparra), *Caelionicco* (Ventas de Montemayor), *Ad Lippos* (Valverde de Valdelacasa), *Sentice* (Pedrosillo de los Aires), *Salmantice* (Salamanca), Sabaria (Gemeindebezirk von San Cristóbal del Monte), Ocelo Duri (Zamora), *Vico Aquario* (Castrotorafe, in der Nähe von San Cebrián de Castro), *Brigeco* (Villabrázaro, in der Nähe von Benavente), *Bedunia* (vielleicht La Bañeza) und *Asturica* (Astorga).

Es handelt sich hier, wenigstens bei einigen Abschnitten, um die am besten erhaltene Römerstraße der Iberischen Halbinsel, die bis ins letzte Jahrhundert hinein in Gebrauch war. Ihr heutiger Name, Via de la Plata -den man als

Bauschema einer Römerstraße und deren Bestandteile.

Römisches Theater von Mérida.

»Silberstraße« übersetzen kann - ist das Produkt einer relativ modernen Volksetymologie, welche die Phonetik des Namens, den die Araber dieser Straße gaben (»Bal'lat«, mit der Bedeutung »gepflasterter Weg«, in eindeutiger Anspielung auf das schöne Pflaster dieser »Autobahn«, jener Zeit) leicht abändert.

Diese Straße war das ganze Mittelalter über in Gebrauch, vor allem militärisch, denn über die Via verliefen die Raubzüge sowohl in Richtung Süd-Nord, vor allem zur Zeit des Kalifats und al-Mansurs (Almanzor, IX.-XI. Jh.), wie auch Nord-Süd, als die *Reconquista*, die Wiedereroberung Spaniens durch die Christen, schon unaufhaltsam vorstieß: von Ferdinand dem I. und Alfons dem VI. (Fernando I und Alfonso VI) bis zu Ferdinand III., *dem Heiligen* (Fernando III *el Santo*), dem Eroberer Sevillas (XI.-XIII. Jh.). Natürlich diente die Römerstraße nicht nur dem Austausch von Hieben unter Feinden, sondern auch dem von Waren unter Nachbarn. In dieser Hinsicht brachten sowohl Westgoten wie Moslems und Christen bei ihrer Benutzung der Via keine Veränderung in die Absicht, mit der die römischen Erbauer der Straße sie angelegt hatten.

Aber als Anfang des IX. Jahrhunderts das Grab des Apostels Jakob in Galizien entdeckt wurde, fingen wahrscheinlich die christlich-maurischen oder mozarabischen Pilger des Südostens der Iberischen Halbinsel - von denen sicherlich eine große Zahl ihre Schritte nach Compostela lenkte - an, die Via de la Plata zu benutzen. Anfangs des Jahres 1000 zerstört Almanzor die Stadt und die Kathedrale von Santiago, verschont aber das Grab des Apostels, von dem er durch viele dieser Pilger erfahren hatte. Dennoch müssen wir zugeben, dass es fast keine schriftlichen Belege von Wallfahrten der maurischen Christen nach Santiago gibt und dass die Spuren eines Netzes von Herbergen und anderen Einrichtungen für die Pilger entlang dieser Straße auch sehr spärlich sind.

Die Tatsache, dass es sich um eine sehr alte Straße handelte, die auf ihrem Lauf von Wegstationen und bedeutenden Städten gesäumt war, könnte bedeuten, dass diese Einrichtungen schon seit alters her existierten und in westgotischer und arabischer Zeit erhalten geblieben waren. Abgesehen davon, muss die Via schon von den Verehrern der Heiligen Eulalia als Pilgerweg benutzt worden sein, der Schutzpatronin von Mérida und eine der beliebtesten frühchristlichen spanischen Märtyrerinnen ihrer Zeit (erinnern wir uns daran, dass die Kathedrale von Iria Flavia ihr geweiht war). Wir wissen, dass im VI. Jahrhundert Masona, der Erzbischof der Stadt, ein »Xenodoquium« (Pilgerhospital) erbauen ließ, um die vielen Besucher, die von der kostbaren Reliquie der Heiligen Eulalia oder Olalla angezogen wurden, aufzunehmen.

Triumphbogen von Cáparra.

Die Zeichen der Verehrung des Apostels Jakob entlang dieser Route sind zahlreich aber dies müssen wir eher im Rahmen der *Reconquista* als in dem der Wallfahrten verstehen, da die Gebiete in denen sie auftreten, die aus dem Eroberungsrecht heraus dem Königreich León zustanden, einer der wichtigsten Schauplätze der Aktionen des Ritterordens des Heiligen Jakob war.

In diesen begrenzten Zeilen können wir nur wenig über Städte von so hohem Alter und so großer Pracht wie Sevilla, Mérida, Cáceres, Salamanca oder Zamora sagen, deren Ursprung und historische Entwicklung, im Gegensatz zu so vielen historischen Zentren des Französischen Weges, dem Jakobskult gar nichts oder nur sehr wenig verdanken. Man kann sagen, dass bei ihnen die Zeugnisse des Jakobskultes ein Ornament sind, das ihnen im Laufe der Zeit hinzugefügt wurde, und das größtenteils in Hinsicht auf den kriegerischen Schirm, der dem Apostel Jakob während des Mittelalters zugesprochen wurde, betrachtet werden muss und nicht so sehr daran liegt, dass diese Städte auf einer Pilgerroute lagen.

Trotzdem werden wir hier vier »Meilensteine« dieses langen Weges hervorheben, an denen sich eine alte (damit wollen wir sagen hochmittelalterliche) Bindung zum Jakobskult zeigt oder auch zum *Liber sancti Iacobi*, dem Werk, das zu seinem großen Propagnadainstrument wurde.

Der erste »Meilenstein« ist **Cáparra**. Natürlich handelt es sich hier um eine Stadt aus der Antike, deren Ursprung wenig mit dem Heiligen Jakob zu tun hat. Aber sie wird merkwürdigerweise im *Pseudo Turpin* erwähnt, dem vierten Buch des *Liber sancti Iacobi*, einer fantasievollen Chronik, welche die Entdeckung des Leichnams des Apostels Jakob erklärt, die Gründung seines Pilgerweges (natürlich des Französischen Weges) und nebenbei auch die

Wiedereroberung Spaniens durch die Christen. Nun, in diesem Werk wird Cáparra als eine Stadt erwähnt, die, weil sie Karl dem Großen (Carlomagno) hartnäckigen Widerstand leistete, dazu verurteilt wurde, für immer unbewohnt zu bleiben. Dies bedeutet, dass diese Stadt schon damals in Ruinen lag (XII. Jh.). Dass Cáparra als vedammte Stadt in diesem romanhaften Fantasiestück des *Pseudo-Turpin* dargestellt wird, war vielleicht ein Wink an die Pilger, welche die Via de la Plata hinaufwanderten oder an die Ritter, die sie im Laufe ihrer Streifzüge hinunterritten und die im heutigen Gemeindebezirk von Oliva de Plasencia die herrlichen Überreste der Stadt der alten *caperenses,* vorfanden, unter denen besonders ihr prunkvoller, vierseitiger Triumphbogen herausragt, der sich nach den vier Himmelsrichtungen öffnet. Seine Pracht und Originalität waren so groß, dass sein Ruhm den Verfasser des *Pseudo-Turpin* erreichte, der ihn in die Szenographie seines Werkes einfügte.

Oben, Meilenstein in der Nähe von Navarredonda de Salvatierra; unten, der Hahnenturm (Torre del Gallo) der Kathedrale von Salamanca.

Der zweite »Meilenstein« befindet sich in **Salamanca** und ist ebenfalls eng mit dem *Pseudo-Turpin* verbunden. Es handelt sich um eines der Kapitelle, die man in der alten Kathedrale dieser Stadt bewundern kann und das ein Motiv darstellt, das wir schon viermal auf dem Französischen Weg wiederholt gesehen haben (Estella, Irache, Villamayor de Monjardín und Navarrete): die Episode des Zweikampfs zu Pferde zwischen Roland und Ferragut, der im XVIII. Kapitel des *Pseudo-Turpin* erzählt wird. Das Kapitell, das in der zweiten Hälfte des XII. Jahrhunderts gemeißelt wurde, trägt die Unterschrift seines Bildhauers, eines gewissen *Petrus Petriz.*

Der dritte »Meilenstein« befindet sich eigentlich nicht auf der Via de la Plata, sondern auf einem ihrer Seitenwege, der bevor man nach Benavente kommt den Lauf des Flusses Tera bis zum See von Sanabria hinaufführt. In einer kleinen Ortschaft im Tale dieses Flusses, **Santa Marta de Tera**, erhebt sich die Gemeindekirche, die der Märtyrerin aus Astorga geweiht ist, die dem Ort ihren Namen gibt. Ihre Architektur, die Ende des XI. Jahrhunderts datiert ist, zeigt einige Ähnlichkeiten mit der Stiftskirche des Heiligen Isidor (Colegiata de San Isidoro) in León auf. Diese Kirche ist aus zwei Gründen bemerkenswert. Der erste ist ein Kapitell, das folgende Szene zeigt: ein nackter, geschlechtsloser Körper – die Darstellung der Seele der Heiligen, der das Gotteshaus geweiht ist - wird von Engeln auf einem Clypeus* in den Himmel

* Eine altertümliche Art von rundem und gewölbtem Schild.(A. d. Ü.).

Oben, Gesamtansicht des Sees von Sanabria; unten, Stirnseite vom Apsis des Klosters San Martín de Castañeda.

geflogen. Diese bewundernswert gemeißelte Szene wird zweimal im Jahr wunderbar hervorgehoben: An den Tagundnachtgleichen im Frühling und Herbst, dringen die Strahlen der Morgesonne durch ein kleines Fenster der Apsis und beleuchten, einem Scheinwerfer ähnlich, das Kapitell, so dass der Zuschauer das Gefühl bekommt, dass es die Sonne, das Symbol der Gottheit, ist, die die Seele der Heiligen Marta mit sich nimmt. Der zweite Grund weshalb Santa Marta de Tera ein Ort von besonderer Bedeutung ist, ist die romanische Skulptur des Heiligen Jakob an der südlichen Fassade der Kirche, welche die älteste Darstellung dieses Heiligen im Pilgerhabit ist. Der Apostel hält in seiner rechten Hand den Pilgerstab, während er mit der linken seinen Segen gibt. Quer über seiner Schulter hängt an seiner linken Seite eine Pilgerreisetasche, die mit einer Muschel geschmückt ist und genau die gleiche wie die des »Jesus als Pilger nach Emmaus« im Kreuzgang von Santo Domingo de Silos ist.

Auf diesem selben Abschnitt, am See von **Sanabria**, erzählt man eine merkwürdige Sage, die von den Wallfahrten herrührt, die von Villaverde oder Valverde de Lucerna, eine Stadt, die aufgrund einer Verwünschung vom Wasser bedeckt wurde: Jesus kommt im Pilgerhabit in diese Ortschaft und bittet um Unterkunft und Speise. Mit einer einzigen Ausnahme, versorgen die Einwohner des Dorfes den Pilger nicht, wie es sich gehört, und dieser verurteilt den Ort dazu, von einer großen Wassermasse überschwemmt zu werden, dem heutigen See von Sanabria. Diese Sage, die wir auch im *Pseudo-Turpin* finden, wo sie im Bierzo spielt (See von Carucedo, Ventosa) und einen anderen Helden hat (Karl den Großen statt Christus) und die letztendlich aus der Schweiz kommt (von da der Name Lucerna), wurde von den Zisterziensern von San Martín de Castañeda in dieses Gebiet gebracht, die von Santa María de Carucedo abhingen. Die Tatsache, dass Jesus als Pilger erscheint, müssen wir als Anzeichen dafür verstehen, dass Pilger durch dieses Gebiet reisten.

4 Die Wege des Nordens

Die Wege, die den Norden Spaniens in Richtung Santiago de Compostela durchqueren, haben den Reiz ihrer Nähe zum Meer und der herrlichen Landschaften, durch die sie führen: felsige Steilküsten, Strände, Buchten und »Rías«*, Täler, zahlreiche Flüsse, atlantische Wälder oder andere aus Pinien und Eukalyptusbäumen, sowie Wiesen... Dafür erhöhen das äußerst schroffe Terrain, wo man ständig auf und absteigen muss, die nicht sehr klare Beschilderung und die gefährlichen Strecken auf den Landstraßen mit häufigen Kurven, an denen man nur sehr schlecht sieht, ihren Schwierigkeitsgrad, aber auch die Genugtuung, wenn man sie einmal überwunden hat.

Der Weg beginnt mit der Überquerung der Jakobsbrücke (Puente de Santiago) von **Hendaya** nach **Irún** und geht in Richtung Kantabrien (Cantabria) weiter. Im Baskenland gibt es keine Pilgerherbergen, wenngleich es neben anderen Unterkünften in **Fuenterrabía, San Sebastián** und **Zarauz** Jugendherbergen gibt. Wenn man den Bergrücken Haya del Ontón überwunden hat, beginnt das kantabrische Land, wo die Pilgerherbergen in den Ortschaften **Castro Urdiales, Laredo, Santoña, Santander, Comillas** und **San Vicente de la Barquera** liegen. Über **Unquera** kommt man auf der Brücke von **Bustio** über den Fluss Deva nach Asturien (Asturias). Die erste Pilgerherberge, die wir finden, ist die in **Piñeres** (in der Gemeinde Llanes), der die Herbergen in **Leces** (Ribadesella), **La Isla** (Colunga) und **Sebrayo** (Villaviciosa) folgen. Die Herberge von **La Vega** (Sariego) befindet sich auf dem Weg nach **Oviedo**, wo man ebenfalls Unterkunft bietet. Weitere Herbergen auf dem sogenannten »urspünglichen« oder inneren Weg von Oviedo nach Santiago, sind in **Villapañada,** (Grado), **El Escamplero** (Las Regueras), **Salas, Borres** (Tineo), **Peñaselta** (Allande), **La Mesa** (Grandas de Salime) und **Grandas de Salime**. In Galizien bieten die Herbergen der Xunta in **O Cadavo** und **Lugo** Unterkunft, bevor man in **Melide** mit dem »Französischen Weg« zusammentrifft.

San Sebastián. Blick auf das Portal der Kirche Santa María.

Wenn man immer an der Küste entlang geht, gibt es Herbergen, die Pilger aufnehmen, in **Avilés, Soto de Luiña** (Cudillero), **Almuña** (Valdés), **Piñera** (Navia) **La Caridad** (El Franco), **Tapia de Casariego** und **Tol** (Castropol). Wenn man den Fluss Eo überquert, kommt man nach Galizien, das über die Herbergen in **Ribadeo, Lourenzá, Mondoñedo, Vilalba, Baamonde** und **Sobrado dos Monxes** verfügt. Von **Arzúa** ab fällt die Route mit dem »Französichen Weg« zusammen.

Im Baskenland gibt es eine Alternativroute, die Guipúzcoa und Álava durchquert und durch **Vitoria** führt, um in Santo Domingo de la Calzada oder Burgos mit dem Französischen Weg zusammenzutreffen. Auf dieser Route gibt es auch keine Pilgerherbergen.

* Flussmündungen, in die das Meer eindringt (A.d.Ü.).

FRANCIA
MAR CANTÁBRICO
Costa Vasca
Costa Verde
Costa
Hondarribia
Irun
Errenteria
Donostia/
San Sebastián
Zarautz
Zumaia
Gernika-Lumo
Eibar
Durango
Arrasate/Mondragón
Orreaga/Roncesvalles
Auritz/Burguete
Villava/Atarrabia
Pamplona/Iruña
Altsasu/Alsasua
Vitoria-Gasteiz
Getxo
Bilbao
Portugalete
Llodio
Lezama
Amurrio
Castro
Urdiales
Balmaseda
Medina
de Pomar
Miranda de Ebro
Haro
Santoña
Laredo
Santander
Santillana
Torrelavega
Los Corrales
Comillas
San Vicente
de la Barquera
Cabezón
de la Sal
Reinosa
Aguilar
de Campoo
Llanes
Ribadesella
Villaviciosa
Pola de Siero
Candás (Carreño)
Gijón
Langreo
Pola de Laviana
Pola de Lena
Guardo
León
Mansilla de las Mulas
Sahagún
Carrión de
los Condes
Villalcázar
de Sirga
Frómista
Castrojeriz
Palencia
Burgos
Briviesca
Belorado
Sto. Domingo
de la Calzada
Nájera
Navarrete
Logroño
Viana
Los Arcos
Estella/Lizarra
Pte. la Reina/
Gares
Monreal
Tafalla
Sangüesa/
Zangoza
Pte. la Reina
de Jaca
Jaca
Sta. Cruz
de la Serós
Sabiñánigo
Huesca
Ejea de
los Caballeros
Tudela
Calahorra
Arnedo
Alfaro
Cintruénigo

MAR CANTÁBRICO
OCÉANO
ATLANTICO
Costa
Verde
Rías
Altas
Rías
Baixas
Santander
Santoña
Laredo
Torrelavega
Santillana
Comillas
Los Corrales
San Vicente de la Barquera
Cabezón de la Sal
Reinosa
Aguilar de Campoo
Briviesca
Burg
Castrojeriz
Frómista
Villalcázar de Sirga
Carrión de los Condes
Palencia
Guardo
Sahagún
Mansilla de las Mulas
León
Llanes
Ribadesella
Villaviciosa
Pola de Siero
Pola de LaViana
Gijón
Candás (Carreño)
Langreo
Pola de Lena
Oviedo
Mieres
Avilés
Grado
Salas
Pola de Allande
Luarca (Valdés)
Cangas del Narcea
A Fonsagrada
Villablino
Bembibre
Castrillo de los Polvazares
Astorga
La Bañeza
Benavente
Rabanal del Camino
Ponferrada
O Barco
Burela
Viveiro
As Pontes de García Rodríguez
Vilalba
Lugo
Triacastela
Portomarín
Sarriá
Monforte de Lemos
Ourense
Xinzo de Limia
Verín
Palas de Rei
Melide
Arzúa
A Lavacolla
Cangas
Lalín
Betanzos
Ferrol
A Coruña
Carballo
Santiago de Compostela
A Estrada
Vilagarcía
Cambados
Pontevedra
Carballiño
Redondela
Vigo
Noia
O Grove
Marín
Cangas
A Guarda

Das Kulturerbe der Ege des Nordens

Die Wege des Nordens

Nach einer heute allgemein verbreiteten Meinung begaben sich die Pilger der frühesten Zeit, bevor der Lauf des Französischen Weges im XI. Jahrhundert festgelegt wurde, auf einem Weg, der die kantabrische Küste entlanglief, zum Heiligtum von Compostela. Diese vernünftige Annahme, die sich außerdem auf Bemerkungen stützt, die in Texten wie der *Historia Silense* gemacht werden, findet aber keine anderen Belege, weder architektonischer noch dokumentarischer Art, die es ermöglichen würden, den Verlauf dieses Weges glaubwürdig zu reskonstruiren: Hospitäler, bedeutende Siedlungszentren oder auch nur eine große Verbindungsstraße, die eine Reise ohne Hindernisse erlaubte.

Gesamtansicht von San Vicente de la Barquera.

Die erwähnte Bemerkung in der *Historia Silense*, der andere Werke folgen, erzählt, dass der König Sancho III. *der Ältere* von Navarra, (Sancho III *el Mayor*) den alten Pilgerweg, der durch die beschwerlichen Gebiete von Álava und Asturias verlief, nach Nájera verlegte. Davon ausgehend hat man angenommen, dass der ältere Jakobsweg von Bayonne ausging, über Irún nach Spanien hineinführte und die Gebiete von Guipúzcoa, Vizcaya, Álava, Cantabria und Asturias durchquerte. Wie gesagt bestätigen weder die Archäologie noch die Dokumentation diese Annahme und ermöglichen es uns nicht eine große Wanderroute durch diese Landschaften zuverlässig zu rekonstruieren, was nicht bedeutet, dass es sie nicht gab. Im XII. Jahrhundert versichert einer der Verfasser der *Historia Compostelana*, der sich genötigt sah, diesen Weg zu nehmen, dass sowohl die Pilger zu Fuß, wie diejenigen zu Pferde, die Durchreise durch diese Gebiete vermieden, da diese Durchreise denen, die es dennoch wagten, große Schwierigkeiten bereitete (»ein Chaos« sagt er wörtlich). Wir nehmen an, dass diese Schwierigkeiten im Prinzip diejenigen waren, welche die unregelmäßige Orographie der kantabrischen Küste bot, wo das Meer oft sehr weit ins Inland dringt. Nicht weniger Schwierigkeiten bot wahrscheinlich die Zivilisationsstufe dieser

San Salvador de Valdediós oder Convetín.

Gebiete (Baskenland und Kantabrien »País Vasco und Cantabria«) während der Jahrhunderte, die zwischen dem IX. und Ende des XII. Jh. liegen, ohne große Städte und mit nur wenigen Klöstern. Das würde für die Pilger Gefahren und fehlende Betreuung bedeuten, worüber tatsächlich in einigen Quellen des XII. Jahrhunderts geklagt wird.

Aber diese Situation sollte sich Ende des XII. und während des XIII. Jahrhunderts ändern, als die großen Siedlungszentren der östlichen Kantabrischen Küste entstanden oder sich beträchtlich entwickelten: **Irún, San Sebastián, Guetaria, Guernica, Bilbao, Castro Urdiales, Laredo, Santoña, Santander** und **Santillana del Mar**. Trotzdem gehen die ersten Nachrichten von Pilgern, die den Küstenweg nahmen, wie zum Beispiel der Bericht des Bischofs Mártir von Arzendjan, nur ins XV. Jahrhundert zurück.

In **San Vicente de la Barquera** gibt es aber doch relativ alte Beweise (XIII. Jh.) für die Durchreise von Pilgern in Richtung Oviedo oder Santiago, sowohl dokumentarischer wie architektonischer Art – das »Pilgertor« (Puerta del Peregrino), das Hospital Mariä Empfängnis (Hospital de la Concepción), das neben der Kirche Unserer Liebe Frau der Engel (Santa María de los Ángeles) liegt... Dasselbe geschieht in **Llanes**, das schon in Asturien liegt, von dessen Pilgerherberge wir wissen, dass sie 1330 gegründet wurde.

Je mehr sich der Weg Oviedo nähert, desto zahlreicher werden die Zeugnisse der Wallfahrten. So ist es in **Ribadesella, Colunga, Lastres** und **Villaviciosa**, obwohl immer Zweifel bei der Interpretation dieser Hinweise bleiben. Um zwei Beispiele zu nennen, können der »Pilgerfluss« (Río de los Romeros) bei **Caravia** oder der »Pilgerbrunnen« (Fuente de los Peregrinos), den man bevor man nach Villaviciosa kommt, findet, sowohl auf Jakobspilger, als auch auf Pilger einer lokalen Wallfahrt anspielen. Im Falle Caravias gibt es Nachrichten von der Anwesenheit der Tempelritter und von einem dem Heiligen Jakob geweihten Kloster, das im XII. Jahrhundert gegründet wurde.

Zwischen Villaviciosa und Oviedo liegt **Valdediós**, von dem man weiß, dass es außer der berühmten Kirche des Heilands (San Salvador) dort eine Zisterziensergemeinschaft gab. Etwas weiter liegt **Narzana**, dessen romanische Peterskirche (Iglesia de San Pedro) man den Tempelrittern zuschreibt. Die nächste wichtige Ortschaft auf dieser Route, **Pola de Siero**,

San Salvador von Oviedo.

entstand gerade um ein Hospital »für Arme und Pilger«, die Herberge des Heiligen Petrus (Alberguería de San Pedro), die 1142 dem Kloster des Heiligen Vinzent (Monasterio de San Vicente) in Oviedo geschenkt wurde. Hier stellt sich von Neuem die Frage, ob wir vor einer wohltätigen Institution stehen, die hauptsächlich mit der Jakobswallfahrt verbunden ist oder nicht, denn zu der Zeit werden in Asturias mehrere Hospitäler außerhalb des Rahmens der Jakobswallfahrt gegründet. Nachdem sie über **Noreña, Argüelles** und am Kloster Santa María de la Vega vorbei gewandert waren, kamen die Pilger nach **Oviedo.** Wie schon gesagt (s. die Etappe León-Villadangos), war Oviedo seit dem XII. Jh. und mehrere hundert Jahre lang, das zweite große Pilgerzentrum der Iberischen Halbinsel nach Santiago de Compostela. Aber wie wir auch schon gesagt haben, zeugt das, was wir von den Wallfahrten nach Oviedo wissen, vor allem von einer Variante des Französischen Weges, wo viele Pilger in León beschlossen, vom geraden Weg abzuzweigen, um die spektakulären Reliquien, die in der Kathdrale von San Salvador in Oviedo aufbewahrt wurden, zu besuchen. Von der Hauptstadt von Asturias aus, zogen diese Pilger auf dem folgenden Weg nach Santiago, der besser belegt ist, sowohl archäologisch wie schriftlich.

Der erste Beleg berichtet darüber, wie der asturische König Alfons der II. (Alfonso II), als er von dem glücklichen Fund des Leichnams des Heiligen Jakob erfuhr, der sich in seinem Königreich ereignet hatte, eiligst nach Galizien aufbrach und so zum ersten uns bekannten Pilger wurde. Sein Weg führte wohl an erster Stelle über **Escamplero**, wo später das Kloster des Heiligen Martin und eine Pilgerherberge errichtet wurden. In **Peñaflor** gab es auch ein Hospital, das 1144 von Alfons dem VII. gegründet wurde, sowie eine bedeutende Brücke. In **Villapañada** existierte eine Komturei der Ritter des Johanniterordens, die sich in dieser Ortschaft, sowie in **Grado**, zahlreicher Besitzungen erfreuten. In Villapañada unterhielten sie außerdem ein Pilgerhospital.

In **Cornellana** lag das einzige kluniazensische Kloster, das es in Asturias gab, was erstaunlich ist, wenn man bedenkt, welch eine enge Beziehung dieser Orden zum Jakobsweg hatte. Obwohl seine Pilgerherberge erst im XV. Jahrhundert belegt ist, muss es sie schon viel früher gegeben haben. Der Jakobsweg führte über **Salas** und **La Espina** weiter, wo es zwei Hospitäler gab, von denen eines der Kirche in Santiago de Compostela gehörte.

Ein Dokument vom Anfang des XIII. Jahrhundert spricht vom »camino francisco«, der über **Tineo** führt und schreibt vor, dass dieser durch **Obona** führen musste. Die Pilger zogen über Grandas de Salime weiter und kamen über den Pass von Acebo nach Galizien, der ähnlich dem von Cebreiro ist und wo sie ein Hospital vorfanden, das von der Komturei der Johanniter von Portomarín abhing.

Nach zahlreichen kleinen Weilern, von denen viele wichtige Zeugnisse der Wallfahrten besitzen, kommt der Jakobsweg in die alte und bedeutende Ortschaft **Lugo**, die *Lucus Augusta* der Römer, die er durch eines der Tore ihrer berühmten römischen Stadtmauer betritt, dem »Peterstor« (Puerta de San Pedro). Die zwei großen anbetungswürdigen Objekte, welche die Pilger in Lugo vorfanden, waren das Heilige Sakrament, das seit dem XII. Jahrhundert ununterbrochen ausgestellt wurde und eine wunderschöne gotische Holzstatue der Gottesmutter, die als »die mit den großen Augen« bekannt ist. Beide werden in der Kathedrale aufbewahrt, ein romanisches Gebäude – mit vielen Erweiterungen und Ausmauerungen - an der ein herrlicher Pantokrator hervorsticht, der auf die Nordfassade gemeißelt ist. Man verließ Lugo durch das Tor »Puerta del Carmen«, das älteste in der römischen Mauer, überquerte den Miño auf einer römischen Brücke und nachdem man an einem Hospital für leprakranke Pilger, das dem heutigen Viertel des Heiligen Lazarus (Barrio de San Lázaro) seinen Namen gegeben hat, vorbeigezogen war, wanderte man in Richtung Melide, wo dieser nördliche Jakobsweg mit dem Französischen Weg zusammentraf.

Kloster San Juan de Cornellana.

In diesem Kapitel haben wir den imaginären Verlauf einer möglichen nördlichen Route rekonstruiert, die nicht auf allen Abschnitten gut belegt ist. Eine der Varianten, die sich zu dieser großen Ost-West Achse bieten, ist die Route, die durch den atemberaubenden Tunnel von **San Adrián** bis nach Burgos hinabführt, wo sie mit dem Französischen Weg zusammentrifft.

Ein anderer Weg, der erst relativ spät belegt ist (XV. Jh.), ist derjenige, der ohne durch Oviedo zu führen, weiter die asturische Küste entlang über Ortschaften wie **Gijón, Avilés, Luarca** und **Ribadeo** lief. Nachdem er den Fluss Eo überquert hatte, die Scheidelinie zwischen Asturien und Galizien, traf dieser nördliche Weg auf das Kloster **Vilanova de Lourenzá**, sowie auf die bedeutende Ortschaft **Mondoñedo**, die im IX. Jahrhundert zum Bischofssitz wurde, als das uralte portugiesische Bistum von Dume hierher verlegt wurde. Von dort bis Arzúa, wo diese Variante mit dem Jakobsweg zusammentrifft, ist die bedeutendeste Station das Kloster **Sobrado dos Monxes**.

Gotisches Schnitzerwerk der Jungfrau der großen Auge (»Virgen de los Ojos Grandes«) in der Kathedrale von Lugo.

5 Die Wege Portugals

Lissabon. Südportal des Klosters Jerónimos.

Zahlreich sind die Wege durch Portugal in Richtung Santiago de Compostela und jeder von ihnen weist Varianten und Abzweigungen vor. Vom Süden Portugals aus, führen die Wege nach **Lamego** und **Lissabon (Lisboa)** hinauf. Von dort geht man über **Coimbra** nach **Oporto** weiter, von wo es einen voll ausgeschilderten Weg gibt, deren Verlauf bis nach Galizien folgender ist: **Oporto-Braga** oder **Barcelos-Ponte de Lima-Valença do Minho.** Innerhalb Galiziens geht es über **Tui** nach **Pontevedra** weiter, und von dort aus nach **Padrón** und **Santiago de Compostela**.

Die Wallfahrt durch Portugal stösst auf viele Schwierigkeiten aufgrund des Mangles an Herbergen (**Ponte de Lima** und **Valença do Minho**) und weil sie zum großen Teil auf der Landstraße verläuft. Wenn man einmal die Grenze am Fluss Miño überschritten hat, findet man wieder die Herbergen, die von der Landesregierung (Xunta) von Galizien gefördert werden, wobei es sich wie auf den übrigen Wegen Galiziens entweder um Neubauten oder um alte Gebäude handelt, die man restauriert hat. Sie befinden sich in folgenden Ortschaften: **Tui**, **O Porriño, Redondela, Pontevedra, Portas, Padrón** und **Teo**.

CABO TOURIÑÁN
Cabo de la Nave
CABO FINISTERRA
RÍAS BAJAS
Punta de Lens
Cabo Corrubedo
Cabo Falcoeiro
Isla de Ons
Islas Cíes
Cabo Silleiro
Playa de La Guardia
Punta de Santa Tecla
ATLÁNTICO
OCÉANO
Santiago de Compostela
A-9
N-634
LUGO
N-547
A-6
Padrón
Lalín
N-540
Miño
Caldas de Reis
Río
N-541
N-120
PONTEVEDRA
Redondela
A-52
OURENSE
Vigo
Tui
Valença
A-52
Verín
Ponte de Lima
VIANA DO CASTELO
Praia de Cabedelo
A3-IP1
Chaves
BRAGANÇA
Esposende
Barcelos
BRAGA
Praia de Suave Mar
Praia de Sto. André
Guimarães
Mirandela
Póvoa de Varzim
Vila do Conde
Felgueiras
Santo Tirso
Praia de Labruge
Praia de Agudela
Amarante
VILA REAL
Praia de Boa Nova
Penafiel
102-IP2
PORTO
Río
Douro
Lamego
Vila Nova de Foz Côa
Espinho
Praia de Espinho
Santa Maria da Feira
S. João da Madeira
Praia de Furadouro
Ovar
Oliveira de Azeméis
Praia de Monte Branco
Pinhel
AVEIRO
VISEU
Mangualde
Mira
A1-IP1
IP3
GUARDA
Gouveia
Seia
Praia da Tocha
Oliveira de Hospital
Covilhã
Praia de Quiaios
Cabo Mondego
COIMBRA
Figueira da Foz
Fundão
Praia de Leirosa
A23-IP2
Pombal
Praia de Vieira
Praia Velha
Marinha Grande
IC8
Água de Madeiros
LEIRA
CASTELO BRANCO
Batalha
Fátima
Praia Nova
Praia de Gralha
Tomar
Río
Tejo
Ponta dos Covinhos
Alcobaça
Torres Novas
BERLENGA
Peniche
Caldas da Rainha
Abrantes
Cabo Carvoeiro
A1-IP1
Golegã
Óbidos
Praia de S. Bernardino
Praia de Ribeiro
Praia de Porto Novo
SANTARÉM
PORTALEGRE
Praia de Santa Cruz
Ponta da Lamparoeira
Torres Vedras
Ponte de Sor
Praia de S. Lourenço
A8-IC1
Praia da Baleia
Mafra
Vila Franca de Xira
Praia da Samarra
Praia de Magoito
Loures
Estremoz
BADAJOZ
Cabo da Roca
Amadoira
LISBOA
Elvas
Cabo Raso
Vendas Novas
Praia de Cascais
Boca do Infierno
Almada
Montemor-o-Novo
A6-IP7
Praia da Caparica
ESTUARIO DEL TAJO
SETÚBAL
ÉVORA
CABO ESPICHEL
BAHÍA DE SETÚBAL
Río
Alcácer do Sal
Praia de Comporta
Sado
Praia de Melides
Praia de Sto. André
0
25
50
75
100 Km

Das Kulturerbe der Wege Portugals

Évora. Diana Tempel.

Weitere Wege 3. Die portugiesischen Jakobsrouten

Die sowohl regen wie stetigen Beziehungen zwischen Portugal und Santiago de Compostela stammen von alters her und sind ein logisches Ergebnis der Nachbarschaft Portugals zu Galizien (Galicia), zwischen denen es keine andere physische Barriere als den Fluss Miño gibt. Eigentlich gab es bis zum XII. Jahrhundert auch keine Verwaltungsgrenze, die das heutige Gebiet Portugals von dem Galiziens trennte: Zu Zeiten der Römer, gehörte der nördliche Teil des heutigen Portugals zur Provinz *Gallaecia*, die zur Zeit der Sueben und Westgoten in einer großen Diözese weiterlebte, deren Haupt *Bracara Augusta* war (Braga). Nach der islamischen Invasion greifen die Könige von Asturias und León portugiesische Gebiete und Städte an, die sie als Teil des alten Westgotenreiches erobern. Ende des XI. Jahrhunderts gründet König Alfons der VI. (Alfonso VI) die Grafschaften Galizien und Portugal, die er seinen Schwiegersöhnen vermacht, den Burgundern Raimund und Heinrich. Der Sohn dieses letzteren, Alfons, erlangt die endgültige Unabhängigkeit von León, und gründet so einen neuen, klar abgegrenzten Staat, der die Wiedereroberung des westlichen Streifens der Iberischen Halbinsel vornehmen sollte: des heutigen Portugals.

Die portugiesische *Reconquista* ist, genau wie die spanische, in großem Masse mit der Figur des Apostels Jakob (Santiago) verbunden. So sind zum Beispiel die Wiedereroberung von zweien der wichtigsten Städte Portugals, Coimbra und Lissabon (Lisboa), zwei Episoden, deren ständig im Laufe der Geschichte sowohl im Kult als auch in der Ikonographie des Apostels gedacht wird. In der Erzählung der Eroberung Coimbras durch Ferdinand den I. (Fernando I), die in der *Historia Silense* und im *Liber sancti Iacobi* wiedergegeben wird, haben wir die erste Darstellung des Apostels als *Miles Christi*, was sich in der Ikonographie in der berühmten Figur des »Maurentöters« niederschlägt. Die Kreuzritter, die fast ein Jahrhundert später an der Eroberung Lissabons teilnahmen, waren vorher nach Santiago de Compostela gepilgert. Die Erinnerung an die blutige Schlacht, welche der Eroberung der Stadt vorausging und deren entscheidender Kampf im Viertel Alfama stattfand, wird in der Widmung der Gemeindekirche dieses populären Viertels festgehalten, die selbstverständlich dem Heiligen Jakob geweiht ist.

Die Zeugnisse des Jakobskultes und seiner Varianten sind in Portugal zahlreich und von Bedeutung. Als Beispiel können wir eine der ältesten und vollständigsten Kopien des *Liber sancti Iacobi* nennen, die im Kloster von Alcobaça aufbewehrt wird. Diese Anwesenheit authentischer Texte des Jakobskultes aus dem *Liber sancti Iacobi* hinterließ ihre Spur in den Predigten von zweien der bedeutendsten Prediger des portugiesischen Mittelalters: des Franziskaners St. Antonius von Lissabon (San Antonio de Lisboa) - der als der Heilige Antonius von Padua (San Antonio de Padua) bekannter ist - und des Dominikaners Bruder Paio von Coimbra (Fray Paio de Coimbra). Andererseits war die berühmte Jakobsgabe, die die spanischen Ortschaften dazu zwang, einen regelmäßigen Zins an die Kirche in Santiago zu zahlen, auch in Portugal während des ganzen Mittelalters in Kraft, genau wie in Kastilien (Castilla) und León. Als letztes Beispiel können wir sagen, dass viele portugiesische Herrscher große Verehrer des Heiligen Jakobs waren und einige von ihnen sogar die Jakobswallfahrt antraten, wie im Falle der Heiligen Königin Isabel im XIV. Jahrhundert oder Manuel des I., während andere halfen, die Baukosten des großen Königlichen Hospitals (Hospital Real) in Santiago de Compostela zu finanzieren, wie zum Beispiel der schon erwähnte Manuel *der Glückliche* (Manuel el Afortunado) Ende des XV. Jahrhunderts.

Die Beteiligung Don Manuels an dem Bau eines Gebäudes von internationaler Bedeutung wie das Königliche Hospital in Santiago, ist ein Hinweis darauf, dass viele portugiesische Pilger von dieser Einrichtung für die Jakobswallfahrer Gebrauch machten. Nach den verstreuten Spuren, die diese Wallfahrten in Portugal hinterlassen haben, zu schließen, waren die Wege, die diese Pilger nahmen, um nach Santiago zu kommen, sicher ebenfalls zahlreich.

Vom südlichen Zipfel Portugals aus, der Algarve, zogen die Pilger wohl Richtung Lissabon nach Norden, über **Alcacer do Sal** und **Setubal**; oder auch über **Beja**, **Evora**, **Guarda** und **Lamego** auf einer Route, die weiter im Innern des Landes verlief.

Von Lissabon gingen zwei Wege aus, die zwar erst spät belegt aber wahrscheinlich sehr alt sind:

Lissabon. Grab im Kloster Jerónimos.

Coimbra. Hof der Universität am Tag der Queima das Fitas.

A) Der erste verlief an der Küste des Atlantischen Ozeans entlang und ist voll von äußerst wichtigen Denkmälern der portugiesischen Geschichte. Nachdem man Lissabon und den Königspalast von Sintra hinter sich gelassen hat, kommt man nach **Mafra**, einem großartigen Kloster, das im XVIII. Jahrhundert von der portugiesischen Krone für eine Gemeinschaft von bis zu 300 Mönchen errichtet wurde. Danach säumen die romanische Festung **Torres Vedras** und die nicht weniger befestigte Stadt **Óbidos** den Weg. Nördlich davon liegt **Alcobaça**, das wichtigste Klosterzentrum Portugals, das in der zweiten Hälfte des XII. Jahrhunderts dem Zisterzienserorden anvertraut wurde. Die Bedeutung dieses Klosters war so groß, dass sein Abt einer der geistlichen Führer Portugals war. Es ist anzunehmen, dass die Zisterziensermönche in seinen Einrichtungen die Nächstenliebe gegenüber den Pilgern übten, obwohl wir vor dem XVIII. Jahrhundert keine Texte kennen, die uns dies beweisen. Wie schon gesagt, zeigt sich die Beziehung dieses Klosters zum Jakobskult durch die Existenz eines kostbaren und sehr alten kompletten Exemplars des *Liber sancti Iacobi* in der großen Bilbliothek von Alcobaça. Wenn man auf dem Weg weitergeht, kommt man nach **Aljubarrota**, dem Ort an dem die portugiesischen Truppen 1385 das Heer von Johannes dem I. von Kastilien (Juan I de Castilla) besiegten, der die Annexion der portugiesichen Krone an seine Reiche beabsichtigte. Eine Folge dieser Schlacht war die Erbauung des prunkvollen Klosters der »Heiligen Maria des Sieges« (Santa María de la Victoria) in **Batalha**. Nachdem man über zwei weitere berühmte Ortschaften, **Leiria** und **Pombal**, gewandert war, schwenkte der Jakobsweg etwas ins Innere ab, um nach **Coimbra** zu führen. Coimbra ist ein weiterer »Meilenstein« des Jakobskultes in Portugal. Nach ihrer Eroberung im Jahre 1064 durch Ferdinand den I. (Fernando I), dankte der König dem Apostel, der ihm in einer nächtlichen Vision als Ritter erschienen war, für seine Hilfe, indem er die Jakobskirche (Iglesia de Santiago) bauen ließ.

B) Der andere Weg, der von Lissabon aus nach Santiago führt, kommt an erster Stelle durch **Santarém**, wo sich zwei hilfstätige Einrichtungen befanden, die möglicherweise eng mit dem Jakobsweg verbunden waren. Wenigstens deuten ihre Widmungen solches an: Hospital des Pilgers (Hospital do Palmeiro) und Hospital von Rocamadour. Kurz danach führt der Jakobsweg durch **Golegâ**, dessen Name (vom Lateinischen *Gallecianus*) vielleicht von diesem Weg herrührt, der die Pilger nach Galizien führte. Von größerer Bedeutung ist die nächste Station, **Tomar**, eines der wichtigsten Tempelritterklöster, das dieser Orden besaß. Nach Auflösung desselben fuhren die portugiesischen Tempelritter fort, als solche aufzutreten, änderten jedoch den Namen ihrer Institution in Orden Christi um (Orden del Christo). Unter den architektonischen Bestandteilen des Klosters, muss man die zentrale Kapelle erwähnen, die in Anlehnung an den Tempel des Heiligen Grabes, der dem Orden seinen Namen gab, eine runde Form vorweist. Wie schon gesagt treffen diese Variante und die voher beschriebenen Wege, die alle von Lissabon ausgehen, in der wunderschönen Stadt **Coimbra** zusammen.

Kirche und Burg von Pomar.

Auch von hier aus bot sich dem Pilger eine doppelte Möglichkeit: von Neuem zur Küste zurückzukehren, über Oporto, oder auf einem inneren Weg weiterzuziehen, der über Viseu, Lamego und Chaves führte.

A) Auf der ersten Alternative sind die großen »Meilensteine« des Jakobsweges natürlich die alte Stadt **Oporto**, die dem Königreich Portugal seinen Namen gab (*Portu Calle*); die kleine aber wunderschöne romanische Kirche **San Pedro de Rates** und **Barcelos**, wo das bekannteste Denkmal des Jakobsweges in Portugal steht: das »Wegkreuz des Herrn des Hahnes« (»Cruceiro do Senhor do Gallo«), das an ein Wunder des Heiligen Jakob erinnert, das dem von Santo Domingo de la Calzada sehr ähnlich ist. Nachdem man durch **Ponte de Lima** und **Valença do Minho** gezogen ist, wo die Zeugnisse der Wallfahrten zahlreich sind, kommt der Jakobsweg über **Tui** nach Spanien hinein, ein weiterer der uralten Bischofsitze der alten Provinz von *Bracara*. Der Weg führt über die Ortschaften **Redondela, Pontevedra** – wo man das schöne barocke Heiligtum der Pilgerin (Santuario de la Peregrina) bewundern kann, dessen Grundriss die Form einer Jakobsmuschel zeigt - **Caldas de Rei** und **Padrón** nach Santiago weiter. Man muss erwähnen, dass es auf dieser Variante am Ausgang von Oporto noch einen anderen Umweg gibt, der die Möglichkeit bietet, anstatt des so sehr mit dem Heiligen Jakob verbundenen Barcelos, die äußerst bedeutende Stadt **Braga** zu besuchen.

Braga. Bom Jesús.

B) Der zweite Weg, der von Coimbra ausgeht, führt durch das Innere, wo er den uralten Städten **Viseu, Lamego** und **Chaves** begegnet und über **Verín** nach Spanien kommt, von wo er über **Orense** zusammen mit einer Abzweigung der Via de la Plata, nach Santiago führt.

6 Der englische Weg

Herkulesturm (Torre de Hércules) in A Coruña.

Der Englische Jakobsweg (Camino Inglés) hat als Ausgangspunkte zwei Häfen: **Ferrol** und **A Coruña**. Die Route, die in Ferrol beginnt und durch **Pontedeume, Miño** und **Betanzos** führt, verläuft am Meer entlang und kommt an Flussmündungen und »Rías« vorbei, bevor sie ins Inland, in Richtung Santiago de Compostela abschwenkt. Die Route, die man in Coruña antritt, beträgt weniger Kilometer, so dass man in einem einzigen Tag **Bruma** erreichen kann, wo beide Wege zusammentreffen um nach etwas mehr als 40 Kilometern nach Santiago de Compostela zu gelangen.

Die Herbergen auf diesem Weg liegen in **Neda** (auf der Route von Ferrol), **Miño** und **Bruma.**

OCÉANO
ATLÁNTICO
RÍAS ALTAS
RÍAS BAJAS
CABO DE ESTACA DE BARES
CABO PRIOR
CABO TOURIÑÁN
CABO FISTERRA
A CORUÑA
LUGO
Santiago de Compostela
Ferrol
Betanzos
Vilalba
Viveiro
Burela
Foz
Ribadeo
Vegadeo
Barreiros\ San Cosme
Mondoñedo
Abadín
A Pontenova
Meira
A Fonsagrada
Castroverde
Baleira
Pobra
Becerrea
Baralla
O Corgo
Sarria
Portomarín
Guntín
Monterroso
Melide
Arzúa
Pedrouzo\ O Pino
Lavacolla
Sigüeiro
Ordes
Buscás
Pereira
Bruma
Carral
Sigrás
Ancéis
Sada
Ares
Mugardos
Fene
Neda
Pontedeume
Miño
Curtis
Guitiriz
Begonte
Rábade
Outeiro de Rei
Feira do Monte\ Cospeito
Ferreira\ Valadouro
Ourol
Cabreiros
As Pontes de García Rodríguez
Somozas
Cedeira
Cariño
San Andrés de Teixido
Ortigueira
Arteixo
Laracha
Carballo
Cerceda
Cambre
Malpica
Laxe
Camariñas
Vimianzo
Muxía
Zas
Santa Comba
Negreira
Bertamiráns
Noia
A Serra de Outes
Mazaricos
Carnota
Muros
Corcubión
Fisterra
Merza
Valboa
Ramallosa
Cabo Ortegal
Cabo Burela
Cabo de S. Ciprián
Cabo Vilán
Cabo Laxe
Cabo da Nave
Cabo da Nasa
Cabo de San Adrián
Cabo Prioriño
Cabo Cociñadoiro
Punta Robaliceira
Punta Candelaria
Punta Frouxeira
Punta de las Olas
Punta de Nariga
Pta. Roncudo
Punta dos Remedios
Pta. Mansa
Pta. de Morás
Ría do Eo
Ría de Viveiro
Ría de Ortigueira
Ría de Cedeira
Ría del Ferrol
Ría de Betanzos
Ría de Corme e Laxe
Ría Camariñas
Playa Baleo
Playa Coto
Playa Arealonga
Playa Llás
Playa Bares
Playa Baleo
Playa de Campelo
Playa Esmelle
Playa Lobariz
Playa Lumebo
Emb. de Forcadas
Emb. da Ribeira
Emb. do Eume
Emb. de Portodemouros
Emb. de Barrié de la Maza
Emb. de Castrelo-Xallas
Emb. da Fervenza
Río Eume
Ulla
Tambre
N-634
N-642
N-640
N-VI
N-547
N-631
N-550
N-525
A-6
A-9
A-55

Das Kulturerbe des englischen Weg

Luftaufnahme von A Coruña.

Der englische Weg

Mit diesem Namen bezeichnet man heute die kurze Strecke (etwa 100km) der Wallfahrt über Land, die diejenigen zurücklegten, welche per Schiff an verschiedenen Punkten der galizischen Küste am Kantabrischen Golf angelangt waren, vor allem in La Coruña und Ferrol.

Die Ursprünge dieser Pilgerreisen sind alt und seit dem XII. Jahrhundert belegt. Die Chronik, welche die Eroberung Lissabons (Lisboa) durch den König Alfonso Henriques mit Hilfe eines Kontingents von britischen und skandinavischen Kreuzrittern beschreibt, sagt, dass diese - allerdings von den Elementen dazu gezwungen - auf galizischem Gebiet Station machten, bevor sie nach Lissabon zogen und diese Gelegenheit nutzten, den »Herrn Santiago« zu besuchen. Man weiß auch, dass in vielen Fällen die Pilger, die auf dem Seeweg kamen - Bewohner der Britischen Inseln, Skandinavier und Hanseaten - im Laufe ein und derselben Reise zu den drei großen christlichen Heiligtümern jener Zeit pilgerten: Santiago de Compostela, Rom und Jerusalem.

Dennoch und obwohl immer auch Pilgerfahrten auf dem Seeweg unternommen wurden, haben wir zum Beispiel gesehen, dass die geplante Wallfahrt nach Santiago des Königs Heinrich der II. (Henry II) von England Ende des XII. Jahrhunderts von seinen französischen Besitzungen in Aquitanien ausgehend, auf dem Französischen Weg (Camino Francés) verlaufen sollte,

Aber der Ausbruch des Hundertjährigen Krieges (1339-1453) machte für die englischen Pilger die Durchreise durch ihre alten aquitanischen Besitzungen nicht mehr ratsam und brachte als unmittelbare Auswirkung den allgemeinen Rückgriff auf die Wallfahrt per Schiff, die ihre besten Zeiten in der zweiten Hälfte des XIV. und während des ganzen XV. Jahrhunderts erlebte.

Von den britischen Wallfahrten dieser Zeit besitzen wir einzigartige künstlerische Zeugnisse, wie die wunderschöne Goodyear Tafel oder das Perlenkreuz (Cruz de las Perlas), die beide im Museum der Kathedrale von Santiago aufbewahrt werden. Erstere ist ein kleiner, tragbarer Altaraufsatz aus buntbemaltem Alabaster, der aus zusammenklappbaren fünf Platten besteht, in die Szenen aus dem Leben des Heiligen Jakob (Santiago) gemeißelt sind. Es wurde 1456 vom englischen Pilger Johannes Gudguar (John Goodyear) geschenkt, dem Pfarrer von Chale (Isle of Wight, Diözese Winchester). Das zweite Zeugnis ist das Perlenkreuz, ein exquisites Goldschmiedewerk, das von König Jakob dem IV. (James IV) von Schottland Ende des XV. Jahrhunderts geschenkt wurde.

Wir verfügen auch über literarische Zeugnisse, die uns Details und Merkwürdigkeiten dieser Art von Pilgerfahrten berichten. Unter ihnen ist der Bericht des William Wey besonders wertvoll, eines Klerikers, der zu den exklusivsten intellektuellen Kreisen im England seiner Zeit gehörte und der gründendes Mitglied des *Royal College* in Eton war. Wie auch John Goodyear, unternahm Meister Wey seine Wallfahrt im Jahre 1456, so dass es nicht zu verwundern wäre, wenn sie beide an derselben Expedition von Jakobspilgern teilgenommen hätten, die in Plymouth am 16. May 1456 in See stach. Wie uns Wey berichtet, bestand die Expedition aus sechs Pilgerschiffen, die aus verschiedenen Häfen im Süden Englands stammten (Bristol, Weymouth, Limyngton, Portsmouth und Plymouth) und die sich in Plymouth versammelt hatten, um zusammen in Richtung Santiago aufzubrechen. Die Überfahrt dauerte fünf Tage, danach sichteten die Schiffe das Kap Ortegal und fuhren von da ab entlang der Küste bis nach La Coruña. Im Hafen von La Coruña zählte Wey bis zu 37 Schiffen mit englischen Pilgern von insgesamt 80 Fahrzeugen, die aus Wales, Irland, der Normandie, der Bretagne, Frankreich und anderen Orten stammten.

Leider erzählt uns Wey nicht wie die Reise von La Coruña bis Santiago de Compostela war, die er in einem einzigen Tag zurücklegte.

In **A Coruña** muss man die Jakobskirche wegen ihrer Bedeutung für die Wallfahrten erwähnen, die anfangs des XII. Jahrhunderts von Alfons dem IX. (Alfonso IX) von León, dem großen Gönner der Stadt, erbaut wurde. Im XV. Jahrhundert berichtet Wey außerdem von einer interessanten liturgischen Zeremonie, die in der Kirche »der Heiligen Maria des Meeres« (Santa María del Mar) gefeiert wurde, einem wunderschönen romanischen Gotteshaus im Herzen der *Cidade Vella*, des ältesten Stadteils von La Coruña. Er erzählt uns

A Coruña. Stiftskirche Santa María.

Ferrol. Blick auf den Platz Plaza de Armas mit dessen Rathaus.

auch, dass die englischen Pilger in einem - heute nicht mehr bestehenden - Franziskanerkloster Gottesdienste in ihrer eigenen Sprache besuchen konnten.

Außerhalb der Stadt ist der erste bedeutende »Meilenstein« der Jakobswallfahrt **Sigrás**, wo es ein Pilgerhospital und eine dem Apostel Jakob geweihte romanische Kirche gab. Sehr nahe Sigrás, ein wenig abseits des Weges, liegt die herrliche Kirche Santa María de **Cambre**, die vielleicht mit dem Orden der Tempelritter verbunden ist. Der Jakobsweg führt über **Anceis** weiter und nach einer Anzahl von kleinen Weilern, bei denen einige Namen unmissverständliche Anspielungen auf diesen Weg sind - Rua, Calle, Carral - kommt man nach **Bruma**, wo es ein weiteres Hospital gab.

Es folgen von hier aus **Buscás**, **Poulo** und **Pereira**, wo man eine mittelalterliche Brücke überquert. Nachdem man **Sigüeiro** hinter sich gelassen hat, überquert man den Fluss Pambre auf einer Brücke mittelalterlichen Ursprungs. Von hier bis Santiago ist das bemerkenswerteste Andenken an die Jakobswallfahrten der sogenannte Engländerbrunnen (Fonte do Inglés), der hinter **Barciela** liegt, ein sprechendes Zeugnis der Staasbürgerschaft, die unter den Pilgern, welche diesen Weg zurücklegten, vorherrschte.

Diejenigen Pilger, die im Hafen von **Ferrol** ausgestiegen waren, trafen in **Bruma** mit denen aus La Coruña zusammen. Die wichtigsten Ortschaften, durch die sie auf dieser Strecke kamen, waren ohne Zweifel das kluniazensische Kloster **San Martín de Xubia** und die Stadt **Betanzos**.

Betanzos. Detail des Portals der Kirche San Francisco.

SPANISCHE FREMDENVERKEHRSBÜROS IM AUSLAND

DEUTSCHLAND

Berlin
Spanisches Fremdenverkehrsamt
Kurfürstendamm 63
D - 10707 BERLIN
✆ 4930 / 882 65 43,
Fax 4930 / 882 66 61
e-mail: berlin@tourspain.es

Düsseldorf
Spanisches Fremdenverkehrsamt
Grafenberger Allee 100 -
"Kutscherhaus"
D - 40237 DÜSSELDORF
✆ 49211 / 680 39 81,
Fax 49211/ 680 39 85
e-mail: dusseldorf@tourspain.es

Frankfurt
Spanisches Fremdenverkehrsamt
Myliusstrasse 14
D - 60323 FRANKFURT/MAIN
✆ 4969 / 72 50 33,
Fax 4969 / 72 53 13
e-mail: frankfurt@tourspain.es

München
Spanisches Fremdenverkehrsamt
Schubertstrasse 10
D - 80336 MÜNCHEN
✆ 4989 / 530 74 60,
Fax 4989 / 532 86 80
e-mail: munich@tourspain.es

ÖSTERREICH

Wien
Spanisches Fremdenverkehrsamt
Walfischgasse 8 (Mzz)
A - 1010 WIEN - 1
✆ 431 / 512 95 80,
Fax 431 / 512 95 81
e-mail: viena@tourspain.es

SCHWEIZ

Zürich
Spanisches Fremdenverkehrsamt
Seefeldstrasse 19
CH - 8008 ZÜRICH
✆ 411 / 252 79 30,
Fax 411 / 252 62 04
e-mail: zurich@tourspain.es

BOTSCHAFTEN IN MADRID:

Deutschland
Fortuny, 8
✆ 915 579 000, Fax 913 102 104

Österreich
Paseo de la Castellana, 91
✆ 915 565 315, Fax 915 973 579

Schweiz
Núñez de Balboa, 35 – 7ª planta
✆ 914 363 960, Fax 914 363 980

INHALTSVERZEICHNIS

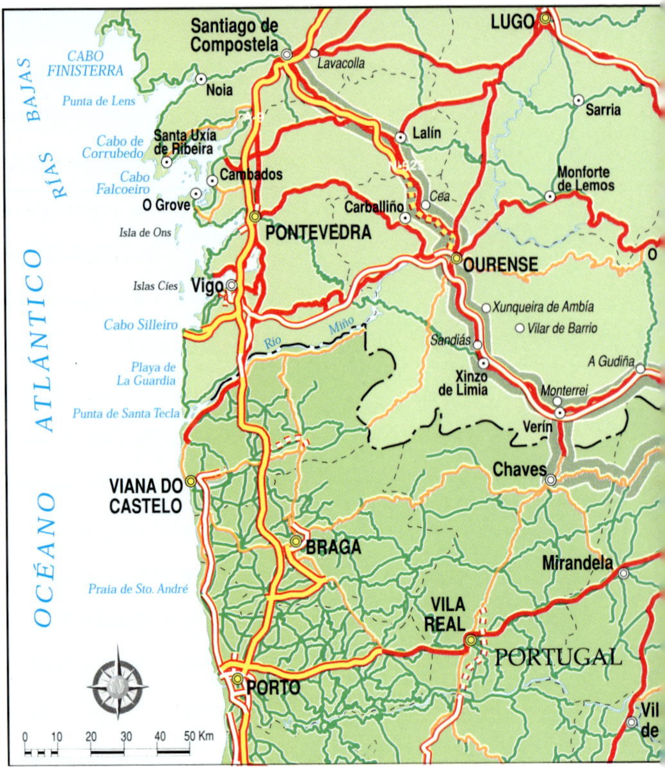

Die Silberstraße (Vía de la Plata) 1

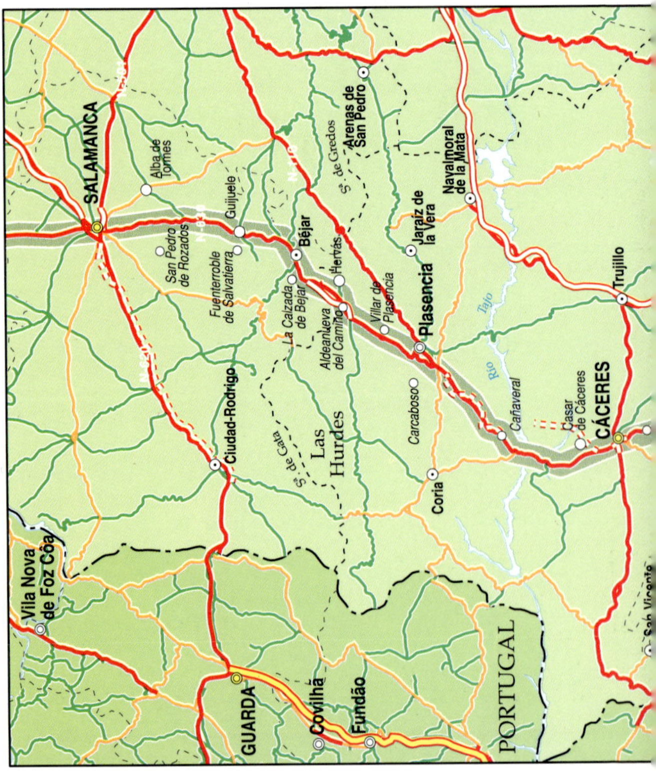